国家社科基金结题成果

# 中国特色农业合作的历史演进研究

## 路径、逻辑与理论

易棉阳 曾鹃 ◎ 著

中国财经出版传媒集团

经济科学出版社

Economic Science Press

·北 京·

**图书在版编目（CIP）数据**

中国特色农业合作的历史演进研究 ： 路径、逻辑与理论／易棉阳，曾鹃著 . -- 北京 ： 经济科学出版社，2024. 8. -- ISBN 978 - 7 - 5218 - 6235 - 5

Ⅰ. F321. 4

中国国家版本馆 CIP 数据核字第 2024Y5G474 号

责任编辑：戴婷婷
责任校对：郑淑艳
责任印制：范 艳

**中国特色农业合作的历史演进研究**

——路径、逻辑与理论

易棉阳 曾 鹃 著

经济科学出版社出版、发行 新华书店经销

社址：北京市海淀区阜成路甲 28 号 邮编：100142

总编部电话：010 - 88191217 发行部电话：010 - 88191522

网址：www. esp. com. cn

电子邮箱：esp@ esp. com. cn

天猫网店：经济科学出版社旗舰店

网址：http：//jjkxcbs. tmall. com

北京季蜂印刷有限公司印装

787×1092 16 开 33. 75 印张 600000 字

2024 年 8 月第 1 版 2024 年 8 月第 1 次印刷

ISBN 978 - 7 - 5218 - 6235 - 5 定价：136. 00 元

（图书出现印装问题，本社负责调换。电话：010 - 88191545）

（版权所有 侵权必究 打击盗版 举报热线：010 - 88191661

QQ：2242791300 营销中心电话：010 - 88191537

电子邮箱：dbts@ esp. com. cn）

# 目录

◎ **第一篇**
**新民主主义革命时期的互助合作模式**

◎ **第四篇**
**中国特色农业合作的理论形态**

# 导论

## 第一节　研究背景与意义

### 一、研究背景

合作是人类的天性。在人类生产和生活中，有些问题靠个体力量解决不了，必须依靠群体的力量，这时，人类就会自觉地携起手来，通过合作解决问题。譬如，张家和李家是邻居，张家有人力但缺畜力，李家有畜力却缺人力，在农忙时节，张家和李家都难以独立开展生产。无须任何力量组织，张家和李家会自觉地开展生产合作。不过，张家和李家的合作，是临时的、没有组织的行为，其目的仅仅是为了解决短期生产困难，并非为了从根本上解决长期面临的生产问题，更不是为了两家能获得比单干更大的收益。正因为如此，农忙完成之时，便是张、李两家合作结束之时。到来年，如果张家有了畜力，张家就不需要与李家合作，张、李两家的合作就不会发生，尽管李家依然存在缺人力的困难，依然需要与张家开展合作。这种临时性的、以救危济难为目的的非正式合作，中国自古有之，而且至今仍然广泛存在于乡村社会。

有组织的、以解决农民生产生活长期困难的现代农业合作，肇始于 19 世纪 60 年代的德国。20 世纪初，来自西方的现代农业合作思想传入中国。1923 年，华洋义赈会在河北省香河县按照德国雷发巽信用合作社模式组建了中国第一家农村信用合作社，开启了现代农业合作之先河。民国初年，思想界活跃异常，各种思潮、各种主张争奇斗艳。但在如何拯救残破的农村社会这个问题上，各党派、各团体却达成了惊人的一致。那就是：在农村广泛地建立各类合作社，通过发展合作经济来振兴农村、发展农业经济、增加农民财富。这种惊人的一致，形成了民国时期农业合作运动的高潮。不同党派、社会团体、金融机构、农业科研机构、高等学校、社会贤达纷纷走向农村，发动农民建立合作社。因发动者合作理念的不同，民国时期农业合作的模式并不一致，所收到的效果也不相同。1949 年以后，中国共产党发动农民开展农业合作化运动和人民公社化运动，在全国范围内确立了苏联集体农庄式农业合作模式。集体农庄式农业合作模式，一方面起到了发展农业生产、集中农业剩余支持工业化的作用，但另一方面也存在生产效率低下、交易成本过高等问题。1978 年以后，中国共产党根据农村实际对集体农庄式农业合作模式进行改革，在改革中确立了新型农业合作模式。

经过近百年的艰苦探索，中国已经形成了一条既超越西方合作主义、又体现中国农村实际的农业合作道路。这条道路就是中国特色农业合作道路。诺思指出："历史表明，人们过去做出的选择决定了其现在可能的选择。要理解经济实绩随时间变化而显现出来的差异，就需要了解经济的演变"。① 实现农业现代化，是中国农村改革的目标。世界农业经济史已经证明，一家一户的分散经营只能解决农民的温饱问题，发展现代农业需要大农经营。合作社经营是大农经营的一种主要方式。正因为如此，进入 21 世纪以后，中国共产党和社会各界高度重视发展现代农业合作。2016 年 5 月 24 日，习近平总书记在考察黑龙江省抚远市玖成水稻种植专业合作社时指出："发展规模化经营，农业合作社是发展方向，有助于农业现代化路子走得稳、步子迈得开"。② 今天的农业合作社，深深地扎根于中国农村实际、扎根于中国农村传统、扎根于中国农民生产生活习惯。发展适合中国农村和农民实际的中国特色农业合作社、构建中国特色农业合作体系，需要回过头去深入研究中国特色农业合作的历史演变过程。深刻理解中国农民在发展农业合作社方面的过去选择，有助于我们深刻地理解今天的农民在发展农业合作社时，他们想选择什么、不想选择什么？只有理解了农民想要的，才能根据他们的需求进行制度供给，唯有如此，才能提高新型农业合作模式的制度实绩。

### 二、研究意义

本书对中国特色农业合作的历史演进做长时段的整体性研究。这种整体性研究，具有四个方面的学术价值和应用价值。

第一，形成对中国特色农业合作道路的整体性认识。对于近百年来的中国农业合作经济史，学术界主要是从断代的角度做专题研究。研究民国合作经济史的学者恪守所谓"不沾当代史"的信条，其研究视角一般不触及新中国合作经济

---

① 诺思：《经济史中的结构与变迁》，上海三联书店 1991 年版，中译本序言。
② 《习近平黑龙江考察：农业合作社是发展方向》，http：//finance. china. com. cn/news/gnjj/20160525/3738373. shtml。

史；研究农业合作化运动史和人民公社史学者会溯源到革命根据地的合作经济史，但很少触及民国时期国统区和其他地区的合作经济史；研究改革开放时期新型农业合作经济的学者主要来源于农业经济学界，他们已经认识到，深入研究新型农业合作经济，需要回过头去研究改革开放以前的合作经济历史，可能受制于史料爬梳，他们并未对新型农业合作经济的源头做深刻的史学探究。迄今为止，尚无论著对新民主主义革命时期以来中国共产党领导的农业合作经济史做长时段的整体性研究。

第二，树立道路自信。有些学者以西方合作原则为标准，度量中国农业合作历史，认为中国的农业合作不符合西方合作原则，据此得出中国没有真正的农业合作的结论。本书的研究揭示：在中国共产党的领导下，经过近百年的探索，中国形成了一条既超越西方合作主义范畴，又体现中国农村实际的农业合作道路，中国特色农业合作道路是世界农业合作道路丛林中一个具有鲜明中国特色的成员。

第三，辩驳历史割断论。农村改革以后，家庭联产承包责任制激发了农民的生产积极性，生产积极性的提高带来了较高的农业生产效率，农业生产力和农民生活水平因之都有了显著提高，正因为如此，有些学者据此全面否定农业集体化体制。到上世纪末本世纪初，中国农村发生了翻天覆地的变化，一方面，农民物质生活水平越来越高、生产条件越来越好，另一方面，农民精神生活却越来越单调，甚至出现低俗化倾向，此外，因集体经济的不振而导致的农业社会化服务越来越难以满足现代农业发展的需求。相比较而言，集体化时期的公共服务和农民的精神生活似乎要丰富得多，于是，又有学者开始怀念人民公社，甚至有人提出要回到集体化体制。前一种人是用改革以后的成果否认改革以前的历史，后一种人是用改革以前的成就否认改革以后的现实。本书通过严肃的历史研究揭示：改革开放前后两个历史时期的农业合作历史是统一的、不是割裂的，相互之间是坚持与创新的关系。

第四，资鉴于现实。今天的经济史是过去的应用经济学，今天的应用经济学会成为明天的经济史。今天的应用经济学是由经济史演化而来的，新型农业合作经济属于应用经济学范畴，所以，研究中国近百年农业合作历史，深入总结不同历史时期农业合作模式的成就、问题，为当今和以后创新发展农业合作提供了宝贵的经验教训。从近百年的农业合作经济史中，抽象出中国特色农业合作理论，可以为创新发展新型农业合作提供理论指导。

## 第二节　研究现状述评

中国特色农业合作道路的形成经历了新民主主义革命时期、社会主义革命与建设时期、改革开放时期三个历史阶段。目前，学术界主要从断代的视角对每个历史时期的农业合作进行研究。

### 一、关于新民主主义革命时期的农业合作

新民主主义革命时期的农业合作可以区分为三个阶段，即第二次国内革命战争时期的苏区农业合作，抗战时期抗日根据地的农业合作，解放战争时期解放区的农业合作。下面分述三个阶段农业合作的研究状况。

（1）关于苏区农业合作的研究。朱玉湘（1957）探讨了苏区时期农业互助合作的历史背景、表现形式、经验教训。① 厦门大学历史系调查队（1959）对第二次国内革命战争时期才溪乡互助合作运动做了较为深入的调查，剖析了才溪劳动互助社、耕田队、粮食合作社、犁牛社的运作方式与绩效。② 张水良（1961）分析了苏区农业合作社在提高生产水平和农民生活水平上的作用。③ 侯德础（1996）认为中共在苏区时期的合作政策受到了列宁和孙中山合作思想的影响，总体上符合当时形势的需要但也存在偏激行为。④ 潘顺利（1998）考察了苏区合作社的产权形式，认为股份合作是苏区合作社的主要产权形式。⑤ 刘维菱（2001）认为中央苏区的合作制经济，起到了改善人民生活，保障物质供给，打破经济封锁的作用。梅德平（2004）在回顾根据地互助合作组织演变过程的基础上，分析了根据地合作经济制度变迁的制度绩效及其制度特征。⑥ 熊吉陵和黄诚（2006）叙述了中央苏区农业生产合作社、手工业生产合作社、消费合作社、信用合作社的发展状况及其作用。⑦ 李玉敏（2009）评述了新民主主义革命时期中

---

① 朱玉湘：《我国民主革命时期的农业互助合作运动》，载于《文史哲》1957 年第 4 期。
② 厦门大学历史系实习调查队：《第二次国内革命战争时期的才溪互助合作运动》，载于《厦门大学学报》1959 年第 1 期。
③ 张水良：《第二次国内革命战争时期革命根据地的农业互助合作》，载于《中国经济问题》1961 年第 8 期。
④ 侯德础：《30 年代中期的中共合作社主张与实践》，载于《四川师范大学学报》1996 年第 4 期。
⑤ 潘顺利：《试论土地革命战争时期的股份合作社》，载于《上海党史研究》1998 年第 6 期。
⑥ 梅德平：《共和国成立前革命根据地互助合作组织变迁的历史考察》，载于《中国农史》2004 年第 2 期。
⑦ 熊吉陵、黄诚：《论中央苏区时期的农业合作制经济建设》，载于《江西社会科学》2006 年第 10 期。

共的合作社政策。① 魏本权（2010）认为，苏区农业互助合作运动是建立在民间互助行为的基础之上，有效地动员了农民投身农业生产、支持革命战争。② 中央苏区的合作社尽管给农民带来了实实在在的好处，但农民缺乏创办合作社的热情，苏区合作运动是在政府主导下开展的（田有煌，2012）。③ 刘显利（2013）认为，苏区的农业合作，是马克思主义农业合作理论与中国民间传统农业合作相结合的结果。④ 易棉阳（2018）把苏区时期农业合作运动与相关革命运动的关系概括为"以运动促进运动"，即合作运动促进了扩红运动和粮食收集运动的开展，查田运动和检举运动保证了合作运动的纯洁性。⑤

（2）关于抗日根据地农业合作的研究。学术界从两个方面展开研究。第一个方面，从整体视角研究抗战时期根据地的农业合作。赖建诚（1992）指出，抗日根据地的集体化合作组织，取得了较为显著的经济效益和社会效果。⑥ 徐有礼（1993）认为，抗战时期互助合作运动，是中共引导个体农民走向集体化的重要步骤，对后来的农业合作化运动产生了深远影响。⑦ 侯春华（2007）分析了抗日根据地农业互助合作的特征及其影响。⑧ 刘显利（2015）探究了抗战时期中共领导农业互助合作运动的动因、政策、实践，并总结了基本经验。⑨ 第二个方面，分别对陕甘宁、晋察冀、晋西北、沂蒙、淮北、晋绥等抗日根据地的农业合作进行实证研究。陕甘宁边区是中共中央的驻地，其农业互助合作开展得较早，成效比较显著，成为学术界的研究重点。Pauline（1997）认为，陕甘宁边区的农业互助合作，对重建陕北农村社会产生了显著影响。⑩ 马克·塞尔登（2002）、王晋林（2004）、冯越（2006）、王晓荣（2011）、耿磊（2014）、杨双利（2015）、唐晓辉（2017）等从不同视角对陕甘宁边区农业互助合作的渊源、形式、绩效、

① 李玉敏、栾雪飞：《中共早期的合作社经济政策及其启示》，载于《广西社会科学》2009年第4期。
② 魏本权、曾耀荣：《民间互助·合作运动·革命策略：中央苏区农业互助合作运动再研究》，载于《赣南师范学院学报》2010年第2期。
③ 田有煌：《合作运动中的苏维埃政府和民众的选择》，载于《赣南师范学院学报》2012年第1期。
④ 刘显利：《农业生产互助合作的选择逻辑及其演进：以第二次国内革命战争时期的农业合作化运动为研究对象》，载于《求索》2013年第8期。
⑤ 易棉阳：《以运动促进运动：中央苏区农业合作运动与相关革命运动的关系研究》，载于《安徽师范大学学报》2018年第3期。
⑥ 赖建诚：《近代中国的合作经济运动（1912－1949）》，台湾学生书局2011年版。
⑦ 徐有礼：《试论抗日根据地的农业互助合作》，载于《郑州大学学报》1993年第6期。
⑧ 侯春华：《论抗日根据地的农业互助合作运动》，郑州大学硕士学位论文，2007年。
⑨ 刘显利：《论抗日根据地的农业生产互助合作运动》，载于《延安大学学报》2015年第2期。
⑩ Pauline Keating, Two Revolutions: Village Reconstruction and the Coorperative Movements in Northern Shaanxi, 1934－1945, Stanford: Stanford University Press, 1997.

存在的问题进行了探究。① 陕甘宁边区延安县的南区合作社，1936 年创办时仅有社员 160 人，股金 160 多元。到 1943 年，发展到拥有社员 3800 多人，股金 600 万元，被授予"模范合作社"称号。南区合作社受到学术界的较多关注，产生了一批研究成果。② 晋察冀边区的农业合作也受到重视。刘宏（1992）、李玲玲（2006）、苑书耸（2013）探究了抗战时期晋察冀边区劳动互助的形式、组织管理、成效，认为晋察冀边区互助合作表现为拨工、包工、劳武结合三种形式，对解决边的劳动力不足、发展农业生产起了显著作用。③ 董佳（2014）、贺文乐（2014）叙述了晋西北地区的变工、扎工、兑地三种传统互助合作模式的特征和缺陷。④ 此外，魏本权（2013）研究了沂蒙抗日根据地的互助合作运动。⑤ 俞小和（2013）认为淮北抗日根据地的互助合作建立在平等互助的基础之上，提高了农民的组织化水平和阶级意识，促进了淮北农村由传统向现代的转型。⑥ 石攀峰（2016）探究了中共在晋绥边区组织变工互助的动员策略，即依托农会组织进行宣传发动、干部示范带动、民众民主参与、通过典型以点带面。⑦

（3）关于解放区农业合作的研究。学术界对解放战争时期解放区农业合作的研究相对比较薄弱。刘大可（1991）考察了山东解放区的农业合作，认为互助合

---

① ［美］马克·塞尔登：《革命的中国：延安道路》，魏晓明、冯崇义译，社会科学文献出版社 2002 年版；王晋林：《"抗战胜利的必由之路"——论陕甘宁边区农业生产的互助合作》，载于《甘肃理论学刊》2004 年第 4 期；冯越：《抗战时期毛泽东的农业互助合作思想之考察：以陕甘宁边区为例》，载于《中国矿业大学学报》2006 年第 4 期；王晓荣：《陕甘宁边区互助合作运动的社会整治功能分析》，载于《宁夏大学学报》2011 年第 3 期；耿磊：《探索中的转型：1941－1942 年陕甘宁边区的农业劳动互助》，载于《党史教学与研究》2014 年第 2 期；杨双利、高石钢：《论抗战时期陕甘宁边区的信用合作社》，载于《农业考古》2015 年第 3 期；唐晓辉：《抗战时期陕甘宁边区社会互助互济运动研究》，载于《农业考古》2017 年第 6 期。

② 孟黎加：《坚持南区合作社发展之路》，载于《中国供销合作经济》1992 年第 7 期；曹永德：《真正为农民群众服务的供销合作社——纪念延安南区合作社成立六十周》，载于《山西财经学院学报》1996 年第 6 期；傅德宝：《南区精神永放光芒——重温毛泽东总结延安南区合作社经验有感》，载于《中国供销合作经济》2002 年第 21 期；王新江：《南区合作社宝塔山下模范合作社》，载于《中国合作经济》2006 年第 4 期；莫艾：《毛主席视察延安南区合作社》，载于《党史博览》2007 年第 10 期；马广荣、王涛：《陕甘宁边区党和政府执政经验研究——以南区合作社为个案》，载于《中国延安干部学院学报》2008 年第 6 期；胡杨：《抗战时期延安南区合作社研究》，西北大学硕士学位论文，2011 年。

③ 刘宏：《抗战时期晋察冀边区的劳动互助》，载于《河北学刊》1992 年第 3 期；李玲玲：《晋察冀抗日根据地农业劳动互助合作运动的历史考察》，吉林大学硕士学位论文，2006 年；苑书耸：《晋察冀抗日根据地的互助合作运动》，载于《山西农业大学学报》2013 年第 9 期。

④ 董佳：《抗战时期中共晋西北根据地的变工运动述论》，载于《中共党史研究》2014 年第 9 期；贺文乐：《抗战前后晋西北传统互助合作模式探析》，载于《聊城大学学报》2014 年第 5 期。

⑤ 魏本权：《革命与互助：沂蒙抗日根据地的生产动员与劳动互助》，载于《中共党史研究》2013 年第 3 期。

⑥ 俞小和：《调整与变迁：淮北抗日根据地的互助合作运动》，载于《安徽史学》2013 年第 4 期。

⑦ 石攀峰：《从晋绥边区变工互助看毛泽东社会动员思想的具体策略》，载于《毛泽东思想研究》2016 年第 3 期。

作改善了农民生活，支援了革命战争，为新中国成立后的农业合作提供了经验。①
邢乐勤（2002）简述了苏区时期、抗日战争时期、解放战争时期三个阶段的互
助合作实践，认为毛泽东的新民主主义农业互助合作理论植根于互助合作实
践。② 王方中（2010）指出，解放区互助合作的最大特征是战勤与生产相结
合，主要目的是解决劳动力不足的问题，没有涉及土地所有权问题。③ 贺文乐
（2014）考察了太行山区壶关县互助合作运动的缘起和过程，认为互助合作在
"挖穷根""安富根"上的作用显著。作者还分析了壶关县互助合作运动中的
农民心态。④

### 二、关于社会主义革命与建设时期的农业合作

社会主义革命和建设时期的农业合作，历经了农业合作化和人民公社化两个
时期，最终形成了集体化体制。农业集体化体制的形成过程、运作方式、经济绩
效等问题，成为国内外学术界的关注焦点，产生了众多颇具分量的研究成果。

（1）关于农业集体化体制形成过程的研究。农业集体化体制是通过 20 世纪
50 年代的农业合作化运动来实现，国内至少出版了五种以农业合作化运动为主
题的著作，分别是高化民（1999）的《农业合作化运动始末》、罗平汉（2004）
的《农业合作化运动史》、叶杨兵（2006）的《中国农业合作化运动研究》、马
社香（2012）《中国农业合作化运动口述史》、马社香（2012）《农业合作运动始
末：百名亲历者口述实录》。⑤ 这些著作，各有特色，有的提出新的研究视角，
有的运用了新的史料，从不同的侧面展现了中国农业合作化运动的全过程，从而
展现了中国农业集体化体制初期阶段的基本状况。农业集体化体制主要通过人民
公社来体现，对人民公社做整体研究的著作主要有四种：林蕴晖、顾训中
（1996）的《人民公社狂想曲》、凌志军（1997）的《历史不再徘徊：人民公社

---

① 刘大可：《山东解放区的农业互助合作运动》，载于《东岳论丛》1991 年第 3 期。
② 邢乐勤：《新民主主义革命时期中共农业互助合作运动的实践与理论》，载于《浙江工业大学学报》
2002 年第 6 期。
③ 王方中：《解放战争时期西北、华北五大解放区的农业生产》，载于《中国经济史研究》2010 年第
2 期。
④ 贺文乐：《组织农民——解放战争时期壶关县的农业互助合作运动》，载于《农业考古》2014 年第 1
期；贺文乐：《农业互助合作运动中的农民心态——以太行边区壶关县为中心（1945—1949）》，载于
《太原理工大学学报》2014 年第 1 期。
⑤ 高化民：《农业合作化运动始末》，中国青年出版社 1999 年版；罗平汉：《农业合作化运动史》，福建
人民出版社 2004 年版；叶杨兵：《中国农业合作化运动研究》，知识产权出版社 2006 年版；马社香：
《中国农业合作制度口述史》，中央文献出版社 2012 年版；马社香：《农业合作化运动始末：百名亲历
者口述实录》，当代中国出版社 2012 年版。

在中国的兴起与失败》、康健（1998）的《辉煌的幻灭：人民公社警示录》、罗平汉（2006）的《农村人民公社史》。这些著作，叙述了集体经济体制的调整过程，剖析了集体经济体制的弊端。① 陈大斌（2011）的《从合作化到公社化：中国农村的集体化时代》叙述了20世纪50年代到60年代初期中国农业集体经济政策的反复探索过程，此书是一部纪实性文学著作，并非史学著作。② 新中国成立后，中国为什么要建立集体农庄式农业合作模式？陆学艺（1996）、徐勇（2003）从中国的工业化战略入手进行分析，认为20世纪50年代，中国的工业化战略同时面临着财力、物力、人力供给的不足，只有在农村广泛建立农业生产合作社，国家才可能集中农业剩余支持工业化。③ 中国为何能在很短时间之内实现农业集体化？在秦晖看来，主要有两方面的原因：一是农会被取消后，小农失去了与国家进行谈判的能力；二是农村基层组织全面掌握了政治、经济资源，农民只能按组织要求加入合作社。④

　　（2）关于合作化和集体化时期农村经济制度的研究。杜润生（2003）探究了20世纪50年代到90年代中国集体经济体制的形成和演变过程，对中国集体经济制度的演变、运作、绩效，做了较为全面的分析。⑤ 张乐天（1998）剖析了从小农经济制度向集体经济制度变迁的动力，着重分析了人民公社的农业经营制度、产权制度的演变与运作方式。⑥ 集体化时期的分配制度，颇引注意。辛逸（2005）对人民公社所实行的按需分配、按劳分配、按口分配三种分配方式的内涵、演变、运作进行了较为细致的考察。⑦ 集体化时期按劳分配，是通过工分制来实现，工分包括计时工分和计件工分两种形式，生产队主要采取的是计时工分。一般认为，计时工分是导致平均主义分配的根源。Putterman（1988）认为，国家之所以采取这种平均主义政策，主要是出于既能多抽取农业剩余又能确保农民最低程度的温饱。20世纪60年代中期以后，大寨工分制在全国推广。西方学

①　林蕴晖、顾训中：《人民公社狂想曲》，河南人民出版社1996年版；凌志军：《历史不再徘徊：人民公社在中国的兴起与失败》，人民出版社1997年版；康健：《辉煌的幻灭：人民公社警示录》，中国社会出版社1998年版；罗平汉：《农村人民公社史》，福建人民出版社2006年版。
②　陈大斌：《从合作化到公社化：中国农村的集体化时代》，新华出版社2011年版。
③　陆学艺：《中国社会主义道路与农村现代化》，江西人民出版社1996年版，第72页；徐勇：《乡村治理与中国政治》，中国社会科学出版社2003年版，第156页。
④　秦晖：《公社之谜：农村集体化的再认识》，载秦晖：《传统十论——本土社会的制度、文化及其变革》，复旦大学出版社2003年版，第300～313页。
⑤　杜润生：《当代中国的农业合作制》，当代中国出版社2003年版。
⑥　张乐天：《告别理想：人民公社制度研究》，东方出版社1998年版。
⑦　辛逸：《农村人民公社分配制度研究》，中共党史出版社2005年版。

者对大寨工分抱有较为浓厚的研究兴趣，Unger（1985）[①]、Burns（1988）[②]、Siu（1989）[③] 认为，大寨工分对于减少社员之间的工分差距，培育集体主义精神确实有一定的作用。由于缺乏一手资料，西方学者对工分制的研究是粗线条的，未深入工分制的日常运作及效率。工分制被视为是平均主义的分配制度，实则不然。工分制下，农民的收入存在较大的差距。Selden（1988）[④] 的研究指出，1979 年，占农民总数的 10% 的富裕农民占有总收入的 28%，占农民总数 40% 的贫苦户占总收入的 16%。Vermeer（1982）、[⑤] Hsiung 和 Putterman（1989）[⑥] 的研究进一步表明，最富裕的 25% 的富裕户的收入是最贫困的 25% 的困难户的收入的 2~3 倍。造成这种收入差距的原因，并非因土地占有量不均等所致，而是"人口分化"所致，即每个家庭在家庭周期的不同阶段，劳动者与被赡养者之间比率不同，强劳力多且赡养者少的农户所获得的收入明显高于人多劳少的农户（Griffin and Saith，1982；Zweig，1989）[⑦]。

（3）关于合作化和集体化时期的生产与生活的研究。集体化时期农业生产的决策主体是各级政府，政府不仅控制生产队的生产计划，决定什么能生产、什么不能生产，家庭不具有生产决策权，政府还控制生产队的收益分配，决定交多少给国家，留多少给生产队作为公积金、公益金，分多少给社员。[⑧] 郭于华把这种种什么、怎么种都由政府决定的经济称为"运动型"集体经济，在这种经济中，仪式过程极其重要，甚至超过了实用性。落实这种仪式要经过开会、传达、贯彻、研究、部署等程序。[⑨] 在发展农业生产上，国家与农民是一致的，但在农业

[①] Unger, J. Remuneration, Ideology, and Personal Intereste in a Chinese Village, 1960 - 1980. In William L. Parish, ed., Chinese Rural Development: The Great Transformation, Armonk, NY: M. E. Sharpe, 1985: 117 - 140.

[②] Burns, John P. Political Participation in Rural China. Berkeley: University of California Press, 1998.

[③] Siu, Helen F. Agents and Victims in South China: Accomplices in Rural Revolution. New Haven, CT: Yale University Press, 1989.

[④] Selden, Mark. The Political Economy of Chinese Socialism. Armonk, NY: M. E. Sharpe, 1988.

[⑤] Vermeer, E. B. Income Differentials in Rural China. The China Quarterly, 1982, 89: 1 - 33.

[⑥] Hsiung, Bingyuang and Louis Putterman. Pre-and Post – Reform Income Distribution in a Chinese Commune: The Case of Dahe Township in Hebei Province. Journal of Comparative Economics, 1989, 13: 406 - 445.

[⑦] Griffin, Keith and Ashwani Saith. The Pattern of Income Inequality in Rural China. Oxford Economic Papers, 1982, 34 (1): 172 - 206; Zweig, David. Agrarian Radicalism in China, 1968 - 1981. Cambridge, MA: Havard University Press, 1989.

[⑧] 周其仁：《中国农村改革——国家和所有权关系的变化》，载于《中国社会科学季刊》（香港）1994 年第 8 期。

[⑨] 郭于华：《民间社会与仪式国家：一种权力实践的解释——陕北骥村的仪式与社会变迁研究》，见郭于华主编：《仪式与社会变迁》，社会科学文献出版社 2000 年版，第 368~369 页；谢淑娟：《论人民公社体制下的村庄经济——以解读〈通知〉为中心》，载于《中国经济史研究》2006 年第 2 期。

剩余分配上，国家与农民出现了利益冲突，由于国家强势农民弱势，农民不敢公开违抗国家政策，采取无声的行为予以抗议，这种行为表现为怠工、压产、偷拿、瞒产私分、扩大自留地等，高王凌把它称之为"反行为"（即与国家政策反道而行的行为），农民的"反行为"对集体农业生产的效率影响极大，迫使国家变更制度，由此引起了集体经济制度的创新。① 社队企业是集体化时期的一种工业生产形式，是集体经济的重要组成部分。它上承手工业合作社和农业合作社中的副业，下启乡镇企业。颜公平（2007）认为，社队企业有三个来源，农业合作社兴办的副业和手工业、人民公社化运动中兴办的小型社办工业、国家下放给公社管理的一些原属国家管理的集体工业和国营工商企事业单位。② 社队企业的起落与国家政策直接相关，吴淼等（2011）根据政策文本梳理了集体化时期国家关于社队企业发展的政策演变，剖析了国家政策的三次调整对社队企业发展的影响。1958 年，国家实行"公社工业化政策"，社队企业兴起；1960 年，国家实行公社"一般不办企业"政策，社队企业衰落；1970 年，国家实行"农业机械化"政策，社队企业再次兴起。③ 学界对集体化时期农民的生活水平给予了较多的关注。黄宗智（1990）认为，集体化时期农业产出不断增长，但这种增长被劳动力的极度密集化造成的损失所蚕食掉，这就是所谓的"内卷化"现象，"内卷化"使得农民的劳动日报酬没有相应的增加。李怀印（2010）循着黄宗智的思路，以江苏省东台县秦村为例进行实证，发现该村在集体化时期，农民劳动日投入翻了一番，每单位面积农田劳动力投入增加了 2 倍多，劳动投入密集化带来了秦村粮食单位产量和农民人均收入的增加，但劳动生产率却徘徊不前。④

（4）关于合作化和集体化时期取得成就与弊端的研究。不可否认，集体化时期取得成就是显著的。张乐天（1998）认为，农业集体化避免了土改后中国重走小农经济的道路，为农业现代化创造了条件。⑤ 黄宗智（1994）认为，集体化提高了农业生产能力，增强了抵御自然灾害能力，促进了农业生产技术的进步。⑥

---

① 高王凌：《人民公社时期中国农民反行为调查》，中共党史出版社 2006 年版。
② 颜公平：《对 1984 年以前社队企业发展的历史考察与反思》，载于《当代中国史研究》2007 年第 2 期。
③ 吴淼、吴雪梅：《国家政策调整与社队企业生存》，载于《中共党史研究》2011 年第 11 期。
④ 李怀印：《乡村中国纪事：集体化和改革的微观历程》，法律出版社 2010 年版，第 213～218 页。
⑤ 张乐天：《告别理想——人民公社制度研究》，东方出版社 1998 年版，第 4 页。
⑥ ［美］黄宗智：《长江三角洲小农家庭与乡村发展》，牛津大学出版社香港有限公司 1994 年版，第 445 页。

Perkins 和 Yusuf（1984）[①]、Bramall（1993）[②] 认为，集体化时期，中国农业取得了快速的增长，在促进公共卫生、消除文盲、推广新技术方面的成绩显著。辛逸（2001）具体分析了集体经济在农村公共物品供给上的优势。[③]

　　低效率是集体经济一个不可克服的弊端。林毅夫（1992）认为，集体经济效率低下的主要原因是农民入社"退出权"的取消，这就使得集体劳动的重复性博弈变为一次性博弈，劳动者之间以退出作为相互监督的机制丧失，"偷懒"与"搭便车"的行为难以得到遏制，从而导致生产效率低下。[④] 张江华（2007）的看法则相反，他认为"搭便车"等"偷懒"行为只是劳动者中的一部分，不能作为集体经济效率低下的全部解释。真正影响集体经济效益的是大量存在的"无效"劳动，"无效"劳动不但造成了生产资料的浪费，而且使农民的付出与收益严重错位，导致集体经济停滞与收益递减。[⑤] 集体经济效率受到分配制度的直接影响，工分制是集体化时期的一种最主要的分配方式。关于工分制对集体经济效率的影响，学界的看法出入很大。学界比较主流的看法是，工分制是一种平均主义分配制度，挫伤了社员生产积极性，从而降低了集体经济的效率。辛逸（2004）认为，工分制破坏了集体激励机制，阻碍了农业生产力的发展。[⑥] 梅德平（2005）认为，工分制是平均主义分配制度，没有体现按劳分配原则，降低了生产效率。[⑦] 黄英伟（2011）比较客观地评价了工分制，认为工分制降低了集体经济的效率，但工分制却是国家集中农业剩余的一种好方式。[⑧] 工分制的内涵和实施办法在全国各地并不相同。20 世纪 60 年代大寨成为全国农业的一面旗帜以后，大寨工分在全国推广。在李静萍（2009）看来，大寨工分是"大概工""混混工"，适合于特定时期的特定地区，没有普适性，不利于调动社员的劳动积极性。[⑨] 张江华（2007）的看法则完全相反，他认为工分制在集体经济时期是一种

① Perkins, Dwight and Shahid Yusulf. Rural Development in China. Baltimore, MD：The Johns Hopkins University Press，1984.

② Bramall，Chris. In Praise of Maoist Economic Planning：Living Standards and Economic Development in Sichuan Since 1931. Oxford：Clarendon Press，1993.

③ 辛逸：《试论人民公社的历史地位》，载于《当代中国史研究》2001 年第 3 期。

④ 林毅夫：《集体化与中国1959—1961 年的农业危机》，见《制度、技术与中国农业发展》，上海三联书店1992 年版。

⑤ 张江华：《工分制下的劳动激励与集体行动的效率》，载于《社会学研究》2007 年第 5 期。

⑥ 辛逸：《农村人民公社分配制度研究》，中共党史出版社2004 年版。

⑦ 梅德平：《60 年代调整后农村人民公社个人收入分配制度》，载于《西南师范大学学报》2005 年第 1 期。

⑧ 黄英伟：《工分制下的农户劳动》，中国农业出版社2011 年版。

⑨ 李静萍：《二十世纪六七十年代大寨劳动分配办法述略》，载于《中共党史研究》2009 年第 1 期。

行之有效的激励制度，是特殊时期的理性选择，促进了劳动激励与竞争相结合。[1]
李金铮（2012）认为，工分制实行同工同酬，对于提高女性社会地位的作用是显
著的。[2] 吴淼（2010）认为，工分制是解决生产集体化与消费家庭化之间矛盾的
一种有效手段。[3] 钟霞（2007）认为，生产队所实行的定额工分制，确实有利于
按时完成生产任务，但却不能提高劳动效率和农业产量。[4] Nolan（1983）[5]、
Putterman（1987）[6]、Kung（1994）[7]、Mckinley（1996）[8] 认为，集体化时期，农
民怠工的主要原因是农业政策未能把劳动付出和劳动报酬对应起来，劳动监督困
难也是一个原因。Bernstein（1967）[9]、Shue（1980）[10] 认为，农业集体化的第一
阶段，即从互助组向初级社、高级社过渡的阶段，农业生产效率有显著的提高，
到第二阶段，即高级社转化为人民公社以后，生产效率就降低了。李怀印
（2010）则认为，即使是在第一阶段，农业生产效率也不高，不过他的结论是基
于对东台县溱东区的实证研究而得出，在全国是否是普遍现象，有待进一步研
究。[11] 在 Mayhew（1971）看来，"共享的身份认同"对生产效率有直接的影响，
初级社阶段，社员非亲即故，这种身份认同增强了彼此之间正式的控制力和非正
式的约束力，可以避免在公共产品生产和消费过程中出现偷懒和"搭便车"行
为，到高级社阶段，高级社由若干初级社组成，成员之间互不熟悉，没有身份认
同，这种就无法形成彼此间的控制力和约束力，偷懒和"搭便车"行为越来越难
以控制。[12]

---

[1]　张江华：《工分制下的劳动激励与集体行动的效率》，载于《社会学研究》2007 年第 5 期。
[2]　李金铮、刘洁：《劳力·平等·性别：集体化时期太行山区的男女"同工同酬"》，载于《中共党史研
　　究》2012 年第 7 期。
[3]　吴淼：《工分制下农民与干部的行为选择》，载于《中共党史研究》2010 年第 2 期。
[4]　钟霞：《集体化与东邵疃村经济社会变迁》，合肥工业大学出版社 2007 年版。
[5]　Nolan, Peter. De-collectivization of Agriculture in China, 1979 - 1982: A Long Term Perspective. Cambridge
　　Journal of Economics, 1983, 7 (3 -4): 381 -403.
[6]　Putterman, Louis. The Incentive Problem and the Demise of Team Farming in China. Journal of Deveopment Eco-
　　nomics, 1987, 26 (1): 103 - 127; Putterman, Louis. Ration Subsidies and Incentives in the Pre-reform
　　Chinese Production Team. Economics, 1988, 55 (218): 235 -247.
[7]　Kung, James K. Egalitarianism, Subsistence Provision, and Work Incentives in China's Agriculture Collec-
　　tives. World Development, 1994, 22 (2): 175 -187.
[8]　Mckinley, Terry. The Distribution of Wealth in Rural China. Armonk, NY: M. E. Sharpe, 1996.
[9]　Bernstein, Thomas P. Leadership and Mass Mobilization in the Soviet and Chinese Collectivization Campaigns of
　　1929 - 30 and 1955 - 56: A Comparison. The China Quarterly, 1967, 31: 1 - 47.
[10]　Shue, Vivienne. Peasant China in Transition: The Dynamics of Development toward Socialism, 1949 -
　　1956. Berkeley: University of California Press, 1980.
[11]　李怀印：《乡村中国纪事：集体化和改革的微观历程》，法律出版社 2010 年版，第 43 页。
[12]　Mayhew, Leon. Society: Institutions and Activity. Glenview, IL: Scott, Foresman, 1971.

### 三、关于改革开放时期的新型农业合作

改革开放时期出现的新型农业合作经济，对农业现代化作出了较大的贡献。学界对新型农业合作经济的研究主要聚焦于以下方面。

（1）关于新型农业合作表现形式和发展动力的研究。业界和学界已经达成一个统一的看法：改革开放以前出现的互助组、初级社、高级社、人民公社属于传统农业合作，改革开放进程中出现的农业合作属于新型农业合作。新型农业合作有哪些表现形式？学界的看法却不尽一致。易棉阳（2014）认为，改革开放进程出现的专业合作组织、社区型股份合作社、新型合作公社、资金互助社、供销社所举办的面向农户的专业合作社，都属于新型农业合作的范畴，因为它们与改革开放以前的合作社有着本质的区别。[①] 作为新型农业合作组织主体的专业合作社，在各地的表现形式也不相同。黄祖辉和徐旭初（2005）把专业合作社区分为三类：一是管理规范且与社员结成紧密联系的合作社，此类合作社一般实现了"五统一"，即统一供应生产资料、统一技术服务、统一收购、统一销售、统一结算；二是具有股份化倾向的合作社，此类合作社一般由涉农企业、农民企业家、基层技术服务部门、供销社投资创办，实行股份制和合作制相结合的方式；三是相对松散的专业协会，此类组织与社员没有结成利益机制，只为社员提供技术、信息、咨询服务。[②] 是什么力量在推动各类合作社的发展呢？学界普遍认为有三股力量：一是农民自发的力量，由此产生了农村能人兴办的合作社；二是政府的力量，由此产生了政府部门领办的合作社；三是龙头企业的力量，由此产生了企业兴办的合作社（缪建平，1999）。[③] 陈家涛（2013）分析了新型农业合作经济组织兴起的动力机制、阐述了其发展现状和存在的问题，在此基础上，对中西方合作经济模式进行了简单比较。[④]

（2）关于新型农业合作必须坚持的本质规定的研究。自合作制产生以来，合作原则并非一成不变，而是根据形势需要不断调整。P. Vitaliano（1983）基于代理理论的研究表明，合作社的传统原则不利于合作社实现最优的资源配置和实行

① 易棉阳：《改革开放以来新型农民合作经济发展的理论辨析：基于研究文献与政府政策的讨论》，载于《财贸研究》2014年第2期。
② 黄祖辉、徐旭初：《中国的农民专业合作社与制度安排》，载于《山东农业大学学报》2005年第4期。
③ 缪建平：《高度重视农民专业合作经济组织的作用》，载于《农村合作经济经营管理》1999年第3期。
④ 陈家涛：《合作经济的理论与实践模式：中国农村视角》，社会科学出版社2013年版。

有效的投资决策。[1] John M. Staatz（1983）和 R. Seston（1983）也认为，传统原则不利于合作社内部成员联合的稳定。[2] 国内学者认为，新型农业合作组织不必恪守不适时宜的传统合作原则。合作理念必须服从经济生活的实际，合作社的发展不能脱离现实的经济发展水平。合作理念和原则可以根据实践不断创新，但合作社的质的规定必须坚持。合作社本质规定到底是什么？因观察的视角不同，学界的看法亦不尽相同。张晓山（2002）指出，合作社质的规定有两条，一是民主管理，二是剩余按交易返还。[3] 徐旭初（2003）把合作社的本质规定归纳为四条：所有者和惠顾者同一；自愿、自治和独立；成员民主控制；按惠顾额分配盈余，资本报酬有限。[4] 苑鹏（2006）认为，合作社是人合组织，所有者和使用者同一，即所有者与惠顾者合一，是合作社的本质特征。[5] 在马彦丽和林坚（2006）看来，新型农业合作必须坚持两点：一是社员与合作社之间必须进行交易，保持顾客与社员的同一性，二是社员必须是独立的生产单位。[6] 应瑞瑶（2002）认为，新型合作社在入社自愿、一人一票、利润返还等方面都违背了合作社的本质规定，它们中的绝大多数是异化了的合作组织。[7] 赵翠萍（2005）则认为，合作社的所谓本质规定都是不断变化的，不能把这些本质规定作为标准来衡量中国新型农业合作社是不是真正的合作社，而应以是否解决实际问题、是否真正为农民接受为衡量标准。[8]

（3）关于新型农业合作运行机制的研究。学界对此问题的研究大多采取实证分析法，通过实实在在的调查分析来揭示新型农业合作的运行机制。对新型合作社的决策机制，潘劲（1990）认为，新型农业合作社必须坚持"一人一票"制。[9] 到上世纪90年代，资金匮乏成为制约农民专业合作社发展的重要因素，为

[1]　Vitaliano P. Coopeative Enterprise：An Alternative Conceptual Basis for Analyzing a Complex Institution. American Journal of Agriculture of Economics，1983（65）：1078 – 1083.

[2]　Staatz，John M. The Cooperative as a Coalition：A Game Theoretic Approach. American Journal of Agriculture of Economics，1983（65）：1084 – 1089；Sexton R. The Formation of Cooperatives：A Game – Theoretic Approach with Implicatins for Cooperative Finance，Decision Making and Stability. American Journal of Agriculture of Economics，1983（68）：423 –433.

[3]　杜吟棠主编：《合作社：农业中的现代企业制度》，江西人民出版社2002年版，序言、第3页。

[4]　徐旭初：《合作社的本质规定及其他》，载于《农村经济》2003年第8期。

[5]　苑鹏：《试论合作社的本质属性及中国农民专业合作经济组织发展的基本条件》，载于《农村经营管理》2006年第8期。

[6]　马彦丽、林坚：《集体行动的逻辑与农民专业社的发展》，载于《经济学家》2006年第2期。

[7]　应瑞瑶：《合作社的异化与异化的合作社：兼论中国农民专业合作社的定位》，载于《江海学刊》2002年第6期。

[8]　赵翠萍：《河南省农村合作经济组织发展的调查与思考》，载于《经济经纬》2005年第4期。

[9]　潘劲：《合作经济的实质分析》，载于《中国农村经济》1990年第7期。

解决这个问题，专业合作社广泛地吸收社员和非社员股金，为了体现投资者的资金权益，专业合作社实行"按人投票"和"按股投票"相结合的管理机制，即凡是社员，无论出资多少，都有一票决策权，出资多的社员，赋予一定数量的决策附加权（黄祖辉，2008）。[①] 孔祥智（2003）指出，新型农业合作社不必死抱西方合作社发展初期所提出的"一人一票"制，因为西方的大型合作组织事实上已经没有严格遵守这种决策制度，新型合作社的决策机制应该与资本的价值结合起来。[②] 对于专业合作经济组织的分配制度，杨坚白（1990）认为，专业合作经济组织在本质上是集体经济组织，其劳动成果由全体社员共同创造，因而应该实行按劳分配原则。[③] 张晓山和苑鹏（1991）则认为，按劳分配不适合于专业合作经济组织。[④] 韩俊（1998）进一步指出，专业合作经济组织并非劳动的联合而是交易的联合，社员与专业合作经济组织的交易额越大，那么，社员对合作社的需求也越大，对合作社的贡献也越大，因此，专业合作经济组织应按照交易额进行分配。[⑤] 徐旭初（2005）以浙江省农民专业合作社为实例，分析了农民专业合作社的产权机制、治理结构。[⑥]

（4）关于新型农业合作发展面临的障碍的研究。Cook（1995）从组织代理角度指出新型合作社面临五大问题：一是成员之间互相"搭便车"的问题；二是社员眼界问题，一些社员不关注合作社的长期发展；三是投资比例问题，社员根据自身对合作社风险和收益的评估影响合作社的投资决策；四是合作社的内部人控制问题；五是影响成本问题，社员为追求私利最大化而影响合作社决策，从而影响成本。[⑦] 国内学界把中国新型农业合作面临的问题归纳如下几点：一是农民缺乏合作精神（傅晨，2004）；[⑧] 二是产权不清晰，导致农民所有者在合作社的主体地位不突出；[⑨] 三是政府干预过多，使农民无法获得在合作社中的应有地位

---

① 黄祖辉：《中国农民合作组织发展的若干理论与实践问题》，载于《中国农村经济》2008 年第 11 期。
② 孔祥智：《农民专业合作经济组织：认识、问题及对策》，载于《山西财经大学学报》2003 年第 5 期。
③ 杨坚白：《合作经济学概论》，中国社会科学出版社 1990 年版，第 3～6 页。
④ 张晓山、苑鹏：《合作社基本原则及有关问题的比较研究》，载于《农村经济与社会》1991 年第 1 期。
⑤ 韩俊：《关于农村集体经济与合作经济的若干理论与政策问题》，载于《中国农村经济》1998 年第 12 期。
⑥ 徐旭初：《中国农民专业合作经济组织的制度分析》，经济科学出版社 2005 年版。
⑦ Cook，M. L. The Future of U. S. Agriculture Cooperatives：A Neo-Institutional Approach. American Journal of Agriculture of Economics，1995，77（5）：1153 - 1159.
⑧ 傅晨：《农民专业合作经济组织的现状及问题》，载于《经济学家》2004 年第 5 期。
⑨ 苑鹏：《关于理顺农民合作组织产权关系的思考》，载于《中国合作经济》2004 年第 1 期。

（唐楚生，2005）；[1] 四是政府支持不力（牛若峰，2005）；[2] 五是治理结构不科学，合作社是一种基于能力和关系的合作治理结构，普通社员并非使用者、惠顾者、所有者和控制者的统一，而仅仅是惠顾者（黄祖辉、徐旭初，2006）。[3]

（5）关于新型农业合作的作用的研究。新型农业合作建立在家庭承包经营的基础之上，它把分散的农户重新组合起来形成规模经济，可以较好地克服小农经营的固有缺陷，有利于解决买难和卖难问题，有效地提高了农民与市场的谈判地位（夏英，2001）。[4] 冯开文等（2013）从农业一体化视角分析新型农业合作社作用，他们认为，改革开放进程中出现的龙头企业主导型农业一体化模式不利于保护农民利益，合作社主导的农业一体化模式更利于农业发展和农民增收，新型农业合作社从横向和纵向两个方面促进了农业一体化经营，但存在横向一体化的面较窄，纵向一体化的链条较短等问题。[5] 新型农业合作社在节约交易费用方面产生了显著的作用，Royer（1995）认为，合作社是农民的合作社，农民没有理由不履行与合作社之间的协议，合作社能降低由资产专用性引起的交易成本。[6] 马彦丽（2006）以农民专业合作社为例，实证了合作社能节约因信息不对称、资产专用性而产生的交易费用。[7] Ollila（1997）认为，相对于单个农户而言，合作社具有更少的交易频度和更高的市场开拓能力，这样就可以降低交易风险和交易成本，农民因之获得更稳定的收益。[8]

### 四、研究评述

我们可以从两个方面对中国特色农业合作经济史研究成果进行评论。

（1）从时段上来看，断代研究的多，贯通研究的少，缺乏一个一以贯之的逻辑。从事中国农业合作经济史研究的学者主要是三个群体，历史学者聚焦于新民主主义革命农业合作经济史的研究，党史学者较多地关注社会主义革命和建设时

---

[1]　唐楚生：《农村合作经济组织发展的主要障碍分析》，载于《农业经济》2005 年第 5 期。

[2]　牛若峰：《发展合作社与构建和谐社会》，载于《中国合作经济》2005 年第 9 期。

[3]　黄祖辉、徐旭初：《基于能力和关系的合作治理：对浙江省农民专业合作社治理结构的解释》，载于《浙江社会科学》2006 年第 1 期。

[4]　夏英：《农村合作经济：21 世纪中国农村经济发展的必然选择》，载于《调研世界》2001 年第 9 期。

[5]　冯开文：《农民合作社的农业一体化研究》，中国农业出版社 2013 年版。

[6]　Royer, J. S. and B, Huyan, S., Forward Intergration by Farmer Cooperatives: Comparative Incentives and Impacts, Journal of Cooperatives, 1995（10）：33 - 48.

[7]　马彦丽：《集体行动的逻辑与农民专业合作社的发展》，载于《经济学家》2006 年第 3 期。

[8]　Ollila, P. In Nilsson, J., The Position of Agricultural Cooperatives in the Changing Food Industry of Europe, in Nilsson, J. Van Dijk, G. （E）, Strategies and Stuctures in the Agro - Food Industries, Van Gorcum: Assen, 1997：131 - 150.

期农业合作经济史的研究，经济学者专注于改革开放时期新型农业合作经济的研究。受过史学专门训练的学者，大都恪守研究时段不轻易跨界的信条，即研究新民主主义革命时期农业合作经济史的学者一般跨过 1949 年，研究农业合作化运动和人民公社运动的学者一般既不前溯到 1949 年以前的合作经济史，也不后延到 1984 年以后的合作经济史。研究现实合作经济问题的经济学者，具有较为强烈的历史研究意识，也许是囿于精力，也许是受制于资料，他们对合作经济历史的探求停留在转述二手观点的层面，并未对合作经济史做深入的专题研究。这就造成了当前的一个事实：研究中国农业合作经济史的文献不可谓不多，但却没有一部把三个历史阶段的中国农业合作贯通起来且逻辑内洽的论著。①

　　（2）从研究方法来看，史学研究成果突出实证但缺乏理论深度，经济学研究成果强调分析但缺乏历史厚重感。经济史兼具史学和经济学特性的独立学科，它具有求真、求解与求用三大功能。求真就是通过发掘、运用历史资料还原历史的真貌；求解就是运用经济学理论方法对经济史实进行解释；求用就是从经济史中抽象出理论、概括出经验教训资治于现实。关于中国农业合作经济的史学研究成果，在真实地叙述农业合作真貌上用力尤多。如一些学者通过大量发掘运用原始资料，对中央苏区、陕甘宁边区、晋察冀边区的农民互助合作做了十分细腻的描述，生动地再现了新民主主义革命根据地农业合作的历史场景。还有学者把文献资料、档案资料、口述史料相结合，对农业合作化运动、人民公社运动进行较为深入的研究，为我们展现了一幅幅党领导下的农业合作的火热场景。但是，这些论著普遍存在缺乏理论分析的缺点，也没有注意到从历史中总结为现实所用的经验教训。关于中国农业合作的经济学研究成果，在运用各种新理论分析农业合作经济上着墨甚浓。如一些学者运用博弈论、新制度经济学理论、全要素生产率理论对集体化时期农业生产效率进行开拓性研究。还有更多的学者运用产权理论、委托代理理论、契约理论等对新型农业合作进行专题探讨。但这些论著主要是用别人的理论解释中国的实践，当别人的理论解释不了中国的农业合作实践时，总是责怪中国的农业合作实践没有按别人的理论开展，而没有注意到别人的理论可能根本就不适合于解释中国的实践，更没有想到要从中国的实践中抽象出理论。

---

① 近年来，已有学者在尝试对中国农业合作经济史进行贯通研究。如王曙光从"契约—产权"视角对新中国 60 年农民合作组织演进的逻辑作出了经济学解释，在此基础上分析了新型农民合作社的发展趋势。可惜此文没有把 1949 年以前的农业合作经济史纳入其分析框架之中。王曙光：《中国农民合作组织历史演进：一个基于契约—产权视角的分析》，载于《农业经济问题》2010 年第 11 期。

总体而言，现有的史学研究成果，在求真层面上取得了较大进展，但在求解和求用上几无作为；经济学研究成果，在求解层面上有了较大的进步，但在求用上没有取得突破性进展。这就造成另一个事实：研究中国农业合作经济史的文献不可谓不多，但却没有产生中国特色农业合作理论，至今仍在照搬别人理论解释和指导中国特色农业合作实践。

本书的研究，着重解决学术界尚未解决的两个问题。一是以"中国特色农业合作道路的探索"为主线，把新民主主义革命时期、社会主义革命和建设时期、改革开放时期三个历史阶段的农业合作贯通起来，使中国农业合作经济史形成了一个逻辑内洽的整体。二是从中国农业合作经济史中抽象中国特色农业合作理论，以此解释和指导中国特色农业合作实践。

## 第三节　研究思路与研究创新

### 一、研究思路

本书以"中国特色农业合作道路的探索"为主线，围绕中国特色农业合作的演进路径、演进逻辑、理论形态三个方面展开研究。按照历史逻辑与理论逻辑相结合的思路，既描述中国特色农业合作道路的历史演进过程，又剖析其演进逻辑，最后从历史演进中抽象出中国特色农业合作理论。本书把中国特色农业合作的演变过程划分为三个阶段，即新民主主义革命时期的探索发展阶段、社会主义革命和建设时期的曲折发展阶段、改革开放时期的创新发展阶段，三个阶段分别形成了互助合作、集体农庄式合作、新型农业合作三种模式。本书通过广泛地搜集史料，对每一种农业合作模式的形成条件、实践历程、成就与问题进行细腻的描述。在历史描述的基础上，剖析三种农业合作模式的演进逻辑。社会主义革命和建设时期集体农庄式农业合作模式与新民主主义革命时期互助合作模式之间是吸收与创造的关系，前者在吸收后者经验的基础上，根据新中国成立以后面临的新形势进行了创造。改革开放时期的新型农业合作模式与社会主义革命和建设时期集体农庄式农业合作模式之间是坚持与创新的关系，前者坚持了后者的若干根本制度如土地集体所有制，在坚持的前提下根据改革开放实践中的新情况进行制度创新。这样一来，新民主主义革命以来的三种农业合作模式就成为了一个前后相因的整体。本书没有止步于历史描述和分析层面，从中国特色农业合作历史中抽象出中国特色农业合作理论，以提升本书研究的理论高度。

**二、创新之处**

著名经济史学家严中平曾提出经济史研究的"四新"论：或者提出新问题，或者提出新观点，或者提出新材料，或者运用新方法。① 经济史研究应以严先生提出的"四新"为追求，本书力图在以下方面有所创新。

第一，提出新的研究视角。近百年来的中国农业合作经济史，就是中国共产党领导农民探索中国特色农业合作道路的历史。因此，全面、深刻认识中国农业合作经济史，必须上升到中国道路的高度。国内外的现有研究，都没有注意到这一点。本书以"中国特色农业合作道路的探索"为主线，对新民主主义革命时期以来的中国特色农业合作道路的形成发展作长时段的整体性研究，这是学术界迄今未做但又很有必要做的一项研究工作。

第二，发掘新的资料。支撑本书研究的史料主要来自三个方面：一是已经公开出版的文献资料。在本书研究过程中，搜集、查阅了120余种文献资料，约3000万字。本书所征引的文献资料主要有：《中国农业合作化史料》、《农业集体化重要文件汇编》、《中国供销合作社史料选编》、《建国以来农业合作化史料汇编》、《国民经济恢复时期农业生产合作资料汇编（1949－1952）》、《当代中国典型农业合作社史》、《中华人民共和国经济档案资料选编（1949－1952）》（农村经济体制卷）、《湘赣革命根据地财政经济史料摘编》、《新中国农业60年统计资料》、《建国以来重要文献选编》、《广东省农业生产合作制文件资料汇编》、《甘肃省农业合作制重要文献汇编》、《贵州农村合作经济史料》，等等。二是档案馆的馆藏资料，本书发掘利用了湖南、河北、江苏等省档案馆馆藏的有关农业合作化和集体化的资料。新民主主义革命时期农业合作的相关报道很多，为廓清各界对根据地农业合作的评价，笔者地毯式地检索了《红色中华》《斗争》《解放日报》上每一篇文章，从中淘取了约5万字的相关史料。三是通过采访亲历者获得的口述史料。笔者先后十余次到湖南农村采访，与农业合作化运动、人民公社运动的亲历者交谈，通过当事人回忆获取口述史料。笔者还到广东珠海、佛山等地农村考察，获取研究社区型股份合作社的一手资料。为深入了解农民专业合作社，笔者深入田间地头，与涟源市平康种植农民专业合作社、涟源市星星农机专

---

① 《严中平集》，中国社会科学出版社1996年版，第60页。

业合作社的理事长、监事长和社员进行深度访谈，获取有关农民专业合作社在产权安排、治理结构、分配方式等方面的一手资料。以上三类资料，为本书研究提供了坚实的史料基础。

第三，综合运用历史学、经济学、社会学等多学科研究方法。（1）历史学方法。发掘利用档案史料、文献资料、报刊史料、实物史料研究民主革命时期以来农业合作道路的演进历程。（2）现代经济学方法。运用合作经济学理论、制度经济学理论、产权理论等理论工具分析不同历史时期农业合作道路的形成条件、成就与问题。（3）比较研究法。对三个不同历史时期的农业合作模式进行横陈纵比。（4）访谈法。通过访谈亲历者搜集口述史料，以此丰富本书的资料来源并实证本书的研究观点。

第四，得出新的观点。本书描述与分析并重。通过解读历史资料，厘清了经济史学界尚未理清或未完全理清的一些问题，主要有：（1）把近百年来中国农业合作道路的形成发展过程划分为三个时期、三种模式：新民主主义革命时期的农业互助合作模式、社会主义革命和建设时期的集体农庄式农业合作模式、改革开放时期的新型农业合作模式。（2）用较为详细的历史资料分别阐释了每个历史时期的农业合作模式的内涵、特征、成就和问题。（3）从现实依据和理论渊源两个方面阐释了不同历史时期三种农业合作模式产生的历史条件。（4）把新民主主义革命时期中国纷繁芜杂的农业合作概括为四种农业合作模式：根据地的互助合作模式、国民政府主导型农业合作模式、华洋义赈会引动的农业合作模式、以梁漱溟为代表的乡村建设派推动的政教并举型农业合作模式，并对四种农业合作模式进行了比较研究；对新中国成立以后的中国农业合作与苏联集体农庄进行了比较研究；对改革开放时期的新型农业合作社与西方国家合作社进行了比较研究。

在历史描述的基础上，本书研究得出如下新的观点：（1）中国的农业合作不是如某些学者所言的"从来就没有成功过"，中国在近百年实践中探索出了一条既超越西方合作主义范畴，又体现中国农村实际的农业合作道路，中国农业合作道路是世界农业合作道路丛林中一个具有鲜明中国特色的成员。（2）三个历史时期的三种农业合作模式之间是统一的、不是割裂的，三者之间既有传承又有创新：新中国成立前后两种农业合作模式之间是吸收与创造的关系。（3）从近百年的中国合作史中抽象出中国特色农业合作理论形态。中国特色农业合作理论的内涵主要包括十个方面。发起机制：外力引动与农民自动相结合；社员资格：全面开放与有限开放相结合；治理结构：普通社员民主控制与核心社员决策相结合；

产权结构：以股份合作实现劳动与资本的联合；经营目标：实现合作社和社员双重利润最大化；分配方式：按惠顾额分配与按资分配相结合；社员角色：使用者、所有者、控制者、受益者适度分离；合作教育：以形成现代合作精神为旨归；合作社间的合作：建立三级合作社联社体制；嵌入社区：以合作促进社区发展。

囿于学识与精力，本书研究还存在一些不足。在资料收集方面，由于没有充分发掘和利用县一级档案馆的资料，这就使得本书的历史描述部分缺乏足够的生动性。在理论表述方面，还没有运用现代经济学的表达范式对中国特色农业合作理论进行表述，这就使得本书的理论形态还驻足于文字表达层面。

# 第一篇

# 新民主主义革命时期的互助合作模式

# 第一章

# 根据地互助合作模式产生的历史条件

变工、换工等临时性的、无组织的劳动互助合作，在中国农村自古存在，但以发展农业、改变农村贫困为目的的有组织的合作则始于"五四运动"之后。世界农业合作起源于19世纪60年代的德国，20世纪初期，西方合作理念传入中国。到民国时期，中国各界、各政党都把开展合作视为挽救中国近代农业危机的药方。中国共产党从诞生之日起，就非常重视农业合作，特别是1927年之后，在根据地领导农民开展互助合作，以发展农业生产，解决农民生产生活困难，支援革命战争。

## 第一节 根据地互助合作模式的现实依据

近代以降，受连绵不断的灾害、战争的破坏以及世界市场的冲击，中国农村异常残破、农业濒临破产。而中共所建立的根据地，地处贫瘠的山区或黄土高原，农村和农业的破败程度比其他地区更甚。中共领导农民开展互助合作，是发展根据地农业、保障军粮供应、提高农民生活水平的必要手段，也是根据地互助合作的现实依据。

### 一、根据地人民异常困苦的生活状况

土地革命战争时期，红一方面军以井冈山为中心创建了中央革命根据地，各地红军还相继建立了湘赣、湘鄂赣、湘鄂西、闽浙赣、广东海陆丰、广西左右江、海南琼崖、陕甘边等大小15块革命根据地。[①] 在土地革命以前，根据地的土地集中在地主、富农手中，广大贫雇农却只占有小部分的土地。例如，湘赣革命根据地65%的土地集中在地主手中。其中，永新、宁冈、莲花约60%的土地集

---

① 虞和平：《中国现代化历程》第二卷，江苏人民出版社2007年版，第773页。

中在地主手中，遂川约70%的土地集中在地主手中，茶陵、酃县的地主集中了60%以上的土地。[①] 表1-1反映了宁冈县茅坪乡的土地占有情况。

表1-1                1928年土地革命前宁冈县茅坪乡土地占用情况

| 成分 | 农村户口 | | 土地占有 | | |
|---|---|---|---|---|---|
| | 户数 | 占全村（%） | 亩数 | 每户平均 | 占全村（%） |
| 贫农 | 141 | 60.5 | 276 | 1.9 | 17.7 |
| 雇农 | 26 | 11.2 | 0 | 0 | 0 |
| 中农 | 57 | 24.5 | 313 | 5.4 | 20.1 |
| 小计 | 224 | 96.2 | 589 | 2.65 | 37.8 |
| 富农 | 5 | 2.1 | 140 | 28 | 9 |
| 地主 | 4 | 1.7 | 830 | 207.5 | 53.2 |
| 小计 | 9 | 3.8 | 970 | 407.7 | 62.2 |
| 总计 | 233 | 100 | 1559 | 6.7 | 100 |

资料来源：湖南省财政厅：《湘赣革命根据地财政经济史料摘编》，湖南人民出版社1985年版，第146页。

革命根据地地处穷乡。如修水、铜鼓、武阳、万载、宜春、宜丰等县，"除修水、宜春在政治经济上颇占重要地位外，其余各县多是崇山峻岭，山多田少，文化低落，保存封建社会遗留，人民顽固守旧，土客界限、家族观念甚浓，半封建的手工业生产，小农经济制度，工商业不发达"。[②] 正因为落后，这些地方的大地主很少，主要是中小地主，小地主占绝大多数。"地主越小，他的剥削也越加厉害"，如万载县"地主阶级对农村的剥削，是特别残酷的。地租平均占生产额的65%，有些还达到70%，借贷的利率，平均占30%，抵押品的苛刻，不单只是土地、屋宇，甚至耕牛、农器以及家用什物，如衣服、锡器都是要的"。[③] 湘赣地区"一般地租为四六开，佃田押金每亩十元银洋，如农民不交租或少交租就将押金扣除，农民每逢端午中秋新年向地主送礼（鸡鸭肉包谷甘菜等），地主到农民家索饭食，农民必须热情招待，农民必须向地主无偿劳动，地主借钱给农

---

① 湖南省财政厅编：《湘赣革命根据地财政经济史料摘编》，湖南人民出版社1985年版，第145页。
② 刘仁荣：《湘鄂赣革命根据地财政经济史料摘编》中，湖南人民出版社1989年版，第513页。
③ 刘仁荣：《湘鄂赣革命根据地财政经济史料摘编》中，湖南人民出版社1989年版，第465页。

民，借给富裕中农年息一分，借给中农二分五厘，借给贫农三分"。① 农村高利贷猖獗，一般利息是，秋前借谷一担，秋后还谷一担五斗，也有借一担还两担的，每年秋收以后，农民用新谷还旧债，所剩无几，"丢掉禾镰没饭吃"是当时攸县农民的写照。② 攸县西乡大土豪符任生，放高利贷剥削农民，凡租种符家田一亩，得交一担五斗或两担干谷，荒月向他借粮一担，不过两个月，得还一担三斗至一担五斗。符家占有稻田七千余亩，茶山一万多亩，杉木二千多亩，土地横跨攸县衡阳两地。除田租收入外，每年还向茶农收油租三千多担。符家的油仓满贯，一次他家的一个十五岁养马仆童帮厨，爬在大油桶上舀油，不小心跌入油桶，被活活淹死。③

土地革命战争前，群众受到各种捐税的盘剥。"目前各县捐税至少有数十种之多，属于清乡一类的捐税都有十多种"，"土豪养兵不肯自掏腰包，把负担加在劳苦群众身上，厉行五花八门的税捐，如守望捐、购枪捐、通行证捐、良民证捐、自新自首捐、清乡捐、盐捐、警捐……。然而重捐的结果，反促进民众革命的决心，抗捐斗争日益普遍，赤色区域日益扩大，榨取范围缩小，甚至只剩下一个县城。于是庞大的军队无法维持，平江县财政保管处亏空五六十万，挨户团十个月没有饷，一般总是欠七八个月，士兵生活靠抢，甚至连农民窖里的薯种都抢，至拦路打劫，尤为常事"。④ 江西农民除了负担田赋、统税等正税之外，还要承担十余种杂税，如"烟酒捐、薄地税、二五附加、市政捐、一五抵补捐、丧捐与人头捐之苛政。一家无论贫富，如生有小孩子，便必上捐，起码两元，死人起码两元"。⑤ 繁重的地租和税收，使根据地人民生活异常困苦。"现在一般劳苦群众，多半没有盐吃，没有衣穿，没有煤油照。"⑥ "近来（1931 年底）鄂东南苏区群众有好多三四个月没有吃盐的，因为群众买不到盐，真是一个很严重的问题"。⑦ 1929 年，江西发生旱灾，60% ～70% 的农民缺乏粮食，十分之八九的农民负债，"不但耕牛肥料无从购置，即日食三餐，尚有许多朝不保夕"。⑧ 濒临破产的农民，居住条件很差，"在平江东、南、北三乡，浏阳、铜鼓、修水的一部

① 湖南省财政厅编：《湘赣革命根据地财政经济史料摘编》，湖南人民出版社1985年版，第148页。
② 湖南省财政厅编：《湘赣革命根据地财政经济史料摘编》，湖南人民出版社1985年版，第149页。
③ 湖南省财政厅编：《湘赣革命根据地财政经济史料摘编》，湖南人民出版社1985年版，第150页。
④ 刘仁荣：《湘鄂赣革命根据地财政经济史料摘编》下，湖南人民出版社1989年版，第755～756页。
⑤ 湖南省财政厅编：《湘赣革命根据地财政经济史料摘编》，湖南人民出版社1985年版，第146页。
⑥ 刘仁荣：《湘鄂赣革命根据地财政经济史料摘编》下，湖南人民出版社1989年版，第690页。
⑦ 刘仁荣：《湘鄂赣革命根据地财政经济史料摘编》下，湖南人民出版社1989年版，第697页。
⑧ 湖南省财政厅编：《湘赣革命根据地财政经济史料摘编》，湖南人民出版社1985年版，第231～232页。

分，房子是烧了的，现在民众多居烂屋子，还有新建棚子来住的"。① 出身于破产农民的工人阶级，同样受到帝国主义、军阀、豪绅地主、资本家的层层剥削，其生活状况也异常糟糕，浏阳、万载、宜春、平江、铜鼓等地的纸业工人，"生活非常贫苦，每日只有六七百钱的工价，工作时间在 12 小时以上"，宜春的织布工人，每天工作 12 小时，"所得到的工资，仅只是 15 个双铜元，甚至于还要减少"，随着"农村斗争的深入，农村经济的购买力减低，更影响到城市商业的凋零，工厂的倒闭，而工人日益失业，找不到生活上的出路"。② 乡村手工业者的生活也是很穷苦，黄梅的裁缝、木匠、泥匠，"每天（工资）由五百文至八百文不等，童工（青年农民十一、二岁至十六、七岁的）自十几串至二十串或四十串不等，有许多八、九岁的童工只有饭吃没有工钱的……女佣工，每天一百文至三百文不等，没有超过四百文的……有的学徒学到三年没有拿过工钱的甚多"。③

　　抗日战争时期，中共领导的抗日武装共创立了 18 块抗日民主根据地：陕甘宁边区、晋察冀边区（分北岳、冀中、冀热辽三区）、晋冀豫区（分太行、太岳两区）、冀鲁豫区（分冀南、冀鲁豫两区）、晋绥边区（分晋西北、大青山两区）、山东区（分胶东、滨海、渤海、鲁中、鲁南五区）、苏北区、苏中区、苏南区、湘东区、淮北区、淮南区、皖中区、豫西区、鄂豫皖区、湘鄂赣区、东江区、琼崖区。陕甘宁边区是敌后抗日根据地的总部区。④

　　陕甘宁边区"经过十年内战，封建地主阶级大部被摧毁了，农民虽已分得土地，但农村经济已经破产"。⑤ 也有部分地方（例如绥德、富县、庆阳）未经土地改革，这些地方的地权分配很不合理，绥德辛店区延家岔乡，共有 232 户，14 户地主，全乡耕地 2923 垧，地主占有耕地 1934 垧，占 66%；在陇东镇原王原区四乡，共有耕地 13069 亩，两家地主就占有全乡耕地总量的 56.6%，达 7400 亩。⑥ 无地或少地的穷苦农民要承受沉重的地租剥削。如陕西的田租至少是五五，最高的达二八，大多数佃农在交完地租以后，所剩无几，有时甚至连种子都难以

---

① 刘仁荣：《湘鄂赣革命根据地财政经济史料摘编》下，湖南人民出版社 1989 年版，第 758 页。
② 刘仁荣：《湘鄂赣革命根据地财政经济史料摘编》中，湖南人民出版社 1989 年版，第 514～515 页。
③ 刘仁荣：《湘鄂赣革命根据地财政经济史料摘编》中，湖南人民出版社 1989 年版，第 516 页。
④ 虞和平：《中国现代化历程》第 2 卷，江苏人民出版社 2007 年版，第 773 页。
⑤ 陕甘宁边区财政经济史编写组、陕西省档案馆：《抗日战争时期陕甘宁边区财政经济史料摘编》第 6 编，陕西人民出版社 1981 年版，第 13 页。
⑥ 陕甘宁边区财政经济史编写组、陕西省档案馆：《抗日战争时期陕甘宁边区财政经济史料摘编》第 9 编，陕西人民出版社 1981 年版，第 13～14 页。

回来。① 陕北高利贷猖獗，放高利贷被看作是最赚钱的事业，绥德的借贷利率最低月利三分，最高五分，还有年利两倍的，年利息与本金相同，俗名"一年滚"；有些地方的贫雇农全年收入的 45% ~ 85% 用于还高利贷。② 农民还有沉重的苛捐杂税负担，抗战前，延安农民每年需要承担的固定税、捐有 40 多种，包括印花税、契税、羊税、羊毛税、血税、剥皮税、洋烟税、白地税、警察捐、灯头捐、驴驮捐、维持费、修城费，等等。③ 农民生活因繁重的负担而贫苦异常，到冬天"还穿着破单裤，没有毯子，居民把所有贡献给军队，也不过是几升包谷，或者剩下的几头羊子。如果跑到农民家一看，一间破窑，缸里什么没有，炕上就是一堆土，靠煤火过夜"。④ 边区苦寒地薄，生产力水平低，据典型调查，每亩平均产量约为 39 ~ 42 斤，总产量约为 120 余万石，1936 年，陕甘宁边区的粮食总产量只有 103.4 万石。各地的平均亩产量存在较大差距，固宁县更乐区康家村为 27 斤（1934 年），安塞县四区各乡为 29 斤（1935 年），清涧县解家沟为 40 斤（1935 年），华池县温台区四乡城壕村为 69 斤（1934 年）。牛羊驴是陕北农民的主要家庭财富，第二次国内革命战争以前，陕甘宁边区有 12.2 万头牛，78.1 万只羊，经过战争破坏，到 1936 年，牛仅存 5 万头，驴 4 万头，羊 40 万只。⑤ 张闻天在神府县农村调查中较为详细地记载了抗战时期当地群众的吃与穿。在吃的方面，中农只有在正月初一至十五、廿三、二月二等节日吃米窝窝、糕、捞饭、高粱饺子，偶尔吃羊肉或猪肉；农忙季节，日食三餐，比较稠，农闲时节，每日两餐，比较稀。"贫农吃得比中农差些，黑豆糊糊要稀，捞饭更少吃，吃瓜菜、洋芋更多。到青黄不接时，还要挨饿"。在穿的方面，"平常，一般农民，冬天穿皮衣皮裤（无面子的），冬衣里放羊毛。有衬衣衬裤的不多。平时穿的棉衣、夹衣、单衣，旧的多，新衣服则留在过年过节时穿。戴帽子的很少，大都用白布缠头。"⑥ 延安县川口区赵家窑村的群众，"每天吃饭二顿或三顿，吃得早，吃三顿，迟只两顿。有面时三五天吃一次，没面时十几天吃一次，一年吃肉的次数不

---

① 左健之：《从物价高涨说到抗战中的民生问题》，载于《解放》第 97 期，1940 年 1 月 30 日第 3 版。

② 闫庆生、黄正林：《抗战时期陕甘宁边区的农村经济研究》，载于《近代史研究》2001 年第 3 期。

③ 陕甘宁边区财政经济史编写组、陕西省档案馆：《抗日战争时期陕甘宁边区财政经济史料摘编》第 9 编，陕西人民出版社 1981 年版，第 15 ~ 16 页。

④ 陕甘宁边区财政经济史编写组、陕西省档案馆：《抗日战争时期陕甘宁边区财政经济史料摘编》第 9 编，陕西人民出版社 1981 年版，第 5 ~ 6 页。

⑤ 陈廷煊：《抗日根据地经济史》，社会科学文献出版社 2007 年版，第 19 ~ 20 页。

⑥ 张闻天：《神府县兴县农村调查》，人民出版社 1986 年版，第 72 页。

一定，……一年大概吃三五次，过年一定吃"。①

晋绥边区"全部是黄土丘陵地区，黄土层深厚，一般为 10～13 公尺，局部地区厚达 70～80 公尺，地形破碎，千沟万壑，是全省（山西省）水土流失最严重的地区"。② 土地改革以前，晋绥边区地权分配很不合理。据对晋绥边区兴县、河曲、保德、宁武 4 县 11 村的调查，50.5% 的土地被占总人口 16.5% 的地主和富农占有，占总人口 83.5% 的中农、贫雇农及工人只占有土地总量的 49.5%。③ 兴县水磨滩村，有贫雇农 188 户，平均每户只有 5.58 垧土地，人均不过 1.35 垧，有地主 10 户，每户平均占有 85.5 垧土地，人均达 15.2 垧，地主的人均土地占有量是贫雇农的 11.25 倍。④ 缺地和少地的农民，不得不租种地主土地，承受沉重的地租剥削，生活更加困苦。

自然灾害频发加剧了农民的贫困。晋冀鲁豫边区在抗战时期有四年闹灾荒。1939 年，晋察冀边区连遭旱灾与雹灾，又遭受 60 年未遇的大水灾，大水灾冲毁田地和房屋，水灾过后，猩红热、伤寒等传染病肆虐，灾民食树皮草根，饥寒交迫，无以为生。抗战时期，晋冀鲁豫边区光是旱灾损毁的田土就达 5490 万亩，减产 131 亿多斤。⑤

为了改变农民的困苦生活状况，中国共产党一方面领导农民通过革命战争打倒帝国主义和封建军阀，开展土地改革废除封建剥削制度；另一方面，把农民组织起来，通过互助合作发展生产，提高生产能力，改善农民生活。

### 二、敌人经济封锁所造成的根据地经济困境

革命根据地长期遭受敌人的经济封锁。土地革命战争时期，国民党政府从五个方面对根据地进行物质封锁：一是粮食封锁。"凡接近赤区乡村居民之粮食，县长应划定特别取缔区域，责成区保甲长切实调查，每户实有人口，准存留——收获季节自食者外，其余悉运后方城市买卖，或转移安全地方之仓库或祠堂存储"。二是食盐封锁。"民间食盐凭票，由当地官厅派员监督，凭票发售，严禁自由售卖及私运赤区"。三是可供制造军用品的材料封锁，这些材料包括钢铁、紫铜、白铅、硝、磺等。四是汽油、煤油、电料封锁。五是卫生材料、医药用具、

---

① 《延安川口区四乡赵家窑农村调查记》，载于《解放日报》1942 年 1 月 13 日。
② 山西省地方志编纂委员会：《山西通志·农业志》第 8 卷，中华书局 1994 年版，第 59 页。
③ 刘欣、景占魁主编：《晋绥边区财政经济史》，山西经济出版社 1993 年版，第 47 页。
④ 刘欣、景占魁主编：《晋绥边区财政经济史》，山西经济出版社 1993 年版，第 46 页。
⑤ 张大军：《河北解放区的经济建设与经济特点》，载于《河北师范大学学报》2006 年第 3 期。

药品封锁。① 为达到扼杀根据地的目的，国民党政府制定了封锁根据地经济的严厉措施：（1）所有军用和日用物品，"无论整批零贩绝对的一律禁止输入匪区，而匪区物品亦禁止输出"。（2）凡属是接近根据地的商店，"其货物准人民零买，不准整批发卖"，而且"不准囤积大批货物"。（3）惩罚事项："主犯者枪决、放纵者枪决、查获隐瞒不报者及报不符实者监禁、借端敲诈良民者监禁、故意留难良民者重罚"。② 1934 年 7 月，国民党政府在赣南各县设立由县长任所长的"封锁剿匪管理所"专门办理经济封锁事宜。国民党政府还派重兵把守交界地带，隔断市镇与乡村的经济往来，"使得农产品不能输出，日用必需品（尤其是油盐及布匹）不能购买，又其次如纸票不兑现，贷借完全停止，造成了经济停滞的极大恐慌"。③

经济封锁导致根据地商品特别是生活必需品极其短缺，供求失衡又导致物价上涨。1929 年，井冈山革命根据地的物价普遍上涨，肉价达到一元钱四斤，青菜、南瓜、冬瓜、萝卜等小菜一百钱一斤，盐一元钱两到四斤不等，茶油一元钱六斤多，布匹、棉花及生活必需品，全靠小商小贩从酃县偷贩到井冈山，物质极度匮乏，售价达到上海的物价。"因为经济如此的崩溃，经济恐慌到了如此程度，一般民众感觉得非常痛苦，而找不到出路"。④ 食盐是必不可少的生活必需品，封锁使根据地的食盐供应极为困难，中小商人冒着坐牢和杀头的危险从白区偷运盐到根据地，但数量极其有限，而且价格昂贵，"要三块光洋才能买一斤盐，有时一块光洋只能买四两盐（十六两一斤的盐），按当时的谷价两元一担计算，就需要两担谷才能买一斤盐"。⑤ 奸商趁火打劫，通过贱买贵卖，牟取暴利。他们"在白区买盐是一块钱七斤，而他拿到苏区则卖一块钱一十二两（一十六两为一斤），赚去九倍多"。⑥ 在"反围剿"战争中，红军和苏区人民面临"没有盐吃的危险"，盐价上涨到"一元光洋八两"，如果用米来换盐，一斤盐可换四斗米。⑦

经济封锁造成根据地粮食市场的混乱。每到青黄不接之时，由于白区粮食不能进口到苏区，粮价因粮食供应远小于需求而上涨。1933 年 5 月，每石糙米的价

① 湖南省财政厅编：《湘赣革命根据地财政经济史料摘编》，湖南人民出版社1985年版，第330~331页。
② 湖南省财政厅编：《湘赣革命根据地财政经济史料摘编》，湖南人民出版社1985年版，第332页。
③ 刘仁荣：《湘鄂赣革命根据地财政经济史料摘编》下，湖南人民出版社1989年版，第632页。
④ 湖南省财政厅编：《湘赣革命根据地财政经济史料摘编》，湖南人民出版社1985年版，第324页。
⑤ 湖南省财政厅编：《湘赣革命根据地财政经济史料摘编》，湖南人民出版社1985年版，第327页。
⑥ 刘维菱：《中央苏区合作制经济研究》，载于《江西社会科学》2001年第6期。
⑦ 许毅：《中央革命根据地财政经济史长编》上，人民出版社1982年版，第588页。

格，在兴国为十一元三角，赣县十一元九角，博生十二元九角，于都十三元三角，瑞金十五元左右，汀州达到十八元二角，上杭则更贵。① 1934 年 2 月间，"谷价到处高涨，有些地方如会昌、瑞金、博生、于都已涨到七八元一担"，谷价不断上涨，农民更加不愿意以谷子抵充税收和公债，从而影响了粮食收集运动的开展，如石城"群众付款时大部均缴现金，收入的谷子仅占三分之一"。② 每到秋天收获季节，农民纷纷出售粮食换取食盐、布匹等必需品，奸商富农不但趁机压低粮价使农民利益受损，而且还偷运粮食到白区以高价出售，1932 年，江西的万太、赣县、永丰、公略等县，"秋收后谷价下跌到六七毛一担"，"而富农奸商遂乘机将大批谷米运输出境，以致造成有些地方的夏荒"。③

经济封锁造成了根据地的金融困难。"最近一年来（1930 ~ 1931 年），苏维埃区域的确感到一切物质上的困难，时常缺乏洋油、食盐、布匹、药材等日常必需品，同时苏区的生产品，如夏布、纸、碗、爆竹、红茶……也不能装运出去售卖，使苏区的金融亦发生困难"。④ 富农和奸商利用经济封锁扰乱金融市场。如湘鄂赣革命根据地的奸商，不但拒绝使用工农银行所发行的钞票，而且还唆使他人暗中降低工农银行钞票的价格，"如龙港买布用银洋只要两块钱一匹，用工农银行钞票需要三十多串钱一匹，这都是富农、奸商操纵金融，企图破坏苏区经济政策的明显事实。因此，我们要冲破敌人的经济封锁与打破富农、奸商操纵破坏的企图，使广大贫苦群众有便宜的油盐，有便宜的布匹，有便宜的洋油、药材等，与减少群众需要品的困难，必须组织消费合作社。为要利用票币发展苏区经济，流通票币，更有组织消费合作社之必要"。⑤

打破敌人经济封锁、反击奸商的操纵市场的有效途径就是建立合作社。苏维埃中央政府认为，解决粮食问题不能依靠政府的行政手段，而要依靠群众组织粮食合作社。"苏维埃政府垄断粮食买卖的企图在目前是不适当的。在遵守苏维埃政府法律的条件之下，商人的粮食买卖是不禁止的。粮食困难问题的解决，应该尽量依靠广大群众自己组织粮食合作社。粮食合作社应该是粮食部的群众基础，

---

① 亮平：《怎样解决粮食问题》，载于《斗争》第 11 期，1933 年 5 月 10 日第 6 版。
② 《战斗中的石城突击队》，载于《红色中华》第 147 期，1934 年 2 月 9 日第 2 版。
③ 林伯渠：《关于倡办粮食合作社与建造谷仓问题》，载于《红色中华》第 83 期，1933 年 6 月 4 日第 5 版。
④ 刘仁荣：《湘鄂赣革命根据地财政经济史料摘编》下，湖南人民出版社 1989 年版，第 632 页。
⑤ 刘仁荣：《湘鄂赣革命根据地财政经济史料摘编》下，湖南人民出版社 1989 年版，第 642 ~ 643 页。

必须用极大力量，发展粮食合作社的组织"。① 这就是说，只有通过广泛地发动
群众建立粮食合作社，才能抵制富农奸商对粮价的操纵，维持粮食价格的稳定。
正如邓子恢所指出的，只有发动广大中农、贫农、雇农自动入股组成合作社，
"向社员收买谷子，谷价要比市场价格高一些，收买的谷子，存储到明年，又比
市场价格便宜一点粜给社员，多余的则运往米价高的地方去卖，结算所赚得的
钱，除留存公积金外，其余按照各社员所粜谷子多少为比例分配"。② 建立消费
合作社，是打破经济封锁的有效手段。正如湘鄂赣省苏维埃政府所指出："我们
要了解，每件货物只要经过了奸商资本家的手，就要受到他们残酷的剥削，不要
认为我个人不要买好多东西用，就剥削不到手，只要掐指一算，最苦的人，盐是
要买来吃的，衣是要买来布做得穿的，如果一家有六七人过生活，那就要许多钱
去买盐、买布。你们想，这许多钱的生意，如果我们大家都齐来做，不但要得到
便宜货物用或吃，还可以分得一些红利到手。这样，你们的生活，一定要更好
些，现在要开办消费合作社，也就是这个意思"。③ 鄂东南金畈乡工农合作社的
"营业范围主要是收购本地土特产如麻、半夏之类运到白区去卖，再把食盐从白区
运来。那时苏区缺盐，运盐是主要任务，另外经营其他业务：如做油面、大豆腐、
养猪、杀猪等，这些都是与兵工厂工人及附近农民生活有关的业务"。④ 合作社把
自产的土特产卖出去，把短缺的物质买回来，有力地回击了敌人的经济封锁。

抗战初期和中期，抗日根据地可以得到较为丰富的外援。1937～1940 年间，
陕甘宁边区财政收入的 82.42% 来自外援，如表 1-2 所示。

表 1-2　　　　　　　　　1937～1940 年陕甘宁边区的财政收入构成

| 项目 | 1937 年 | 1938 年 | 1939 年 | 1940 年 | 总计 |
|---|---|---|---|---|---|
| 全部岁入（%） | 100 | 100 | 100 | 100 | 100 |
| 外援（%） | 77.2 | 51.69 | 85.79 | 70.50 | 82.42 |
| 其他（%） | 22.8 | 48.31 | 14.21 | 29.50 | 17.58 |

资料来源：陕甘宁边区财政经济史编写组、陕西省档案馆：《抗日战争时期陕甘宁边区财政经济史料摘编》第 6 编，陕西人民出版社 1981 年版，第 13 页。

---

① 《关于苏维埃经济建设的决议》，载于《红色中华》第 150 期，1934 年 2 月 16 日第 2 版。
② 邓子恢：《发展粮食合作社运动来巩固苏区经济建设》，载于《红色中华》第 31 期，1932 年 8 月 13 日第 9 版。
③ 刘仁荣：《湘鄂赣革命根据地财政经济史料摘编》下，湖南人民出版社 1989 年版，第 638 页。
④ 刘仁荣：《湘鄂赣革命根据地财政经济史料摘编》下，湖南人民出版社 1989 年版，第 651 页。

正因为财政收入主要来自外援，陕甘宁边区农民的负担较轻，1937～1940年，陕甘宁边区农民人均负担占当年粮食收获量的比重分别为 1.28%、1.32%、2.92% 和 6.38%。①

抗战进入相持阶段以后，国民党不断制造"反共"摩擦，在经济上采取断绝支援和封锁政策。1940 年 9 月，首次停发每月 60 万元的抗日军饷。1941 年 1 月皖南事变以后，国民党不仅完全停止军饷供应，而且停止海外华侨和后方进步人士的捐款汇兑，这两项占当年边区财政收入的 70.5%，使边区财政经济遭遇空前的危机。② 1941 年和 1942 年是根据地最困难的时期，"我们曾经弄到几乎没有衣穿，没有油吃，没有纸，没有菜，战士没有鞋袜，工作人员在冬天没有被盖。国民党用停发经费和经济封锁来对待我们，企图把我们困死，我们的困难真是大极了"。③

解决财政经济困难，不能过分加重农民负担。④ 早在 1939 年 9 月，党中央提出要通过发展合作社来发展根据地经济。"我们抗日根据地今日的经济政策之一，就在于把这个经济力量组织起来……最好的组织形式和组织方式之一，就是合作社。扩大合作社运动，是我们抗日根据地当前一个最迫切的战斗任务"。⑤ 1942年 12 月，毛泽东在西北局高级干部会议上做《经济问题与财政问题》的报告，他明确提出要把发展合作社作为边区政府主要农业政策，他号召："各县应大力组织劳动互助，大大发展农民集体劳动"，"根据地各地应普遍开展组织变工运动"。⑥ 1943 年 11 月，毛泽东在陕甘宁边区第一届劳动英雄大会上做《组织起来》的报告，再次指出："目前我们在经济上组织群众的最重要形式就是合作社"，改变农民个体经济落后状况的"唯一办法就是逐渐地集体化；而达到集体化的唯一道路，依据列宁所说，就是经过合作社"。⑦

经济封锁不仅造成了边区政府的财政经济困难，而且导致边区生活必需品奇

---

① 陕甘宁边区财政经济史编写组、陕西省档案馆：《抗日战争时期陕甘宁边区财政经济史料摘编》第 6 编，陕西人民出版社 1981 年版，第 13 页。

② 陕甘宁边区财政经济史编写组、陕西省档案馆：《抗日战争时期陕甘宁边区财政经济史料摘编》第 6 编，陕西人民出版社 1981 年版，第 14 页。

③ 《毛泽东著作选读》下，人民出版社 1986 年版，第 558 页。

④ 事实上，到 1941 年陕甘宁边区的农民负担已经加重了许多。据调查，"清涧、华池、曲子三县人民的正税与附加税负担已达总收入的 18.2% 和 40%"。陕甘宁边区财政经济史编写组、陕西省档案馆：《抗日战争时期陕甘宁边区财政经济史料摘编》第 6 编，陕西人民出版社 1981 年版，第 19 页。

⑤ 杨德寿：《中国供销合作社史料选编》第 2 辑，中国财政经济出版社 1990 年版，第 264 页。

⑥ 《毛泽东选集》第 3 卷，人民出版社 1991 年版，第 891～892 页。

⑦ 黄道霞等：《建国以来农业合作化史料汇编》，中共党史出版社 1992 年版，第 3 页。

缺。例如布匹，由于输入减少，奸商从中操纵布价，根据地的布价迅速上涨，一般农民家庭用于购买布匹的支出占家庭总支出的比重提高，如对延安一乡 20 户的调查显示，购买布匹的支出占家庭总支出的 66.8%。[①] 经济封锁使得边区的农产品和牲畜卖不出去，价格因之下跌，如陕甘宁边区吴旗县"绵羊一直跌到四块钱，山羊跌到三块钱，布价呢！就像洪水似的往上涨，一匹很坏的布要二十块钱，老百姓还抢着买，都穿得稀烂"。[②] 打破敌人的经济封锁和价格垄断的有效办法就是成立各种合作社，到敌占区贩运物质销售给社员，以保护社员的利益，"为了便利我们广大的劳苦群众自己买卖货物，减少可以节省的支出，增加应该得到的收入，我们必须在经济上有组织地联合起来，成立与扩大我们自己的消费合作社，抵制商人的过分剥削"。[③] 吴旗县金汤区的合作社主任陈秀冒险到河南调查当地羊价的行情，由合作社赶着羊到河南去卖，并顺便低价换回群众必需的布匹。陕甘宁边区的消费合作社出售的货物比市场价格便宜 10% ~ 15%，农副产品收购价格高于市价 4% ~ 5%，合作社还派货郎担子下乡，主动给乡村群众送货和收购土特产。[④]

### 三、战时经济状态下根据地劳动力与生产工具的匮乏

劳动力、耕畜、农具是从事农业生产必不可少的生产要素。战争的破坏再加上灾害，根据地普遍缺乏劳动力和生产工具，这是制约根据地农业生产发展的一个重要因素。

土地革命战争时期，在扩红运动的号召下，大量青壮年参军参战。如上杭县才溪乡，男女青壮年 100 名中有 88 人参加红军；兴国长岗乡，100 名青壮年中有 80 人当红军。加之国民党政府对根据地人民进行报复性屠杀，致使青壮年损失巨大。无劳动力或缺劳动力的农户占总农户的四分之三。[⑤] 兴国长冈乡共有青年成年男子 406 人，其中出外当红军和做工作的达 320 人，占 80%，75% 的农户缺劳动力。[⑥]

---

① 陕甘宁边区财政经济史编写组、陕西省档案馆：《抗日战争时期陕甘宁边区财政经济史料摘编》第 3 编，陕西人民出版社 1981 年版，第 16 页、550 页。

② 《解放日报》1944 年 9 月 11 日。转引自蔡建亮：《抗战时期陕甘宁边区模范综合性合作社研究》，西北大学硕士学位论文，2015 年，第 38 页。

③ 陕甘宁边区财政经济史编写组、陕西省档案馆：《抗日战争时期陕甘宁边区财政经济史料摘编》第 9 编，陕西人民出版社 1981 年版，第 277 页。

④ 《实行货郎担子下乡》，载于《解放日报》1944 年 7 月 4 日第 4 版。

⑤ 于素云：《中国近代经济史》，辽宁人民出版社 1983 年版，第 319 页。

⑥ 《毛泽东农村调查文集》，人民出版社 1982 年版，第 76 页。

上杭县才溪区上才溪村，人口2318人，男劳力554人（16岁到55岁），女劳力581人，554个男劳力中，419人当红军，66人在外工作，留在乡村的只有69人；下才溪村，人口2610人，男劳力765人，女劳力442人，有533个男劳力当红军，98个男劳力在外工作，只有232人留在乡村，才溪区的劳动力严重不足，耕种主要依靠女子。① 瑞金云集区夏罗乡"有1100名左右的居民，红军家属有150余家，后方工作人员的家属有39家，该乡妇女大都是小脚，不能直接参加劳动，所以全部的耕田队只有七十几名，因此劳动力的供给不够"。② 土地改革（简称"土改"）以后，农民的生产积极性高涨，但他们"在农业生产方面面临着缺乏劳动力、肥料、种子、耕牛、水利等问题。以劳动力而言，当时十六岁到四十五岁的男子大都参加了红军和赤卫队、游击队，能经常参加生产的剩余的男劳力与妇女相比，只占很少一部分了。因此农民群众须积极行动起来，妇女参加生产，尽可能地广泛组织生产突击队、耕田队、犁牛合作社，采取招工、变工、帮工等互助合作形式"。③ 在战争中，耕牛被杀，农具被毁，农业生产所需的耕畜、农具严重缺乏。浏阳的"东南乡各斗争区域，经过豪绅地主、挨户团、国民党军阀的继续不遗余力的屠杀、焚烧、清乡，一切生产破坏无余，以致工农失业，田园荒芜，出产减少，商业萧条"。④ 分得土地的贫农、雇农，约有25%缺少耕牛。兴国县长冈乡有农户437家，109户缺耕牛；瑞金县武阳区的一个68户的村庄，一头耕牛都没有；瑞金、上杭、兴国25%的农户完全没有耕牛。⑤

面对困难的苏区农民，在"亲帮亲，邻帮邻"的习惯做法基础上，积极开展劳动互助，人力和牛力的换工互助。兴国、上杭等地出现了自发的劳动互助合作社和犁牛合作社。中国共产党因势利导，组织群众开展互助合作，解决劳动力、犁牛和农具不足的问题。"为调剂劳动力，党与苏维埃政府领导劳动互助社的发展，和发动妇女加入生产学习组学习犁田耙田和一切农事""为着调剂牛力，为着使无牛的农民有牛用，苏区内组织了犁牛合作社""农具合作社也在各地组织了，使没有农具的农民得到廉价的农具用"。⑥ 湘鄂赣革命根据地的平江、浏阳、

① 杨德寿：《中国供销合作社史料选编》第2辑，中国财政经济出版社1990年版，第235页。
② 《瑞金云集区夏罗乡春耕运动的布置：联系到收集粮食突击运动》，载于《红色中华》第158期，1934年3月6日第1版。
③ 刘仁荣：《湘鄂赣革命根据地财政经济史料摘编》中，湖南人民出版社1989年版，第504~505页。
④ 刘仁荣：《湘鄂赣革命根据地财政经济史料摘编》下，湖南人民出版社1989年版，第629页。
⑤ 《毛泽东农村调查文集》，人民出版社1982年版，第76页。
⑥ 《两个政权，两个收成》，载于《斗争》第72期，1934年9月23日第9版。

醴陵、湘阴等县的群众在土改中分得了土地，但普遍缺劳力、缺耕牛、缺肥料、缺种子，亩产量很低，每亩只有三百斤，苏维埃政府领导农民开展互助合作，"合理地解决了肥料、种子、耕牛、劳动力、水利等问题"，亩产量"达五六百斤"，几乎翻了一番。阳新县的各级苏维埃政府领导群众成立"互助组""互助耕田团""督耕委员会"，"传授生产知识，交流生产经验，开展生产竞赛，奖励积极劳动者，组织耕牛农具，实行互相援助，号召群众开荒，研究改良种籽、作物施肥，鼓励群众兴修水利，动员群众开展多种经营""全县农民群众的生产积极性日益高涨，大大提高了农业生产的产量，如龙港蔡家湾一带，土改前，稻谷平均亩产只有二百斤，最多不到四百斤，土改后的第一年，平均亩产就上升到四百斤，最多的亩产达六百斤，金龙区亩产提高百分之三十到四十"。①

　　抗战时期，抗日根据地的劳力与耕牛农具的短缺问题依然十分严重。陕甘宁边区本就地广人稀，人口总量150万左右，3万青壮年参加了八路军，还有许多人参加了地方政府工作与各种抗日组织及工矿企业，不少农家面临缺乏劳动力的困难。② 特别在完成了土地革命的地方，"劳动力的增加速度是远落在耕地面积的扩大之后，在这些地方，虽然有大量移来的新户，但是劳动力仍然感觉不足"。③ 据晋察冀边区北岳区农会1943年春季的调查，北岳区劳动力比战前减少7.43%，有的地方减少16%以上，平均每个劳动力所经营的土地增加到15亩到25亩。④ 日军在晋西北的朔县、山阴、宁武、崞县、代县等地大肆屠杀，五个月内，就有11715人遇害，还有大量精壮劳动力或是被迫加入了国民党军队，或是参加了八路军和中共领导的牺盟会，1940年边区"劳动力数量比战前减少1/3"。⑤ 1943年5月，日寇对冀中地区进行大扫荡，加上大旱灾，使该地区的人口、耕畜、农具损失惨重，饶阳县五公村，320户中有101户为了活命而出卖耕地和农具，90头耕畜卖掉了三分之二，15人活活饿死，21户流亡他乡，25户外出乞讨。⑥ 1943年冬，阜平县在日寇的大扫荡中，被杀1380人，病死400人，共损失1700人（其中青壮年占75%），农具损失14492件，牲口损失3200头，

① 刘仁荣：《湘鄂赣革命根据地财政经济史料摘编》中，湖南人民出版社1989年版，第468~469页。
② 星光、张杨：《抗日战争时期陕甘宁边区财政经济史稿》，西北大学出版社1988年版，第46页。
③ 陕西省档案馆：《抗战时期陕甘宁边区财政经济史料摘编》第7编，陕西人民出版社1981年版，第27页。
④ 李候森：《介绍晋察冀边区的劳动互助合作社》，载于《解放日报》1945年3月12日第2版。
⑤ 刘欣主编：《晋绥边区财政经济史资料选编》总论编，山西人民出版社1986年版，第25页。
⑥ ［美］弗里曼、毕克伟、赛尔登：《中国乡村，社会主义国家》，陶鹤山译，社会科学文献出版社2002年版，第84页。

许多房屋田园被烧成废墟。[①] 晋察冀边区被日军直接杀害 377899 人、抓走壮丁 505000 人、抓夫要工 36120 万个，牛马驴骡损失 630222 头（匹），猪羊损失 3703086 只，农具家具损失 26211357 件。[②] 1940 年日军对晋西北地区发动夏、秋、冬季大扫荡，日军在兴县屠杀 1109 名老百姓，占该县总人口数的 14%。[③]

抗日根据地耕畜、农具同样短缺。据晋察冀边区北岳区农会 1943 年春季的调查，北岳区耕畜减少情况非常严重，有的地方竟然减少到战前的 40% 到 70%。[④] 在 1940 年的晋绥边区，"牛比战前减少了十分之六，驴比战前减少十之八九，……土地荒芜，耕地面积仅达战前的 84%"。[⑤] 1940 年，经过日军春、夏、秋三季大扫荡之后，晋西北 18 县的牛、驴减少 4127 头，其中兴县、方山、岚县等县损失了 19.4% 的耕畜。[⑥] 耕畜的短缺导致每头耕畜的平均耕作面积上升，如表 1－3 所示。

表 1－3　　　　　　　　　1941 年晋西北部分县每耕畜平均耕作面积统计

| 县别 | 畜力（头） | 耕地（亩） | 荒地（亩） | 每畜力平均耕地 | 每畜力平均荒地 | 每畜力平均耕地荒地合计 |
|---|---|---|---|---|---|---|
| 22 县平均 | 77071 | 9227505 | 1885025 | 168 | 25 | 193 |
| 兴临河保方偏 | 17156 | 4410070 | 678242 | 194 | 29.5 | 233.5 |

资料来源：韦文：《晋西北的土地问题》，载于《解放日报》1942 年 4 月 21 日第 3 版。
原注说明：（1）表中的 22 县系指兴县、河曲、保德、偏关、神池、五寨、岢岚、静乐、岚县、临县、临南、离石、方山、离东、朔县、平鲁、山朔、宁武、交城、汾阳、文水等县。（2）表中牲畜包括骡马、牛、驴，骡马和牛顶 1 个畜力，两头驴折合为 1 个畜力。

当时每个畜力每年最多可耕 150 亩，按照表 1－3 中 22 县的数据，每个畜力需耕 193 亩，畜力短缺率为 28.6%。在兴县、临县、河曲等 6 县，每个畜力需耕 233.5 亩，畜力短缺率更是高达 55.6%。

解决劳动力、耕畜和农具短缺问题的办法就是开展互助合作，以集体力量解决个体生产面临的困难。正如毛泽东所指出的："如果不从个体劳动转移到集体

---

[①] 史敬棠等：《中国农业合作化运动史料》上，三联书店 1957 年版，第 398 页。
[②] 晋察冀边区财政经济史编写组、河北省档案馆、山西省档案馆：《抗战时期晋察冀边区财政经济史资料选编》总论编，南开大学出版社 1984 年版，第 842 ~ 843 页。
[③] 刘欣主编：《晋绥边区财政经济史资料选编》农业编，山西人民出版社 1986 年版，第 815 页。
[④] 李候森：《介绍晋察冀边区的劳动互助合作社》，载于《解放日报》1945 年 3 月 12 日第 2 版。
[⑤] 刘欣主编：《晋绥边区财政经济史资料选编》总论编，山西人民出版社 1986 年版，第 25 页。
[⑥] 刘欣主编：《晋绥边区财政经济史资料选编》农业编，山西人民出版社 1986 年版，第 815 页。

劳动的生产关系，即生产方式的改革，则生产力还不能获得进一步的发展。因此建设在以个体经济为基础（不破坏个体的私有生产基础）的劳动互助组织，即农民的农业生产合作社，就是非常需要了，只有这样，生产力才可以大大提高"。①党和政府以民间原有的"变工队"和"扎工队"为基础，广泛动员群众开展劳动互助，解决了劳动力和生产工具不足的问题。如1943年冬，饶阳县抗日政府发动五公村49户农民成立了8个互助小组，政府贷给2000斤粮食，互助组组织农民开展打绳、纺线、织布、扎棉、磨面、榨花生油、打豆腐等副业活动，"完好无恙地度过了灾难性的冬天"。再如阜平县在遭受巨大损失后，老百姓情绪很低落，有的"整天晒太阳，连草也不割了"，为帮助群众走出困境，政府拨出310万元牲口贷款，组织铁匠木匠制造农具，调剂籽种18000斗，帮助群众解决牲畜、籽种、农具缺乏困难。在此基础上，把56%的男劳动力、13%的女劳动力和50%的牲口组织起来，很好地搞起了生产。②

## 第二节　根据地互助合作模式的理论渊源

中共在根据地开展互助合作的指导理论主要是马克思、恩格斯、列宁的合作理论，同时汲取了西方合作主义思想和中国传统合作习惯的某些内容。正如时人所言："如果以所谓合作社学派眼光，来分析过去中国之苏区合作社组织，它很显明的是以'莫斯科'组织原则为蓝本，并参照'罗虚戴尔'原则的基本特点而成为的一种本位组织。既不是经济宿命论的合作主义，也非政治的统制经济政策，自有其所谓'小生产者集体经济'的布尔什维克的特殊性。"③

### 一、马克思、恩格斯和列宁的合作理论

马克思、恩格斯关于合作社的性质、功能、建社原则的理论，对新民主主义革命时期中共的合作政策产生了影响。马克思和恩格斯对合作社的性质与功能进行充分的论述。第一，合作社既是消除资本家和中间商对农民进行剥削的手段，也是通向共产主义的中间环节。恩格斯指出："在向完全的共产主义经济过渡时，

① 杨德寿：《中国供销合作社史料选编》第2辑，中国财政经济出版社1990年版，第333页。
② 叶杨兵：《中国农业合作化运动研究》，知识产权出版社2006年版，第119页。
③ 杨德寿：《中国供销合作社史料选编》第2辑，中国财政经济出版社1990年版，第252页。

我们必须大规模地采用合作生产作为中间环节"。① 第二，合作社是改造分散的传统小生产、建立社会化农业大生产的过渡环节。马克思指出，"以土地及其他生产资料的分散为前提的"的小农生产方式，具有五个缺点，即"排斥生产资料的积聚，也排斥协作，排斥同一生产过程内部的分工，排斥社会对自然的统治和支配，排斥生产力的自由发展。"② 正是这些缺点，使小生产者沦落为社会的弱势者，因此，必须通过建立合作社把传统小生产改造成社会化大生产。"我们对于小农的任务，首先是把他们的私人生产和私人占有变为合作社的生产和占有。"③ 第三，合作社必须禁止剥削。恩格斯在《法德农民问题》一书中指出，合作社作为社会主义的经济组织，绝不允许剥削，"我们建议把各个农户联合为合作社，以便在这种合作社内越来越多地消除对雇佣劳动的剥削。"④ 建立在生产力低下水平基础之上的合作社，必须保护小生产者的私有产权。当生产力发展到较高水平时，合作社的私有制上升到公有制。建立合作社，必须坚持自愿原则，绝不能采取暴力手段对农民进行剥夺。恩格斯指出："我们对于小农的任务，首先是把他们的私人生产和占有变为合作社的生产和占有，但不是采取暴力，而是通过示范和为此提供社会帮助。"⑤

马克思、恩格斯的合作理论最早在苏俄得以实践。十月革命胜利后，列宁一方面把马克思主义合作理论运用于实践之中，另一方面又从实践中不断完善马克思主义合作理论，形成了列宁合作理论。列宁合作理论包括以下方面。第一，必须用合作制改造分散的小农生产，但改造过程不能一蹴而就。列宁认为，资本主义国家的小农经济"只能混一天算一天，慢慢地被折磨死，绝对不会有什么繁荣。"⑥ 但是，经过千百年积淀的小农经济，已经形成了一套固定的模式、固化的习惯。因此，改造小农，不可能一蹴而就，而是"需要经过几代的事情，我说需要几代，倒不是说需要经过几百年，这无论如何需要几十年的时间才能办到的"，"如果某个共产党人，幻想在三年内可以把小农的经济基础和经济根源改造过来，那当然是幻想家。"⑦ 第二，合作社要坚持农民自愿原则。列宁指出，布

① 《马克思恩格斯全集》第 36 卷，人民出版社 1975 年版，第 416 ~ 417 页。
② 《资本论》第 1 卷，人民出版社 1975 年版，第 830 页。
③ 《马克思恩格斯全集》第 4 卷，人民出版社 1972 年版，第 498 页。
④ 《马克思恩格斯全集》第 4 卷，人民出版社 1972 年版，第 502 页。
⑤ 《马克思恩格斯全集》第 4 卷，人民出版社 1972 年版，第 310 页。
⑥ 《列宁全集》第 13 卷，人民出版社 1963 年版，第 192 页。
⑦ 《列宁全集》第 32 卷，人民出版社 1960 年版，第 205 页。

尔什维克决不能用"暴力对付中农",只能通过说服教育和典型引导,"同中农达成协议",让他们"逐渐地、自愿地过渡到社会主义"。① 列宁认为,在合作化的初期阶段,只有极少数思想觉悟高的农民能够接受共耕社,大多数农民还没有发展共耕社的强烈愿望,因此,决不能采取强制手段迫使农民加入共耕社,"企图用法令和命令来实现共耕制是极端荒谬的",用命令建立起来的共耕社"一文不值"。② 列宁很重视典型示范的作用,"只有用公共经济经营的好的实例,小农才会自愿地参加集体经济。"③ 第三,合作社要成为阶级斗争的工具。列宁认为,合作社要"通过坚持不懈的社会主义宣传、帮助向个人传播阶级斗争和社会主义思想",成为"阶级斗争的工具"。④ 第四,合作社具有社会主义性质。列宁认为:"对我们来说,合作社的发展也就等于社会主义的发展。"⑤

新民主主义革命时期,中共充分吸收了马克思、恩格斯和列宁的合作思想,并运用于实践之中,突出体现在四个方面。

第一,通过农业集体化,发展合作社,改造小农经济。毛泽东深刻地指出,小农经济不仅是封建社会赖以存在的经济基础,而且是造成农民贫穷的根源,"克服这种状况的唯一办法,就是逐步集体化;而达到集体化的唯一道路,依据列宁所说,就是经过合作社"。⑥

第二,合作社是与资本主义和封建主义进行斗争的工具,合作社禁止剥削现象存在,体现了无产阶级的利益。土地革命战争时期,苏维埃政府所颁布的有关合作社的文件都强调合作社的阶级性。⑦ 如《合作社条例》明确规定合作社是工人、农民等劳动群众的经济组织,"富人、商人、资本家及剥削者均无权组织和参加。我们在合作运动中,应该严格防止这些分子混入,以免破坏合作社"。⑧ 抗战时期,为了建立最广泛的抗日民族统一战线,允许地主和富农加入合作社。"合作社具有统一战线的性质,所有农民、工人、地主、资本家都可以加入合作社,它是政府领导各阶层人民联合经营的经济、文化及社会公益事业的组织"。⑨

---

① 《列宁全集》第 36 卷,人民出版社 1960 年版,第 524 页。
② 《列宁全集》第 35 卷,人民出版社 1985 年版,第 140 页。
③ 《列宁选集》第 3 卷,人民出版社 1972 年版,第 804 页。
④ 《列宁全集》第 4 卷,人民出版社 1960 年版,第 682 页。
⑤ 《列宁全集》第 4 卷,人民出版社 1960 年版,第 773 页。
⑥ 黄道霞等:《建国以来农业合作化史料汇编》,中共党史出版社 1992 年版,第 7 页。
⑦ 主要包括《合作社条例》《合作社暂行组织条例》《合作社工作纲要》《发展合作社大纲》等文件。
⑧ 杨德寿:《中国供销合作社史料汇编》第 2 辑,中国财政经济出版社 1990 年版,第 161 页。
⑨ 黄道霞等:《建国以来农业合作化史料汇编》,中共党史出版社 1992 年版,第 9 页。

解放战争时期，随着《中国土地法大纲》的颁布实施和各解放区土地改革的深入开展，劳动互助中的阶级色彩又浓厚起来，许多地方批斗地主、富农，要求他们"向群众低头央求"。① 但在政策上并不排斥地主、富农参加互助组织，1948 年 7 月 25 日，新华社社论明确指出："转向劳动的旧地主参加农民的合作互助，也是允许的。"②

第三，吸收了马克思的合作社发展阶段论和列宁的合作社历史形态论，提出并执行了逐步实现集体化的政策。土地革命战争时期，鄂豫皖苏区的麻城、红安等地组建集体农场，中共予以及时纠正。③ 抗战时期，毛泽东初步构想了中国农业合作化前景。在他看来，边区所组建的合作社，"目前还是一种初级形式的合作社"，"是建立在个体经济基础上（私有财产基础上）的集体劳动组织"，只有经过若干发展阶段，才能"发展为苏联式的被称为集体农庄的那种合作社"。④ 按毛泽东的设想，中国农业合作化分两步实现，第一步是在私人所有制基础上建立互助合作组织，第二步，经过若干年的发展，通过加强合作社的公有制，合作社逐步发展成为苏联式集体农庄。毛泽东的设想被党内所接受，成为全党的共识。1948 年，刘少奇指出，农业生产合作社分为三类：劳动互助社、集体农场和农业公社。劳动互助社的生产资料和产品均归农民私有，"只实行集体劳动或变工互助，这也是一种初级的农业生产合作社"，集体农场和农业公社才是农业生产合作社的高级形式，但"在中国现在还不能实行。前一种是现在就能普遍实行的"。⑤

第四，强调自愿互利。自愿和互利是世界合作的通用原则，西方合作主义者把此列为七项合作原则之首。马克思、恩格斯和列宁反复强调不能用暴力剥夺或强迫命令的方式去发展农业合作，必须按照自愿和互利的原则开展合作。新民主主义革命时期，中共始终坚持以自愿和互利原则去组建合作社。早在中央苏区时期，毛泽东就坚决反对"村村组织合作社，人人加入合作社，一切经过合作社"的建社方式，他指出："命令主义地发展合作社，是不成功的；暂时在形式上发

---

① 史敬棠等：《中国农业合作化运动史料》上，三联书店 1959 年版，第 1049 页。
② 国家农业委员会办公厅：《农业集体化重要文件汇编（1949 – 1957）》，中共中央党校出版社 1981 年版，第 21 页。
③ 苏维埃政府明确提出："土地革命不是马上把这些分割极小的经济单位，集合起来，实行社会主义集体农场的生产，这是经济条件下所不许可的。"佟英明：《第二次国内革命战争时期土地革命文献选编》，中共中央党校出版社 1987 年版，第 338 页。
④ 黄道霞等：《建国以来农业合作化史料汇编》，中共党史出版社 1992 年版，第 9 页。
⑤ 《刘少奇论合作社经济》，中国财政经济出版社 1987 年版，第 29 ~ 30 页。

展了，也是不能巩固的。结果是失去信用，妨碍了合作社的发展。"① 毛泽东还指出："合作化是要变更农民的私有生产资料的制度和整个的经营方法，这对于他们是一个根本的变化，他们当然要审慎考虑，在一个时期内不容易下决心。"② 对于那些下不了决心的农民，"要有一段向他们进行教育的时间，要耐心地等待他们的觉悟，不要违反自愿原则，勉强地把他们拉进来"。③

### 二、西方合作主义思想

经中共早期领导人、中国早期合作专家于树德④传播的西方合作主义思想对根据地的互助合作产生一定的影响。1924 年，广州农民运动讲习所成立，连续办了 6 届，毛泽东担任第 6 期所长。于树德应邀到农民运动讲习所讲授农村合作课程，授课内容后来汇编成《合作讲义》一书，《合作讲义》的内容来自西方合作主义思想和于树德本人指导华洋义赈会合作事业的经验。来自 20 个省的 327 名学员接受了于树德的合作思想教育，前 5 届 454 名毕业生中，有 2/3 回原籍从事地方农民运动工作。第四届学员毛泽民、蔡协民等回到湖南发动农民开展合作，促成了第一次国内革命战争时期湖南农村合作运动的兴起。于树德所传播的西方合作思想中，有两点对中共产生了直接影响。

第一，于树德认为，提倡农村合作事业，要合乎农民的当地需要和经济承受力，不能强农民所难；要从解除农民当前苦痛的事着手，不能让农民承受痛苦或增加其负担以谋未来的幸福。⑤ 中国共产党所举办的合作社，始终坚持为劳动群众服务。"合作社的性质就是为群众服务，这就是处处要爱护群众，为群众打算，把群众的利益放在第一位。这是我们与国民党的根本区别，也是共产党员革命的出发点和归宿"。⑥

第二，合作运动中的合作教育。于树德认为发展合作社，不仅利于平民增产，更重要的是可以增进平民知识、培养才干、陶冶情操、养成人民的互助精

---

① 《毛泽东选集》第 1 卷，人民出版社 1991 年版，第 125 页。
② 《建国以来毛泽东文稿》第 5 册，中央文献出版社 1991 年版，第 396 页。
③ 《毛泽东文集》第 6 卷，人民出版社 1999 年版，第 428 页。
④ 于树德（1894～1982），曾留学日本京都帝国大学经济部，留学期间对合作经济理论与实践颇有研习。回国后，经李大钊介绍加入中国共产党。曾执教于天津法商学院，编著了《信用合作社经营论》，该书在李大钊的帮助下，于 1921 年出版，华洋义赈会总干事章元善对此书评价甚高，说它"有内容有理论，有方法"。1925 年，华洋义赈会设立农利股作为合作事业的正式执行机关，聘请于树德为首任主任。
⑤ 于永滋：《本会农村合作事业之鸟瞰》，载于《合作讯》百期特刊，1933 年。
⑥ 黄道霞等：《建国以来农业合作化史料汇编》，中共党史出版社 1992 年版，第 6 页。

神，为将来社会组织的变更做准备。要实现这些目的，必须对农民进行教育，教育的方式包括开垦亲会、游艺会、技术演讲会等。中共把合作社看成改造农民思想、农村社会的重要工具，非常重视对农民的教育。教育方式是农民喜闻乐见的各种座谈会、表彰会、先进分子现身说法会等。苏维埃时期，中共非常注重通过宣传教育来推进合作运动，"合作社是一种阶级斗争的经济组织，所以一定要形成一种运动，绝对不可有丝毫的命令强迫的行为，主要是要从宣传鼓动工作中去动员群众自动来入社"。① 开展合作宣传的方式主要有三种：一是会议培训，培训的对象主要是合作运动骨干。一般要召开三级会议，第一级是县区一级的会议，由县国民经济部合作社指导委员会召集，参加者主要是区粮食部、财政部、劳动部、合作社指导委员会代表，以及县区青年团、工会、农会代表。会议的主要任务是"制定合作社发展计划，并派人深入到乡村去作有力的政治鼓动宣传，并首先抓住一、二个区的工作做好以推动其他各区"；第二级是乡一级会议，由县区代表和乡苏主席联合召集，参加者主要是经济动员委员会委员、贫农团主任、合作社主任、妇女代表主席团成员、工会代表、农会代表、党员组织代表，主要任务是"报告讨论上级所定出的计划和决议，一致动员紧急的执行"；第三级是乡村代表会议，由经济动员委员会委员、贫农团和合作社主任、妇女代表主席团成员、工会和农业工会代表召集，参加者主要是选民、贫农团成员、合作社社员、妇女代表、工会和农业工会会员，主要任务是"讨论组织与发展粮食社、织布社，扩大合作社基金，凑集股金等问题"。通过召开三级会议，培养自县区到乡村的合作运动骨干分子。② 二是利用田头地间的休息和晚上的闲聊，向农民开展合作宣传，"分配每个到会（即第三级乡村代表会议）的选民、会员、社员、妇女群众担任宣传员，利用各种机会，如遇晚上闲坐，日间在田野里做工时，甚至走路做事休息时，向广大劳动群众作个别的宣传"。③ 三是在各级合作社广泛地建立列宁室，购买图书，出版黑板报，举办文娱节目，开办识字班，开展社员教育。④ 社员教育的主要内容是：合作社的作用与功能、建立合作社应遵循的基本原则、合作社对农民的好处，合作社的种类、合作社的组织机构、社员的权利和义务、合作社红利的分配方式，合作社的股本、加入合作社的手续。为

---

① 邓子恢：《发展粮食合作社运动来巩固苏区经济发展》，载于《红色中华》第31期，1932年8月30日第3版。

② 杨德寿：《中国供销合作社史料选编》第2辑，中国财政经济出版社1990年版，第162页。

③ 杨德寿：《中国供销合作社史料选编》第2辑，中国财政经济出版社1990年版，第162页。

④ 杨德寿：《中国供销合作社史料选编》第2辑，中国财政经济出版社1990年版，第254页。

了使合作运动能深入民心，苏维埃政府既编印了宣传材料，同时编撰了群众喜闻乐见的民歌。如上杭县才溪区在 1930 年编了两首宣传合作社好处的民歌，歌词如下：[①]

（一）

民国元年苦到今，十恶土豪并劣绅；

还有奸商来剥削，害我穷人难翻身。

（二）

朱毛指出组织消费合作社　　　（齐）欢嗬哈！

宣传大家踊跃来参加　　　　　（齐）欢嗬哈！

它是为我穷人来组织　　　　　（齐）欢嗬啰！

帮助穷人代当家　　　　　　　（齐）哈嗬嘿！

请问众人好不好？大家称赞顶呱呱，顶呱呱！

### 三、中国农民的传统合作习惯

中国民间传统合作思想和习惯对根据地的互助合作产生了直接影响。农忙时节，农民自动组建耕田队、变工队、拨工队、唐将班子等互助组织。新民主主义革命时期，中共对传统互助组织进行改造，使之升级为新型互助合作模式。正如毛泽东 1943 年指出的，"我们的合作社目前还是建立在个体经济基础上（私有财产基础上）的集体劳动组织。……这种集体互助的办法是群众自己发明出来的。从前我们在江西综合了群众的经验，这次我们在陕北又综合了这样的经验。经过去年高级干部会议的提倡，今年一年的实行，边区的劳动互助就大为条理化和更加发展了"。[②] 根据地的互助合作，以民间传统合作为基础，经过党和政府改造之后，使之更加合理。史敬棠在总结新民主主义革命时期的互助合作时指出："在第二次国内革命战争时期和抗日战争时期的革命根据地内开展的农业互助合作运动，就是根据毛泽东同志的指示利用民间劳动互助的各种形式，综合群众的互助合作经验而发展起来的。"[③] 国外学者赛尔登也持同样的观点，他认为："基于传统的互助方式的合作化运动是中共重新组织农村经济的重大举措。"[④]

---

① 杨德寿：《中国供销合作社史料选编》第 2 辑，中国财政经济出版社 1990 年版，第 145 页。

② 黄道霞等：《建国以来农业合作化史料汇编》，中共党史出版社 1992 年版，第 7 页。

③ 史敬棠等：《中国农业合作化运动史料》上，三联书店 1957 年版，第 2 页。

④ ［美］马克·赛尔登：《革命中的中国：延安道路》，魏晓明、冯崇义译，社会科学文献出版社 2002 年版，第 203 页、260 页。

| 第二章 |

## 根据地互助合作模式的实践历程

中国共产党从第一次国内革命战争时期起，就积极领导农民开展合作。在土地革命战争、抗日战争和解放战争时期，党的合作政策因时而调整，但民办公助、为人民谋利两条原则始终得以坚持。在个别地方和个别时候，尽管也出现过违背上述两条基本原则的现象，但中国共产党在发现此类情况之后，立即采取措施予以纠正。正因为如此，中国共产党领导的农业合作成效显著，深得农民欢迎。国民政府主管合作行政的官员如寿勉成和国统区"左倾"知识分子纷纷称赞解放区的农业互助合作运动，要求国民党向共产党学习领导农民合作运动的经验。[①] 中国共产党在新民主主义革命时期所领导的互助合作，历经了四个阶段。下面按时序叙述每个阶段的农业合作实践。

### 第一节　第一次国内革命战争时期的互助合作实践

中国共产党诞生以后就高度关注农业合作。20 世纪 20 年代中期，以毛泽东为代表的中共领导人积极投身农民运动，领导农民开展农业合作，开启了中国农业合作的新时代。

1922 年 7 月，中共二大附加决议案说："工人消费合作社是工人利益自卫的组织，共产党须注意和活动此组织。"[②] 这是中国共产党关注合作社的开始，不过，此时关注的焦点是工人消费合作社。1924 年 3 月，中共早期领导人恽代英在《何谓国民革命?》一文中提出了谋求工人和农民利益的六条措施，第二条措施就是"国家需要拨款来扶助工人、农民、城市贫民来成立消费合作社。"[③] 第一次国内革命战争时期，在中国共产党的领导下，广东省的农民运动开展得如火如

---

① 张蔓茵:《中国近代合作化思想研究（1912—1949）》，上海世纪出版集团上海书店出版社 2010 年版，第 348 页。
② 杨德寿:《中国供销合作社史料选编》第 2 辑，中国财政经济出版社 1990 年版，第 3 页。
③ 蒋玉珉:《合作经济思想史论》，安徽人民出版社 2008 年版，第 285～286 页。

茶。1925 年 5 月，广东省农民协会第一次代表大会通过了《关于农村合作运动决议案》，指出："所谓合作运动，应即是农民间基于互助精神而组织的一种合作事业，其作用在于抵制资本家、地主、奸商的垄断和重利盘剥"，"合作运动是改变目前农民生活状况的一种有效办法"。[①] 广东省农民协会于 1926 年 5 月召开第二次代表大会，大会《决议案》明确指出，合作社可以减轻农民在经济上所承受的痛苦及压迫，"例如信用合作社，确能谋贫农间金融之流通而减轻其借贷之利息，以抵制地方土豪、地主等高利贷。购买消费合作社，确能使农民收价廉物美之效果，而使其生活容易减少层层奸商之盘剥。贩卖合作社确能使农民卖得其值，不致为奸商、土豪垄断其利益。生产合作社，确能增加并改良农民之生产，而使其生活上有裕余。因此，本大会决定对合作社之组织，今后当努力向农民宣传，并促实现。"[②]

1926 年 9 月，中国共产党第四届中央执行委员会第三次扩大会议通过的《农民运动决议案》提出要"禁止囤积居奇，提倡农村消费合作运动"。[③] 湖南、江西、湖北等省按中央要求，积极发动农民开展合作。1926 年底，湖南省第一次农民代表大会召开，大会通过了《关于农村合作社问题决议案》指出，合作社是"互相扶助、互相救济，以排除互相的不利，而增进相互的利益的组织"。并把合作社划分为五类，即信用合作社、贩卖合作社、消费合作社、生产合作社、购买合作社，前面"三种合作社之组织，最为迫切"。该决议案阐述了五种合作社的作用：信用合作社可以帮助贫苦农民"免除高利的盘剥"；贩卖合作社可以帮助农民"免除辛苦收获的农产品卖出时受奸商压抑价格过低之弊"；"农民日常消耗品，如油、盐、布匹、杂货等类，历受商人居间剥削，出了高价买了劣货"，改变这种窘境的办法是组织消费合作社；生产合作社可以促进"农田水利之改进，农业生产力之增加"；购买合作社的作用是"谋农具、种子、肥料之廉价，并迅速获得"。[④] 会后，毛泽东于 1927 年 1 月 4 日到 2 月 5 日在湘潭、湘乡、衡山、醴陵、长沙五县做农村社会调查，写成著名的《湖南农民运动考察报告》。毛泽东在报告中列举了湖南农民运动的十四件大事，发展合作社便是其中的一件。"合作社，特别是消费、贩卖、信用三种合作社，确是农民所需要的。他们

---

① 史敬棠等：《中国农业合作化运动史料》上，三联书店 1957 年版，第 74 页。
② 杨德寿：《中国供销合作社史料选编》第 2 辑，中国财政经济出版社 1990 年版，第 96 页。
③ 杨德寿：《中国供销合作社史料选编》第 2 辑，中国财政经济出版社 1990 年版，第 4 页。
④ 史敬棠等：《中国农业合作化运动史料》上，三联书店 1957 年版，第 75～76 页。

买进货物要受商人的剥削，卖出农产要受商人的勒抑，钱米借贷要受重利盘剥者的剥削，他们很迫切地要解决这三个问题"。①

1927 年 2 月，江西省第一次农民代表大会通过了《关于合作社决议案》，提出要向农民大力宣传合作社的好处，"组织贩卖合作社及消费合作社，确能收集零售农产品直接运往市场上贩卖，免去奸商垄断物价之损失，直接由市场上购回货物，到乡间去廉价卖给农民，不被商人赚去钱。又如信用合作社，农民确能用微小的利息借得资本，不致被地主富翁高利之盘剥。本大会为使农民减少受经济压迫之痛苦，决议：对于各种合作社，应极力对各农友宣传，使每个农友都能明白合作社的利益，热心去提倡实行"。②

1927 年 3 月，湖北省农民协会第一次代表大会召开。会议提出要在各县组织合作社，"为使农村互相扶助，互相救济，以排除互相的不利而增进互相的利益，更为免除贫困农民受高利之盘剥，应集合资本，组织'信用合作社'，以谋农人储蓄及借贷便利。为使农民免受商人的居奇剥削，应公共集资，组织'购买合作社'，从较大的市场，或出产地运来廉价的货品，以供给农村的需用。为免除农民辛苦所收获的生产品，为奸商所压抑，致价格过低，为使农村生产品能直接运输到远的市场，获得较高的利息，应组织'贩卖合作社'。为要谋农产品之加工，以及他项需用之便利，农田水利之改进，农业生产之增加，应组织'利用合作社'与'生产合作社'。以上各种合作社之组织，为不可缓之举，各地应努力以求普遍的实现。省农协应注意培植各种合作社之人才，政府方面，亦应根据新政纲，帮助农民组织各种合作社"。③

1927 年 5 月，中共五大召开，会议再次强调开展合作运动的重要性。1927 年 6 月，中共中央农民部制定了《关于协作社之决议草案》，该草案对合作社的性质、作用和组建方式作了较为全面的规定，标志着中共对农业合作的理解进入了一个新的阶段。该草案阐述了农业合作社的性质和作用。其一，合作社是反抗奸商重利盘剥的强有力经济武器，"此种经济的武器可以成为改良贫农一部分生活的工具"；其二，合作社是"引导农民加入农协使其参加乡村斗争的组织形式"；其三，合作社应全力"帮助农协的发展，合作社成为一种组织各种农民的形式"。该草案具体指出了组织合作社方式，"在组织许多大规模合作社之前，应

① 《毛泽东选集》（合订本），人民出版社 1966 年版，第 42~43 页。
② 杨德寿：《中国供销合作社史料选编》第 2 辑，中国财政经济出版社 1990 年版，第 97 页。
③ 杨德寿：《中国供销合作社史料选编》第 2 辑，中国财政经济出版社 1990 年版，第 98 页。

向农民宣传合作社的意义与其重要，同时并须作提高农村文化的宣传"。同时，根据当时的实际情况提出了合作社的发展重点与难点。该草案认为，最容易创办的消费合作社，因为此类合作社所需费用少、见效快，生产合作社的难度最大，因为"需要多数的钱、机器和较高的文化"。[①] 应该说，这种构想符合当时的农村实际。

这个时期，中国共产党在广东、湖南、湖北、江西等省纷纷组建合作社。1925 年 3 ~ 4 月间，广州建立了一批消费合作社，其中，广宁二区柯木阻消费合作社和广宁五区螺岗消费合作社办得有声有色，潮汕米业消费合作社也办得比较成功。湖南浏阳县第一区于 1926 年设立了贩卖合作社，该合作社不仅向社员供应生活必需品，还帮助解决制造军械的材料；同年，浏阳县樟树井消费合作社成立，该合作社主要经营油盐、粮食、杂货等，还发行票钱；同年，浏阳县白沙消费合作社和生产合作社成立，消费合作社主要经营布匹、南货、油盐等日常生活必需品，生产合作社主要生产土纸，群众没有钱入股，由苏维埃政府在没收地主财产中，拿出一部分作为消费合作社的资金。湖北咸宁县三眼桥农民消费合作社于 1926 年成立，以煤油、食盐、布匹为主要经营品，对农民实行"九五"折优惠。1927 年 8 月，由于当地人告密，三眼桥消费合作社被捣毁抢光。

第一次国内革命战争时期的互助合作与农民运动互相配合。凡是农民运动开展得比较好的地方，如广东、湖南、湖北，农民合作社就快速发展，反过来，农民合作社的快速发展，又提高了群众的革命觉悟，进一步推动了农民运动的发展。到大革命紧急时期，由于陈独秀主动放弃了对农民运动的领导权，各地所成立的合作社被迫解散，刚刚萌芽的农业合作运动遭到破坏。

## 第二节　土地革命战争时期的互助合作实践

1927 年八一南昌起义，打响了武装反抗当局反动统治的第一枪。中国革命进入土地革命战争时期，这个时期，中共先后建立了十余个农村革命根据地。在根据地，苏维埃政府领导农民开展土地革命，使无地、少地的贫雇农无偿分得了土地，激发了他们的生产积极性。但是，贫困农民开展农业生产首先面临着农具、耕畜、资金、劳动力不足等问题。在此背景下，中共组织农民开展互助合

---

① 杨德寿：《中国供销合作社史料选编》第 2 辑，中国财政经济出版社 1990 年版，第 5 页。

作，以解决劳动力、耕畜和农具短缺的困难。在中国共产党的领导下，苏区各种形式的合作社蓬勃发展。

可以分两个阶段来考察土地革命战争时期苏区的农业互助合作。

第一阶段：合作社的初创（1927～1931年）。

这个时期的合作社发展处在两个极端的状态。一是政府包办合作社。中共湘赣边特别委员会和红四军前敌委员会是当时红色游击区域的权力机关，为了恢复已经占领的市场，"两委"作出如下决定：其一，在县、区工农兵政府机关驻地，至少开办一家消费合作社；其二，将没收大商店所得的财产和资本，交给工农兵政府用于开办合作社；其三，以红军所没收的药材、油盐、布匹、纸张等物质基础，立即成立红军消费合作社。在"两委"的直接推动下，消费合作社在红色区域建立起来了，但这些合作社"全是共产党的支部和区乡苏维埃政府所包办，并未形成为群众参加的合作社组织"。[1] "两委"所创办的消费合作社被称之为"国家合作社"，由于它在本质上是苏维埃政府经营的国营商店，因此又称之为苏维埃商店。"从前各处所建立的合作社，多半是用公家资本去发展的，这可直称之为苏维埃商店，如龙港原来的合作社，定名为鄂东苏维埃总商店"。[2] 国家合作社尽管在每区都设立了一个，但发展得并不好，因为这类合作社"限制群众买卖自由，踩低群众物价，不但不能发展苏区生产，反阻碍苏区生产的发展"，合作社的社员"大部分不是穷苦群众，甚至混入许多非阶级分子"，合作社的负责人，"不是全体社员选举的，多半是由苏维埃指定或由少数苏维埃负责人和共产党员，甚至富农、商人把持"，合作社买卖商品的价格，"是没有分别等级和社员与非社员的区别""这些都完全失了合作社的意义，嗣后应切实的纠正，将过去合作社彻底地改造，有计划地逐渐发展新的合作社，特别注意生产方面"。[3] 国家合作社的资金来源于政府，管理者由政府委派，经营利润上交政府，如川陕省苏区的妇女合作社，是省委妇女部建立的经济组织，设在巴中城隍庙旁边街上，资金是政府拨的，经营盐巴，卖副食品，如牛肉、萝卜、蒸肉、汤锅等，妇女合作社所赚的钱不分红，也不上缴，用来买东西慰问红军伤病员。妇女合作社的工作人员不发工资，实行供给制，每月只发一吊或两吊布币作零花钱。[4] 浏阳开办的消费

① 杨德寿：《中国供销合作社史料选编》第2辑，中国财政经济出版社1990年版，第246页。
② 刘仁荣：《湘鄂赣革命根据地财政经济史料摘编》下，湖南人民出版社1989年版，第634页。
③ 刘仁荣：《湘鄂赣革命根据地财政经济史料摘编》下，湖南人民出版社1989年版，第646页。
④ 杨德寿：《中国供销合作社史料选编》第2辑，中国财政经济出版社1990年版，第187页。

合作社代表苏维埃政府发行钞票，"消费社出了票子在市面上流通，票子正面是水红色，底面是绿色，票额都是角票，每10角兑换光洋一元，光洋靠打土豪搞来"。① 1932年，苏维埃政府"决定取消国家商店性质的合作社，逐步转变为群众合作社，帮助群众集股来开办"。②

根据地曾短暂地发展集体农场。如湘鄂赣革命根据地的平江县，在土改分田时，每乡"留出几百石，甚至千余石，准备开办集体农场"。③ 1930年平江燕厦成立了一个集体农场，共有80多亩田，50多亩土，劳动力是从各地调来，大多数是青年团员、积极分子，耕牛也从各村调来，在农场劳动的男女，都称之为工人，他们一起吃饭，一起休息，晚上还有集中学习。他们调去农场时，村里还要欢送，自己的田地由互耕队来耕种，像照顾红军家属一样。农场里的田土都是上等田土，农场的房子也好，有的人带了家属去。农场只搞了半年，因田地不够、农具不齐散了。④ 鄂豫皖苏区在1930～1931年进行了举办集体农场的尝试，具体做法是：农场土地和生产资料公有，采取有组织的集体劳动方式，实行每天八小时工作制，每月放假1～2天；实行工资制加供给制的分配制度，工资按生产技术水平分为三档，吃饭穿衣由政府统一供应。这些农场办了几个月，"所做之事就是打了点柴，积了点粪"，"劳民伤财、使老百姓受到伤害"。⑤

二是对合作社的发展放任自流。鄂东南、赣西北、湘东北是中共苏区发展得最早的区域，这些区域的合作运动也是苏区发展得最早的地方，要早于中央苏区合作运动。上述地区发展得最快的是消费合作社。1930年到1932年，阳新龙港区由3个社发展到24个；万载小源由9个社发展到17个社，修水上杉区由5个社发展14个社，浏阳张坊区由14个社发展到16个社，平江黄金区由10个社发展到19个社。生产合作社也有一定的发展，据1932年统计，浏阳、万载、宜春、萍乡、阳新、通山6县有纸业合作社26个，宜春、浏阳、萍乡、万载有爆竹合作社13个，万载、浏阳有夏布合作社8个，阳新、平江有铸锅合作社2个，总计有生产合作社60所。⑥ 这些由群众自发建立的合作社，较好地体现了为贫苦群众服务的宗旨。但也有的消费合作社被地主、富农、奸商所控制，"操纵了乡

① 杨德寿：《中国供销合作社史料选编》第2辑，中国财政经济出版社1990年版，第210页。
② 杨德寿：《中国供销合作社史料选编》第2辑，中国财政经济出版社1986年版，第111页。
③ 刘仁荣：《湘鄂赣革命根据地财政经济史料摘编》中，湖南人民出版社1989年版，第509页。
④ 刘仁荣：《湘鄂赣革命根据地财政经济史料摘编》中，湖南人民出版社1989年版，第511页。
⑤ 王新光：《土地革命时期的"农业集体化"情况》，载于《中国农业合作史资料》1990年第2期。
⑥ 杨德寿：《中国供销合作社史料选编》第2辑，中国财政经济出版社1990年版，第248页。

村的油盐、杂货、水烟、布匹、食品等贩卖业务，中小贫苦农民并没有沾到合作社的任何'恩赐'"，许多生产合作社是由小手工业者组合而成，"如所谓理发合作社、油漆合作社、刨烟合作社、纸业合作社等，事实上只是一种股东家庭工业的生产，并保持着浓厚的老板制度，失去任何合作社的意义""这种无原则的自由发展，后来引起许多投机商人将商店故意倒闭，集股来办某某生产或消费合作社，便于得到苏维埃政府的保护，好掩饰他们的剥削面具，并消极地进行经济上的反苏维埃的活动"。①

　　闽西地区合作社对苏区合作社的发展起了示范性作用。1929 年秋，闽西地区的市场物价出现了农产品降价、工业品涨价的现象。工农产品价格"剪刀差"的存在，使农民利益受损。为保护自身利益，闽西群众自发成立合作社。1929年 11 月，闽西第一个消费合作社在才溪乡产生，入社农民 80 余人，股金共计 40余元，苏维埃政府还贷了公款予以支持。② 农忙时节，才溪乡农民有换工的传统。1930 年，毛泽东到才溪乡开展农村调查，对耕田队予以高度赞扬。他还建议把耕田队发展成为劳动互助社。根据毛泽东的建议，才溪乡农民于 1931 年成立了苏区第一个劳动互助合作社。互助社设置委员会，委员会共五人，主任一人、委员四人。主任的职责是调剂全乡劳动力，四个委员分别负责调剂四个村的劳动力。每个委员对本村每家每户的劳动力数量、可用于外派的劳动力数量、每家需要雇佣的劳动力数量和时间，进行详细登记。主任委员根据各村每家每户的劳动力供需情况在全乡范围内进行劳动力调剂，每家每户不能私自雇工。社员互助做工，雇主要付工资（红军家属雇工，只吃饭不付钱），工价由雇佣双方议定，委员不干涉。例如，在春耕播种时，有水区与无水区的农民开展劳动互助，无水区的农民先帮助有水区的农民耕种，待到无水区解决水的问题之后，有水区农民帮助无水区耕种，这样一来，有效地缓解了劳动力不足问题。劳动互助，解决了群众的实际困难，深受群众欢迎，迅速在苏区得以推广。

　　这个阶段的合作社，大都建立在自发基础之上。无论在领导还是组织形式等方面，都没有形成统一的体系，也缺乏对合作社进行规范管理的章程。

　　第二阶段：合作社的规范发展（1932 ~ 1934 年）。

　　1931 年 12 月，中华工农兵苏维埃第一次全国代表大会召开。大会所通过的

① 杨德寿：《中国供销合作社史料选编》第 2 辑，中国财政经济出版社 1990 年版，第 246 页。
② 刘维菱：《中央苏区合作制经济研究》，载于《江西社会科学》2001 年第 6 期。

《经济政策》指出，合作社有利于发展苏维埃国家贸易、保障劳动群众利益、增加生活必需品的供给，因此，政府应该主动发动群众组织合作社。而且，"苏维埃对于合作社应给予财政的帮助，与税的豁免……被没收的房屋与商店交给合作社使用"。[①] 会议还通过了《合作社暂行组织条例》。各级苏维埃政府根据《条例》重新登记各类合作社，凡是与《条例》不符者，一律不得登记为合作社，对个别人以合作社之名进行投机倒把的经济犯罪现象进行处理。在苏维埃政府的领导下，合作社在整顿中获得了更快的发展。

针对政府包办合作社的现象，1932 年 2 月 17 日，苏维埃临时中央政府发布命令，指出，合作运动的重点是政府帮办合作社，而不是包办合作社。政府包办的合作社，"不是为便利群众，应立即改正，将这些合作社转移给群众来办，如若群众接办而资本不够的，政府可暂时借一部分资本，然后由合作社逐渐归还，……乡区政府办的消费合作社除借群众一部分资本外，可将资本拨一部分给农民，帮助他们去买公牛和种子农具，解决春耕中的问题"。[②]

为推进农业合作运动的有序发展，中央政府从 1932 年起先后颁布了包括《合作社工作纲要》《合作社标准章程》《信用合作社章程》《劳动互助社组织纲要》《生产合作社标准章程》在内的系列合作法规。这些法规明确规定了各种合作社的性质、资金筹集办法、营业规则、红利分配方式，这就使得合作社经营有据可依。为了加强对合作社的组织领导，1934 年，从中央到省、县、区均设置合作社指导委员会，在乡一级，设置合作社指导员。合作社指导委员会（员）的任务主要是四项：建设合作社组织系统、监督合作社营业状况、调节物质供应、防止商人操纵合作社。1933 ～ 1934 年，毛泽东先后发表《必须注意经济工作》和《我们的经济政策》两篇讲话。他强调："劳动互助社和耕田队的组织，在春耕夏耕等重要季节我们对于整个农村民众的动员和督促，则是解决劳动力问题的必要的方法……组织犁牛合作社，动员一切无牛人家自动地合股买牛共同使用，是我们应当注意的事"。[③] 由于政府措施得力，苏区的各种合作社蓬勃发展。

1933 年，中华苏维埃共和国临时中央政府把合作社运动列为经济建设的主要任务。"合作社是苏维埃经济建设上最主要的群众经济组织，是最基本的改善

---

① 江西省档案馆、中共江西省委党校党史教研室：《中央革命根据地史料选编》下，江西人民出版社 1982 年版，第 5 页。
② 《选举运动与合作社：中央政府指示江西省苏的一封信》，载于《红色中华》第 10 期，1932 年 2 月 17 日第 8 版。
③ 《毛泽东选集》第 1 卷，人民出版社 1991 年版，第 130 ～ 132 页。

群众生活的组织，并且是吸收广大群众参加经济建设的最适宜的组织"。政府提出要重点发展五类合作社，即粮食合作社、消费合作社、生产合作社、信用合作社、利用合作社（主要是农具、犁牛等生产工具的利用），政府要求"每一个乡至少有一个粮食合作社，一个消费合作社；要使每一个区有一个信用合作社，并且在重要生产部门（造纸、制铁、採乌砂、织布、刨烟等）组织生产合作社"。① 1933 年 5 月，临时中央政府在人民委员会下面增设国民经济部（全称国民经济人民委员部），国民经济部下设七个机构，其中的合作社指导委员会的职责是"指导全国合作社事宜，帮助合作社有系统的建设，监督合作社的营业"。② 国民经济部实际上就是苏区合作社的行政管理机构。1933 年 8 月，毛泽东在中央苏区南部 17 县经济建设大会上做题为《粉碎敌人五次"围剿"与苏维埃经济建设任务》的报告，他发出动员 100 万人加入合作社的号召。中央工农民主政府从 1933 年发行的 300 万元经济建设公债中，安排 100 万元用于支持合作社，消费合作社和粮食合作社各 30 万元，生产合作社和信用合作社各 20 万元。③ 南部十七县经济建设大会就合作社的发展作出了两项决议：一是决定在江西和福建建立省、县两级消费合作社总社，"两省苏主席团，国民经济部要迅速指定专人建立省总社筹备委员会，进行设立省总社商店的工作，在九月间开始营业""各县要按各地消费合作社的实际情形，查照合作社的组织系统，立即进行改组，于九月底须一律改组完毕，建立县总社与县总社商店"。④ 会后，苏区建立了中央、省、县、区、乡五级消费合作社组织体系。中央消费合作总社要"加强对各省各县总社的领导，经常予以具体指导。各省各县总社应经常向中央总社及国民经济部做工作报告（至少每月一次），并经常提出需要解决的问题与改善工作的意见，各乡支社应向区分社及区国民经济部做工作报告，区分社应向县合作总社及县区国

---

① 《目前革命战争环境中的建设任务》，载于《红色中华》第 102 期，1933 年 8 月 16 日第 1 版。从这篇文章还看到，当时所说的生产合作社是指手工业或者工业领域的合作社才是生产合作社，农业生产领域的犁牛社属于利用合作社，现在很多研究者误把犁牛社当作生产合作社。苏维埃临时中央政府国民经济人民委员部对生产、消费、信用、粮食和利用五种合作社下了定义：生产合作社，就是社员自己聚集资本，直接参加生产和直接出卖所生产的物品的合作社；消费合作社，就是专门购买社员日常所需要的消费品，以廉价卖给社员消费，抵制奸商残酷剥削的一种群众经济组织；信用合作社，就是专门办理社员金融之借贷及存储的机关；粮食合作社，就是社员互相流通粮食需要的组织；利用合作社，就是集中利用社员设备，如土地、建筑场、机械、农具、犁牛等，开展生产的经济组织。杨德寿：《中国供销合作社史料选编》第 2 辑，中国财政经济出版社 1990 年版，第 255 页。
② 杨德寿：《中国供销合作社史料选编》第 2 辑，中国财政经济出版社 1990 年版，第 80 页。
③ 孔永松、年松庆：《闽西革命根据地的经济建设》，载于《中国经济问题》1979 年第 1 期。
④ 《中央苏区南部十七县经济建设大会的决议》，载于《红色中华》第 103 期，1933 年 8 月 19 日第 1 版。

民经济部做报告"。① 会后不久，中央消费合作总社成立，苏区合作运动有了统一的领导。二是确定 17 县在 1933 年 9 月到 11 月合作社吸收社员人数的目标。如表 2－1 所示。

表 2－1　　　　　　　中央苏区南部 17 县合作社吸收社员人数的目标

| 县名 | 消费合作社人数 | 粮食合作社人数 | 县名 | 消费合作社人数 | 粮食合作社人数 | 县名 | 消费合作社人数 | 粮食合作社人数 |
|---|---|---|---|---|---|---|---|---|
| 瑞金 | 40000 | 40000 | 兴国 | 40000 | 60000 | 胜利 | 25000 | 45000 |
| 博生 | 30000 | 50000 | 于都 | 30000 | 30000 | 干县 | 30000 | 30000 |
| 上杭 | 40000 | 40000 | 长汀 | 40000 | 50000 | 石城 | 20000 | 30000 |
| 会昌 | 30000 | 30000 | 新泉 | 20000 | 20000 | 寻乌 | 20800 | 20500 |
| 宁化 | 40000 | 40000 | 汀东 | 30000 | 50000 | 武平 | 10000 | 10000 |
| 安远 | 20000 | 20000 | 信丰 | 500 | 500 | | | |

资料来源：《中央苏区南部十七县经济建设大会中的竞赛条约》，载于《红色中华》第 103 期，1933 年 8 月 19 日第 2 版。

在政府的支持下，各类合作社迅速发展。在会后一个多月里，新增的粮食和消费合作社数量等于 1933 年 8 月以前的合作社总数。兴国县的成绩最为突出，新增消费合作社社员 14600 人，新增粮食合作社社员 15000 人。到 1934 年 2 月，中央苏区成立了 2328 个合作社，社员 572628 人（不含闽浙赣省的 10 万社员），股金总额 623156 元。②

在这个阶段，除原有的消费合作社继续蓬勃发展外，粮食合作社、劳动互助社和犁牛合作社也获得了快速发展。

1932 年 6 月到 1933 年 3 月，蒋介石发动第四次"围剿"，在此次"围剿"过程中，经济封锁异常严厉，"一方面外来工业品，如布匹、洋油洋火、食盐等减少输入，价格日见高贵；另一方面，内地农产品，如纸、木、豆、夏布、粮食等销不出去"。③ 这就导致农民的收入不能增加，缺钱的农民在收获季节不得不低价出售稻谷，致使粮价大跌，如江西省的万太、干县、永丰、公略等县，"每

---

① 《目前消费合作社的中心任务》，载于《红色中华》第 135 期，1933 年 12 月 17 日第 2 版。
② 刘维菱：《中央苏区合作制经济研究》，载于《江西社会科学》2001 年第 6 期。
③ 《发展粮食合作社运动问题》，载于《红色中华》第 31 期，1932 年 8 月 13 日第 7 版。

担谷子跌到二吊钱以下"，福建永定县的虎冈乡和龙岩大小池乡，"跌到每块钱三斗零，扣算大洋每担谷子，只得一块多钱"。[①] 到第二年青黄不接之时，农民又不得不从市场上以高价籴米，买价一般比卖价要"贵两三倍"。[②] 农民是买卖差价的受害者，商人是得利者，改变这种不合理现象的办法就是设立粮食合作社，粮食合作社有七大好处，一是"使社员谷子不到市场出籴，可以相当减少价格之跌落"，二是"把谷子存储起来，可以维持苏区粮食，不致发生恐慌"，三是"青黄不接之时，合作社低价籴谷，可以相当限制米市之飞涨"，四是"各社员便宜籴出贵价买入中，给合作社赚去的钱，可以分回来，便不致吃商人富农操纵之亏，而减少损失"，五是"限制商人富农商业资本之剥削与发展"，六是"谷价提高了，增加政府税款之收入"，七是"各乡有了合作社组织，随时把谷子储藏，遇到军事上需要，可以马上供给红军，不致军粮恐慌，影响战争"，正因为如此，"粮食合作社是目前贫农雇农阶级抵抗商人富农等商业资本剥削的经济组织，是土地革命斗争的深入与发展，是巩固与发展苏区的经济动员，……因此组织粮食合作社是目前苏区群众的紧急任务"。[③]1932 年 8 月到 1933 年 4 月，中央人民委员会先后发布了一系列关于发展粮食合作社的训令，要求积极发展粮食合作社，以增加粮食产量、调剂粮食供应。到 1933 年 8 月，中央苏区共有 457 个粮食合作社，社员 10 多万人。到 1934 年 2 月，粮食合作社增加到 10712 个，社员增加至 243904 人，股金达到 242079 元。[④]

劳动互助社和犁牛合作社[⑤]等生产合作社和利用合作社在苏区本就有很好的发展基础。为进一步规范发展劳动互助社和犁牛合作社，苏维埃中央政府于 1933 年颁布了《劳动互助组织纲要》《犁牛合作社组织大纲》《关于组织犁牛合作社的训令》《组织犁牛站的办法》等一系列法令。1934 年春耕时节，大量劳动力参加第五次"反围剿"战争，耕畜在战争中损失不小，中央苏区的劳动力和畜力异常缺乏，影响了春耕的顺利进行。解决问题的唯一办法就是组织劳动互助社、耕

---

①③　邓子恢：《发展粮食合作社运动来巩固苏区经济建设》，载于《红色中华》第 31 期，1932 年 8 月 13 日第 9 版。

②　《发展粮食合作社运动问题》，载于《红色中华》第 31 期，1932 年 8 月 13 日第 7 版。

④　吴亮平：《目前苏维埃合作运动的状况和我们的任务》，载于《斗争》1934 年第 56 期。

⑤　犁牛合作社于 1933 年由瑞金县武阳区石水乡农民创设。当时这个乡 30% 的农户没有耕牛，只能租牛耕田，每担谷交牛租 5 斤。犁牛合作社成立时，以没收的 2 头耕牛以及该牛所得的 150 斤租谷为基金，并按每亩出谷 3 斤的标准向社员收取入社股金，一共有 47 人入社，收得股金为 1207 斤谷子，用这 1357 斤谷子新购置 2 头耕牛，合作社的 4 头牛，可以耕种全体社员的土地还有余。入社农民年年有牛耕，比自己买牛养牛划算，比租牛省租谷，群众很欢迎这个办法。史敬棠等：《中国农业合作化运动史料》上，三联书店 1957 年版，第 123 页。

田队和犁牛合作社。为推动生产合作社的发展，苏维埃政府从富农捐款中抽出十分之一借给合作社买牛，银行也积极贷款给合作社购买耕牛农具，劳动互助社和犁牛合作社在 1934 年得到很大发展。至 1934 年，瑞金的互助社有社员 4429 人（4 月统计数据），兴国有社员 15615 人（2 月统计数据），长汀有社员 6717 人（5 月统计数据），西江有社员 23774 人（8 月统计数据）。① 其中，兴国的互助合作发展得最快，到 1934 年 2 月，兴国共有 318 个劳动互助社，到 4 月，劳动互助社增加到 1206 个，社员增加至 22118 人。② 苏区最早的犁牛合作社成立于 1933 年的瑞金武阳区石水乡，这个乡 30% 的农户缺耕牛，缺牛户只能租牛耕种，每担谷交牛租 5 斤，无牛户不堪其负。犁牛合作社设立时，以从地主那里没收的两头耕牛和这两条耕牛出租所得的 150 斤租谷为基金，并按每亩出谷 3 斤的标准向社员收取股金，用社员所交股金购买了两头半耕牛，这样，犁牛合作社共有 4 头半耕牛，耕种全体社员的 352 亩地还有余。加入合作社的社员以后不再出谷，年年有牛耕，群众非常欢迎这种做法。③ 瑞金云集区叶坪犁牛合作社是苏区的模范社，在 1933 年查田运动中，该乡没收了七双耕牛，该乡苏维埃政府以此为基础成立犁牛合作社，社员由该乡无耕牛的红军家属、无牛又无力购买牛的贫苦农民 112 人组成。在合作社的成立大会上，制定了保护犁牛的规则，选举产生了由七人组成的管理委员会。社员分为七个小组，每组选出一个组长，按照社员田亩数量和耕牛能力大小分配七双耕牛给七个小组，每个小组的组长负责保管耕牛农器。普通社员使用合作社的耕牛，每担谷田须付费谷子五斤，红军家属则每担谷田谷子三斤。1933 年所收租谷除掉一切开支的剩余部分全部出粜，所得资金在新添耕牛三双后还存三担谷子，十双耕牛可以耕种 1700 多担田亩，此外，还有一双小牛，1934 年下半年就可耕田。在该乡苏维埃政府的倡导下，群众踊跃加入合作社，"计新入社的有 1350 股，每股暂交大洋一角，秋收后，再按田面一担，交谷一斤。计现在（1934 年 3 月）已收到的 135 元，合过去存留的三担谷子，即有 150 多元，约可卖得耕牛三双，……能耕两千左右的田面，秋收后可收得使用金谷子 80 多担，加以新社员入社金 70 多担，除付养牛费 40 多担外，尚有 110 担谷子留存。以四元半一担计算即有 500 元左右，至少可以买到九双耕

① 史敬棠等：《中国农业合作化运动史料》上，三联书店 1957 年版，第 143 页。
② 史敬棠等：《中国农业合作化运动史料》上，三联书店 1957 年版，第 133 页。
③ 王观澜：《武阳区在筹备春耕中组织了犁牛合作社》，载于《红色中华》1933 年 11 月 29 日第 5 版。

牛。那么，今年冬耕时，就有二十三双耕牛下田了"。①

到 1934 年，中央苏区的犁牛合作社发展到上千个，其中以兴国、长汀、瑞金最多。根据 1934 年 4 月的统计数据，兴国共有 72 个犁牛合作社，社员 5552 人，股金 5168 元，耕牛 121 头。1934 年 5 月，长汀有 66 个犁牛合作社，耕牛 143 头。1934 年 4 月，瑞金有 37 个犁牛合作社，股金 1539.5 元。② 另据陆定一的统计，到 1934 年 9 月，江西有犁牛合作社 284 个，社员 15075 人，股金 11719.5 元。③ 这个时期所组织犁牛站，充分吸取了过去的经验教训，探索了新的组建办法和管理措施。犁牛站的设置与管理办法包括：第一，明确界定了党和政府在发起合作社中的作用，犁牛站必须按照自愿原则组织，"苏维埃政府绝对不可强迫命令，只可处在领导和帮助地位，将它的好处告诉群众，发动群众来组织"。第二，合作社实行股份合作，犁牛站所有的耕牛、农具，以"没收豪绅地主及富农多余的耕牛农具为基础，以分得耕牛农具的雇农贫农及红军家属等为该犁牛站的基本站员，大家再可合股购买添置"。第三，合作社所有制，"犁牛站的所有耕牛农具归全体站员公有"，"新生牛子归站员公有"。第四，合作社的管理，"犁牛站的所有耕牛农具，由全体站员选出一人负责管理，管理者的报酬由该会议决定之（牛栏粪应归管理者所有）"。第五，合作社的收益分配，"每个借犁牛站的耕牛农具的站员，一定要出相当租钱，为供给犁牛食料和修理农具以及津贴管理者相当费用的用处"。第六，合作社的社会责任，"犁牛站的耕牛农具必须先耕种红军公田"。④

劳动互助社获得规范发展。以瑞金叶坪乡劳动互助社为例。1933 年春耕期间，该乡苏维埃政府工作人员组织了宣传队，深入田间地头，向农民广泛宣传互助合作的好处。不久，该乡就有 214 人愿意参加劳动互助社。1933 年 6 月，在乡苏的帮助下，第一次社员大会召开，大会选出了互助社委员 5 人，总负责（名为总队长）1 人，将 214 人编为 4 个大队，即"成年男子 138 人，编为二大队，妇女 35 人，儿童 46 人，各编一大队。每个大队设大队长一人，下分三个小组，人数不定"。劳动互助社制订了一套调剂劳动力方案：每个社员把自己所需的人工数以及用工时间预先报告给小组长和大队长，大队长再报告给总队长。总队长根

---

① 《瑞金云集区春耕情报：叶坪犁牛社是全苏区的模范》，载于《红色中华》第 166 期，1934 年 3 月 24 日第 1 版。

② 史敬棠等：《中国农业合作化运动史料》上，三联书店 1957 年版，第 143 页。

③ 定一：《两个政权、两个收成》，载于《斗争》第 72 期，1934 年 9 月 23 日第 18 版。

④ 《组织犁牛站办法》，载于《红色中华》第 57 期，1933 年 3 月 3 日第 1 版。

据社员所报的信息，排出各社员用工表。社员做工，按工资计算。互助社详细记载每个社员的用工数（别人给自己做的工数）和做工数（自己给别人做的工数）。"到秋收后，首先由总队长将各社员帮进帮出按照各时工资多少对除。召集社大会公开宣布各人应补出或应进的工资多少作一结束。这一办法，取得了该乡社员的热烈拥护，没有发现一个人不听互助社的调动"。①

中国共产党在开展合作运动的过程中，既强调党和政府对合作运动的领导权，"合作运动是有力的群众运动，在党和中央政府的正确领导与有力帮助之下"，又强调合作社是农民的合作社，政府不能包办合作社，"合作社的发展不能专门依靠苏维埃的帮助之下，发展合作社最主要的还是要依靠发动群众"。② 政府与合作社之间是互相帮助的关系。1933 年 7 月，国民经济部在其所制定的《粮食调剂局与粮食合作社的关系》文件中，对粮食调剂局和粮食合作社的关系做出明确界定："粮食调剂局系调剂苏区粮食，保证红军及政府给养，并帮助改善工农生活的国家机关，而粮食合作社则是广大工农群众抵制奸商、富农剥削，改善自己生活的群众经济组织"。两者的关系体现在七个方面：第一，新谷上市之时，粮食调剂局向粮食合作社购买粮食，以"使谷价不致跌得过低"；到青黄不接之时，粮食调剂局向粮食合作社出售粮食，以"使谷价不致涨得太高"；第二，粮食调剂局向区乡政府工作人员发放领米券，政府工作人员凭领米券到粮食合作社领取粮食，粮食调剂局凭券向粮食合作社付钱；第三，粮食调剂局帮助粮食合作社购买"农民所需的其他粮食的供给（如盐等）"；第四，在粮食调剂局急需现款时，"可向粮食合作社借用，迅速归还"，当粮食合作社急需现款时，"调剂局可设法帮助借款"；第五，粮食调剂局通过粮食合作社来"帮助农业生产的发展，设法供给农民必须的肥料（如石灰）等种子，农具等"；第六，在没有设置运输站的地方，粮食调剂局利用粮食合作社的运输工具帮助运输粮食；第七，粮食合作社帮助粮食调剂局管理设在本区域的谷仓。③

在中国共产党的领导下，苏区合作社积极渗透到白区和灰白区，吸收这些地区的群众加入苏区合作社。闽浙省的粮食合作社，"猛烈发展，竟到白区和灰白区城中征求社员，以打破敌人的粮食封锁"。具体情况如表 2 - 2 所示。

---

① 《一个模范的劳动互助社》，载于《红色中华》第 162 期，1934 年 3 月 15 日第 2 版。
② 《目前消费合作社的中心任务》，载于《红色中华》第 135 期，1933 年 12 月 17 日第 2 版。
③ 《粮食调剂局与粮食合作社的关系》，载于《红色中华》第 94 期，1933 年 7 月 10 日第 5 版。

表 2 - 2　　　　　　　　　苏区合作社在白区和灰白区社员发展情况

| 县别 | 上饶 | 德兴 | 弋阳 | 贵溪 | 乐平 | 万年 | 余江 | 化婺德 | 葛源 | 横峰 | 总数 |
|---|---|---|---|---|---|---|---|---|---|---|---|
| 社员数 | 34000 人 | 34000 人 | 34000 人 | 20000 人 | 17000 人 | 11500 人 | 3000 人 | 7000 人 | 5000 人 | 34500 人 | 200000 人 |
| 社员股数 | 1000 股 | 1000 股 | 1000 股 | — | 2000 股 | 1500 股 | 1000 股 | 2000 股 | — | 500 股 | — |

　　资料来源：《闽浙苏区的经济建设：猛烈开展粮食合作运动在边区白区中征求社员》，载于《红色中华》第 125 期，1933 年 11 月 14 日第 3 版。
　　说明：（1）化婺德是江西开化县、婺源县和德兴县的交界区域。（2）原表中未统计白区和灰白区吸收的社员股总数，本表遵循原意未做加总。

　　合作社在苏区的发展并不均衡。到 1934 年 1 月，中央苏区加入合作社的人数"已达 50 万人以上"，闽浙赣省 50% 的人口加入了合作社，"有些乡区则全体劳苦群众已经加入了合作社"。[1] 不过，苏区合作社的发展也存在明显的不均衡现象，有些县合作社发展得很快，有些县则发展得很慢，"劳动互助社，妇女生产教育委员会、犁牛合作社的工作，江西对于这些组织，除了兴国不同外，其他县份如长胜许多区乡甚至连名称还不知道"。[2]

　　1934 年 10 月，第五次"反围剿"失败，中央红军不得不退出苏区。在红军撤离前夕，苏维埃中央政府将消费合作社与粮食合作社合并，生产合作社划归区消费合作社管理；合作社的资本、货物、人员全部集中到县总社。只留下少数人继续经营合作社，大多数人参加红军。如火如荼的合作运动，随着中央苏区的陷落而被迫暂时中止。

## 第三节　抗日战争时期的互助合作实践

　　抗战时期，根据地的互助合作经历了一个由官办向民办官助转变的过程。下面分两个阶段进行考察。

　　第一阶段：官办型合作（1937 ~ 1941 年）。

　　抗战初期的合作社，是在政府主导下建立起来的。"边区的合作事业是从办消费合作社开始的。1935 年冬天，中央来到陕北苏区以后，由国民经济部号召党政军各机关工作人员来入股，组织合作社，在不久时间内就收集起两千余元的

---

① 《关于苏维埃经济建设的决议》，载于《红色中华》第 150 期，1934 年 2 月 16 日第 2 版。
② 高自立：《春耕运动中土地部怎样工作》，载于《红色中华》第 162 期，1934 年 3 月 15 日第 1 版。

股金，成立了机关人员合作社"。① 上面的这段话包含了两层意思：其一，抗战时期根据地最先办起的是消费合作社，在 1942 年之前，消费合作社是边区合作社的主体，"从 1937 年到 1941 年的四年中，由 130 社增到 155 社，社员由 57847人增到 140218 人，股金由 55525 元增到 693071 元，销货款由 261189 元增到6008000 元，红利由 4800 元增到 1020000 元，公积金由 3500 多元增到 173000 多元"。② 其二，合作社是由政府办起来的，由政府主办的合作社，发展速度快，为群众生产生活和工厂生产提供了一些服务，"全边区合作社出 1937 年到 1939年 6 月底，计卖给群众锄 30890 页，牛 1605 头，麦种 643 石，谷种 173 石，麻种205 石，棉种 14250 斤；在工业方面，从 1938 年 10 月到 1939 年 6 月，帮助各工厂收买各种原料，如羊皮 5000 张，生铁 12000 斤"。③ 官办型合作社具有发展快的优点，但也存在诸多问题。其一，股金摊派，群众不能自由入股和退股，"合作社干部到群众门上宣传集股，群众也只是应付态度，入上一股两股也就算了。"④ 其二，合作社干部工作方法粗暴，"在工作方式上的强迫命令，如绑人、没收牲口等事实也在个别地方发生"。⑤ 其三，合作社业务不能满足群众需要，合作社出售的货物大多是牙膏、香皂、牙刷等，相对于贫苦农民而言，这些商品都是奢侈品，群众根本就消费不起，"业务与群众要求脱离，合作社被认为是'和尚庙'，合作社干部被叫作为'照庙和尚'"。⑥ 正因为如此，官办型合作社难以得到群众的拥护。例如，陕甘宁边区的模范社——南区合作社，在改革以前，被群众称之为"捉鳖社""活捉社"。⑦ 陕甘宁边区政府建设厅副厅长霍子乐指出，官办型消费合作社"在便利交换供给社员必需品上起的作用很小，这是因为我们历年对合作运动没研究掌握政策，没有弄清合作社的作用，以及怎样去发展合作。仅仅依靠着政府的力量，派干部、摊股金，形成官办民不管，合而不作的

① 陕甘宁边区财政经济史编写组、陕西省档案馆：《抗日战争时期陕甘宁边区财政经济史料摘编》第 4编，陕西人民出版社 1981 年版，第 282 页。
② 毛泽东：《经济问题与财政问题》，载《毛泽东选集》，东北书店 1948 年版，第 785 页。
③ 陕甘宁边区财政经济史编写组、陕西省档案馆：《抗日战争时期陕甘宁边区财政经济史料摘编》第 4编，陕西人民出版社 1981 年版，第 289～290 页。
④ 延安地区供销合作社、延安市供销合作联合社：《南区合作社史料选》，陕西人民出版社 1992 年版，第 323 页。
⑤ 中央档案馆、陕西省档案馆：《中共中央西北局文件汇集（1941 年）》，1994 年版，第 147 页。
⑥ 陕甘宁边区财政经济史编写组、陕西省档案馆：《抗日战争时期陕甘宁边区财政经济史料摘编》第 4编，陕西人民出版社 1981 年版，第 290～291 页。
⑦ 陕西省农业合作史编委会：《陕西省农业合作重要文献选编》下，陕西人民出版社 1993 年版，第 201 页。

现象，使老百姓认为参加合作是负担，妨碍了他们积极性的发挥"。① 陕甘宁边区政府代主席高自立也指出，一些消费合作社"不仅没有给人民以便利，反而给人民以负担，致使人民对合作事业不发生兴趣，甚至认为没有更好"。②

生产领域的合作则呈现出两种截然不同的情况。一是农民根据自身需求和习惯自发组织的临时性互助合作蓬勃发展。农民自发组织的互助合作主要包括三种形式：（1）变工。具体又包括四种形式：其一，人工变人工。大多出现在农忙时节的亲戚邻里之间，其规模一般为两到三户，在记工上一律实行一工顶一工，欠工者必须在对方要求还工时立即还工。其二，人工变畜工或畜工变人工。一般是无耕畜者向有耕畜户借用耕畜，日后以人工还畜工，记工标准一般是单牛犋（1头牛）1 个牛工顶 2 个人工，双牛犋需要牛主一同为借用者耕种，则每耕种 1 垧地顶 4 个人工，还工时还 3 ~ 3.5 个人工。其三，畜工变畜工。分为伙喂牲口和合牛犋两种，伙喂牲口是 3 ~ 4 户无单独购买能力的农户合伙购买耕畜，再以耕畜为中心结成互助合作组织，耕畜由各家轮流喂养，轮流给各家耕作土地，合牛犋是有耕畜的农户合伙使用两家耕畜的互助模式，两家耕畜合在一起为各家轮流耕种土地。其四，伙种庄稼。生产条件大致相当的几户贫苦农民共同开荒，共同耕种，所收获的粮食实行按股分配。③（2）扎工。这是一种无地或少地的贫苦农民集体出卖劳动力的组织形式。扎工队在农忙季节集体外出打短工，有些扎工队除出外打短工外，成员之间也以互助劳动的方式耕种自己的土地。扎工分为走马工和朋工。走马工是没有庄稼的农民，像"走马"一样到处打工；朋工一般是有少量土地的农民，既搭伙给顾主干活又互相帮助干自己的活。扎工的组织比较严密，"功德主"是组织者，"工头"是具体事务的安排者，还有"记账先生"负责记账管钱。④（3）唐将班子。唐将班子人数一般由 15 人左右构成，规模大的有三四十人，唐将班子也有一套比较严格的规矩。组建班子的人叫"包头"，包头抽取每个成员工资的 1/10 到 1/20 作为下雨天的饭钱及各种零用开支，剩余的归包头所有；工头叫"领头"，一般没有额外报酬；管账的叫"书班"，其报酬是班子解散前，全体成员给他白做工一天。⑤ 此外，关系较好的农民之间为了方

①  陕甘宁边区财政经济史编写组、陕西省档案馆：《抗日战争时期陕甘宁边区财政经济史料摘编》第 4 编，陕西人民出版社 1981 年版，第 284 页。
②  高自立：《巩固扩大合作社事业的关键》，载于《解放日报》1942 年 3 月 20 日第 3 版。
③  王志芳：《抗战时期晋绥边区农村经济研究》，山东大学博士学位论文，2012 年，第 204 ~ 207 页。
④  石毅：《什么是"变工"和"扎工"》，载于《解放日报》1943 年 1 月 23 日第 4 版。
⑤  王丕年、石毅：《关于扎工的几个问题》，载于《解放日报》1943 年 4 月 14 日第 2 ~ 3 版。

便耕作，互相兑换土地，也是根据地农民互助合作的一种重要形式。

二是政府主导的劳动互助社亦获得快速发展。1939 年 3 月，陕甘宁边区政府颁布实施《陕甘宁边区劳动互助社暂行组织规程》，明确规定农民"只要赞成并能遵守本社一切规定者，均得加入本社为社员"，而且"劳动互助社，直接受乡政府之领导"。① 在随后颁布的《陕甘宁边区义务耕田队条例》中，规定义务耕田队以乡为单位组织，并接受乡政府的直接领导，耕田队队员在"实际劳动时，必须自带伙食，不得接受与要求抗属任何报酬"。② 政府主导下的互助社的设立一般遵循"四步走"程序：第一步，召开县级层面的干部大会，对县干部进行相关工作培训；第二步，把县干部分赴各区，主持召开区级层面的干部大会，培训区干部；第三步，区干部组织生产经验丰富的农民制订生产计划；第四步，生产计划确定后，召开村干部和抗联主任联席会议，传达布置生产计划并商定发动群众的方法。为更好地发动群众，中共要求村干部和抗联主任召开群众大会，深入宣传生产计划，个别思想不通的群众要进行教育，群众接受了政府主持制订的生产计划并同意参加互助合作之后，互助劳动组成立。在政府的领导下，互助合作事业发展迅速。到 1939 年，全边区共有 249163 个劳动力被组织起来，其中，加入劳动互助社的 89982 人，参加义务耕田队的 66347 人，参加妇女生产组的 53126 人，参加儿童杂务队 39708 人。农民被组织起来之后，迸发出更大的生产能量，边区耕地面积由 1937 年的 862 万亩增加至 1939 年的 1004 万亩，粮食产量由 1937 年的 126 万斤增加至 1939 年的 137 万斤。③ 但是，边区政府组建的互助合作组织却面临着不被民间接受的困境。造成这种困局的原因主要有二：第一，各阶层农民对政府组织的互助合作有各种各样的顾虑。地主、富农拥有耕牛和农具，他们担心别人不爱惜其耕牛、农具；习惯于独立生产的中农，嫌会议多，束缚了自由，还担心"人不合适，变起来吵嘴"；贫农担心地主、富农吃不得苦，甚至怀疑"多生产还不是多出公粮？怀疑干部们那样蹦跳，还不是为了变起工来好叫大家给代耕"。④ 第二，政府的某些规定不太合理。譬如，有的乡政府把义务耕田队队员指派到 10 多里以外的地方耕地，天不亮起身，天黑才能回家，来

---

① 陕西省档案馆：《陕甘宁边区政府文件选编》第 1 辑，档案出版社 1986 年版，第 203 ~ 204 页。

② 甘肃省社会科学院历史研究室：《陕甘宁革命根据地史料选辑》第 1 辑，甘肃人民出版社 1981 年版，第 54 ~ 55 页。

③ 耿磊：《探索中的转型：1941 - 1942 年陕甘宁边区的农业劳动互助》，载于《党史教学与研究》2014 年第 2 期。

④ 史敬棠等：《中国农业合作化运动史料》上，三联书店 1957 年版，第 585 页、587 页。

回往返几个小时，"结果劳动力化费在路上，代耕的庄稼又种不好"。[①] 还有的农民还被拉至相距六七里远的庄子参加变工，叫苦不迭。[②] 此外，政府在组建合作社之前没有做好群众发动工作，干部想当然地按名单组织合作社，农民把这样的互助组织看成"是政府为了动员义务劳动的组织"。[③] 农民需要的是自愿组织的互助合作而不是按政府意图组织的合作。对这种情况，中共中央和毛泽东很快就有所觉察。毛泽东在 1942 年指出："1939 年后，提出了'合作化群众化'的口号，但各地仍多用旧方式在群众中去扩大摊派的股金，来推行其所谓'群众化'。因此，合作社仍被群众认为是摊派负担，而不认为是群众自己的。合作社的成员，仍然是和公务人员一样，要群众优工代耕，群众看不到合作社对自己有多大利益，反而增加了群众的负担。"[④] 陈云也指出："合作社政策是正确的，必须坚持下去。但今天我们的合作社中间，还有摊派股金、业务不精、人选不当、领导不强等缺点，必须加以纠正"。[⑤] 政府主导型劳动互助社，"不顾农民私有经济，强行组织集体劳动，结果适得其反的降低了劳动情绪"。[⑥] 尽管发展速度较快，但"我们的合作社，真正好的很少。"[⑦]

第二阶段：民办官助型合作（1942～1945 年）。

1941 年底，陕甘宁边区建设厅在其告示中指出："合作社是我们群众自己的经济组织，我们不应该再依靠着政府给我们去管理了。我们社员有权而且应当自己去管理去监督，政府是合作社的当然监督机关，但无权干涉合作社的经济和行政"。[⑧] 边区政府命令"合作社工作，应彻底转变为群众自己办的，纠正过去官办的方式。……绝对禁止以政府的权力，用强迫命令的方式动员股金。"[⑨] 1942年春耕前夕，《解放日报》连续发表文章，支持农民之间的自发合作。2 月 16 日所发表的《在春耕运动的任务下》指出："'按庄稼'、'调份子'等方式，是政府所允许的，赞成的，扎工和编工等方式，是政府所拥护的，并欢迎发展这种劳

---

① 曹德九：《农村中节省劳力畜力的几个问题》，载于《解放日报》1943 年 3 月 25 日第 2 版。

② 詹武、云天：《劳动互助的一些经验》，载于《解放日报》1945 年 3 月 7 日。

③ 陕西省档案馆：《抗战时期陕甘宁边区财政经济史料摘编》第 7 辑，陕西人民出版社 1981 年版，第 23～24 页。

④ 《毛泽东选集》，东北书店 1948 年版，第 787 页。

⑤ 《陈云文选（1926－1949 年)》，人民出版社 1984 年版，第 206 页。

⑥ 刘欣主编：《晋绥边区财政经济史资料选编》农业编，山西人民出版社 1986 年版，第 703 页。

⑦ [英] 根舍·斯坦因：《红色中国的挑战》，李凤鸣译，新华出版社 1987 年版，第 218 页。

⑧ 陕甘宁边区财政经济史编写组、陕西省档案馆：《抗日战争时期陕甘宁边区财政经济史料摘编》第 4 编，陕西人民出版社 1981 年版，第 280 页。

⑨ 陕西省档案馆、陕西省社会科学院合编：《陕甘宁边区政府文件选编》第 2 辑，档案出版社 1987 年版，第 349 页。

动方式"。① 3 月 20 日所发表的《提高边区人民生产热忱》一文，提出要利用民间互助合作形式，发扬农民互助精神，以提高边区人民的生产热忱。②

1942 年 12 月，毛泽东在陕甘宁边区高级干部会议上做题为《经济问题和财政问题》的报告。在报告中，他深入总结了抗战以来农业经济工作中的经验教训，明确提出要学习延安县农民的扎工、变工经验，组织农民开展劳动互助。③ 1943 年 11 月，陕甘宁边区劳动英雄和模范工作者大会召开，毛泽东做题为《组织起来》的报告。在报告中，毛泽东再次强调要根据民间合作习惯来组织劳动互助社，他说："（集体劳动组织）有几种样式。一种是'变工队'、'扎工队'这一类的农业劳动互助组织，从前江西红色区域叫做劳动互助社，又叫耕田队，现在前方有些地方也叫互助社。无论叫什么名称，无论每一单位的人数是几个人的，几十个人的，几百个人的，又无论单是由全劳动力组成的，或有半劳动力参加的，又无论是临时性的，还是永久性的，总之，只要是群众自愿参加（决不能强迫）的集体互助组织，就是好的。这种集体互助的办法是群众自己发明的，从前我们在江西综合了群众的经验，这次我们在陕北又综合了这样的经验。"④

在正确路线的指引下，抗日根据地的互助合作蓬勃发展。第一，参加互助合作社的农民数量稳步增加。如表 2 - 3 所示。

表 2 - 3　　　　抗战时期各根据地农民参加劳动互助组织人数统计

| 地区 | 劳动力总数 | 组织起来的人数 | 组织起来占总人数的比重（%） |
| --- | --- | --- | --- |
| 陕甘宁 | 338760 | 81128 | 23.9 |
| 晋绥 | 391845 | 146550 | 37.4 |
| 晋察冀 | 5676940 | 562704 | 9.8 |
| 晋冀鲁豫（太岳） | 700000 | 70000 | 10 |
| 山东 | — | — | 20 |
| 华中（盐阜区） | — | 17700 | — |

资料来源：史敬棠等：《中国农业合作化运动史料》上，三联书店 1957 年版，第 708 页。

---

① 《在春耕运动的任务下》，载于《解放日报》1942 年 2 月 16 日第 4 版。
② 《提高边区人民生产热忱》，载于《解放日报》1942 年 3 月 20 日第 1 版。
③ 毛泽东对变工、扎工做了较为详细的描述，"以自愿的五家六家或七家八家为一组，有劳动力的出劳动力，有畜力的出畜力，多的出多，少的出少，轮流地并集体地替本组各家耕种、锄草、收割，秋后结账，一工抵一工，半工抵半工，多出的由少出的按农村工价补给工钱"。《毛泽东选集》，东北书店 1948 年版，第 771 页。
④ 杨德寿：《中国供销合作社史料选编》第 2 辑，中国财政经济出版社 1990 年版，第 336～337 页。

第二，互助合作组织的质量得到了普遍的提高，如表2-4所示。

表2-4                    1944年晋绥边区部分县份互助组成绩统计

| 县别 | 村数 | 互助组数量 | 好的互助组 | 百分比（%） |
|------|------|------------|------------|-------------|
| 保德 | 9 | 76 | 61 | 80. 26 |
| 河曲 | 35 | 159 | 80 | 50. 31 |
| 兴县 | 84 | 403 | 297 | 73. 70 |
| 合计 | 128 | 638 | 438 | 68. 70 |

资料来源：《晋绥边区的劳动互助》，山西档案馆，档案号：A90—5—6—1。转引自王志芳：《抗战时期晋绥边区农村经济研究》，山东大学博士学位论文，2012年，第218页。

表2-4中的"好的互助组"是指切实变起来了的互助组。有的互助组徒有其名没有切实变起来，有的互助组变起来了，但只变了几天，这样的互助组都不是"好的互助组"。兴县、河曲、保德三县"好的互助组"占互助组总量的68.70%，充分说明抗战后期互助合作质量得到了显著的提升。

第三，出现了消费、生产、运输等多种合作社齐头并进的局面。以陕甘宁边区为例，1942年以前以消费合作社为主，1942年以后，生产、运输合作社快速发展，到1944年，共有各类合作社643个，其中，信用合作社6个，占0.95%，生产合作社114个，占18%，运输合作社233个，占36.75%，消费合作社281个，占44.3%。[1]

第四，涌现了合作社典型。抗日根据地的合作社以延安南区合作社最具典型性。南区合作社的数量从1936年的1个增加到1942年的16个，90%以上的农户参加了合作社，1936年，南区合作社的股本只有159元，净利润不过几十元，到1942年，股本和净利润分别增加到200万元和162万元（边币）。毛泽东高度赞扬延安南区合作社的成功经验，他说："南区合作社的道路，就是边区合作社事业的道路；发展南区合作社式的合作运动，就是发展边区人民经济的重要工作之一"。[2]

---

[1] 史敬棠等：《中国农业合作化运动史料》上，三联书店1957年版，第138页、708页。

[2] 《毛泽东选集》，东北书店1948年版，第787页。南区合作社主要有以下五条成功经验：一是合作社民办，合作社的一切事务由完全由社员议决；二是以服务群众为宗旨，合作社向人民群众低价出售日常必需品，还向群众发现金或实物借贷；三是社员按股分红，股金可以是现金也可以是鸡蛋、毛皮、柴草等实物，吸收商人资本入股，这样既吸收了贫雇农也不排斥地主商人；四是举办多种多样的业务，满足社员对合作社的多方面需求；五是派道得力负责的干部领导合作社，南区合作社主任刘建章，常年扎根当地，与群众打成一片，了解群众的困难，根据群众困难和要求制定合作社的发展规章、提供各种帮助。张蔓茵：《中国近代合作化思想研究（1912—1949）》，上海世纪出版集团上海书店出版社2010年版，第358~359页。

民办官助型互助合作社具有如下特征。

第一，政府引导农民开展互助合作但又不包办合作社的一切。多数农民缺乏现代合作意识，也没有足够的能力组织互助合作社，没有政府的引导，互助合作社建不起来。因此，组织互助合作社，需要政府的引导与扶助。例如，陕甘宁边区靖边县清坪区老汉阎俊旺，有地25垧，牛1头，羊100只，因缺乏劳动力不能同时兼顾种地与放羊。同村的李来六给人做长工，婆姨在家闲着。隔村的李某，老婆卧病在床，由媳妇伺候，有地15垧，牛1头，羊70只，也不能兼顾种地和放羊。三家陷入困难之中，无计可施。清坪区政府召集三家进行商量，帮助他们建立能发挥各自长处的互助合作社。阎俊旺老汉放两家的羊，李某种两家的地，李某媳妇照顾病人兼做饭，李来六老婆负责拾粪、锄草和收割，阎、李两家帮助伙食，所收粮食按李、阎两家各得四成，李来六婆姨得二成的办法分成，三家都同意这个合作方案。互助合作社建立起来之后，阎老汉和李某家的羊有人放、地有人耕，李来六的老婆做了事也得了收益。① 政府并不包办合作社，阎俊旺合作社建立起来之后，清坪区政府不再干预其生产经营行为，也不参与收益分配。

第二，较好地体现了自愿原则。譬如，赤水县四区三乡73%的劳动力被组织起来参加互助社，"所有的班子皆在群众自愿原则下组织的，去年本乡劳动组织中所存在的形式主义毛病等，现已彻底克服。"②

第三，较好地体现了民主管理原则。中共结合过去十多年办合作社的经验，提出了民办官助型合作社的四条标准："必须是广大群众的经济组织，必须是集体互助的经济组织，必须是群众自定的组织，必须是社员权力组织"。③ 过去的扎工和唐将班子的工头通过抽空工和工钱来剥削普通社员，新的扎工和唐将班子不再存在这种现象；禁止包头压迫普通社员，包头与普通社员平等分配，扎工实行民主管理；取消了唐将班子的一切迷信行为，增加了读报、扭秧歌等新的文化娱乐活动。④

第四，实行私有产权。谢觉哉指出，抗日根据地的民办官助型劳动互助社，

---

① 黄正林：《抗战时期陕甘宁边区农业劳动力资源的整合》，载于《中国农史》2004年第1期。
② 《赤水四区三乡劳动力十分之七组织起来》，载于《解放日报》1944年3月12日第3版。
③ 转引自张蔓茵：《中国近代合作化思想研究（1912—1949）》，上海世纪出版集团上海书店出版社2010年版，第357~358页。
④ 陕甘宁边区财政经济史编写组、陕西省档案馆：《抗战时期陕甘宁边区财政经济史料摘编》第2编，陕西人民出版社1981年版，第478页。

"就是在根据地政府的推动下，5个或10个农民自愿组织成一个小组，在春耕、夏耘、秋收时轮流互相帮助，农民所用的工具是自己的，所得收成也是自己的，只是劳动过程是共同的"。[1] 在互助合作社里，集体劳动，但收益归个人，产权界定清晰。[2]

第五，较好地体现了合作共赢。岢岚县二区偏道沟村变工组，实行土地耕作与外出包工相结合，抽出11人外出包工，其余人帮助外出包工的人耕种土地，不仅解决了变工组8犋牛的草料问题，而且外出包工者还获得了食粮和额外包工钱6120元。互助组安排部分人搞农业生产，安排部分人跑运输，兴县杨家坡村的温向栓互助组，实行生产与运输相结合，集股购买了3条驴跑运输，由退伍军人老刘喂养并负责运炭供给社员，其他组员帮其种地13垧，后来还腾出时间到河西运盐，形成了生产与运输相互促进的好局面。保德柳村沟变工组，实行生产与教育相结合，在互助组中选出1个文化程度较高的人成立小学，专门负责20多个孩子的教育，变工组其他人负责给教员锄草收割，分红时，教员按全劳力参与分配，这不仅使教员安心教书，也使孩子学到了知识。[3]

第六，体现了抗日民族统一战线方针政策，地主、富农、中农、贫农之间均可开展互助合作。从阶级成分来看，抗日根据地的互助合作主要有五种模式：（1）贫农与贫农之间的互助。包括：合伙用几头驴合犋、集体养牛、合伙开荒、合作运盐、合伙手工业、合伙做生意等，这样的合作一般都很团结。（2）贫农与中农互助。贫农大都缺耕畜，中农一般缺人力，两者之间开展人力畜力互助，这样一来，贫农的缺畜力问题得到解决，中农在农忙时也不用添短工，农闲时还可从事副业生产。（3）中农与中农互助。主要表现为搭犋互助集体劳动，这样不仅可以提高劳动效率，还可以养猪、羊、牛、驴及从事家庭副业。（4）中农与富农互助。主要用在深耕细作、打井开渠、发展家庭副业等方面。（5）贫农与富农合作。这种互助主要表现为贫农以人工换富农的牛工，利于解决贫农的畜力不足和

---

[1] 陕西省农业合作史编委会编：《陕西省农业合作重要文献选编》上，陕西人民出版社1993年版，第43页。

[2] 需要指出的是，个别地方出现了实行公有制的农业生产合作社。1943年陕甘宁边区在变工开荒过程中出现了"刘秉温式"的变工队，这种变工队所开垦的荒地不归私人所有而归参加变工的农户公有。在收获的时候，不是按个人的土地分配，而是按参加变工的农户的人力和畜力的多少分配，这种分配法叫作"按劳动力分配"。山东滨海区出现过"小房前式的土地合作社"，采取土地劳力入股、牛驴合养，土地集中种植、伙种菜园，除养鸡外，其余一切收入都不属于私人完全所有。鲁中区出现过"郭孝常农业合作社"。1944年建立的耿长锁农业合作社，是华北平原上的一面旗帜，新中国成立以后发展成为全国著名的合作社。

[3] 王志芳：《抗战时期晋绥边区农村经济研究》，山东大学博士学位论文，2012年，第222～226页。

富农劳力不够问题。（6）贫农与地主互助。这是一种特殊情况，一般实行按件工资制，即锄一亩地给多少钱。①

## 第四节　解放战争时期的互助合作实践

解放战争时期，农业互助合作运动继续向前发展。据 1946 年的统计，陕甘宁边区 40% 的劳动力被组织起来参加互助合作，太行区 78% 的劳动力也被组织起来，苏皖六分区泗沭县四分之一的农户参加了互助组。② 1947 年以后，两个因素促进了农业互助合作的大发展：第一，1947 年 9 月《中国土地法大纲》颁布，各解放区掀起了规模空前的土地改革运动，一亿多无地少地的农民获得了土地，农民成为土地的主人之后，农民的生产积极性被极大地激发起来了，但是，绝大多数的贫农，面临着缺劳动力、缺农具、缺耕畜的困难，解决这些困难，必须开展互助合作。第二，1946 年 6 月，全面内战爆发，此后的三年多时间里，中国再次陷入全面战争状态。中共最大限度地动员解放区的人力和物力投入到战争之中，在这种情况下，解放区的大量青壮年参军参战，后方生产出现了劳力不足的问题，解决劳力不足问题，必须把解放区的劳动力和妇女、儿童组织起来开展互助合作。解放区广大农民在党的领导下，积极参加互助合作。到 1949 年，山东解放区东海专区 68% 的农户、文登 68% 的农民、荣成 66% 的农民被组织起来了；山西长治、榆次专区 70% 的农民加入了互助组；东北地区最多的达 70% 以上，一般的达到 30% 以上。③ 互助组的质量也有所提升。1944 年，太行区十一县的互助组只有 25% 是模范组，47% 是落后组，到 1946 年，模范组上升到 58%、落后组下降到 14%，其余的 28% 是一般组。④

解放战争时期的互助合作出现一些新的变化。

第一，生产与战勤相结合的互助合作迅速在解放区展开。全面内战爆发以后，大批农村青壮年参军参战或者参加后勤支援，农村劳动力更加稀缺。为了不影响农业生产，解放区普遍开展前方与后方大变工，以做到战勤与生产两不误。晋察冀边区把战勤组和拨工组合并为一个组，在随军远征民兵与在家务农民兵之

---

① 魏本权：《革命与互助：沂蒙抗日根据地的生产动员与劳动互助》，载于《中共党史研究》2013 年第 3 期。
② 朱玉湘：《我国民主革命时期的农业互助合作运动》，载于《文史哲》1957 年第 4 期。
③ 史敬棠等：《中国农业合作化运动史料》上，三联书店 1957 年版，第 821～822 页。
④ 史敬棠等：《中国农业合作化运动史料》上，三联书店 1957 年版，第 822 页。

间开展拨工互助，以解决劳动力不足的问题。具体的操作办法是：如果随军出征的民兵家出现生产困难，由在家务农民兵拨工解决；远征民兵和在家民兵分别记任务工，有的是按 1∶1 抵工，有的为了鼓励上前方的远征民兵，远征一天记 10 分工，在家互助一天记 7.5 分工，战役结束后按工分抵补计算。这些措施将支前参战和后方生产结合起来，既使参战者安心参战，又使后方生产得到保障。① 各解放区还把半劳动力组织起来成立互助队，担负起互助前方的义务。如晋察冀解放区把老头、妇女、儿童组织起来编成互助队，由村生产委员会分派到军属或参战各家进行互助劳动，这种互助工有的是义务的，民兵回来后不还工，有的是只顶工不还工，比如张三去参战，半劳力与他互助，所做的工折算成为两个整工，张三记任务工时就少记两个工。② 群众很支持战勤与生产相结合的互助合作模式，"人家上前线是任务，咱们在家也有去帮助人家生产的任务"。③ 太行二分区在每个村成立生产与参战变工委员会，通盘安排全村的劳动力、畜力、生产、代耕等问题，统一制订并发放参战工票，实行前方与后方大变工。一般是先给参战者做活，还工的办法有的是按参战者实际情况还工，以不荒地为原则。有的是参战者用工还一半，如参战者外出十天，在家者即义务还工五天。有的是一切参战用工都顶工，发工票，最后全村大算账，看每个劳动力应负担参战工多少，多退少补，一般是支前差一天顶十分，义务差（即公家不管饭的）顶十五分。这样可使全村的劳力畜力负担均衡。④

　　第二，小型生产合作社发展迅速。陕甘宁边区经过多年的摸索，形成了"大合作社专搞供销，小型合作社搞副业和手工业生产"的发展思路。1948 年，陕甘宁边区组织了 24 个小型合作社。子长的王贺有合作社，主要搞纺织原料和必需品供销，1947 年到 1948 年供销棉花 2000 余斤，组织起 8 个村 18 个小组、56 个纺织妇女变工纺织；延长彭仲仁举办义仓、学校、纺织等，影响积极分子 5 人出粮 30 石，调剂周围群众移民吃粮；新正马栏合作社，组织了两个群众运输队，代贸易公司揽货，其中一个 10 个骡子的运输朋帮，两次赚米 8 石 2 斗，节省劳力 2 人，另一个运输朋帮，由 7 个牲口，发展为 15 个牲口。⑤ 太行区党委提倡大力发展以副业为经营重点的小型生产合作社。到 1947 年，平顺、潞城、陵川、

①　杨德寿：《中国供销合作社史料选编》第 2 辑，中国财政经济出版社 1990 年版，第 966 页。
②　史敬棠等：《中国农业合作化运动史料》上，三联书店 1957 年版，第 804 页。
③　史敬棠等：《中国农业合作化运动史料》上，三联书店 1957 年版，第 805 页。
④　史敬棠等：《中国农业合作化运动史料》上，三联书店 1957 年版，第 905 页。
⑤　杨德寿：《中国供销合作社史料选编》第 2 辑，中国财政经济出版社 1990 年版，第 1002 页。

武安、邢台五县共组织了 2178 个小型生产合作社，社员 61922 人（平潞武邢四县），资本 59148588 元，一年的红利达 28920053 元（平潞武邢四县）。① 1946 年 3 月底，平顺县的小型生产合作社"由 348 个增加到 870 个，赚洋 900 万元以上"；黎城到 1946 年 7 月底，农副业真正结合的小型合作社 254 个，参加人数 1541 人，营利 202 万余元，运输 638 组，组织起来的大车 423 辆，营利 743 万余元，各种作坊 107 组，组织劳动力 491 人，营利近 137 万元，纺织营利 550 万元，共计小型合作社 1113 组，共营利 1155 万余元。小型生产合作社的显著发展，"相当地改变了农村的经济面貌，群众生活大大改善，农村收入也大大增加"。② 小型生产合作社使农民的副业收入大幅增加，如表 2 - 5 所示。

表 2 - 5　　　　　　　1946 年太行区五县农副业收入情况

| 县别 | 总收入（石） | 农业收入（石） | 农业占总收入比重（%） | 副业收入（石） | 副业占总收入比重（%） | 副业收入占农业收入比重（%） |
|---|---|---|---|---|---|---|
| 黎城 | 773055.14 | 640000.00 | 82.6 | 133055.14 | 17.3 | 23.9 |
| 平顺 | 608000.00 | 447000.00 | 73.5 | 161000.00 | 26.4 | 36.0 |
| 潞城 | 1387170.24 | 1166233.40 | 84.0 | 220936.84 | 15.95 | 18.9 |
| 榆社 | 445470.00 | 240000.00 | 53.8 | 205470.00 | 46.1 | 85.5 |
| 邢台 | 342496.69 | 299517.89 | 87.3 | 42978.80 | 12.6 | 14.4 |
| 合计 | 3556142.07 | 2792751.39 | 78.6 | 763440.78 | 21.4 | 27.3 |

资料来源：史敬棠等：《中国农业合作化运动史料》上，三联书店 1957 年版，第 840 页。

第三，供销合作社得到普遍重视并快速发展。解放战争时期，老解放区逐步结束了战乱，乡村经济逐渐恢复，农产品供应日益增多。对于农民而言，最需要解决的是农产品销路问题，他们强烈要求合作社为其推销土产，因此，"今后发展主要是商业合作社，其中尤以供销为主，……供销社供销并重，供销结合，农民以销定供"。③ 随着解放区面积的扩大，城乡物质交流对稳定和发展解放区经济至关重要，在这种背景下，中共要求在农村普遍组织供销合作社，以推动城乡之间的经济交流。张闻天认为，农村中的供销合作社，"是组织农村生产与消费

---

① 史敬棠等：《中国农业合作化运动史料》上，三联书店 1957 年版，第 839 页。
② 史敬棠等：《中国农业合作化运动史料》上，三联书店 1957 年版，第 899 页。
③ 徐建青等：《薛暮桥笔记选编（1945 - 1983）》第 1 册，社会科学文献出版社 2017 年版，第 216 页。

的中心环节，是土地改革后在经济上组织农民与小手工业者最主要的组织形式"。如果没有供销合作社，政府就难以在经济上实现对广大农民小生产者的领导，这是"因为农民小商品生产者是依赖市场的，他们在过去不能不依赖残酷剥削他们的商人，而今天他们就可以也有权利指望依赖无产阶级领导的不剥削他们的供销合作社，去进行他们的小商品生产"。① 刘少奇对轻视供销合作社的意见进行了批评，他认为不能"更重视生产就轻视商业，而是更重视生产也更重视商业"，他赞同列宁所提出的"合作社首先是销售小生产者的货物，然后是提高到生产合作社"的思路。刘少奇指出："在现阶段，生产合作社的规模要小，一切大的变工队都垮台了"，而"供销合作社就不同了，它的规模要大，小了要垮台，大了反而不会垮台"。② 刘少奇和张闻天的意见被党中央采纳。解放战争后期，颁布了系列发展供销合作社的决议。1949 年 1 月 26 日至 2 月 6 日，华北供销合作会议召开，根据刘少奇的意见通过了 11 个文件，包括：《关于供销合作社的工作方针问题（草案）》《关于供销合作社的几个组织问题（草案）》《关于推行供销合作社的步骤（草案）》《关于供销合作社的几个业务问题（草案）》《关于农村的供销合作与生产合作（草案）》《在供销合作社试办期间国营商业及工商行政工作上如何扶助合作社（草案）》《合作银行与供销合作社（草案）》《关于改造现有合作社的问题（草案）》《关于生产推进社与县区联合社（草案）》《区乡供销合作社组织简则（草案）》《工厂机关学校消费合作社简则（草案）》。这些文件对供销合作社的组建、业务等作了比较完整的规定，指明了供销合作社的发展方向。北平、天津、石门、张家口等地区也设立了供销合作社总社。到 1949 年 4 月中旬，北平、天津、张家口、石门已组织公营企业、工厂职工消费社 67 个，机关消费社 8 个，参加社员工人职工及其家属共 153367 人，组织了一般市民消费社 58 个，参加社员 26502 人。③ 到 1949 年 8 月，黑龙江、松江两省也组建了供销合作社总社。

　　第四，合作社要不要盈利分红问题上出现了分歧。据吉林省政府副主席周持衡在 1949 年 5 月 25 日吉林省第一次合作社代表会议上的总结报告，吉林省合作社在经营中出现了两种截然不同的状况，一种是以赚钱为经营目的，另一种毫不关心合作社的赚与赔。该省"部分地区的合作社以单纯赚钱分红为目的，投机倒

① 杨德寿：《中国供销合作社史料选编》第 2 辑，中国财政经济出版社 1990 年版，第 696 页。
② 杨德寿：《中国供销合作社史料选编》第 3 辑，中国财政经济出版社 1990 年版，第 721 页。
③ 杨德寿：《中国供销合作社史料选编》第 2 辑，中国财政经济出版社 1990 年版，第 990 页。

把，囤积作买卖，在物价波动中赔了本。如去年（1948 年）伐木中有这例子，林务局给合作社的钱，却拿去倒把，用不好的人上山伐木，以致未能很好地完成伐木工作。另外，不问群众的需要，采买奢侈品，成立精米所，占资本甚大，缺本钱垮了台。还有的合作社用低价收购产品，以高价卖出去，进行剥削社员，走向垮台，因此必须反对以单纯赚钱为目的的思想"，还有的合作社认为只要是为群众服务，赔钱也可以干，它们"不进行成本核算，借出 5 万元是春天借的，秋天仍还给 5 万元，这是很大的损失，合作社赔了钱，又到机关学校中请求捐款。这种不怕赔钱、不给社员群众财富着想的办法应该反对的"。① 合江省也存在明显的意见分歧，有人认为合作社赚钱多，红利大，就是为群众服务，"其表现结果是，什么利大就干什么，竞赛分红，投机倒把，买卖群众不需要的货，不愿收买群众副产品，因为利润小"；还有人认为合作社的货便宜，能给群众贷款，能补助农会经费，能修桥补路，就算是为群众服务，"其表现是不计算成本的赔本卖货，不选择物品随意大减价（猪肉、月饼、烧酒均减价），以及毫无保证收回、不折合实物的平均主义的贷款，其结果是贷款未用于生产而成为救济"。② 合作社能不能盈利分红的问题引起了高层的关注。1948 年 4 月，张闻天就供销合作社盈利分红问题发表了意见。他认为，只要合作社坚持为群众服务的方针，就可以盈利分红，"有的合作社确实做到了为群众服务，但也确实盈了利、分了红。同时也正因为贯彻了为群众服务的方针，所以它的盈利分红反而更多。应当说，这是一种好的合作社。这种合作社的盈利分红，是不应当反对的。另外有的合作社，则执行了相反的方针。它不是为群众服务，而是学习商人，跟着商人走，或者剥削群众，或者投机倒把，或者违反政策，由此来使合作社盈利分红，这是一种不好的合作社。这种合作社的盈利分红，当然是要反对的"。③ 刘少奇则反对合作社的盈利分红。他认为："消费合作社不应该把自己的存在和发展建立在盈利分红的基础上，而应该建立在消费者联合起来，共同地比较廉价地去购买消费品，免除商人剥削的基础上"。在刘少奇看来，如果消费合作社用分红去吸收社员、吸收资金，那就与私人商店无异，合作社不但起不到为群众服务的作用，而且还会成为物价上涨的推手，"因此，消费合作社不应该用分红的口号去号召，

---

① 杨德寿：《中国供销合作社史料选编》第 2 辑，中国财政经济出版社 1990 年版，第 995 页。
② 杨德寿：《中国供销合作社史料选编》第 2 辑，中国财政经济出版社 1990 年版，第 975 页。
③ 杨德寿：《中国供销合作社史料选编》第 2 辑，中国财政经济出版社 1990 年版，第 767 页。

去吸引社员，吸收股金，否则，合作社就不可避免地要走上资本主义的道路"。① 刘少奇以延安时期合作社为例，论证了合作社不能分红，否则就会垮台。② 薛暮桥持折中观点，他认为："为什么办合作社，为着满足社员生产、生活需要，而非为着赚钱分红，因此赚了钱也可以分红，但不能太多。"③

第五，合作社经济的地位提高。无论是土地革命战争时期还是抗日战争时期，合作社只是发展农村经济、增加农民收入的一个工具，到解放战争后期，随着新中国成立方案的出台，合作社经济的地位也得到了空前的提高。1948 年 12 月，刘少奇指出了新中国的合作社经济与国家经济的关系，他说："新中国的国家经济是无产阶级手中的基本工具，而合作社是劳动人民的集体经济，它与国家经济相结合，建立同盟，就能向社会主义发展。只有国家经济没有合作社，国家经济就无所作为；只有合作社而没有国家经济，合作社就要走资本主义道路"。④ 在 1949 年 3 月召开的七届二中全会上，毛泽东明确指出合作社经济具有半社会主义性质，他说："国营经济是社会主义性质的，合作社经济是半社会主义性质的，加上私人资本主义、加上个体经济，加上国家和私人合作的国家资本主义经济，这是人民共和国的几种主要的经济成分，这些就构成新民主主义的经济形态"。⑤ 在这里，合作社经济被确定为新民主主义经济的五种成分之一。《共同纲领》指出，合作社经济是"整个人民经济的一个重要组成部分。人民政府应扶助其发展，并给以优待"。⑥

解放战争后期，东北解放区零星出现了集体农庄式生产合作社。各地叫法不一。有的叫作农业合作社，有的叫作大把青，还有的称为合伙组。这些生产合作社把劳动力、耕畜、农具拢在一起，合伙耕种土地，所得集体分成。如洮安县组织农民设立的大把青，就是把村里的各户合成一"伙"或数"伙"，参加"伙"的农户把土地、牲畜、粪集中到一起，大家"伙"起来干活，秋收后，统一分配

---

① 杨德寿：《中国供销合作社史料选编》第 2 辑，中国财政经济出版社 1990 年版，第 777～778 页。
② 刘少奇是这样说的："我们看到，拿分红作号召去吸收社员的合作社都是失败的。不靠廉价而靠分红来发展合作社，哪有不失败的呢？因为你有钱可赚，为什么小贩不会赚？这样同商人竞争是靠不住的。而且靠分红不廉价，社员就不加入你的合作社。也有人想多分红，像延安就有这样的情况：有人拿几毛钱一会投到妇女合作社，一会投到大众合作社，其目的不是想买东西而是希望分红。起初，开一个合作社时还能赚一点钱，后来开多了，哪有那么多钱可赚，结果统统垮台"。杨德寿：《中国供销合作社史料选编》第 2 辑，中国财政经济出版社 1990 年版，第 787 页。
③ 徐建青等：《薛暮桥笔记选编（1945－1983）》第 1 册，社会科学文献出版社 2017 年版，第 212 页。
④ 黄道霞等：《建国以来农业合作化史料汇编》，中共党史出版社 1992 年版，第 12 页。
⑤ 黄道霞等：《建国以来农业合作化史料汇编》，中共党史出版社 1992 年版，第 18 页。
⑥ 黄道霞等：《建国以来农业合作化史料汇编》，中共党史出版社 1992 年版，第 19 页。

粮食。青山区陆家窝棚村，全村共有八九十户。土改后，他们自己组织互助小组，后来在干部的要求下，把互助小组细分为六个大合伙组，每组十五六户，推举一人当组长，管理全组生产。第三组的农户集资五千元，买一口大锅、盆钵、油盐酱醋、绳套犁铧，打算过集体生活。群众对大把青的看法不一致。年轻小伙子持赞同意见，因为他们"干活吃饭喜欢在一起凑热闹，但他们中也有不少的思想上有顾虑，如怕人家说他自私、落后、丢脸"；上了年纪的老人和中农反对大把青，上了年纪的人"因为终究是年纪大了几岁，看事情态度比较冷静，不会因一时高兴就马上干起来，另外在定分时把老头算成半拉子，他们不服"；中农因为"有过去单独生产的习惯，生产工具等物件比较强，同时也因用了多年了顺手，他们特别是对牲畜在一起喂更是不放心"。大把青设立后，群众的生产积极性并不高，捡粪的人很少，大家说"贵赊不如先卖"。洮安县的领导同志专门研究了大把青这种组织形式，认为它有五大毛病：第一，主要是干部包办的，大多数群众接受不了。第二，存在很多难以解决的问题，如土地究竟是吃死租好？还是吃活租好？要是吃死租，租额定高好？还是定低了好？第三，浪费太大，大家对东西都不好好节省。第四，增加群众的依赖心理，有困难也不积极想办法克服，大家都想着反正上面会想办法解决，如有人说"八路军的政策，不能叫咱们饿着"。第五，这种办法与农民的私有观念有抵触。所以，"这种合伙种地尽管有他的很多好处，但在今天这样一个群众觉悟基础之上，普遍的还行不通"。① 东北局也认为大把青等合作组织形式是"脱离实际，脱离群众要求……是空想的农业社会主义思想在农业生产中的反映，必须坚决克服与认清这种思想，才能正确地实现毛主席指示的新民主主义经济发展的方向"。②

---

① 刘哲生：《对大把青式生产互助组织的看法》，载于《东北日报》1948 年 4 月 18 日第 3 版。
② 史林琪：《东北的农业生产合作社（1948－1950 年）》，转引自叶杨兵：《中国农业合作化运动研究》，知识产权出版社 2006 年版，第 154 页。

# 第三章

# 与同时期国内三种不同农业合作模式的比较

## 第一节　新民主主义革命时期的其他三种农业合作模式

新民主主义革命时期，中国出现了四种农业合作模式，即根据地的农业互助合作模式、华洋义赈会引动的农业合作模式、国民政府主导的农业合作模式和梁漱溟在邹平实验的农业合作模式。深刻认识根据地的互助合作模式，不仅要了解同时期的其他三种农业合作模式，而且要对它们进行比较分析。

### 一、华洋义赈会引动[①]的农业合作模式

华洋义赈会（全称中国华洋义赈救灾总会）成立于 1921 年，1949 年 9 月解散。其主要工作是救灾、举办农村合作经济和社会公共事务。1923 年，华洋义赈会在河北省香河县创办了中国第一家农村信用合作社。到 1937 年，义赈会在河北、山东、安徽、湖南、河南等省广泛发动农民设立合作社，践履着西方农业合作模式。华洋义赈会对中国合作事业有筚路蓝缕之功，"华北乃至整个中国乡村合作社的崛起与发展，是从 20 年代初华洋义赈会办理河北信用合作社事业开始的。可以说，20 年代几乎是华洋义赈会一枝独秀的独立办社时期。"[②]

#### （一）华洋义赈会引导农民开展合作的历程

第一阶段：1923～1931 年义赈会在河北试办合作社。

1920 年，中国北方地区遭遇罕见的干旱。成灾区域达 317 县，涉及冀、鲁、

---

① 华洋义赈会副总干事章元善认为义赈会在合作运动中的作用是"引动"，即通过合作宣传"引导人民自动组织单位合作社""引导农民开展合作"。"引动"的最终目的是实现农民"自动"。章元善还认为外部力量切忌"代动"，其原因是靠外力"代动"建立起来的合作社不是农民的合作社。张蔓茵：《中国近代合作思想史》，上海世纪出版集团上海书店出版社 2010 年版，第 115 页。

② 李金铮：《二三十年代华北乡村合作运动的借贷活动》，载于《史学月刊》2000 年第 2 期。

豫、晋、陕等五省，灾民超过 1979 万人。灾害所致之区域，颗粒无收，河北的灾情最为严重，"遍野皆成不毛，并草木而无之。……草木食尽，求饱乏术，乃父食其子，夫携其妻，奔走他处"。① 面对如此重灾，财政罗掘俱穷的北洋政府只拨了 400 万元的救灾款，再无他济。在此背景下，社会各界纷纷设立义赈团体赈济灾民。由中外人士联合设立的华洋义赈会在赈灾中所做贡献的最大。1920 ~ 1921 年，华洋义赈会发放了赈灾款 1500 万元，是政府拨款的近 4 倍。

在赈灾过程中，华洋义赈会认识到，赈灾粮款只能帮助灾民度过暂时的灾荒，如果发生第二次、第三次水旱灾害，农民又会回复到从前状况，赈灾成果化为乌有。但若能帮助农民提高防灾能力，农民就能自救自活，"凡是可以帮助农民增加生产力的设施，我们认为都有防灾的效能。兴办这些事业，就是防灾工作"。② 基于这种认识，华洋义赈会的工作重点从救灾转化为防灾。如何提高农民的防灾能力并改良农民生计呢？华洋义赈会认为："农民最缺乏的是钱，无钱故不能改良农业，提高生活。若能借钱给他们，使他们去做生产的事业，例如买耕牛、凿水井、改良土地等，那末，他们的境遇，定会一天比一天改善"。③

以什么样的方式借钱给农民呢？经过调查之后，华洋义赈会认为设立德国雷发巽式信用合作社是最佳的方式。

1923 年 1 月，华洋义赈会着手筹办信用合作社。义赈会聘请对欧美和印度农业合作素有研究的燕京大学英籍教授戴乐仁以德国雷发巽信用合作社为蓝本、参酌中国实情制定《农村信用合作社空白章程》。④ 这是我国最早的信用合作社章程。1923 年 6 月，经华北公理会传教士邵作德（E. K. Shaw）介绍，华洋义赈会在河北省香河县成立了第一家雷发巽式信用合作社——香河县第一信用合作社，揭开了近代中国合作事业的第一页。⑤ 1923 年 8 月，华洋义赈会设立合作委办会负责办理合作事宜，聘请戴乐仁、艾德、唐有恒、章元善为委员。1923 年 11 月，合作委办会聘请于树德为合作指导员。旋即，华洋义赈会在香河、涞水、定县、

---

① 《惨不忍睹的北方灾况》，载于《民国日报》1920 年 10 月 12 日。
② 中国华洋义赈救灾总会：《救灾会刊》，1937 年，第 190 页。
③ 章元善：《华洋义赈会的合作事业》，载全国政协文史资料研究委员会编：《文史资料选辑》第 80 辑，文史资料出版社 1982 年版，第 167 页。
④ 方显廷：《中国之合作运动》，载于《大公报》1934 年 5 月 6 日第 3 版。
⑤ 中国华洋义赈救灾总会：《十年合作事业大事记》，1933 年，第 12 页。

通县、唐县、深县等六县设立了国内第一批信用合作社。[①] 1925 年 10 月，华洋义赈会设立农利股，作为其合作事业的执行机关。农利股下设利用组和合作组，合作组专门办理包括收发、登记、调查、统计、通讯、放款、用品等在内的合作社事宜。

在华洋义赈会的提倡和指导下，河北省的信用合作事业从无到有，蓬勃发展。表 3 – 1 反映了 1923 ~ 1931 年河北信用合作事业的发展状况。

表 3 – 1    　　　　　　1923 ~ 1931 年河北省合作社发展情况统计

| 年份 | 县数 | 社数 | 社员数 | 社员股金（元） | 各社资本总和（元） |
|---|---|---|---|---|---|
| 1923 | 8 | 8 | 256 | 286 | 286 |
| 1924 | 10 | 11 | 450 | 735 | 3739 |
| 1925 | 24 | 100 | 2332 | 3523 | 10281. 82 |
| 1926 | 43 | 317 | 8032 | 11703 | 31453. 47 |
| 1927 | 56 | 561 | 13190 | 20697. 96 | 39349. 32 |
| 1928 | 58 | 604 | 15301 | 23930. 8 | 34597. 89 |
| 1929 | 61 | 818 | 21934 | 35688. 25 | 45277. 27 |
| 1930 | 68 | 946 | 25727 | 45748. 35 | 66835. 54 |
| 1931 | 67 | 903 | 25633 | 45858. 2 | 68336. 33 |

资料来源：中国华洋义赈救灾总会：《中国华洋义赈救灾总会民国二十五年度赈务报告书》，1937 年，第 25 页。

第二阶段：1931 ~ 1937 年合作社向全国铺开。

北洋政府对华洋义赈会所推动的合作事业，不但不予支持反而予以禁止。之所以如此，主要原因有二：一是北洋政府认为合作事业倡导者带有共产主义思想，把合作社看作是共产主义组织；二是信用合作社的发展，对高利贷剥削造成直接冲击，损害既得利益者的利益。北洋政府的反对，使华洋义赈会无法施展手

[①]  关于选择河北省的理由，长期担任该会总干事的章元善在他的一篇文章中做了解释，一是为了管理上的便利。"为管理上便利起见，选定与总会事务所接近的河北省作为实验区域，以便这种运动逐渐的进行"。二是河北民风淳朴。"民风淳朴、经济落后的乡村容易接受，民性狡诈、经济相对发达的乡村不易接受；穷乡僻壤易于接受，通都大邑不易接受"。当时的河北，农村破产，农业衰落，农民生活水平低下的状况比较普遍。根据 1922 年在华洋义赈会冀、苏、浙、皖等地的调查结果，以年收入 150 元以下为贫困线，"贫人"所占比例达 74.8%，而冀省"贫人"的比例甚至高达 82% 以上。于是，华洋义赈会决定把推广合作事业的试点定在河北。参阅薛毅：《华洋义赈会与民国合作事业略论》，载于《武汉大学学报》2003 年第 6 期。

脚，故而在"民国十六年以前，我国合作运动，限于河北一隅"。① 1927 年国民政府上台以后，一改北洋政府的反对态度，转而对信用合作运动予以极大的关注与支持。在国民政府的支持下，从 1931 年起，华洋义赈会引动的信用合作社从河北走向全国。

1931 年，南方发生特大水灾，安徽、江西、湖南、湖北等省份受灾严重，受灾地区达 131 县，其中安徽省的灾情最重，水灾导致大约 1015.776 万人流离失所，占灾区总人口的 40%。国民政府设立救济水灾委员会专门办理救灾事宜，并拨美麦 4 万吨用于救灾。救济水灾委员会成员几乎没有救灾经验，无力及时对灾民施救。救济水灾委员会建议借调华洋义赈会副总干事章元善出任救济水灾委员会总干事。该提议得到财政部部长宋子文的支持。章元善到任后，与于树德共同拟订了赈灾方案，方案的详情是：把出售 4 万吨美麦所得之款项分解为三种用途，一部分举办急赈，以就地救济灾民；一部分举办工赈，招募包括灾民在内的农民来修复被水冲决的江河堤岸，以逐步结束急赈；最后实施农赈，所谓农赈，就是把款贷给农民，帮助他们修河堤、排积水、购农具、买籽种、修房屋。很显然，华洋义赈会举办农赈就是恢复农民的生产能力。农赈在当时是一个创举。华洋义赈会通过组织互助社来推进农赈计划，具体办法是：农民自己组织互助团体，承借款项，再把借款分配给受灾最严重的农民，农民可将贷款用于灾后重建，也可用于办理公益事业，加入互助团体的所有成员，须负连带责任，一人不还款，其余人都有责任。华洋义赈会向灾民承诺，农赈事宜结束后，互助社可改组成为合作社，经华洋义赈会考成合格并承认的合作社，还可获得义赈会的持续贷款。在华洋义赈会的引导下，互助社收效显著。② 为"设法建立一种互助性的制度来，壮大贫苦农人的经济能力，从而摆脱高利贷的残酷剥削"，③ 义赈会从河北省抽调了 100 多位具有丰富经验的合作骨干，分派到江淮各省组建合作社。经过四年的努力，到 1935 年，安徽、江西、湖南、湖北四省的合作事业迅速发展。具体情形如表 3 - 2 所示。

---

① 中国第二历史档案馆：《中华民国史档案资料汇编》第 5 辑第 1 编：财政经济七，江苏古籍出版社 1997 年版，第 361 页。
② 中国华洋义赈救灾总会：《农赈说明》，1932 年，第 2～3 页。
③ 章元善：《华洋义赈会的合作事业》，载全国政协文史资料研究委员会编：《文史资料选辑》第 80 辑，文史资料出版社 1982 年版，第 159 页。

表 3 - 2                          1935 年皖、赣、湘、鄂合作社统计

| 省份 | 互助社 | 合作社 | | 区联合社 |
| --- | --- | --- | --- | --- |
| | | 已承认社 | 未承认社 | |
| 安徽 | 1192 | 949 | 2877 | 23 |
| 江西 | 267 | 791 | 149 | 13 |
| 湖南 | 2756 | 539 | 212 | 2 |
| 湖北 | — | 373 | 408 | 4 |
| 总计 | 4215 | 2652 | 3646 | 42 |

资料来源：刘招成：《华洋义赈会的农村合作运动述论》，载于《贵州文史丛刊》2003 年第 1 期。

华洋义赈会和章元善的出色成绩，赢得了国民政府的认可。1935 年 9 月，国民政府实业部增设合作司。经实业部长吴鼎昌批准，章元善出任合作司首任司长，统筹全国合作事业。章元善身兼华洋义赈会副总干事和实业部合作司长两职，为义赈会更好地推进合作事业提供了便利。义赈会在鲁、豫、晋、鄂、湘、陕、赣、川、贵、云、甘、绥等 12 省设立了分会，统筹推进这些省份的合作事业。在 1937 年 5 月举行的第八届年会上，义赈会通报了合作社和社员数量：已获承认的合作社共 1015 个，社员 27489 人；暂未承认的合作社共 2248 个，社员 39372 人。① 此次年会还决定，总会的办公地点从北平移至上海，这意味着华洋义赈会的工作重心由北方转移到南方。两个月之后，抗日战争爆发，华洋义赈会的合作事业陷入停顿。1938 年，四川发生灾害，为了救济灾民，义赈会在巴县设立了 21 个互助社，发展社员 1701 人，发放贷款 8247 元，月息 4 厘。义赈会还在重庆南温泉一带设立互助社，向社员发放贷款。② 华洋义赈会把合作事业带到西南地区。1939 年 3 月，国民政府在经济部设立合作事业管理局，该局接管了义赈会指导下的合作社。1940 年，国民政府在后方推行新县制，以行政手段推进合作运动，从此，华洋义赈会退出农村合作事业。

（二）华洋义赈会引动的农业合作模式所取得的成就

1923 ~ 1937 年，华洋义赈会所引动的农业合作从河北一省扩大到全国，取得了骄人的成绩。

第一，舒缓了农村金融枯竭，遏制了农村高利贷。

---

①②  薛毅：《华洋义赈会述论》，载于《中国经济史研究》2005 年第 3 期。

在传统农业社会，农民只要一负债，就可能被拖入债务的泥潭，陷入债务泥潭之中的农民，"哪有工夫去改良农业"，其结果只能是"田园荒芜"，因此信用合作社"在中国农民方面确是很需要的。假使这种方式运用得当，它的利益真是立竿见影"。传统社会由于缺乏现代金融机构，使得有钱人的钱无处可存，缺钱的人又找不到借钱的地方，"这样一来，不独农村金融因之停滞，并且有钱的不能放，没钱的无法借，于是那些等钱的农民，就不得不问那专靠放债为生的人去借了。"[1] 信用合作社把农民的剩余资金集中起来，以低利率贷放给需要钱的人，舒缓了农村金融枯竭，并遏制了农村高利贷。

华洋义赈会于1930年对河北20余个村庄进行了借贷利率调查，收回73份报告，结果如表3-3所示。

表3-3 　　　　　　　　　河北农村借贷利率调查情况统计

| 年利率（%） | 报告份数 | 年利率（%） | 报告份数 | 年利率（%） | 报告份数 | 年利率（%） | 报告份数 |
|---|---|---|---|---|---|---|---|
| 36 | 31 | 24 | 3 | 18 | 1 | 36~60 | 1 |
| 30 | 6 | 120 | 3 | 21.6 | 1 | 72 | 1 |
| 60 | 5 | 48~72 | 2 | 33.6 | 1 | 45.6~60 | 1 |
| 48~60 | 5 | 24~35 | 2 | 24~36 | 1 | 36~72 | 1 |
| 48 | 5 | 42 | 2 | 52.8 | 1 | | |

资料来源：《合作讯》1930年第56期，第8页。

表3-3显示，农村借贷利率最低的是年利18%，最高的达120%，年利绝大多数在40%左右，华洋义赈会对合作社的借贷利率则要低得多，如表3-4所示。

表3-4 　　　　　　　　　华洋义赈会对合作社的借贷利率

| 年数 | 利率（年利率%） | | | |
|---|---|---|---|---|
| | 分期摊还 | | | |
| | 一期还清 | 分两期还清 | 分三期还清 | 分四期还清 |
| 1年以下 | 5.50 | 5.75 | 6.00 | 6.25 |
| 1年 | 6.00 | 6.25 | 6.50 | 6.75 |

---

[1] 章元善：《一千个农村里的信用合作社》，载中国华洋义赈救灾总会编：《合作资料》1932年第5期，第41页。

续表

| 年数 | 利率（年利率%） | | | |
| --- | --- | --- | --- | --- |
| | 分期摊还 | | | |
| | 一期还清 | 分两期还清 | 分三期还清 | 分四期还清 |
| 2 年 | 6.50 | 6.75 | 7.00 | 7.25 |
| 3 年 | 7.00 | 7.25 | 7.50 | 7.75 |
| 4 年 | 7.50 | 7.75 | 8.00 | 8.25 |
| 5 年 | 8.00 | 8.25 | 8.50 | 8.75 |
| 6 年 | 8.50 | 8.75 | 9.00 | 9.25 |
| 7 年 | 9.00 | 9.25 | 9.50 | 9.75 |
| 8 年 | 9.00 | 9.75 | 10.25 | 10.25 |
| 9 年 | 10.00 | 10.25 | 10.50 | 10.75 |
| 10 年 | 10.50 | 10.75 | 11.00 | 11.25 |

资料来源：《合作讯》1931 年第 71 期，第 4 页。

　　由于很少有三年期以上的贷款，所以，华洋义赈会对合作社的贷款利率一般都在8%以下。义赈会对合作社的贷款构成合作社的负债，合作社再把这笔资金贷放给社员，合作社对社员的贷款利率肯定要高于义赈会对它的贷款利率，利差就是合作社的经营收入。义赈会对合作社的贷款利率作了规定，在 1931 年以前，合作社对社员的贷款利率一般在年利15%以下，其中，10%～13%的最多，占贷款总量的86%。[1] 由此看来，凡属是设立了信用合作社的地方，高利贷都得到了一定程度的遏制。[2]

　　不过，合作社借贷远不能在根本上动摇高利贷在乡村借贷中的地位。因为设立合作社的地方毕竟有限，即使是设立了合作社的乡村，能够入社的农民也是少数，如合作事业比较发达的河北省，到 1936 年，加入合作社的人仅占全省人口的2.07%。[3] 能得到合作社低利借款的人，主要是合作社社员，非社员一般难以得到合

---

[1] 康金莉：《民国时期中国农业合作金融研究（1923－1949）》，科学出版社2013年版，第77页。

[2] 一些史实也可做印证：在河北省肥乡县南刘村，农民负债的2300元中，高利贷放款占37.8%，信用社放款占62.2%，信用社放款远远超出高利贷放款。又如在李白庄村，高利贷者的放款利率月利至少四分，而合作社成立后，高利贷的放款利息也不得不"日日减低，村民皆称合作社为我农民真正自救之金融机关"。中国华洋义赈救灾总会丛刊乙种第71号：《河北合作：优良社之实况》，1935年版，第77页、98页。

[3] 梁思达：《河北省之信用合作》，南开大学商科研究所第一班研究生毕业论文，1937年，第265页。

作社贷款，所以，合作社放款在农民借贷来源中的比重是很低的。河北省是信用合作社发展得最好的省份，1934 年，该省农民的借贷，只有 11.9% 来源于信用合作社，3.3% 来源于银行，这就是说，农民 85% 的借贷仍是来源于传统借贷。山东、山西、河南等省农民从合作社和银行得到的贷款，仅占其借款总额的 3% ~9.5%。[①]

第二，增强了农民的生产经营能力，增加了农民收入。

传统借贷以解决生活困难为主要目的，合作社借贷则以改善农业生产条件、促进农业发展为主要目的。"合作社借款，与普通银号或富户的借款性质最不同的……乃是在借款用途的限定与否。银号富户借钱，不管人家怎么用，借钱的人，往往受了害还不知道，合作社借钱的目的，是要使社员用钱去做生产的事业，要他们还钱的时候比借钱的时候更容易过活。这是合作社的立脚的根本"。[②] 正因为这样，华洋义赈会对合作社借款用途有较为严格的规定。[③] 为保证社员将借款用于所申明的用途，从 1926 年起，华洋义赈会将社员借款用途是否与所申明用途相符列为合作社考成内容之一，较好地起到了遏制借款滥用的作用。河北信用合作社发放给农民的贷款，用于农业生产的占 60% 以上，棉花运销合作社发放给棉农的贷款，全部用于生产。如河北蠡县中滑村信用社，1929 ~1934 年的放款全部用于生产。肥乡县西刘家庄合作社，1931 ~1934 年的放款，用于农业生产的比率高达 99% 以上。河南彰德县合作社，1934 年到 1935 年 8 月，共计发放贷款 9.9 万余元，其中，5.5 万余元用于购买肥料、种田、红白喜事，4.4 万余元用于打井和购置水车、牲畜、车辆等生产工具。[④] 表 3 –5 较为全面地揭示了信用合作社贷款的用途。

表 3 –5　　　　　　　　河北省农村信用合作社贷款用途分配

| 年份 | 购买种子、畜牧或耕植用具（%） | 购买车辆、牲畜，修缮房屋或置备用具（%） | 掘河、筑堤、灌溉、排水等（%） | 婚丧等社会应酬（%） | 偿还旧债（%） | 经商织布等（%） |
|---|---|---|---|---|---|---|
| 1924 | 29.54 | 13.57 | 2.70 | 8.09 | 22.98 | 23.12 |
| 1925 | 52.34 | 13.11 | 0.08 | 0.72 | 18.96 | 14.79 |

① 李金铮、邓红：《二三十年代华北乡村合作社的借贷活动》，载于《史学月刊》2000 年第 4 期。
② 《怎样利用借款》，载于《合作讯》1926 年第 6 期。
③ 只能用于下列七种：（1）用于购买耕畜，置备较大农具，或修盖房屋等事；（2）用以耕植（包括食物、饲料、种子、肥料、家畜及小农具的购买，地租工资的支付等）；（3）用以防止水旱、改良土壤、垦荒等事项；（4）用以举办婚丧教育等事；（5）用以整理旧债；（6）用以经营农村副业；（7）用以补充储金准备金的不足。秦孝仪主编：《革命文献》第 84 辑，文海出版社 1980 年版，第 465 ~466 页。
④ 李金铮、邓红：《二三十年代华北乡村合作社的借贷活动》，载于《史学月刊》2000 年第 2 期。

续表

| 年份 | 购买种子、畜牧或耕植用具（%） | 购买车辆、牲畜，修缮房屋或置备用具（%） | 掘河、筑堤、灌溉、排水等（%） | 婚丧等社会应酬（%） | 偿还旧债（%） | 经商织布等（%） |
|------|------|------|------|------|------|------|
| 1926 | 27.18 | 31.93 | 1.26 | 5.60 | 22.37 | 11.59 |
| 1927 | 35.33 | 31.73 | 1.87 | 1.39 | 19.60 | 10.02 |
| 1928 | 35.47 | 32.24 | 0.09 | 1.78 | 24.70 | 5.70 |
| 1929 | 29.06 | 30.31 | 0.66 | 1.53 | 23.43 | 15.02 |

　　资料来源：康金莉：《民国时期中国农业合作金融研究（1923－1949）》，科学出版社 2013 年版，第 75 页。

　　传统借贷主要是用于婚丧、日常消费，合作社的借贷用于这方面的比重很低，最高不过 8.09%，最低才 0.09%。合作社贷款主要用于购置种子、畜牧、牲畜等，其次是偿还旧债。前者是直接用于生产，后者有利于农民减轻高利贷的剥削，从而有利于改善生产生活条件。

　　第三，培养了农民的合作精神，形成了新的农村社会风尚。

　　华洋义赈会本身是一个慈善机构，他在举办合作社过程中，把慈善事业也带入合作社里。华洋义赈会要求其合作指导人员尽可能地兴办农民所需的公益事业，在"推行合作之时，应以物质增进及精神陶冶并重。庶于合作之推行，同时国民道德亦有向上之趋势与实践之机会"。[1] 在这种理念的作用下，许多合作社举办了多种公益事业。据 1936 年统计，共有 1929 个合作社举办附属公益事业，占当时总社数的 60.02%。[2] 农民通过参与合作社举办的公益事业，进一步培养了其合作精神，还革新了社会风尚，"农村中因为有了合作社，空气从沉闷枯燥变为活跃振作"。[3] 下面的事例反映了农村中的新风尚：1928 年，华洋义赈会把一笔赈款委托给合作社贷放，合作社将赈款贷给最需要资金的灾民，令人感动的

---

[1]　章元善：《乡村建设实验》（第 2 集），中华书局 1935 年版，第 405～406 页。

[2]　各社所办事业种类如下：兴学者 293 社、婚丧互助 199 社、戒烟赌酒 186 社、办纪念储金及农产品代替储金等 169 社、造林植树 158 社、筑路 146 社、息讼 139 社、自卫 96 社、改良农业 91 社、俭约 74 社、医药 68 社、助耕 66 社、合作完粮 51 社、捕蝗 49 社、掘井 49 社、济贫 47 社、卫生事业 45 社、造桥 25 社、浚渠 13 社、养老 13 社、其他 22 社。章元善：《合作与经济建设》，商务印书馆 1938 年版，第 88～90 页。

[3]　章元善：《合作与经济建设》，商务印书馆 1938 年版，第 90 页。

是，一些受灾的社员将自己应得款让给非社员，贷款到期后，全部偿还。[①]

（三）华洋义赈会引动的农业合作模式所面临的困境

华洋义赈会在引动农民开展合作的过程中，面临一些无法克服的难题，这些难题有来自农民的，也有来自自身的，制约着引动型农业合作模式的前进。

第一，农民引而不动。

合作是农民自己的事，这是华洋义赈会和当时的一些知识精英的共识，但部分农民对此却没有清醒认识。通过华洋义赈会的合作教育之后，有的农民动起来了，有的农民却没有真正动起来。有时对华洋义赈会的工作人员持敷衍的态度，"先生，这么大热的天，你老老远地到我们村子里，劝我们立互助社。莫说立好之后，还有钱财放给我们使用，即使没有，我们也得立一个，才对得起你老。再说你老奉的是公事，我们若不照办，你老回去不好销差，我们也得不到平安。好了，好了，应该怎样办，请你说吧！"[②] 这段话形象而真实地反映了农民的一般心态：一方面，他们对城里人的关怀从内心表示感激，也认为城里人的做法对自己有好处；另一方面，他们却对城里人的提议并不十分热心，办社似乎不是为了自己而是为了帮好心人销差。

农民为何引而不动？主要有两方面的原因：一是合作不能解决农民最需要解决的问题，或者说，合作不能给农民带来他们最需要的利益。农民是一个比较感性的利益驱动型群体，他们对眼前利益和直接利益非常感兴趣，对未来利益和间接利益的兴趣则不浓厚，谁带来的利益大而且能马上兑现，就跟谁走。华洋义赈会给农民带来的利益毕竟有限，加之，入社还有诸如填表等系列麻烦手续，农民对此自然并不热衷。二是缺乏开展合作的基本条件。农民普遍对外界事物具有很强的排斥性，来自西方国家的合作社，既要求缴纳股金，又要审核借款用途，还要向合作社存款，行使"民主管理权力"，等等，农民对这些感到很陌生。合作社作为一个自治的经济组织，要求管理者既要具有管理才能，又要具有公心，显然，农民群体中极其缺乏这样的人才，带头人难求是制约合作社发展的一个重要因素，这一点，章元善曾为之很苦恼。[③]

农民引而不动的另一个表现是不按华洋义赈会的要求动。一些农民加入合作

① 章元善：《一千个农村里的信用合作社》，载中国华洋义赈救灾总会编：《合作资料》1932 年第 5 期，第 47 页。
② 章元善：《写给到民间去的朋友》，载《合作文存》，商务印书馆 1940 年版，第 77 页。
③ 张蔓茵：《中国近代合作思想史》，上海世纪出版集团上海书店出版社 2010 年版，第 133 页。

社并不是为了互助互济，也不是为了发展农业生产，就是为了多借钱。为了达到多借钱的目的，千方百计入社套取借款。如有所谓跨社分子，已加入了甲社，又改名换姓加入乙社，两面活动，目的是多借款项。还有所谓双料社员，即一家兄弟数人，分别各入一社，兄在甲社，弟在乙社，既可多借款又可借甲社款还乙社。又有所谓冒牌社员，令其未成年之子，或素不闻事之妻，冒充家主，请一二相识社员为其介绍入社，以达到低利借贷之目的。[①]

第二，资金供给严重不足。

华洋义赈会引动设立的信用合作社，其资金由内源资金和外源资金构成。内源资金包括社员股金、社员存款和公积金组成。在没有政府支持的情况下，华洋义赈会的贷款成为信用合作社唯一的外源资金来源。因农民极其贫弱，合作社所能吸纳的股金、存款很少，公积金也微乎其微，因而合作社的资金主要仰给于华洋义赈会的贷款（见表 3-6）。

表 3-6　　　　　　信用合作社的资金构成（1923~1928 年）

| 年份 | 外源资金供给 | | 内源资金供给 | | 总计（元） |
| --- | --- | --- | --- | --- | --- |
| | 数额（元） | 比重（%） | 数额（元） | 比重（%） | |
| 1923 | — | — | 286 | 100.00 | 286 |
| 1924 | 5000 | 87.18 | 735 | 12.82 | 5735 |
| 1925 | 25000 | 96.64 | 3855 | 13.36 | 28855 |
| 1926 | 55000 | 74.00 | 19320 | 26.00 | 74320 |
| 1927 | 61000 | 71.50 | 24312 | 28.50 | 85312 |
| 1928 | 61000 | 66.79 | 30332 | 33.21 | 91332 |

资料来源：根据中央银行经济研究处：《中国农业金融概要》，商务印书馆 1936 年版，第 99~100 页表计算。

华洋义赈会自身的资金来源也很有限，主要来自四大渠道：政府每年从海关附加税中拨付 400 万元、庚子赔款中每年退还 17 万元、来自国外的捐赠[②]、来自国内的募捐。无法查找华洋义赈会每年的收入总额，据 1930 年 9 月《救灾会刊》

---

① 严恒敬：《中国乡村合作社实际问题》，中国合作学社印行 1933 年版，第 5~6 页。
② 如 1921 年美国方面曾捐给华北灾区 469 万美元，1928 年美国和其他方面共捐助了 336000 美元，1929 年捐助 140 万美元，1930 年捐助 143 万美元。顾长声：《传教士与近代中国》，上海人民出版社 1981 年版，第 294 页。

的数据，1920～1930 年华洋义赈会的资金总额为 32648721.03 元，其中，政府拨款占总额的 31.3%，公众捐款占 38.9%，外国人士捐助占 29.8%。① 华洋义赈会有限的资金不能全部用于信用合作事业，还需举办公益事业和赈济灾民。表 3－7 反映了华洋义赈会对合作社的放款情况。

表 3－7　　　　　　　　　　华洋义赈会对合作社的放款情况

| 省份 | 社数 | 社员数 | 贷放款（元） | 平均每社（元） | 平均每社员（元） |
|---|---|---|---|---|---|
| 河北（1933 年止） | 408 | 16735 | 300726 | 737 | 18 |
| 安徽（1934 年 8 月止） | 458 | 13608 | 242833 | 530 | 17 |
| 江西（1934 年 6 月止） | — | 9324 | 150995 | — | 16.2 |
| 湖南（1934 年 7 月止） | 122 | — | 50749 | 416 | — |
| 湖北（1934 年 7 月止） | 243 | 4737 | 37549 | 155 | 8 |
| 山西（1933 年止） | 10 | 240 | 2700 | 270 | 11.25 |

　　资料来源：根据《中国经济年鉴续编》18 章合作资料计算而得。转引自熊霞：《华洋义赈会与二十世纪二三年代的农村信用合作社》，载于《中国矿业大学学报》2007 年第 5 期。

　　表 3－7 显示，合作社从华洋义赈会得到资金数量是十分有限的。社员从合作社得到的贷款多则不过 18 元，少则仅 8 元。面对农民的合作热情，华洋义赈会无力满足全部合作社社员的贷款需求。义赈会不得不实行资格承认制度，只有通过考成的合作社，方可得到义赈会的承认，义赈会只向承认社发放贷款，未获承认的合作社不能从义赈会取得贷款。事实上，并非全部的"未承认社"都通不过考成，不少合作社完全具备"已承认社"的条件，只是义赈会没有能力向它们提供贷款，不得不把它们确定为"未承认社"。② 华洋义赈会只是一个民间慈善机构，其有限的资金无法满足广大农民对资金的需求，为解决资金不足问题，义赈会迫切希望政府能积极推动信用合作事业的发展。章元善明确指出，全面发展合作社，"义赈会自知没有这个力量，等到政府或社会愿意担任这事，义赈会就可告退不管"。③

---

① 薛毅：《华洋义赈会述论》，载于《中国经济史研究》2005 年第 3 期。
② 中国华洋义赈救灾总会：《十年合作事业大事记》，中国华洋义赈救灾总会，1933 年第 14 页。
③ 中国华洋义赈救灾总会：《第一次合作讲习会汇刊》，中国华洋义赈救灾总会，1926 年第 3 页。

## 二、国民政府主导的农业合作模式

1927 年以前的合作运动，是一种纯粹的民间行为，它"完全只是凭私人及若干社会团体的努力所推动"。[①] 1927 年，国民政府甫一成立就派娄桐孙北上与华洋义赈会接触，了解北方农业合作情况。1928 年，国民党政府在全国掀起合作、识字、造林、保甲、卫生、提倡国货等"七项运动"，合作运动被列为"七项运动"之首。[②] 自此以后，合作运动由社会行为转化为政府行为，政府主导型农业合作作为一种全新的合作经济模式在中国开始践履。

### （一）国民党推进农业合作的历程

根据政府在农业合作运动中作用大小的不同，可以把国民政府推进农业合作的历程划分为两个阶段。1927～1941 年，政府采取扶持和规制的办法推进农业合作运动，1942 年之后，政府采取强制手段推进农业合作运动。

第一阶段：扶持和规制合作社发展阶段。

国民政府上台以后，首先从资金上对农业合作予以大力扶持，体现两个方面。

其一，政府设立农民银行为合作社提供贷款。1928 年，江苏省率先组建农民银行，力图"籍农民银行之提倡，促成合作社之组织"。1928 年 4 月，江苏省政府颁行《江苏省农民银行组织大纲》，7 月，江苏省农民银行在南京成立，规定该银行负"有提倡合作之责任"，贷款须"以农民组织之合作社为限"。[③] 事实上，江苏省农民银行的放款，有一半是对合作社的贷款。江苏省农民银行还成立了调查部，负责在农村中宣传、指导及推广合作事业。1933 年，鄂豫皖赣四省农民银行成立，1935 年，改名为中国农民银行，取得与中央银行、中国银行、交通银行同等地位，成为国民政府的四大国有银行之一。中国农民银行以提倡农村合作、供给农业贷款为主要任务，成为国民政府扶植农村合作事业的主要金融力量。

其二，引导商业银行资金投向农村。1930 年代，受世界经济大危机的影响，中国内资商业银行在都市的地产投资很不理想，对政府公债又不敢过多投资。一时之间，商业银行出现流动性过剩，国民政府因势利导，在银行界掀起了一个

---

[①] 朱斯煌：《民国经济史》，商务印书馆 1948 年版，第 349 页。
[②] 王志莘：《合作运动》，载《中国经济年鉴（1936 年）》，商务印书馆 1936 年版，第 881～882 页。
[③] 秦孝仪：《革命文献》第 87 辑，台北中央文物供应社 1981 年版，第 516～518 页。

"商资归农"运动，引导商业银行将信贷资金投向农村。与此相配合，国民政府于 1934 年颁布《储蓄银行法》，该法强制要求储蓄银行必须将存款总额的 20%用于对农村信用合作社的抵押贷款和以农产品为质押的农业放款。① 银行界出于寻找新的投资渠道和救济农村的双重考虑，积极投身农贷。1935～1937 年，先后有 20 余家银行开展农业合作贷款。1935 年，交通银行、上海银行、中国农民银行、金城银行、浙江兴业银行、大陆银行等 10 余家银行联合组织了中华农业合作贷款银团，在河北、河南、陕西、山东、湖北、湖南等省份设立办事处，开展农业合作贷款，农业合作贷款"成为银行界中的一种新趋势"。据中央农业实验所的调查，中国农民银行和各省农民银行对合作社的放款最多，占 64.1%，商业银行次之，占 16.8%，政府部门和社会团体再次之，占 13.6%。② 许道夫指出："自从政府一方面与金融界，在活动上成立一个密切联系的关系，另一方面认清了救济农村，不独是复兴工商业的基本工作，而且是金融出路的正当场所。金融家因为获得政府的支撑，减除了不安全的戒心，所以他们很踊跃的向这方面发展。以解决他们本身的困难。"③ 商业银行的资金支持，使合作社的外源资金量迅速增加。据估计，1932 年，银行对合作社的贷款为 6411133 元，1933 年增加至 6651977 元，1934 年《储蓄银行法》实施后，贷款额迅速增加，达到 21709112 元，1935 年更是增加至 47377253 元。④

华洋义赈会作为一个民间慈善组织，只能采取诸如业务考成等手段规制合作社的发展，国民政府上台以后，利用政府权威对合作社发展进行强制性规制，体现在两个方面。

其一，颁布合作法规规制合作社发展。1927 年国民政府在南京成立时，实际控制的省份只局限在南方数省。江苏、浙江、上海等省市属于京畿重地，这些地方非常重视农村合作事业的发展。江苏省在合作社法规的制定方面走在全国前列，1928 年，该省制定了《江苏省合作社暂行条例》，此为国民政府时期的第一部合作法规。1931 年，国民政府颁布《农村合作社暂行规程》，这是由中央政府颁布的第一部合作社法规，标志着国民政府对合作社实施法律监管的开始。不过，规程颁布以后，"各省与地方遵行的非常之少"。⑤ 就是说，《农村合作社暂

---

① 《储蓄银行法》第 7、8 条，《司法行政公报》，第 61 号，第 3 页，1934 年 7 月 15 日。
② 王文钧：《商业银行在农村中之动态》，载于《银行周报》1935 年第 19 卷第 48 期，第 22 页。
③ 许道夫：《中国农村金融政策之将来》，载于《社会经济月报》1936 年第 3 卷第 11 期。
④ 于永：《20 世纪 30 年代中国农村金融救济之考察》，内蒙古人民出版社 2002 年版，第 148 页。
⑤ 陈鸿根：《我国合作社法之检讨》，载于《申报》1934 年 10 月 15 日第 5 版。

行规程》在实际中并未真正起到法律规制作用。1934 年,《合作社法》经国民政府立法院颁行,次年,又出台了《合作社法》的《实施细则》,该两法均于 1935 年 9 月 1 日起正式施行。这两部合作法规除了因"主管机关或币值变动,作数次技术性修正"外,基本的法律条文一直沿用,到 1970 年代末"实质上迄无修正"。① 陈果夫说:"自有此法,全国合作社始有一共资遵守的法律"。②

其二,统一全国合作行政。北京政府时期,无论是中央政府还是地方政府均未设立专门机构管理合作社,仅由农商部负责合作社的登记。国民政府上台以后,江苏、浙江、山东、河北、河南、广东、绥远、福建、湖南、安徽、陕西、察哈尔等合作事业比较发达的省份设立了管理合作事业的行政机构,但各地所设的合作行政机构十分混乱。③ 由于"缺乏中央集合之合作行政机关,因之实施方法互异,倡导方法亦复不同",在"缺乏通盘筹划"的格局下,各省各部门为了各自的利益"明争暗斗",这些"殊足以影响合作事业之发展"。④ 从 1935 年起,国民政府开始统一全国合作行政。是年 3 月,第一次全国合作会议召开,此次会议试图实现两个"统一",一是统一全国合作金融系统,二是统一全国合作行政制度。会后,作为中央合作行政主管机关的实业部合作司于 11 月成立,合作司负有全国合作社的调查、促进、视察、监督之责。国民政府要求全国所有合作社必须于 1936 年 2 月底之前向合作司登记注册。至 1936 年底,华洋义赈会在安徽、江西、湖南、湖北的 9157 家合作社全部划归合作司管理,与此同时,行政院接管了江西、湖南、河南、福建、四川、安徽等省的 9788 家合作社、8724 家预备社,"自此全国合作行政,趋于统一"。⑤ 1938 年,国民政府根据战时经济需要调整行政机构,实业部合作司撤销,经济部农林司第五科(即合作科)代替合作司"掌管合作社之登记事宜",同时在农本局下设立合作指导室,负责合作社的指导工作。这次合作行政机构的调整并不成功,因为合作司被裁撤后,合作事业的管理与指导机构分属于不同部门,导致在中央层面"各不相谋",中央层面的混乱又导致各省合作行政机构"亦各自为政,与中央组织不相统属,且名目繁

---

① 陈岩松:《中华合作事业发展史》上,商务印书馆 1983 年版,第 189 页。
② 陈果夫:《十年来的中国合作运动》,载中国文化建设协会编:《十年来的中国》,商务印书馆 1937 年版,第 458 页。
③ 如江苏省设立的合作事业指导委员会隶属于农矿厅,湖南省设立的合作事业委员会隶属于湖南省建设厅,绥远省农村合作事业指导委员会、广东省合作事业指导委员、陕西省农业合作委员会隶属于各自的省政府。
④ 郑林庄:《统制全国合作事业自议》,载于《东方杂志》1935 年第 32 卷第 6 期。
⑤ 秦孝仪:《革命文献》第 84 辑,台北中央文物供应社 1983 年版,第 7~13 页。

杂，体系错乱"。① 鉴于此种情况，1939 年 1 月，国民党五届五中全会召开，全会通过了《加紧推进合作事业案》。该文件对合作行政做了如下调整：设立全国合作事业管理局，隶属经济部，其职责是"统筹全国合作事业之推动与改进"；规范省、县两级政府合作行政机构的设置，在省一级设立合作事业管理处，县一级设立合作指导室；为提供合作行政效率，要求"省县合作行政之机构，均以直隶省县政府为原则"。② 1940 年，合作事业管理局改隶社会部，但执掌和地方合作行政机构未变，至此，全国的合作行政机构"乃有完整之系统"，③改变了合作行政机构紊乱的局面，强化了政府对合作事业的主导权。

第二阶段：强制推进合作运动阶段。

北京政府时期，政府力量孱弱，无法对社会经济进行有效整合，经济处于一种无序状态。政府的缺位，一方面有利于私营经济的发展，另一方面也造成了经济秩序的大混乱。国民政府上台以后，试图通过统制政策来实现对社会经济的整合。1930 年代初，国民政府通过强制改组银行公会等各类同业组织迅速实现了对城市经济的统制。但政府的统制政策在农村却鞭长莫及。这是因为，在传统帝制时代，国家财力主要仰给于农业，财政规模很小，只够维持县以上官僚体系的行政支出、军费支出和赈灾支出，遇到灾荒之年，财政就会捉襟见肘，入不敷出。受财力的限制，历朝历代的国家权力只控制到县一级，即所谓"王权止于县政"，县以下的基层社会则实施自治。国民政府上台以后，试图实现对农村基层社会的强有力控制，但同样因财力不济而作罢，乡村社会依然游离在政府权力之外。农村资源的失控，一方面与国民政府的统制经济政策相违背，另一方面给中国共产党的革命政策提供了空间。华洋义赈会在河北、山东等地建立的合作社，使国民政府找到了一条控制乡村社会的有效途径。这条途径就是：只要每个乡镇都建立合作社，而且每个农户都加入合作社，政府就可以通过控制合作社来控制农民以及由农民所创造的一切经济资源。正如郑莹所言："一旦全国各地农村的合作社组织达到普遍化系统化的程度，全国国民的经济行为，俱可由合作社经手办理，由村与村合作，推而至县与县合作，由县与县合作推而至省与省合作，由省与省合作即可进一步组成全国合作的最高机关。这样，无异布成了全国合作网，亦即无异布成了全国的经济网，自可奠定施行统制经

---

①③　张德粹：《我国政府与农业合作》，载于《中农月刊》1943 年第 4 卷第 2 期。
②　秦孝仪：《革命文献》第 96 辑，台北中央文物供应社 1983 年版，第 206～208 页。

济的极好基础"。①

　　设立合作社统制经济资源始于 1933 年。是年，蒋介石为断绝苏区的粮食供应，在苏、浙、赣、鄂、湘、豫、冀、粤、皖等省设立粮食、贩卖、运销、信用合作社，合作社通过举办采运、储押等业务征集农民存粮，政府再统一控制合作社所征购之粮食，这样就断绝了苏区的粮食采购来源。"第五次围剿"战争结束以后，合作社的统制功能被上升到国家政策层面。1935 年 12 月，国民党第五次全国代表大会明确提出在全国农村普遍建立合作社的目的是"以期实行计划经济"。1930 年代，统制经济或计划经济作为一种全新的经济模式获得各国的广泛认同。欧美资本主义国家纷纷放弃了过去恪守的市场调节经济、政府不干预经济的政策，转而采取国家干预主义政策，法西斯主义者更是在德国推行经济统制主义。社会主义国家苏联实施以国家控制为主要特征的"一五计划"和"二五计划"，两个五年计划完成以后，苏联基本实现了工业化，国力大增，成为世界强国。当时的中国军事上基本结束了军阀混战、政治上完成了形式上的统一、经济上也出现了新的活力，举国上下对前途充满信心，认为中国有望实现复兴。适逢各国都采取国家统制主义经济政策，如此，社会各界都认为中国也应该采取经济统制主义，所以，国民党对合作社的统制功能定位得到了社会各界的认同，都认为合作社是国家统制经济的有效工具。②

　　全面抗战爆发以后，中国经济由平时经济转轨为战时经济。战时经济的最大特点就是政府必须对社会经济实施全面统制以保证战时军需，合作社的统制功能从统制农村社会资源上升为统制一切社会资源。蒋介石指出，合作社既是统制战时"重要物资"的"最易收效"的办法，也是改善民众生活的"最有效办法"，还可起到"调剂物资，平定物价"的作用。③ 1938 年，抗战进入相持阶段，中日在军事上的大规模会战告一段落，中日之间的经济战成为一种新的战争形式。开展经济战需要一个经济组织，合作社的作用又被进一步强化，"举凡对敌经济之封锁、战区物质之抢运、农工生活之维持、失业民众之救济均可以合作方式配合经济力量为有效之设施"。④ 抗战时期，国民政府先后颁布了 10 余部合作

---

① 郑莹：《国民经济建设的有效路线与推行合作》，载于《农村合作》第 2 卷第 1 期。
② 张蔓茵：《中国近代合作化思想研究（1912—1949）》，上海世纪出版集团上海书店出版社 2010 年版，第 127 页。
③ 中国供销合作社史料丛书编辑室：《中国供销合作社史料选编》第 3 辑，中国财政经济出版社 1991 年版，第 117~118 页。
④ 秦孝仪：《革命文献》第 97 辑，台北中央文物供应社 1983 年版，第 144 页。

法规，①　涉及农业、工业、信用、渔业、消费、运销等各个领域，以法令形式赋予合作社统制生产、消费、运销、物质、物价等权力，使合作社成为政府统制战时社会资源的有力工具。

正因为合作社如此重要，国民政府就必须尽快在国统区普遍建立合作社，设立合作社的手段不再局限于扶持和规制，而是采取行政强制。为此，国民政府将合作社的组建与基层行政体制改革相结合。1940 年，国民政府决定推行新县制建设。在推行新县制的过程中，蒋介石提出，"在新县制之乡镇，自应有合作组织"，"至保之一级虽不必采取强制，但无论如何应视为乡镇事业之一种重要工作，积极倡导促进各保组织，做到每户有一人参加为原则"。②　根据蒋介石的指示，行政院制定了《县各级合作社组织大纲》。大纲规定在县设立合作联社，乡（镇）、保设立合作社，即"以乡（镇）为中心，先就每乡（镇）设乡（镇）合作社，逐年普及各保合作组织，以达到每保一社，每户一社员为原则"。③《县各级合作社组织大纲》的实施，使合作社与地方政府完全融合在一起。大纲提出的每保一社，每户一社员的目标，实际上是一个全民合作化目标。④　为实现这个目标，政府必须采取强制手段同时剥夺农民的入社与退社自由权。《县各级合作社组织大纲》明文规定，除非是下列三种情况"一、与他社合并。二、破产。三、解散之命令"，否则"不得解散合作社"，合作社社员，"除非合作社解散"，否则"不得出社"。⑤　正如时人徐旭所言，将合作社"溶于县制内，使保保有合作社，户户有社员，彻底消灭了自由组社而变成强制入社"。⑥

抗战胜利以后，要不要继续实行战时经济统制政策，国民党高层出现严重的分歧。掌管经济工作的行政院院长宋子文信奉经济自由主义，他认为经济统制政策扼杀了经济体系活力，不利于战后经济的恢复，于是，他放弃了战时经济管制政策转而采取以市场手段调控经济的政策。作为经济统制工具的合作社遭到了暂

---

① 这些合作法规主要包括《战区及接近战区合作组织暂行办法》《战时合作事业暂行办法》《战地合作工作队组织办法》《信用合作推进办法》《工业生产合作推进办法》《农业合作推进办法》《消费合作推进办法》《运销合作推进办法》《渔业合作推进办法》《合作社供销粮食办法》《合作社经营粮食业务登记办法》《合作社承销食盐办法大纲》《加强管制物价方案实施办法合作事业部分》。

② 李宗黄：《新县制之理论与实际》，中华书局 1943 年版，第 116 页。

③ 陈岩松：《中华合作事业发展史》，商务印书馆 1983 年版，第 192 页。

④ 1941 年社会部合作事业管理局制订了《合作事业三年计划》，该计划明确提出要用三年时间基本实现全民初步合作化，合作经济将在发展生产、便利消费、流畅运销、调整分配、平定物价等方面发挥宏大功效，为抗战建国奠立经济基石。中国第二历史档案馆馆藏档案：《社会部合作事业管理局修订各省合作事业三年计划》，档案号：11－6522。

⑤ 陈岩松：《中华合作事业发展史》，商务印书馆 1983 年版，第 192～193 页。

⑥ 徐旭：《合作与社会》，中华书局 1950 年版，第 164 页。

时冷落。1945 年召开的国民党第六次全国代表大会所通过的《农民政策纲领》，农会取代合作社被确定为"农民之中心组织"，政府应"扶助其发展"。[①] 宋子文在战后推行的经济自由主义政策不但没有激发市场活力反而导致了经济危机，1947 年初爆发的"黄金风潮"宣告宋子文经济自由政策的彻底失败，宋子文也于是年 3 月黯然下台。"黄金风潮"之后，国民政府再次陷入财政经济危机之中，不得不重新实施全面经济管制政策，具有经济管制功能的合作社也再次受到当局的重视。国民党六届三中全会通过的《经济改革方案》强调要以政府力量强力推进合作运动，在农业、工业、商业领域广泛设立合作社，以牢牢控制工农产品的生产、消费与流通。全国合作运动由社会部合作事业管理局统一推进。为了加速推动合作运动，蒋介石亲自挂帅，一方面，在国民党中央常委会下专门设立中央合作指导委员会，委任陈立夫担任主任委员；另一方面，蒋介石要求全国各地党部、团部的优秀党员、团员全面投入到合作运动中去。蒋介石和国民党党部、团部的介入，表明国民政府以比抗战时期更强硬的手段来控制农村合作运动。随着国民党在军事上的节节败退，国民党在大陆的实际控制区域日益减少，合作运动的推进也随之放缓。

国民政府强制推进合作运动的另一个表现是以国家力量自上而下建立合作金库体系。新县制的推行，使合作社与地方行政融为一体，合作社的外部资金来源完全集中于国家机构，商业银行和社会团体完全退出合作社的外部资金供给渠道。1942 年之前，合作社的外部资金供给者主要是国家银行、农本局、省地方银行、省合作金库、政府合作行政机关，其中，中国银行、中央银行、交通银行、中国农民银行（简称中中交农）四大国家银行和农本局占合作社外源资金的绝大部分，如表 3 - 8 所示。

表 3 - 8　　　　　　　　　1937 ~ 1941 年合作社的资金来源

| 年份 | 中中交农和农本局 | | 省银行和省农民银行 | | 省合作金库 | | 合作行政机关及其他 | |
|------|------------|------------|------------|------------|------------|------------|------------|------------|
| | 数额（元） | 比重（%） | 数额（元） | 比重（%） | 数额（元） | 比重（%） | 数额（元） | 比重（%） |
| 1937 | 1842632 | 68.20 | 213140 | 7.86 | 1344177 | 4.97 | 5173264 | 19.07 |
| 1938 | 47090251 | 75.95 | 5685859 | 9.17 | 7997241 | 12.90 | 1234957 | 1.98 |
| 1939 | 76858319 | 68.25 | 15629219 | 13.89 | 15850556 | 14.08 | 4163802 | 3.79 |

---

① 荣梦源：《中国国民党历次全国代表大会及中央全会资料》下，光明日报出版社1985 年版，第 925 页。

续表

| 年份 | 中中交农和农本局 | | 省银行和省农民银行 | | 省合作金库 | | 合作行政机关及其他 | |
|---|---|---|---|---|---|---|---|---|
| | 数额（元） | 比重（%） | 数额（元） | 比重（%） | 数额（元） | 比重（%） | 数额（元） | 比重（%） |
| 1940 | 164380154 | 71.59 | 15132021 | 6.59 | 34047665 | 14.82 | 16064352 | 7.00 |
| 1941 | 465308000 | 100 | — | — | — | — | — | — |

资料来源：张绍言：《合作金融论》，中华书局 1944 年版，第 58 页。

1942 年，国民政府进行了两项金融改革，一是撤销了农本局，二是对四大国家银行进行专业分工，中国农民银行专门办理农贷，中国银行、中央银行和交通银行的农贷业务移交中国农民银行。从 1942 年到 1946 年，中国农民银行独立承担合作社的资金供给。抗战胜利以后，国民政府仿效西方国家合作金融体系的构建办法，自上而下建立从中央到地方再到基层的合作金融体系，试图以此来实现资金的自我供给，摆脱合作社资金过度依赖银行的局面。1946 年 11 月，中央合作金库成立，股本 6000 万元，另从国库拨付合作金融专款 100 亿元。中央合作金库成立后，在各省（市）设立分库，各县设立县库。至 1948 年 8 月，在全国 15 个省（市）设立了分库，这样，由中央合作金库及分库、县合作金库、农村信用社三级组织构成的合作金融体系初步形成。中央合作金库的设立，使合作社增加了一个新的资金来源渠道。国民政府在大陆的最后三年间，合作社的资金主要来源于中国农民银行和中央合作金库，但以前者为主。如 1948 年上半年，国家农贷总额 87346.58 亿元，中国农民银行发放 65762.07 元，占 75.3%，中央合作金库贷款 21584.51 亿元，占 24.7%。[1]

（二）国民政府主导型农业合作模式的绩效

国民政府在推进农业合作运动之时，曾声称农村合作运动要实现繁荣农村和解放农民两大使命。社会各界对合作运动也寄予厚望，相信合作社能实现农民的组织化，促进农业生产发展。但是，实际绩效却与理想目标相去甚远，既没有繁荣农村，也没有解放农民；既没有实现农民的组织化，也没有给广大农民带来多少福利。不过，也不能完全否定国民政府主导型农业合作所取得的成绩。

第一，对农业生产力的发展产生了一定的推动作用。

传统借贷"往往因维持最低生活资料，或生育丧葬，而典衣质物，借款能用

---

[1] 《三七年上半年度农贷报告》，四联总处秘书处编印，1948 年 7 月，第 40 页。

于生产有关方面的就更少了。"① 而合作社的贷款，多被用于"生产性"投资。1940 年，西北农学院在陕西省的调查显示，"合作借款大多投于生产，如果除去合作社借款不计，那么其他借款之用于家庭消费者，即跃居第一位，占 32%，即约占 1/3"。② 合作借贷被用于改良品种、改进耕作技术、推广农业知识等方面，促进了农业产量的提高。像棉花中的"脱"字棉、"爱"字棉等美棉品种，最初局限于山东等少数省份播种，抗战时期在大后方广为播种。合作社在推广良种过程中发挥了重要作用。③ 与分散的农户经营相比，合作社的规模经营有利于现代生产技术的使用。无锡开弦弓的蚕业合作社，运用机械设备改良土丝，改革制丝技术，提高了蚕丝的产量和质量。④ 合作贷款增加了农业生产资金的投入，促进了产量的提高，在战时川、滇、桂、黔等省尤其明显。以四川为例，1942 年，该省稻谷种植面积比 1937 年增加了 658.6 万亩，产量增加了 5263.4 万担；小麦面积增加了 1449.4 万亩，增产 5303.2 万担；棉花种植面积增加了 232.8 万亩，增产 88.5 万担。⑤

第二，舒缓了农村金融枯竭。

大量农贷资金通过合作社流入农村，对舒缓农村金融枯竭、遏制高利贷起了一定的作用。据 1933 年的调查数据，农民来自合作社的借款仅为 1.3%，来自地主、富农、商店的高利贷借款却高达 71.4%。随着合作运动的开展，这种状况有了明显的改变，如表 3-9 所示。

表 3-9　　　　　　　　　1938～1945 年农民借款来源百分比统计

| 借款来源 | 1938 年 | 1939 年 | 1940 年 | 1941 年 | 1942 年 | 1943 年 | 1944 年 | 1945 年 |
|---|---|---|---|---|---|---|---|---|
| 银行 | 8 | 8 | 10 | 17 | 19 | 22 | 21 | 22 |
| 合作社 | 19 | 25 | 28 | 34 | 40 | 37 | 31 | 22 |

① 钱世经：《乡村金融组织的现状和将来》，载于《中国建设》1935 年第 11 卷第 2 期。
② 借款来源中，合作社借款占 28.0%；亲友借款占 37.6%；地主借款占 4.9%；商店借款占 26.9%；其他途径占 2.6%。安希伋：《陕西农家借贷调查》，载于《中农月刊》1942 年第 3 卷第 8 期。
③ 如甘肃省的合作社要求社员必须把贷款用于购买优良品种，该省农民购买小麦改良种泾阳 302、武功 774、美国玉皮，结果亩产均比当地最好品种高出 20% 以上。张心一：《六年来甘肃生产建设》，载《甘肃文史资料选辑》第 26 辑，甘肃人民出版社 1986 年版，第 4 页。
④ 费达生：《解放前从事蚕丝改革的回忆》，载《文史资料选辑》第 4 辑，中国文史出版社 1985 年版，第 177～181 页。
⑤ 赵泉民、刘巧胜：《绩效与不足：合作运动对中国农业生产影响分析——以 20 世纪前半期乡村合作社为中心》，载于《东方论坛》2007 年第 2 期。

续表

| 借款来源 | 1938 年 | 1939 年 | 1940 年 | 1941 年 | 1942 年 | 1943 年 | 1944 年 | 1945 年 |
|---|---|---|---|---|---|---|---|---|
| 钱庄 | 3 | 2 | 2 | 2 | 2 | 2 | 3 | 4 |
| 典当 | 13 | 11 | 9 | 9 | 8 | 7 | 8 | 9 |
| 商店 | 14 | 13 | 13 | 11 | 10 | 8 | 13 | 18 |
| 私人 | 43 | 41 | 38 | 27 | 21 | 24 | 24 | 25 |
| 总计 | 100 | 100 | 100 | 100 | 100 | 100 | 100 | 100 |

注：私人系指地主、富农和商人。

资料来源：严中平编：《中国近代经济史统计资料选辑》，科学出版社 1955 年版，第 346 页。

从表 3 - 9 看出，农民来自合作社、银行的借款比重不断上升，1938 年为 27%，到 1945 年达到 44%，与此相对应，来自地主、富农、商人的借款比重由 1938 年的 43% 下降到 1945 年的 25%。这一升一降的对比，就是合作运动的成果。

合作社贷款给农民最大的好处是利率远低于地主、富农的私人借贷利率，如表 3 - 10 所示。

表 3 - 10　　　　　　1938 ~ 1945 年合作社贷款和高利贷月利率统计

| 类别 | 1938 年 | 1939 年 | 1940 年 | 1941 年 | 1942 年 | 1943 年 | 1944 年 | 1945 年 |
|---|---|---|---|---|---|---|---|---|
| 合作社贷款 | 1.2 | 1.2 | 1.2 | 1.2 | 1.3 | 1.5 | 2.8 | 3.9 |
| 高利贷 | 2.7 | 2.9 | 2.6 | 2.8 | 3.1 | 4.6 | 7.6 | 10.6 |

资料来源：严中平编：《中国近代经济史统计资料选辑》，科学出版社 1955 年版，第 349 页。

从表 3 - 10 中看到，合作社的贷款利率不到高利贷的一半，有时只有三分之一，这对于减轻农民借贷负担大有裨益。

第三，增加了农民的收入。

合作社通过生产与流通的组织化来降低生产成本，减少流通领域的中间商剥削，从而增加农民收入。如在陕西关中地区，合作社不仅为农民提供美棉新品种，而且统一收购棉花、统一打包外运，这样，既免除了中间商剥削又提高了销售价格，"所有利益，均归农民，银团放款利息，只取月利九厘。"[①] 家庭副业是

————————

① 陈其鹿：《陕西省农业金融之概况》，载于《社会经济月报》1934 年第 1 卷第 11 期。

中国农家的一项重要收入来源，金融机构对合作社的家庭副业贷款直接促进了家庭副业的发展，增加了农民收入。在当时，农村家庭副业规模小、技术落后，"亟需给予技术与资金之大量协助外，尤应推行合作制度，非但在生产技术上得有进步，增加产量，改良品质，并使生产者减除经营上之损失，免除中间商之过分利得，对于全国物资供应及农家生计，均将大有裨益也。"[①] 1943 年后，中国农民银行以合作社为对象，开展乡村副业贷款，成效更为显著。下面以 1945 年为例来说明（见表 3 - 11）。

表 3 - 11　　　　　　　　　1945 年主要农村副业放款成效统计

| 贷款种类 | 贷款区域 | 贷款金额（千元） | 成效 | | | 受益农户 |
| --- | --- | --- | --- | --- | --- | --- |
| | | | 增产数量 | 估计价值（千元） | 增殖倍数 | |
| 棉纺织 | 甘省天水、川省三台、闽省福州、湘省靖县 | 64300 | 土纱 25000 斤，机纱 31000 斤；土 160000 匹，细机布 35000 匹 | 695000 | 10.77 | 3660 |
| 毛纺织 | 甘省兰州、天水、秦安、宁省永宁、贺兰 | 21300 | 毛线，毛褐，毛毯，毛呢 | 90000 | 4.18 | 2865 |
| 麻织 | 川省荣昌 | 10000 | 夏布 20000 匹 | 150000 | 15.00 | 2100 |
| 养猪 | 川省荣昌、璧山 | 26000 | 种猪 8000 只，肥猪 5000 只 | 220000 | 8.46 | 4700 |
| 养羊 | 陕省榆林、宁省贺兰、滇省澂江 | 12500 | 羊毛 400000 斤，羊皮 60000 张，羔羊 110000 只 | 150000 | 12.00 | 2130 |
| 蓝靛 | 黔省凤岗、甘省平凉 | 2500 | 蓝靛 1200 担 | 50000 | 20.00 | 650 |
| 药材 | 川省南川 | 700 | 常山 1000000 株 | 10000 | 14.14 | 600 |
| 大麻 | 甘省平凉 | 5700 | 大麻 1600 担 | 60600 | 10.63 | 838 |
| 合计 | | 143000 | | 1425600 | 9.94 | 17543 |

　　资料来源：据储瑞棠：《农村副业贷款的效果》编制，载于《中农月刊》第 8 卷第 8 期，1947 年 8 月。转引自赵泉民、刘巧胜：《绩效与不足：合作运动对中国农业生产影响分析——以 20 世纪前半期乡村合作社为中心》，载于《东方论坛》2007 年第 2 期。

（三）国民政府主导型农业合作模式的缺陷与失败

国民政府主导下的农业合作，存在严重的制度缺陷，这种制度缺陷最终导致

---

① 陈洪进、薛维宁：《农家副业概况》，重庆农林部农产促进委员会 1943 年，第 19 页。

了农业合作完全背离合作本质。

第一，国际公认的合作原则遭到破坏。

自1844年罗虚代尔合作原则确立以来，尽管国际合作原则随着时代的变迁而调整，但入社与退社自由、民主管理作为最基本的合作原则始终得以坚持，这也是判定合作社是不是真正的合作社的两条标准。国民政府主导下的合作社，由于身负政府的政治与经济意图，农民的入社与退社自由遭到破坏，这种破坏嚆矢于1935年。是年起，各地为了迎合中央政府大力推进合作运动的意图，不顾农民意志强行组织合作社。南昌县县长率先提出"有村必社，无农不员"的口号，按保甲强制农民入社，南昌县的做法得到了江西省时任主席的首肯并通令全省各县一律效尤。随后，湖南、湖北、河南、福建、安徽等省也颁布了类似条例。[1]抗战时期，国民政府颁行《县各级合作社组织大纲》，以法令形式强制农民加入合作社而且不得退出合作社，彻底剥夺了农民的入社与退社自由权。

国民政府所颁布的《合作社法》吸收了西方合作精神，规定合作社实行一人一票的民主管理，合作社的理事会、监事会均由社员大会民主选举产生。[2] 从表面上看，社员具有对合作社的民主管理权，实则不然。为加强对合作社的控制，国民政府向合作社派驻合作指导员。梁思达的调查发现，有的合作指导员利用其政府职员的身份搞一言堂，"包办合作社一切事务""合作社之理监事等徒具虚名而已"。[3] 国民政府不可能向每个合作社都派驻指导员，于是不得不从乡村社会寻找代理人管理合作社，保甲长成为最佳代理人人选。陈仲明的调查发现，保一级的合作社大多由保长担任理事主席，成为合作社的实际控制者。[4] 出任保长的又是一些什么样的人呢？新县制设计者李宗黄的调查结论说："一般公正人士多不愿意担任保甲长，一般不肖之徒多以保甲长有利可图，百般钻营"，其结果是"正人不出，自然只有坏人的世界"。[5] 受"不肖之徒"控制的合作社，普通社员很难行使民主管理权。

第二，合作社因内源资金严重不足而缺乏自生能力。

合作社的内源资金包括股金、存款、公积金等，外源资金主要是金融机构贷款和其他机构的捐赠与贷款。靠政府强制建立起来的合作社，质量极其低下，农

---

① 《赣颁整理保甲条例推行合作经济》，载于《农村合作》第1卷第6期。
② 尹树生：《合作经济概论》，三民书局1983年版，第194~195页。
③ 梁思达：《中国合作事业考察报告》，南开大学经济研究所1936年，第42页。
④ 陈仲明：《合作经济学》，中国合作经济研究社1947年版，第159页。
⑤ 李宗黄：《新县制之理论与实际》，中华书局1943年版，第11页。

民合作意识淡薄,农民并不把合作社看成是自己的资金互助组织而是视为套取国家贷款的"合借社"。既然合起来是为了借,那么存款和公积金积累自然不是合作社的目标。到抗战中期以后,物价逐渐失控,合作社更加难以吸收存款和积累公共资金。国民政府尽管采取了诸如强制储蓄、存款竞赛等手段,但收效甚微。1943 年,湖北全省合作社的存款总额不过 1364704.5 元,江西省为 881419 元,绝大多数省份合作社的存款业务完全停办。① 四联总处也不得不承认:"合作社之自集资金,仍属微乎其微。无论合作金库或任何种合作社,均尚不能离开银行借款而自存,合作社之于社员,不过为银行资金之转贷机关而已"。② 表 3 – 12反映了合作社内源资金之不足。

表 3 – 12　　　　　　　　1937～1945 年全国合作社的发展情况

| 年份 | 股金总额 | 平均每社股金 | 合作社贷款总额(元) | 股金总额与贷款总额之比(%) | 物价指数 |
|---|---|---|---|---|---|
| 1937 | 5309079 | 115.3 | 24727957 | 19 | 1.00 |
| 1938 | 7994055 | 123.8 | 61998345 | 13 | 1.31 |
| 1939 | 12611944 | 137.9 | 112611898 | 11 | 2.22 |
| 1940 | 25523370 | 191.1 | 155578663 | 16 | 5.13 |
| 1941 | 48302078 | 310.3 | 249878770 | 19 | 12.96 |
| 1942 | 93291530 | 513.1 | 387694457 | 24 | 39.00 |
| 1943 | 326485306 | 1957.0 | 802376044 | 41 | 125.41 |
| 1944 | 707380719 | 4120.3 | 1187853797 | 59 | 431.97 |
| 1945 | 1461082953 | 8492.2 | 2482932926 | 59 | 1631.6 |

资料来源:张公权:《中国通货膨胀史》,文史资料出版社 1986 年版,第 242 页;中国合作事业协会:《抗战以来之合作运动》1946 年版,第 37 页。

　　表 3 – 12 揭示两点信息:(1)根据第四栏股金总额与贷款总额的比重可知,合作社的资金主要是靠外源贷款支撑,1936 年以后,华洋义赈会等社会团体逐步退出合作运动,合作社的资金就完全靠中国农民银行等国家银行和合作金库供给,也就是说,离开了国家金融机构的贷款,合作社难以生存。(2)从第二栏

---

① 康金莉:《民国时期中国农业合作金融研究(1923 – 1949)》,科学出版社 2014 年版,第 235 页。
② 《四联总处三十一年度办理农业金融报告》,四联总处秘书处编,1942 年 9 月,第 18 页。

看，合作社的股金和所得到的贷款似乎年年增长，若考虑第六栏中的物价指数，合作社的股金和贷款实际上是急剧减少。

第三，合作社成为少数农村权贵谋利的工具，真正的贫困农民从合作社得利甚少。

社员一旦失去对合作社的民主管理权，合作社就会成为为实际控制者谋取利益的工具。在被合作指导员控制的合作社里，合作指导员利用合作社谋取私利。甘贝尔在考察四川、湖北、安徽三省合作社时发现，合作指导员代替合作社购买农机和农用物质，此间存在舞弊空间。[①] 在保、甲长控制的合作社里，保、甲长对社员进行巧取豪夺。有的利用合作社向农民强征股金、滥征民力，如在浙江云和县，保、甲长强迫社员自带饭菜、自拉耕牛给合作社做工，农民称之为"赔钱贴工"，还向农民强征股金，农民称之为"合作捐"。[②] 有的吞占金融机构对合作社的贷款，如房山某合作社的监事会主席，独占了国家金融机构对该合作社贷款的一半，此人将其中的 5000 余元用于放高利贷，余款买地 1.3 顷，牲口若干头。[③] 有的将银行贷给合作社的资金以翻倍的利率转贷给农民，从中渔利，"乡村之豪强常假名合作社，乃向农民银行借得低利之借款，用之转借于乡民，条件之酷，实罕其匹。此种合作社非特无益于农民，反造成剥削农民之新式工具。"[④] 农民把合作社贷款称之为"集团高利贷"。[⑤]

戴维斯和诺思所构建的制度创新模型揭示，制度创新能不能进行，取决于两个变量。第一个变量是"第一行动集团"的产生。"第一行动集团"的作用是识别制度创新经济效益、提出制度创新方案、筛选并确定最终方案、主导制度创新行动。没有"第一行动集团"，制度创新就没有前提。但是新制度的实施，不仅需要"第一行动集团"，还需要形成一个"第二行动集团"，并且与"第一行动集团"精诚配合推进制度创新。历史上，很多制度不是不好，也不是没有形成强有力的"第一行动集团"，但这些制度最终却没有很好落实甚至失败，例如，王安石所推行的青苗法，本是一项惠民的国家农贷制度，但实施结果却相反，成为害民的政府高利贷制度。为何出现这种结局呢？关键之处在于没有产生一个能切实推行青苗法的"第二行动集团"，没有"第二行动集团"配合"第一行动集

---

① 甘贝尔：《最近考察四川湖北安徽三省合作事业报告提要》，载于《合作行政》1936 年第 14 期。
② 郑新华：《关于推行战时合作社的问题种种》，载于《合作前锋》（战时版）第 1 卷第 5 期（1941 年）。
③ 《中华民国史资料丛稿——中国农民银行》，中国财政经济出版社 1980 年版，第 175 页。
④ 杜岩双：《浙江之农村金融》，载于《申报月刊》第 3 卷第 9 号（1934 年）。
⑤ 张锡昌：《民元来我国之农村经济》，载于《银行周报》第 31 卷第 2、3 期，1947 年 1 月 20 日。

团"，使得青苗法无法原汁原味地推行而且在反对势力的破坏下，完全走样。按杜赞奇的解释，在传统中国，国家与乡村精英之间存在双重"经纪"体制，一种是"赢利型经纪"，在这种经纪体制下，乡村精英利用代行国家职能之机谋取私人利益，另一种是"保护型经纪"，即乡村精英利用代行国家职能之机保护乡村利益。① 国民政府受自身财力的限制，在县以下的基层社会不得不依赖乡村权贵来维持统治，由于乡村精英的外流，留在农村的权贵多为豪绅，这些人打着政府的幌子谋取私利，② 是一种典型的"赢利型经纪"体制。在这种体制下，国民政府所推行的合作运动，政府是"第一行动集团"，在合作运动推行过程中，由于合作社要么被合作指导员控制，要么被保长、地主豪绅所把持，所以，配合"第一行动集团"推行农村合作运动的"第二行动集团"是合作指导员、保长、地主豪绅而不是广大贫苦农民。由这样的第一、第二行动集团协同推行的合作运动只能是政府的合作运动和富人的合作运动，不可能是穷人的合作运动。③ 正如时人黄肇兴所言，国民政府所推行的合作运动，完全是一场官办的合作运动，它完全站在政府立场，基本上抛弃了民众立场。④ 抛弃民众立场的合作运动，失败是其必然的结局。

### 三、以梁漱溟为代表的乡村建设派推行的农业合作模式

20 世纪二三十年代，面对日益凋敝的农村和日渐深重的农业危机，一批心怀天下的知识分子纷纷走出书斋，放弃在大城市的优裕生活，深入农村开展农业合作，试图寻求一条既适合中国农村实际又能解决中国农村问题的农业合作道路。梁漱溟和晏阳初是这批知识分子中的杰出代表，他们的探索在当时产生了较大的社会影响。晏阳初早年留学美国，是个虔诚的基督教徒，他精通西学，崇拜西洋文化，以"中国五千年的历史，五千年的习俗为敌"，他在河北定县兴办合作事业时，奉西方合作原则为圭臬，与华洋义赈会所引动的农业合作并无二致。⑤梁漱溟是国学大师，被尊为"最后的儒家"，同时他也精通西方文化，中西兼通

---

① 杜赞奇：《文化、权力与国家：1900—1942 年的华北农村》，江苏人民出版社 1995 年版，第 66~67 页。
② 保甲长多为"高利贷者地主富农的化身"，在其"得到了主持合作社的权利之后，便利用这个机关干自己要干的事情。"章有义：《中国近代农业史资料》第 3 辑，生活·读书·新知三联书店 1957 年版，第 224 页。
③ 千家驹的调查证实："加入合作社的分子多不是占农民最大多数的贫农与佃农，而是经济比较富裕或是少有土地的中小地主，有的合作社甚至完全被土豪劣绅与少数人把持。真正贫穷的农民多半没有加入合作社的资格，更享不到什么合作社的好处了"。千家驹：《合作金库的评价》，载于《中国农村》（战时特刊）1939 年第 5 卷第 10 期。
④ 黄肇兴：《合作事业企业化》，载于《合作经济》1947 年新 1 卷第 3 期。
⑤ 吴业苗：《演进与偏离：农民经济合作及其组织化研究》，南京师范大学出版社 2011 年版，第 74 页。

的学术背景使梁漱溟对中国问题有独到的理解。1931 年到 1937 年，梁漱溟在山东邹平搞乡村建设实验，开展合作是乡村建设的一个重要方面，在这七年中，梁漱溟按自己的理想实践着一条既区别于华洋义赈会又不同于国民党和共产党的农业合作模式，这种新模式可做如下概括：借助政权力量发动农民开展合作、通过合作教育激发农民的合作自觉、开展农业合作实现农村兴旺。

（一）1931～1937 年梁漱溟在山东邹平的合作实验

第一，梁漱溟独特的合作观。

鸦片战争以后，中国一败再败于列强。有人认为中国败在军事和经济上，梁漱溟则认为，中国是败在文化上。中国要想在政治和经济上寻找出路，必须先在文化上找到出路。如果不从文化入手，中国的出路"必无法找寻得出"。由于中国文化既不同于西方也不同于苏联，因此，梁漱溟认为中国既不能走西方私人资本主义道路也不能走苏联国家资本主义道路，中国人要走的是"自家的路"。[①]尽管梁漱溟不赞同照搬西方和苏联道路，但他非常注意吸收苏联和西方国家的一些成功经验。梁漱溟对苏联的经济发展道路特别是农业集体化道路颇有研究，他赞扬"俄国的路子的确好，能在国际上站得住脚，合乎中国的需要"。[②] 梁漱溟还对丹麦合作运动进行了深入的研究，他认为丹麦合作运动之所以成功，主要得益于其所进行的民众教育，丹麦的民众教育不仅包含技能教育还包括了道德教育，"丹麦教育很明显的，在前一问题上是着眼于人生行谊"，这里所讲的人生行谊就是道德教育，通过道德教育唤醒了农民的合作自觉，提振了大家的志气。[③]

梁漱溟从中国文化出发，结合中国农村的实际，提出了颇具特色的合作观，要旨有二。

其一，合作的目的不仅仅是谋求经济利益，最终目的是谋求人生乐趣。西方国家从经济角度定义合作，苏联从政治和经济角度界定合作。梁漱溟认为合作适用于很多领域，所以不应该只是一个经济范畴，更应该是一种人生精神的追求。中国民众以农民为主体，中国经济以农业为基础，中国问题首先就是农民问题，解决中国农民问题必须做农民运动。怎样做农民运动呢？梁漱溟认为："从他的目的一面说，就是谋农民的利益；从方法上说，就是要组织训练农民，启发农民

① 艾恺：《最后的儒家：梁漱溟与中国现代化的两难》，江苏人民出版社 2003 年版，第 154 页。
② 不过，梁漱溟对俄国道路能不能在中国推行感到担忧，"只是好不行，必须看他可能与否。大家虽是艳美俄国的路子（一个五年计划，又一个五年计划），希望他也能在中国成功，但如果我找不出一个如何可能，则希望何益"。梁漱溟：《乡村建设理论》，上海人民出版社 2011 年版，第 17 页。
③ 梁漱溟：《乡村建设理论》，上海人民出版社 2011 年版，第 190 页。

自己的力量，使农民自己能解决自己的问题。"① 什么是利益，很多人把利益定义为物质利益，梁漱溟则认为"物质只是与利益有关而已，非物质即利益"，利益是什么呢？梁漱溟认为利益就是"好处"，"能增进人生趣味者，便是好处。人生缺乏物质，当然不行；然就以钱越多，不做事，为人生乐趣，则是错误"。从这里看出，梁漱溟一方面承认人生需要物质利益，但物质利益不是人生利益的全部，人生利益应该是先实现物质利益，但不能满足于此，在物质利益得到满足的前提下积极追求人生乐趣。人生乐趣又在哪里呢？梁漱溟认为人生乐趣有两点：一是和气，"和气彼此感情好，彼此能敬爱，大家都忘了自己，融为一体之情"；二是创造，"创造，说得平常些就是努力，用我们的身体或心思向前去干一些事情，于工作上有自得之乐"。人生乐趣的另一个解释就是合作，"合就是和气，作就是创造。由此合作，以谋进一步的人生乐趣"。② 从这个定义看出，合作就是对儒家"和"的思想的实践，合作者之间首先要互相和气，合在一起的目的是创造比单干更多的财富，大家和和气气地创造财富，就是人生境界的一大升华。正因为如此，"做合作运动的人，必须对合作有信仰，以合作为其理想要求，不以其为手段，而看它是目的"。③ 正是基于这种认识，梁漱溟及其追随者抱着对合作事业的忠诚信仰，放弃优裕的都市生活，克服一切困难投身于乡村，发动农民开展农业合作。

其二，合作是集个体之力形成合力。梁漱溟认为，苏联农业集体化的实质就是"由散而集"，既包括农民的"由散而集"也包括农业的"由散而集"，两者之间互为条件，"要农民由散而集，非使农业由散而集不可；要农业由散而集，又非使农民由散而集不可"，把分散的农民组织起来，把分散的农业集中起来，也是中国农民和农业的发展方向，"由散而集这个大方向，原也是我们向前去所要走的路"。④ 但梁漱溟不赞同苏联集体农庄完全排斥个体利益的做法，他主张农民和农业的集合应建立在个体生产的基础之上，"要农民由散而集是必要，但不可一味求集，还须于集之中有散才行"。⑤ 随着对苏联集体农庄认识得更加深刻，梁漱溟发现苏联集体农庄对于"合作社的自治、独立及民主主义等原则，完全未能采用"，所以，"严格地讲，在苏联是没有合作的，虽然集团农场第二第三两种（即苏联农业集体化运动之前建立的农业合作社和土地耕种合作社——引

① 梁漱溟：《乡村建设理论》，上海人民出版社 2011 年版，第 430 页。
② 梁漱溟：《乡村建设理论》，上海人民出版社 2011 年版，第 433 页。
③ 《梁漱溟全集》第 2 卷，山东人民出版社 1990 年版，第 428 页。
④ 梁漱溟：《乡村建设理论》，上海人民出版社 2011 年版，第 364 页。
⑤ 梁漱溟：《乡村建设理论》，上海人民出版社 2011 年版，第 368 页。

者）也像是合作，尤其是它有大消费合作系统。然而它只是在集团主义下酌量地容许了个人活动而已。质言之，其意在集团，其意不在合作；有时好像合作，亦是一种手段"。① 在这样的集体农庄里，个体的利益被剥夺，个体没有生产积极性，集体农庄就没有形成个体的合力。为区别于苏联道路，梁漱溟提出了"由散而合"的道路，"中国的合作就是合作，不是集团化的降格；同时也不是个人资本主义经济的从属事业或补救事业"。② 梁漱溟所要建立的合作社是由个人联合而成的团体，在这个团体中，要尊重个体，既满足团体的要求又不能损害个体的利益。在合作社里，"合作是大家彼此帮忙，彼此依靠"，通过大家的合作形成社会合力，"'合作'可以产生一个社会的脑筋，对于经济可以产生一个大范围的合作联合，可让社会对于经济有一总计划"。③

第二，梁漱溟在邹平的合作实验。

在山东省主席韩复榘的支持下，1931 年 6 月，梁漱溟等在山东省建立了乡村建设研究院，并把邹平县确定为开展乡村建设的实验区。1933 年，在国民政府的支持下，乡村建设研究院升格为山东省县政建设研究院，试验区扩大到菏泽，邹平是第一实验区，菏泽为第二实验区。菏泽的经济状况相当差，加上连绵不断的天灾人祸，乡村建设运动在菏泽难以成规模的开展，影响远逊于邹平。1937 年 12 月，邹平沦陷，梁漱溟在山东的县政建设实验被迫中断。合作事业是乡村建设的一个重要内容。1931 年 12 月，由乡村建设研究院直接指导的邹平第一家合作社——信义机织合作社成立。在此后的七年间，邹平共成立了美棉运销合作社、蚕业产销合作社、林业生产合作社、信用合作社、信用庄仓合作社和购买合作社等六种合作社。表 3－13 反映邹平合作社的发展情况。

表 3－13　　1932～1936 年邹平合作社社数、人数统计（截至 1936 年底）

| 年份 | 美棉运销合作社 | | 蚕业产销合作社 | | 林业生产合作社 | | 信用合作社 | | 信用庄仓合作社 | | 购买合作社 | | 总数 | |
|---|---|---|---|---|---|---|---|---|---|---|---|---|---|---|
| | 社数 | 人数 | 社数 | 人数 | 社数 | 人数 | 社数 | 人数 | 社数 | 人数 | 社数 | 人数 | 社数 | 人数 |
| 1932 | 15 | 219 | 10 | 271 | 5 | 239 | — | — | — | — | — | — | 30 | 729 |
| 1933 | 20 | 306 | 12 | 241 | 5 | 239 | 1 | 15 | — | — | — | — | 38 | 801 |

① 梁漱溟：《乡村建设理论》，上海人民出版社 2011 年版，第 372 页。
② 梁漱溟：《乡村建设理论》，上海人民出版社 2011 年版，第 373 页。
③ 《梁漱溟全集》第 5 卷，山东人民出版社 1992 年版，第 332 页。

续表

| 年份 | 美棉运销合作社 | | 蚕业产销合作社 | | 林业生产合作社 | | 信用合作社 | | 信用庄仓合作社 | | 购买合作社 | | 总数 | |
|---|---|---|---|---|---|---|---|---|---|---|---|---|---|---|
| | 社数 | 人数 | 社数 | 人数 | 社数 | 人数 | 社数 | 人数 | 社数 | 人数 | 社数 | 人数 | 社数 | 人数 |
| 1934 | 113 | 2810 | 27 | 339 | 20 | 1636 | 2 | 25 | — | — | — | — | 162 | 4810 |
| 1935 | 118 | 2749 | 10 | 522 | 25 | 1940 | 35 | 614 | 4 | 625 | — | — | 192 | 6450 |
| 1936 | 156 | 3632 | 21 | 167 | 23 | 944 | 48 | 1095 | 58 | 2914 | 1 | 76 | 307 | 8828 |

原注说明：（1）购买合作社表上计有1所，另有6所系其他合作社，兼营者未计入此表；（2）邹平合作社人数，实际上就是户数，社员1人代表1户；（3）合作金库是在1937年6月20日才筹办成立，未被统计；（4）合作教育基本上是由村学、乡学主办，没有被统计。

资料来源：吴业苗：《演进与偏离：农民经济合作及其组织化研究》，南京师范大学出版社2011年版，第75页。

通过表3 - 13和其他相关数据，我们可以对邹平合作事业发展状况做如下描述。

其一，邹平合作社的数量和社员的人数，无论是绝对数还是相对数，均为全国之最。1935年，中国乡村合作运动出现第一个高潮。当年全国合作社的数量是26224个，社员1004402人，加入合作社的人数占全国人口总量的千分之二。[①] 1936年，邹平合作运动达到高潮，是年底，邹平共有33151户，170599人，平均每户5.14人，加入合作社的有8828户，入社人数占总人数的比重为26.6%，远高于全国平均水平。[②] 定县是晏阳初的实验区，与邹平齐名，但其合作事业成就远逊于邹平。1935年，定县人口40多万，加入合作社的农民仅2844人，入社人数占总人口的比重为千分之七。[③]

其二，邹平合作事业发展速度快。从合作社数量看，1936年的合作社数是1932年的10.2倍。从入社人数看，1936年的入社人数是1932年的12.1倍。在没有采取政府强制手段的情况下，合作社数量和社员人数每年以2倍的速度增长，说明合作确实给农民带来了实实在在的好处。如美棉运销合作社，1932年开办之初社员不多，一两年以后，合作社给社员带来了收益，许多农民要求加入合作社。1934年，梁漱溟说："参加合作的棉农，去年不出乎四十几个庄的居

---

① 薛暮桥：《旧中国的农村经济》，农业出版社1980年版，第103～104页。
② 吴业苗：《演进与偏离：农民经济合作及其组织化研究》，南京师范大学出版社2011年版，第76页。
③ 转引自邱志强：《对梁漱溟乡村合作运动的反思》，载于《中国社会经济史研究》2002年第2期。

民，今年已达二百一十八村庄（邹平全县不满四百村庄）。"①

其三，生产类合作社是邹平合作社的主体。1932年，邹平100%的合作社是生产性合作社（棉运、蚕业和林业），此后，均衡发展其他类型的合作社，但生产性合作社始终是主体，1936年时，占比仍为65.2%。合作社的质量比较高，1935年，邹平合作事业指导委员会主动撤销和合并了部分经营存在问题的合作社。

第三，邹平六类合作社发展状况。

美棉运销合作社。是梁漱溟最引以为自豪的合作社，成立于1932年，直到1937年邹平沦陷时才结束。邹平盛产棉花，过去种植本地棉，亩产籽棉100斤左右，乡村建设研究院引进脱籽美棉，亩产提高到150斤，而且棉纤维软柔，洁白强韧，质地优良。但当时的棉花市场被中间商操纵，商人以低价向棉农收购棉花，然后以高价卖出，棉农利益受损。1932年秋，在乡村建设研究院的组织下，部分农户成立了美棉运销合作社。合作社给农民提供如下服务：一是供给棉种。美棉运销合作总社负责监督和指导各分社社员选种，按总社的规定，所有加入合作社的社员必须种植脱里斯美棉，棉种由总社统一供应。二是收花。由总社划定收花区域，收集各分社的子花和花衣，统一打籽打包成商品棉。三是贷款。经乡村建设研究院介绍，中国银行济南分行与合作社订立合同，举办美棉贷款，解决棉农资金问题。四是统一加工。将所收的子棉，用机器轧去棉籽打成棉包，加盖标识，以便运销。五是运销。合作社将加工包装好的棉花运往济南等地统一销售，节约流通成本。梁漱溟举办美棉运销合作社是为达到三重目的，"组织上采取村单位联合方式，是为了培植社员合作意识，养成社员团体组织的生活习惯，发扬合作社的民治精神；经营上采取集中方式，是为了发挥控制市价稳定价格的效能，开出乡村工业化的路子；发展棉花繁殖场，是为了改良棉种品质，训练社员生产技术，及走向共同生产的集体农场制之路"。② 美棉运销合作社经营成效较为显著，吸引了农民加入合作社。1934年，邹平共有美棉运销合作社113家，社员2810人，植棉面积21341亩；到1936年，合作社增加到156家，社员人数达3632人，植棉面积扩大到38849亩。③ 社会各界对美棉运销合作社给予积极评价。国民党中央党部委员李宗黄认为邹平的合作社"颇著成效，尤其是脱字美

---

① 梁漱溟：《山东乡村建设研究院最近工作概述》，载于《大公报》1934年6月17日。
② 《棉花运销合作的路向》，载于《乡村建设半月刊》第5卷第16、17期，1936年5月1日。
③ 杨菲蓉：《梁漱溟合作理论与邹平合作运动》，重庆出版社2001年版，第168页。

棉，尤为惊人之进步"。① 湖北地方政务研究会调查团认为，美棉运销合作社使"乡民获利较厚，欣喜非常"，"地方生计日渐充裕"，"未来事业极可乐观"。②

蚕业合作社。邹平县的养蚕业历史悠久，所产的"邹平丝"，质地优良，深受市场欢迎。但到 20 世纪 30 年代，日本向中国倾销蚕丝，"邹平丝"竞争不过日本蚕丝，销售市场日益萎缩，邹平蚕业几陷停滞。1932 年春，乡村建设研究院与青岛大学协商，聘请该校蚕业专家担任蚕业导师，并在研究院农场及抱印庄、遂家庄设立蚕业合作社。合作社为社员提供防病、防种、催青、饲养、运销服务。1932 年，邹平有 10 所蚕业合作社，饲养改良蚕种 593 斤，到 1936 年，饲养蚕种达到 1685 斤。《中央日报》对蚕业合作社的成绩大加肯定："经三载之努力，至今农民颇受其惠，对于育蚕新法，亦渐感觉兴趣及信仰，最近查其成绩，虽在市场衰落之中，而邹平蚕业合作社年有增加"。③

林业合作社。邹平西南地区的第一至第三乡境内山岭绵亘，适合种树，由于各种原因，山岭之上无人植树，到处都是荒山秃岭。1932 年，乡村建设研究院下乡筹办乡农学校，乡农学校学生在林业改进区内指导村民组织成立了"林业公会"，划定第一至第三乡为林业改进区，推广植树造林，但林业公会不是严密的合作组织，收效甚微。1933 年，梁漱溟决定在林业改进区开展林业合作。1934 年，林业改进区农民在乡村建设研究院的帮助下，成立了 30 多家林业合作社。到 1936 年，林业合作社的种树面积扩大到 9080 亩。

信用合作社。与其他地方一样，邹平农村金融也面临枯竭，高利贷在乡间横行。在乡村建设研究院的努力下，1933 年，邹平第一家信用合作社成立。1935 年，邹平遭受严重的水旱灾害，全县农民收入比 1934 年减少近 20 余万元，农村资金出现严重不足，农民无处筹钱，便纷纷要求组织信用合作社救济农民。在此背景下，1936 年邹平信用合作社激增，达到 48 家。信用合作社主要为社员提供三大服务：一是向银行借款以筹集农贷资金，二是为农民提供贷款，三是吸收农民存款。1936 年，邹平信用社借款用途如下：25.35% 用于买粮，24.07% 用于买肥料，20.72% 用于买牲口，6.64% 用于还债，3.91% 用于买农具，3.47% 用于买地，可见，信用社借款对于农民发展生产和度过生活难关的作用是明显的。④

---

① 李宗黄：《考察各地农村之感想》，载于《中央日报》1934 年 9 月 25 日。
② 湖北省地方政务研究会调查团：《调查乡村建设纪要》，1935 年 3 月，第 99～102 页。
③ 《邹平蚕业改良成绩昭著》，载于《中央日报》1934 年 6 月 29 日。
④ 《邹平信用合作社第三届报告》，载于《乡村建设半月刊》第 6 卷第 17、18 期合刊，1937 年 6 月 1 日。

信用庄仓合作社。顾名思义，这类合作社同时办理信用和仓库业务。它为农民提供如下服务：一是为社员提供粮食、棉花的仓储保管服务；二是以仓储为抵押向银行申请贷款，再贷放给农民；三是开展农产品运销。到 1936 年，邹平共设立了 58 家信用庄仓合作社，社员 2914 人。庄仓合作社集传统与现代于一身，"采用中国历代常平仓社仓义仓等精义，仿效欧美产业合作社之优点，并参酌现行法令之地方仓储管理规则，使乡民可以纳谷存储，遇有正用，可向仓中借贷，同时仓库本身，可以全仓积谷，向金融流通处抵借款项，如此则农村金融，可以松动，即遇灾荒，亦可有备无恐，法良美意，诚为树立乡村建设之基础"。①

购买合作社。为了方便社员购买生产、生活必需品，1936 年，邹平县第六乡率先设立购买合作社。这类合作社是以原有合作社为单位自愿组织的，因起步较晚，到 1936 年仅有 1 家，主要业务是合作购买煤炭等消费品。

（二）邹平农业合作的成就

首先，农业合作促进了生产发展、增加了农民收入。在邹平的六类合作社中，美棉运销合作社成立的时间最早，成效最大。到 1936 年共有 156 社，种植美棉 38849 亩，运销皮棉 445054 斤，社员盈利 21107.89 元，公积金 6494.73 元，公益金 3274.36 元，特别公积金 7370.01 元。② 下面以美棉运销合作社为例说明邹平农业合作的成效：其一，统一供给优质棉种，提高了棉花产量。在办合作社之前，邹平大多数棉农种植钦氏棉，亩产最多不过 120 斤，可纺质量较差的粗纱约 20 支。美棉运销合作社成立后，实行统一供种和选种制度，规定社员一律种植脱里斯棉，棉种由总社供给。为了保证棉种的纯度，合作社每年组织专家对棉种进行质量检查，合格者，运到孙镇棉种仓库，作价收购，并且价格高于市价。美棉亩产可达 140 斤产量，足可纺优质细纱 42 支以上，正因为质地优良，每担美棉的售价在 1931 年就比钦棉高出 10 至 16 元。③ 据邹平县青阳乡一位耿姓老人回忆说："我家种了这种脱字棉就得了很大的好处。原先邹平本地棉桃小，产量低，每亩打一百多斤。我第一年种了一亩脱字棉，产量五百多斤，按当时一块银元十斤花，收入确实不低"。④ 其二，统一加工和销售，减少了中间商的剥削，增加了农民收入。合作社成立之前，邹平棉花市场被棉商垄断，每逢棉收季节，

---

①　中央银行经济研究处编：《中国农业金融概要》，上海商务印书馆 1936 年版，第 73 页。
②　郑大华：《民国乡村建设运动》，社会科学文献出版社 2000 年版，第 287 页。
③　郑大华：《民国乡村建设运动》，社会科学文献出版社 2000 年版，第 290～291 页。
④　杨菲蓉：《梁漱溟合作理论与邹平合作运动》，重庆出版社 2001 年版，第 152 页。

各轧花商在集市或农家购入籽棉，轧成花衣后卖给花客，又经打包后运销外埠花行，再转手卖给纱厂，这样，邹平棉花由农家到纱厂，其间经过中间商的四层盘剥，棉农利益被中间商占有殆尽。合作社成立后，进行"三统一"策略，即按合作社的要求统一收花、统一打包、统一销售，棉花不再经过层层中间商而直接输送到终端，减少了中间商的剥削，同时加工和销售环节的利润也归合作社。1932年，经合作社统一销往济南等地的每担美棉的售价比邹平市价高8元多，增加了棉农的收入。① 其三，改良棉花品种，拓宽了销路。1933年，合作社把棉花样品寄到上海商品检查局检定和申新纱厂实验，被评为"等级在灵宝上，为国产之最优者"。② 《民国日报》予以专门报道："梁邹美棉运销合作社，用合作方法，改善棉产品质，两年以来，成效显著。出品系脱里斯美棉种，纯净原干，一扫市场搀粗恶习"。③ 外界的评价给邹平棉花带来了巨大的广告效应，从1934年起，许多厂商直接到邹平购买棉花，邹平美棉销路得以拓宽。④ 其四，统一贷款为合作社社员解决资金困难。合作社成立之前，棉农因难以得到银行贷款而常陷入生产困境，合作社成立之后，以合作社名义统一向银行申请贷款，再转贷给棉农，解决了生产资金困难。1933~1935年，中国银行济南分行共计给美棉运销合作社贷款28万元，缓解了棉农资金的紧张。另据邹平县金融流通处1936年6月30日的决算表数据，流通处共放款85584元：其中商号21290元，占25%；棉业合作社2万元，占24%；信用合作社15359元，占18%；农户放款26750元，占31%；庄仓社贷款2185元，占2%，金融流通处对棉业合作社的放款，使社员直接受益。⑤ 其五，合作社给农民返还实实在在的利益。1933年、1934年、1945年、1936年美棉运销合作社给社员的返利分别为832.46元、10392.94元、2606.68元和21107.89元。⑥

其次，全民众式的合作教育启迪了农民的合作自觉。梁漱溟在进驻邹平办合作之前就发现："农民之踊跃加入合作社，多系出于利诱，对于合作意义，办事

---

① 乔政安：《梁邹美棉运销合作社概况报告》，载于《乡村建设旬刊》第2卷第19~20期合刊，1933年2月11日。
② 《上海商品检验局棉花检验报告单》，《申新纱厂报告》，载于《乡村建设旬刊》第3卷第20~23期合刊，1934年4月11日。
③ 山东《民国日报》，1933年12月1日。
④ 邱志强：《对梁漱溟乡村合作运动的反思》，载于《中国社会经济史研究》2002年第2期。
⑤ 郑大华：《民国乡村建设运动》，社会科学文献出版社2000年版，第307页。
⑥ 杨菲蓉：《梁漱溟合作理论与邹平合作运动》，重庆出版社2001年版，第150页。

手续等，皆无相当之了解，急待教育力量以培养之。"① 梁漱溟在邹平搞合作，教育先行，因而合作教育在梁漱溟举办合作社的过程中占有重要的地位。梁漱溟采取四种形式对社员进行合作教育。一是通过乡学和村学开展合作教育，教育对象主要是合作社社员、一般民众和在校学生；二是举办合作社职员讲习所，受训对象是各合作社社员；三是开展联庄会之合作教育，教育对象是联庄会员，即各村的强壮青年；四是举办合作函授班，受训对象是乡村合作辅导人员。合作教育包括合作精神教育和合作技术教育，内容涉及精神讲话、合作概论、合作社经营法、美棉种植与选种、农业常识、庄仓合作、林业合作、蚕业合作、会计、合作社应用表格及簿记释义，等等。合作教育的效果比较显著。美棉运销合作社继1934年春完成职员培训以后，主动要求再次举办培训，1936年春，邹平合作事业委员会为美棉运销合作社举办了第二次培训。② 精神教育启迪了民智，促进了邹平合作运动的开展。江宁自治实验县县长梅思平认为，江宁县的合作社不如邹平的合作社，究其原因，在于"我们是用政府的力量去推动乡村，而不是用社会的力量去促进乡村组织。邹平是重在精神训练，是用社会运动的力量去促进乡村组织"。③ 与同时代举办合作运动的其他政党和团体相比，梁漱溟在合作教育上的用心最多、用功最勤，这是梁漱溟作为一个大学问家的独到之处，也是他对中国农业合作的最大贡献所在。

（三）邹平农业合作的困境

首先，农民依然领而不动。深谙中国农民特性的梁漱溟知道，没有外力的领导和帮助，农民很难自发地去组织合作社，但开展合作是农民自己的事情，外力不能越俎代庖，包办一切。外部力量在引动农民合作后，就要培养农民的合作自觉，农民有了合作自觉，合作运动才能铺开。所以，农民自觉是合作运动的关键点和落脚点，正如梁漱溟所言："我们常说'救济乡村'，'救济乡村'，但是谁能救得了乡村呢？除了乡下人起来自救之外，谁也救不了乡村；单靠乡村以外的人来救济乡村是不行的"。④ 在山东邹平的合作运动实践中，梁漱溟始终贯彻这一思想也确实做了很多工作，效果比较显著，但与梁漱溟的设想相比，还有较大差距。梁漱溟也曾无可奈何地说："本来最理想的乡村运动，是乡下人动，我们

---

① 《梁漱溟全集》第2卷，山东人民出版社1990年版，第580页。
② 杨菲蓉：《梁漱溟合作理论与邹平合作运动》，重庆出版社2001年版，第131页。
③ 梅思平：《中国五个实验县的比较》，载于《乡村建设旬刊》第4卷第12期，1934年11月21日。
④ 《梁漱溟全集》第1卷，山东人民出版社1989年版，第616页。

帮他呐喊。退一步说，也应当是他想动，而我们领着他动。现在完全不是这样。现在是我们动，他们不动；他们不惟不动，反而和他们闹得很不合适，几乎让我们作不下去。此足见我们未能代表农村的要求"。① 梁漱溟的学生宋乐颜也很失望地说："办理合作社等，系与民众有百利而无一弊者，初亦怀疑推脱，甚或请愿反对。盖他们都想：'最好让我们安分守己地过日子，哪用这些麻烦？'其不动之意，真有令人难以想象者！"。② 为什么农民对合作运动冷漠呢？梁漱溟做过认真的思考，他认为是知识分子理想与农民的要求不谋合，"总之，从心里上根本不合，所谓'号称乡村运动而乡村不动'，就因为我们在性质上天然和乡下人不能一致之处，这个问题最苦痛了"。③ 农民引而不动，是华洋义赈会和梁漱溟共同面临的难题，华洋义赈会和梁漱溟都不可能破解这个难题。因为中国农民排在第一位的需求不是合作，而是获得梦寐以求的土地，梁漱溟不承认农村中存在阶级，不承认农村存在土地集中，反对土地革命，自然他的合作难以吸引广大贫困农民的兴趣，对合作感兴趣的就是占用一定土地的富裕农民。这一点梁漱溟有着清醒的认识，"农民为苛捐杂税所苦，而我们不能马上替他们减轻负担；农民没有土地，我们不能分给他们土地。他们所要求的有好多事，需要从政治上解决；而在我们开头下乡工作时，还没有解决政治问题的力量，当然抓不住他们的痛痒，就抓不住他们的心。"④ 抓不住农民的心，是合作运动陷入困境的根本所在。

其次，依然未能跳出合作利益为富人占有的怪圈。梁漱溟曾深刻地指出："合作制度是经济上弱者的自卫"。⑤ 相对于中间商而言，农民是弱者，相对于工业而言，农业是弱者。邹平的合作社特别是美棉运销合作社通过统一经营减少了商人的剥削，捍卫了农民的利益。在邹平农村中，相对富农、地主而言，贫农是弱者，作为弱者自卫组织的合作社，应该为贫农谋利。梁漱溟不承认农村中存在地主、富农、贫农之分，在他的乡农学校和合作社里，所有农民都糅合在一起，表面上很和气，实际上，合作社的真正控制者是地主、富农，得利者也是地主、富农，"贫苦农民不但不能入社，得不到贷款和优良品种，而且还要受到合作社的剥削"，如美棉运销合作社"多雇佣社外贫苦农民手工轧花，以榨取廉价劳动力"。⑥

---

① 《梁漱溟全集》第 2 卷，山东人民出版社 1990 年版，第 575 页。
② 宋乐颜：《邹平的成年教育》，载于《乡村建设半月刊》第 6 卷第 16 期，1937 年 5 月 1 日。
③ 《梁漱溟全集》第 2 卷，山东人民出版社 1990 年版，第 581 页。
④ 梁漱溟：《乡村建设理论》，上海人民出版社 2011 年版，第 410 页。
⑤ 《梁漱溟全集》第 5 卷，山东人民出版社 1992 年版，第 238 页。
⑥ 安作璋：《山东通史》现代卷，山东人民出版社 1994 年版，第 173 页。

邹平的农业合作困境，不是个案，而是共性，梁漱溟解决不了，华洋义赈会解决不了，国民政府更不能解决，只有中国共产党才成功地破解了这个困境。共产党破解合作困境的法宝就是解决农民最需要解决的问题——土地问题，真正为贫苦农民谋利。

## 第二节　四种农业合作模式的比较分析

新民主主义革命时期，中国出现了四种有代表性的农业合作模式。即中共在根据地实践的互助合作模式、国民政府主导下的农业合作模式、华洋义赈会引动的农业合作模式和以梁漱溟为代表的乡村建设派推行的农业合作模式。四种农业合作模式各有特色，有必要对它们进行比较。

### 一、开展农业合作的方式

20 世纪的二三十年代，国际上存在两种农业合作方式：西方式农业合作和苏联式农业合作。西方式农业合作奉 1895 年国际合作社联盟所确定的罗虚戴尔合作原则为圭臬。[①] 这种合作方式坚持社员入社与退社的自愿性、合作社实行社员民主管理、通过合作教育促进合作运动的开展，包括政府在内的外部力量在合作运动中主要起引导和扶持的作用，合作社的发起设立和经营管理完全靠农民的合作自觉。苏联式农业合作以马克思、恩格斯、列宁的农业合作理论和斯大林的农业集体化理论为指导，既强调合作社的自愿、互利和民主管理，又强调政府在合作运动中的主导作用，依靠政府力量发起设立合作社，按照政府意图对合作社进行经营管理。

西方式农业合作和苏联式农业合作传入中国以后，对中国农业合作产生了重大影响，但影响的程度并不一致，这就导致了中国四种农业合作模式在开展方式上的差异。

---

① 国际合作联盟成立之前，各国合作社并无统一的合作原则，因英国罗奇戴尔公平先锋社是 19 世纪西方国家最成功的合作社，且该合作社最早制定合作社章程，因此，罗奇戴尔先锋社的 12 项原则成为各国合作社的合作章程。这 12 项原则是：（1）门户开放，入社自由；（2）男女平等，在合作社里一人一票表决；（3）合作社的资金不靠捐献，由社员入股；（4）对入股股金的分红有限制；（5）合作社出卖的商品要货真价实、质优秤足；（6）按市价或时价出售商品；（7）收取现金，不赊账；（8）只对社员交易；（9）合作社的盈利按社员买货的比例分配给社员；（10）建立不可分割的社有财产；（11）对社员进行良好的教育；（12）对政治和宗教保持中立。王贵宸：《中国农村合作经济史》，山西经济出版社 2006 年版，第 70 页。

华洋义赈会在举办合作事业之时，不仅深入研究了西方农业合作原则与实践，而且还专门委派戴乐仁、章元善等到农业合作发达的丹麦等国进行实地考察，了解其举办合作事业的办法。华洋义赈会所引动的农业合作，是以西方合作主义思想为指导的。这一点，章元善明确承认："西方传来的合作，先在河北中国化，然后再向各省去传播，并供各省的采用与参考"。① 华洋义赈会认为，合作社是农民自己的，合作社应该由农民自己去办，这种思想体现在其所制订的《推行合作事业方案》之中，"合作社乃农民自身之组织，其发达与进展，应基于农民之自觉与努力。但在农民能力尚在薄弱之时，本会应尽全力，灌输关于合作之知识技能，及供给资金之便利，以冀引起农民之兴趣与热心，以达纯由农民自动组织合作社，及联合会之境地"。② 这段话对华洋义赈会开展农业合作的方式作了很好的说明。

首先，由于合作社是农民自己的组织，所以，合作社能不能办起来、能不能办好，完全取决于农民的自觉，如果农民没有合作的自觉，合作社就办不起，即使外力帮助其办起来了，最终也办不好。在组织合作社的过程中，华洋义赈会只引导农民而不代替农民，发挥的是"协助""辅导"作用；合作社组织起来之后，义赈会只指导农民办社而不包办合作社，义赈会对"承认社"按照程序进行检查、指导，但检查是为了规范合作社的发展而不是为了控制合作社。③

其次，中国的多数农民缺乏合作的自觉，需要外部力量去灌输合作精神以唤起农民的合作自觉。华洋义赈会的一个重要工作就是通过合作教育唤起农民的合作自觉。合作教育对合作社的成败具有决定性作用。华洋义赈会深谙此中道理，认为："一切事业的进行，非以教育的方式来推动不可；以中国农民知识的浅陋，若不施以教育，很难使之对于合作有深切的认识，因此本会乃有各种合作教育的设施"。④ 华洋义赈会根据中国实际，采取多种形式对农民进行合作教育。其一，

---

① 章元善：《我的合作经验及感想》，载于《大公报》（天津）《社会问题双周刊》第6期，1933年4月。
② 章元善：《乡村建设实验》第2集，中华书局1935年版，第405页。
③ 义赈会开展农业合作的程序是：通过各种途径先进行宣传，等到农民自己萌生了组织合作社的念头并要求华洋义赈会帮助之时，义赈会才以通信的形式寄给农民《信用合作社空白章程》和各种表格以及登记用的呈文，指导农民如何组织、如何登记等组社具体事宜。农民在明白了组社步骤之后，先向当地县政府提出申请并获准后，再办理登记手续，然后向华洋义赈会函报其组社经过，并填写请求华洋义赈会承认的申请书、社员一览表、社员经济调查表及印章图样等。华洋义赈会在接到申请书后，派人到申请社进行实地调查，经过一次或多次调查后，若认为其已经完全符合要求，便提交合作委办会予以承认，然后发给该社承认证书。中国华洋义赈救灾总会：《十年合作事业大事记》，1933年，第13页。
④ 中国华洋义赈救灾总会：《救灾会刊》，1937年，第93页。

举办合作讲习会。农民对农业合作的认识水平非常低，正如章元善所言："惟以国家教育，本不普及，村野农民，大都缺乏办事能力，虽经专门人员厘定办法，简捷妥适，百方指导，尚不多明，爰仿印度办法，举行讲习会一次，习之有素，则易之自易也。"[①] 华洋义赈会举办讲习会的目的是"专为各社谋利益，灌输合作知识，解释一切不易明了的事情"。[②] 1925 年 11 月 27 日~12 月 2 日，第一次合作讲习会在北京举行，来自河北省 15 县 52 社的 104 人参加合作教育培训。此后，华洋义赈会每年在农闲时期举行合作讲习会，到 1937 年抗战爆发之时，总共举办了合作讲习会 12 次，来自各省 6635 社的 19884 人参加培训。[③] 授课内容包括了《合作概论》《信用合作论》《编填各种表式之常识》《实用农学》《农具》《乡村社会》等。通过合作讲习会，不仅训练了社员、职员，而且还培训了合作教育师资。[④] 其二，设立合作巡回书库。合作社是一个现代经济组织。举办、经营合作社，要求农民社员必须具备最起码的文化知识，但当时农民文化知识水平普遍落后，这种状况极大地阻碍了农村合作事业的发展。华洋义赈会决定设立合作巡回书库，以提高农民社员的文化水平。具体做法是：在北京设立总库，在信用合作社相对较多的地方设立分库；北京总库统一购买有关合作、经济、农业、社会等方面的书籍和报刊，总库再把书报分发给各分库，农民到各地借阅书报。1930 年 3 月，总库建成，至 1931 年 8 月，建成 5 个分库，后来发展至 10 个。共购置书籍 317 种 1950 册，每年约有 4000 人借阅。其三，利用合作社社务扩大周活动宣传合作精神。1935 年底，华洋义赈会在河北省倡导合作社社务扩大周活动，即利用农闲季节，各个合作社组织社员学习《社务扩大周手册》和《社务进展标准》等文件，宣传合作思想，吸收更多农民加入合作社。到 1936 年，共有 30 个合作社举办了扩大周活动，有社员 987 人、非社员 4127 人参加活动。扩大周活动结束以后，就有 163 人要求入社。其四，兴办农事讲习所，培训农业技术人员。1928 年 10 月，华洋义赈会与清华学校和燕京大学合作，兴办农事讲习所，录取了 36 名学生，其中，正取生 30 名，备取生 6 名，所录取的学生全部由华洋义赈会提供生活津贴。次年，又录取 37 名。1930 年 7 月，农事讲习所改为新农专业学校，1931 年 1 月学校停办。义赈会所举办的合作教育，不仅增

---

① 中国华洋义赈救灾总会丛刊乙种第 17 号：《第一次合作讲习会汇刊》，1926 年，第 2 页。
② 中国华洋义赈救灾总会丛刊乙种第 17 号：《第一次合作讲习会汇刊》，1926 年，第 32 页。
③ 参加培训的人主要是来自各合作社的宣传员、执行主任、监察主任、事务员、司库等。
④ 蔡勤禹、侯德彤：《二三十年代华洋义赈会的信用合作试验》，载于《中国农史》2005 年第 1 期。

强了农民的合作自觉意识，而且增强了合作社的独立发展能力。华洋义赈会很自豪地说："凡敝会指导下的合作社，都是各地农民自动组织起来的，所以假使敝会自现在起停止提倡合作事业的工作，河北省的合作社一时固不免受点挫折，但是必然仍能前进不轰"。①

再次，在合作社还不具备自生能力之时，华洋义赈会给予贷款支持，帮助其发展。凡是获得承认的合作社，每年都要接受华洋义赈会的考核。义赈会把考核内容细分为 24 项，考核结果分为五等。考核等级与贷款量直接挂钩，考核为甲等的可以得到 3000 元贷款，戊等的只有 300 元。"成绩不好的合作社随时纠正，使他们纳入正规，成绩优良的设法鼓励，使他们永久保持着这种良好的成绩，对于不良的趋势更切实注意。这样一来，各社的好坏，既然可以一目了然，指导方面也就容易进行了"，这种考成分等方法，被认为是最具本土特色的一种促进合作运动的方法。②

总括起来，华洋义赈会开展合作的方式是：通过合作教育，激发农民的合作自觉，引导农民兴办合作社，再对合作社予以业务指导和贷款支持，义赈会绝不干预合作社的微观经营管理。

以梁漱溟为代表的乡村建设派开展合作的方式与华洋义赈会基本相同，但因加入了中国传统文化，内涵却不相同。

谁来拯救残破的乡村？梁漱溟对这个问题的理解与众不同。他认为外部力量救不了的乡村，原因有二：一是中国工业不发达、城市落后，工业没有能力反哺农业、城市没有能力反哺农村；二是中国没有一个统一有力的政府，无法制订并执行解决农村问题的政策。既然外力救不了农村，那就只能依靠内力自救，乡村自救的最好方式是开展农业合作。这是梁漱溟开出的解决中国农村问题的药方。③合作是农民之间的合作，不是政府与农民的合作，也不是知识分子与农民之间的合作。农民之间能不能开展合作，关键靠农民的合作自觉。何谓"农民自觉"？梁漱溟的解释是："就是乡下人自己要明白现在乡村的事情要自己干，不要和从前一样，老是糊糊涂涂地过日子"。④ 所以，农民必须明白合作是对自己有利的好事情，明白了这一点，农民就会自觉遵守合作社规则，自觉组建合作社解决单

---

① 章元善：《乡村建设实验》第 2 集，中华书局 1935 年版，第 146 页。
② 中国华洋义赈救灾总会编：《合作资料》，1932 年，第 103 页。
③ 梁漱溟：《乡村建设理论》，上海人民出版社 2011 年版，第 13 页。
④ 《梁漱溟全集》第 1 卷，山东人民出版社 1989 年版，第 618 页。

干不能解决的问题。一旦农民有了合作的自觉，合作事业就走上了正轨。"乡下人必须明白乡村的事要自己去干，并且能大家合起来齐心去干——这样事情才有办法，乡村以外的人才能帮得上忙"，① 这里说的"大家合起来齐心去干"，就是组建合作社等团体组织。

　　散漫而知识愚昧的农民很难实现自觉，这就需要知识分子去唤醒农民的合作自觉，"乡村问题的解决，第一固然要靠乡村人为主；第二必须靠有知识、有眼光、有新的方法、新的技术（这些都是乡村人所没有的）的人与他合起来，方能解决问题。没有第一条件，固然乡村问题不能解决；没有第二条件，乡村问题亦不能解决"。② 既然乡村合作要靠农民的合作自觉，农民又缺乏先天的合作自觉，那么，知识分子应采取什么方式去唤醒农民的合作自觉呢？梁漱溟认为，合作社的功能不仅是舒缓农村金融枯竭、增加农民收入、发展农业生产，还有一个重要功能是通过合作教育来提高农民的合作自觉意识，"乡村建设也就是民众教育，民众教育不归到乡村建设就要落空，乡村建设不取道于民众教育将无法可行"。③梁漱溟对美国和丹麦在合作领域的成功经验做过深入的研究，发现美国和丹麦合作运动取得成功的一个共同原因是民众教育。特别是丹麦经验，梁漱溟很是赞赏。以格龙维、柯尔德、施洛特为代表的丹麦教育家，把高等教育办到民众中间去，丹麦农民无论是男女老幼，普遍接受文化和技能的双重教育，通过民族文化和历史的教育，唤起了农民特别是青年农民民族精神的觉醒，"使颓废的丹麦人平添了无限活力"。④ 丹麦在 19 世纪中叶还是一个人口不到 300 万的落后的农业国，其经济收入主要来源于向德国出口农产品。1860 年代，丹麦与德国交恶，农产品出口停滞，丹麦经济陷入困境。在此背景下，丹麦通过农业合作走上经济自强道路。丹麦农业合作运动从 1880 年代起步，经过 40 多年的发展，到 1920年代，丹麦共设立 17700 个合作社，社员 150 万人，每个农户加入 6 个合作社，成为无人、无事不合作的"合作国"。丹麦通过合作运动，成功地从农业国转型为以农产品加工出口工业为主的工业化国家。1882～1914 年的 33 年间，农产品增加了 1 倍，出口价值增加了 5 倍，进口价值增加了 8 倍，农民生活水平大大超

---

① 《梁漱溟全集》第 1 卷，山东人民出版社 1989 年版，第 620 页。
② 《梁漱溟全集》第 2 卷，山东人民出版社 1990 年版，第 351 页。
③ 梁漱溟：《我的努力与反省》，漓江出版社 1987 年版，第 93 页。
④ 梁漱溟：《乡村建设理论》，上海人民出版社 2011 年版，第 173 页。

过英、法、德等国。①

梁漱溟把传统文化蕴含于合作教育之中。合作教育内涵包括两个方面。一是对农民的人生精神教育。梁漱溟十分赞赏丹麦教育以民族文化来启发人生态度和民族意识的做法，受此启迪，梁漱溟在邹平所办的乡农学校，针对中国农民中普遍存在的"精神破产"而开设了一门"精神讲话"课程。该课程的主要内容有三，即"合理的人生态度与修养方法的指点，人生实际问题的讨论及中国历史文化的分析"。② 二是开展农业合作的基本技能教育，如合作社经营管理的基本知识、农产品的加工与运销技术、优良品种的选取技能等。1932 年，梁漱溟取消邹平原有的行政区，将全县划分为 10 个乡，在乡设"乡学"，乡以下分若干村，村设"村学"。"乡学"和"村学"不仅具有乡村公所的行政管理职能，还具有教育民众的责任。"乡学"和"村学"所办的乡农学校每年举办蚕桑、饲养、植棉等训练班，训练农民的技能。梁漱溟在邹平的合作精神教育和合作技能教育，对于养成农民合作自觉意识的作用是明显的。如美棉运销合作社在最初成立时，参加者很少，只限于种植美棉的农民，1932 年，邹平共有 15 家美棉运销合作社，1933 年，增加到 20 家，1934 年激增至 113 家，增长 5 倍有余。在没有政府强制的前提下，美棉运销合作社呈井喷式增长，得益于农民合作自觉意识的形成，或者说，农民意识到了组建合作社比不组建合作社好，加入合作社比不加入合作社好。

政府在农业合作运动中到底发挥什么样的作用，梁漱溟有独到的认识并把他的认识贯彻到邹平农业合作实践之中。梁漱溟认为合作运动需要的政府的支持，但他坚决反对以政府力量强制推动农民合作。③ 他的理由主要包括：第一，没有人生向上的精神，合作社组织就不可能发展。合作社建设包括精神文化建设和物质建设。政府可以推动合作社的物质建设，如给予资金援助、技术帮助，但不能推动人的精神向上，人生向上的志愿完全出于人的意愿而不是政府的强制。既然政府强制不能激发人生向上的志愿，那么政府就没有能力去办好合作

<hr>

① 张蔓茵：《中国近代合作化思想研究（1912—1949）》，上海世纪出版集团上海书店出版社 2010 年版，第 57~59 页。

② 《梁漱溟全集》第 5 卷，山东人民出版社 1992 年版，第 501 页。

③ 梁漱溟所指的支持包括经济上的扶持和政治上的支持两层含义。他不得不承认，乡村运动遇到的一大直接难题就是自己没有财源，需要政府提供经费扶持；他认为在中国社会，私人力量不适合于发动农民去搞联合，因为中国是个散漫社会，当政者以散为安，私人力量若兴师动众结合团体，会遭致政府的忌讳，联合的规模越大，政府越不安心，必不为政府所容。

社，"志愿者何谓也？即自动自发之意；而强制者为被动。自动与被动是不相容的；被动不能发生志愿；出于强制则无志愿，无志愿则完了"。① 宋代的朱熹，明代的王阳明、吕新吾，既是地方官员又是大儒，他们在各自的治地号召乡民践行乡约，开展互助合作，收效甚著。有人认为，朱熹等大儒所倡导互助合作之所以成功，主要是因为政府的推动。梁漱溟不认同这种观点，他认为："朱子、王阳明、吕新吾三先生之实行乡约不算政府真成功。因为他们是以自己的人格，领导着他们的朋友，与他们的僚属，以自己的人格感化启发乡村人的向善之意，如此才能有点成功"。② 梁漱溟在邹平开展合作实验时，曾一度出任邹平县的县长，他就是仿效朱熹、王阳明、吕新吾的做法，一方面试图借助政府力量推进合作运动，另一方面又不让政府直接介入合作运动之中。第二，政府无法办好合作社的道德教育。梁漱溟认为推动合作社的精神文化和物质建设，必须对农民进行广泛的民众教育。教育的内容包括道德教育和技能教育，政府可以办好技能教育但办不好道德教育，"因为道德必须靠志愿，志愿是自动，被动的就不是志愿了"。③ 梁漱溟在邹平实验合作社时，采取发愿的方式进行道德教育。中国农民对发愿很重视，一个守信用的农民，必须对自己发的愿负责，否则，不仅违背了良心而且会遭致旁人的鄙视。第三，政府推动合作运动会遏制合作运动的活力。政府办事高度程式化，上级政府的意图要经过一步一步传递，最后才到达底层，传递的级层越多，政策就越没有活力，而且会越来越偏离本意。"借政府的力量来做事情——用一种命令强制力，这个力量用下去，他一步一步都是机械的。上级交下级，下级已经机械，一级一级的再往下去，则一级一级更加机械。每下一级，离开发动的地方就越远一步，越是被动，越成为机械的，越没有生机，越没有活力，越不能适应问题——因为能适应问题的是靠活力。"④ 梁漱溟认为对待政府应该是"你不能排除他，就要用他；不反对他，就要拉住他"，"用他"和"拉住他"表现为什么呢？就是我为主他为宾，他为我所用，"倘若我们不能为主以用他，反而落到为他所用，则结果必至完全失败""我们与政府合作也不要紧，但不要因为与他合作而失掉了自己"。⑤ 第四，政府干预不能激发农民的合作自觉。合作社是农民自觉的理性组织，"农民自觉，乡村自救，乡村的事情才有办

---

① ② 梁漱溟：《乡村建设理论》，上海人民出版社 2011 年版，第 185 页。
③ 梁漱溟：《乡村建设理论》，上海人民出版社 2011 年版，第 189 页。
④ 梁漱溟：《乡村建设理论》，上海人民出版社 2011 年版，第 186 页。
⑤ 梁漱溟：《乡村建设理论》，上海人民出版社 2011 年版，第 409 页。

法"。① 依靠政府的行政强制不能促使农民自觉，农民自觉要靠合作组织的培养。正是基于这种认识，梁漱溟反复告诫从事合作事业的同事，合作是农民自己的事情，外人的作用是帮助农民行动起来，千万不能"站在政府一边来改造农民"，应该是"站在农民一边来改造政府"。② 如果站在政府立场来强制农民开展合作，就会走向农民的对立面，其结果是"知识分子还是知识分子，农民还是农民"。③按照梁漱溟的意思，政府在合作运动中的作用就像是一根拐杖：可以利用拐杖但不能依赖拐杖，时刻保持自我独立性。邹平的农业合作实践很好地贯彻了梁漱溟的这一指导思想。邹平的合作社大多是在乡村建设研究院的直接领导下设立的。乡村建设研究院成立于1931年，最初没有行政权力，1933年，改称为县政建设研究院，县政建设研究院是集政府力量和教育团体于一身的政教合一的实体机构。研究院尽管本身不是一级政府，但其权力大于县政府：县政府包括县长在内的主要官员由研究院院长梁漱溟提名（梁漱溟曾一度兼任邹平县县长），省政府批准；县政府是研究院的执行机构。为了顺利地推进合作事业，1935年7月，研究院与县政府组建了融合作行政机关、金融机构、农业科研机构于一体的邹平县合作事业指导委员会，梁漱溟亲任委员长，研究院的部分教师、研究院农场主任与相关人员、县政府第四科科长和技术员、县农村金融流通处经理及其他有关人员任委员。合作事业指导委员会下设三个小组，第一组负责合作行政和合作教育，第二组负责合作金融、信用合作社和合作仓库指导，第三组负责信用合作社与合作仓库以外的其他各种合作社的指导。④ 邹平合作事业指导委员会举办合作事业的原则是"多下教育功夫少用政治力量，引发乡民之自力"。⑤ 1935～1936年，邹平合作社数量迅速增加，便是合作事业指导委员会领办之功。但是，邹平合作事业指导委员会的人员不具体干预合作社的微观经营管理，合作社实行社员自我管理，合作社的经营利益归社员所得，政府不从合作社获取利益。梁漱溟心中的理想模式是政府力量与社会力量共同发力，推进农村合作运动。"中国合作事业的推进，自然是一面系于政府政策，一面系于社会活动了""由合作政策与

① 《梁漱溟全集》第1卷，山东人民出版社1989年版，第618页。
② 梁漱溟：《乡村建设理论》，上海人民出版社2011年版，第409页。
③ 梁漱溟：《两年来我有了那些变化》，载于《大众报》1951年10月6日。
④ 吴业苗：《演进与偏离：农民经济合作及其组织化研究》，南京师范大学出版社2011年版，第74页。
⑤ 《合作事业指导委员会实施指导原则及第一年工作提纲》，载于《乡村建设半月刊》第5卷第11、12期合刊，1936年2月16日。

合作运动两方面同时进行，并须使此两方力量沟通调和，截长补短，相互为用"。① 梁漱溟的意思很明显，中国合作事业的推进需要政府力量和社会团体力量的互相配合。

国民党开展合作的方式有一个演变过程。在国民政府前期，对社会经济特别是对农村社会经济的控制力有限。囿于资金、人才、经验的约束，国民政府还不具备独立发动合作运动的能力，这样，政府不得不携手华洋义赈会、中国合作学社、平民教育促进会等社会团体，通过合作教育激发农民合作自觉，推进农业合作运动。当时的合作问题专家朱朴把这种合作模式看作是政府与农民共同推进的"双管齐下"合作运动模式，政府通过"促进平民教育"，"养成他们的自治能力，团体习惯，公德观念"，政府"不能侵犯人民自动者的地位"。② 国民政府吸收华洋义赈会开展农业合作的经验，没有采取行政手段强制农民入社。不过，政府并不是无所作为。国民政府在农业合作领域做了两件事，一是颁布了系列规范合作社发展的法令，包括《农村合作社暂行规程》（1931 年）、《合作社法》（1934 年）、《合作社法实施细则》（1935 年）。二是设立了合作行政机关。1935年 11 月，作为中央合作行政主管机关的实业部合作司成立，合作司于 1936 年底接管了国家机关和社会团体所设立的合作社，"自此全国合作行政，趋于统一"。

随着国民政府对全国经济统制能力的加强，政府对如何开展合作运动的认识逐渐发生了变化。1935 年 3 月，国民政府召开全国第一次合作会议，专门讨论农业合作运动推进方式。政府代表既不赞同朱朴所提出的"双管齐下"合作运动模式也不赞同外国专家的意见，如寿勉成把外国专家石德兰的意见斥之为"不谙国情之谈"，主张以政府力量推动合作运动，政府也应更多地介入合作社的事务。③ 实业部长陈公博认为中国合作运动本身就是国家政策的一部分，政府不仅要监督而且还要指导合作社的发展，否则，合作社前途堪忧。④ 在此后的农业合作运动实践中，政府所起的作用逐步超出了指导范畴，而是以行政强制直接推动农业合作。出现这种局面的原因主要有二：一是国民政府实施统制经济的必然。1930年代，世界经济思潮由过去的自由主义转向为凯恩斯国家干预主义，无论是资本主义世界还是社会主义国家苏联，都是强化政府对经济的干预，与此相适应，对

---

① 《梁漱溟全集》第 2 卷，山东人民出版社 1990 年版，第 545～546 页。
② 朱朴：《评合作运动》，南华丛书社 1932 年版，第 37～41 页。
③ 寿勉成：《中国合作经济政策研究》，中国合作图书用品生产合作社印行 1943 年版，第 79 页。
④ 陈公博：《中国合作事业的前瞻》，载于《中国实业》第 1 卷第 4 期。

经济实施政府统制成为当时中国国内的主流舆论，也是国民政府的施政目标。既然要实现对国民经济的全面统制，对农业合作运动，政府当然不会撒手不管，必然会"有所作为"。二是受苏联农业集体化经验的影响。20 世纪 30 年代，西方世界主要国家都陷入经济危机之中，唯独苏联一枝独秀，工业领域第一个五年计划超额完成预设任务，农业领域也于 1936 年实现了农业集体化，全苏共建立 26 万个集体农场，参加农户占 93.5%。集体农场彻底改变了过去小农生产的状况，农业生产的机械化水平显著提升。据 1939 年的报告，全苏联共建立拖拉机站 6500 所，拖拉机 50 万辆，联合收割机 16 万架。当时，国民政府主流舆论都认为："合作农场在苏联不仅是发达的，而且是成功的"。[①] 30 年代中期，国内关于学习苏联经验的呼声很高，一些学者如戈公振还随国联李顿调查团赴苏联进行考察。1938 年，世界书局出版了任君的《苏联的农业改造》，该书较为详细地介绍了苏联集体农场的组织体系、经济计划、劳动组织、收入分配等情况。1944 年，张大田的《苏联集体农场法》在商务印书馆出版，该书不仅收录了苏联的集体农场法令，而且对集体农场的组织经营管理进行了详尽的介绍。对于苏联政府在农业集体化运动所采取的暴力手段，当时国内舆论普遍表示理解甚至认为应该如此。

　　到抗战时期，中国经济由平时经济转轨为战时经济，战时经济的最大特点就是政府必须对社会经济实施全面统制以保证战时军需。在此背景下，合作社的统制功能从统制农村社会资源上升为统制一切社会资源。国民党向民众反复强调，抗战是一场全民抗战，要求"全体国民皆能以国家之利益为前提，尽心竭力，以有组织之方式，有计划之行动"，才能"共图地利之开辟，生产之增加，运销之便利，游资之集中，以及物价之稳定"，这些目标的实现，"以普遍推进合作事业为最有效"。[②] 既然合作社是统制物质的有效办法，国民政府采取了强有力的措施推进农业合作运动，为此，国民政府从 1940 年起，在全国推行新县制建设，新县制建设的一个重要内容就是在农村普遍设立合作社。1940 年，国民政府颁布《县各级合作社组织大纲》，规定在乡（镇）和保设立合作社，在县一级设立合作联社。为达到这个目的，地方政府采取强制手段建立合作社。

　　国民政府以行政强制建立起来的合作社，主要体现的是政府意图而非农民意

---

① 张德泽：《合作农场的原理与实施》，载于《中农月刊》第 3 卷第 4 期。
② 秦孝仪：《革命文献》第 96 辑，台北中央文物供应社 1983 年版，第 218～221 页。

图。譬如，国民政府所发起建立的合作社，资本金薄弱，社员经营能力不强，能把一种业务经营好就不容易了，实无能力开展两种以上的业务经营。但合作社到底是实行专业经营还是兼业经营，不是农民说了算而是政府说了算，合作社社员没有发言权。抗战爆发以后，因生产供应严重不足，大后方物价飞涨，在此情况下，国民政府试图通过发展合作社的多种经营来增加生产，平抑物价。1937年颁布的《推进合作事业纲领草案》明确规定："有限或保证责任合作社，因事实上之需要，除信用业务外，得兼营两种或两种以上之业务。"[①] 1940年颁布的《县各级合作社组织大纲》再次规定："县各级合作社业务采兼营制"。事实上，绝大多数合作社并无开展兼业经营的能力，国民政府为了满足自身的目标，不顾实际条件强制合作社开展兼业经营，其结果可想而知。正因为如此，有论者把这种合作社看作是"国家权力安排下服务于基层组织机构财政需要的工具，异化成为政治斗争的附属物"。[②]

　　华洋义赈会和梁漱溟为代表的乡村建设派开展农业合作面临着"引而不动"的困境，国民政府动用行政强制之后，这种困境不复存在，但却陷入了另一种困境之中，农业经济学家董时进把它称之为"合而不作"。[③] 在国民政府强制力量的推动下，农民被"合"起来参加合作社，合作社数量激增，如表3-14所示。

表3-14　　　　　　　　　　民国时期历年合作社数量的变化

| 年份 | 1918 | 1919 | 1920 | 1921 | 1922 | 1923 | 1924 | 1925 | 1926 |
|---|---|---|---|---|---|---|---|---|---|
| 社数 | 1 | 2 | 3 | 5 | 9 | 19 | 25 | 116 | 337 |
| 年份 | 1927 | 1928 | 1929 | 1930 | 1931 | 1932 | 1933 | 1934 | 1935 |
| 社数 | 584 | 722 | 1612 | 2463 | 3618 | 3978 | 5335 | 14649 | 26224 |
| 年份 | 1936 | 1937 | 1938 | 1939 | 1940 | 1941 | 1942 | 1943 | 1945 |
| 社数 | 37318 | 46983 | 63565 | 91426 | 133542 | 155647 | 160393 | 166826 | 172053 |

　　注：国民党统治时期的合作社数仅限于国民党统治区，不包括根据地。
　　资料来源：1918~1930年数据引自冯开文：《建国前农村合作组织低效率的原因探讨》，载于《古今农业》1998年第3期；1931~1936年数据来源于徐旭：《合作与社会》中华书局1949年版，第168~169页；1937~1945年数据来源于中国合作事业协会：《抗战以来之合作运动》，1946年，第37页。

---

① 秦孝仪：《革命文献》第84辑，台北中央文物供应社1980年版，第346页。
② 张蔓茵：《中国近代合作化思想研究（1912—1949）》，上海书店出版社2010年版，第250页。
③ 董时进：《中国合作运动今后应取的方针》，载于《农村合作》第12卷第1期（1947年）。

　　从表 3 – 14 看到，北京政府时期的农业合作主要靠华洋义赈会引动，合作社数量增长十分缓慢。1927 年国民政府上台之后，政府介入农业合作运动，合作社以较快速度增长，特别是 1933 年之后，政府的强力推动使合作社数量呈倍数增长，充分体现了政府力量推进合作运动的"突出成就"。但是，这些一夜之间设立的合作社，不是出于农民自愿结社而是政府强制捏合的结果，由于农民不是基于自愿而是被强制捏合起来，社员之间很难合力作为，农民被迫为合作社做工，但出勤不出力，"农民无奈在政府强迫下就采取偷工减料的办法来对付，劳动生产率低下"。[1] "各地合作社的内容，往往非常窳败，合作的基础，根本也就无法健全，表面上看来蓬蓬勃勃，实际上则粗制滥造，一塌糊涂。"[2] 合作社体现的不是农民利益，农民自然也不把合作社看成为自己服务的经济组织，"往往以为合作社是慈善救济的机关，信用合作社是借钱的机关，消费合作社是一个小商店，运销合作社是收贷的行庄等等"。[3] 国民政府为激励地方官大力兴办合作社，把兴办合作社当作官员升官晋职的一条标准，地方官员为了多办合作社，在宣传发动时很少向农民宣传合作思想，只是强调合作的经济、政治、军事功用，甚至以入社可以多借钱引诱农民入社，使得合作社在农民心中只落了个"合借社"的印象。有的农民还天真地认为从合作社里借钱越多越好，"常见信用合作社组织成立后，如果社员借不到钱或者不能即刻借到钱，他们对合作社便失掉信仰，不愿缴股金，退出合作社的事情，便产生了。"[4]

　　中共在领导农民开展合作的探索过程中，出现了两条不同的路径，一条是公办型路径，另一条是民办官助型路径。土地革命战争时期，一些地方不顾条件兴办苏联式集体农庄，出现了政府包办合作社的问题，如中共湘赣苏维埃政府规定"县区级合作社属于全民经济，乡村级经济合作社属于集体性质"。[5] 要求各县在县政府所在地至少建立一家由政府运营的消费合作社，合作社的资金来自打土豪没收的财产，合作社的工作人员由政府选派，社务由政府决定；合作社股金只可加入，不能退出。这类合作社实际上不是农民的合作社而是政府军需供应机关，农民对合作社的好坏漠不关心。中共很快意识到官办合作社不能解决农民的生产生活困难，必须动员群众自发组建合作社。1933 年 12 月，中央苏区消费合作社

① 郑新华：《关于推行战时合作社的问题种种》，载于《合作前锋》（战时版）1941 年第 1 卷第 5 期。
② 吴承禧：《浙江省合作社之质的考察》，载《中国农村经济论文集》，民国丛书第 2 编，第 337 页。
③ 郑厚博：《中国合作运动之研究》，农村经济月刊社 1936 年版，第 624 页。
④ 郑厚博：《中国合作运动之研究》，农村经济月刊社 1936 年版，第 625 页。
⑤ 杨德寿：《中国供销合作社史料选编》第 2 辑，中国财政经济出版社 1990 年版，第 245 页。

会议指出：合作社"最主要的还是要依靠发动群众，扩大社员"，"不能专门依靠在苏维埃的帮助之下"，要"严厉纠正在发展合作社过程中的强迫命令的官僚主义的工作方式"。① 在 1933 年召开的中央革命根据地南部 17 县经济建设会议上，毛泽东发表了《必须注意经济工作》的讲话，他要求戒绝官僚主义和命令主义的方式来办合作社。抗战初期，根据地官办合作社现象比较普遍，政府以命令方式要求农民成立合作社，向社员强制摊派股金，社员意见很大，不关心社务，甚至要求退社，合作社很不稳固、效率低下。毛泽东对这种现象作了严厉的批评，他说："合作社的事业不是面向群众，而主要是面向政府，替政府解决经费，一切问题由政府解决"。② 1942 年陕甘宁边区高级干部会议纠正官办合作社的做法，毛泽东明确提出边区合作事业的正确方向是坚持"民办官（公）助"的方针。何谓民办官助？山东解放区合作工作的主持者薛暮桥对此作了明确的解释："所谓民办是为群众服务，并由群众自己经营。所谓公助，是由政府给以方针上和业务上的指导帮助，使其掌握正确方针，助其解决业务上的各种困难"。③

在民办官助方针的指导下，根据地政府采取各种措施发动农民开展合作，这些措施包括：

第一，根据地的各级党政领导亲自发动、参与互助合作运动。中央国民经济人民委员部于 1933 年颁布的《发展合作社大纲》对如何发动合作运动作了详细的规定：第一步，召开骨干分子动员大会，会议由各县苏维埃政府国民经济部的合作社指导委员会召集，出席会议的有区苏和乡苏主席、贫农团代表、工会代表、妇女代表会代表、少先队代表，会议的主要任务是讨论动员工作方案、确定宣传材料、组织各乡合作运动筹备委员会。第二步，宣传发动，各乡合作运动筹备委员会组织突击宣传队，向群众"做一个普遍而深入的宣传鼓动工作，造成一种极浓厚、极热烈的空气散布到各村各屋里去，要很耐心的不疲倦地向群众宣传，解释合作社的意义和必要"。宣传的内容主要是：革命形势的发展需要群众组织起来；敌人的经济封锁造成经济生活的极端困难需要群众组织起来；合作社对群众的作用；其他地区或者本地区合作社的成就。第三步，成立合作社，经过宣传发动，群众一旦有意向，"立即鼓动他到筹备委员会报告缴股金，一乡有二三百社员时，即开社员大会选出乡合作社的管理委员会和审查委员会的代表，在

---

① 杨德寿：《中国供销合作社史料选编》第 2 辑，中国财政经济出版社 1990 年版，第 52 页。
② 吴藻溪：《近代合作思想史》，上海棠棣出版社 1950 年版，第 916 页。
③ 薛暮桥：《论新民主主义经济》，山东人民出版社 1946 年版，第 47 页。

区分社未成立前可由管委会指定干事采办货物，设立乡支社商店，开始营业。全区有五个乡以上选出区代表时，即开区代表大会选出区分社管委会及审查委员会成立区分社"。①

基层干部和党员发挥模范作用，带头参加互助合作，如延川330变工队和扎工队，共有2340人，其中党员803人，占30%，扎工队和变工队的领导人中，半数是党员干部，一部分是乡长和支书。② 譬如，山西保德县榆树里村的群众，在组织变工队之初，无法理解变工对自己的好处，因此，大家都愿意参加变工队。村干部采取典型示范的方式带动全村群众参加变工队，村干部首先将8户积极分子编成变工队，组织大家集体送粪，一人可以赶几头牲口；没有参加变工队的人，一人只能赶一头牲口。在鲜明的对比下，大家都认为变工好。于是，大家纷纷组织起变工队。③

第二，通过奖励互助合作的典型引导农民开展合作。中国农民行为具有典型的"羊群效应"特征：农民一般不愿意先动，大多数情况是跟着动，"你动我也动，你不动我也不动"是农民行为的真实写照。对于有组织的互助合作，农民比较陌生，所以，绝大多数农民不会主动去组建互助合作组织。中国共产党抓住了农民的这一行为特征，采取典型引导的办法带动农民开展互助合作。如临沭县金花村，首先把党员组织起来成立搭犋小组，集体割豆子、收地瓜，劳动效率提高了50%，农民见证了互助合作的好处后，有牛户消除了集体互助使自己牲口吃亏的担心，劳多地少的农户消除了被别人占便宜的顾虑，自愿在支部帮助下组织了5个搭犋小组。④ 抗战时期，各根据地召开劳动英雄大会奖励劳动英雄。陕甘宁边区于1943年召开首届劳动英雄代表大会，200多位劳动英雄获得边区政府奖励。太行边区于1944年召开首届劳动英雄大会，奖励了206位劳动模范。得到奖励的劳动英雄，绝大多数是劳动互助社的领导者。边区政府对劳动英雄的物质奖励很丰厚，李顺达获得太行边区首届群英大会"一等生产互助模范"，获得1头大犍牛的奖励。⑤ 获得奖励的劳动模范，在乡村的社会地位得到极大的提升，激发更多的农民去开展互助合作，如太行边区广宗某村"人们看到互助起来有名

① 杨德寿：《中国供销合作社史料选编》第2辑，中国财政经济出版社1990年版，第86页。
② 史敬棠等：《中国农业合作化运动史料》上，三联书店1959年版，第271页。
③ 史敬棠等：《中国农业合作化运动史料》上，三联书店1957年版，第585页。
④ 《临沭县西河口、金花村劳动互助调查》（1944年5月30日），《山东党史资料》1989年，第146～147页。
⑤ 史敬棠等：《中国农业合作化运动史料》上，三联书店1959年版，第1081页。

有利"，合作积极性高涨，48 家农户自愿要求参加互助组。① 吴满有被树立为典型之后，各根据地"学习吴满有之深耕多锄多上粪，劳动互助，是保证多打粮食的最好办法"。②

第三，运用国家农贷杠杆刺激农民开展互助合作。闽西工农银行成立于 1930 年 11 月，成立以后，"提出了大批资本借给各种合作社，帮助其营业的发展，以减少资本主义的剥削；在粮食缺乏的时候，以巨额资本帮助各县建立粮食合作社，使苏区粮食得以调剂；投巨额资本到汀连南阳的铸铁合作社去，现正积极帮助该合作社本身组织的健全与扩大"。③ 抗日根据地银行通过农贷引导农民合作。1940 年，晋察冀边区银行向合作社发放了 300 万元贷款，次年，增加到 919 万元。④ 1944 年春，晋冀鲁豫边区政府提出"必须贷给组织起来的人们，如互助组、变工队、合作社小组等。除非特殊情况，不贷给个人"。⑤ 山西保德县对参加互助合作的农民给予贷款、发放农具等好处，贷款激发了胡家庄农民的互助积极性，参加变工的农户由 6 户增加到 31 户，贫农金叩子，互助组不要他，"他哭的非参加不可"。⑥

第四，政府从大政方针上指导合作社的沿着正确的道路发展。陕甘宁边区苗子店村于 1944 年组建了合作农场，在这个农场里，大家集体劳动、集中吃饭、集中住宿、集体耕种，最初，群众的热情很高，但到后来，随着群众热情的减退，农场办不下去了，农场当年粮食产量比上年减产 30%。党中央发现了这种苗头以后，立即予以纠正，指出这是"左"的倾向，不能任其发展。⑦ 解放战争时期，一些地方出现了违反自愿和等价交换原则的现象。如东北出现过如下现象：一家互助组里 1 户养 1 匹老瘦马、种 11 垧地的农户，与养好马种 4 垧地的农户换工，结果互不找工，地多马瘦的农户占了便宜，1948 年继续养那匹瘦马，其他社员都不满意，大家说"咱也不养好马了"。⑧ 这种违反等价交换原则的合作，损害大多数人的利益，造成了劣币驱逐良币的结局。东北局发现这种错误做

---

① 史敬棠等：《中国农业合作化运动史料》上，三联书店 1959 年版，第 869 页。
② 《山东革命历史档案资料选编》第 11 辑，山东人民出版社 1983 年版，第 283 页。
③ 杨德寿：《中国供销合作社史料选编》第 2 辑，中国财政经济出版社 1986 年版，第 106 页。
④ 魏宏运：《抗日战争时期晋察冀边区财政经济史资料选编》（工商合作编），南开大学出版社 1984 年版，第 886 页。
⑤ 史敬棠等：《中国农业合作化运动史料》上，三联书店 1959 年版，第 185 页。
⑥ 靳仲敏：《保德县胡家庄大变工的三年经验》（1944 年 5 月），第 5 页，见保德县政府：《保德县几个村的变工经验》（1944～1946 年），山西省档案馆藏，档案号 A137－1－10。
⑦ 史敬棠等：《中国农业合作化运动史料》上，三联书店 1959 年版，第 424 页。
⑧ 黑龙江农业合作史编委会：《黑龙江农业合作史》，中共党史出版社 1990 年版，第 48 页。

法后，立即予以纠正，要求合作社必须遵守互利原则，不能让任何一个社员吃亏。

　　第五，从财政和税收上扶持合作社。1930年9月，闽西苏维埃政府颁布的《闽西合作社修正条例》规定："合作社免向政府缴纳所得税；合作社有向政府廉价承办没收来之工农商业及借款买货之优先权"。① 1931年，苏维埃临时中央政府颁布《暂行税则》，税则规定，所有符合《合作社条例》且在政府登记的正规合作社，免缴所得税。1932年，中央财政人民委员部颁布的《合作社工作纲要》第九部分就"合作社与政府关系"作了明确规定："合作社开办时，要按照工商业登记条例，向县政府财政部登记；合作社指导系统未建立之前，在结账时要向政府财政部报告营业状况和盈亏情形；政府给予合作社免税、减租及一切承租之优先权；政府保护合作社货物之流通及赊货，如有货物被抢，或赊账被欠者，政府帮助催收；银行设法提一部分款子借与合作社活动；政府不干涉合作社之财政，但舞弊者政府得帮助取缔；政府经常帮助合作社的宣传组织工作；国家工厂商店及国家运输机关对合作社买货运输有优先权并减少价钱；合作社对红军家属买货与社员同等优待"。② 1932年湘赣省苏维埃第二次代表大会决议指出，政府必须帮助合作社的发展，"苏维埃政府必须极力帮助消费合作社的组织和发展，苏维埃对于合作社应给以财政的帮助，与税收的帮助，豁免各县的消费合作社捐税，以便利于转运贸易及有计划的采办货物，须由合作社联合组织流通转运机关，苏维埃应拨部分被没收的房屋和商店交给合作社使用"。③ 政府帮助合作社发展但不能包办合作社的发展，1933年11月，湘赣省苏维埃政府颁布的《关于财政经济问题决议案》规定："加强合作社运动的指导，发动广大的合作社运动，反对政府或少数管理员包办的现象"。④ 1939年，中共中央财政经济部规定："为提倡合作社集体经济起见，对所经营事业得酌量减税。"⑤ 晋察冀边区政府于1939年颁布《晋察冀边区奖励合作社暂行条例》，对最先成立且经营业绩突出的合作社进行奖励，奖励额度是"得请政府四厘贷款，得免捐税百分之五十"，1942年，又颁布了《晋察冀边区合作社组织条例》，加大奖励力度，"合作社得

---

① 杨德寿：《中国供销合作社史料选编》第2辑，中国财政经济出版社1990年版，第65页。
② 杨德寿：《中国供销合作社史料选编》第2辑，中国财政经济出版社1990年版，第77页。
③ 杨德寿：《中国供销合作社史料选编》第2辑，中国财政经济出版社1990年版，第25页。
④ 杨德寿：《中国供销合作社史料选编》第2辑，中国财政经济出版社1990年版，第48页。
⑤ 杨德寿：《中国供销合作社史料选编》第2辑，中国财政经济出版社1990年版，第360页。

免统一累进税"。① 1943 年，陕甘宁边区政府拨款 300 万元资助合作社，减免合作社的租税负担，边区政府物质部门为消费合作社批发货物，保障生产合作社的原料供应和产品销售。②

第六，通过生产教育发动并巩固互助合作社。中共很重视对农民的教育，其教育内容和教育方式尤其颇具特色。教育内容主要是两个方面，一是合作社的作用教育，如兴国的各级干部"在党内外各种会议中，作了专门报告粮食合作社的意义，而各个群众，也就了解粮食合作社，是在战争中有重要的关系，与群众有切身的利益，所以能在四天中的动员，把粮食合作社扩充股金二百余元"。③ 苏维埃中央政府国民经济部部长吴亮平就如何开展合作社的作用教育作了详细的说明，"首先各县苏维埃政府要召集各种会议，专门讨论发展合作社的意义和具体的工作"，然后设立互济会，"召集每一村的农民群众来开会，把发展合作社的意义与工作，向他们做明白的详细的解释，……耐烦地解答他们的问题与要求，使每一个群众都明白了然，经过这样的动员之后，我们的各项经济动员工作，一定能够得到伟大的成功"。④ 1933 年颁布的《发展合作社大纲》指出，合作运动只关注合作社的营业状况而忽视对社员的教育工作是"不对的，失掉了合作社的部分意义。我们要合作社一天天的扩大和巩固起来，对于加强社员群众的政治教育工作是非常必要的。这不仅使社员深刻了解合作社的意义和必要，积极地去发展合作社组织，而且可以提高社员的政治文化水平，积极起来参加革命。为使这一任务实现，我们可以组织识字班、夜校、演讲晚会等等"。⑤ 合作社还承担向群众进行共产主义教育的责任，"它应该负担巨大的教育工作，在实际工作中给农民以集体经济的教育，共产主义的教育""合作社应该普遍地帮助并发展列宁小学、俱乐部、图书馆、阅报室、识字班、夜校、剧团等等，这是过去所没有很好进行而我们以后应用力推进的一个重要工作"。⑥ 不过，一些合作社的文化教育

---

① 魏宏运：《抗日战争时期晋察冀边区财政经济史资料选编》（工商合作编），南开大学出版社 1984 年版，第 754 页、第 770 页。
② 转引自张蔓茵：《中国近代合作化思想研究（1912—1949）》，上海世纪出版集团上海书店出版社 2010 年版，第 360 页。
③ 杨荣楷：《兴国秋收运动中粮食合作社的猛烈发展》，载于《红色中华》第 103 期，1933 年 8 月 19 日第 3 版。
④ 亮平：《立即纠正经济建设工作中的强迫命令主义》，载于《红色中华》第 107 期，1933 年 9 月 3 日第 2 版。
⑤ 杨德寿：《中国供销合作社史料选编》第 2 辑，中国财政经济出版社 1990 年版，第 85 页。
⑥ 吴亮平：《目前苏维埃合作运动状况和我们的任务》，载于《斗争》第 56 期，1934 年 4 月 21 日第 12 版。

并不成功，上杭县才溪区消费合作社是模范合作社，其"文化运动，可以说是没有的，所以对社员群众的文化教育是非常不够的"。① 瑞金壬田区合作社，"对于文化教育工作，可以说还没有着手做，还没有能够利用文化基金，并发动社员群众，来建立俱乐部、夜校、识字班等等。对于社员的教育工作，是非常不够的，这也是我们许多合作社所共有的应该努力纠正过来的缺点"。② 二是生产教育，"必须特别对于贫农和雇农，认真进行发展生产的教育，同时也对于中农及其他人们进行发展生产的教育……进行提高生产的教育，与进行生产互助组织，以保障大多数农民都能生产发家"。③ 生产教育的内涵，实际上就是发动群众比较变工与不变工两种生产方式的优与劣，通过对比，引导群众参加互助合作。如抗战时期山东莒南县金岭、大山前、虎园三村，组织干部群众对"地干难耕，需要合作"的客观情况进行了启发式教育，大家纷纷认为只有采取互助合作的生产方式，才能耕好旱地。经过教育之后，群众的合作积极性大为提高，成立互助组的时间一般只需两天。④ 中共开展生产教育的手段灵活多样，为群众所接受。土地革命战争时期，兴国各级党组织利用"工会贫农团互济会，从组织上有计划的去动员，并利用晚会活动深入各乡村中，作专门的表演，和经常派宣传队，作挨户的宣传，致使党内外每个群众，也就能够自动热烈地加入劳动互助社及粮食合作社的组织"。⑤ 抗战时期，有的变工队劳作休息时开生产会议，互相讨论生产中存在的问题、研究更加符合实际的分配方案；有的变工队在队内也开设读报组，利用晚上时间给组员读报，报读完以后，一起讨论生产问题，以统一思想，巩固变工。⑥

第七，通过压力动员群众参加互助合作社。根据地的互助合作社，具有一定的革命性，光靠引导不能最大限度地吸引农民入社，还需采取适当的压力动员群众加入合作社。土地革命战争时期，邓子恢曾撰文谈了如何动员群众入社的问题，"我们必须整个动员到群众中去，由上而下一级一级地推动下去，自县主席联席会、区联席会、乡联席会、乡代表会以至雇农工会、贫农团大会，一直到选

---

① 杨德寿：《中国供销合作社史料选编》第 2 辑，中国财政经济出版社 1990 年版，第 241 页。
② 《江西省瑞金县壬田区消费合作社》，载于《斗争》第 34 期，1933 年 11 月 12 日。
③ 黄道霞等：《建国以来农业合作化史料汇编》，中共党史出版社 1992 年版，第 11 页。
④ 魏本权：《革命与互助：沂蒙抗日根据地的生产动员与劳动互助》，载于《中共党史研究》2013 年第 3 期。
⑤ 杨荣楷：《兴国秋收运动中粮食合作社的猛烈发展》，载于《红色中华》第 103 期，1933 年 8 月 19 日第 3 版。
⑥ 董佳：《抗战时期中共晋西北根据地的变工运动述论》，载于《中共党史研究》2014 年第 9 期。

民大会到处都派人作报告，发展他们的讨论，其他工会、党、团、少先队等，也同样自上而下的去动员，要使整个苏区造成一种浓厚的空气，造成一种'凡是一个革命同志都要加入合作社'的空气，在这种空气中，我们便发起组织合作社"。[①] 苏维埃临时中央政府人民委员会所发布的第七号训令肯定了邓子恢的意见。抗战时期，山东省莒南县官地村群众采取连环保的方式组建变工队，"五家连环保，不参加变工组无人保"，召开村民大会时，加入了变工组的农民坐前排，没有参加变工组的农民坐后排。在这些措施的刺激下，一些缺乏合作精神的或者有各种顾虑的农民也纷纷加入互助合作社。在动员农民开展互助合作的过程中，适当的、适度的压力是必要的，但是如果采取强制手段要求农民开展合作就是不对的。一些地方因急于求成，也曾出现过以命令方式要求农民组建合作社的现象，中共在发现问题之后，坚决予以纠正。1933 年《劳动互助社组织纲要》第二条规定："劳动互助社的发展，依靠把互助社的作用，向群众作详细的宣传解释，使各人自愿入社，不得用强迫命令办法"。[②] 抗战时期，毛泽东于 1943 年 11 月 29 日在陕甘宁劳动英雄大会上做了著名的《组织起来》的演讲，毛泽东指出："只要是群众自愿参加（决不能强迫）的集体互助组织，就是好的。"[③] 当然，总体而言，革命战争时期的互助合作基本上基于农民自愿的，充分体现了农民自办、自营、自我服务的特性。

按照民办官助的方针开展合作，政府与农民实现了良好的互动，政府的意图得到了群众的理解，群众的想法得到了政府的肯定，正因为如此，根据地的农民合作是既合又作（官办型合作社同样存在"合而不作"现象）。

### 二、合作社的阶级利益体现

西方合作主义所确定的七项合作原则中的第一条是"开放的社员资格"，合作社对"每个提出申请的合适的人敞开大门"。第二条是"民主控制"，社员对合作社的民主管理权通过两种机制来保证：一是设立互相制衡的社员大会、理事

---

① 邓子恢：《发展粮食合作社运动来巩固苏区经济建设》，载于《红色中华》第 31 期，1932 年 8 月 13 日第 10 版。
② 劳动互助社的领导人，不是政府任命的而是经群众公推产生，在劳动互助社的人工调配过程中，完全遵循群众的意见，《纲要》对此作了专门的强调，"分配人工时，必须注意到各个人住处相近，能力技术配合适当，与过去感情关系。应尽可能避免把有恶感的，或能力弱技术差的同编在一个小组做工。无论如何，总要求得帮助人做的、请人帮的，双方愿意。切不可用命令强迫去分配。"黄道霞等：《建国以来农业合作化史料汇编》，中共党史出版社 1992 年版，第 3 页。
③ 黄道霞等：《建国以来农业合作化史料汇编》，中共党史出版社 1992 年版，第 7 页。

会、监事会，二是一人一票的决策机制。第五条是"政治与宗教中立"，"合作社的政治中立并不是合作社人放弃在立法机关面前维护他们经济制度的合法利益的责任，中立更意味着充分承认以经济、社会改良为根据的合作要求对社区的吸引力，而没有给合作社社员资格贴任何政治标签的意思"。① 华洋义赈会根据西方合作主义所制定的《农村信用社空白模范章程》对社员资格作如下规定，"凡年满二十岁，品行端正之村人"都可加入合作社，只有以下四种人不得入社："人格卑陋恶劣，不堪挽回者；幼年（如不满 16 岁者）及精神病者，智力不完全者；乞丐、流氓，没有相当生计者；在合作社营业区域以外居住者"。② 从条文上看，符合条件的农民都可加入合作社，实则不然。为规避违债风险，信用合作社章程规定社员对合作社债务负无限连带责任，每个社员都必须以全部财产作为合作社的债务担保，如果某个社员无力归还到期借款，其他社员都要承担连带责任。贫雇农的偿债能力较差，所以，在合作社设立时，发起人一般把贫雇农排斥在社外。此外，入社社员需缴纳股金，根据章程规定，社员至少须认购社股一股，一次缴足，每股"皆为一二元，虽有五元一股十元一股者，但极属少见"。③贫雇农一贫如洗，根本无钱缴纳股金。因此他们"虽明知合作社之利益，但为股金所限制，不能不趑趄于合作社之门外"。④ 因此加入信用合作社的主要是有一定财产的地主、富农和自耕农，对于绝大多数贫雇农来说，合作社就是一扇看得见但进不去的玻璃门。据 1930 年代初华洋义赈会对河北安平、深泽、无极、赵县、元氏、河间、蠡县、肥乡等 8 县合作社社员经济状况的调查，社员人均土地约 30～40 亩，其中，30%～50% 的社员拥有 11～30 亩土地，20%～30% 者占有31～50 亩土地，10 亩以下及 50 亩以上者较少，无地者仅占全省社员的 1/200。⑤由此可见，参加合作社者绝大多数为中农、富农或中小地主，贫苦农民较少。为保证合作社的民主管理，华洋义赈会要求合作社必须成立"三会"，即社员大会、理事会、监事会，"三会"必须定期召开，每个社员拥有一票决定权，以公平处理合作社各种事务。⑥ 在华洋义赈会举办的合作社里，权力操控在谁

---

① 唐宗焜：《合作社真谛》，知识产权出版社 2012 年版，第 52～53 页。

② 张镜予：《中国农村信用合作运动》，商务印书馆 1930 年版，第 97 页。

③ 巫宝三：《华洋义赈救灾总会办理河北省农村信用合作社放款之考察》，载于《社会科学杂志》1934年第 5 卷第 1 期。

④ 喻育之：《关于改进农村合作社的几点意见》，载于《教育与民众》1935 年第 7 卷第 3 期。

⑤ 杨骏昌：《河北省合作事业报告译评》，载于天津《大公报》，1936 年 10 月 14 日。

⑥ 中国华洋义赈救灾总会：《农村信用合作社章则》第 8 辑，1933 年，第 14～18 页。

的手里呢？章元善的调查显示：贫雇农没有地位，没有公信力，他们尽管朴实忠厚，但胆小怕事，即使入了社，他们不愿也无力主持合作社事务，乡间受过教育的、具有公信力的往往又是富裕人家，他们对主持合作社很有热心，结果合作社不可避免地操纵于个别土豪劣绅之手，合作社不是扶贫济困，反而为富人操纵，助长其力量。① 这种现象在江西、安徽一带尤其突出。② 李紫翔对河北信用合作社的调查发现，1924 年，河北省有 23 个信用合作社被考核为甲等，占总社数的 18.54%，到 1931 年，被考核为甲等的只有 5 个，占总社数的14.29%。考核为甲等的合作社为何越来越少呢？"除了政治的和商业各要素外，合作社内部的原因，主要的是少数有地位、有信用、有权力的特殊分子之把持操纵所致"。③

国民政府以华洋义赈会所制定的《农村信用社空白模范章程》为蓝本，于1934 年颁布了《合作社法》④。该法对社员资格作如下规定，凡是"中华民国人民年满二十岁"且有"有正当职业者"都可加入合作社，但"有下列情事之一者，不得为合作社社员：一、褫夺公权；二、破产；三、吸用鸦片或其代用品"，凡是符合条件的农民，只要有"社员二人以上之介绍，或直接以书面请求"便可入社，社员退社只需"于三个月前提出请求书"即可。⑤《合作社法》还规定社员必须认购社股，"每人至少一股，至多不得超过股金总额的百分之二十""社股金额每股至少国币二元，至多不得超过二十元"。⑥ 交不起股金的广大贫雇农同样被排除在合作社的门户之外。《合作社法》对合作社的民主管理作出了若干规定。合作社重大事务需"出席社员过半数之同意，始得议决"，"社员大会开会时，每一社员仅有一票表决权"；理事和监事均"由社员大会就社员中

---

① 章元善：《中国合作实际问题》，载于《乡村建设》第 6 卷第 1 期。
② 华洋义赈会曾向江西清江合作社放款 3 万元，但"因乡下小土劣之上下其手，重利盘剥，结果农民反受其害，今春耕牛恐慌，即卖牛偿债故也"。转引自刘招成：《华洋义赈会的农村合作运动述论》，载于《贵州文史丛刊》2003 年第 1 期。
③ 狄超白：《对目前合作运动之评价》，载于《中国农村》第 3 卷第 2 期，见郑大华：《民国乡村建设运动》，社会科学文献出版社 2000 年版，第 212 页。
④ 1934 年 3 月 1 日，国民党政府公布《中华民国合作》，全文 76 条，1935 年 9 月 1 日实施。后经过四次修正，1939 年 11 月 17 日第一次修正，修正第 11 条、16 条、26 条、76 条条文，新增第 77 条条文，全文共 77 条；1947 年 3 月 24 日第二次修正，修正第 11 条、16 条、26 条、76 条条文；1948 年 12 月 15 日第三次修正，修正第 16 条条文；1950 年第四次修正，修正第 16 条、76 条条文。
⑤ 中国第二历史档案馆编：《中华民国史档案资料汇编》第 5 辑第 1 编，《财政经济》（七），江苏古籍出版社 1994 年版，第 307～309 页。
⑥ 中国第二历史档案馆编：《中华民国史档案资料汇编》第 5 辑第 1 编，《财政经济》（七），江苏古籍出版社 1994 年版，第 309 页。

选任之"。① 从法律文本上看，国民党所建立的合作社实行充分的民主管理，但在实际中，社员对合作社的民主管理权力得不到切实保障。譬如，社员大会是社员行使权力的机构，但很多地方的合作社长期不召开社员大会，社务被操纵于理事手中。据吴华宝在陕、豫、冀等地的调查，"若干合作社经过长时间不开任何会议。甚至有一合作社从三月起至八月底之六个月中并未开过一次会议，……社务便操纵于极少数人之手，一切事情皆不可按法规而行，其危险莫甚"。② 此外，国民党所建立的合作社存在严重的外部人控制和内部人控制现象。先看外部人控制。有些合作社系由政府官员直接发起设立，官员顺理成章地成为合作社的实际控制者。控制合作社的政府官员主要是两种人。第一种是乡镇长和保甲长。如河北省昌平县卢家村合作社于 1934 年 3 月由乡长发起成立，乡长为理事会主席，社务由乡长一人说了算，乡长公开叫嚣："我叫它（合作社）好，就好；我叫它坏，就坏"，社员从不过问也无权过问社务，为了方便，社员干脆将自己的印章也"放在乡长处"，社员大会的手续也可以免除。③ 另据抗战时期主持第三战区合作事务的陈仲明的调查，保一级的合作社大多由保长担任理事主席，保长是合作社的实际控制者。④ 第二种是政府派驻到合作社的合作指导员。据梁思达的调查，有的合作指导员利用其政府职员的身份搞一言堂，"包办合作社一切事务""合作社之理监事等徒具虚名而已"。⑤ 被合作指导员控制的合作社，理事和监事亦是徒具虚名，一般社员的民主管理权更是无从谈起。所谓合作社的内部人控制，就是合作社被操控于乡村"新旧豪绅"这些内部人的手中。严恒敬在南京、镇江、丹阳、武进等地的调查发现，有些合作社"被那少数几个人保持垄断着，拿我们这些社员当傀儡。"⑥ 杭定安的调查也显示，有些合作社的理事会、监事会也形同虚设，"理事会，有名无实，而大权全操纵一二理事之手，而其他理事均仰其鼻息"，监事会"仅挂名而不开会实行职权"，"经理因垫款关系，大权独揽，不受理监事会之指挥，而监事会亦置之不问"，这些现象"亦为合作社之通

① 中国第二历史档案馆编：《中华民国史档案资料汇编》第 5 辑第 1 编，《财政经济》（七），江苏古籍出版社 1994 年版，第 312 页。
② 吴华宝：《参观陕冀豫三省合作社后之感想》，载于《大公报·经济周刊》第 148 期，1936 年 1 月 13 日。
③ 蒋旨昂：《卢家村》，载于《社会学界》1934 年第 8 卷第 3 期。
④ 陈仲明：《合作经济学》，中国合作经济研究社 1947 年版，第 159 页。
⑤ 梁思达：《中国合作事业考察报告》，南开大学经济研究所 1936 年版，第 42 页。
⑥ 严恒敬：《农村合作的几个实际问题》，载于《教育与民众》1935 年第 7 卷第 3 期。

弊"。① 既为"通弊",可见合作社被内部人控制现象之普遍。杜岩双一针见血地指出了合作社的救济本性,"救济自然是救济了,然而被救济的只是富人,尤其是土劣者流"。② 马克思主义经济学家陈翰笙的调查表明:"合作社的组织者和职员通常是地主、富农和商人,他们掌握了地方上的政治和经济权力。他们以合作社的名义从银行或政府机构获得资金,他们以同一名义贷款给农民,但这一贷款的利率常要加倍。"③ 对于保长、地主豪绅假借合作社侵占社员利益的行为,政府也表示极大的担忧。抗战时期最高财政金融机构四联总处在四川省调查时发现该省合作社"非有名无实,即为地主劣绅所把持,合作社徒具虚名,社员未能蒙受其利"。④ 李宗黄更是毫不隐讳地指出,"在坏人的操纵下",本是良好制度的合作社"也就变成剥削人民的工具,因此民众怨声载道"。⑤

20世纪二三十年代,社会各界广泛讨论中国乡村遭受破坏的原因,有人认为是兵祸,有人认为是天灾,有人归因于西洋都市文明的冲击。学者古棋不赞同这些观点,他认为破坏乡村的有四大力量:"(一)地主阶级的兴起,是破坏乡村的第一种力量;(二)水利制度的失修,是破坏乡村的第二种力量;(三)官僚政治的巩固,是破坏乡村的第三种力量;(四)帝国主义的侵略,是破坏乡村的第四种力量",古棋把阶级剥削列为破坏乡村第一力量。⑥ 梁漱溟对此很不以为然,梁氏承认地主阶级是剥削阶级,但他认为剥削阶级普遍存在于各个社会之中,剥削与被剥削之间不是受害的关系,而是相互依存的关系。"阶级剥削为各社会通有之现象,历史所必经过,即在被剥削一面也不是绝对的受害;因为任何一种社会构造都免不了内部的矛盾冲突,而同时彼此又是相互依存,断不能说谁破坏谁"。⑦ 在梁漱溟的眼中,农村中存在阶级但不存在阶级矛盾和冲突,乡村农民是一个整体,"在此社会中,没有两面不可躲闪的冲突,同时也没有相联一致的势力。谁与谁都不是仇敌,可是谁与谁也不是一家"。⑧ 而中国共产党的观点则与梁漱溟完全相反,认为农村中的阶级矛盾很尖锐,采取依靠贫雇农、团结

---

① 杭定安:《关于合作社几个重要问题之商榷》,载于《社会半月刊》第1卷第17期,1935年5月。
② 杜岩双:《浙江之农村金融》,载于《申报月刊》1934年第3卷第9号。
③ 陈翰笙:《陈翰笙文集》,商务印书馆1999年版,第222~223页。
④ 《四联总处四川农贷视察报告书》(1942年),转引自黄立人:《论抗战时期国统区的农贷》,载于《近代史研究》1997年第6期。
⑤ 李宗黄:《新县制之理论与实际》,中华书局1943年版,第11页。
⑥ 古棋:《乡村建设与乡村教育之改造》,载于《东方杂志》第30卷第22号。
⑦ 梁漱溟:《乡村建设理论》,上海人民出版社2011年版,第12页。
⑧ 梁漱溟:《乡村建设理论》,上海人民出版社2011年版,第407页。

中农、打击地主富农的阶级分化政策开展合作运动。梁漱溟不承认农村中存在地主、富农、贫农之分,在他的乡农学校和合作社里,所有农民都糅合在一起,表面上很和气,实际上,合作社的真正控制者是地主、富农,得利者也是地主、富农,"贫苦农民不但不能入社,得到贷款和优良品种,而且还要受到合作社的剥削"。①

上面的分析揭示,华洋义赈会、国民党政府、梁漱溟所发起设立的合作社,体现的是地主、富农的利益,广大贫苦农民并没有从合作社得到多大利益甚至还反受其害。

土地革命战争时期,中共以马克思主义阶级分析法来指导农业合作运动,在领导农民开展合作的实践过程中,中共把合作社视为阶级组织。曾任中华苏维埃共和国国民经济部部长的吴亮平指出:"合作社是党可以借以有力地领导群众的一个战斗的组织""应该一时一刻也不能忘记,它是与地主、资产阶级进行斗争的一种革命的经济组织"。② 根据地的合作社,旗帜鲜明地限制、打击地主富农,维护贫下中农的利益。1930 年 9 月,闽西苏维埃政府对合作社作出如下规定:"富农分子不准加入合作社,其既加入合作社之富农,即可取消其股东权,并停止分红,其股金与利息待一年后归还"。③ 12 月 1 日,闽西苏维埃政府发布的《关于发展合作社流通商品问题的通告》规定,合作社的负责人只能是贫农和工人,不能是富农,信用合作社必须体现劳苦群众的利益,"有钱借给贫雇农,不应借给富农"。④ 1931 年 12 月,湘鄂赣省苏维埃政府发布《关于组织消费合作社的通知》规定,只有中农及以下的农民有资格入股消费合作社,中农以上的不准入股,"消费合作社之货物,凡卖给富农及小资产阶级须按照市场价格外,凡股东须给购买证,持购买证来买货者须比市场时价低些,这样才能使入股的工农得到利益"。⑤ 1932 年 9 月中央财政人民委员部颁布的《合作社工作纲要》指出,"合作社是工人、中农、贫农、雇农等阶级抵抗富农、商人高利贷资本、雇佣劳动等经济剥削的阶级组织,它是一种斗争组织""社员一定要是非剥削的阶级成分,如工人、中农、贫农、雇农、独立劳动者、城市贫民等。对于剥削阶级如商

---

① 安作璋:《山东通史》现代卷,山东人民出版社 1994 年版,第 173 页。
② 吴亮平:《目前苏维埃合作运动的状况和我们的任务》,载于《斗争》1934 年第 56 期第 12 版。
③ 杨德寿:《中国供销合作社史料选编》第 2 辑,中国财政经济出版社 1990 年版,第 8 页。
④ 杨德寿:《中国供销合作社史料选编》第 2 辑,中国财政经济出版社 1990 年版,第 10 页。
⑤ 杨德寿:《中国供销合作社史料选编》第 2 辑,中国财政经济出版社 1990 年版,第 18 页。

人、富农、厂主、工头等绝对不准加入"。① 1933 年，苏维埃政府颁布了系列合作社法规，这些法规对合作社的阶级性作出了明确的规定。6 月颁布的《发展合作社大纲》明确规定："合作社是工农劳苦群众抵抗商人富农资本剥削，增进工农利益，巩固工农联盟的一种经济组织，一种有力的武器"。② 8 月颁布的《劳动互助社组织纲要》第四条规定："凡是农民（贫农中农），农业工人及其他有选举权的人"，都有资格加入合作社，"地主、富农、资本家以及其他无选举权的，一律不准入社"，发展劳动互助社的一个重要作用就是"养成了群众的阶级互助精神"。③ 1933 年，苏区动员群众组织犁牛合作社以解决耕牛农器短缺问题。犁牛合作社的部分耕牛就是没收地主、富农耕牛而来。1933 年颁布的《关于组织犁牛合作社的训令》规定："瑞金武阳区及云集区第四乡的经验告诉我们，应该首先把没收地主、富农的耕牛农器，组织犁牛合作社，有组织地分配，有计划地保护管理，才能使耕牛农器不至于遭受损失"。④ 完全由贫农、雇农和中农组成的耕田队，地主和富农不能参加，耕田队的主要任务是义务帮助劳动力不足的红军家属耕种和收割，这使得耕田队成员在政治上感到无比的光荣与优越，这种光荣感在贫雇农中间产生了阶级认同感和互助精神。很多贫困农民交不起入社的股金，如果政府不采取帮扶措施，贫困农民可能就被排斥在合作社的门外。为此，苏维埃政府采取了帮扶贫困农民的措施。1933 年，永丰粮食合作社的部分群众"认股后一时无钱无谷集股"，"互济会借出一部分现金来调剂目前粮食，准备在秋收后号召群众交谷入股"。⑤ 同年，江西省苏维埃政府明确规定，粮食合作社的"股金不一定要现洋，也不一定一次要付齐，以二三次集中亦可，凡稻谷以及食量（如麦子、花生、豆子等）均可折算为股金"。⑥ 1935 年中央红军达到陕北后，调整了富农政策，不再把富农列为革命对象。1936 年颁布的《劳动互助社暂行组织纲要》规定，富农可以加入劳动互助社。抗日战争时期，抗日民族统一战线政策要求最大限度地团结一切力量抗日。1939 年，边区政府颁布了《各抗

---

① 杨德寿：《中国供销合作社史料选编》第 2 辑，中国财政经济出版社 1990 年版，第 75 页。
② 《大纲》规定了合作社的五大作用：一是抵抗商人资本剥削，改善社员生活；二是调节苏区内工业品和农业品价格的"剪刀差"现象，冲破帝国主义、国民党经济封锁的困难；三是发展苏区国民经济；四是吸收广大工农劳苦群众参加革命战争，提高社员政治水平，巩固工农革命的联盟；五是抵制私人资本，准备将来社会主义建设的经济条件。潘顺利：《试论土地革命战争时期的股份合作社》，载于《上海党史研究》1998 年第 3 期。
③ 许毅：《中央革命根据地财政经济史长编》上，人民出版社 1982 年版，第 400 页。
④ 黄道霞等：《建国以来农业合作化史料汇编》，中共党史出版社 1992 年版，第 4 页。
⑤ 《永丰进行粮食合作运动》，载于《红色中华》第 92 期，1933 年 7 月 8 日第 3 版。
⑥ 《发展粮食合作运动：为超过计划而斗争呵!》，载于《红色中华》第 92 期，1933 年 7 月 8 日第 3 版。

日根据地合作社暂行条例示范草案》，规定："凡本地区之居民除汉奸卖国贼外，不分阶级、职业、性别、信仰，均可入股为合作社社员，并得享有同样之权利与义务。"[1] 不再对社员资格进行阶级性限定，这一变化表明合作社已经不是阶级斗争的经济组织，但合作社必须为群众谋利的性质没有改变。1943 年 10 月，毛泽东在《论合作社》一文中指出："合作社的性质就是为群众服务，这就是处处要爱护群众，为群众打算，把群众的利益放在第一位。这是我们与国民党的根本区别，也是共产党员革命的出发点和归宿。"[2] 1944 年 7 月 3 日《解放日报》社论指出："合作社是统一战线的性质，所有农民、工人、地主、资本家都可以参加合作社，它是政府领导各阶层人民联合经营的经济、文化及社会公益事业的组织"。[3] 在互助合作的过程中，地主富农一般没有受到歧视，也没有出现明显照顾贫雇农的现象。但到 1947 年《中国土地法大纲》颁布以后，互助合作中出现了浓厚的阶级色彩，许多地方强制地主富农参加劳动，过于照顾贫雇农。尽管政府允许已经参加劳动的地主参加互助组，但各地一般都采取一些办法对地主进行整顿后再允许其加入。如 1948 年春，山东五莲县大毛庄在整顿互助组时，为了"不荒一亩地"，允许地主参加互助组，但地主必须"向群众低头央求"，在群众的允许下，18 家地主有 13 户吸收入互助组。[4]

由于根据地的合作社旗帜鲜明地奉行限制剥削阶级、维护贫下中农利益的政策，因而，根据地的合作社真正跳出了近代中国合作社"只为小众服务"的怪圈，走上了"为大众服务"的正确道路，这就是根据地互助合作如火如荼开展的根本原因所在。

### 三、与中国农村传统合作的关系

合作运动来自西方，中国的四种农业合作模式都受到了西方农业合作的影响。然而，中国农村自古就有合作的习惯，有组织的现代合作如何处理与传统合作的关系，是每一种农业合作模式都不能回避的问题。

根据地的互助合作和梁漱溟在邹平实验的农业合作，都很注意吸收中国农村的合作传统，但各自吸收的内容却不相同。

---

① 杨德寿：《中国供销合作社史料选编》第 2 辑，中国财政经济出版社 1990 年版，第 361 页。
② 黄道霞等：《建国以来农业合作化史料汇编》，中共党史出版社 1992 年版，第 6 页。
③ 黄道霞等：《建国以来农业合作化史料汇编》，中共党史出版社 1992 年版，第 9 页。
④ 史敬棠等：《中国农业合作化运动史料》上，三联书店 1959 年版，第 1049 页。

根据地的互助合作建立在中国农民合作习惯基础之上，通过改造、规范民间合作传统而发展起来的。土地革命战争时期，苏维埃政府所建立的劳动互助社和犁牛社就是以民间原有的互助合作为基础。"根据井冈山地区过去就有农忙时换工的习惯，动员和组织群众实行劳力换工和耕牛互助，对军烈属的土地组织劳力实行包耕、代耕"。① 抗战时期，抗日根据地农民普遍存在缺农具、缺劳动力的困难，特别是在农忙季节，不少农家存在如期完成生产任务的困难。面对这些困难，农民自发地组织多种形式的互助合作。② 传统互助合作完全是农民自己的发明创造。对于帮助农民渡过暂时的难关起了一定的作用，但它"只是个体的小农生产之下的一个无关重要的附属因素，它丝毫也没变更个体的小农经济上的农民的贫苦与落后状态"。③ 民间合作尽管流传甚广，但存在明显的缺陷：一是范围狭窄，仅局限于宗族邻里；二是具有临时性，遇事而起，事完即散；三是没有组织领导，合作者之间没有成文的规矩；四是正因为没有成文规矩，合作规则往往由强势者制定，这就导致不平等现象的发生。特别是传统合作中的不平等现象损害了贫农的利益，如山东莒南县农民在农忙时节普遍开展"用牛草换牛工"和"帮工带地"两种合作形式，但这种两种合作形式"对于缺乏畜力的贫苦农民含有相当剥削性质，一个十二亩的农户用人家的牲口耕种地，除支付自己所产全部牛草、帮六个工以外，自己地的耕种还要在牛主之后"。④ 新民主主义革命时期，中国共产党一方面利用农民的传统互助合作习惯，另一方面改造传统合作习惯的不平等现象，在此基础上形成根据地的新型互助合作模式。1930 年，毛泽东到才溪乡调查，召开了耕田队长座谈会，他发现耕田队对于解决农户的缺牛问题很有裨益，他对耕田队大加赞扬，还建议他们把耕田队提高一步，改组为劳动互助社。1931 年，苏区第一个劳动互助合作社在才溪乡成立。这个劳动互助合作社有组织、有章程，设主任一人、委员四人。主任统筹全乡的劳动力，每个委员统筹一村的劳动力。劳动互助社有效地解决了劳动力不足问题，深受群众欢迎，迅速在苏区推广。抗战时期，延安县为了完成 1942 年开新荒 8 万亩的任务，农民自发成立了 487 个扎工队，全县 1/3 的劳动力参加集体劳动，劳动效率大大提高。3 月 10 日到 4 月 19 日，开荒 1.5 万亩，占总任务的 18.7%，只用了 1/3 的

① 许毅：《中央革命根据地财政经济史长编》上，人民出版社 1980 年版，第 395~396 页。

② 如"变工""扎工""拔工""换工""塔猥""耕田队""以工换工""唐将班子""功德主""插具""搭工""贴工""对工""伴工""打混作""开山班"等合作习惯在各地广为流传。

③ 《抗日战争时期陕甘宁边区财政经济史料摘编》第 7 编，陕西人民出版社 1981 年版，第 463 页。

④ 《山东革命历史档案资料选编》第 13 辑，山东人民出版社 1983 年版，第 190 页。

时间就完成了 58%的开荒任务。① 1942 年底，党中央召开西北局高级干部会议，总结并推广延安县经验，边区逐步形成了既受农民欢迎又有政府领导的新型互助模式。晋绥边区从 1942 年开始注意利用民间互助习惯开展劳动互助，《抗战日报》社论指出，开展互助合作的最好方式是"利用民间习惯的劳动互助形式，加以改善与发展，……民间各阶层互助牛力与人力，代价过重的，以不妨害互助下，劝说双方自愿减轻"。② 1943 年，晋绥边区政府明确规定互助组织"必须运用民间旧有的形式，加以改善和扩大，有计划有组织的大量组织人工变牛工，牛工变人工"。③ 边区政府的指示在地方得到了很好的贯彻，兴县温寨村是抗战时期晋绥边区开展变工运动的模范村。该村组织变工时遵循五项原则：一是"亲近本家"，即变工队成员都是亲戚朋友；二是"过去关系好"，即各成员之间没有矛盾；三是"劳动力差不多"，即各成员之间不存在劳动能力的显著差别，从而便于劳动价值评估；四是"成分不要太悬殊"，即各成员之间基本上属于同一个阶级成分；五是"地与住地比较接近"，即各成员的住宅地与耕种地相隔不远。④ 显而易见，温寨村变工队建立在血缘关系或邻里关系基础上，成员之间彼此信任，加上劳动价值核算又比较合理，合作的效率较高。

　　根据地的互助合作模式有三大特征：一是根据农民合作习惯建立农民喜闻乐见、可以接受的互助合作形式，如耕田队、变工队、换工队等。抗战时期，边区政府组织的换工、还工、补工、找工、拨工等互助合作，都是对农村传统合作习惯的保留，"没有采取千篇一律的组织形式，而是根据各家各户的具体要求和条件来解决，不凭空臆造，也不要采取某种固定形式，只要在实际中起着互助作用就行。"⑤ 二是以政府力量动员并领导农民的合作。长期以来习惯于个体生产的农民对有组织的集体生产有顾虑，如沂蒙抗日根据地的群众普遍认为"种地干活

① 《解放日报》1944 年 2 月 10 日。

② 《抓紧领导春耕》，载于《抗战日报》1942 年 3 月 23 日第 1 版。

③ 《发展劳动互助》，载于《抗战日报》1943 年 4 月 8 日第 1 版。

④ 1943 年，该村编了 6 个变工组，每一组基本上是由亲戚、朋友或邻居构成。第一组组长是县劳动英雄温象栓，共 9 人，其中 5 人是宗族关系；第二组温国芝组，7 人中有 4 人是亲兄弟；第三组刘九栓组，共 8 人，多数是过去一起变过工的旧故；第四组郭长海组，6 人都住在一个院子里；第五组温贵富组，共 4 人，有 2 人是温贵富的亲兄弟；第六组温永生组，共 3 人，都是好朋友。晋西北行政公署：《晋西北行署关于农业生产劳动互助的总结、命令、指示、条例（1943 年）》，山西省档案馆藏，档案号 A88 - 6 - 8。

⑤ 陕甘宁边区财政经济史编写组、陕西省档案馆：《抗日战争时期陕甘宁边区财政经济史料摘编》第 3 编，陕西人民出版社 1981 年版，第 236 页。

谁不会，还用组织？""生产好作，伙计难割"。[①] 为改变群众的这种思维定式，政府组织农救会深入群众之中，宣讲互助合作的好处，并利用利益诱导、典范引导、压力引导等多种方式动员群众参加互助合作。"农业生产完全是分散的，群众性的（不能官办），所以不但要靠政府提倡，尤其要靠群众团体，特别是农救会的深入动员"。[②] 三是制定规则，消除互助合作中的不平等现象。如抗战时期山东滨海区赣榆县郑楼庄党支部对互助合作过程中的交换原则进行了明确规定：用牛耕一亩还一个工；给抗属耕不还工；给孤独耕，一工还四斤粮；借牛耕一亩还一人工；牛主去人耕还二人工；牛主吃自己饭还三人工；等等。[③] 以乡村社会传统合作习惯为基础发展而来互助合作模式，不仅为群众带来了实实在在的利益，而且容易为群众所接受。群众把中共领导的互助合作社看作是自己的互助合作社，这是根据地互助合作取得成功的一个重要原因。

　　梁漱溟在邹平的合作则是建立在中国农村传统合作文化基础之上。作为儒学家的梁漱溟，非常注意挖掘传统乡约中的合作文化，并对它加以改造成为新的农业合作形式。中国传统社会很重视乡规民约的作用，明清以前的乡约由乡绅根据本地实际而制定，体现的是乡人的愿望，因而很切合农村的实际。明清时期，政府看到了乡约对规范农民行为、维持社会稳定有很大的作用，于是以政府力量倡导乡约，但政府倡导的乡约因渗入了政府意图而不被乡民所普遍接受。基于此，梁漱溟认为，明清以后，中国农村的礼俗文化已经严重失调，新的农民合作必须回到明清以前的乡约精神上去。梁漱溟很认同宋代吕和叔主持制定的乡约，该乡约分为四大纲领：一是德业相劝，二是过失相规，三是礼俗相交，四是患难相恤。每一项又包含许多条目，其中，患难相恤包含七个条目：一是水火，即遇水灾火灾时大家互相救助；二是盗贼，即遇到土匪时大家联合自卫；三是疾病，即遇到瘟疫疾病时大家相互扶持；四是死丧，即遇到死丧事情时大家彼此帮忙；五是孤弱，即大家帮着照顾孤苦无依的人；六是诬枉，即有冤枉者需打官司时代为申冤；七是贫乏，即大家要周济无衣无食者。乡约实际就是号召乡民联合起来，

①　滨海区委组织部：《怎样在生产运动中进行思想教育》（1943 年），临沂市档案馆藏，档案号 0003 - 01 - 0003 - 006。

②　山东省财政科学研究所、山东省档案馆：《山东革命根据地财政史料选编》第 1 辑，中国文史出版社 1985 年版，第 374 页。

③　滨海区委组织部：《一九四四年生产中的支部工作总结》（1944 年 9 月），临沂市档案馆藏，档案号 0003 - 01 - 0008 - 001。转引自魏本权：《革命与互助：沂蒙抗日根据地的生产动员与劳动互助》，载于《中共党史研究》2013 年第 3 期。

集中力量应对困难，这就是最原始的合作，但这种合作是一种事后的、消极的彼此顾恤。梁漱溟认为，只要把这种事后的合作改为事前的有预谋合作，就是新的农民合作。如果合作是为了周济贫困，那么，这就是消极合作，使农民不贫困，才是积极合作"这个意思当然与乡约的原意是相合的，不冲突。乡约只是嫌消极一点，我们则要变为积极，添一种积极的意味进取，不等到事情临头再行补救"。[①]

　　根源于儒家思想的乡约蕴含着丰富的人生志趣，倡导人生向上、志气提振。受此启发，梁漱溟把乡约中的人生志趣教育放在合作运动中的首位。他认为，人是经济活动的主体，发展经济就必须激发人的奋发精神，而要激发人的奋发精神，"则须借人生向上的力量，提振起志气来；否则中国人将更狭小，更不能进取。我们要提振志气，把经济放在这种人生中，让人生驾驭经济，支配经济，享用经济，不叫经济支配人生（西洋人则是经济支配人生）。要做到这一步，就更是一个精神问题、人生问题，或者说是一个文化问题"。[②] 梁漱溟把人生支配经济视为他所推动的合作运动的一大特点。基于此，梁漱溟在邹平开展合作时，组建乡农学校，恢复乡规民约，以乡约精神引导农民开展合作，所以，梁漱溟的合作是基于中国农村传统合作文化的合作。

### 四、合作社的形式

　　华洋义赈会举办的合作社主要表现为信用合作社，也涉及到运销合作和生产合作。[③] 到 20 世纪 30 年代，国民政府、银行机构、大学、社会团体纷纷下乡发动农民组织合作社，使合作社形式逐渐朝着多样化的方向发展，但信用合作一直都是整个合作事业的主流，以致蒋介石都说："合作事业，有一种通病，即信用合作社的畸形发展。"[④] 如表 3 – 15 所示。

---

① 梁漱溟：《乡村建设理论》，上海人民出版社 2011 年版，第 181 页。
② 梁漱溟：《乡村建设理论》，上海人民出版社 2011 年版，第 187 页。
③ 从 1927 年起，华洋义赈会开始指导运销合作，最早试办运销合作的是直隶、安平两个合作社，主要业务是收购本地毛皮运到天津销售，因当时天旱水浅，耽误了时间，毛皮运到天津时，价格回落，社员没有获利，但积累了农民开展运销合作的经验，这次挫折加强了社员开展运销合作的信心。1932 年，河北省深泽县试办棉花运销合作，取得经验后，扩大到无极、晋县、束鹿、元氏、高邑、蠡县、赵县等产棉区，以后又扩大到栾城、藁城、尧山、隆平、柏乡、永年、冀县、南宫、博野等县。蔡勤禹：《民间组织与灾荒救治：民国华洋义赈会研究》，商务印书馆 2005 年版，第 232～233 页。
④ 秦孝仪：《革命文献》第 84 辑，台北中央文物供应社 1980 年版，第 214 页。

表 3 - 15　　　　　　　　信用合作社和生产合作社所占的比例

| 年份 | 1931 | 1932 | 1933 | 1935 |
|---|---|---|---|---|
| 信用合作社占合作社总数的比例（%） | 87.5 | 80.1 | 82.3 | 67.0 |
| 生产合作社占合作社总数的比例（%） | 5.5 | 7.4 | 4.4 | 8.9 |

　　资料来源：冯开文：《建国前农村合作组织低效率的原因探讨》，载于《古今农业》1998 年第 3 期。

　　当时很多人对只局限于流通领域的合作运动颇有微词。尹树生指出，合作运动如果不向生产领域发展，则"充其量也只是小独立生产者向资本主义适应的方法，是表面的、空虚的、寄生的；对发展农业振兴农村，虽也有相当效能，但有个非常狭小的界限"，而且极有可能蜕变为"资本主义农业榨取的工具"，所以中国农业合作的出路"就是积极向农业生产部门渗透，而其第一阶梯就是农具利用合作社的促进"。[①] 抗战时期，国民政府赋予合作社两项新功能：一是发展生产，增加供应；二是配合经济战，抢购物资。显然，信用合作社难以承载这两项新功能，于是，国民政府相继颁布了《农业生产合作推进办法》（1941 年）、《运销合作事业推进办法》（1941 年）、《消费合作推进办法》（1941 年）、《工业生产合作推进办法》（1942 年），力图以此推动其他类型合作社的发展。国民政府对以上四类合作社的经营范围、目标作了明确规定，同时对这些合作社予以适当优待。如，贸易或专卖事业管理机关对生产合作社的产品，要"予以产制及销售上的便利保护"；运输机关对运销合作社的物品运输"予以优先起运之便利"等。[②] 要求"中央合作金库及省县合作金库办理贴放，应特别注重农工业之合作及生产消费必需用品之合作供销业务，并应尽量减低贴放成本"。[③] 在政府的主导下，合作形式走向多样化，如表 3 - 16 所示。

表 3 - 16　　　　　　　1936 ~ 1945 年各类合作社的占比　　　　　　单位：%

| 年份 | 农业生产 | 工业生产 | 信用 | 运销 | 消费 | 公用 | 供给 | 保险 | 其他 |
|---|---|---|---|---|---|---|---|---|---|
| 1936 | 8.6 | — | 55.2 | 6.3 | 0.8 | 0.2 | 0.7 | — | 28.2 |
| 1937 | 5.7 | — | 73.6 | 2.5 | 0.4 | 0.1 | 0.4 | — | 17.3 |

---

①　尹树生：《农业机械化与农业利用合作社》，载于《乡村建设》半月刊第 6 卷第 13 期。
②　重庆市档案馆：《抗战时期国民政府经济法规》下册，档案出版社 1992 年版，第 604 ~ 607 页。
③　秦孝仪：《革命文献》第 96 辑，台北中央文物供应社 1983 年版，第 218 ~ 221 页。

续表

| 年份 | 农业生产 | 工业生产 | 信用 | 运销 | 消费 | 公用 | 供给 | 保险 | 其他 |
|------|---------|---------|------|------|------|------|------|------|------|
| 1938 | 11.0 | — | 85.9 | 2.3 | 0.4 | — | 0.4 | — | — |
| 1939 | 6.8 | 1.7 | 88.3 | 1.8 | 0.5 | 0.4 | 0.4 | 0.1 | — |
| 1940 | 7.0 | 1.7 | 87.0 | 2.0 | 1.4 | 0.3 | 0.4 | 0.1 | 0.1 |
| 1941 | 9.1 | 1.5 | 84.9 | 1.8 | 1.7 | 0.3 | 0.6 | 0.1 | — |
| 1942 | 7.0 | 5.5 | 82.4 | 1.8 | 2.3 | 0.3 | 0.6 | 0.1 | — |
| 1943 | 14.2 | 4.6 | 48.1 | 10.3 | 10.1 | 2.6 | 8.1 | 2.0 | — |
| 1944 | 16.8 | 5.0 | 41.2 | 10.6 | 13.0 | 2.8 | 8.7 | 1.9 | — |
| 1945 | 18.0 | 4.9 | 38.0 | 11.0 | 14.0 | 2.8 | 9.4 | 1.9 | — |

资料来源：雷芳：《论南京国民政府的农村合作运动》，河南大学硕士学位论文，1999 年，第 51 页。

　　表 3 – 16 显示，到抗战结束时，信用合作社独大的局面有了明显的改变，生产、消费、运销、供给合作社的比重大幅度提高。

　　华洋义赈会和国民政府按照先金融后生产、消费的顺序来开展农业合作，梁漱溟在邹平实验的农业合作以生产合作为起点，然后再是信用合作和消费合作。梁漱溟对中国农村实际有比较深刻的理解。中国农村一穷二白，农民最缺的是钱，不少家庭一贫如洗，交不起信用合作社的入社股金，也没有消费能力，再者，中国农家基本上是自给自足，除了盐和一些必需品之外，都是自己生产，消费需求很小。所以，他认为，中国农村的合作不应从金融和消费做起。正因为穷，中国农民最需要的是增加实际财富，"此刻中国顶大的问题，最迫切的需要，就是所谓'造产'"。[①] 怎样才能"造产"或者"财富增殖"呢？梁漱溟认为，引导农民开展生产合作是"造产"的最佳途径。"如果合作是应于需要而来的话，那么中国的合作绝不是消费合作，一定是生产合作"。[②] 梁漱溟对华洋义赈会和政府所推动的合作运动不以为然。他认为有两大缺点：一是粗制滥造，量多质低；二是合作社偏重于流通领域的信用合作和运销合作，忽视了农业生产过程的合作，中国应该学习苏联经验，在生产领域开展广泛的合作，"今后必须尽可能地师取苏俄使农业集团化的那些法子；非如此到底不能使农业进步，到底不能使农民当真组织起来。或者为土地之合并经营、或者为农具之合作利用，总须朝

①② 《梁漱溟全集》第 5 卷，山东人民出版社 1992 年版，第 615 页。

此方向大大致力，千方百计务使达于可能的最高度"。① 按梁漱溟的设计，先把生产合作社办起来，农民的财富有所增殖，对合作就有了向往，或者说产生了合作的自觉，农民就会进一步扩大生产合作的范围，在这个过程势必遇到资金的短缺问题，农民就会要求办信用合作社，等农民有一定的财富和资金积累之后，才可以办消费合作社。根据表 3 - 13 的数据，以 1936 年为例，邹平生产类社数占总社数的比重为 65.2%，金融类社数占总社数的比重为 34.5%，消费类最少，社数仅占总社数的 0.3%。

　　列宁认为，发展生产合作社，需要把土地集中起来，这就会触及私有制，农民在短期之内难以接受；流通领域的合作社，不需动摇私有制，农民能够接受。基于此，列宁主张先发展流通领域的合作，逐步把合作制过渡到生产中去。斯大林赞同列宁的观点。苏联经验和列宁、斯大林的观点对中共开展合作事业产生了直接而深远的影响，优先发展流通领域的合作社兼及生产合作社，在第一次国内革命战争时期和土地革命战争时期是党内的共识。1927 年，毛泽东在《湖南农民运动考察报告》中明确提出要在农村着重发展消费、贩卖、信用三种合作社，以解除农民最迫切需要解决的问题。第一次国内革命战争时期，中共在广东、湖南、湖北、江西等省建立的合作社都是流通领域的消费合作社和贩卖合作社。土地革命战争时期，中共为发展根据地农业经济和提高农民生活水平，发动农民建立各种形式的合作社。1930 年 11 月，中央政治局制订的《关于苏维埃区域目前工作计划》指出："实行合作社运动，首先就是贩卖合作社和消费合作社"。② 1933 年 12 月 26 日，湘赣省国民经济部合作指导委员会在《关于合作社运动的工作指示》明确提出："摆在目前合作社的中心任务，是发展消费合作社，调节物价，流通商品，供给群众各种日常必需品。同时发展各种生产合作社，以提高各业生产，发展苏区经济，保证革命战争的物质供给"。③ 1934 年 1 月，毛泽东在《我们的经济政策》报告中说："据 1933 年 9 月江西福建两省 17 个县的统计，共有各种合作社 1423 个，股金 30 余万元，发展得最盛的是消费合作社和粮食合作社，其次是生产合作社，信用合作社的活动刚才开始"。④ 从毛泽东的讲话看出，中共发展合作社的思路仍以消费合作社为主，兼及生产、信用合作

① 梁漱溟：《乡村建设理论》，上海人民出版社 2011 年版，第 374 页。
② 杨德寿：《中国供销合作社史料选编》第 2 辑，中国财政经济出版社 1990 年版，第 9 页。
③ 杨德寿：《中国供销合作社史料选编》第 2 辑，中国财政经济出版社 1990 年版，第 130 页。
④ 杨德寿：《中国供销合作社史料选编》第 2 辑，中国财政经济出版社 1990 年版，第 60 页。

社。1934 年 1 月召开的第二次全国苏维埃代表大会通过的《关于苏维埃经济建设的决议》指出了消费合作社的优点：其一，群众通过它"可以更便宜地买卖商品，更高价地出售他们的生产品"；其二，国家商贸机关通过它"可以最迅速的将他们的商品卖给农民，并从农民那里买得生产品"；其三，苏维埃政府通过它"可以同广大农民群众的经济生活发生直接的关系，在经济上团结他们在苏维埃政府的周围"。① 可见，消费合作社对发展苏区贸易、维护群众利益、联系政府与群众关系都有重要的作用，所以，苏区时期，消费合作社是重点发展对象。在鄂东南地区，"合作社每村有一个，但没有生产合作社"。② 闽西的"合作社没有普遍的平衡的发展，生产合作社则简直没有做到"。③ 1932 年 3 月，福建省第一次工农兵代表大会《关于经济财政问题的决议》说："没有积极鼓动群众集资来发展各种合作社运动，现在的合作社经过登记的总共不过 90 多个，其中 90% 是消费合作社"。④ 表 3 - 17 反映了土地革命战争时期各类合作社的发展情况。

表 3 - 17　　　　　1933 年 8 月中央苏区经济建设大会前后合作社发展比较

| 合作社类型 | 社数 | | 社员数 | | 股金（元） | |
|---|---|---|---|---|---|---|
| | 会前 | 会后 | 会前 | 会后 | 会前 | 会后 |
| 消费合作社 | 416 | 480 | 8294 | — | 91579 | 114120 |
| 粮食合作社 | 457 | 852 | 102181 | — | 94894 | 162164 |
| 生产合作社 | 76 | 91 | 9276 | — | 29351 | 39006 |
| 信用合作社 | — | 1 | — | 53 | — | — |
| 合计 | 949 | 1424 | — | — | 210824 | 215300 |

资料来源：《经济建设大会前后合作社发展比较表》，载于《红色中华》1933 年 12 月 8 日第 3 版。原表注：（1）本表根据兴国、胜利、赣县、公略、万太、永丰、博生、石城、乐平、瑞金、上杭、新泉、长汀、汀东、宁化、武阳、兆征等县统计而成。（2）表内空白，系尚未统计调查数据，故不列入。（3）粮食合作社特别发展，因广大群众受今年春荒教训之故，所以抓紧每一特殊事件来发展合作社，实为必要，目前对发展东线贸易，也应加倍注意。

---

① 《关于苏维埃经济建设的决议》，载于《红色中华》第 150 期，1934 年 2 月 16 日第 2 版。
② 刘仁荣：《湘鄂赣革命根据地财政经济史料摘编》下，湖南人民出版社 1989 年版，第 651 页。
③ 杨德寿：《中国供销合作社史料选编》第 2 辑，中国财政经济出版社 1990 年版，第 9 页。
④ 杨德寿：《中国供销合作社史料选编》第 2 辑，中国财政经济出版社 1990 年版，第 19 页。

　　到抗战时期，生产合作社得到了较快的发展。据统计，到 1940 年 7 月，晋察冀边区共有 3352 家合作社，其中，生产合作社 1111 家，占 31%，运销合作社 586 家，占 17%，消费合作社 962 家，占 27%，信用合作社 32 家，占 1%，兼营合作社 844 家，占 24%。① 1941 年以后，根据地财政经济异常困难，中共提出了"发展经济，保障供给"的方针，如何实现这个方针呢？1943 年 10 月 1 日，毛泽东指出："在目前条件下，发展生产的中心关节是组织劳动力。每一根据地，组织几万党政军的劳动力和几十万人民的劳动力（采取按家计划、变工队、运输队、互助社、合作社等形式，在自愿和等价的原则下把劳动力和半劳动力组织起来）以从事生产，即在现实战争情况下，都是可能的和完全必要的。"② 从这一段话看出，毛泽东认为发展经济主要依靠生产合作，1943 年 11 月 29 日，毛泽东在《组织起来》的报告中明确指出："在群众自愿的基础上，广泛地组织这种集体互助的生产合作社。除了这种集体互助的农业生产合作社以外，还有三种形式的合作社，这就是延安南区合作社式的包括生产合作、消费合作、运输合作（运盐）、信用合作的综合性合作社，运输合作社（运盐队）以及手工业合作社。"③ 由此可知，毛泽东的合作社发展思路是重点发展生产合作社同时兼及其他合作社形式。

　　1949 年 3 月 5 日，毛泽东在七届二中全会的报告中说："必须组织生产的、消费的和信用的合作社，和中央、省、市、县、区的合作社的领导机关"。④ 在这里，毛泽东提出要组织三类合作社，但生产合作社居于第一位，回顾抗战以后毛泽东关于合作社的讲话，可知，毛泽东的合作社发展思路与列宁和斯大林的发展思路并不一致。对于毛泽东发展合作社的新思路，党内有不同的意见，刘少奇认为新中国成立以后的当务之急是发展供应、销售环节的合作社，即流通领域的合作社，而不是集体劳动的生产合作社，尤其不是苏联集体农庄式的农业生产合作社。⑤ 新中国成立前夕，刘少奇在《新中国经济建设的方针与问题》报告中说："列宁和斯大林都说过，合作社首先是销售小生产者的货物，然后是提高到生产合作社。这里所指的是手工业合作社与集体农庄"。⑥ 张闻天也持与刘少奇

① 杨德寿：《中国供销合作社史料选编》第 2 辑，中国财政经济出版社 1990 年版，第 286 页。
② 《毛泽东选集》第 3 卷，人民出版社 1991 年版，第 912 页。
③ 《毛泽东选集》第 3 卷，人民出版社 1991 年版，第 932 页。
④ 黄道霞等：《建国以来农业合作化史料汇编》，中共党史出版社 1992 年版，第 18 页。
⑤ 唐季焜：《合作社真谛》，知识产权出版社 2012 年版，第 134 页。
⑥ 黄道霞等：《建国以来农业合作化史料汇编》，中共党史出版社 1992 年版，第 12 页。

相同的意见，他在 1949 年 5 月致毛泽东的信中明确提出："今后使农村走向集体化的道路是先供销合作然后生产合作。供销合作是今天促进农村生产的发展与准备农村集体化的中心环节"。[①] 新中国成立以后，这种分歧经过反复的辩论，最终统一为优先发展生产性合作社、兼及供销和信用合作社的思路。

---

① 《张闻天选集》，人民出版社 1985 年版，第 451 页。

| 第四章 |

# 根据地互助合作模式的成就、问题与前景

新民主主义革命时期，中国共产党领导农民在根据地开展农业互助合作运动，取得了显著的成绩。当然，无论是作为互助合作运动领导者的中国共产党，还是作为互助合作运动主体的农民，对有组织的农业互助合作并不熟悉，在探索过程中，出现了不少问题。中共领导农民积极化解互助合作运动中出现的问题，使互助合作得以良性发展。

## 第一节　根据地互助合作所取得的成就

根据地互助合作所取得的成就主要体现在六个方面。

第一，通过互助合作，动员农民多开荒地、多打粮食，促进了根据地农业生产的发展。互助合作组织的发展在一定程度上解决了劳动力和生产工具短缺的困难。从土地革命战争时期起，中共领导农民普遍建立劳动互助社，互助社一方面动员妇女和儿童参加劳动互助，增加了根据地的劳动力供应量，对减轻劳动力短缺压力起了重要作用；另一方面，通过互助合作激发了群众的生产热情、提高了劳动效率。土地革命战争时期，被组织起来的农民利用农闲时间开垦荒地、兴修水利，促进了苏区农田水利事业的发展。瑞金武阳区，在 1934 年，全区共有妇女 3000 人，其中，16 岁到 56 岁的有 1991 人，16 岁到 56 岁的男劳力只有 895 人，女劳力数量比男劳力数量多三分之一，把女劳力组织起来进行学习之后，1933 年，400 多个妇女能犁田耙田，到 1934 年增加到 733 人，妇女成为农业生产的主力军。中央号召群众兴修水利，"武阳区松由乡水利委员会积极领导群众自带伙食前去开塘，只费了三天时间，就开好了一双很大的新塘，储水足够灌溉附近的二千余亩摊田，参加开塘的群众，不完全是直接享受水利的，但由于互助精神的发扬，就能全乡动员"。① 兆征县大埔区十里埔乡的群众在 1934 年的春耕

---

① 春生：《三天开好一双新塘》，载于《红色中华》第 168 期，1934 年 3 月 29 日第 1 版。

运动中组织成立了筑坡委员会，修筑一条长十里的坡头，需要一万多人工才能筑好，修筑起来后可以灌溉 7000 多担谷田。[①] 1933 年，中央苏区利用互助社动员群众消灭荒田 21 万担，闽浙赣苏区消灭荒田 11 万担。[②] 1934 年的成绩比 1933 年更好，江西开垦荒地 42000 担，兴修水利 3134 座；福建开垦荒地 20000 担，兴修水利 2366 座；粤赣开垦荒地 18000 担，兴修水利 4130 座。[③] 荒地的开垦和水利的整修，促进了苏区农业生产的发展，中央苏区 1934 年的粮食产量比 1932 年提高了 1.5 倍，闽浙赣苏区提高了 2 倍以上。[④]

抗战时期的劳动互助合作同样地起到了多开荒地、多打粮食的作用。1943 年，陕甘宁边区新开荒 976224 亩，耕地总面积 1338 万亩，粮食总产量 181 万石，除满足消费外，余粮 21 万石；棉花种植面积 150287 亩，棉花产量 173 万斤，可以满足边区棉花需求量的 50% 以上；牛增加到 220781 头，驴增加到 167691 头，羊子增加到 2033271 只。[⑤] 其他抗日根据地也取得了不斐的成绩，如表 4－1 所示。

表 4－1　　　　　　　　1944 年各抗日根据地互助合作成效

| 根据地名称 | 扩大耕地面积 | 增产粮食 | 根据地名称 | 扩大耕地面积 | 增产粮食 |
|---|---|---|---|---|---|
| 晋绥 | 550000 亩 | 160000（大石） | 太行 | 300000 亩 | 300000 石 |
| 北岳 | 422000 亩 | | 太岳 | 225000 亩 | 110000 石 |
| 山东 | 346860 亩 | | 皖中 | 100000 亩 | |

资料来源：《解放日报》1945 年 1 月 18 日。

陕甘宁边区的农业产量因互助合作而有较大幅度增长。以延安县吴家枣园村为例，1942 年该村未组织互助合作，收获粮食 141 石 5 斗，1943 年开展互助合作，粮食增加至 256 石 7 斗 5 升，增幅达 81%；再如安塞马家沟村，未开展互助合作的 1942 年的粮食收获仅 83 石 7 斗，到 1943 年，粮食收获达到 160 石，增加

① 陈治勋：《兆征群众热烈建筑坡圳》，载于《红色中华》第 166 期，1934 年 3 月 24 日第 1 版。
② 史敬棠等：《中国农业合作化运动史料》上，三联书店 1957 年版，第 99 页。
③ 史敬棠等：《中国农业合作化运动史料》上，三联书店 1957 年版，第 144 页。
④ 史敬棠等：《中国农业合作化运动史料》上，三联书店 1957 年版，第 94 页。
⑤ 陕甘宁边区财政经济史编写组、陕西省档案馆：《抗日战争时期陕甘宁边区财政经济史料摘编》第 2 编，陕西人民出版社 1981 年版，第 76～84 页。

了 86%。[1]

晋察冀根据地通过劳动互助，开荒修滩 35.2 万亩，扩大耕地 82.4 万亩，修整渠道 27988 道，新成水田和受益农田达到 213.7 万亩，粮食每年增产 100 万担以上。[2] 晋察冀抗日根据地灵邱县的王巨村，全村人口 273 人。1943 年，该村种地 47.3 公顷，雇工 150 个；1944 年，该村把 88% 的劳动力组织起来成立拨工队，在没有雇工的情况下，种地 60.7 公顷，整修滩涂 9 公顷，新开荒地 10 公顷，压青 3.3 公顷，集体种萝卜 0.9 公顷，共计比 1943 年多种 36.7 公顷。涞源葛沟村在 1939 年遭受大水灾，人口减少 183 人（原有人口 400 人），劳动力严重不足；1944 年，该村把 50% 的劳动力组织起来参加拨工队，同时把 47 名妇女组织起来参加生产劳动，在大家的努力下，耕地全部下种，还新开荒地 9 公顷。[3]

1942 年以前，晋绥边区开荒是群众的个体行为，1942 年，边区政府提出通过建立互助合作组织实行有计划的集体开荒。[4] 各地踊跃组织集体变工开荒组，如临县的开荒英雄刘捧旺，将全村的 17 个劳动力和 4 条耕牛组织起来，以耕牛为中心组成 4 个互助小组进行集体开荒，共开垦生荒地 200 亩。保德二区刘家崾村，组织 22 个劳动力赴岢岚山开荒，1 个月开垦荒地 132 垧，神府县直属乡上庄子村，互助组发挥集体力量，5 天内就在中崩山开荒 40～50 亩，这样的成绩，依靠个体家庭是无法实现的。河曲县麻地沟村，利用变工节省的 20 个劳动力分成两个组澄地打坝，第一组 14 人在本村的险咀沟劳动，不仅改善了原有 10 亩地的质量而且新平地 50 亩，第二组 6 人也增加 50 亩平地。[5] 太行区武安县尖山村，1945 年遭受雹灾，全村缺粮 163680 斤，124 户中有 25 户断了粮，经过组织，155 个劳动力进行冬季生产，四个月赚洋 730000 元，买谷子 292000 斤，除补足所缺之粮，还剩余 128320 斤，使全村顺利度过灾荒。[6]

第二，通过互助合作，打破了封建剥削生产关系，提高了农业劳动生产率。中国封建社会建立在一家一户分散经营的基础之上，农民之间有临时的、偶尔的、非组织性的合作关系，但缺乏正式的、有组织的合作社。根据地以合作社方

① 史敬棠等：《中国农业合作化运动史料》上，三联书店 1957 年版，第 222～223 页。
② 叶杨兵：《中国农业合作化运动研究》，知识产权出版社 2006 年版，第 109 页。
③ 魏宏运：《抗日战争时期晋察冀边区财政经济史资料选编》农业编，南开大学出版社 1984 年版，第 617 页。
④ 刘欣主编：《晋绥边区财政经济史资料选编》农业编，山西人民出版社 1986 年版，第 712 页。
⑤ 王志芳：《抗战时期晋绥边区农村经济研究》，山东大学博士学位论文，2012 年，第 81 页、第 233 页。
⑥ 史敬棠等：《中国农业合作化运动史料》上，三联书店 1957 年版，第 844 页。

式把劳动力组织起来，激发了群众的生产积极性，提高了劳动效率。土地革命战争时期，劳动互助合作提高了劳动效率。以 1933 年永丰县秋收为例，该县的沙溪区，在各乡普遍组织了秋收队，乡一级设大队，村一级设小组，把互助合作的意义向全区群众广泛宣传，使群众明白了互助合作的益处，群众踊跃参加秋收队，"各乡凡能劳动的男女都加入"，秋收队对劳动力的供需状况事先作了详细的研究并制订了劳动力调配计划，"秋收队，事先调查全区劳动力，及哪里秋收较丰，需要人力多少，需要劳力多少？适当的调剂，因此，即使秋收紧迫时也不感觉人力的缺乏与空闲，沙溪区的秋收是很迅速地完成了"。永丰县的八都区，事先没有很好地动员群众组织秋收队，"到秋收时，有的忙得要死，有的乡就空闲起来，全县秋收完了他们还未完成"。① 组织了秋收队的沙溪区，劳动力调度有序，提前完成了秋收任务，没有组织秋收队的八都区，劳动力有的闲置有的过度使用，而且是最后完成秋收工作的，由此可见，有组织的劳动互助确实有利于劳动生产率的提高。瑞金县的叶坪乡，1932 年全乡劳动力人数比 1933 年要多 100 多人（原因是扩红运动中这些人参加了红军），1933 年 6 月该乡组织了劳动互助社，组社之后发生了如下变化："1932 年农忙时，出很高的工资，还请人不到"，"1933 年秋收时，因建立了互助社，各人都能适时的收获他们的农产物，并不需要出很高工资，红军家属更得到了充分的优待。计算他们的工资，在互助社未组建时，平时每工小洋三毛，农事较忙时（如小暑到大暑之间）即要八毛九毫。最忙时（莳田割禾最紧张时）甚至十三毛以至十八毛，就是说，比平时工资，涨了六倍"，组建合作社以后，"普通社员互相帮助做工，平时仍是三毛，农事较忙四毛，最忙时六毛。以平时与最忙时比较，工资只涨了一倍。……社员帮助社内红军家属做工，则实行优待，不吃红军家属的饭，又不计算工资。"②

在抗战时期的陕甘宁边区，经过变工、扎工的劳动力，二人可抵三人，模范的变工、扎工劳动，一人可抵二人甚至二人以上。杨家岭运输队在没有改组成合作社之前，有大车 8 辆，驮骡 16 头，每月可运物品 27 万斤，但实际只运了 19 万斤，每月公家要向运输队补贴 6 万元。1943 年按公私两利的原则把运输队改组成为运输合作社，结果运输力由每月 19 万斤增加至 39 万斤，而且还大大提高了运输员对工作的责任心和积极性，节省了许多经费和工具，也比过去更加爱护牲

---

① 《永丰县秋收秋耕总结》，载于《红色中华》第 110 期，1933 年 9 月 18 日第 3 版。
② 《一个模范的劳动互助社》，载于《红色中华》第 162 期，1934 年 3 月 15 日第 2 版。

口。过去装粉的袋子破了碗大的洞无人管理，现在运输员随身携带针线缝补袋子。过去贪污马料是公开的秘密，现在没有了这种贪污行为。过去车马用具稍有损坏就要求公家补新的，现在只要能够合着用，就对付着办下去。过去粗心喂牲口，现在是精心喂养牲口。运费开支比过去减少了三分之一，过去每月除了照标准供给外还要补贴 6 万元，现在不需半文补贴，每月还可获利数万元。[1] 劳动互助社的集体劳动，人力和畜力得到更加适当的搭配，从而发挥更大的劳动优势，"例如一犋牛播种需要两个人，两犋牛下种需四个人，但若是集体劳动三个人就够了。五犋牛分散下种需要十个人，但若是集体劳动七个人就够了。这时，七个人就可以干十个人的活"。[2] 合水县在没有开展变工前，一个月只能开荒 100653 亩，组织变工后，12 天之内就开荒 13700 亩；延安柳林区五乡念庄村，在组织变工后，除完成原有任务外，还多开了 225 亩荒地。[3] "变工与不变工的效率是三比二，即二人的劳动力等于三人"。[4] 晋察冀抗日根据地的生产效率也因互助合作而得到了显著的提高。平山县同家口村一拨工组的效率比各自单干时提高了 1 倍，阜平圣水村农民拨工开荒 12 公顷，比单干节省了 60 个工，劳动效率提高了 30% 以上。[5] 1943 年秋，易县的曹格庄群众在 9 天内共拨工 221 个，较前一年同期节省了 149 个半工，劳动效率提高了 66.6%。[6] 晋绥边区保德县劳动英雄王思良，组织 3 个人共同锄草，每天共能锄草 4.5 亩，如果单干，每人每天只能锄 1 亩，合作劳动的效率比单独劳动提高了 1.5 倍。[7] 晋绥边区开展互助合作以后，送粪方面的效率提高 32.5% 至 2 倍，耕地方面效率提高 23%~100%，开荒方面的效率提高 20%~87%，锄草方面的效率提高了 34%~50%。[8] 解放战争时期，太行区壶关县十里村，互助前每人能种十亩九分四，互助后，能种十四亩，多种三亩零六厘，十里村共有土地 1447.43 亩，劳力 205.5 个，根据 1946 年的耕作标准，共需人工 22724.6 个，每亩平均 15.71 个工，实行互助后，实际用工

---

① 黄道霞等：《建国以来农业合作化史料汇编》，中共党史出版社 1992 年版，第 5 页。

② 陕甘宁边区财政经济史编写组、陕西省档案馆：《抗日战争时期陕甘宁边区财政经济史料摘编》第 2 编，陕西人民出版社 1981 年版，第 490 页。

③ 《介绍陕甘宁边区组织集体劳动的经验》，载于《解放日报》1943 年 12 月 21 日第 1 版。

④ 陕甘宁边区财政经济史编写组、陕西省档案馆：《抗日战争时期陕甘宁边区财政经济史料摘编》第 2 编，陕西人民出版社 1981 年版，第 496 页。

⑤ 解放日报社：《拨工互助遍及游击区》，载于《解放日报》1944 年 5 月 20 日第 3 版。

⑥ 魏宏运：《抗日战争时期晋察冀边区财政经济史资料选编》农业编，南开大学出版社 1984 年版，第 58~59 页。

⑦ 《发展劳动互助》，载于《抗战日报》1943 年 4 月 8 日第 3 版。

⑧ 晋绥边区行政公署：《晋绥边区的劳动互助》，山西档案馆，档案号 A90，案卷号 5，目录号 6，件号 1。

19599.6 个，每亩平均 13.53 个工，节约 3129 个工。①

第三，通过互助合作，提高了农民的收入水平，改善了农民生活水平。土地革命战争时期，有人总结了合作社的好处，"组织各类合作社，是解决失业工人的最好办法，在改善工农群众生活，反对资本家富农剥削，也是最大的关键"。②苏区所组建的消费合作社，冲破敌人的重重封锁，通过各种途径购买群众生活必需品并以低价出售给群众，改善了群众的生活。如兴国的筲箕村消费合作社，"为粉碎敌人的经济封锁剥削，不使工农群众吃亏，收集了一部分谷子出口，并输入了许多工农必需品，尤其是食盐几百斤，分卖给社员，只收回成本每两 160文，在这样的影响之下，该地群众，像潮水汹涌般的加入合作社来了"；于都的消费合作社所采购的货物，如油、盐、布、洋火，不仅"适合群众的要求"，而且"各种货物特别便宜"，深受群众欢迎，"一个号召在二三天内就有二百多工农群众加入合作社"。③ 成立于 1929 年 11 月的才溪区消费合作社经营得法，到1931 年 12 月，除掉一切支出外，结余大洋 300 元，合作社召开社员大会研究红利分配方案，社员每股（股金为五角）分得红利大洋五角，到 1933 年 7 月，合作社尽结余 741 元，社员大会一致决定不分红，充作公积金以充实合作社资本。④抗战时期，陕甘宁边区的互助合作促进了粮食产量的增长，南汉宸说："四三年提出耕三余一的口号，经过数年来的努力，虽未完全达到，但已做到家家有余粮。"⑤ 参加互助组的农民，收成一般都有较大幅度的增加。延安县念庄，变工的农户 12 个全劳动力 6 犋牛收获粮食 125 石 4 斗，没有变工的农户 23 个全劳动力 10 犋牛收获粮食 158 石，单干的劳动生产率比合作的劳动生产率相差 60%；延安县南区，1942 年全区共收获粮食 20900 石，因变工、扎工多收了 5290 石粮食；新正县三区二乡，全乡因为组织变工多收粮食 400 多石。⑥ 延安裴庄乡，1943 年全乡人口比 1938 年增加了 297 人，而人均消费量不但没有减少，反而增了 0.28 石。⑦ 陕甘宁边区组织的运输合作社，从事食盐驮运，合作社都有获利，

① 史敬棠等：《中国农业合作化运动史料》上，三联书店 1957 年版，第 823 页。
② 南熏：《以无产阶级坚强领导开展广泛的合作运动》，载于《红色中华》第 119 期，1933 年 10 月 15 日第 3 版。
③ 《风起云涌的合作运动》，载于《红色中华》第 119 期，1933 年 10 月 15 日第 3 版。
④ 崔寅瑜：《一个模范的消费合作社》，载于《红色中华》第 139 期，1934 年 1 月 1 日第 3 版。
⑤ 《陕甘宁边区抗日民主根据地（回忆录卷）》，中共党史资料出版社 1990 年版，第 211 页。
⑥ 史敬棠等：《中国农业合作化运动史料》上，三联书店 1957 年版，第 223 页。犋为畜力单位，能拉动一张犁或一张耙等的一头或几头牲口称为一犋。
⑦ 陕甘宁边区财政经济史编写组、陕西省档案馆：《抗日战争时期陕甘宁边区财政经济史料摘编》第 2编，陕西人民出版社 1981 年版，第 382 页。

如庆阳民办运输合作社，1943 年 3 月 20 日至 6 月底的三个多月时间内运盐 8 次，共运回食盐 296 驮，再加上其他运输生意，获纯利 856000 元。[1] 靖边县的田保霖合作社运输队，1943 年 10 月运春毛 750 斤到米脂，从米脂运回铁锅 19 个，来回获净利 183000 元；11 月又运春毛 750 斤，交售牲口 17 头，驮回 200 条炉齿，10 个锅，又获净利 174000 元。[2] 运输合作社的不少农民因之致富，延安的贫农刘永祥，靠给别人赶脚为生，是当地很有声望的脚夫，抗战时期，他组织一批脚夫参加了南区运输合作社，通过运盐或贩运，刘永祥成了远近闻名的富农。1943 年时，他有山地 150 垧，川地 20 垧，房子 20 多间，窑 9 孔，牛 6 头，羊 80 只，驴 1 条，马 3 匹，雇 5 个长工，在南区合作社里有 200 多万元的股金。[3] 太行区把劳动力组织起来从事副业生产，收入迅速增长，如表 4 - 2 所示。

表 4 - 2　　　　　　　　　　太行区五县收入增加情况　　　　　　　　单位：元

| 县名 | 1945 年冬季人平收入 | 1946 年春季人平收入 | 县名 | 1945 年冬季人平收入 | 1946 年春季人平收入 |
|---|---|---|---|---|---|
| 黎城 | 96 | 1097 | 平顺 | 720 | 857 |
| 武安 | 2546 | 13360 | 邢台 | 1512 | 11991 |
| 潞城 | 82 | 13385 | | | |

资料来源：史敬棠等：《中国农业合作化运动史料》上，三联书店 1957 年版，第 845 页。

生产合作使各阶层农民的收入水平都有较大幅度的增加。平顺县西沟村的富农战前每人收入为 2.64 石，1947 年增加到 18 石，战前剩余 1.08 石，1947 年剩余 11.28 石；川底村的新中农战前收入为 1.25 石，1947 年增加到 7.61 石，战前缺粮 0.35 石，1947 年余粮 2.47 石；羊井底村贫农战前收入 1.69 石，1947 年增加到 5.677 石，战前缺粮 0.81 石，1947 年余粮 1.438 石。[4]

第四，通过互助合作，减轻了中间商的剥削，丰富了农村市场的商品供应。革命战争时期，根据地不仅面临军事上的进攻，而且还面临经济上的封锁。根据

---

① 柳可夫：《庆市民办运输合作社》，载于《解放日报》1943 年 8 月 31 日第 5 版。
② 陕甘宁边区财政经济史编写组、陕西省档案馆：《抗日战争时期陕甘宁边区财政经济史料摘编》第 7 编，陕西人民出版社 1981 年版，第 295 页。
③ 陕甘宁边区财政经济史编写组、陕西省档案馆：《抗日战争时期陕甘宁边区财政经济史料摘编》第 7 编，陕西人民出版社 1981 年版，第 307 页。
④ 史敬棠等：《中国农业合作化运动史料》上，三联书店 1957 年版，第 862 页。

地本就贫瘠，食盐、布匹等生活必需品不能自给，很多农民靠出卖粮食换取必需的食盐、布匹等生活必需品。一些不法商人以低价向农民收购粮食、土特产，以高价向农民出售食盐、布匹，农民蒙受其害，一遇到紧急时期，商人囤积居奇，根据地市场物质供应奇缺。在此情况下，中共组织农民在根据地建立粮食合作社、消费合作社、信用合作社，打击商人的不法经营，保护自身利益。1932 年，苏维埃中央政府发布《关于战争动员与后方工作》的训令，要求各级苏维埃政府应特别帮助群众设立消费合作社，使之能在战争环境下以廉价的货品来抵制商人的剥削，保障群众的供给。1933 年，针对奸商和富农在收割时低价收购粮食、青黄不接时高价出售粮食的现象，苏维埃中央政府颁布了《关于倡办粮食合作社问题》的布告，组织农民设立粮食合作社。粮食合作社在夏收和秋收时节收购粮食，储藏到来年青黄不接之时，一部分以低于市场价格卖与社员，另一部分出口到白区，盈利部分，除提留公积金之外，其余按社员与粮食合作社的交易额的多少进行分红。这样，有效地缓解了群众缺粮少食的困难，免去奸商、富农的剥削。① 邓子恢对粮食合作社大加赞赏，他总结了粮食合作社的两大好处：一是遏制了中间商人对农民的差价剥削，二是可以及时供应军粮，不至于发生军粮恐慌。② 为满足苏区群众对食盐、布匹等生活必需品的需求，根据地消费合作社突破层层阻扰，千方百计到白区采办盐、布出售给苏区人民，出售给红军家属和社员的价格一般要低于市场价格的 5%，出售给非社员则按市场价，人民群众从合作社得到了实实在在的好处，群众反映"合作社第一好"，正因为如此，合作社"得到群众极大地信赖"。③ 苏区合作制经济的发展，丰富了苏区的商品供应，不仅使群众的日用品，如盐、布、火油等得到了一定程度的满足，使相当一部分群众不再吃贵米，而且还分得了红利。上杭县才溪区消费合作社，成立于 1929 年，创立时只有社员八十多名，股金四十多元，该消费合作社一心为群众服务，很少拿现洋采购货物，而是通过出口苏区米谷、烟叶、纸张、豆子换取现洋，再在赤卫队的帮助下采购群众必需品，"销售的食品食盐占 70%，布匹占 20%，这些货物都是利用妇女到白区去采买来的，常常新货一到，立刻销售一空，形成合作社

---

① 1932 年国民经济人民委员部又先后制定了《消费合作社简章》和《粮食合作社简章》，其中，《消费合作社简章》规定："每期纯利以百分之五十为公积金，百分之十为管理委员及职员奖励金，百分之十为社会公共事业，百分之三十照购买额为标准比例分还社员之消费者。"转引自潘顺利：《试论土地革命战争时期的股份合作社》，载于《上海党史研究》1998 年第 3 期。

② 邓子恢：《发展粮食合作社运动来巩固苏区经济》，载于《红色中华》1932 年 8 月 30 日第 1 版。

③ 毛泽东：《才溪乡调查》1933 年 11 月，载于《毛泽东农村调查文集》，人民出版社 1982 年版。

的市集，因此能够吸引广大群众加入合作社，到今年（1933 年）七月，社员发展到 741 人，现在却有了 1041 名社员，1041 元股金"。① 合作社以优惠价格出售商品，"群众向合作社买货要比市价便宜一半，社员与红军家属，除得优先购买权外，价格是照成本售与的"。② 连城军区为打破敌人的经济封锁和奸商的剥削，发动群众设立连城消费合作社，合作社积极采购物质出售给社员，"连城过去的盐小洋每毛只买得八钱到七钱，合作社成立，合作社的盐，小洋每毛便卖一两，群众都到合作社去买，奸商们才又回跌到一毛小洋卖一两。平时商人屠猪出卖，小洋每毛只卖一两八钱，合作社买猪杀，现在小洋每毛卖二两，群众纷纷前来争买，……我们刚刚才创办合作社，就得到了许多便宜，可见只有合作社，才是打破敌人经济封锁和奸商操纵剥削的最锋利的武器"。③ 陕甘宁边区的南区合作社，深入农村登记各农户全年所需的物品数量，"保证以低于市价的现价供给所登记的必需品，这样，不但使群众少受商人的剥削，节省了人工和开支，而合作社也有固定的销路，能有计划地运用资金进行供销，保证社员红利"。④

第五，通过互助合作，提高了农民的文化水平，培育了农民的互助精神，形成了良好的社会风气。在党的领导下，一些变工队、扎工队、劳动互助社办起了读报识字组，读报识字组组织群众开展读报识字、教唱新秧歌等活动，把农业生产知识、变工经验、党的政策、时事政治作为活动的主要内容，既"提高了文化政治认识"，又"交流生产与变工经验"。⑤ 文化教育提高了农民的思想认识，有利于党的政策的贯彻和生产合作的开展。一位民主人士在参观了读报识字活动以后说："在工厂、变工队、运盐队，或妇纺小组，由一个会读报的人每天念报给大家听，并且加以批评解释，进行时事教育。宣传效果似乎很大，报纸上的劳动英雄生产计划的消息，尤其易于引起各地群众的工作热情。"⑥ 为了加强变工队成员的劳动纪律观念，一些变工队要求成员"按时到工，不到必须向组长请假；作息服从组长指挥；先给谁做由组长分派等。"⑦ 劳动纪律制度在一定程度上改

---

① 《中央苏区消费合作社第一次代表大会记盛》，载于《红色中华》第 133 期，1933 年 12 月 8 日第 3 版。

② 崔寅瑜：《一个模范的消费合作社》，载于《红色中华》第 139 期，1934 年 1 月 1 日第 3 版。

③ 《一个模范的消费合作社》，载于《红色中华》第 125 期，1933 年 11 月 14 日第 3 版。

④ 陕甘宁边区财政经济史编写组、陕西省档案馆：《抗日战争时期陕甘宁边区财政经济史料摘编》第 4 编，陕西人民出版社 1981 年版，第 292 页。

⑤ 陈元晖：《老解放区教育简史》，教育科学出版社 1982 年版，第 123 页。

⑥ 赵超构：《延安一月》，新民报馆 1946 年版，第 161～162 页。

⑦ 《边区劳动互助的发展》，载于《解放日报》1944 年 2 月 10 日。

变了农民的散漫状况，如桃镇变工队队员以"不能个人主义"教育别人。① 劳动互助还激发了群众的互帮互助精神。晋绥边区兴县劳动英雄贾挨碰，不仅主动将自己的 9 垧地调剂给互助组贫农刘塞允，而且又帮助他解决种籽问题，在贾挨碰的感召下，该村 8 户富农和中农将 76 垧荒地主动调剂给抗属和贫苦农民耕种，刘合八、李望儿等人将 5 把镢头、1 把锄头、3 张犁无偿借给无农具的贫农使用，帮助贫农解决生产困难，得到帮助后的贫农生产热情大为高涨，如贫农贾侯初原计划种 10 垧地，得到互助组的帮助后增种耕地 8 垧。②

互助合作改变了农村社会关系和农村风貌。互助社吸收二流子参加生产劳动，对改造二流子起了很好的作用。据 1944 年统计，边区原有二流子 9554 名，已有 5587 人改造好，改造率占 58.8%。③ 太行区武乡县，1944 年，涌现了劳动模范 440 个，改造懒汉 3450 个，一年中全县有 1314 户赤贫农上升为贫农，1431 户贫农上升为中农，183 户中农上升为富农。1944 年，山东根据地的滨海、鲁中两区的互助组改造懒汉 1401 人。莒南县大山前郑某，有地 7 亩，但自老婆去世以后，对生活失去信心，参加变工以后劳动积极性大为提高。他说："我以前真没心干了，熬一天算一天，今年爷们在一块伙干活，真提起我的劲来了！"群众也认为，"一个能干带十个懒汉，真不假啊！"④

互助合作激发了农民的互助和友爱精神。1933 年，上杭县上村和章文两乡出现了灾荒，才溪区各乡的粮食合作社积极予以救济，当时粮食的市场价格为每元八升，粮食合作社以 1932 年秋价格（即每元一斗八升）借给上村和章文 36 担稻谷，还募集杂粮及款项无偿救济灾民，灾民没有一个受饿。⑤ 苏维埃政府规定合作社具有帮助红军家属的义务，"合作社必须百分之百的优待红军家属，红军家属社员，廉价百分之七，非社员的红军家属，廉价百分之四，合作社应该尽量地慰劳红军，发展社员，帮助解决红军家属的困难，以这些办法来巩固红军并促进红军猛烈地扩大"。⑥ 瑞金黄柏区消费合作社于 1934 年 1 月从 1000 元盈利中拿出"大洋 200 元做红军家属的消费基金，专卖红军家属的必需品，所获得红

---

① 史敬棠等：《中国农业合作化运动史料》上，三联书店 1959 年版，第 413 页。
② 晋绥边区行政公署：《晋续边区的劳动互助》，山西省档案馆，档案号：A90-5-6-1。
③ 《边区二流子的改造》，载于《解放日报》1944 年 5 月 1 日第 4 版。
④ 《莒南金岭、大山前、虎园互助变工调查》（1944 年 5 月 30 日），载于《山东党史资料》1989 年 5 月，第 133 页。
⑤ 毛泽东：《才溪乡调查》1933 年 11 月，见《毛泽东农村调查文集》，人民出版社 1982 年版。
⑥ 《目前消费合作社的中心任务》，载于《红色中华》第 135 期，1933 年 12 月 17 日第 2 版。

利归红军家属使用",还"从红利中抽出大洋 30 元,买一双耕牛,帮助红军家属耕田"。① 兴国劳动互助社的农民自动帮助红军家属,"全县在猛烈开展的秋收运动中,实行了农具人力的互助运动,特别是红军公田和红军家属的稻禾,如先熟的,群众就自动去替他先行收割和栽好番薯豆子"。② 1944 年太行区有三个县出现蝗灾,互助社发扬合作精神,组织了 1000 万个工,打死蝗虫 1745 万斤,刨蝗卵 10 万斤。

互助合作给极端困难中的农民带来了生活希望。战争时期,人的生命非常脆弱,每时每刻都可能面临灭顶之灾。处在最底层的农民,饱受战乱和灾害的折磨,不少人对生活失去信心。把农民组织起来,共同劳动,互相鼓励、互相打气,可以恢复农民对生活的信心。如晋察冀根据地的偏城井坡村,1942 年到 1943 年,接连遭到鬼子的扫荡,加上连续旱灾,粮食只收获了三成。1944 年春,灾荒更加严重,到 3 月份全村 23 户 44 人没吃的,到 4 月份增加至 39 户 104 人,到 5 月份,增加至 95 户 325 人,占到全村人口的一半。偏城农会主席张喜贵一面发放村里义仓的粮食救济灾民,一面带头组织农民成立互助组,上山开荒,农民说:"大家吃得虽然不好,只有一些野菜汤、糠炒面,但都很高兴,集体开荒,说说笑笑,比孤单单一个人有劲多了"。③ 在张喜贵互助组的影响下,其他互助组纷纷上山开荒自救,"在吃不饱,没有力气的困难中,开了很多荒,做了许多平常年景也办不到的重活"。④ 再如山西窑上村在 1944 年春遭到日寇的大洗劫,粮食被抢、牲畜被杀、耕牛只剩下一头半,眼看春耕就到,农民缺种子、缺耕牛、缺农具,土地无法播种,农民干着急,有的妇女甚至坐在田头哭。党支部把农民组织起来成立了 18 个互助组,没耕牛就用人力拉犁耕地,因饥饿,很多人走几步就不得不坐下来,但集体劳动给了农民力量,大家互相鼓励,说:"拉吧,不种上土地吃什么呢?"大家靠这种抱团取暖的力量,硬是给 2000 多亩地下了种,度过了灾荒。⑤ 互助组使绝望中的农民找到了生活的希望,多年以后农民仍然说:"那时要没有互助组,可真活不到今天!"⑥

---

① 刘国瑜:《瑞金黄柏区消费合作社优待红军家属光荣榜》,载于《红色中华》第 142 期,1934 年 1 月 10 日第 3 版。
② 杨荣楷:《兴国在秋收运动中粮食合作社的猛烈发展》,载于《红色中华》第 103 期,1933 年 8 月 19 日。
③ 史敬棠等:《中国农业合作化运动史料》上,三联书店 1957 年版,第 534 页。
④ 史敬棠等:《中国农业合作化运动史料》上,三联书店 1957 年版,第 188 页。
⑤⑥ 史敬棠等:《中国农业合作化运动史料》上,三联书店 1957 年版,第 440 页。

第六，通过互助合作，集中群众力量有力地支援了革命战争。中共领导下的合作社，与革命战争紧密相连。苏维埃政府要求合作社"必须密切地联系到战争的动员，抓紧社员群众物质生活的改善、斗争热情的高涨，来加紧扩大红军的工作，和组织广大社员积极起来参加革命战争"。① 为落实政府的要求，江西省消费合作社于 1933 年 12 月召开大会，明确了拥护红军的六项工作：（1）三个月发动社员扩大红军 8750 名；（2）全省消费合作社所存的二期公债票全部退还政府帮助红军战费；（3）三个月全省消费合作社将赚得红利的百分之四十帮助红军的战费；（4）按照消费合作社简章立即实行优待红军条例；（5）三个月发动妇女做布鞋 100700 双以慰劳红军；（6）如红军遇上物质上困难时，每个合作社尽可能的借贷以供给红军的急需。② 1934 年 1 月，瑞金黄柏区消费合作社从红利中抽取 200 元帮助红军战费，全体社员做鞋子 1000 双，慰劳红军。③ 此外，合作社还节省钱粮支援红军，在 1933 年 12 月 5 日到 9 日召开的瑞金消费合作社大会上，"全县代表 58 人自动承认每人节六斤谷子帮助红军给养，散会就交了七块多大洋（六斤谷子合大洋三角），在今天（11 号）上午，已经全数交齐，共合大洋十七元四角"。④

## 第二节　根据地互助合作存在的问题

新民主主义革命时期，中共领导的互助合作也存在不少问题，问题出现以后，党和群众事后采取了积极的纠正措施。

第一，自愿性原则没有得到彻底执行，出现了强迫命令和形式主义现象。在每一个历史时期，中共都反复强调互助合作必须坚持自愿性原则，政府不得强迫农民入社。但在实际工作中，自愿性原则没有得到很好的执行，一些地方产生了主观主义和命令主义倾向。土地革命战争时期，"在发展合作社中间，也有部分地方，发现强迫群众加入的现象，而不是从普遍深入的宣传鼓励，使群众明了合作社对于他们的切身利益，而自愿地踊跃地加入"。⑤ 抗战时期，有的干部不深

---

① 《目前消费合作社的中心任务》，载于《红色中华》第 135 期，1933 年 12 月 17 日第 2 版。
② 《江西消费合作社大会拥护红军的六大工作》，载于《红色中华》第 135 期，1933 年 12 月 17 日第 2 版。
③ 刘国瑜：《瑞金黄柏区消费合作社优待红军家属光荣榜》，载于《红色中华》第 142 期，1934 年 1 月 10 日第 3 版。
④ 《对消费合作社竞赛约第一声响亮的回答》，载于《红色中华》第 135 期，1933 年 12 月 17 日第 2 版。
⑤ 亮平：《立即纠正经济建设中的强迫命令主义》，载于《红色中华》第 107 期，1933 年 9 月 3 日第 2 版。

入群众宣传互助合作精神，而是坐在乡政府办公室里编制变工队；有的贪大求全，以乡为单位组织大变工队，以致有的变工队成为有名无实的空架子。晋绥边区有的干部"以法令去强迫组织，求得数目字多些，报告好看些，真正变得起来变不起来不去管它"。① 1945 年，冀察十三专区广灵三区某村组织拨工，口头上说自愿参加，但实际上对不参加拨工的人予以语言刺激，把他们说成是落后分子，如果刺激以后仍不参加，干部就让参加者回家，对不参加者进行批评，结果大部分人都参加拨工。冀中某村，用按闾编组的办法，用 3 天就组织了 70% 的劳动互助组，某区在 20 多天内，用行政命令方式编制了 35% 的拨工组。② 用行政命令方式建立起来的变工队，徒有其名而无其实，如庆阳县，1944 年共组织了 417 个变工队，其中，416 个有名无实。某县县政府所在地的农民，每天早晨高喊"变工队上山了"的口号欺骗政府。③ 解放战争时期，一些地方贪大求全，如华东局曾指示"把所有的全劳动力、半劳动力和畜力动员和组织起来""不允许乡村中有一个游手好闲的人"。④ 把所有人都组织起来加入合作社，显然与自愿性原则不符，于是，基层干部就采取斗争、批判等方式强制农民参加互助合作。这种不正常的现象引起了中共高层的重视，1948 年 12 月 25 日，刘少奇在华北财政经济委员会做了《新中国经济建设的方针与问题》的报告，他尖锐地指出："现在变工队的主要毛病是强迫命令。要保证在自愿和两利的条件下，实行变工互助。允许自愿参加，自由退出，不允许退出是不对的……如果勉强巩固，必然导致强迫命令。"⑤

　　第二，互利原则没有得到很好执行，出现了不等价交换现象，导致互助社的不稳固。造成不等价交换现象的原因主要有三：一是有些互助社的记工评分不合理，导致部分人占便宜，部分人吃亏；二是过分强调照顾贫雇农利益，损害了中农的利益；三是人工与牛工的工钱折算不合理，有的损害了人工的利益，有的则损害了牛工的利益。在抗战时期，没有制订合理的记工标准，不论劳动者的体力大小和技能高低，做一天事算一个工，这就导致力气大、技能强的人吃亏。有的互助组在人工与牲口换工时，压低牲口工分，损害喂养牲口的农民的利益，喂牲口的人说："喂下牲口，就成了孙子啦！"他们要求卖掉牲口。有的互助社过分照

---

① 《必须及时纠正劳动互助运动中的缺点》，载于《抗战日报》1943 年 5 月 18 日第 1 版。
② 史敬棠等：《中国农业合作化运动史料》上，三联书店 1957 年版，第 369～370 页。
③ 史敬棠等：《中国农业合作化运动史料》上，三联书店 1957 年版，第 264 页。
④ 史敬棠等：《中国农业合作化运动史料》上，三联书店 1957 年版，第 749 页。
⑤ 黄道霞等：《建国以来农业合作化史料汇编》，中共党史出版社 1992 年版，第 12 页。

顾贫雇农利益。赤贫农民做一个工可得 2 斤米，贫农 1 斤米，中农则按市价，显然，这是同工不同酬，引起了互助社社员的不满。① 正因为在劳力换工互助中没有能够很好执行等价交换的原则，致使有的变工队"仅变十天即瓦解"，或"因十岁娃娃要顶一工而闹垮"。② 抗战时期晋绥边区的神池小寨，互助组规定 7 个人工顶 1 个牛工，岚县 10 个人工才能顶 1 个牛工，无牛户感到吃了大亏，影响了无牛户的积极性，要求退出了变工组织；方山县一区，过去人工换牛工，一般的是 1 个牛工 25 斤草、1 升米料黑豆、1 升谷，成立变工组后，1 个牛工 15 斤草、1 升料，牛主利益受损，要求退出变工组。③

解放战争时期的互助组也存在不等价交换的现象。体现在四个方面：一是马工换人工的不等价。根据嫩江十个县的调查，少数地方是马工与人工等价交换，马主负担草料；多数地方是一个人工换几个马工，有的是两个马工，有的是四个马工。在这种交换方式下，有马户吃亏，他们说："这样变工法，眼望着就把马变进去了"。二是人工互换不等价。为了便于操作，一些地方不管劳动力的强弱，一律等价交换。这样做，必然使劳动力强的人吃亏，他们说："这简直就是叫勤苦人白拉帮干活弱的，白给二八月庄稼人帮忙"。三是无偿使用大型农具。譬如互助组使用大车不但不付给车主租金还要车主负担车油、负责维修，他们说："什么生产致富啊？这年头儿还是有车马的拉帮穷人，不然，就说你是尖头，说你不讲团结"。四是评分记账不科学。有的地方只评分记账，不清工还账。吃了亏的群众说："互助组就是糊涂组，账都写在水瓢底上了（意即记账而不还账）"。④ 据山西长治地委 1949 年对 102 个村的 562 个互助组的调查统计，能坚持等价自愿原则的有 291 个，能坚持等价自愿原则并实行技术分工和农副业结合的有 224 个，能坚持等价自愿原则并有了一部分公有的大农具的有 47 个。⑤ 由此看来，不等价交换现象并非孤例而是比较普遍地存在。

第三，合作社的管理存在漏洞。根据地的合作社一般都设置了"三会"，即社员大会、管理委员会和审查委员会。做得好的合作社，其社员大会和审查委员会发挥了很好的作用，但不少合作社的社员大会和审查委员会形同虚设。如果合作社的管理人员私心较重，就会造成合作社的管理漏洞。瑞金官仓区、会昌踏经

① 叶杨兵：《中国农业合作化运动研究》，知识产权出版社 2006 年版，第 133 页。
② 史敬棠等：《中国农业合作化运动史料》上，三联书店 1957 年版，第 262 页。
③ 王志芳：《抗战时期晋绥边区农村经济研究》，山东大学博士学位论文，2012 年，第 235 页。
④ 史敬棠等：《中国农业合作化运动史料》上，三联书店 1957 年版，第 1021 页。
⑤ 李占才：《中国新民主主义经济史》，安徽教育出版社 1990 年版，第 282 页。

区的消费合作社，存在"工作人员拉扯赊欠贪污腐化的现象，这些合作社的工作人员，不但是浪费亏蚀了社员的股金，而且在群众中损害了合作社的信仰"。对于这种现象，在 1933 年 12 月 15 日到 18 日召开的中央苏区消费合作社第一次代表大会上，会议主席团作出了严肃的处理，"大会一致通过检查这些份子经手的账目，把贪污腐化亏蚀股金的份子拿来交给群众公审，坚决地划除这些合作运动中的阻碍"。① 会后中央消费合作社颁布文件废除合作社的赊账制度，要求各级消费合作社"定期召开社员大会，检查与讨论合作社的工作，审查委员会要绝对负起责来，经常审查合作社的账目（每月一次）并监督合作社的工作，管理委员会必须定期向社员做工作报告（最少三月一次）"。② 有的合作社被控制在内部人手中，被内部人控制的合作社成了为控制者谋利的合股公司。在于都县的检举运动中，发现了于都合作运动存在弊端，合作社发展缓慢，到 1934 年 3 月，全县只有 43 家粮食合作社，12 家消费合作社，而且半数在县城，该县合作社"多半是由党与苏维埃、群众团体的负责人，所创办、所主持的；合作社的营业，不是为了适应社员的要求，而是为了赚钱。特别是一些工作人员，借着合作社机关的招牌，大做投机生意，垄断市场，贩卖谷盐进出口，就成为整个合作社的主要营业。一般社员入股，也不是为了购买东西的便利，而是为了多得红利"。譬如，于都县机关工作人员消费合作社，股东由县苏负责人、保卫队士兵、十多个城市个人和贫民组成。中央革命军事委员会动员武装部干部蒋渊也投了五元大洋，这个合作社的主要业务是贩卖谷盐进出口，附带买卖杂货，"但是这些，并不供给社员的，而是卖给群众"。由于对外营业，获利颇丰，"不到两个多月的营业，每元的股金，可分四五角钱的红利，这还是因为最近禁止谷米出口，否则一元的股金，可以赚一二倍的利息，这是一个最标本的合股公司"。再如于都县互济会主任袁成文创办的互助合作社，社员主要是"散在各区乡的互济会员，特别是他家乡的人（古田）居多，另外城市商人也有入股的，社员从未到合作社买东西，主要的不仅是贩卖谷盐的合股商店，而且是该主任与合作社主任，共同所利用为自己偷税的机关"。进一步的检举还发现，袁成文"假借合作社名义，招收股，一方面是借着合作社的招牌，为自己偷瞒国税，现已查出，他自己有一百余担谷，是用合作社名义出口的。另一方面，也可利用互济会的捐谷与群众股金，作自己

---

① 《中央苏区消费合作社第一次代表大会记盛》，载于《红色中华》第 133 期，1933 年 12 月 8 日第 3 版。
② 《目前消费合作社的中心任务》，载于《红色中华》第 135 期，1933 年 12 月 17 日第 2 版。

周转的资本，这是极可能的，现正在检举中。互助合作社的主任，也就用合作社名义，做了几十担谷子出口"。①

少数合作社被地主商人控制，脱离群众。山东解放区合作事业发展迅速，但"真正为群众自己所掌握的合作社还很少，大多为小地主小商人所掌握。即便有些是为群众自己掌握的，因不会经营，也大多是赔本的，而为小地主小商人所掌握的那些合作社，则大多数是专作投机买卖，单纯的为赚钱，是脱离群众的"。②由于对合作社的监管不到位，解放战争时期存在干部贪污现象，绥德的"合作社失去群众监督，品质不良的干部极易堕落腐化，贪污容易发生，一般的干部也往往因失去群众的督促，疲塌马虎，不负责任。如绥德崔区四乡，朱家砭合作社赚了钱是主任的，赔了钱是合作社的"。③薛暮桥的调查也指出，山东解放区的一些"合作社对群众生产不闻不问，自搞投机贸易"，如"马站区合作社大部为小商人，投机取利，资金亦大部为小商人所投，经营投机贸易，无意扶助群众生产"。④

第四，农民参加互助并非是了解了合作的意义而是出于获取额外利益的考虑，导致互助合作不稳固。组织起来的变工队，成员不再局限于亲族内部，等价交换成为维系变工队的原则。但由于参加变工的农民并不是完全基于真诚合作而一起变工，成员之间信任度并不是很高，这就导致某些私心比较重的成员在互助劳动时出现偷懒、不用心、消极怠工等机会主义行为。如兴县某村变工队的农民高富生，要求别人用力给他耕地，当他给别人耕地时，却"不肯让牛用力深耕"。高富生给队员任天选耕地时，任希望高先把水渠填好，然后再耕田，高不干，说："要细致，你自己去细致吧，还能靠我们给你细致？"⑤1946 年，太行四分区遭受严重的灾荒，"广大群众陷入饥饿之中，一般的中贫农及富农都失去再生产的能力，在政府贷粮的支持下，广泛的组织起群众开展互助，大部分村庄都有长工队、短工队、互助组"，据不完全统计，太行四分区七个县有"工队 217 队（768 组），计 6179 人，贫农 2645 人，中农 1409 人，富农 26 人，男的 4788 人，

---

① 项英：《于都检举的情形和经过》，载于《红色中华》第 168 期，1934 年 3 月 29 日第 6 版。
② 杨德寿：《中国供销合作社史料选编》第 2 辑，中国财政经济出版社 1990 年版，第 956 页。
③ 杨德寿：《中国供销合作社史料选编》第 2 辑，中国财政经济出版社 1990 年版，第 967 页。
④ 徐建青等：《薛暮桥笔记选编（1945－1983）》，社会科学文献出版社 2017 年版，第 43、132 页。
⑤ 晋绥分局调查研究室：《组织变工中一个形式主义的例子》，载于《抗战日报》1944 年 5 月 18 日第 4 版。

女的 782 人"。① 春耕过后，政府贷粮停发，很多工队也散了伙。如广宗三个区原有工队 36 队 439 人，互助组 241 组 1307 人，春耕后垮台 27 队 366 人，互助组 207 组 1138 人，保存工队 9 队 73 人，互助组 34 组 169 人。② 有些变工干部自私自利、工作方法粗暴，有命令主义的作风，使农民对劳动合作有反感。岚县某村村干部王四牛，发动全村群众开荒，但他本人不劳动，每天一打集合钟，人人必须上工，"有的连饭也吃不饱"，王四牛还派民兵持枪监督劳动，时间一长，群众意见很大，王四牛下令将有怨气者捆起来。变工队成员纷纷谴责王四牛，指控他"往死里逼人"。个别农民把怨气散在农具和牛身上，把牛打残，犁砸坏。农民生产积极性低沉导致产量下降，和上年相比减少三分之一。③ 消费合作社存在单纯追求红利的偏向，以入股分红刺激群众入社而不是以服务群众来吸引群众入社。一些消费合作社"只求红利的增多，忽略为群众解决困难问题，失掉合作社的作用和意义。在干部（一部分）作风上助长了投机、取巧、贪污营私等恶习；在吸收群众股金方面看不起群众小股，不做群众工作，无计划的吸收大额股金，因而增加股金的流动性，削弱了合作社的群众基础以及在分红时提高资产，或拉用信用社存款来凭空分红等严重错误"。④

## 第三节　根据地互助合作的发展前景

根据地的互助合作，尽管存在这样或那样的问题，但成就是主要的，它有着光明的发展前景。

第一，互助合作从根据地走向全国。根据地互助合作蓬勃发展的主要原因是：其一，农民普遍缺乏耕牛、农具，互助合作是解决困难的好办法。1948 年春季，东北全区大部分地区完成了土地改革，农民生产积极性大为提高，但由于耕畜不足，恢复和发展农业生产举步维艰。在黑龙江，耕地至少需要两匹马，在地沉垄大的地方，需 5 匹到 6 匹马，土改以后，黑龙江约有三分之一的农户无

① 史敬棠等：《中国农业合作化运动史料》上，三联书店 1957 年版，第 865 页。
② 史敬棠等：《中国农业合作化运动史料》上，三联书店 1957 年版，第 868 页。
③ 武秋生：《谈 1944 年（岚县）变工情况材料》（1944 年），第 1～4 页，见岚县政府：《关于春耕工作、春耕运动、农业生产的调查材料、报告、统计表》（1944～1946 年），山西省档案馆藏，档案号 A139－1－6。
④ 陕甘宁边区财政经济史编写组、陕西省档案馆：《抗日战争时期陕甘宁边区财政经济史料摘编》第 4 编，陕西人民出版社 1981 年版，第 291 页。

马，如果不把农民组织起来，生产无法开展。① 西北地区也面临同样的困难。如长安县高家湾村，有 167 户农民，土改后，8 户雇农完全无牲口；107 户贫农只有 36 户有牲口，还有 71 户没有牲口；52 户中农中也有 5 户缺少牲口。大车、水车都很缺，雇农两样都没有；贫农 107 户只有两辆大车、3 辆水车；中农 52 户有大车和小车各 4 辆、水车 6 辆。"很明显，组织互助来解决生产困难已经成为农民的迫切需要"。② 其二，在土改中分得土地的一部分农民，有的过去是脚夫，长期脱离农业生产，农业生产技术生疏；有的过去是雇农，只懂得农业生产的某一环节的事项，对农业生产的全过程并不了解。其三，农民由于极其贫困，手中没有资金开展农业生产。为了克服这三点困难，农民必须组织起来。随着解放战争的顺利推进，新解放区相继完成了土改，分得土地的农民面临与老解放区农民一样的困难，自然，互助合作成为解决困难的唯一办法。全国解放以后，互助合作必然由根据地走向全国。

第二，互助合作是群众的互助合作不是政府的互助合作，所以，政府要依靠群众开展互助合作，把互助合作组织办成真正为广大贫苦群众服务的经济组织。新民主主义革命时期，一些地方为了合作而合作。在发动群众开展互助合作的过程中，工作方法简单，不深入群众、不调查群众的诉求、不顾群众的利益，以致出现用命令方法组建互助社、坐在办公室里按名册编制互助社等不正常现象。党中央觉察到这些问题后，坚决予以纠正。毛泽东在《组织起来》一文中首先批判了不依靠群众开展互助合作的做法，他说："把群众力量组织起来，这是一种方针。还有什么与此相反的方针没有呢？有的。那就是缺乏群众观点，不依靠群众，不组织群众，不注意把农村、部队、机关、学校、工厂的广大群众组织起来，而只注意组织财政机关、供给机关、贸易机关的一小部分；不把经济工作看作是一个广大的运动，一个广大的战线，而只看作是一个用以补救财政不足的临时手段。这就是另外一种方针，这就是错误的方针"。同时，毛泽东还指出了依靠群众开展互助合作的方针，即"我们应该走到群众中间去，向群众学习，把他们的经验综合起来，成为更好的有条理的道理和方法，然后再告诉群众（宣传），并号召群众实行起来，解决群众的问题，使群众得到解放和幸福"。③ 陕甘宁高级干部会议以后，毛泽东的群众路线方针在各地互助合作运动中得到了较好的贯

---

① 黄道霞等：《建国以来农业合作化史料汇编》，中共党史出版社 1992 年版，第 60 页。
② 习仲勋：《关于西北地区农业互助合作运动》，载于《群众日报》1952 年 8 月 13 日第 4 版。
③ 黄道霞等：《建国以来农业合作化史料汇编》，中共党史出版社 1992 年版，第 7～8 页。

彻，根据地的互助合作运动因之蓬勃发展。无论是华洋义赈会和梁漱溟，还是国民党政府所组建的合作社，都逃不出合作社不为真正的贫困者谋利的"合作悖论"，有的合作社甚至成为地主、富农剥削贫困农民的新工具。根据地的互助合作社则打破了"合作悖论"，广大贫雇农成为互助合作社的发起者和领导者，地主、富农加入互助合作社必须征得贫雇农的同意，合作社成为真正为贫苦大众服务的组织。广大贫雇农依靠互助合作社，摆脱了生存危机，互助合作社深得贫雇农喜爱。正如毛泽东在《论合作社》里指出的："合作社性质就是为群众服务，这就是处处要爱护群众，为群众打算，把群众的利益放在第一位。这是我们与国民党的根本区别，也是共产党革命的出发点和归宿，从群众中来到群众中去，想问题从群众中出发，而以群众为归宿，那就什么都好办"。[①] 新中国成立以后，翻身做主人的贫苦农民，在党的领导下开展互助合作，合作社成为为贫下中农服务的经济组织。

第三，互助社朝着公有化程度更高的合作组织形态发展。合作社经济是一种全新的经济形式，在组织形式上包括农业生产合作社、手工业合作社、消费合作社、供销合作社和信用合作社等五种合作社。在新民主主义革命时期，合作社经济建立在私有制基础之上，是具有半社会主义的性质的集体劳动组织。在七届二中全会上，毛泽东指出，合作社经济与国营经济、国家资本主义经济、私人资本主义、个体经济共同构成新民主主义经济形态，"单有国营经济而没有合作社经济，我们就不可能领导劳动人民的个体经济逐步地走向集体化，就不可能由新民主主义社会发展到将来的社会主义社会，就不可能巩固无产阶级在国家政权中的领导权"。因此，"必须推广和发展"合作社经济。[②] 具有临时宪法作用的《共同纲领》明确规定："合作社经济为半社会主义性质的经济，为整个人民经济的一个重要组成部分"，人民政府要"鼓励和扶助广大劳动人民根据自愿原则，发展合作事业"。[③] 合作社经济被规定为社会主义公有制的一种实现形态，它的发展方向就是朝着公有化程度更高的组织形态演变。新中国成立以后，互助合作运动在全国农村铺开，经过两到三年的发展，互助社升级为初级社，初级社再升级为高级社，高级社就是具有完全社会主义性质的苏联式集体农庄。

---

① 黄道霞等：《建国以来农业合作化史料汇编》，中共党史出版社1992年版，第6页。

② 黄道霞等：《建国以来农业合作化史料汇编》，中共党史出版社1992年版，第18页。

③ 中央档案馆：《中共中央文件选集》第18册，中共中央党校出版社1992年版，第590～593页。

| 第二篇 |

社会主义革命与建设时期的集体
农庄式合作模式

# 第五章

## 吸收与创造：新中国成立前后农业合作模式的逻辑关系

新民主主义革命时期，中国共产党、国民党、华洋义赈会、梁漱溟为代表的乡村建设派根据各自的合作理念开展农业合作实践。华洋义赈会所引动设立的合作社在抗战爆发前后被国民政府所接管，华洋义赈会退出了合作领域。梁漱溟的合作实验只局限于山东邹平等区域，随着 1937 年 12 月山东的沦陷，梁漱溟的合作实验被迫终结。国民党上台以后，以政府力量在全国范围内推进合作运动，1949 年，国民党政权垮台，国民党所主导的合作运动也宣告失败。1927～1949 年，中国共产党在根据地领导农民开展互助合作。新中国成立以后，中国共产党以苏联为师，在中国确立了一种全新的农业合作模式，即集体农庄式农业合作模式。这种全新的农业合作模式，是在吸收新民主主义革命时期各种农业合作模式成功经验的基础上，根据苏联的农业集体化原则对中国农业合作进行创造性改造而形成的。因此，新中国成立前后的农业合作模式不是割裂关系，而是吸收与创造的关系。

### 第一节　吸收新中国成立前农业合作的经验

新中国成立以后，中国共产党在探索适合中国国情的农业合作道路的过程中，充分吸收了新中国成立以前各党派、各阶层人士对农业合作的一些好思想和好做法。

#### 一、一家一户的小农经营上升到以合作社式的大农经营是中国农业的出路与目标

自秦汉以降，中国封建社会就长期沉浸在小农经济的汪洋大海之中。在中国封建社会，小农经济得到政府和农户的双重认可。对于政府而言，土地兼并意味着矛盾激化，所以，封建政府希望每家每户都有小块土地可以耕种；对于农民而

言，自有的小块土地是维持生计的基本保障，他们满足于小农经营给其所带来的家庭生活稳定。到了半封建半殖民的近代中国，尽管小农经济受到了外来市场的冲击，但小农经济的基本格局并没有丝毫改变。随着人口的增加，某些地方的小农经济甚至有加剧的趋势。据中央农业实验所对全国 22 个省 891 个县的调查，35.8% 的农户经营田亩面积在 10 亩以下，25.2% 的农户经营面积在 10 到 20 亩之间，两者合计达 61%。① 每家所耕种的耕地一般都被分割成若干块，据卜凯的调查，每家土地平均被分成 8.5 块，每块平均为 0.39 公顷，最小的不足 0.01 公顷。② 19 世纪末 20 世纪初，大农经营逐步取代小农经营，并成为西方国家农业生产的主要形式。西方大农经营受到孙中山、彭莲棠等人的关注，他们认为，以西方式大农经营取代小农经营，是改变中国农村落后状况和提高农民生活水平的有效途径。孙中山指出，中国传统小农经营"没有使用机器，如果用机器耕田，生产至少可以增加一倍，费用可以减轻十倍或百倍"。③ 彭莲棠认为，大农经营具有改良农事、使用机器、降低生产费用、增加耕地面积、节约劳力投入等好处，所以，"英、美、德、坎拿大、澳洲……等国家，无不以大农著称"。彭氏还从农业国际竞争力的视角看待西方大农经营与中国小农经营的差异，他指出："在今日世界经济竞争之局势中，人大我小，何能与人竞争？""若不加察，徒然保守旧制，是自取灭亡，不足可取"。④ 中共西北局研究室的一份研究报告指出，小农生产"是排斥集体劳动和新的农业技术的应用的，它的生产力是极其低下的"，因此"小农业经营迟早必将为大农业经营所代替"。⑤ 大农经营主要有农场和农业合作社两种形式。20 世纪初，中国依稀出现了具有农场性质的农牧垦殖公司。到 1909 年，约有 90 家垦殖公司。这种由民间力量自发组建的农垦殖公司，尽管具有比小农经营更大的经营优势，但因缺乏投资者，在中国发展非常缓慢，充其量不过是小农经济汪洋大海中的一叶扁舟而已，对整个农村经济没有实质性影响。20 世纪 20 年代，合作社被社会各界公认为是最适合中国的大农经营方式，正是基于这种认识，新民主主义革命时期就出现了百花齐放的农业合作运动格局。

　　20 世纪上半叶的世界农业合作，出现了两种模式：西方式农业合作和苏联

---

① 郑林庄：《农村经济及合作》，商务印书馆 1935 年版，第 60 页。
② 彭莲棠：《中国农业合作化之研究》，正中书局 1948 年版，第 80 页。
③ 《孙中山选集》，人民出版社 1981 年版，第 850 页。
④ 彭莲棠：《中国农业合作化之研究》，正中书局 1948 年版，第 157 页。
⑤ 史敬棠等编：《中国农业合作化史料》上，三联书店 1957 年版，第 241～242 页。

式农业合作。苏联式农业合作是在全国普遍设立集体农庄，集体农庄采取集体生产、统一分配、共同消费的运行模式，这种模式与中国自古以来追求的大同社会具有某种相似性，很容易被中国人所接受。同时，运用政府权威，通过自上而下的方式在较短的时期内建立起政府控制型集体农庄的做法也颇得中国人欣赏。于是，苏联农业集体化道路很快得到了中国人，包括共产党、国民党以及梁漱溟等知识分子的认同。他们均把苏联农业集体化作为中国农业合作化的目标。邓飞黄认为："农业的集团经营，现已风行各国，而苏联所取得的成绩，尤为昭著，……我国要想农业繁荣，非采取集团经营不可"。[1] 苏联农业集体化引起了中国学者的广泛关注，梁漱溟、戈公振、熊伯蘅、罗虔英、张德淬等人撰写了大量研究苏联集体化和集体农庄的论著，特别是戈公振的《从东北到庶（苏）联》，系作者在苏联实地考察基础上撰写而成。学者们对苏联农业集体化给予高度评价。在罗虔英看来，集体化"对于苏联农业，确是一件美事"，因为集体化不仅消灭了田地被划为小块的"古老的不合算的分割"，而且铲除了"在私有土地制度下所不可避免的耗浅"。[2] 熊伯蘅对苏联农业集体化所带来的机械化赞不绝口，认为农业机械化的实现使落后的木犁"殆以绝迹"。[3] 梁漱溟更是明确地提出苏联农业集体化就是"我们向前所要走的路"。[4] 在苏联经验的示范下，某些地方仿效苏联建立起集体农庄。1941 年，绥远省在晏江县和悦乡成立和悦合作农场，1942～1943 年，又在临河县成立永刚农场、永泰农场，每个农场都有 50 公顷以上的土地，数百名员工，其经营方式"师苏联集体农场之规定"。[5] 抗战时期，国民政府在重庆遂宁、北碚、南岸等地建立合作农场，尝试苏联式集体耕种。抗战胜利以后，国民政府于 1946 年颁行《设置合作农场办法》，计划在全国各省广泛设立合作农场，湖北、广西、浙江、台湾等省积极响应。后因内战爆发，各省农场设置大都搁浅。但从各省关于农场设置的构想中看到，国民政府所设置的农场与苏联集体农庄并无二致，甚至比后来的人民公社也毫不逊色。

由此看来，苏联式农业合作在中国有着很高的社会认同感。新中国与苏联实行相同的政治制度、信奉的都是马列主义。苏联是世界上第一个社会主义国家，

---

[1] 台湾社会处合作事业管理处编：《中国合作农场运动》，1948 年，第 3 页。

[2] 罗虔英：《农村利用合作社之理论与实施》，中央合作人员训练所1935 年讲义，第 81 页，转引自叶扬兵：《中国农业合作化运动研究》，知识产权出版社 2006 年版，第 68 页。

[3] 熊伯蘅：《苏联的农业社会化政策》，载于《中农月刊》第 9 卷第 1 期。

[4] 《梁漱溟全集》第 2 卷，山东人民出版社 2005 年版，第 542 页。

[5] 台湾社会处合作事业管理处编：《中国合作农场运动》，1948 年，第 14 页。

它的农业合作化模式自然成为新中国的学习对象。毛泽东曾明确指出，打破一家一户的分散个体生产的唯一办法"就是逐步地集体化，而达到集体化的唯一道路，依据列宁所说，就是经过合作社"。[①] 走集体农庄式农业合作道路是党内的共识。1951 年，邓子恢在中南区军政委员会第四次会议上所作的报告中，深刻分析了个体经济的弱点：其一，"他们是分散的小生产者，又是用落后的旧农具，用手工与畜力经营农业生产，生产力很小，无法抵抗自然灾害"；其二，"他们是私有制度，而各人所有的劳动力、畜力与生产资料极不平衡，又不能有无相通，有时由于自己畜力不足、生产资料不够，要向人租借，其中就不可避免地发生剥削与被剥削的情形"，改变个体经济弱点的办法就是"我们要领导农民在土地改革之后，继续前进，最后走上农业集体化的社会主义道路……这就是毛主席在延安时期所早已提倡的'组织起来'的道路"。[②] 新中国成立以后，毛泽东认为合作社的规模越大越好、公有化程度越高越好，"因为大家劳动，力量大，单干办不到的事，合作社能够办得到，所以互助组比单干强，合作社比互助组强，走一步就能使生产发展一步，生活提高一步"。[③] 正是基于这种认识，新中国成立初年的合作社形式从互助组到初级社，再到高级社，最后上升为人民公社，规模越来越大，公有化程度越来越高。到人民公社化时期，毛泽东之所以坚持"三级所有，队为基础"，坚决反对分田到户，实际上就是毛泽东始终认为合作社的大农经营要优越于分散的小农经营，分田到户就是回到小农经营状态，这一点是作为革命领袖的毛泽东和党内部分高层领导所不能接受的。

### 二、按自愿互利原则兴办合作社

合作社社员能不能开展合作的一个先决条件是社员自愿结社。当某个社员发现合作社不能给他带来所需要的利益时，他可以自由退社。合作社这种自由的进退机制，是合作社健康运行的根本保证。可以想象，如果某个社员认为合作社不能给他带来利益，而外力却强迫这个社员加入合作社，社员绝不会把合作社当作自己的合作社，也绝不会与其他社员开展真正的合作。国际合作社联盟把合作社定义为"人的联合"，人的联合首先必须是"自愿的"，社员有加入和退出合作

---

① 黄道霞等：《建国以来农业合作化史料汇编》，中共党史出版社 1992 年版，第 7 页。
② 黄道霞等：《建国以来农业合作化史料汇编》，中共党史出版社 1992 年版，第 32 页。
③ 中共中央文献研究室编：《建国以来毛泽东文稿》第 4 册，中央文献出版社 1990 年版，第 379 页。

社的充分自由。① 华洋义赈会和梁漱溟为代表乡村建设派在引导农民兴办合作社时，反复强调并坚持自愿原则。在新县制建设之前，国民党政府也强调要按自愿原则办合作社。1934 年所颁布的《合作社法》② 规定，凡是"中华民国人民年满二十岁"，且有"有正当职业者"都可加入合作社。1942 年推行新县制以后，自愿性原则被破坏。在新民主主义革命时期，中国共产党非常注重并很好地执行了自愿互利原则。在抗战时期，明确提出了评价合作社好与不好的标准就是是否按自愿原则办社，"只要是群众自愿参加（决不能强迫）的集体互助组织，就是好的"。③ 在新中国成立以后的农业合作化运动中，中央反复强调要坚持自愿性原则。1951 年 12 月 15 日颁布的《关于农业生产互助合作的决议（草案）》七次提到"自愿"，明确指出："在处理互助组和生产合作社内部所存在的任何问题上，有一条原则是绝对遵守的，就是贯彻自愿和互利的原则"，"强迫命令的领导方法是错误的，……强迫命令就是违反自愿和互利的原则"。④ 1955 年颁布的《农业生产合作社示范章程》规定农民有入社和退社的自由，"决不能用强迫的方法，应该用劝说的方法，并且做出榜样，使没有入社的农民认识到入社只有好处，不会吃亏，因而自愿地入社""社员有退社的自由，社员退社的时候，可以带走还是他私人所有的生产资料，可以抽回他所交纳的股份基金和他的投资。"⑤ 1955 年下半年，初级农业合作化逐步进入高潮阶段，在 7 月 31 日召开的省、市、自治区党委书记会议上，毛泽东做《关于农业合作化问题》的报告。在报告中，毛泽东专门阐发了合作社的自愿与互利问题，他指出："只有在互利的基础之上才能实现自愿"，社员之间只有实现了互利，社员才有加入合作社的自愿，如果有的得利，有的失利，失利的势必不愿意加入合作社。毛泽东认为，合作社要实现自愿和互利，必须处理好六个问题：耕畜和大农具是立即入社合适，还是推迟一两年入社合适，入社时，耕畜和大农具的作价是否公道；合作社所规定的土地和劳动报酬比例是否符合实际；合作社如何筹集所需资金；合作社是否允许部分社

① 管爱国、符纯华：《现代世界合作社经济》，中国农业出版社 2000 年版，第 6 页。
② 1934 年 3 月 1 日，国民党政府公布《中华民国合作社》，全文 76 条，1935 年 9 月 1 日实施。后经过四次修正，1939 年 11 月 17 日第一次修正，修正第 11 条、16 条、26 条、76 条条文，新增第 77 条条文，全文共 77 条；1947 年 3 月 24 日第二次修正，修正第 11 条、16 条、26 条、76 条条文；1948 年 12 月 15 日第三次修正，修正第 16 条条文；1950 年第四次修正，修正第 16 条、76 条条文。
③ 黄道霞等：《建国以来农业合作化史料汇编》，中共党史出版社 1992 年版，第 7 页。
④ 中共中央文献研究室编：《建国以来重要文献选编》第 2 册，中央文献出版社 1992 年版，第 516～517 页。
⑤ 中共中央文献研究室编：《建国以来重要文献选编》第 7 册，中央文献出版社 1993 年版，第 364 页。

员利用部分时间搞副业生产；社员的自留地数量是否适当；社员阶级成分问题处理是否适当。部分贫农和下中农，出于各种顾虑，暂时还不愿意入社，对于这些人，"要有一段向他们进行教育的时间，要耐心地等待他们的觉悟，不要违反自愿原则，勉强地把他们拉进来"。富裕中农具有独立生产能力，他们中的多数人不愿意加入合作社，对于这些人，也不能强制他们入社，"只有等到农村中大多数人都加入合作社了，或者合作社的单位面积产量提高到同这些富裕中农的单位面积产量相等甚至更高了，他们感到单干下去在各方面都对他们不利，而惟有加入合作社才是较为有利的时候，他们才会下决心加入合作社"。① 1956 年颁布的《高级农业生产合作社示范章程》规定，高级社是"在自愿和互利的基础上组织起来的社会主义的集体经济组织"，"社员有退社的自由……社员退社的时候，可以带走他入社的土地或者同等数量和质量的土地，可以抽回他所交纳的股份基金和他的投资"。② 针对某些地方以各种手段强制单干户入社的现象，毛泽东明确指出："必须承认他们的单干是合法的（为共同纲领和土地改革法所规定），不要讥笑他们，不要骂他们落后，更不允许采取威胁和限制的办法打击他们"。③即使到 1957 年 10 月，高级合作化已经实现，绝大多数农户已经加入高级社的情况下，毛泽东在《全国农业发展纲要草案》修改稿上特意加上"不愿入社者，听其自便"。④

但在农业合作化运动过程中，党中央和毛泽东关于自愿入社和自由退社的指示在基层并没有得到很好的执行，一些地方的基层干部和积极分子采取了一些手段强制农民入社。有的利用物质供应强迫农民入社，不入社，供销社就不供应物质。如山西晋城个别没入社的农户去供销社打油，供销社干部说"社里没你的名字，供应问题以后再说"。⑤ 有的通过扣政治帽子强迫农民入社。如安徽凤阳县长淮锥山乡沈营村主任孙又春威胁群众说："群众不入社，是蒋匪"。⑥ 有的采取车轮战、疲惫战强迫农民入社。如黑龙江海伦县八区区委干部白天开妇女会，晚

---

① 《毛泽东文集》第 6 卷，人民出版社 1999 年版，第 427～428 页。

② 中国社会科学院法学研究所：《中华人民共和国经济法规选编》上，中国财政经济出版社 1980 年版，第 87 页、89 页。

③ 中共中央文献研究室编：《建国以来毛泽东文稿》第 4 册，中央文献出版社 1990 年版，第 152 页。

④ 中共中央文献研究室编：《建国以来毛泽东文稿》第 6 册，中央文献出版社 1990 年版，第 605 页。

⑤ 国家农业委员会办公厅：《农业集体化重要文件汇编（1949－1957）》上，中共中央党校出版社 1981 年版，第 243～244 页。

⑥ 王耕今：《乡村三十年——凤阳农村社会经济发展实录（1949－1983）》，农村读物出版社 1989 年版，第 76 页。

上开男人会，直开到群众报名入社为止。[①] 强制入社的农民在 1956 年和 1957 年两次闹退社风潮，面对群众的退社行为，中共中央的意见是尽量做好工作，争取全部或大部分要求退社的社员不退社，对坚持要求退社的"可以允许他们退出，而不必把他们勉强留在社内"。[②] 由此可见，中共中央和毛泽东始终坚持合作社的自愿性原则。

### 三、发挥政府在农业合作中的应有作用

1844 年，英国曼彻斯特罗虚戴尔小镇的 28 个纺织工人集股组织成立消费者合作社——罗虚戴尔公平先锋社，这是世界上第一个合作社。先锋社把所采购之商品按平价出售给社员，使社员免遭短斤少两、以次充好之害，较好地保护了社员的利益。后来，先锋社的交易范围扩展到社员以外的工人，先锋社有了一定的盈利，先锋社再以部分盈利作为股息回报给社员，这样，社员从先锋社不仅得到了货真价实的商品，免除了商业资本家的盘剥，而且还得到了投资回报。双重的利好促进了先锋社的快速发展，1863 年发展成为北英批发合作社。在先锋社的示范引导下，英国各地产业工人相继成立了消费合作社、农产加工合作社，合作运动在英国成为一个全国性运动。发轫于英国的合作运动迅速传播到世界各地，至 19 世纪末 20 世纪初成为一个世界性合作运动。西方国家合作社的一个共同特征是"民办、民管、民受益"。西方国家合作社的产生不是政府或外力引动的结果，完全是自为的结果。正因为如此，西方国家合作社坚持自我管理，拒绝包括政府在内的外部力量的介入，合作社的收益也完全归社员所有。西方国家合作社的这种独立性使得它们在最初对政府采取中立甚至排斥的态度。1844 年罗虚戴尔先锋社所制定的十二条合作原则中有"对政治和宗教保持中立"的规定，1859年舒尔茨在德国创办信用合作社宣称排斥政府干涉。但到 19 世纪末，各国政府都制定法律规范合作社发展，合作社也从政府那里得到了税收与财政的支持，合作社的政治中立性原则逐渐淡化。[③]

两千多年的封建小农经济，使中国农民形成了分散的家庭经营习惯。在农忙或者灾荒时期，具有直接血缘关系的农民之间或者是人际关系不错的邻里之间会

---

[①] 黑龙江省农业合作史编委会编：《黑龙江农业合作史》，中共党史资料出版社 1990 年版，第 138 页。

[②] 国家农业委员会办公厅编：《农业集体化重要文件汇编（1949－1957）》上，中共中央党校出版社 1981年版，第 648 页。

[③] 易棉阳：《目标扭曲、政府控制与制度异化：国民政府时期农村合作运动失败原因解读》，载于《云南财经大学学报》2014 年第 2 期。

进行短期的临时性合作，但像西方国家那样的以获取某种长期利益为目标、打破宗族邻里关系、有组织有章程的正式合作则很少。开展西方式合作，需要具备几个条件：第一，在农民中间有一个能发现合作利好并具有带动农民开展合作的"第一行动集团"；第二，在农民中间形成一个响应"第一行动集团"号召的"第二行动集团"。在一个村庄里，"第一行动集团"可以是少数几个人，"第二行动集团"则是多数农民。中国传统合作如变工、扎工，都是无组织无章程，而现代合作是有组织有章程。带动农民开展现代合作的人，也就是"第一行动集团"成员必须是具有较高文化水平、较高道德修养和较强责任心的农民。中国大多数农民长期处在贫困线边缘，文化水平普遍低下，即使是有一两个乡村精英，要么是进城经营工商业，要么进入了官僚体系，所以，中国农村严重缺乏一个带动农民开展合作的"第一行动集团"。习惯于单干的农民，要么对合作社这种新型组织能不能给自己带来利好持怀疑态度，要么不懂得怎样与别人开展合作，要么对合作社的一些做法（如填表、开会）感到不适应，对合作社普遍持冷漠态度，这样一来，在中国农村很难形成一个开展农业合作"第二行动集团"。正因为缺乏"第一行动集团"，中国不可能像西方国家的农民那样自动去组织合作社，中国的农业合作社需要外力去引动，或者说，只有外部力量充当"第一行动集团"，合作社才可能产生。新民主主义革命时期的农业合作社，基本上都是外力带动下产生和发展起来的。合作是农民自己的事，光有外力不够，需要广大农民的响应，也就是需要农民充当"第二行动集团"。由于上述原因，大多数农民对"第一行动集团"的号召并不热心配合，以致华洋义赈会和梁漱溟都陷入到了农民"引而不动"的困局之中。华洋义赈会总干事章元善在十多年的合作实践中意识到，一个团体、一个人的力量太小，在中国农村全面发展合作社必须依靠政府力量。国民党介入并接管合作事业之后，在政府力量的支持下，中国农业合作的发展速度显著加快，这一点谁也不可否定。不过，国民党的介入方式失当，最后造成合作事业的失败，陷入诺思所说的"国家悖论"之中。中国共产党在根据地探索出了一种全新的"民办官助"式互助合作模式，政府以帮助和规制的方式介入合作事业，取得了很好的绩效。

在中国开展农业合作，离不开政府，但政府不能包办一切。从土地革命战争时期起，根据地的互助合作就是在党领导下开展起来的。正如毛泽东指出的："在22年的革命战争中，我党已经有了在土地革命之后，领导农民，组织带有社会主义萌芽的农业生产互助团体的经验"。① 1950 年召开的中华全国合作社工作者第一次代表会议深入讨论了政府与合作社的关系问题。会议认为："合作社在中国年轻，故有很多困难""合作社要求政府优待，因此要有政府支持""政府明白帮助合作社，但还要合作社自己克服困难，不应完全依赖政府""合作社是人民的组织，不是公营也不是政治组织，政府不宜随意干涉"。② 新中国成立以后的农业合作化运动，是在党和政府全面规划和积极领导下完成的。毛泽东在《关于农业合作化问题》的报告中明确提出农业合作化的方针是"全面规划，加强领导"，所谓"全面规划"就是"要有全国的、全省的、全专区的、全县的、全区的、全乡的关于合作化分期实行的规划。并且要根据实际工作的发展情况，不断地修正自己的规划"，所谓"加强领导"就是"各级地方党委和团委的主要负责同志都要抓紧研究农业合作化的工作，都要把自己变成内行。总而言之，要主动，不要被动；要加强领导，不要放弃领导"。③ 毛泽东指出，发展合作社，必须抓好建社前的准备工作和建社后的整顿工作。"不论建社工作和整社工作，都应当以乡村中当地的干部为主要力量，鼓励和责成他们去做；以上派去的干部为辅助力量，在那里起指导和帮助的作用，而不是去包办代替一切"。④

## 第二节 新中国成立后农业合作的创造性探索

中国共产党对合作制的理解比同时期任何一个政党和阶层都要深刻，不仅在理论上赋予了合作社制度新的内涵而且付诸于实践之中。新中国成立以后，中国共产党对农业合作的创造性探索，丰富了世界农业合作的内涵。

### 一、合作社制度是具有社会主义性质的全新的社会制度

合作制度一般被看成是一种经济制度。中国共产党对合作制度的认识超越了经济制度层面，把它上升到社会制度的高度。新中国成立以前，中国共产党充分认识到，以公有制为基础的社会主义经济制度比以私有制为基础的资本主义经济制度要优越得多，因此，建立以公有制为基础的社会主义经济制度，是中国共产

---

① 《毛泽东文集》第 6 卷，人民出版社 1999 年版，第 420 页。
② 徐建青等：《薛暮桥笔记选编（1945—1983）》第 1 册，社会科学文献出版社 2017 年版，第 219 页。
③ 《毛泽东文集》第 6 卷，人民出版社 1999 年版，第 439 页。
④ 《毛泽东文集》第 6 卷，人民出版社 1999 年版，第 426 页。

党的执政目标。当然，中国不能一步迈入社会主义，而必须经历新民主主义这个过渡阶段，在这个过渡阶段，既要大力发展国营经济又要允许私营经济的存在，还要发展介于两者之间的经济形态，这种形态就是合作社经济。国营经济是社会主义的，私营经济是资本主义的，那么，合作社经济就是半社会主义的。《共同纲领》第 29 条规定："合作社经济为半社会主义性质的经济，为整个人民经济的一个重要组成部分"。① 为什么合作社经济是半社会主义性质的呢？因为当时所定义的合作社是初级形式的合作社（即后来的互助组和初级社），它是以私有制为基础的，当初级形式的合作社上升为"苏联式的被称为集体农庄式的那种合作社"（即后来的高级社和人民公社）时，合作社的经济基础就是公有制，合作社也就具有完全的社会主义性质。正如朱德所指出的："合作社是在私有制基础上自愿组织起来，为着生产，现在是私有制的，将来公积金多了，公共财产就多起来，逐渐变成公有制"。② 由于合作社具有社会主义性质，合作社就不是一种纯粹的经济制度，而是一种社会制度。对于这一点，刘少奇在 1950 年 7 月 25 日的全国合作社工作者第一届代表大会上作了明确的阐述："合作社是个伟大的事业哩！办好了可以改变社会性质。合作社制度就是一个社会制度，而且是全新的进步的社会制度"。③ 在新中国成立以后的农业合作化和集体化运动中，合作社的组织形式由互助组升级到初级社、高级社，最后上升为人民公社，初级社的普遍设立意味着农村私有小生产得到了初步的改造，高级合作化和人民公社化的实现，表明社会主义制度在中国农村完全确立。

## 二、合作社是为贫苦农民谋利的组织

不可否认，无论是华洋义赈会、梁漱溟为代表的乡村建设派，还是国民党，都希望合作社能为贫苦农民谋利，但事与愿违，他们所举办的合作社却成为为地主富农谋利的组织，有的甚至蜕变成为地主富农剥削贫苦农民的新工具。出现这种"合作悖论"现象的原因主要有二：一是贫苦农民在源头上被排斥在合作社门外。正如时人黄朗如所言："我国合作事业的基础，目前还是建筑在农村中的中产阶级，……大部分的贫农，便不能不徘徊于'合作之门'以外"。④ 二是合作

---

① 黄道霞等：《建国以来农业合作化史料汇编》，中共党史出版社 1992 年版，第 19 页。
② 徐建青等：《薛暮桥笔记选编（1945－1983）》第 1 册，社会科学文献出版社 2017 年版，第 221 页。
③ 中共中央文献研究室、中华全国供销合作总社编：《刘少奇论合作社经济》，中国财政经济出版社 1987 年版，第 89 页。
④ 黄朗如：《战时农村合作贷款应有之动向》，载于《中农月刊》第 2 卷第 7 期，1941 年 7 月。

社被地主富农控制，贫苦农民对合作社社务既无知情权更无决策权。马克思主义学者千家驹的调查显示，合作社大都由"有地位、有信用和有知识的人物来做领袖，而合乎领袖资格者，无疑的只限于新旧豪绅而已"。[①]

中国共产党在领导农民建立合作社的过程中，旗帜鲜明地提出："农业生产合作社的目的，是要逐步地消灭农村中的资本主义的剥削制度，……使全体农民共同富裕起来"，为了实现这些目的，共产党在合作社里实施限制地主富农、扶持贫下中农的阶级政策。《农业生产合作社示范章程草案》规定："不许限制贫农入社，也不许排斥中农入社""在合作社初成立的几年之内，不接受过去的地主分子和富农分子入社"，当贫下中农在合作社中的地位得到了充分的巩固时，经过改造的地主富农才能入社，而且要"经过社员大会的审查通过、县级人民委员会审查批准，个别地接受入社"，经过层层审查之后获准入社的地主富农，"在入社以后的一定时期内，不许担任社内任何重要的职务"。[②]《高级农业生产合作社示范章程》对地主富农同样予以限制，"在入社以后的一定时期内，没有选举权，不能担任社内的任何重要职务；做候补社员的，并且没有表决权和选举权"。[③] 在共产党领导农民建立的合作社里，地主富农因受到压制而被彻底边缘化。因贫农缺乏农具和耕畜，某些地方的合作社出现排斥贫农的现象，安徽凤阳城西乡一个社公开表示不吸收贫农；有的社单独吸收中农，丢掉贫农无人要，红心区贫农社员周明礼没有牛被合作社开除；有的贫农入了社，但还没有摆脱被排斥的境遇。[④] 陕西省的个别农业生产合作社认为贫农"土地薄，牲口少，农具坏"，入社不能显示"优越性"，因而"四不要""五不批"，排斥贫农入社。[⑤] 1954 年 8 月黑龙江省委农村工作部在给中央的报告中反映，双城县的部分村屯在群众自找对象时，出现了"强找强，排挤贫困农民""富农和资本主义思想较严重的富裕农民趁机组织富农社"等不健康现象。[⑥] 贫农在合作社里的境况引起了党中央和毛泽东的关注，毛泽东说："对于贫农，国家要加点

---

① 千家驹、李紫翔：《中国乡村建设批判》，北京新知书店 1936 年版，第 208 页。
② 中共中央文献研究室编：《建国以来重要文献选编》第 7 册，中央文献出版社 1993 年版，第 362～363 页。
③ 中国社会科学院法学研究所：《中华人民共和国经济法规选编》上，中国财政经济出版社 1980 年版，第 89 页。
④ 王耕今：《乡村三十年——凤阳农村社会经济发展实录（1949－1983）》，农村读物出版社 1989 年版，第 76 页。
⑤ 于文贤主编：《渭南地区农业合作史料》，陕西人民出版社 1993 年，第 128～129 页。
⑥ 《毛泽东文集》第 6 卷，人民出版社 1999 年版，第 440 页。

贷款，让他们腰杆硬起来。在合作社里，中农有牲口、农具，贫农有了钱，也就说得起话了。"① 在毛泽东的提议下，1955 年 6 月，国家设立贫农合作基金贷款，专门贷给缺乏资金的贫农，得到贷款的贫农说："过去我人硬就是钱不硬，开会时感到自己投不起资，总是理屈，只得蹲在角落里，不敢说话。有了这个贷款，我腿也站直了，话也说响了"。② 可见，贫农合作基金贷款确实对提高贫农在合作社的地位、保护贫农利益起了显著的作用。为保证合作社为贫农服务，毛泽东在撰写《中国农村的社会主义高潮》一书的按语时多次强调："合作社必须树立贫农的优势。在组织成分方面，他们应占 2/3 左右，中农（包括老下中农和新老两部分上中农）只占也应占 1/3 左右。在合作社的指导方针方面，必须实行贫农和中农的互利政策，不应当损害任何人的利益。要做到这一点，也必须建立贫农优势"。③

中国共产党发动农民所建立的合作社，领导权掌握在贫下中农手中。如 1956 年 4 月广西省委报告，据 6062 个社的统计，正副主任 24653 人，其中贫农 16055 人，占 65.12%；新下中农 5007 人，占 20.31%；老下中农 1921 人，占 7.79%；新上中农 980 人，占 3.98%；老上中农 607 人，占 2.46%；其他劳动人民 83 人，占 0.34%。社委及正副生产队长共 285352 人，其中贫农 167689 人，占 58.76%；新下中农 52404 人，占 18.36%；老下中农 35998 人，占 12.62%；两部分上中农 28275 人，占 9.91%；其他劳动人民 986 人，占 0.35%。④ 共产党所建立的合作社，在政治上和经济上设计制度维护贫农的利益，从而根绝了过去地主富农利用合作社剥削贫农的现象。

### 三、优先发展生产性合作社，信用合作社和供销合作社为补充

合作社的种类很多，有生产的、消费的、信用的、运销的、利用的，等等。到底优先发展哪一种合作社，见仁见智。在近代中国，华洋义赈会认为农民最缺的是钱，农村最大的问题是金融枯竭问题，于是他们在农村优先发展信用合作社。国民党在举办合作社的初期，也是沿着华洋义赈会的思路优先发展信用合作社，到抗战时期才注重发展生产和消费合作社，但始终以信用合作社为主体。梁

---

① 国家农业委员会办公厅编：《农业集体化重要文件汇编（1949－1957）》上，中共中央党校出版社 1981 年版，第 331 页。
② 薛子冰：《关于贫农合作基金贷款的情况与问题》，载于《中国金融》1955 年第 21 期。
③ 《毛泽东文集》第 6 卷，人民出版社 1999 年版，第 464 页。
④ 黄道霞等：《建国以来农业合作化史料汇编》，中共党史出版社 1992 年版，第 363 页。

漱溟为代表的乡村建设派认为中国农村最大的问题是贫穷，农民最需要的是如何增加财富，即"造产"，梁漱溟在山东优先发展生产性合作社。在革命战争时期，根据地生产、消费、信用、运销合作社都有较快发展，成效最大的是生产性的互助劳动社。

新中国成立以后，中国应优先发展哪一种类型的合作社呢？刘少奇根据列宁和斯大林的合作理论，提出了新中国合作社的优先发展序。他认为，土改完成以后，分得土地的大部分农民会很快地上升为中农甚至富农，富裕起来的农民，一方面要出售部分农产品，另一方面要购买农业生产资料，这时候，农民不再是与市场无关的自给自足者，而是市场中的一个主体，成为市场主体的农民必然会提出统一供销的要求。据此，刘少奇认为新中国成立后应该普遍地组织消费合作社与供销合作社。在1948年12月召开的华北财政经济委员会上，刘少奇做题为《新中国经济建设的方针与问题》的报告，在报告中，刘少奇指出，新中国应先发展供销合作社，再发展生产合作社。他说："列宁和斯大林都说过，合作社首先是销售小生产者的货物，然后是提高到生产合作社。这里所指的是手工业合作社与集体农庄。我们也应当是这样。"① 刘少奇还认为，集体农庄式的生产合作社必须是建立在农业机械化高度发达的基础之上，农业机械化的一个重要标志就是大量使用拖拉机，当时中国还不具备生产拖拉机的能力，农业还是原始的人工种植，离机械化水平相差甚远。所以，"在目前时期，我们应该注意去普遍地组织农业中的劳动互助与手工业中小型的生产合作社"。② 总而言之，刘少奇认为新中国成立以后的当务之急是发展供应、销售环节的合作社，即流通领域的合作社，而不是集体劳动的生产合作社，尤其不是苏联集体农庄式的所谓"农业生产合作社"。③ 张闻天也持与刘少奇相同的意见，他在1949年5月致毛泽东的信中明确提出："今后使农村走向集体化的道路是先供销合作然后生产合作。供销合作是今天促进农村生产的发展与准备农村集体化的中心环节"。④ 毛泽东的认识与刘少奇、张闻天不一致，在抗战时期，他就指出，几千年来的个体经济，一家一户的分散的个体生产，是农民陷于穷苦的根源，拔掉穷根，只有走集体化，集体化的路径就是由初级合作社发展成为苏联集体农庄式的农业生产合作社。在

---

① 黄道霞等：《建国以来农业合作化史料汇编》，中共党史出版社1992年版，第12页。
② 中共中央文献研究室、中华全国供销合作总社编：《刘少奇论合作社经济》，中国财政经济出版社1987年版，第32页。
③ 唐季煜：《合作社真谛》，知识产权出版社2012年版，第134页。
④ 《张闻天选集》，人民出版社1985年版，第451页。

毛泽东的心中，农民脱贫主要靠生产合作，当然，他也主张发展消费和信用合作。在 1949 年 3 月七届二中全会上的报告中，毛泽东指出："必须组织生产的、消费的和信用的合作社，和中央、省、市、县、区的合作社领导机关"，在这里，毛泽东把生产性合作社置于合作社之首。① 新中国成立以后，随着"一五计划"的实施和优先发展重工业战略的推进，农业成为制约工业发展和城市建设的短板，粮食供应紧张问题尤其突出，在这种形势下，通过生产合作提高粮食产量尤其重要，生产合作成为全党的关注重点和工作重点。

### 四、按公有制程度的高低，合作社遵循逐步提高的路径向前发展

近代时期，无论是华洋义赈会、梁漱溟为代表的乡村建设派，还是国民党，都没有提出合作社组织形态的演进问题。即使是苏联的农业集体化运动，也没有设计逐步提高的方针，而是实施一步到位的办法。即从个体生产一步跨入集体农庄，这种一步到位的做法，引起了农民的不适和激烈反对。中国共产党根据苏联经验，推行农业合作"三步走"策略。即先发展互助组，再上升到初级社，最后上升到高级社，这种逐步提高的策略减少了农民因生产生活方式变更所带来的不适。

逐步提高策略是在实践中不断摸索形成的。1950 年，东北和华北等老解放区出现互助组涣散的情况，针对这种现象，党内出现了意见分歧。东北局书记高岗和山西省委书记赖若愚等人认为，互助组涣散是农民单干所致，也就是说，土改后，大部分农民上升为中农，他们具备了单干的能力，不愿意参加互助组，导致互助组涣散。改变这种状况的办法，就是把互助组上升为更高形式的生产合作社，"老区互助组的发展，已达到了一个转折点，使得互助组必须提高……引导它走向更高级一些的形式，彻底扭转涣散的趋势，这是十分必要的"。② 刘少奇不赞同高岗和赖若愚的意见，他认为互助组和集体农场是两种完全不同的组织，互助组"一般不能也不应该发展成为集体农场"，但可以用互助组和供销合作社的显著成绩来教育农民，"使他们相信集体经济是优于个体经济的，使他们有准备以便将来他们也来组织集体农场"。③ 在刘少奇看来，

---

① 黄道霞等：《建国以来农业合作化史料汇编》，中共党史出版社 1992 年版，第 18 页。
② 国家农业委员会办公厅：《农业集体化重要文件汇编（1949－1957）》上，中共中央党校出版社 1981 年版，第 35～36 页。
③ 杜润生主编：《当代中国的农业合作制》上，当代中国出版社 2002 年版，第 135 页。

国家工业化、农业生产普遍使用机器、土地国有制，是实现农业集体化的三个必备条件，"没有这些条件，便无法改变小农的分散性、落后性，而达到农业集体化"。[1]

毛泽东的看法与高岗、赖若愚比较一致。他认为，没有国家工业化和农业机械化也可以实现农业集体化，互助组经过若干阶段的发展，可以上升为集体农场。毛泽东的依据是，西方国家手工工场所创造的产品，并非使用机械动力所致，而是依靠内部分工，即新的生产关系形成了新的生产力。既然西方能做到，中国也能做到。毛泽东相信："中国的合作社，依靠统一经营形成新生产力，去动摇私有基础，也是可行的"。[2] 1959 年，毛泽东在读《苏联政治经济学教科书》下册时，谈到工业化与社会主义改造的关系。他说："生产力的大发展，总是在生产关系改变以后，拿资本主义发展的历史来说，正如马克思所说的，简单的协作就创造了一种生产力。手工工场就是这样一种简单协作，在这种协作的基础上，就产生了资本主义发展第一阶段的生产关系。手工工场是非机器生产的资本主义。这种资本主义生产关系产生了一种改进技术的需要，为采用机器开辟了道路"。[3] 毛泽东在谈到是先有拖拉机还是先有合作化问题时再次指出，1928 年的苏联春耕生产，只有 1% 使用了拖拉机，99% 是使用木犁和马拉犁，这就是说，苏联的农业集体化并非建立在拖拉机化的基础之上，先农业机械化再集体化的论点站不住脚。毛泽东认为，东欧社会主义国家的农业合作化之所以停滞不前，"主要不是由于没有拖拉机（相对来说，他们比我们多得多），主要是因为他们的土地改革是从上而下的恩赐的，他们没收土地是有限额的（有的国家 100 公顷以上的土地才没收），是用行政命令来进行没收工作的。土地改革以后没有趁热打铁，中间整整歇了五、六年"。毛泽东坚信，中国在完成土改以后，广大农民的社会主义积极性大大提高，可以趁热打铁，引导农民走合作化道路，"土改以后，紧接着开展广泛的互助合作运动，由此一步一步的不断前进地把农民引上社会主义的道路"。[4]

毛泽东的意见得到了党内的广泛认同。中共中央于 1951 年颁布的《关于农业生产互助合作的决议（草案）》明确规定，互助合作的"发展前途就是农业集

① 薄一波：《若干重大决策与事件的回顾》上，中共中央党校出版社 1991 年版，第 190 页。
② 薄一波：《若干重大决策与事件的回顾》上，中共中央党校出版社 1991 年版，第 191 页。
③ 中华人民共和国国史学会：《毛泽东读社会主义政治经济学批注和谈话》（内部版）2000 年，第 142 页。
④ 《苏联〈政治经济学教科书〉阅读笔记》，《毛泽东思想万岁（1958－1960 年）》（内部版），第 321 页。

体化或社会主义"。① 1953 年 12 月，中共中央颁布实施《关于发展农业生产合作社的决议》。决议明确了中国农业合作化的方向，"根据我国的具体经验，农民这种在生产上逐步联合起来的具体道路，就是经过简单的个体劳动的临时互助组和在个体劳动基础上实行某些分工分业而有较多公共财产的常年互助组，到实行土地入股、统一经营而有较多公共财产的农业生产合作社，到实行完全的社会主义的集体农民公有制的更高级的农业生产合作社（也就是集体农庄）。这种由带有社会主义萌芽到更多社会主义因素，再到完全社会主义的合作化的发展道路，就是我们党所指出的对农业逐步实现农业社会主义改造的道路"。② 从这个表述清楚地看到，互助组到初级社再到高级社的农业合作化道路已经完全成型。1955年 7 月 31 日，毛泽东在省、市、区党委书记会议上的讲话中，再次确认了合作社发展的"三步走"路径。③

---

① 国家农业委员会办公厅编：《农业集体化重要文件汇编（1949－1957）》上，中共中央党校出版社1981年版，第38页。
② 中央党校党史教研组：《中共党史参考资料》第 8 册，人民出版社1980年版，第11页。
③ "第一步，在农村中，按照自愿和互利的原则，号召农民组织仅仅带有社会主义萌芽的、几户为一起或者十几户为一起的农业生产互助组。然后，第二步，在这些互助组的基础上，仍然按照自愿和互利的原则，号召农民组织以土地入股和统一经营为特点的小型的带有半社会主义性质的农业生产合作社。然后，第三步，才在这些小型的半社会主义的合作社的基础上，按照同样的自愿和互利的原则，号召农民进一步地联合起来，组织大型的完全社会主义性质的农业生产合作社"。黄道霞等：《建国以来农业合作化史料汇编》，中共党史出版社1992年版，第252页。

# 第六章

# 集体农庄式农业合作模式形成的历史条件

在新中国成立以后的农业合作化探索过程中，党内围绕下列问题展开了争论：互助组能不能直接上升为农业生产合作社？农业合作化速度到底要快一点还是慢一点？合作社的产权基础是集体公有还是农户私有？这些问题的结论最后由毛泽东确定。于是产生了如下历史假象与误解：农业合作化道路是毛泽东个人意志的体现。集体农庄式农业合作模式在实施过程中，确实出现了很多问题，有人把这些问题归根于毛泽东的个人错误决策；还有人因为集体农庄式农业合作模式出现了问题就否定新中国成立以后的农业合作道路。这种历史假象与误解必须澄清。首先，党内有争论证明中国共产党决策的民主性，毛泽东作为党和国家的最高领导人，党内出现争论时，当然由他最后做决策，而且，毛泽东的决策并不是个人意见的体现，得到了党内其他领导人和干部群众的认同。[①] 正是这种认同才形成了中国农业合作化的巨大动力，否则，不可能在短短八年时间内完成农业合作化改造，在全国农村确立集体农庄式农业合作模式。

新中国成立以后，中国选择集体农庄式农业合作模式，既是当时现实的需要，也有其深厚的理论渊源。

---

① 试举一例：前文已经述及，1949~1951年党内就互助组的前途问题展开了争论。高岗和赖若愚等认为互助组可以上升为苏联集体农庄式生产合作社。刘少奇认为农业生产合作社是建立在农业机械化的基础上，互助组搞的是原始手工生产，不可能上升为生产合作社。毛泽东以西方手工工场为实例，说明了生产关系的变化可以带来生产力的飞跃式发展，互助组上升为生产合作社之后可以带来农业生产力的飞跃发展。毛泽东的意见确实有理有据。刘少奇是一个认真理的伟大的马克思主义者，他真心诚意地接受毛泽东的意见，绝非是被迫地服从。1954年2月6日，刘少奇在七届四中全会上做了自我批评，他说："在1951年春，我赞成华北局在个别地方试办农业生产合作社，但不赞成推广。同年7月间我批评了山西省委《把老区互助组织提高一步》的文件，并在向马列学院第一期毕业生讲话时，也说到了批评，应该说，我这个批评是不正确的，而山西省委的意见则基本上是正确的"。见刘少奇：《我的自我批评》，载中共中央文献研究室：《建国以来刘少奇文稿》第6册，中央文献出版社2008年版。

## 第一节　集体农庄式农业合作模式的现实依据

### 一、优先发展重工业赶超战略的要求：以农业合作化支撑工业化

1840 年鸦片战争，中国战败。此后的 100 多年里，中国饱受列强蹂躏，丧权辱国。中国败于西方，是败在经济实力上吗？不是，鸦片战争之前的 20 年，即 1820 年，中国 GDP 总量占世界 GDP 总量的 30%，到鸦片战争后的 40 年，即 1880 年，中国 GDP 依然是世界第一。如果单纯从经济总量上来看，即使是到 19 世纪末期，已经成为世界弱国的中国依然是世界第一经济大国。经济大国为何饱受列强的欺凌呢？或者说，列强凭什么欺负中国呢？列强凭的是工业革命的成果——坚船利炮。睁眼看世界的第一人魏源看到了这一点，深谙国内国际事务的洋务派看到了这一点。如曾国藩在 19 世纪 50 年代就意识到中国"器不如人，技不如人"，曾国藩为了在器和技上追上西方列强，于 1861 年在安庆创办了中国第一家兵工企业——安庆内军械所。在此后的半个多世纪里，先进的中国人先后掀起了四次工业化浪潮。分别是：19 世纪 60 到 90 年代的洋务运动、甲午战争以后到 20 世纪初的投资兴厂高潮、第一次世界大战到 20 世纪 20 年代的民族工业发展浪潮、国民政府前十年的工业化浪潮。到 1936 年，中国工业化水平已经有了显著的提升，但 1937 年日本发起的全面侵华战争，斩断了中国工业化的进程。1937~1949 年长达 12 年的战争，使中国工业破坏殆尽。到 1949 年，中国现代工业产值为人民币 79.1 亿元，工场手工业为 28.7 亿元，个体手工业为 32.4 亿元，农业为 325.9 亿元，现代工业占工农业总产值的比重为 17%，现代工业和工场手工业合计，占工农业总产值的比重约为 23.1%。[①]

横向比较更能清楚地看出近代中国工业水平的落后。钢铁工业是工业的基础部门，它对其他任何一个工业部门都起着制约作用。在一定程度上，钢铁的产量就代表了一个国家的工业化水平。这个部门恰恰是中国短缺程度最高的部门，1949 年，中国的钢铁产量为 15.5 万吨，只有美国的 0.2%，苏联的 0.7%，联邦德国的 1.6%，日本的 4%。发电量是衡量一国工业化水平的另一个重要指标，1949 年，中国的发电量为 43 亿度，只有美国的 1.2%，苏联的 5.4%，联邦德国

---

① 柳随年：《中国社会主义经济简史》，黑龙江人民出版社 1985 年版，第 72 页。

的 12.04%，日本的 10.48%。其他基础性工业如原煤、水泥不但远远落后于美国等西方国家，甚至还落后于印度。表 6-1 对此有清楚显示。

表 6-1　　　　　　　　　1949 年中国与外国主要工业品产量比较

| 国家 | 钢铁（万吨） | 原煤（万吨） | 发电（亿度） | 水泥（万吨） |
| --- | --- | --- | --- | --- |
| 中国 | 15.5 | 3200.0 | 43.0 | 66.0 |
| 美国 | 7047.0 | 45597.0 | 3457.0 | 3594.0 |
| 苏联 | 2327.0 | 23556.0 | 783.0 | 815.0 |
| 联邦德国 | 916.0 | 19052.0 | 357.0 | 846.0 |
| 日本 | 371.0 | 3974.0 | 410.0 | 326.0 |
| 印度 | 137.0 | 3220.0 | 49.0 | 214.0 |

资料来源：石磊：《中国农业组织的结构性变迁》，山西经济出版社 1999 年版，第 18 页。

近代中国工业生产技术极端落后。1949 年，中国只能生产桌子、椅子等手工产品，基本上不具备机器制造能力。新中国成立之初，毛泽东深刻地指出："现在我们能造什么？能造桌子椅子，能造茶碗茶壶，能种粮食，还能磨成面粉，还能造纸，但是，一辆汽车、一架飞机、一辆坦克、一辆拖拉机都不能造"。[①] 新生的中华人民共和国面临着险恶的国际环境。新政权要生存下来，必须粉碎帝国主义在军事上的围堵和经济上的制裁，而粉碎帝国主义的围堵与制裁，必须优先发展重工业，建立起完整的工业化体系，提高工业产值在国民生产总值中的绝对比重。唯有如此，中国才能真正实现自强。

处在帝国主义包围之中的社会主义国家如何实现工业化？斯大林对此有过深入的思考。他认为历史上有三种工业化道路：第一种是英国式道路，即依靠长达几个世纪的殖民掠夺完成资本原始积累和打开产品市场；第二种是德国式道路，即发动对外战争，获取战争赔款来完成资本原始积累；第三种是旧俄式道路，即通过借款的方式获取工业化所需资金。斯大林认为，上述三种工业化模式都不适合苏联。苏联的工业化，只能"在不损害人民消费的条件下采取一切方法使我国的输出增加，使国家手中能保有一定的外汇储备"。[②] 新中国成立以后所面临的形势与当年苏联十分相似。1953 年，中共中央提出了以"一化三改造"为核心

① 《毛泽东文集》第 6 卷，人民出版社 1999 年版，第 329 页。
② 《斯大林选集》，人民出版社 1979 年版，第 459~463 页。

的过渡时期总路线。"一化"即逐步实现国家工业化,"三改造"即实现对农业、资本主义工商业和手工业的社会主义改造。"一化三改造"的核心是国家工业化,"三改造"实际上是为了保证国家工业化的实现。在"三改造"中,资本主义工商业和手工业对国家工业化的影响并不显著,唯独农业的社会主义改造(即把个体农业改造成为集体农业)对国家工业化的影响巨大。原因是,农业为工业提供粮食保证、资金积累、原材料来源和工业品销售市场。由此看来,过渡时期实际上就是办好两件大事:国家工业化和农业合作化。据时任山西省委副书记陶鲁笳回忆,1953 年毛泽东曾讲,过渡时期做什么事?两件事:工业化、合作化。[①] 通过农业合作化,发展农业生产支持工业化建设是当时党内的共识。1953 年,中南局秘书长杜润生指出:"靠小农经济我们是生活不下去的,小农经济,不能进一步改善农民生活,不能满足工业需要和城市需要,并且会成为资本主义的温床。因此,有了大工业,还要有大农业,把小型经营变成大型经营,以便采用现代科学技术,去改良农业,经营方式由小到大",采取什么方式把小农经营改造成为大农经营呢?"最适合的道路就是列宁所说的合作制,毛主席的'组织起来',小农自愿联合起来实行集体耕作。除此之外,再没有别的合适道路"。[②]

对于工业化与农业合作化之间的关系,毛泽东在《农业合作化问题》报告中进行了深刻分析。他认为,工业化和农业合作化是相互依存的、互相促进的关系。一方面,工业部门生产的拖拉机、农业机器、化学肥料、煤油、电力等产品,"只有在农业已经形成了合作化的大规模经营的基础上才有使用的可能,或者才能大量地使用";另一方面,完成国家工业化所需的资金,"其中有一个相当大的部分是要从农业方面积累起来的"。因此,对于"社会主义的工业化和社会主义的农业改造这样两件事,决不可以分割起来和互相孤立起来看,决不可以只强调一方面,减弱一方面"。[③] 在中共八大上,邓子恢深入分析了农业生产与工业发展之间的矛盾,如果粮食和原料产量、农业剩余不能满足工业的需要,那就只能降低工业发展速度,"使工农联盟的关系紧张起来。我们回忆一下,由于1954 年有了特大水灾,农业生产遭到了较大的损失,就影响了 1955 年工业发展的速度,而且在 1955 年春天还一度引起了粮食问题的紧张局势"。[④] 加速实现工

---

① 马社香:《毛泽东为什么大力提倡农业合作化——陶鲁笳访谈录》,载于《中共党史研究》2012 年第 1 期。

② 王崇文等:《湖北农业合作经济史料》,湖北人民出版社 1985 年版,第 184～185 页。

③ 《毛泽东文集》第 6 卷,人民出版社 1999 年版,第 432～433 页。

④ 黄道霞等:《建国以来农业合作化史料汇编》,中共党史出版社 1992 年版,第 397 页。

业化，改变中国极端落后的状况，是当时中国人民的最大愿望。加速实现工业化，客观上要求加速推进农业合作化，通过农业积累来支持国家工业化。正如薄一波所说："在我们这样经济落后的农业大国，进行大规模的工业化建设，在开始一个时期内，要求农民多提供一些积累是必要的，不可避免的。"[①]这就不难理解，在1950年代，党中央和毛泽东在全国范围内加速建立集体农庄式农业合作模式的原因。

**二、解决粮食供需矛盾有效途径：通过农业合作解放生产力并提高粮食产量**

1949年以前，中国粮棉不能自给，国民政府每年都要进口大量粮食、棉花。解放后，新中国不但不从国外进口粮食，而且出口部分粮食换取外汇，以进口机器设备。1950~1952年，农业生产很快恢复，农产品供应增加，在国家基本建设尚未展开的情况下，中国暂时实现了低水平的粮食供求均衡。1953年，"一五计划"实施，对粮食的需求激增，市场很快出现粮食供应紧张，1953年上半年，粮食销售量大大超过粮食储存量。据粮食部门的报告，1952年7月1日到1953年6月30日，全国出现40亿斤粮食缺口。加上东北等粮食主产区发生水灾，减产70亿斤，1953年，粮食供应非常紧张。[②]中共中央对1953年及今后一段时期的粮食供需情况进行了深入的分析，认为：在粮食需求方面，随着经济建设的全面展开，城市工矿区、农村经济作物区和畜牧区对粮食的需求会不断增长，同时，随着人口和牲畜的增长，粮食的刚性需求也随之增长；在粮食供应方面，由于粮食生产仍然是建立在分散的、落后的小农生产基础上，粮食产量不可能在短期内有飞跃性的提高，同时，土改以后，进入新社会的广大农民有着较为强烈的改善基本生活的愿望，农民为改善生活需要储备部分粮食，这就导致每年新增的粮食不会全部或大部分上市。粮食需求不断增长而粮食供给却难以增加，粮食供需矛盾非常突出。[③]1955年2月8日，李富春在第二次全国省市计划会议上的报告用详细的数字反映了这对矛盾：首先是人口和牲畜的增长对粮食需求的增加。按人口每年1%到2%的速度增长，中国人口从1954年的5.8亿增加至1957年6.2亿~6.4亿，牲畜至1957年达到9.4千万头。人和牲畜的粮食消耗量按1953年标准计算，每年需要粮食3.8千亿斤，如每人每年增加20斤，则需要3.9千

---

① 薄一波：《若干重大决策与事件的回顾》上，中共党史出版社1991年版，第281页。
② 叶扬兵：《中国农业合作化研究》，知识产权出版社2006年版，第290页。
③ 《中共中央关于粮食问题的指示》，1953年4月11日，江苏省档案馆馆藏资料3022－永久－10。

亿到 4 千亿斤。满足人口和牲畜增长对粮食的需求，每年需增产 200 亿斤，即达到 5% 的增幅，1953 年、1954 年连续两年只增加了 4%，存在较大的供需缺口；其次是工业发展对农作物的需求也在增加，如果农作物增加赶不上工业增长，除了影响非农业人口的生活质量外，还对工业发展速度会产生明显影响，1953 年，工业总产值的 49% 为纺织和食品工业，这两个行业都是以农产品为原材料，对农业的依靠程度很高，"如农业减产就直接影响到工业产值的提高和速度的增长"。①

粮食短缺制约着国家工业化进程和人民生活水平的提高，如何解决粮食供需矛盾成为头等大事。中共中央认为，解决粮食供需矛盾无非是两条途径：一是增加粮食产量，二是在流通领域增加供应。1953 年 9 月 25 日，中共中央在《关于颁发 1954 年度国民经济计划控制数字的指示》中强调："增产粮食和棉花是我国长时期内最严重的任务之一。党和政府对农村工作的领导，必须集中在增产粮食和棉花这一点上"。1953 年颁布的《关于发展农业生产合作社的决议》强调，工业的高涨要求"农业经济要有一定的相适应的高涨"。1954 年，中共中央再次强调要"使农业生产真正获得与工业发展相适应的发展"，"避免可能发生的农业发展赶不上工业发展的需要"。② 实现粮食增产必须改变中国农业的落后状况。按邓子恢的分析，中国农业落后表现在两个方面。首先是设备落后，"仍然是依靠畜力和旧式农具耕耘，是人工灌溉，而不是机器灌溉，是自然肥料，而不是化学肥料。"其次是生产关系落后，"大量存在的是以一个家庭为生产单位的个体小农经济，而不是集体经济"，据此看来，"改变农业落后状况，一要靠农业机械化，二要靠集体化"。③ 拖拉机是实现农业机械化的首要机器，但在 1949 年新中国成立时，中国没有一家拖拉机制造厂，第一拖拉机制造厂于 1955 年 10 月 1 日在洛阳建厂奠基，1959 年 11 月才建成投产，所以，改变农业落后状况不可能从农业机械化上入手，只能从农业集体化上破题。

正是基于这种认识，1950 年代初，中国共产党试图通过改变农业生产关系来改变农业生产力的落后状况，提高粮食产量。1953 年 10 月，毛泽东指出："个体农民，增产有限，必须发展互助合作""个体所有制必须过渡到集体所有制，过渡到社会主义""才能提高生产力"，"生产力发展了，才能解决供求的矛

---

① 李富春：《第二次省市计划会议总结报告》（记录），1955 年 2 月 8 日，江苏省档案馆馆藏档案 3129 - 永久 - 27。

② 国家农业委员会办公厅编：《农业集体化重要文件汇编（1949 - 1957）》上，中共中央党校出版社 1981 年版，第 246 页。

③ 邓子恢：《关于农业社会主义改造的方针、政策和指导原则》，载于《中国青年》1954 年第 17 期。

盾"。11 月，毛泽东又说："不靠社会主义，想从小农经济做文章，靠在个体经济基础上行小惠，而希望大增产粮食，解决粮食问题，解决国计民生的大计，那真是'难矣哉'！"① 党内多数人也坚信生产关系的调整可以带来粮食增产。1953年，中央成立以陈云为组长的八人小组负责起草"一五"计划纲要草案，在编制五年农业发展计划时，陈云指出："五年农业发展计划增长 28%，能否完成主要靠两个：一是靠天，一是靠农业生产合作化。兴修大的水利，如利用黄河、淮河灌溉三亿亩地，可增产 250 亿斤粮食，但不是短时可以办到的。开垦 5 亿亩荒地可能增产 1000 亿斤，但需投资 250 万亿，并且要有拖拉机 20 万到 25 万台，这也是力所不及的。因此，第一个五年计划农业的发展靠大的水利和开荒是不行的，最快的办法是靠合作化。根据已有的经验，农业生产合作社可增产 15% 到30%。如果全部合作化，全国即可增产 1000 亿斤粮食"。② 广东省农村工作部部长在研究了苏联经验之后说："没有拖拉机的集体化经济比小农经济优越得多，只要变成了集体农庄，即可大量增产""没有拖拉机的集体农庄，看起来好像是小农经济的集体农庄，仅仅是生产关系的改变，就可以增产 20% ~ 30%"。③1953 年颁布的《关于发展农业生产合作社的决议》指出，一家一户的个体经营，阻碍了农业的发展，制约了工业化的推进，发展农业生产力，必须把农民组织起来，"逐步实行农业的社会主义改造，使农业能够由落后的小规模生产的个体经济变为先进的大规模生产的合作经济，以便逐步克服工业和农业这两个经济部门发展不相适应的矛盾，并使农民能够逐步完全摆脱贫困的状况而取得共同富裕和普遍繁荣的生活"。④

　　为了在流通领域增加粮食供应，中央接受了陈云的建议，实行统购统销。从1953 年起，在全国实行粮食统购统销政策。农民所产的粮、棉、油等主要农产品，满足自身需要后的剩余部分，不得自由销售，全部由国家收购；在城镇，对居民实行粮食配售。决议指出了统购统销政策的两大作用，一是"可以妥善地解决粮食供求的矛盾，更加切实地稳定物价和有利于粮食的节约"；二是"把分散

---

① 毛泽东把"搞农贷，发救济粮，依率计征，依法减免，兴修小型水利，打井开渠，深耕密植，合理施肥，推广新式步犁、水车、喷雾器、农药，等等"称为对农民行小惠。国家农业委员会办公厅编：《农业集体化重要文件汇编（1949－1957）》上，中共中央党校出版社 1981 年版，第 198～200 页。

② 金冲及等：《陈云传》，中央文献出版社 2005 年版，第 895～896 页。

③ 中共广东省委农村工作部、广东省档案馆编：《广东省农业生产合作制文件资料汇编》，广东人民出版社 1982 年版，第 96 页。

④ 国家农业委员会办公厅：《农业集体化重要文件汇编（1949－1957）》上，中共中央党校出版社 1981 年版，第 215～216 页。

的小农经济纳入国家计划建设的轨道之内，引导农民走向互助合作的社会主义道路和对农业实行社会主义改造"。① 国家推行统购统销政策，必须以实现合作化为前提。因为国家面对上亿农户"要估实产量，分清余缺及其数量，很不容易"，如果把农民组织到合作社里，国家就不需直接面对单个农民，只需面对合作社，这样一来，"统购统销工作，要容易得多，合理得多"。② 为使合作社切实执行统购统销政策，国务院于 1957 年颁布的《关于粮食统购统销的补充规定》明确要求合作社在粮食分配时，必须先完成国家核定的收购任务，然后留足生产必需的种子和饲料，剩余部分再分配给全体社员。③

　　1953 年秋天，国家首次实行粮食统购统销，收效显著，特别是农业社和互助组比较出色地完成了统购统销任务。1953 年秋收后，松江省桦川县星火集体农庄，带头出售 186 万斤余粮给国营贸易机构，各地农业社、互助组先后响应。至 1953 年 11 月，山西长治专区 984 个农业生产合作社，卖给国家粮食 400 余万斤。同一时期，四川、云南、贵州各主要产粮区，农业社和互助组售给国家的粮食数量，人均达 1000 斤。全国各地均出现组织起来的农民交售余粮较单干户多的整体态势。④ 在 1953 年农业生产合作社刚刚建立之初，就凸显了其增加粮食供应的优势，这个优势正是党和国家急需的。同时，也给党和国家领导人形成了这么一种印象：不断提高合作化程度，建立更多、层次更高的生产合作社，就能产出更多的粮食。这种思维是后来党和国家领导人不断加快合作化步伐的一个动力。

### 三、土改后贫困农民的向往：通过合作实现共同富裕

　　西方合作社因是通过自下而上的方式建立起来的，在产生之时它就与政府毫不相干，甚至一度排斥政府介入合作社。这可能与下面两个因素有关：一是西方民众民智已开，具有独立开展合作的能力，无需政府的帮助。二是西方政府毕竟是代表资产阶级立场与利益的政府，至少在 19 世纪工人运动蓬勃开展之时，政府与工人、农民是对立的，由工人和农民自己组建的合作社自然排斥政府的介入。中国则不然。一是中国民智未开。特别是农民，知识水平较低，毋庸说对合

---

① 中共中央文献研究室：《建国以来重要文献选编》第 4 册，中央文献出版社 1993 年版，第 479 页。
② 《陈云文选》第 2 卷，人民出版社 1995 年版，第 277 页。
③ 国家农业委员会办公厅：《农业集体化重要文件汇编（1949 – 1957）》下，中共中央党校出版社 1981 年版，第 740 页。
④ 马社香：《中国农业合作化运动口述史》，中央文献出版社 2012 年版，第 265 页。

作精神缺乏深入理解，对合作社会计账非常陌生，就是起码的连签字画押也不能胜任，在这种条件下，中国显然缺乏独立开展合作的能力。二是中国共产党与农民群众之间是鱼水关系，共产党一心一意为农民群众谋福利，也处处依靠农民群众，农民群众也视共产党为救星，正因为农民相信共产党，所以，农民开展合作渴望得到党和政府的帮助，党和政府也把组织农民合作当作自己的使命。三是长期以来的封建剥削，使得中国农村阶级关系非常复杂，没有政府的介入甚至是威权介入，合作社就会被地主富农、土豪劣绅所控制，合作社就会背离为贫苦大众谋福利的宗旨而异化成地主富农剥削农民的新工具，这在国民政府时期已有历史教训。

新中国成立之初，农民自发设立的互助组就存在排斥贫雇农的现象，湖北黄冈地区"不少互助组实质上为佃中农所掌握，许多互助组不积极组织甚至排斥最困难的雇、贫农，而参加这些互助组的雇、贫农甚至领导这些互助组的乡干部与积极分子，也因本身有困难需要他们解决，也就采取了迁就态度。那些老底子太亏的雇、贫农，如果得不到扶助，在生活担子压迫下，还是翻不了身，有又走向破产的危险"。[①] 可见，最底层的广大贫苦农民，渴望党和政府介入合作社，为其提供帮助。中国共产党所"领导的农民革命是为了帮助工、农大众解除痛苦，改善生活，不是为了挂革命的空招牌好听。土地改革是解放农民，解除农民痛苦的重大问题。但高利贷、资本家、商人中间剥削，并不次于封建地主剥削，所以办合作社就是为了巩固工农联盟，和进一步的解除工农痛苦，改善工农生活"。[②] 在强烈的使命导向下，中共积极领导合作运动，使合作社成为真正为贫苦农民服务的组织。1951 年 3 月 27 日到 31 日，山西长治专区互助组代表会议召开，与会代表 104 人，包括长治地委书记王谦在内的部分政府干部和部分互助组组长。会议的一个重要议题是讨论互助组在长治地区能不能提高一步试办农业合作社。据郭玉恩回忆：与会互助组组长们认为，农民发展生产，遇到六大困难：一是深耕畜力不够，但单个农户买不起牲口；二是单个农户买不起羊群卧肥；三是互助组剩余劳动力个人副业生产不好调配；四是各家土地太零散；五是个体买大农具不经济；六是大的土地改造无法进行。互助组组长们觉得可以把互助组提高一步，试办农业生产合作社，以进一步发挥合作的作用，这是与互助组代表的共同愿

---

① 王崇文等：《湖北省农业合作经济史料》，湖北人民出版社 1985 年版，第 63 页。
② 王崇文等：《湖北省农业合作经济史料》，湖北人民出版社 1985 年版，第 14 页。

望。① 试办农业生产合作社的意见得到大家认同之后，会议讨论试办互助组的条件。对于这个，互助组代表们最具发言权，经过激烈的讨论，总结出四项试办条件：第一条是政治条件，试办合作社的村，党组织必须有战斗力，有能起带头作用的党员干部和劳动模范；第二条是具有较好的群众基础，近几年群众从互助组中看到了组织起来比单干优越；第三条是生产条件，试办合作社后，能保证粮食增产；第四条是合作社离领导机关较近，干部可以及时解决问题。② 这四条都是农民自己议论出来的，而非政府强加，从第一条和第四条看到，农民对共产党和共产党员是何等的信任，农民对政府是何等的倚重。在合作社的起点之时，合作社社员渴望政府扶植，而西方合作社社员则抵制与排斥合作社的介入，很自然，中国合作社会走上政府主导的发展道路，西方合作社则走上自我独立发展的道路。为什么长治专区农民渴望党和政府帮助他们把互助组提升为初级社，到后来，党和政府在全国普遍推行初级社时，很多农民又不赞同甚至选择退出呢？原因是，长治地区互助组已经得到了充分的发展，具备了向上升级的条件，农民也有通过升级带来更大发展的欲望，而后来在全国统一推行初级合作社时，有的地方互助组不具备升级的条件，有的地方甚至连互助组都没搞就直接进入初级社，也就是从个体生产直接进入集体生产，农民难以认同，特别是具备独立生产能力的富裕中农难以认同。出现这种现象的主要原因是：政府以统一的步调、统一的标准在不同的地区开展合作，统一性遏制了各地区的个性，从而引起了一些农民的不满。如果党和政府能既考虑统一性又兼顾差异性，一方面规范、扶持条件成熟地区互助组升级，另一方面又允许其他地区搞互助组，而不强制他们向初级社过渡，合作运动就更加符合中国实际，具有更好的经济绩效。

合作对于农民而言，具有两大功能：一是帮助极端贫困的农民脱贫；二是带领具有基本生产能力的农民致富。新中国成立之初，95% 以上的农民挣扎在贫困线上，分得土地的很多农民连基本的生产工具如耕畜和农具都不齐备，据调查，20 世纪三四十年代，华北农村没有耕畜的农户占全村农家的三分之一到二分之一。③ 解放以后特别是土改以后经过一两年的发展，雇农和贫农的经济状况有了较大的改善，但总体上依然很贫困。据湖北省农村工作部五处对该省 30 个乡的

---

① 马社香：《中国农业合作化运动口述史》，中央文献出版社 2012 年版，第 16 页。
② 长治市农业合作史办公室：《长治区十个试办农业社史料》，山西省新闻出版局内部图书准印证（90）第 191 号，1990 年，第 27 页。
③ 中国农村惯行调查汇编：《中国农村惯行调查》第 1 卷，东京岩波书店 1981 年版，第 73 页。

抽样调查，土改时雇贫农占总户数的51.08%，经过土改运动以及一两年的生产运动，上升为中农的占雇、贫农原有户数的29.6%，占总户数的15.12%，现有雇、贫农农户占原有雇、贫农户数的70.4%，占总户数的35.96%。雇、贫农分为三类：经济发展平常户、严重困难户、不能上升户（孤寡老弱、残废）。经济发展平常户占原有雇、贫农户数的55.34%，占总户数的28.27%，是雇、贫农中经济条件较好的群体，但仍然存在缺乏投资再生产的能力和缺乏生产资料两大困难。严重困难户占雇、贫农的7.9%，占总户数的3.74%，人口占雇、贫农的6.68%，占总人口的3.17%，这种户在生产和生活上都存在严重的困难。据30个乡的调查数据，贫困户的困难状况如表6-2所示。

表6-2　　　　　　湖北省30个乡严重困难户户均占有生产资料状况

| | 劳动力（人） | 田地（亩） | 耕畜（头） | 农具（件） |
| --- | --- | --- | --- | --- |
| 严重困难户每户平均 | 1.12 | 2.26 | 0.14 | 0.67 |
| 各阶层每户平均 | 2.31 | 5.46 | 0.39 | 2.03 |

资料来源：中共湖北省委农村工作部五处：《雇贫中农化及其问题》，载于《湖北农村》第36期，1953年4月17日。

由表6-2可知，严重困难户的生产资料非常缺乏，每户占有生产资料的平均数不到各阶层每户平均数的一半。这一部分人在农村中的政治地位低下，受人排挤和歧视，一般群众不谅解他们的困难，认为"都是一样分的田，为什么他们就没有饭吃？"一般农民嫌他们没有耕牛、农具，不愿让其参加互助组，有的名义上参加了，实际上仍借不到耕牛、农具。他们虽然贫困，但一般有劳动力，对发展前途有信心，迫切希望能得到合作社的帮助。

不能上升户占雇、贫农的10.56%，占总户数的5%，人口占雇、贫农的4.02%，占总人口的1.91%，他们都是孤寡、老弱、残废及军工烈属，占有极少数的生产资料，他们最大的困难是缺乏劳动力，不能从事农业生产，生活极其困难，在农村中地位很低，很多人嫌弃他们，把他们看作是"填不满的坑"，他们对前途感到悲观。[①]

通过互助合作可以有效地解决第一类和第二类雇、贫农的生产困难，对于第

---

① 中共湖北省委农村工作部五处：《雇贫中农化及其问题》，载于《湖北农村》第36期，1953年4月17日。

三类雇、贫农困难的解决，建立合作社也是当时最为有效的办法。所以，新中国成立以后，党和政府领导农民广泛地开展合作，具有很好的群众基础，受到群众欢迎，并不是政府强迫农民开展合作。①

土改以后，部分分得土地的农民买卖土地，出卖者主要是贫农。据保定区11个县的调查，1949年，买卖土地43800亩，1951年，增加到115100多亩。②1950年7月，山西省委组织了一个以农业厅厅长武光汤为首的考察组到已经完成土改的老区武乡进行为期一个半月的考察，考察组把当地土改三年后发生的新情况作了完整的叙述。报告认为，老区农村的阶级关系发生了新的变化，主要体现在土地的买卖上。1948~1949年，6个村出卖土地的户数共为139户，占总户数的11.8%，总共出卖土地410亩，占总亩数的2.28%。农民出卖土地的原因主要是：其一，调整调换。即坏地换好地、远地换近地、卖地买牲口，这类土地买卖有利于生产。其二，因灾、因病出卖土地。有50户（占总户数的4.32%）属于这种情况。出卖土地数量为151.9亩，占全部土地出卖量的37.1%，有的为了还债，甚至把全部土地都卖掉了，外出流浪，有的卖掉了所分土地的二分之一，如东沟王金柱，土改中分得10.3亩地，因病出卖了7.1亩。其三，劳力少，出卖少量土地。此类农户共6户，没有影响到他们的生活。土地买卖使得农村中出现了新的土地集中现象，土河村申中秀家有5口人，60亩地，超过该村平均数

① 为进一步求证农民是否向往加入合作社，2017年7月29日，笔者回到农村，采访亲历者，以下是笔者与亲历者的对话：笔者问：您所在村的农民，到底有多少人向往加入合作社？亲历者答：具体是多少人我也不晓得，应该是大多数，可能有个百分之七八十吧。不想入社的只有工商业地主，因为他们自己不作田，田土或者是租给别人，或者是雇长工，他们的钱来自于做生意。我们村只有一个工商业地主，是国民党的伪军官，在城里有铺面和房子，回来是坐轿子或者骑马，他肯定不想入社。地主的子女在乡里做不起人，土改后跟贫农差不多了，合作化中，他们愿意入社，还抢着入社，因为想表现好。还有一种地主是土地主，这些人在街上没有铺面，就是田土多一点，土地主很累的，靠勤劳、节约起家，每天天光就起来做事，因为田土多嘛，又舍不得请人。土地主晚上一般也不吃饭，钱也是嘴巴里抠出来的。富农就是多几亩田土，富不到哪里去，生活比现在讨米的叫花子要差远了。那个时代啊，真是太穷了，这个时代真的好哩！怕再也没有这样好的时代了！土地主和富农在土改中都受了斗争，田土被分了，也成了贫农，愿意入社，政府讲了入社有好处，哪个不想得好处呢？贫农真的是贫，有的穷得短裤子都没有（即置不起一条内裤），没有农具，没有耕牛，子女没长大的人家还没有人手，除了土改中分得的田土之外，什么都没有，怎样耕种啊！合作之后就可以种了。毛主席晓得农民的困难，搞合作社，大家都感谢毛主席！毛主席搞合作化，搞人民公社，确实为了农民能过好日子，毛主席的政策是好的，就是农民的思想跟不上。笔者问：村里的中农愿意入社吗？亲历者答：富裕中农不太愿意，能成为富裕中农的人家，就是因为劳力多，当然还有勤劳，村里也没有几户富裕中农，大约6户吧。他们单干了几年，1957年都入社了，有的也受了一点斗争，不过不重。笔者问：您向往合作社吗？亲历者答：那个时候，我肯定向往入社，不过要是现在要我入，我就不入了。笔者问：为什么？亲历者答：那个时候穷，不入社不行，现在有钱了，不需要入社，自家的田土都懒搞得了，哪个还去搞集体啰！
② 史敬棠：《中国农业合作化运动史料》下，三联书店1959年版，第968页。

的 2 倍；申步年家 8 口人，有 60 亩地；刘怀珍家 3 口人，有 22 亩地，超过该村平均数的 1 倍。"武乡土地是经过大体上平分的，在很短时间内能集中 2 倍或 3 倍的土地，不能说是很慢的"。① 1952 年，陕西省忻县地委对 143 个村进行了调查，发现，1949 ~ 1952 年，共有 8253 户农民出卖土地和房屋，出卖的土地数量为 3.9912 万亩、房子 5162 间。出卖土地房屋的农户占总户数的 19.5%，所出卖的土地，占土地的 5.75%，占卖地户土地拥有量的 28%。出卖土地和房屋农民，其阶级成分一般会下降。据对静乐县五区 19 个村的调查，共有 880 户出卖土地房屋，其中的 167 户由老中农降为贫农，471 户由新中农变为贫农，成分下降户共计 638 户，占所调查的总户数的 11.05%，在这些下降户中，6% ~ 10% 的户沦落为赤贫户。② 从这些数据中看到，土改后的土地买卖现象比较普遍，这种状况如若不加以控制，农村极有可能再次出现两极分化，在打倒地主阶级若干年之后极有可能再次出现一个新的剥削阶级。③ 对此，毛泽东忧心忡忡。1953 年，他指出："现在农民卖地这不好。法律不禁止，但我们要做工作，阻止农民卖地。办法就是合作社。互助组还不能阻止农民卖地，要合作化要大合作社才行。大合作社也可使得农民不必出租土地了，一、二百户的大合作社带几户鳏寡孤独，问题就解决了"。④ 1955 年 7 月，毛泽东指出，土改以后，一方面，农村中的资本主义自发势力不断发展，新富农不断增加；另一方面，许多贫农依然贫困，他们不得不出卖房屋，不得不举债，"这种情况如果让它发展下去，农村中两极分化的现象必然一天一天地严重起来……逐步地实现对于整个农业的社会主义改造，即实行合作化，在农村中消灭富农经济制度和个体经济制度，使全体农村人民共同富裕起来"。⑤ 在毛泽东眼中，合作化是农民摆脱贫困、实现共同富裕的途径。均等、共同富裕是中国农民的追求，共产党对农业生产合作能带来共同富裕的宣传，以及在现实中实行的土地公有制度，耕畜、农具统一调配使用，劳动成果平等享受等措施对广大农民特别是贫困农民有很大的吸引力。农民对合作社有着一种美好的向往，向往合作社来给他们带来幸福生

① 黄道霞等：《建国以来农业合作化史料汇编》，中共党史出版社 1992 年版，第 28 页。
② 黄道霞等：《建国以来农业合作化史料汇编》，中共党史出版社 1992 年版，第 106 页。
③ 据 1952 年对东北肇源区十八个村的调查，富农占该村总户数的 1.8%，人口的 2.6%，土地的 3.9%，耕畜的 6%，车辆的 7.7%，富农占有的耕畜和车辆的比重是人口比重的 3 倍，说明土改后农村确实出现了一定程度的两极分化。黄道霞等：《建国以来农业合作化史料汇编》，中共党史出版社 1992 年版，第 80 页。
④ 《建国以来毛泽东文稿》第 4 册，中央文献出版社 1990 年版，第 357 页。
⑤ 《毛泽东文集》第 6 卷，人民出版社 1999 年版，第 437 页。

活和优越生产条件，对农业合作化运动抱着支持态度，即使是其利益受到损害时，通过政府的思想工作仍然支持合作社，从而为农业生产合作社的发展赢得了民众基础。

上面的分析清楚地揭示：新中国成立以后农业生产合作社的出现与普及，是国际环境所迫、国家战略要求、农民诉求共同作用的结果。认识这个逻辑起点，对后来农业合作化运动和人民公社化运动就有更加深刻的认识：农业生产合作社经济绩效低下、组织成本高等问题，是中国人民集体探索失误所致。改革开放以后，实行联产承包经营，以及在此基础上成立新型农业合作社，成为这一时期又一种新的探索。

## 第二节　集体农庄式农业合作模式的理论渊源

集体农庄式农业合作模式有三大理论渊源，一是马克思主义农业合作理论，二是中国传统文化，三是空想社会主义思想。

### 一、马克思主义农业合作理论

新中国成立以后的农业合作化运动，与马克思主义合作理论有着深厚的关系。检阅关于农业合作化的研究文献，发现，从历史视角研究农业合作运动的史学著作，[①] 主要是叙述中国农业合作化的演进历程，没有涉及到中国农业合作运动的理论渊源这样一个学术命题；从经济史和经济思想史视角研究农业合作化的经济学著作，[②] 都注意到梳理中国农业合作化运动的理论渊源，都指出马克思主义合作理论是中国农业合作化的理论来源之一，但是，相关著作的叙述风格都是先摆出马恩列斯的合作理论，然后介绍中国的农业合作思想与实践，对于两者之间的内在逻辑关系，则未作交代。正因为如此，我们产生以下疑惑：是不是马恩列斯关于合作的所有理论都对中国农业合作化产生了影响？如果不是的话，马恩列斯的哪些理论对中国农业合作化产生了影响？这种影响又体现在哪些方面？只有破解这些疑惑，才能廓清中国农业合作化的马克思主义理论渊源。事实上，中

---

① 高化民：《农业合作化运动始末》，中国青年出版社1999年版；罗平汉：《农业合作化运动史》，福建人民出版社2004年版；叶杨兵：《中国农业合作化运动研究》，知识产权出版社2006年版；罗平汉：《农村人民公社史》，福建人民出版社2006年版。

② 王贵宸：《中国农村合作经济史》，山西经济出版社2006年版；张千友：《新中国农业合作化思想研究》，西南财经大学出版社2014年版。

国农业合作化并不是对马恩列斯合作理论照单全收，而是有选择性地吸收。那么，到底吸收了马恩列斯的哪些合作理论呢？本书拟从六个方面对此进行阐述。

（一）合作化是小农经济的唯一出路

资产阶级革命以后，西欧出现了两种不同的土地所有制：英国因经过了大规模的圈地运动，小农土地被资产阶级和新贵族剥夺，故而，英国实行的是大土地所有制；法国、德国、俄国等国家的情况则不一样，既存在大土地所有制，同时也大量存在农民的小块土地所有制。如何对待大土地所有制和广泛存在的小农经济，是马克思和恩格斯关心的问题。马克思认为，对于大土地所有制，必须采取没收的办法，在此基础上建立国有的合作社，"我们一旦掌握政权，我们自己就一定要付诸实施：把大地产转交给（先是租给）在国家领导下独立经营的合作社，这样，国家仍然是土地的所有者"。① 对于农民的小块私有土地，马克思认为应该承认农民对土地的所有权，不能采取没收的方式，无产阶级应"以政府的身份采取措施，直接改善农民的状况，从而把他们吸引到革命方面来……但是不能采取得罪农民的措施，例如宣布废除继承权或者废除农民所有权"。② 自给自足的小农经济是一种落后的生产方式，它不仅受到大农经营和高利贷的剥削，而且还阻碍了农业科学技术的应用，所以，必须对小农经济进行改造，把土地小私有制变为集体所有制，实现这种转变的途径就是建立合作社，"当我们掌握了国家政权的时候，我们决不会考虑用暴力去剥夺小农……我们对于小农的任务，首先是把他们的私人生产和私人占有变为合作社的生产和占有"，建立合作社，"是为了他们自己的利益，这是他们唯一得救的途径"。③

列宁赞同马克思和恩格斯关于以合作社改造小农经济的思想。在列宁看来，资本主义社会的小农经济之所以能够生存，并不是因为小农生产具有竞争力，而是因为小农的需求标准低于雇佣工人所致。列宁断定，在资本主义社会，"小农的自然经济只能苟延残喘并慢慢地在痛楚中死去，绝对不会有什么繁荣"。④ 小农经济的唯一出路就是走向合作化、走向社会化大生产，"合作制政策施行成功，就会使我们把小农经济发展起来，并使小农经济比较容易在相当期间内，在自愿联合的基础上过渡到大生产。"⑤ 斯大林也持同样的观点，认为小农经济"是最

---

① 《马克思恩格斯全集》第4卷，人民出版社1995年版，第675页。
② 《马克思恩格斯全集》第3卷，人民出版社1995年版，第287页。
③ 《马克思恩格斯全集》第4卷，人民出版社1995年版，第499～500页。
④ 《列宁全集》第5卷，人民出版社1986年版，第237～238页。
⑤ 《列宁选集》第4卷，人民出版社1960年版，第523页。

没有保障、最原始、最不发达、生产商品最少的经济",改变小农经济落后状况的办法就是发展能够使用大机器设备和现代科学技术的集体农庄,因为集体农庄是"农业中采用机器和拖拉机的主要基地",在斯大林看来,集体农庄是"农村社会主义改造的杠杆"。①

马恩列斯关于以合作社改造小农的思想对中国共产党和毛泽东产生了深刻的影响。毛泽东和党的主要领导在其论述中,多次指出小农经济是造成中国农民贫困的根源,小农经济的唯一出路是走上集体农庄式合作化道路。这在前文已有论述,在此不再赘述。

### (二) 推进合作运动的方式

西方的农业合作运动,是农民自觉自愿、互惠互利的运动,政府的作用是扶持和规制。无产阶级夺取政权以后,以何种方式推进合作运动?恩格斯认为只能引导农民自愿加入合作社,绝不能采取暴力手段。恩格斯在《法德农民问题》中指出:"我们对于小农的任务,首先是把他们的私人生产和私人占有变为合作社的生产和占有,但不是采用暴力,而是通过示范和为此提供社会帮助。"② 作为穷人自救组织的合作社,资金不足成为其发展制约因素,因此,政府应该给合作社以资金扶持,"我们在这个意义上为了农民的利益而必须牺牲的一些社会资金,从资本主义经济的观点看来好像是白花钱,然而这却是一项极好的投资,因为这种物质牺牲可能使花在整个社会改造上的费用节省十分之九"。③

列宁在实践中深刻地意识到引导农民自愿入社的重要性,他坚决反对使用暴力手段强制农民加入合作社,"任何一个布尔什维克、共产党员、有理智的社会主义者都从来没有想到过要对中农使用暴力。所有的社会主义者总是说,要同中农妥协,要让中农逐渐地、自愿地过渡到社会主义"。④ 列宁认为,农民由个体生产转变为合作社的集体生产,是一场触及生产生活方式的大变革,短期之内,很多农民难以适应,因此"企图用法令和命令来实行共耕制是极端荒谬的"。⑤ 通过行政命令方式,即使把合作社建立起来了,但这种合作社也是毫无价值的,"只有那些由农民自己自由发起的、经他们实际检验确有好处的联合才是有价值

① 《斯大林选集》下卷,人民出版社1979年版,第227页。
② 《马克思恩格斯选集》第4卷,人民出版社1995年版,第310页。
③ 《马克思恩格斯全集》第4卷,人民出版社1995年版,第500~501页。
④ 《列宁全集》第35卷,人民出版社1985年版,第470页。
⑤ 《列宁全集》第35卷,人民出版社1985年版,第140页。

的"。① 列宁在《论合作制》指出，国家必须给予合作社一定的贷款支持，"在政策上要这样优待合作社，就是使它不仅能一般地、经常地享受一定的优待，而且要使这种优待成为纯粹资财上的优待"。②

1928 年之前，斯大林赞同以引导的方式开展合作运动。1928 年之后，斯大林为了尽快实现全苏的农业集体化，采取大搞政治运动的方式推进农业集体化运动，自愿原则遭到破坏，暴力方式广泛使用。在斯大林看来，"过渡到全盘集体化的经过并不是表现于基本农民群众简单而和平加入集体农庄，而是表现于农民群众同富农进行斗争"。③ 既然是斗争，那么，那就需要采取阶级斗争的方式。在 1928 年的七月会议上，斯大林提出"阶级斗争尖锐化"理论，他认为："社会主义越深入，阶级斗争越尖锐"。④ 按照斯大林的要求，1928 年 11 月，苏联派遣"两万五千人大队"到农村开展集体化运动，这些人完全不顾农民的意愿，采取经济制裁、武力威胁、逮捕、流放、剥夺选举权、没收财产等手段强迫农民加入集体农庄。这一点，斯大林自己也承认农业集体化运动过程中存在"过火"的行为。1930 年 4 月 3 日，斯大林在《真理报》发表《答集体农庄庄员同志们》一文，公开承认农业集体化运动过程中出现的对中农的暴力强迫，违反了自愿原则，这种做法将"使整个社会主义建设削弱"。⑤ 斯大林承认使用暴力不对，但并不意味着不再使用暴力。1933 年，斯大林认为集体农庄中"钻进了反革命分子"，这些反革命分子是"富农和富农走狗"，他们担任着仓库保管员、事务主任、会计员和秘书，"把持"着集体农庄，斯大林命令机器拖拉机站政治部必须打入集体农庄内部，以"寻找隐藏的敌人"。⑥

中国在推进农业合作化运动的过程中，反复强调要坚持自愿原则。中共中央于 1951 年颁布的《关于农业生产互助合作的决议（草案）》要求"按照自愿和互利的原则，发展农民劳动互助的积极性"，并强调指出"强迫命令就是违反自愿和互利的原则，而且容易伤害联合中农的政策"。⑦ 1953 年颁布的《关于发展农业生产合作社的决议》指出："发展农业合作化，无论何时何地，都必须根据

① 《列宁全集》第 36 卷，人民出版社 1985 年版，第 197 页。
② 《列宁选集》第 4 卷，人民出版社 1960 年版，第 683 页。
③ 联共（布）中央特设委员会：《苏联共产党（布）历史简明教程》，人民出版社 1955 年版，第 402 页。
④ 《斯大林、布哈林和莫洛托夫在联共（布）七月大会上的发言》，转引自吕卉：《苏联农业合作化运动研究》，吉林大学博士学位论文，2010 年，第 36 页。
⑤ 《斯大林全集》第 12 卷，人民出版社 1960 年版，第 169 页。
⑥ 《斯大林全集》第 13 卷，人民出版社 1960 年版，第 194～208 页。
⑦ 黄道霞：《建国以来农业合作史料汇编》，中共党史出版社 1992 年版，第 51～52 页。

农民自愿这一个根本的原则""绝对不能够用强迫命令的手段去把贫农和中农合并到合作社里，也绝对不能够用剥夺的手段去把农民的生产资料公有化"，开展合作"必须采取说服、示范和国家援助的方法来使农民自愿联合起来"。①

不过，新民主主义时期的合作运动实践证明，如果完全依靠农民的自觉自愿来开展合作，那就会落入到"引而不动"的困境之中。新中国成立后的农业合作运动，至少有三重目的：一是通过合作实现农业增收、改善农民的生产与生活条件；二是通过农业合作提高农业产量，增加粮食供应，满足工业化对粮食的需要；三是通过农业合作实现对农村个体经济的社会主义改造。显然，实现第二和第三个目标，农业合作就不能靠农民的自愿去慢慢推进，政府必须采取措施提高农民的入社自愿性。毛泽东在读苏联《政治经济学教科书》时说："不能借口'严格遵守自愿'而不搞合作化。自愿也要引导。我们在合作化中间，先引导贫农和下中农入社。农村有了40%的人入社，合作化就是势不可挡了。任何运动中，总有一部分是随大流的。造成了形势，他们就可以跟上去"。② 这是毛泽东深刻把握中国农民特性之后得出的结论。确实，中国大多数农民是随大潮的，你不入社，我也不入社，你入社，我也不落后。如果政府不去引导，农民一般不会自愿入社。用什么手段引导呢？既有物质刺激的、又有舆论引导的，还有政治动员的。入社的农民，在物质上得到一定的实惠、在舆论上得到赞扬、在政治上得到表彰。不入社的单干户，在物质上得不到好处、还要受到舆论的谴责和政治上的压制，于是，很多农民自愿加入合作社，这种自愿就是引导下的自愿。但是，引导下的自愿，多多少少带有强迫意味。

**（三）合作社的社会主义性质**

西方国家的合作社是一种纯粹的经济组织，不具有社会性质属性。无产阶级专政的国家则不同，合作社不仅仅是一种经济组织，还是一种肩负政治任务的组织。这里讲的政治任务是指通过合作化，发展合作社，建立农村的社会主义制度。马克思和恩格斯把合作社看作是消灭资本家和中间商人对农民剥削的手段，同时也是通向共产主义的中间环节。列宁首次把合作社与资本主义制度和社会主义制度联系起来。他认为，在资产阶级专政的国家，合作社就会孕育出资本主义的生产关系，"小商品生产者合作社（这里所说的是在小农国家中占优势的、典

---

① 黄道霞：《建国以来农业合作史料汇编》，中共党史出版社1992年版，第172页。

② 中华人民共和国国史学会：《毛泽东读社会主义政治经济学批注和谈话》（内部版），第166~167页。

型的小商品者合作社，而不是工人合作社）必然会产生出小资产阶级的、资本主义的关系，促进这种关系的发展，把小资本家提到首位，给他们以最大的利益"。① 在无产阶级专政的国家，合作社就会孕育出社会主义生产关系。列宁认为，发展合作社，可以把分散的小农生产变为集中的集体生产，这种集体生产就是为社会主义准备条件，"我们通过合作社，而且仅仅通过合作社，通过我们从前鄙视为买卖机关，并且现时在新经济政策下我们从某一方面也有理由加以鄙视的合作社来建成完全的社会主义社会所需的一切吗？"② 列宁甚至认为，只有具备了合作化的条件，社会主义才具备了根基，"有了完全合作化的条件，我们也就在社会主义基地上站稳了"。③ 斯大林同样认为只有通过发展合作社才能引导小农走上社会主义道路，他指出："在我们这样一个拥有大量小农经济的国家中，除了用集体的组织形式，即消费合作社和生产合作社外，是不能用任何其他方法使小农经济走向社会主义的"。④

中国共产党充分吸收了马恩列斯关于无产阶级专政国家的合作社具有社会主义性质的观点。毛泽东在七届二中全会上指出："单有国营经济而没有合作社经济，我们就不能领导劳动人民的经济逐步地走向集体化，就不可能由新民主主义社会发展到将来的社会主义社会"。⑤ 中国由新民主主义社会发展到社会主义社会，是以国营经济和合作社经济的发展为基础的，如果没有合作社经济的发展，新民主主义就可能难以过渡到社会主义，无产阶级的领导权也难以巩固。刘少奇在深入研究了列宁合作理论后指出，建立合作社，是引导农民走社会主义道路的途径，"合作社把人民组织起来，就使国家对于社会生产与分配的统计和监督变得容易，并能养成人民的集体观念，训练小生产者集体劳动的习惯，为将来组织集体农场及社会主义的进步生产准备有利的条件""无疑问的，中国的农业也是可以经过合作社的道路逐步前进到社会主义的"。⑥ 新中国成立前夕，刘少奇对新中国五种经济成分的性质做了分析，指出："国营经济是社会主义性质的经济，国家资本主义经济是十分接近社会主义的经济，合作社经济是在各种不同程度上

---

① 《列宁选集》第 4 卷，人民出版社 1960 年版，第 522 页。
② 《列宁选集》第 4 卷，人民出版社 1960 年版，第 682 页。
③ 《列宁选集》第 4 卷，人民出版社 1960 年版，第 687 页。
④ 《斯大林全集》第 6 卷，人民出版社 1955 年版，第 119 页。
⑤ 《毛泽东选集》第 4 卷，人民出版社 1991 年版，第 1432～1433 页。
⑥ 刘少奇：《刘少奇论合作社经济》，中国财政经济出版社 1987 年版，第 31～32 页。

带有社会主义性质的经济。"[1] 1953 年制定的《关于发展农业生产合作社的决议》对合作社的社会主义性质作了明确的规定，即互助组具有社会主义萌芽性质，初级社具有半社会主义性质，高级社则具有完全的社会主义性质。1959 年，毛泽东在读苏联《政治经济学教科书》时对合作社的社会主义性质作了完整的阐发，他说："我们的农业生产互助组是半社会主义性质的。这个说法不对。我们过去说互助组是社会主义的萌芽，因为在互助组里面，只是共'工'，还没有共'产'。到了初级社，才是半社会主义性质"。[2]

### （四）发展合作社的优先序

合作社主要分为生产、供销、消费、信用合作等形式，马克思和恩格斯没有直接论述无产阶级在夺取政权以后到底优先发展哪一种合作社的问题。但从恩格斯的一些论述中，还是可以看到，恩格斯更加重视生产合作社的发展。恩格斯在论述小农经济的发展前途时讲到，要通过合作社的生产和占有取代私人的生产和占有来发展农村经济，然后"把这些合作社逐渐变成全国大生产合作社"，再以"全国大生产合作社"为基础，逐步实现向共产主义过渡。[3]

列宁是第一个考虑合作社优先发展序的马克思主义经典作家。列宁认为，实现合作化要经历三个阶段。第一阶段，允许自由买卖形成对农民的物质刺激。战时共产主义时期实行的余粮收集制遭到农民的激烈反对，1921 年实行"新经济政策"之后，以粮食税代替余粮收集制，允许农民出售多余粮食，从而获取经济收入。列宁认为，允许农民买卖粮食是"向做买卖的农民让了步，即向私人买卖的原则让了步，正是从这一点（这与人们的想法恰恰相反）产生了合作制的巨大意义。"[4] 为什么说允许自由买卖产生了对合作制的巨大意义呢？因为一旦允许自由买卖，农民就会想方设法去获取买卖利益最大化，譬如降低生产资料的买价、提高产品的售价、降低生产成本等。单个农户经营显然无法实现利益最大化，这样，农民就有自发建立消费、供销、信贷合作社的诉求。合作社建立起来之后，国家可以通过与它订立购销合同等方式，将合作社的经济活动纳入国家计划范围内，这样一来，合作社就成为社会主义经济的一个组成部分。在自由买卖基础上，农民自发地建立流通合作社，国家把它纳入计划范围内，是列宁合作化

---

[1]　刘少奇：《刘少奇论合作社经济》，中国财政经济出版社 1987 年版，第 45 页。
[2]　中华人民共和国国史学会：《毛泽东读社会主义政治经济学批注和谈话》（内部版），第 156 页。
[3]　《马克思恩格斯选集》第 4 卷，人民出版社 1995 年版，第 503～504 页。
[4]　《列宁选集》第 4 卷，人民出版社 1960 年版，第 681 页。

道路的第二步。农民通过流通领域的合作逐步认识到，出售经过加工的农产品比出售初级产品的收益更大，这样，农民就产生了生产合作的需求。在国家所提供的机械化和电气化的帮助下，生产合作社在全国普遍建立，合作就进入了生产合作阶段。由此可见，列宁所规划的合作化路径，是先发展流通领域的合作再上升到生产合作。《联共（布）党史简明教程》对列宁的合作社发展思路作了如下概括："列宁指出，我国农业发展的道路，应该是通过合作社吸收农民参加社会主义建设，逐渐把集体制原则应用于农业，起初是农产品的销售方面，然后是农产品的生产方面。"[1] 1928 年，苏联实施第一个五年计划。当年出现了严重的粮食危机，斯大林认为粮食危机的根源是分散经营的小生产，所以，"加强集体农庄运动是提高我国粮食生产商品率的最重要方法之一。"[2] 在此背景下，生产合作社（即集体农庄）成为苏联优先发展的合作社。

刘少奇对列宁的合作社发展优先序思路很赞同。刘少奇把合作社区分为消费合作社、供销合作社、生产合作社三类，农业生产合作社又包括劳动互助社、集体农场、农业公社三种形式，"后两种则是农业生产合作社的高级组织形式，在中国还不能实行"。[3] 在《论新民主主义的经济与合作社》一文中，刘少奇再次强调，在革命胜利后的一段时期内，"必须在广大范围内去组织合作社的商业，以便和国家商业结合起来去执行商品社会中普通商人的分配任务。解放区很多同志不注重组织合作社商业的观点是不对的"。[4] 毛泽东未就优先发展哪一种形式的合作社的问题发表过明确的看法，但是，毛泽东最看重的是生产合作社。新中国成立初年，决策层围绕合作社有过三次争论，第一次是 1950 年到 1951 年围绕东北农民两个积极性（农民既存在劳动互助的积极性又存在发展个体经济的积极性）认识的争论，第二次是 1951 年围绕山西省提出的要不要把互助组提高到农业生产合作社的争论，第三次是 1955 年围绕农业合作化的发展速度的争论。三次争论都是毛泽东最后一锤定音，三次争论都是围绕生产合作社展开。争论之后，中央制定了系列关于合作的文件，包括《关于农业生产互助合作的决议（草案）》（1951 年）、《关于发展农业生产合作社的决议》（1953 年）、《农业生产合作社示范章程》（1955 年）、《高级农业生产合作社示范章程》（1956 年）。这些

---

[1]　联共（布）中央特设委员会：《联共（布）党史简明教程》，人民出版社 1975 年版，第 289 页。
[2]　《斯大林全集》第 11 卷，人民出版社 1955 年版，第 77 页。
[3]　刘少奇：《刘少奇论合作社经济》，中国财政经济出版社 1987 年版，第 27 ~ 32 页。
[4]　刘少奇：《刘少奇论合作社经济》，中国财政经济出版社 1987 年版，第 12 页。

文件都是关于生产合作社的，可见，中央对生产合作社的重视程度，但这并不意味着中共中央不重视信用合作社、供销合作社的发展。中国发展合作社的思路是：重点发展农业生产合作社，兼顾发展信用合作社和供销合作社。正如华恕所总结的："农业生产互助合作运动的发展，除了必须加强党在农村中的政治工作，以提高农民的政治觉悟以外，还必须有国家金融、贸易以及供销合作、信用合作等经济工作的配合与支持。过去四年我们在农村互助合作运动中已取得了很大的成就，今后我们必须在过渡时期总路线的灯塔照耀之下，在过去已经获得成绩的基础上，继续加强农村的互助合作运动，从生产、供销和信用三个方面，把个体农民组织起来走社会主义的道路"。①

（五）农业合作化与工业化的关系

马克思和恩格斯没有就农业合作化与工业化的关系问题展开论述。社会主义革命在苏俄取得胜利以后，苏俄面临着处理农业合作化与工业化关系的问题。列宁在世时，苏俄还没有开展大规模的工业化建设，一直到1928年苏联实施第一个五年计划，苏联才真正面临农业合作化与工业化的关系问题。1920年代的苏联，处在被帝国主义国家包围的险恶环境之中，帝国主义国家视社会主义苏联为洪水猛兽，欲灭之而后快。但是，1920年代的苏联，还没有建立起独立的工业体系，特别是重工业非常落后。发展重工业，首先面临资金稀缺的约束，破解这个约束，需要农业为工业发展提供剩余资金，但是，自给自足的小农经济无法为工业化提供资金支持。正因为如此，斯大林一再强调，苏联不能"建立在最巨大最统一的社会主义工业基础上和最分散最落后的农民小商品经济基础上"。② 换言之，苏联必须建立在社会主义工业和集体农业的基础之上。通过行政手段把农民组织起来建立集体农庄，开展大农经营，是破解工业化资金不足的唯一办法。斯大林说："（小农）的出路何在呢？出路在于使农业成为大农业"。③ 斯大林认为，农业集体化应该为国家工业化作出应用的贡献，做贡献的方式就是，农民"在购买工业品时多付一些钱，而在出卖农产品时少得一些钱"，使"资金从农业'流入'工业"。④ 这就是说，农民应该承担工农产品的价格剪刀差损失，农民的损失就是一种所谓的"类似贡款的东西"。斯大林还认为，农业集体化能不

① 华恕：《我国农村互助合作运动发展得一般情况》，载于《学习》1954年第1期。
② 《斯大林选集》下卷，人民出版社1979年版，第213页。
③ 斯大林：《列宁主义问题》，人民出版社1964年版，第342页。
④ 《斯大林选集》下卷，人民出版社1979年版，第149页。

能完成，取决于国家实现工业化的速度，"高速发展我国工业是改造农业的钥匙"。① 因为"农民现在最需要拖拉机、农业机器和肥料"，这些东西需要国家工厂为其提供，所以，农民承受"类似贡款的东西"是理所当然的，而且，苏联农民能够"负担得起"。② 斯大林认为农业是工业的基础，农业"是吸收工业品的市场，是原料和粮食的供应者，是为输入设备以满足国民经济需要所必需的出口物资后备的来源"。③

新中国成立初年的情况与苏联成立之初的情况非常相似。一方面，本国的工业基础非常薄弱，另一方面，也是处在帝国主义的包围之中，帝国主义国家对新生的人民共和国政权采取经济上的封锁、政治上的孤立、军事上的打击。为了维护国家主权，中国必须尽快建立起独立的工业体系。建立工业体系，需要农业合作化为其提供资金支持和产品销售市场。毛泽东在 1955 年的《关于农业合作化问题》的报告中，毛泽东把农业合作化与工业化之间的相互关系概括为两个方面：第一，农业合作化可以为国家工业化提供资金、工业原料和粮食。"如果我们不能在大约三个五年计划的时期内基本上解决农业合作化的问题……我们就不能解决年年增长的商品粮和工业原料的需要同现时主要农作物一般产量很低之间的矛盾，我们的社会主义工业化事业就会遇到绝大的困难，我们就不可能完成社会主义工业化"。第二，农业合作化的实现能够为工业化提供产品销售市场，工业部门所生产的拖拉机、农业机器、化学肥料、农业运输工具等产品，"只有在农业已经形成了合作化的大规模经营的基础上才有使用的可能，或者才能大量地使用"。④

毛泽东认同以农业合作化支持工业化的经验，但毛泽东不是盲从苏联经验。他认为苏联从农业中抽取太多，"把农民挖得很苦"。⑤ 其结果是，苏联的农业发展长期滞后于工业，阻碍了工业化的推进。1956 年 4 月 25 日，毛泽东在《论十大关系》中指出，中国处理在工业与农业、重工业与轻工业的比例问题上，比苏东社会主义国家做得好，没有发生轻重工业比例失调问题，也没有出现粮食产量提不高的问题，尽管如此，"还要适当地调整重工业和农业、轻工业的投资比例，更多地发展农业、轻工业。这样，重工业是不是不为主了？它还是为主，还是投

① 《斯大林选集》下卷，人民出版社 1979 年版，第 158 页。
② 《斯大林选集》下卷，人民出版社 1979 年版，第 149 页。
③ 《斯大林选集》下卷，人民出版社 1979 年版，第 81 页。
④ 《毛泽东选集》，人民出版社 1999 年，第 431～432 页。
⑤ 中共中央文献研究室：《建国以来毛泽东文稿》第 6 册，中央文献出版社 1992 年版，第 83 页。

资的重点。但是，农业、轻工业投资的比例要加重一点"。① 1958 年，毛泽东就工农业协调发展提出了"两条腿走路"方针和"两个并举"的思想。所谓"两条腿走路"方针，即"在优先发展重工业的前提下，发展工业和发展农业同时并举"。毛泽东认为，粮食是农业的根本，钢铁则是工业的根本，"一个粮食，一个工业，有了这两个东西就什么都好办了"。② 所以，工业生产的核心是"钢铁"，农业生产的核心是"粮食"，这就是"在工业内部，以钢为纲；农业内部，以粮为纲"。③ 人民公社除了抓农业生产以外还要办工业，"发展工业，加强农业，我们正在做。公社办工业，我们正在做。公社办工业，我们比斯大林胆大"。④ 所谓"两个并举"的思想，即"大中型企业同时并举、洋法土法生产同时并举"。⑤ 毛泽东认为，我国发展工业要"在大型企业的主导下，大量地发展中小型企业，在洋法生产的指导下，普遍地采用土法生产，主要是为了高速度"。⑥

### （六）合作化与集体化的关系

马克思、恩格斯和列宁没有就合作化和集体化的关系进行专门的论述。1927年 12 月联共（布）十五次代表大会以后，斯大林抛弃了列宁的农业合作化道路，继而在苏联推行"全盘农业集体化"道路。斯大林的农业集体化道路从一开始就遭到质疑，有人认为斯大林背弃了列宁合作化路线。围绕合作化与集体化的关系，布哈林和斯大林展开了辩论。布哈林认为合作化和集体化不是同一回事，合作化路线和集体化路线是两条不同的道路，"我们不能以大规模组织集体生产的方式在农村开始社会主义道路，而是应该以另外的一种方式进行，合作化就是一条康庄大道……集体化经济不是主要的而是补充的路线。只有当农民的合作化事业得到技术发展和电气化的大规模支持时，只有我们拥有更多的拖拉机时，才能加快向集体化经济过渡的速度……一条条小溪汇聚成巨大的洪流，把我们带到社会主义。"⑦ 斯大林不认同布哈林的观点，他说："人们有时候把集体农庄运动和合作社运动对立起来，大概他们认为集体农庄是一回事，而合作社是另一回事。这当然是不对的。有些人甚至把集体农庄同列宁的合作社计划对立起来……其

①　《毛泽东著作选读》下册，人民出版社 1986 年版，第 721～722 页。
②　《毛泽东在视察天津时的谈话（1958 年 8 月 13 日）》，《毛泽东思想万岁》（1958～1960 年），内部版，第 100 页。
③　中华人民共和国国史学会：《毛泽东读社会主义政治经济学批注和谈话》，（内部版）2000 年，第 14 页。
④　中华人民共和国国史学会：《毛泽东读社会主义政治经济学批注和谈话》，（内部版）2000 年，第 22 页。
⑤　中华人民共和国国史学会：《毛泽东读社会主义政治经济学批注和谈话》，（内部版）2000 年，第 220 页。
⑥　中华人民共和国国史学会：《毛泽东读社会主义政治经济学批注和谈话》，（内部版）2000 年，第 222 页。
⑦　吕卉：《苏联农业合作化运动研究》，吉林大学博士学位论文，2010 年，第 28 页。

实，集体农庄是合作社的一种形式，是最明显的生产合作社形式"。① 斯大林还认为，农业集体化运动与列宁的合作社计划是一致的，"实行列宁的合作社计划，就是把农民从销售合作社和供应合作社提高到生产合作社，提高到所谓集体农庄的合作社。"②

受斯大林的影响，中国也把合作化与集体化视为同一概念。1943 年毛泽东在《组织起来》的演讲中，讲到改造小农经济时用了两个唯一，即克服小农经济缺点的唯一办法是集体化，走上集体化的唯一办法是发展合作社，可见，毛泽东把合作社看作是实现农业集体化的途径。毛泽东在演讲中还说："我们现在已经组织了许多的农民合作社，不过这些目前还是一种初级形式的合作社，还要经过若干发展阶段，才会在将来发展成为苏联式的被称为集体农庄的那种合作社"。③ 在这里，毛泽东把集体农庄看作是合作社的一种高级形式。1953 年 12 月制定的《关于发展农业生产合作社的决议》中说："现有形式的农业生产合作社可以成为引导农民过渡到更高级的完全社会主义的农业生产合作社（集体农庄）的适当形式"。④ 在这里，高级生产合作社就是集体农庄。

### 二、中国传统文化

中国传统文化对新中国成立后的农业合作化特别是公社化产生了直接的影响。人民公社的一些做法就受到大同思想和中国历史上五斗米道的影响。

大同社会是古代中国人追求的一种理想社会。《礼记·礼运》最早对大同社会做了形象描述。⑤ 到近代，康有为对中国古代"大同"思想做了进一步的发挥。康氏"大同"思想体现在其著的《大同书》书中。梁启超对乃师在《大同书》中所憧憬的大同世界做了具体的阐释：第一，大同世界不存在家庭生活，……；第二，孕妇由胎教院负责照顾，儿童出生后由育婴院抚养；第三，儿童到入学年龄后，进入幼儿园和学校接受教育；第四，儿童成年后，由政府安排工作；第五，人生病后入养病院接受治疗，年老后入养老院接受照顾；第六，胎教、育婴、蒙养、养病、养老诸院，拥有各区最好的设施，进入者能享受最大的快乐；第七，每个成年男女，必须在上述诸院服役若干年；第八，各区设立有等

① 《斯大林全集》第 12 卷，人民出版社 1955 年版，第 117 页。
② 《斯大林全集》第 11 卷，人民出版社 1955 年版，第 73 页。
③ 《毛泽东选集》第 3 卷，人民出版社 1991 年版，第 931 页。
④ 黄道霞：《建国以来农业合作史料汇编》，中共党史出版社 1992 年版，第 172 页。
⑤ 中国科学院哲学研究所中国哲学史组：《中国大同思想资料》，中华书局 1959 年版，第 1 页。

级差别的公共食堂和公共宿舍，人们根据其收入自由挑选。①

青年毛泽东受大同思想的影响。在 1917 年 8 月 23 日致黎锦熙的信中，他说："自时天下皆为圣贤，而无凡愚，可尽毁一切世法，呼太和之气而吸清海之波。孔子知此义，古立太平世为鹄，而不废据乱、升平二世。大同者，古人之鹄也。"② 在新中国成立前夕所撰写的《论人民民主专政》一文中，毛泽东明确指出，中国革命的目标就是寻找一条通向大同的道路。"经过人民共和国达到社会主义和共产主义，到达阶级的消灭和世界的大同。康有为写了《大同书》，他没有也不可能找到一条到达大同的路"。③ 1958 年 3 月，毛泽东在谈到家庭的命运时再次提到康有为的《大同书》，"在社会主义社会中，个人私有财产还存在，小集团还存在，家庭还存在。家庭是原始共产主义后期产生的，将来要消灭，有始有终。康有为的《大同书》即看到此观点"。④

毛泽东对五斗米道也有自己的观点。1958 年 12 月 7 日，毛泽东对《张鲁传》作了如下评注："这里所说的群众性医疗运动，有点像我们人民公社免费医疗的味道，不过那时是神道的……道路上饭铺吃饭不要钱，最有意思，开了我们人民公社公共食堂的先河……现在的人民公社运动，是有我国的历史来源的"。⑤ 1958 年 12 月 10 日，毛泽东对《张鲁传》又作了如下评注："在西方（以汉中为中心的陕南川北区域），有五斗米道，史称五斗米道与太平道'大都相似'，是一条路线的运动，又称张鲁等三世，行五斗米道，'民夷便乐'，可见大受群众欢迎。信教者出五斗米，以神道治病，置义舍（大路上的公共宿舍），吃饭不要钱（目的似乎是招来关中区域的流民）；修治道路（以犯轻微错误的人修路）；'犯法者三原而后刑'（以说服为主要办法）；'不置长吏，皆以祭酒为治'，祭酒'各领部众，多者为治头大祭酒'（近乎政社合一，劳武结合，但以小农经济为基础）。这几条，就是五斗米道的经济、政治纲领"。⑥

---

① 《礼记》是这样描述的："大道之行也，天下为公。选贤与能，讲信修睦。……使老有所终，壮有所用，幼有所长，鳏寡孤独废疾者皆有所养。男有分，女有归。货恶其弃于地也，不必藏于己；力恶其不出于身也，不必为己。是故谋闭而不兴，盗窃乱贼而不作，故外户而不闭。是谓大同。"梁启超：《清代学术概论》，上海古籍出版社 1998 年版，第 81 页。
② 《毛泽东早期文稿》，湖南出版社 1990 年版，第 89 页。
③ 《毛泽东著作选读》下，人民出版社 1986 年版，第 678 页。
④ 《毛泽东在成都会议上的讲话（1958 年 3 月 22 日）》，《毛泽东思想万岁（1958～1960 年）》，内部版，第 39 页。
⑤ 中共中央文献研究室：《建国以来毛泽东文稿》第 7 册，中央文献出版社 1992 年版，第 627～628 页。
⑥ 《毛泽东对〈张鲁传〉评注（1958 年 12 月 10 日）》，《毛泽东思想万岁》（1958～1960 年），内部版，第 181 页。

毛泽东评注《张鲁传》时，正是人民公社运动的高潮时期，从评注看出，毛泽东一方面肯定五斗米道的一些做法，另一方面在寻找人民公社的历史依据。

### 三、空想社会主义思想

19 世纪，反映无产阶级利益和愿望的空想社会主义思想在西欧产生，代表人物有圣西门、傅立叶和欧文，其中，欧文的影响尤为巨大。合作公社思想是欧文空想社会主义思想的主要内容，欧文把合作公社看作是改造资本主义制度、建立未来理想社会的途径。欧文所构想的合作公社有如下特点：第一，合作公社是集生产、分配、消费于一体的基层单位，每个公社由 500 到 2000 人组成，是一个"由农、工、商、学结合起来的大家庭"，是一个"工农结合的新村"。① 第二，合作公社实行生产资料公有制，"纯粹个人日用品以外的一切东西都变成公有财产"。② 第三，合作公社实行按需分配，公社之间按等量劳动的交换原则调剂余缺，每个社员从公社获得自己所需要的物品，高度地享受一切。③ 第四，合作公社实行充分的民主，社员大会是最高权力机关，有权决定一切重大事务，消除"所谓荣誉和特权的欲望"。④ 第五，合作公社实行"新和谐"社会的制度和政策。如推行教育与生产劳动相结合的教育政策，以把社员"教育成全面发展的人"；⑤ 消除城乡、工农、体脑三大差别，全面锻炼社员的劳动技能并提高其文化水平，把"个人的脑力与体力广泛地结合起来"。⑥ 欧文还是一个伟大的实践者，他先后在美国印第安纳州和英国创办了"新和谐公社"、"和谐大厦"公社和"皇后林新村"公社。

20 世纪初，空想社会主义思想传入中国。青年时代的毛泽东对空想社会主义思想颇有研究。他在《湖南教育》月刊上发表《学生之工作》一文，在这篇文章中，他阐述了他对未来社会的设想：其一，"新村"由"新学校"和"新社会"组成；其二，在"新学校"里，学生"睡眠八小时，游息四小时，自习四小时，教授四小时，工作四小时"，学生所"工作之事项，全然农村的"；其三，"新社会之种类不可尽举，举其著者：公共育儿院，公共蒙养院，公共学校，公

---

① 《欧文选集》第 1 卷，商务印书馆 1981 年版，第 353、第 339 页。
② 《欧文选集》第 2 卷，商务印书馆 1981 年版，第 76 页。
③ 《欧文选集》第 1 卷，商务印书馆 1981 年版，第 355 页。
④ 《欧文选集》第 1 卷，商务印书馆 1981 年版，第 353 页。
⑤ 《欧文选集》第 2 卷，商务印书馆 1981 年版，第 135 页。
⑥ 《欧文选集》第 2 卷，商务印书馆 1981 年版，第 150 页。

共图书馆，公共农场，公共工作厂，公共消费社，公共剧院，公共病院，公园，博物馆，自治会"。① 1919 年，毛泽东打算在岳麓山一带建立"新村"，但他的计划被当时湖南的"驱张运动"所打断，尽管如此，空想社会主义思想却深深地刻在毛泽东的脑海中。1958 年上半年，人民公社在全国普遍出现时，毛泽东把它看作是空想社会主义思想在中国的实践。1958 年 4 月，毛泽东对未来中国作这样的描述："那时我国的乡村中将是许多共产主义的公社，每个公社有自己的农业、工业，有大学、中学、小学，有医院，有科学研究机关，有商店和服务行业，有交通事业，有托儿所和公共食堂，有俱乐部，也有维持治安的民警等等。若干乡村公社围绕着城市，又成为更大的共产主义公社。前人的'乌托邦'想法，将被实现，并将超过。"② 1958 年 8 月 21 日，毛泽东在中央政治局扩大会议上的讲话中说："空想社会主义的一些理想，我们要实行"。③ 体现了毛泽东设想的人民公社，与欧文的合作公社有诸多相似之处。可见，空想社会主义思想确是人民公社的一个重要思想来源。

---

① 《毛泽东早期文稿》，湖南出版社 1990 年版，第 449 页。
② 李锐：《"大跃进"亲历记》，上海远东出版社 1996 年版，第 325～326 页。
③ 《毛泽东在北戴河政治局扩大会议上的讲话（1958 年 8 月 21 日）》，《毛泽东思想万岁》（1958～1960 年），内部版，第 107 页。

# 第七章

## 集体农庄式农业合作模式的实践历程

1949～1984 年，集体农庄式农业合作模式在中国经历了一个从确立到解体的过程，这个过程的起点是革命根据地时期的劳动互助组，终点是被称之为通向共产主义金桥的人民公社，期间，初级合作社和高级合作社是过渡。本章扼要缕述 1949～1984 年集体农庄式农业合作模式在中国的演化过程与演化逻辑。

### 第一节　互助组在相对平稳中发展

互助组是新民主主义革命时期最主要的合作组织形式。解放前，互助组仅局限解放区，解放后，互助组从老区扩展到新区，直至全国农村。解放以后的互助合作经历了两个阶段。

第一阶段：互助组的自流与半自流发展。

土地改革时期，分得土地的农民，为了解决生产困难，自发地开展互助合作。由于基层干部普遍存在土改需要领导、生产不需领导的错误思想，这就导致土改时期的互助合作基本上是自流或半自流的状态。[1] 自流或半自流状态下的互助组，以临时、季节性互助组为主，以常年定型互助组为辅。到 1952 年 4 月，东北地区主要有四种互助合作组织。其中：参加季节性的、小型的换工组或单纯人工换马工的插犋组的农户占已组织起来的总农户数的 25%；参加春耕、夏锄、秋收等农忙季节互助组的农户约占已组织起来的农户总数的 50%；参加农副业相结合、长年不散的互助组的农户约占已组织起来的农户总数的 20% 以上；参加已有一定公共财产的农业合作社的农户占已组织起来的农户总数的 5% 左右。[2] 西南地区由于土改比较晚，合作化运动也比较慢。到 1952 年底，全区共有互

---

[1] 当然，在东北、华北等老解放区，在新民主主义革命时期有较好的互助合作基础，土地改革又完成得比较早，党比较重视对互助合作的领导，这些地方并不是处在自流状态。

[2] 黄道霞等：《建国以来农业合作化史料汇编》，中共党史出版社 1992 年版，第 60 页。

助组 859735 个，其中临时性、季节性的互助组 806392 个，占互助组总数的 93.8%；常年互助组 53343 个，占互助组总数的 6.2%；另有自发组织起来的农业生产合作社约 40 个。[①] 另据 1952 年 10 月湖北省的统计，全省组织有各种类型的互助组 262285 个，其中，临时、季节性互助组 257451 个，占互助组总数的 98%，常年定型互助组 4834 个，占 1.82%，此外，还试办了 2 个农业生产合作社。[②] 临时、季节性的互助组大体有两种形式。一是临时换工或帮工互助。这种形式的互助组以旧有的亲友帮工、伙养牛、人工换牛工为基础，没有制定制度，在农忙季节，家族、近门、两相好互帮忙，吃亏沾光互不计较，活忙完后各干各的，干部说是"垮台"，农民则说"说跨也行，说不跨也行，反正明年我们还要换工的"。二是较为固定的季节性互助组，这种互助组是在前一种互助组的基础上发展而成，一般是忙时互助、闲时不互助，农活互助、副业不互助，有初步的评工记分制度，但缺乏领导，有的干部把它称为常年互助组。[③]

互助组的发展在各地很不平衡。如在黑龙江省，富裕、克山等县 95% 的农户加入了互助组，在洮南、瞻榆、泰安等县，加入互助组的农户不足 30%；山西是老区，总体而言，互助组基础较好，但有的村（如左权七里店）却没有一个互助组；在河南许昌，有的县区 70% 的农户加入了互助组，有些县区没有一个互助组。[④] 在西北地区，据 1952 年 6 月的数据，共有 62 万多个互助组，在陕西省关中地区，45% 的劳动力被组织起来了，高陵县 80% 的劳动力加入了互助组。[⑤] 在中南地区，河南省组织起来的农户占总户数的 40% 以上，湖北为 30% 左右，江西为 18% 左右，湖南为 15% 左右，广西为 12% 左右，广东为 5% 左右。[⑥]

第二阶段：互助组的规范发展阶段。

1952 年 2 月，中央人民政府发出《关于 1952 年农业生产的决定》。决定要求，在全国范围内"普遍大量发展简单的、季节性的劳动互助组"，在互助合作有基础的地方，"推广常年定型的、农副业结合的互助组"，在群众互助经验

---

[①] 黄道霞等：《建国以来农业合作化史料汇编》，中共党史出版社 1992 年版，第 66 页。
[②] 刘蓝：《三年来的本省农业生产互助合作运动》，载于《湖北日报》1952 年 10 月 16 日第 4 版。
[③] 王崇文等：《湖北省农业合作经济史料》，湖北人民出版社 1985 年版，第 75 页。
[④] 中央人民政府农业部农政司：《1951 年上半年生产互助的情况和今后意见》，载于《中国农报》1951 年第 9 期。
[⑤] 习仲勋：《关于西北地区农业互助合作运动》，载于《群众日报》1952 年 8 月 13 日第 4 版。
[⑥] 黄道霞等：《建国以来农业合作化史料汇编》，中共党史出版社 1992 年版，第 75 页。

丰富而又有较强骨干的地方，"有领导、有重点地发展土地入股的农业生产合作社"。① 这表明，从 1952 年起，各级地方政府按照党中央的部署，在各地深入开展互助合作。正如时任中南局秘书长杜润生所指出的："土地改革结束，农村生产互助合作运动，业已成为我们的直接任务，需要现在就积极推动了"。② 1953 年 2 月，中央要求各地把农业生产互助合作"当成一件大事去做"。③ 在政府的积极领导下，重点发展常年定型互助组。如果说农民组织临时、季节性互助组的目的是"克服困难，克服灾害"，那么，常年定型互助组的目的则是"多打粮食，经济上开始合作"，这种互助组有了共同的增产计划，也初步建立了简明易行的评分计工制度、工资制度、民主管理制度。常年互助组具有如下特点："有坚强的领导骨干；主要农业活路完全固定下来；积极劳动与改进技术相结合，多打粮食；能合理的评工记分按期结账，贯彻了互利政策；有民主生活，生产上有简单易行的计划"。④ 个别常年互助组还较好地把农副业生产结合起来，有了部分公共积累，组员有了一定的集体观念，如襄阳专区洪山县新园乡张厚炳互助组，建立于 1949 年，经过三年的发展，由临时互助组上升为常年互助组，农副业有了初步的分工，组内有了部分公共财产，包括耕牛五头、养鱼 26300 条、纸厂一个、人民币 20 万元（旧币）、公租田四亩，1952 年底副业收入约 1000 万元（旧币），组内讨论抽 20% 的红利作公积金，并准备秋后买二匹骡子搞运输。⑤

　　常年互助组是在党和政府的领导下向前发展的，党和政府推进互助合作的措施可以概括为八个方面。

　　第一，设立专门机构推进互助合作。1952 年 11 月，中共中央农村工作部成立，省、地、县三级党委也相应设立农村工作部。农村工作部的中心任务是"组织与领导广大农民的互助合作运动，以便配合国家工业化的发展，逐步引导农民走向集体化的道路"。⑥ 绝大多数省区配备了专职干部，有些地方的党政领导人亲自参加。如陕西省兴平县县长张青山，1951 年下乡 31 次，与群众一起研究解

① 国家农业委员会办公厅编：《农业集体化重要文件汇编（1949－1957）》上，中共中央党校出版社1981年版，第54页。
② 王崇文等：《湖北省农业合作经济史料》，湖北人民出版社1985年版，第182页。
③ 国家农业委员会办公厅编：《农业集体化重要文件汇编（1949－1957）》上，中共中央党校出版社1981年版，第37页。
④ 王崇文等：《湖北省农业合作经济史料》，湖北人民出版社1985年版，第75～76页。
⑤ 王崇文等：《湖北省农业合作经济史料》，湖北人民出版社1985年版，第76页。
⑥ 中国社会科学院、中央档案馆：《中华人民共和国经济档案资料选编（1949－1952）》（农村经济体制卷），社会科学文献出版社1992年版，第599页。

决互助组存在的问题，帮助群众制订生产计划。1950 年，兴平县只有 209 个组，1951 年，增加到 1854 个组，全县 23% 的劳动力加入互助组。[1]

第二，上级政府向下级政府层层下达指标。《关于 1952 年农业生产的决定》就互助组发展提出如下目标，两年之内，老解放区"把农村百分之八九十的劳动力组织起来，新区要争取在三年左右完成这一任务"，各地为了完成中央提出的指标，也制定了各省自己的发展指标。河北省在 1952 年"组织起来的劳动力发展到 80%"，[2] 陕西省委要求 1952 年"把 60% 以上的劳动力组织起来，陕北老区达到 70%—80%，关中陕南新区达到 50% 以上"。[3] 省委把指标下到地方后，地方一般会逐级增加。

第三，开展合作教育，激发农民入社积极性。各地纷纷举办互助组代表会、劳动模范大会、互助组长培训班，对农民进行合作教育，使农民认识到，组织起来不仅可以解决眼前的生产困难，而且是将来走向集体幸福生活的必由之路。[4] 例如，1953 年 1 月，湖北省委指示"各县要开好春节区乡干部集训会议、春节劳模会议，要办好互助组织训练班，在这些集会中都要结合当地情况，反复的进行关于开展互助合作运动的理论与实际知识的教育，切实研究和布置总结整顿互助组的工作"。[5] 通过整党集训，批判党员干部中存在的"雇长工""单干""放高利贷"等右倾思想，[6] 以及土改后农民的自发倾向，要求党员干部带头组织和参加互助组。强大的政治舆论压力，促成了互助合作运动的快速发展。

第四，开展生产竞赛。1950 年、1951 年、1952 年连续三年，开展爱国生产竞赛。在竞赛中，对互助合作组进行定期评比，竞赛的内容包括：生产安排、技术进步、作物长势、记工算账、民主管理、社员收入、对国家贡献等。据统计，1952 年，全国共有 100 余万个互助组（社）参加了爱国增产竞赛运动，爱国增产竞赛运动激发农民的生产热情，湖南湘乡县苏波乡的刘伯良互助组制订了千斤丰产竞赛计划，在刘伯良互助组的带动下，另一互助组在 70 多亩水田上竖起千

---

① 中央人民政府农业部农政司：《发展新区农业生产互助的一般经验》，载于《中国农报》1952 年第 8 期。
② 中国科学院经济研究所农业经济组：《国民经济恢复时期农业生产合作资料汇编（1949 - 1952）》下，科学出版社 1957 年版，第 672 页。
③ 陕西省农业合作史编写委员会：《陕西省农业合作重要文献资料选编》上，陕西人民出版社 1993 年版，第 262 页。
④ 史敬棠等编：《中国农业合作化史料》下，三联书店 1959 年版，第 307 页。
⑤ 《中共湖北省委农委关于总结整顿劳动互助的意见》，载于《湖北日报》1953 年 1 月 30 日第 1 版。
⑥ 据对湖北襄阳专区枣阳 191 个乡的调查，党员放高利贷者 211 人，出租土地者 8 人，请雇工者 21 人。南漳乡积极分子训练班共 330 人，其中有 77 人放高利贷或请长工，还有 47 人做了这样的准备。王崇文等：《湖北省农业合作经济史料》，湖北人民出版社 1985 年版，第 75 页。

斤丰产牌，农民说，"一定跟上刘伯良"。① 湖北省浠水县于 1952 年春"安排 2.2 万亩稻田参加千斤竞赛，形成了规模宏大的爱国增产运动，而逐步地改变了农民小生产者个体劳动习惯，培养了集体劳动观念"。② 生产竞赛实际上就是以群众运动的方式推进互助合作运动。

第五，奖励互助合作模范。一些地方对模范组进行奖励，如 1951 年，湖北浠水召开县劳动模范会，重点奖励徐定学、蔡德华、谢开善等模范互助组，当徐定学从县里领奖回到乡里时，全乡几百人去看望他。③ 互助合作模范奖励对互助组领导人具有很大的政治激励作用，激励着乡村积极分子以极大的热情去组织互助组，这实际上就是以政府力量在乡村社会形成一个推进互助合作的"第二行动集团"。

第六，实施政策优惠。1951 年 2 月，政务院颁布《关于 1951 年农林水产的决定》。决定规定，互助组享受"国家贷款、技术指导、优良品种、农用药械和新式农具的优先权，以及国家贸易机关推销农产品和副产品、供给生产资料的优先权"。特别是其中的国家贷款对农民具有极大的吸引力。1952 年，国家总共发放农贷 3 万余亿元，国家贷款优先互助组和农业生产合作社。1952 年，东北推广了 500 余套马拉农具、25000 台综合铲蹚机，绝大部分是贷给或卖给互助组。④政府优惠政策激发了农民成立互助组的热情。

第七，培训互助合作运动骨干。1951 年底起，各地纷纷举办互助合作训练班，培训互助合作运动骨干。骨干分子包括村干部、劳动模范、互助组长、党员、团员、妇女干部等。1951 年冬到 1952 年春，山西、辽西、湖南、宁夏四省培训了 50 万名互助组长和积极分子。⑤1953 年 1 月，《中共湖北省委农委关于总结整顿劳动互助组的意见》指出，"开办互助组长训练班是今春开展群众性的总结整顿互助合作组织的一个重要步骤，也是今后巩固和发展互助合作运动的一个重要环节"，训练内容主要包括：其一，讲清互助合作的道理，主要是讲清组织起来发展生产的前途教育，讲清为什么要执行自愿、互利和民主管理的三大原则；其二，总结领导互助运动的领导方法，着重研究互助组内部民主管理方法；其三，讨论互助组如何开展爱国丰产运动。④ 通过培训互助合作骨干，扩大了推

---

① ④ ⑤　中央人民政府农业部农政司：《1952 年上半年农业互助合作运动发展情况》，载于《中国农报》1952 年第 17 期。
②　刘蓝：《三年来的本省农业生产互助合作运动》，载于《湖北日报》1952 年 10 月 16 日第 4 版。
③　史敬棠等编：《中国农业合作化史料》下，三联书店 1959 年版，第 424 页。
④　《中共湖北省委农委关于总结整顿劳动互助的意见》，载于《湖北日报》1953 年 1 月 30 日第 1 版。

进互助合作运动的"第二行动集团"阵营。

第八，实施排斥地主富农的政策。从 1952 年起，逐步形成排斥地主富农参加互助组的政策。西北局规定，在新区，富农不能加入互助组或农业生产合作社，已入组入社的富农，如果带雇工入社并借机剥削他人，必须清洗出去；在老区，不再有雇工剥削他人的富农，经群众同意，允许加入互助组，但不得担任互助组领导；"地主分子在未经群众同意改变成分时，一律不许加入互助组"。[①] 1952 年 7 月 23 日，中央在转批华东局的报告中说："由于农民互助合作组织的性质与任务以及土地改革后很多不法地主仍然仇视人民与人民政府，其破坏活动并未停止，故在地主未改变其成分前，不能允许其加入农民互助合作组织，……过去个别地方强制地主替互助组作无代价的劳动或组织'地主互助组'，都是不对的，应予以纠正""在新区原则上不应吸收富农加入互助组或农业生产合作社，对现已入组入社的富农分子，如果他是带雇工入组入社的，则应坚决地向农民解释清楚，经过组员、社员多次通过，加以清洗"。[②] 这些政策规定，实际上是把能否参加互助组变成一种政治待遇，在政治氛围浓厚的环境中，政治地位甚至比经济地位更加重要，地主富农为了改善自身的政治待遇，想方设法参加互助组，同时激励着中农、贫雇农加入互助组，以提高自己的政治地位。

在党和政府的领导下，互助合作运动快速发展。

首先表现在互助组数量的增加。1951 年，组织起来的农户，华北区占 55%；东北区占 70%；华东区山东有 70 余万个互助组；皖北、皖南 4 个专区统计有 5 万余个互助组；西北区有 16.7 万余个互助组；中南区河南 4 县有 11.4 万余个互助组，占全部劳动力的 40%~50%；湖北 5 个专区有 5.2 万余个互助组，西南新区亦开始组织。[③] 至 1952 年上半年，全国成立了 600 余万个互助组，3000 余个生产合作社，3500 余万户入组入社，约占全国总农户 40%，比 1951 年增加40%。其中，西北区 60% 的劳动力被组织起来，比 1951 年增加 1 倍以上；华北区 65% 的劳动力被组织起来，比 1951 年增加 20%；东北区 80% 以上的劳动力被组织起来；华东、西南、中南是新区，华东区 33%、西南区 18% 以上的劳动力

---

被组织起来，中南区成立了互助组100万个。[1]

其次体现在互助合作质量上。战争年代组织互助组主要是为了解决人力、畜力、农具不足问题，土改后的互助组，当然首先要解决上述的问题。上述困难解决以后，如果不提出新的目标，仍停留在原来的水平上，农民就会认为互助组没有发展的必要。搞得好的互助组适时地提出了新的内容：提高劳动效率、改进技术、实现增产。具体体现在三个环节：其一，与提高技术相结合，包括旧技术的互教互学总结提高和新技术传播；其二，把组织起来之后剩余的劳动力，合理地使用到精耕细作、改进生产技术上；其三，与副业相结合，利用剩余劳动力增加收入，获取更多的收入。[2] 辽东辑安县东光台村，1950年组织了12个互助组，共93人，其中，45人在家种地，48人到矿山搞副业，打下粮食四六分，双方负担公粮。藏沙县仙人洞村，到工厂做工的农民与互助小组订合同，小组保证一定的产量，秋后付给小组工资，还有把土地租给互助小组，自己外出做工，得一定的租额。[3]

强制性制度变迁与诱致性制度变迁相结合，制度变迁就能取得成功。1951年底开始的互助合作运动，是在政府主导下的强制性制度变迁，在制度变迁过程中，党和政府一方面注意保护农民利益，或者给农民以良好的预期，另一方面注意克服互助合作运动过程中出现的问题，因而得到了农民的配合与支持。

在老区，经过土改后的经济发展，中农化趋势非常明显。停留在劳动互助层面上的互助合作已经难以满足农民的需求，于是，在1950~1951年又出现了农民退出互助组的现象。在此背景下，党和政府及时提升互助组的合作内容，使其与技术改进、农村副业、供销合作进行结合，互助合作内容的升级给农民带来了新的利益，得到了农民的认可。在新区，刚刚经过土改，分得土地的贫雇农在生产上存在牲畜、农具和人力不足的困难，他们迫切需要互助合作，党和政府在新区组织农民开展互助合作解决了农民的生产困难。如1951年湖北浠水县望城乡十五个自然村在土改完成后，19户贫雇农和手工业者中，缺耕牛的7户，缺犁的7户，缺耙的11户，缺水车的14户，经过互助合作后，困难已经基本解决，并且提高了劳动生产率和产量。当阳县洪市乡季士国互助组，1951年，53.6亩田产谷24030斤，每亩平均448.5斤，1952年，55.8亩田产谷35784斤，每亩平

---

[1]　中央人民政府农业部农政司：《1952年上半年农业互助运动发展情况》，载于《中国农报》1952年第17期。

[2]　黄道霞等：《建国以来农业合作化史料汇编》，中共党史出版社1992年版，第36页。

[3]　黄道霞等：《建国以来农业合作化史料汇编》，中共党史出版社1992年版，第34页。

均641斤，增产42.9%。江陵县傅守华互助组，1952年，全组稻谷产量比上年多17352斤，增产36%。浠水县纱帽乡各互助组19丘丰产田，1952年产量比上年增加51.12%，比战前增产47.49%。① 互助合作由于很好地解决了农民的困难，党和政府在农村中的动员能力得到了进一步的加强。很多农民认为："共产党领导我们剿匪、反恶霸、减租、土地改革，哪一件不是为了老百姓？现在号召我们组织互助组，也是为我们打算"。② 贵州的农民说："共产党讲十样办十样，现在叫参加不参加，将来想参加也不成，过去农协会还不是这样？"③ 资金极其匮乏是中国农民长期面临的难题，很多农民不得不借高利贷，政府对互助组给予贷款优先权，就是给农民解决实实在在的困难，农民纷纷成立互助组以获得国家农贷，如福建有的互助组是"想获得贷款或是租种机动田而组织的"。④ 政府给互助合作模范所给予的政治激励，实际上就是满足了农民被尊重的需要，对于长期在旧社会受压制的广大农民而言，这甚至是比经济利益更大的好处，激励着农民投身于互助合作运动。

在全面开展互助合作过程中，也出现了形式主义和强制命令等问题。个别地方规定不参加互助组，就开除农会会员资格。⑤ 习仲勋指出，西北地区的不少互助组是凑数的"硬编组"，"一个村里一个早上就搞起十几个互助组，'出门是互助组，到地里都不见互助组了'"。⑥ 福建省闽侯县六区有的乡干部说："不参加互助组不给开路条，不能随便走路"。⑦ 在皖北、苏南、山东和浙江等地方，出现了"挨家编组、敲钟起床、吹哨集合、站队分工、红旗一插、大家劳动"的形式主义倾向。结果是群众情绪不高，人多手杂，反而做不好活，浪费了群众的生产时间。⑧ 湖北郧阳竹溪县水平区三隆乡互助组组长任大中说："不参加互助的人，政府不给他们贷款，看他咋办。"竹溪县黄柏溪四村李长春要求组员写永不退组的保证，组员被迫写了如下保证："如果退组或在组内闹意见，甘愿吃半斤

---

① 刘蓝：《三年来的本省农业生产互助合作运动》，载于《湖北日报》1952年10月16日第4版。
② 中国科学院经济研究所农业经济组：《国民经济恢复时期农业生产合作资料汇编（1949－1952）》下，科学出版社1957年版，第900页。
③ 贵州省农业合作化史料编委会编：《贵州农村合作经济史料》第1辑，贵州人民出版社1987年版，第16页。
④ 中共福建省委党史研究室：《福建农业合作化》，中共党史出版社1999年版，第19页。
⑤ 中国科学院经济研究所农业经济组：《国民经济恢复时期农业生产合作资料汇编（1949－1952）》下，科学出版社1957年版，第1057页。
⑥ 习仲勋：《关于西北地区农业互助合作运动》，载于《群众日报》1952年8月13日第4版。
⑦ 中国科学院经济研究所农业经济组：《国民经济恢复时期农业生产合作资料汇编（1949－1952）》下，科学出版社1957年版，第890页。
⑧ 黄道霞等：《建国以来农业合作化史料汇编》，中共党史出版社1992年版，第72页。

狗屎""推十天大磨"或"挂个懒人牌"。① 新区新设立的互助组在等价交换上做得不好，如劳力不分强弱一律拉平记工，人工换牛工比价偏高或偏低。有的地方歧视单干户，贵州安顺三区一个单干户向互助组借掼斗，互助组不但不给而且说："管你哭不哭，谁叫你单干"。黔西发放积谷、农贷时，有的县领导提出只有"互助组才能借"。② 一些互助组在技术提高上，毫无作为，不能提高技术，就难以提高产量，互助组就不能吸引群众，由于没有把农业和副业结合起来，农忙时互助组存在，到农闲时就垮了。③

面对互助合作中出现的问题，党和政府于 1953 年对互助组实行整顿。整顿之后，全国互助组数量由 1952 年的 802.6 万个减少到 1953 年的 745.0 万个，质量有所提高。不过，这次整顿之后，很多地方领导不敢重视互助合作，放松了领导，如陕西省委从整顿开始到 1953 年 11 月之前，省委常委会会议没有专门研究过互助合作问题。省里不重视，县里更加不重视，千阳、凤翔等县的主要领导，1953 年一年没有去过互助组，有些区乡干部则干脆放弃对互助组的经常领导，甚至错误地认为："现在上边不督促了，大概搞互助搞错了，再不搞了"。④ 有些基层干部对整顿有意见，存在消极抵制情绪。有的地方出现了轻互助组重合作社的现象，某些干部错误地认为："合作社重要，互助组不重要"，有的干部说："建个互助组不如一个合作社，合作社是半社会主义，互助组不是社会主义"。1954 年，互助组继续向前发展，全国互助组数量达到顶峰，为 993.1 万个。之后，农业合作运动的重点转向发展合作社，互助组数量逐年减少，1955 年为714.7 万个，到 1956 年农业合作化高潮时期，全国互助组只剩下 85 万个。全国农业生产互助组的发展情况如表 7 - 1 所示。

表 7 - 1　　　　　　　　　　全国农业生产互助组发展情况

|  | 1950 年 | 1951 年 | 1952 年 | 1953 年 | 1954 年 | 1955 年 | 1956 年 |
|---|---|---|---|---|---|---|---|
| 互助组数（万个） | 272.4 | 467.5 | 802.6 | 745.0 | 993.1 | 714.7 | 85 |
| 常年组 |  |  | 175.6 | 181.6 | 380.1 | 317.2 |  |

① 王崇文等：《湖北省农业合作经济史料》，湖北人民出版社 1985 年版，第 86～87 页。
② 贵州省农业合作化史料编委会编：《贵州农村合作经济史料》第 1 辑，贵州人民出版社 1987 年版，第 20 页。
③ 王崇文等：《湖北省农业合作经济史料》，湖北人民出版社 1985 年版，第 62 页。
④ 陕西省农业合作史编写委员会：《陕西省农业合作重要文献资料选编》下，陕西人民出版社 1993 年版，第 320～321 页。

| | 1950 年 | 1951 年 | 1952 年 | 1953 年 | 1954 年 | 1955 年 | 1956 年 |
|---|---|---|---|---|---|---|---|
| 季节组 | | | 627.0 | 563.4 | 613.0 | 397.5 | |
| 参加户数（万个） | 1131.3 | 2100.0 | 4536.4 | 4563.7 | 6847.8 | 6038.9 | 104.2 |
| 常年组 | | | 1144.8 | 1332.9 | 3701.3 | 3284.3 | |
| 季节组 | | | 3391.6 | 3230.8 | 3776.5 | 2754.6 | |
| 组平均户数（万个） | 4.2 | 4.5 | 5.7 | 6.1 | 6.9 | 8.4 | 12.2 |
| 常年组 | | | 6.5 | 7.3 | 8.1 | 10.4 | |
| 季节组 | | | 5.4 | 5.7 | 6.2 | 6.9 | |

资料来源：黄道霞等主编：《建国以来农业合作化史料汇编》，中共党史出版社 1992 年版，第 1354 页。

## 第二节　初级社在整顿中前行

1951 年 7 月，毛泽东肯定了山西省委试办农业生产合作社做法后，华北、东北等地随即进行了零星试办。1951 年 12 月《关于农业生产互助合作的决议（草案）》实行以后，全国各地开始试办初级社。1952 年春到 1953 年春，大多数地方根据本地实际采取措施谨慎试办初级社。这个时期，地方试办初级社的做法是：

一是注重办社基础条件的审核。初级社是建立在互助组基础上的更高一级合作组织，互助组办不好的地方，一般也办不好初级社，因此，各地都很注重办社基础条件的审核。包括：互助组特别是常年互助组办得好不好，是否有模范互助组和先进互助组；党团基础好不好，是否有较强的领导骨干；群众是否自愿等。

二是对群众进行宣传教育，打消群众入社顾虑。绝大多数群众对初级社很陌生，因而在入社问题上有很多顾虑：土地多的怕报酬低、劳力多的怕分红少、农具多的怕归大堆。[1] 湖北省浠水县望城乡杨长荣合作社的骨干社员杨国洲，田多劳少，他的思想通了以后，积极地现身说法，发动田多劳少的杨一义入社。杨国洲首先点破自己单干时"抢不住火色"，少打粮食的困难，又说明互助组在排工上你争先我恐后的矛盾。接着，杨国洲给杨一义算了一笔账：杨一义三十四石田，四斗地，今年收入折谷四十石，扣除肥料、种子谷九斗二升，工资谷一石五

---

[1]　史敬棠等编：《中国农业合作化史料》下，三联书店 1959 年版，第 540 页。

斗，实际收入三十七石五斗八升。如果参加了合作社，一石田按六斗报酬，三十四石田可收谷二十石四斗。根据社里的情况，他家一个半劳动力，一年可得谷二十二石四斗八。全年共计收入（副业收入不算）四十四石一斗八，比今年增加六石六。经过算账，杨一义的思想疙瘩解开了，同意入社。①

三是确定财产处理与财产分配办法。初级社与互助组的区别是：互助组是农户之间劳动力、耕畜和农具的互换，农具和牲畜归农户私人所有（互助组公共积累所购买的农具和牲畜除外），土地完全归农户所有，劳动方式以个体劳动为主集体劳动为辅；初级社实行土地入股（土地仍归农户私有），土地收获按土地和劳力的一定比例进行分配，农户所拥有的农具、牲畜折价入社，折价入社以后归集体所有（不折价入社仍然归私人所有），劳动方式以集体劳动为主。组建初级社，必须对社员财产进行处理，主要是确定土地入股办法和报酬分配办法。关于土地入股办法，各地办法不一，主要有两种方式：（1）土地评等级入股，合作社选出评议小组，民主评定田土的等级，按等级将土地自然亩折算成标准亩；（2）土地评产入股，评定土地产量，按照产量高低折成股份入社。关于土地报酬，主要有三种方式：（1）固定报酬制，即按照一定的标准获得固定的报酬；（2）土地与劳力实行比例分红；（3）定产比例分红制，即定产以内的土地，与劳力按规定比例分配，超产部分，全部归劳动所得。牲畜的处理办法主要有四种：记工，作价投资分红，社员私有、由社租用，作价入社。如华北局采取三种办法处理社员耕畜。（1）雇佣。耕畜由社员饲养，合作社需要使用耕畜时，社内临时雇佣耕畜，付给所有者合理报酬。（2）租用。合作社长期租用社员耕畜，在租用期内，耕畜归合作社饲养，合作社付给耕畜所有者合理代价，如果耕畜死亡或病残，按合同赔偿。（3）付息使用，社员耕畜归合作社长期使用，合作社按合同付给耕畜所有者合理利息，在合同期内，如果耕畜死亡，合作社按价赔偿。② 农具处理办法主要有两种：其一，小农具自带；其二，大农具或者是私有租用，或者是折价入社，或者是私有公用，公家修理给付一定报酬。③

四是选举产生社领导机构。社员正式确定之后，召开社员大会，民主选举产

① 王崇文等：《湖北省农业合作经济史料》，湖北人民出版社1985年版，第420页。
② 黄道霞等：《建国以来农业合作化史料汇编》，中共党史出版社1992年版，第141页。
③ 如华北局对社员农具使用办法作如下规定：其一，大型农具如农业机器、水车、大车等，一般由社租用，由双方议定所有者以合理代价；其二，一般农具如犁、耙、耧等，可经双方协议定价归社使用，每年由社付给所有者以合理的代价；其三，小农具由社员自带自修。黄道霞等：《建国以来农业合作化史料汇编》，中共党史出版社1992年版，第141页。

生社领导机构，订立各种规章制度、生产计划。如 1951 年 12 月 10 日，山西长治专区平顺县西沟村李顺达农业生产社挂牌成立，李顺达在群众中威信很高，大家一致同意推选他为社长，推选人人都夸奖的申纪兰（第一届到第十一届全国人大代表）为副社长。社委会人选的推选办法是，桌子上摆着几个大碗，碗前贴着候选人名单，由社员们分别上前在他赞同的人碗里放下一颗玉米粒，根据玉米粒统计票数并公布当选名单。

五是入社和退社自由基本得到保证。李顺达互助组在升级为农业生产社前，组员马海兴，土改后分得几亩好地，夫妻勤奋劳动，加上又没有孩子拖累，参加互助组以来，余粮在西沟村第一，于是他想单干发财。在李顺达合作社成立后，马海兴坚决要求退社，李顺达多次做工作未果，社委会同意马海兴退社。不久，马海兴与另外畜力强、劳力多、技术高的 5 户另组了一个互助组，称之为马海兴互助组。马海兴互助组决定秋后把李顺达合作社比下去。但事情完全出乎意料，李顺达合作社由于有互助组这个好基础，建社后很快就制订了生产计划和"三定"（定人、定产、定质）制度，生产秩序井然，社员本就有多年集体劳动的习惯，干劲热火朝天，原计划二十五天完成播种，提前十天完成了任务，质量又好。而马海兴互助组个个是人精，春耕前都要别人先帮自己，最后各顾各。秋天收获后，李顺达合作社平均亩产 398 斤，马海兴互助组的地比李顺达合作社的地要好，但亩产却只有 300 斤。马海兴非常后悔退社，要求入社，西沟村党支部召开支委大会，同意马海兴第二次入社。马海兴说，单干是牛车，互助组是汽车，合作社是火车，他决定坐火车和大家一起走社会主义道路。①

从上面的做法中看到，试办时期，党和政府对初级社是实行严格控制的发展策略，应该说，在缺乏经验的情况下，严格控制的思路是对的，有利于初级社的稳健发展。不过，一个新事物的发展有赖于发起者的努力，但在发展过程中又不完全受控于发起者。党和政府的宣传教育，在打消群众入社顾虑的同时，激发了群众的办社与入社热情，很多地方的群众怀着对初级社的美好憧憬，产生了早转社、早过集体幸福生活的强烈愿望。群众力量一旦爆发，党和政府亦难以控制，至少在短期内控制不住。于是，初级社在试办之初就挣脱了政府的严格控制，一些地方的群众未经政府审核自发组建合作社，自发社大量产生，这样一来，初级社从一开始就出现了盲目性。如河北省大名县，1951 年 11 月底计划批准建立 13

① 马社香：《中国农业合作化运动口述史》，中央文献出版社 2012 年版，第 156～159 页。

个合作社，到年底建立了 32 个，其中 19 个未经政府批准，至 1952 年 4 月，全县发展了 197 个合作社。东北地区自发社也快速发展，到 1952 年春，辽东省西丰县已达 157 个，辽西省铁岭县 120 个，吉林省前郭旗 100 个，并出现了一窝子一窝子的不正常现象，辽西省最多的一个区有 39 个，义县车房村一个村 17 个，吉林省舒兰县仅白旗区就有 16 个，该区的梁家房村即有 7 个，"这些农业生产合作社的组成，多系未经县的领导掌握而自发的组织起来的，辽南 7 个县共有 140 个初级社，其中只有 13 个是县政府允许试办的；西丰县 157 个初级社，只有 2 个获得批准"。这些自发组建的合作社，只有一小部分有坚强的领导骨干，多数是出于某种目的拼凑起来的，有些干部和积极分子为"争光荣"拼凑合作社。如开原县郭家沟村的刘春山，是县级劳动模范。1951 年冬天，他从县里开完会回村后，向村民宣布"快走社会主义啦，那时东西归大堆，人都伙吃饭，晚走不如早走，咱们先走一步吧！"于是，该村就成立合作社。有的干部以合作社可以得到贷款为诱饵，吸引农民入社。开原县的干部对二台子村群众说："组织合作社政府可以帮助，合作社要求贷什么，政府都可研究"，在政府贷款的吸引下，40 多户加入合作社。干部的承诺没有兑现，10 多户要求退社。[①] 1952 年 5 月，松江全省试办 38 个社，群众自发社却有 50 多个，黑龙江全省试办 68 个社，群众自发社竟达到 390 个。[②] 到 1952 年 6 月，西北地区设立了 129 个初级社，这些社"大多数是盲目办起"，如米脂一个县就办了 63 个。[③] 根本就没有试办计划的西南地区，也出现了 40 个自发社。[④]

　　1952～1953 年的互助合作运动，出现了一些问题。邓子恢把问题概括为四个方面：一是违反自愿原则，强迫单干户入组入社；二是实行并小组，小社并大社，改组为社；三是不顾条件实行土地、耕畜公有制，盲目发展公共财产，形成组员、社员债务；四是一些地方出现了农民杀猪宰羊、卖牲畜、烧山砍树等不正常现象。[⑤] 大名县五区文集村文东有互助组不愿入社，村干部借口文东有以前赌过钱，要捆到村政府去，最后文答应入社，问题才解决。被威胁入社的社员为了达到退社的目的，故意毁坏社里的工具，以此达到被合作社开除的目的。[⑥] 据中

①　黄道霞等主编：《建国以来农业合作化史料汇编》，中共党史出版社 1992 年版，第 88 页。
②　黑龙江农业合作史编委会：《黑龙江农业合作史》，中共党史资料出版社 1990 年版，第 108 页。
③　史敬棠等编：《中国农业合作化史料》下，三联书店 1959 年版，第 345 页。
④　史敬棠等编：《中国农业合作化史料》下，三联书店 1959 年版，第 369 页。
⑤　《邓子恢文集》，人民出版社 2006 年版，第 333 页。
⑥　黄道霞等：《建国以来农业合作化史料汇编》，中共党史出版社 1992 年版，第 128 页。

南局 1953 年的一份报告，中南区的许多合作社盲目实行耕牛、农具折价归公，折价一般占到农业总收入 30% 以上；有些合作社规定公积金的提取数目过大，按 8% 甚至 10% 的比例提取，超过了中央关于最高不能超过 5% 的规定；有的生产合作社投资过多，建设计划过大，借款过多。以上做法，使部分社员的实际收入比入社前下降，影响到合作社的巩固，而且在群众中造成了不良影响。① 此外，绝对平均主义思想在农村中蔓延。在湖北洪山县，谁有牛就用谁的，谁的农具也得拿来大家用。三区吴集乡中农徐长富有一条牛，贫农王永元向他去借牛，因徐长富正在耕田，不借给他用，王永元说："现在'社会主义'快到了，一人有牛千人有份，不借给不行"。在平均主义思想的影响下，农民出卖耕牛、农具，大山乡农民向大出卖新打的粪耙，得 2000 多元，买了馍馍吃，他说："早些买了还落个馍馍吃，到了'社会'谁也落不到"，大山乡陈志发卖了牛以后说："社会主义快到了，牛也归公，不如早些抽腿，卖了它还能花几个钱"。② 有的合作社过分集中经营，吉林舒兰县孙绍岩社，为了集中经营，全社原有的 60 多块地，已集中成 4 大块，房子亦作调整，把一些未入社的农民从本屯子迁走，引起群众极大不满。有的合作社管理混乱，生产无计划，西安县一社有 105 户，不论活多少，都凑起来干，有的社员躲重活挑轻活，有的五六个人跟一辆车送粪，造成浪费；绥中县福屯村有 20 个劳动力，每天只用 9 人干活，其余人空着。③ 针对这些情况，从 1952 年春起，中央要求各地整顿自发社，1952～1953 年，初级社是边建立边整顿，但结果是初级社在整顿中冒进。这些情况引起了中央的重视。1953 年 3 月 8 日，中央向地方发出《关于缩减农业增产和互助合作发展五年计划数字给各大区的指示》。4 月 23 日，全国第一次农村工作会议召开，会上，中央农村工作部部长邓子恢指出："目前无论在老区或新区，均已发生了左倾冒进现象""如不立即有效制止，将招致生产的破坏"。④ 从 1953 年春起，全国大部分地区先后进行了大规模的整顿。在整顿初级社的同时，中央在全国开展了"新三反"运动（反对官僚主义、反对强迫命令、反对违法乱纪），"新三反"政治运动对于整顿初级社起了较好的策应作用。整顿工作是卓有成效的，据华北局 1953 年向中央的报告，在 9283 个初级社中，审查整顿了 7100 个社，把 2621 个社转为

---

① 黄道霞等：《建国以来农业合作化史料汇编》，中共党史出版社 1992 年版，第 162 页。
② 王荣晨：《加强农村政治工作批判农业社会主义思想》，载于《湖北日报》1953 年 3 月 5 日第 6 版。
③ 黄道霞等：《建国以来农业合作化史料汇编》，中共党史出版社 1992 年版，第 88 页。
④ 国家农业委员会办公厅编：《农业集体化重要文件汇编（1949－1957）》上，中共中央党校出版社 1981 年版，第 104 页。

互助组。全国许多地方把自发社一律"转组"或"解散",如江苏 400 多个自发社,一律解散。① 在整顿中散掉的初级社,主要是三类:一是假社,二是强迫农民组成的初级社,三是没有骨干、没有互助基础的社。但因一些干部工作方法简单,未对合作社进行调查研究就强行解散,一些有骨干、有互助基础、农民自愿组成的社也被解散。

1953 年是"一五"计划实施的第一年,大规模的工业建设需要大量粮食和农产品作支撑。1953 年上半年,出现了粮食供应紧张,落后农业不能满足工业建设需要的矛盾首次摆在党和政府的面前。在农业机械化短期难以实现的背景下,只能调整农业生产关系,即通过合作化来发展农业,增加粮食产量。1953 年 10 月,毛泽东决定加快农业合作化步伐。10 月 15 和 11 月 4 日,毛泽东就农业合作发表了两次谈话。在 10 月 15 日的谈话中,毛泽东提出要对地方通过摊派数字来建立更多的合乎条件、合乎章程、合乎决议的合作社,"要有控制数字,摊派下去。摊派而不强迫,不是命令主义"。毛泽东还鼓励尝试直接办合作社,"一般规律是经过互助组再到合作社,但是直接搞社,也可允许试一试。走直路,走得好,可以较快地搞起来,为什么不可以?可以的"。② 在 11 月 4 日的谈话中,毛泽东提出了发展合作社的具体目标:到 1954 年秋收以前,组建 3.2 万多个合作社,1957 年达到 70 万个,"但是要估计到有时候可能突然发展一下,可能发展到 100 万个,也许不止 100 万个"。③

根据毛泽东的要求,1953 年 10 月 26 日召开的第三次农业互助合作会议决定加快农业合作化步伐,1954 年上半年和下半年又两次调整合作社发展计划,农业合作化以更快的速度前进。按照第三次互助合作会议的计划,到 1954 年秋前,全国共建 32500 个合作社,其中,东北 10000 个,华北 12000 个,华东 6000 个,中南 3500 个,西南 359 个,西北 522 个。④ 至 1954 年 3 月中,全国各地已建和在建的生产合作社达到 70000 多个,3 月底发展到 96000 多个,大大超越了原定计划。⑤ 至 1954 年秋收时,农业生产合作社由 1953 年的 1.4 万多个发展到 10 万个,增加了 7 倍多;1954 年 10 月,中央决定加快合作化步伐,到 1955 年 6 月,

① 叶扬兵:《中国农业合作化研究》,知识产权出版社 2006 年版,第 271~272 页。
② 黄道霞等:《建国以来农业合作化史料汇编》,中共党史出版社 1992 年版,第 168 页。
③ 黄道霞等:《建国以来农业合作化史料汇编》,中共党史出版社 1992 年版,第 170 页。
④ 杜润生主编:《当代中国的合作合作制》上,当代中国出版社 2002 年版,第 211 页。
⑤ 国家农业委员会办公厅编:《农业集体化重要文件汇编(1949-1957)》上,中共中央党校出版社 1981 年版,第 235 页。

合作社发展到 65 万个，超过原计划 5 万个，入社农户共有 1690 万户，平均每社 26 户。这些合作社，大部分集中在北方几个解放较早的省份。大多数合作社是小型的，也有少数是大型社，每社有七八十户，有的一百多户，有的达几百户。多数社是半社会主义性质的初级社，也有少数发展成为社会主义的高级社。①

1954～1955 年，党和政府主要采取如下措施加快建立初级社。

第一，中央制订合作社发展计划并且不断提高计划指标，给地方以压力和动力。譬如，1953 年 11 月决定 1954 年秋前发展合作社 325000 个，12 月 16 日颁布的《关于发展农业生产合作社的决议》把计划提高到 35800 个。在中央计划指标的压力下，各地方政府展开竞争，合作化运动加快推进。

第二，加强党对合作运动的领导。中央和省市成立了农村工作部，专门领导农业合作运动，在省市总的编制名额中，抽出一部分编制名额加强管理互助合作的机构，配备一定数量的干部，协助党委开展合作运动。各级党委根据书记负责、亲自动手的精神，定期研究互助合作中的问题，加强对农村的思想教育工作。

第三，选派党政干部下乡直接办社。这在新区表现尤为突出，如贵州省、地、县党委亲自动手，并分任专职，具体领导办社事务，广东省派出 700 多干部下乡建社，平均每个社有建社干部 3 人。

从 1954 年上半年起，局部地区出现合作社急躁冒进的现象，至 1954 年冬 1955 年春，急躁冒进成为全国性现象。在仓促之间设立的合作社，存在不少问题。

第一，盲目建社，贪多求大。据福建闽侯地委的调查，该地 10% 左右的社思想酝酿不够，每社平均有一二户思想不稳定，如闽清二区东桥乡黄坪社，因思想酝酿不成熟，评产过低，退出 7 户，还有 8 户思想犹豫未定。② 山西长治路安南寨村采取"不入社不发布票"的办法强迫中农入社，结果报名的 84 户中有 38 户思想不通；高平的 51 个社规模扩大到 100 户以上，12 个社扩大到 200 户以上，2 个社扩大到 300 户以上；晋城水东乡干部在"反正要走这股路，今年不走明年走，不如一下合作化，省得再说互助组"的论调下，来了个全乡合作化，屯留张店村报名入社农户已达 97 户，而乡干还嫌户数少不建社。③

---

① 黄道霞等：《建国以来农业合作化史料汇编》，中共党史出版社 1992 年版，第 248 页。
② 黄道霞等：《建国以来农业合作化史料汇编》，中共党史出版社 1992 年版，第 184 页。
③ 黄道霞等：《建国以来农业合作化史料汇编》，中共党史出版社 1992 年版，第 202 页。

第二，缺乏经营管理经验。福建闽侯一区龙江乡有 4 个社、鳌峰乡有 3 个社未订生产计划，各县都有此种情况，长乐湖尾乡的"一心建"社，由于劳动力组织不善，每天 6 个劳力扒土、拾粪，10 多个劳力闲置；闽侯三区陈长光合作社每天等候社长派工，上午 8 时才下田。大合作社缺乏会计人才，有的社还未建立账簿。互助合作专职干部数量少、素质较低，永泰县 16 个专职干部有 10 个做过一些农村工作但不强，6 个根本不懂农业生产。① 广西三江侗族自治县能建社的干部十五六人，会经营管理的仅四五人，除个别社外，生产管理比较混乱，一些冬种作物下种后无人追肥，马铃薯种下后无人管理。②

第三，存在排斥贫农现象。如武乡西凤烟村发动报名入社的 42 户中，有 10 户是改变了成分的富农，1 户是地主，12 户贫农被拒绝入社。再如襄垣庄头村的村干提出入社必须有三好，即土地好、牲口好、羊群好，把一批迫切要求入社的贫农排斥在社外。③

第四，生产和生活资料有困难。如闽侯六区陈必泰合作社，13 户中有 6 户缺口粮，有的社肥料不足，闽侯普遍缺乏猪粪、猪毛等肥料，难以开展生产。④

第五，宰杀牲畜、砍伐树木的现象比较严重。据华南局的报告，1954 年 12 月，广东普遍发生农民大量杀猪杀鸭，猪价陡降。中山县的张家边乡，是土改一类乡，工作基础一贯较好，但该乡农民却杀死母猪 70 多头，小猪仔的价格从 60 万元一担降到 14 万元一担。潮安县九区一天之内屠宰了 40 多头母猪，普宁县的一只大母鸡可以换两只小猪，揭阳县的个别农民将刚生下的小猪全部淹死。⑤

第六，群众生产积极性不高。广西三江侗族自治县有个社有 35 个主要劳动力，经常出工的仅 12 人，很少出工的或不出工的 11 人。⑥浙江嘉兴县某生产合作社，总共 56 户，参加劳动的通常只有七八户。捻河泥时，船飘出去 30 多里，竟然没人知晓。鄞县某社，放牛人任耕牛"旅行" 30 多里，有的耕牛甚至因绳子绕脖子而死亡。农民形象地说："做起活来，像日本佬放火；走起路来，像文秀才祭祖；吃起饭来，像上山爬土；评起工来，像武松打虎"。⑦

为纠正合作运动中出现的问题，中央于 1955 年 1 月 10 发出《关于整顿和巩固农业生产合作社的通知》。通知指出，在 1954 年秋收前建立起来的 48 万多个

---

①④　黄道霞等：《建国以来农业合作化史料汇编》，中共党史出版社 1992 年版，第 184 页。
②⑥　黄道霞等：《建国以来农业合作化史料汇编》，中共党史出版社 1992 年版，第 230 页。
③　黄道霞等：《建国以来农业合作化史料汇编》，中共党史出版社 1992 年版，第 202 页。
⑤　黄道霞等：《建国以来农业合作化史料汇编》，中共党史出版社 1992 年版，第 231 页。
⑦　黄道霞等：《建国以来农业合作化史料汇编》，中共党史出版社 1992 年版，第 243 页。

新社，绝大多数不具备建社的条件，"整顿和巩固这四十几万个社，已经成为十分迫切的任务""当前合作化运动，应基本转入控制发展、着重巩固的阶段"。①3 月 22 日，农村工作部根据中央精神制定并发出《关于巩固现有合作社的通知》，要求各地"停止发展新社，全力转向春耕生产和巩固已有社的工作"。②5 月 6 日，第三次全国农村工作会议召开，邓子恢在总结报告中提出了合作化的四条政策：要求一般停止发展；立即抓生产，全力巩固；少数的省县要适当的收缩；把互助组办好，整顿好，照顾个体农民。③会议期间，中央农村工作部印发了《关于巩固农业生产合作社的指示（草案）》，该草案提出："在明年（1956年）秋季以前，除了若干数量较少的省份外，对于合作社应停止发展，全力转向巩固任务。并确定 1957 年以前只组织农户三分之一左右加入合作社。经过三个五年计划的时期逐步完成对农业社会主义的改造"。④各地认真贯彻中央提出的"全力巩固，坚决收缩"的方针，大力整顿合作社。此次整社成绩显著，但各地在整社过程中同样出现了强迫转组的偏差。如江苏滨海县为了限制下面办社，在"只许办好，不许办坏"（此语为 1953 年中央给地方办合作社的总要求）之外加一句"办不好就是犯罪的行为"，到了区里又加一句"办不好就是不可饶恕的错误"，到乡里又加一句"办不好死无葬身之地"，村干部说"办社反而弄出罪来，不办反而无罪一身轻"，在政府干部的强迫下，一些社转组。

1955 年四五月间，毛泽东出京视察。在视察途中，他"看见麦子长得半人深"，在与地方干部和农民的交谈中，他认为大部分农民的生产积极性是高的，干部对办合作社是有积极性的，农业合作化运动"乱子不少"，但"大体上还是好的"。合作化运动出现一些问题，是由于"群众运动走在领导前头，领导赶不上运动"所导致，只要加强领导，合作运动出现的问题可以得到解决。基于这种想法，毛泽东认为要加快农业合作化运动的步伐。5 月 17 日，毛泽东在 15 省、市书记会议上提出合作社的发展"方针是三字经，一曰停，二曰缩，三曰发……

---

① 根据不同地区的不同情况进行整顿合作社：凡是基本上完成或者超过原定计划的地方，如东北、华北、华东各省应该停止发展，全力转向巩固；离完成原定发展计划尚远的地方，如中南、西南、西北各省，应该认真巩固已经建立的社，有准备地在巩固中继续发展；对于那些准备不足、仓促铺开的地方，如河北和浙江的个别县，有关省切实帮助县委进行整顿，在不伤害积极分子热情又保证新建社质量的情况下，允许已有的社数和社员户数作必要的合理的减少。黄道霞等：《建国以来农业合作化史料汇编》，中共党史出版社 1992 年版，第 227 页。

② 黄道霞等：《建国以来农业合作化史料汇编》，中共党史出版社 1992 年版，第 234 页。

③ 黄道霞等：《建国以来农业合作化史料汇编》，中共党史出版社 1992 年版，第 237～238 页。

④ 杜润生主编：《当代中国的合作合作制》上，当代中国出版社 2002 年版，第 308 页。

该停者停，该缩者缩，该发者发"。缺乏合作基础的地方，暂时停止发展合作社；合作社较多的地方，暂时收缩，但必须按实际情况收缩，不要损害干部群众的合作积极性；在合作社很少的老解放区，则要发展合作社。① 1955 年 6 月下旬，毛泽东约见邓子恢，要求到 1956 年春耕前，全国要成立 130 万个合作社，做到每乡有一社或数社。对此，邓子恢没有立即同意，实际上是有不同意见。② 邓子恢的态度引起了毛泽东的不满，在《关于农业合作化问题》的报告中，毛泽东批评邓子恢"像一个小脚女人"。他认为："新的社会主义群众运动的高潮就要到来"，据此，毛泽东提出了农业合作化发展的总体规划：到 1958 年春，全国农村人口的一半（约 2.5 亿人）加入半社会主义性质的合作社，各地将出现少数全社会主义性质的合作社；到 1960 年，另一半农村人口完成半社会主义改造，1960年之后，逐步分期分批由半社会主义发展到全社会主义。③ 毛泽东的严厉批评给各省区市以极大的震动，会后，各地纷纷逐级批判和检讨"小脚女人"和"右倾保守"思想，修订本地的发展规划。1955 年 10 月，中共七届六中全会召开，会议继续批判右倾保守思想。毛泽东根据各地提出的发展规划提出了新的全国规划，到 1957 年春，东北和华北地区 70% ~80% 的农户加入合作社，实现半社会主义的合作化。七届六中全会以后，各地再次调整发展规划，大都提高了一定的幅度。如甘肃省 10 月 2 日的规划是到 1956 年入社农户占总农户数的 30%，11月 24 日，把比例提高至 40%。④ 河北省自 1955 年 8 月底到 10 月初的一个多月时间里，入社农户达 162 万户，基本完成原定 1955 年到 1956 年春入社农户达到总农户的 58% 的计划。⑤

应该承认，1955 年 8 月以后新成立的合作社存在很多问题，最为突出的是生产管理问题。据江苏徐州专区睢宁等 5 个县 5218 个社统计，68.71% 的合作社没有建立起生产秩序，78.68% 的合作社没有划分耕作区，50% 的合作社没有制订生产计划。由于生产管理没有跟上去，生产上出现了一些混乱现象。镇江有的新社社员反映：社长天天派工，社员生产等工，做起活来乱哄哄，每晚评工到 12

---

① 黄道霞等：《建国以来农业合作化史料汇编》，中共党史出版社 1992 年版，第 239 页。
② 杜润生主编：《当代中国的合作合作制》上，当代中国出版社 2002 年版，第 382 页。
③ 国家农业委员会办公厅编：《农业集体化重要文件汇编（1949－1957）》上，中共中央党校出版社 1981年版，第 374 页。
④ 甘肃省农业合作史编写办公室、甘肃省档案馆编：《甘肃省农业合作制重要文献汇编》第 1 辑，甘肃人民出版社 1988 年版，第 181 页。
⑤ 国家农业委员会办公厅编：《农业集体化重要文件汇编（1949－1957）》上，中共中央党校出版社 1981年版，第 464 页。

点钟。常熟福陵乡陈根生社一个小队 13 人下田干活，找了半天没有找到干活的田在哪里。赣榆县第三区垒堆社因生产无计划，工作范围不明确，秋收时，将大粪、麦子种在社外的农民田上。① 针对这些情况，毛泽东提出要边发展边整顿，他要求一些新成立的合作社，"跟着就去进行整顿工作"。在发展一批合作社之后，"必须有一个停止发展进行整顿的时间，然后再去发展一批合作社。"对合作社的整顿工作，"每年不是进行一次，而是应当进行几次。一有问题，就去解决，不要使问题成了堆才去作一次总解决"。② 在七届六中全会的总结讲话中，毛泽东要求省、地区、县三级领导要时刻掌握运动发展的情况，"一有问题就去解决"，遇到情况不对，"立即刹车，或者叫停车"，发展合作社，主要不是比速度，"重点是比质量"。③ 毛泽东的意见引起了地方的重视。1955 年冬天，各省采取了一些措施，放缓了合作社的发展速度，注重提高合作社的发展质量。

在毛泽东看来，客观事物发展不平衡是普遍的实际，平衡是暂时的，不断冲破平衡是事物的规律，冲破平衡是好事，总是平衡是保守。冲破平衡，不固守成式是毛泽东的领导风格。1955 年 11 月中旬，毛泽东又重提反对右倾保守思想。1955 年 11 月 18 日，毛泽东在杭州召集部分省委书记开会研究农业发展规划，提出了农业发展 15 条。20 日，在天津召集北方 4 省省委书记开会，进一步研究农业发展规划，形成农业 17 条。第一条规划了农业合作化的进度：1956 年下半年基本完成农业合作初级化，争取在 1960 年完成农业合作高级化。这个规划比 1955 年 10 月规划大大提前。1955 年 12 月 21 日，《农业十七条》下发各地征求意见。1956 年 1 月 3 日到 9 日，毛泽东在杭州开会再次讨论十七条，经过讨论，十七条扩展到四十条。1 月 25 日，最高国务会议讨论通过"四十条"草案。其中的第一条规定，1956 年全国基本完成农业初级合作化，部分地区在 1957 年，多数地区在 1958 年，基本完成农业合作高级化。这里完成高级合作化的时间比两个月前十七条要提前两年。四十条提出，合作社要对鳏寡孤独的农民和残废军人，实行"五保"政策（保吃、保穿、保烧、保教、保葬）；还提出了推广优良品种、推广新式农具、改良土壤、扩大复种面积、改进耕作方法、开垦荒地等增

---

① 《关于农业生产、互助合作方面的主要情况和问题》，1955 年 11 月，江苏省档案馆馆藏档案 3011 – 长期 – 173。
② 国家农业委员会办公厅编：《农业集体化重要文件汇编（1949 – 1957）》上，中共中央党校出版社 1981 年版，第 372 页。
③ 国家农业委员会办公厅编：《农业集体化重要文件汇编（1949 – 1957）》上，中共中央党校出版社 1981 年版，第 440 页。

产措施；还提出要改善农村卫生和交通状况，扫除文盲、建立有线广播网、建立电话网等内容。"四十条"公布以后，全国各地农村随即掀起了声势浩大的宣传活动，使干部群众对"四十条"有了较为深入的了解。"四十条"所描绘的美好蓝图极大地激发了农民的热情，充分调动了农民入社的积极性，促进了农业合作化高潮的到来。从 1955 年 12 月起，农业合作化运动飞速发展，至 12 月底，全国农业生产合作社发展到 190 余万个，入社农户 7500 余万户，占全国总农户数的 63.3%（11 月底为 41.4%），一个月以后，即 1956 年 1 月底，全国入社农户达到 9555 万户，占总农户数的 80.3%，2 月底，这个比例上升至 87%，3 月底达到 88.9%，至此，全国基本实现初级农业合作化。[①]

## 第三节　高级社在冒进与整顿中发展

早在革命战争时期，根据地就零星地出现过高级社。新中国成立以后，一些地方也零星地试办高级社。1952 年全国只有 10 个高级社，1953 年增加到 15 个，1954 年为 201 个，到 1955 年秋收时，增加到 529 个，农户 4 万多户，占全国农户总数的 0.033%。[②] 1955 年 11 月之前，党和政府反复强调农业合作化运动以发展小规模的初级社为主，严格控制发展大社，一般不提倡发展高级社。1954 年 6 月《中央转批中央农村工作部在关于第二次全国农村工作会议报告》中指出："以土地入股统一经营为特征的半社会主义性质的农业生产合作社作为目前农村合作化的中心环节"，1955 年 10 月实施的《关于农业合作化问题的决议》仍然规定农业生产合作社"在现阶段一般是以土地入股统一经营为特点的半社会主义性质的初级合作社"。在七届六中全会上，黑龙江省省委书记欧阳钦作了关于该省发展高级社的总结发言，引起了与会者的较大反响。毛泽东在会议总结中指出："条件成熟的可以办，条件不成熟的不要办，开头办少数，以后逐年增加"。[③] 毛泽东和党中央此时仍未把发展高级社提到议事日程上来。大约在 1955 年 11 月到 12 月，毛泽东开始思考发展大社和高级社的问题。12 月 9 日，中央办公厅主任杨尚昆与江苏省委书记刘顺元通电话，杨尚昆对刘顺元说："主席现在又开始抓高级社了。半社会主义发展了，就要搞社会主义"，杨尚昆还说："主席

---

①　莫日达：《我国农业合作化的发展》，统计出版社 1957 年版，第 131～132 页。
②　杜润生主编：《当代中国的农业合作制》，当代中国出版社 2002 年版，第 406 页。
③　逄先知、金冲及主编：《毛泽东传（1949－1976）》上，中央文献出版社 2003 年版，第 401 页。

可能在 12 月底召集你们开会，讨论高级社的问题"。① 1955 年 12 月，毛泽东亲自编辑《中国农村的社会主义高潮》一书，毛泽东撰写了大量按语，他在按语中多次提出并社升级。

各地本来就有办高级社的冲动，只是因中央一再强调不能轻易发展高级社而未大规模组建高级社。地方干部从毛泽东的按语中觉察到办高级社的高潮很快就要来临，一些地方从 11 月起，一边大力发展初级社，一边将初级社合并成高级社，有的甚至从互助组到高级社一步到位。如北京市，1955 年 12 月 24 日时，已有 10% 的高级社，1956 年 1 月 4 日，北京市委第二书记刘仁要求在北京市郊区立即建立高级社，争取旧历年前全部工作。各区经过几天的准备，从 1 月 9 日起开始普遍转大社，到 11 日晚，北京郊区 5 个区的 350 个生产合作社合并为 220 多个，并全部转为高级社。② 1 月 12 日，《人民日报》发表通讯《北京郊区的社会主义新高潮》，宣布北京 5 个郊区初级社全部转变为高级社。首都北京的率先行为对全国各地产生了强烈的示范效应，各省纷纷采取措施加快推进农业合作高级化。至 1955 年底，加入高级社的农户占全国农户总数的 4%，至 1956 年 1 月底，比例提高至 30.7%，京、沪、津、晋、冀等省市基本上实现了农业高级合作化；到 2 月底，占比提高至 51%，吉、桂、青、黑、蒙等省区基本实现农业高级合作化；至 8 月底，占比提高到 66.1%；到 1956 年底，加入高级社的农户占总农户的比重达到 87.8%，全国基本实现高级合作化。③ 如果从 1955 年 12 月算起，只用了整整一年的时间，中国就基本实现了高级合作化（见表 7-2）。

表 7-2　　　　1955 年 12 月至 1956 年 12 月农业生产合作社发展速度

| 时间 | 初级社（万个） | 加入初级社户数（万户） | 占比（%） | 高级社（万个） | 加入高级社户数（万户） | 占比（%） |
|------|------|------|------|------|------|------|
| 1955.12 | 188.8 | 7069.4 | 58.7 | 1.7 | 475.5 | 3.9 |
| 1956.01 | 139.4 | 5903.4 | 49.6 | 13.6 | 3651.9 | 30.7 |
| 1956.02 | 88.3 | 4316.0 | 36.0 | 23.5 | 6102.8 | 51.0 |
| 1956.03 | 82.5 | 4085.9 | 34.0 | 26.3 | 6581.8 | 54.9 |

① 《刘顺元同志在省委扩大会议上的报告》，1955 年 12 月 20 日，江苏省档案馆馆藏档案 3011-永久-67。
② 史敬棠等编：《中国农业合作化史料》下，三联书店 1959 年版，第 944 页。
③ 叶扬兵：《中国农业合作化研究》，知识产权出版社 2006 年版，第 477~478 页。

续表

| 时间 | 初级社<br>（万个） | 加入初级社户数<br>（万户） | 占比<br>（%） | 高级社<br>（万个） | 加入高级社户数<br>（万户） | 占比<br>（%） |
|------|------|------|------|------|------|------|
| 1956.04 | 76.8 | 3861.1 | 32.1 | 28.8 | 6984.0 | 58.2 |
| 1956.05 | 70.1 | 3541.4 | 29.3 | 30.3 | 7472.0 | 61.9 |
| 1956.06 | 68.2 | 3483.9 | 28.7 | 31.2 | 7687.4 | 63.2 |
| 1956.07 | 65.4 | 3496.3 | 29.0 | 31.3 | 7653.9 | 63.4 |
| 1956.08 | 58.2 | 3247.1 | 26.8 | 33.4 | 8014.5 | 66.1 |
| 1956.09 | 47.4 | 2648.8 | 21.8 | 38.0 | 8826.9 | 72.7 |
| 1956.10 | 35.9 | 2135.2 | 17.6 | 41.2 | 9485.1 | 78.0 |
| 1956.11 | 27.6 | 1588.0 | 13.1 | 48.8 | 10086.3 | 83.0 |
| 1956.12 | 21.6 | 1040.7 | 8.5 | 54.0 | 10742.2 | 87.8 |

资料来源：杜润生主编：《当代中国的农业合作制》上，当代中国出版社 2002 年版，第 405～406 页。

　　"只用 1956 年一个年头，就基本完成了高级形式的合作化。在中国农业合作化的这个阶段，步子显然走得太快了。"[1] 这么快的步子，是毛泽东和党中央始料未及的，也是任何一个干部群众所始料未及的。为何在短短一年时间内，全国就基本实现高级形式的农业合作化呢？农业生产合作运动的领导者是党和政府，直接践履者是农民，没有党和政府的领导与强力推动，农业生产合作运动不可能向前快速发展，同样，没有广大农民的积极响应，合作运动更不可能向前快速发展。所以，应从领导者和践履者两个角度来分析其原因。

　　首先是党和政府各级领导的推动。毛泽东在党内国内享有崇高的威信，正如时任安徽省委副书记、农村工作部部长王光宇秘书的金玉言所言："当年老百姓对毛主席是很崇拜的，基层农村干部对毛主席也非常崇拜。主席怎么说，他们就无怨无悔怎么做。主席说土地改革，大家轰轰烈烈地分田地；主席说组织起来互助合作，全国各地不少地方自发办农业社，走在地委、县委甚至中央农工部的前面；主席说搞高级社，大家就往高级社上奔"。[2] 1955 年 7 月，毛泽东批判邓子恢，12 月亲自主编《中国农村的社会主义高潮》，这两件事给党内和群众一个信

──────────

[1] 中共中央党史研究室：《中国共产党历史第二卷（1949－1978）》上，中共党史出版社 2011 年版，第 344 页。
[2] 马社香访谈金玉言记录，见马社香：《中国农业合作化运动口述史》，中央文献出版社 2012 年版，第 414 页。

号，就是毛泽东要加快合作化步伐。事实上，毛泽东和党中央的本意是加快初级合作化步伐并未要求加快高级合作化步伐，而且在加快步伐的同时更要注重合作社的质量。① 1956 年初，中央明确要求各省根据本身条件制订高级社发展规划，"不要脱离实际地赶先进，不要勉强追求提前完成，以免造成本来可以避免的破坏和损失"。② 但在群众热情调动起来之后，毛泽东和党中央也只能随着群众热潮走，至少在短期内难以遏制。各地方干部错误地领会了毛泽东和党中央的意图，从 1955 年 11 月起，不顾条件推进本省农业合作化步伐。河北省行动最快，10 月 14 日七届六中全会刚一闭幕，河北省委立即召开会议，修订原来十五年完成农村社会主义改造的发展计划，重新制订计划。新订计划要求 1957 年春初级社发展到 80% 左右，基本实现半社会主义合作化，1958 年春加入初级社的农户达到 85% 到 90%。到实践中，实际发展速度比修订的计划要快得多。至 1955 年 12 月初，入社农户达到 71.43%，率先在全国实现半社会主义合作化。河北省委根据这个情况决定，1955 年冬、1956 年春试办一批高级社，1959 年全省实现高级合作化，实际再一次远快于计划，很多地方出现小社并大社、单干农民一步登上高级社、初级社一夜转高级社的局面。至 1956 年 2 月 7 日，河北全省高级社达 2.3813 万个，入社农户 801 万，占总农户数的 98.04%，全省除 87 个初级社外，已全部转为高级社，在全国率先实现高级合作化。河北提前迈入完全社会主义性质的合作化的消息，媒体予以大肆渲染，在舆论的推动下，各省不甘落后，纷纷加速推进高级合作社化步伐。③

其次是农民群众的热情。绝大部分农民特别是贫下中农，从土地改革、互助

---

① 七届六中全会《关于农业合作化问题的决议》中提出要根据不同地区的不同条件来规定各地方合作化运动发展的速度：在互助合作运动发展较好的华北、东北各省及其他一些省份的一部或大部，"在 1955 年夏季已经达到当地总农户的 30% 到 40%，大体上可以在 1957 年春季以前先后发展到当地总农户的 70% 到 80%，即基本实现半社会主义的合作化"；"在全国大多数地方，合作化程度在 1955 年夏季已经达到当地农户的 10% 左右或者 20% 左右，大体上可以在 1958 年春季以前基本上实现半社会主义的合作化"；"在互助运动基础薄弱、农业生产合作社现在还很少的地方，实现合作化需要更多的时间。这类地方主要是某些边疆地方。"《七届六中全会〈关于农业合作化问题的决议〉》，载于《学习》1955 年第 11 期。
② 国家农业委员会办公厅：《农业集体化重要文件汇编（1949－1957）》上，中共中央党校出版社 1981 年版，第 537 页。
③ 舆论的推动作用不可小觑，1956 年 1 月湖北省委召开地委书记会议，省委原决定在春耕前发展 1 万个高级社，参加农户占总农户数的 25%～30%，剩下的秋后再发展，这个意见遭已地委书记的反对，不少地委书记拿出《人民日报》的宣传文章作为依据，要求达到 70% 或 80%。省委书记王任重打电话给农工部副部长廖鲁言，要其向毛主席汇报，廖鲁言专门请示毛主席，毛主席批示"同意王任重同志的意见，湖北省高级社控制在 1 万个左右。再送《人民日报》邓拓同志和新华社吴冷西同志，注意在宣传方面加以控制"。马社香访谈李尔重记录，见马社香：《中国农业合作化运动口述史》，中央文献出版社 2012 年版，第 424～425 页。

组和初级社里得到了实实在在的好处，这些农民诚心实意地感谢共产党，也希望在共产党的带领下，过上更好的日子。1956 年 1 月，中央提出《1956 年到 1967 年全国农业发展纲要（草案）》（即《农业四十条》）。纲要对未来社会主义新农村作了美好的规划。① 这个规划给农民以美好的憧憬，出于对未来幸福生活的向往，农民希望早日进入高级社，进入社会主义社会。基于这些想法，1955～1956 年，群众热情普遍高涨，一发不可遏制，各地出现农民自发打着灯笼、敲锣打鼓向上级报喜办高级社的现象。

在 1955 年冬到 1956 年春的农业合作化高潮中所设立的高级社，只有不到 3% 的社员有两年初级社的经历，只有不足 14% 的社员有一年的初级社经历（1955 年夏秋时，加入初级社的农户占全国农户总数的 14.2%，约 1700 万户），大约 60% 的社员连两年常年互助组的经历也没有，大约 50% 的社员连一年互助组的经历也没有。1955 年参加互助组的农户占全国农户总数的比重不到 65%，到 1956 年底，加入高级社的农户占全国农户总数的比例达到 89%，这就是说，大约 25% 的农户是直接从单干户一跃而成为高级社社员，用当时的说法就是"一步登天"。② 仓促之间建立起来的高级社，问题很多，主要体现在以下方面。

第一，入社财产处理不当。主要表现为：一是牲畜、树木、鱼塘等财产作价过低，地方上出现了砍树、卖牛现象，如湖北应城县的一切耕牛、农具、树、园无偿归公，砍树、毁家具、毁农具、卖猪、杀鸡的现象普遍发生，该县盛滩乡，家家砍树，冯家湾共 31 户，砍了 34 棵树，需要砍的只有九棵，连桃树也砍了，把农具和家具打烂当柴烧。③ 广西靖西县大瑶乡砍树千余株，邕宁齐和乡砍树 3000 多株。④ 二是对原来初级社和互助组的财产处理不当。高级社是通过并社和大量吸收互助组和单干户组成，1956 年 3 月 5 日，中央规定并大社时各社的共有

---

① 在 7 年内，基本上消灭十几种不利于农作物的虫害和病害；在 12 年内，基本上消灭荒地荒山，在一切宅旁、村旁、路旁、水旁，以及荒地荒山上，即在一切可能的地方，均要按规格种起树来，实行绿化；在 12 年内，大部分地区百分之九十的肥料，一部分地区百分之百的肥料，由地方和合作社自己解决；在 12 年内，平均每亩粮食产量，在黄河、秦岭、白龙江、黄河（青海境内）以北，要求达到 400 斤，黄河以南、淮河以北 500 斤，淮河、秦岭、白龙江以南 800 斤；在 7 年内，基本上消灭若干种危害人民和牲畜最严重的疾病，如血吸虫病、血丝虫病、鼠疫、脑炎、牛瘟、猪瘟等；在 7 年内，基本上消灭老鼠、麻雀、苍蝇、蚊子四害；在 7 年内，基本上扫除文盲，每人必须认识 1500 到 2000 个字；在 7 年内，将省、地、县、区、乡的各种必要的道路按规格修好；在 7 年内，建立有线广播，使每个乡和每个合作社都能收听有线广播；在 7 年内，完成乡和大型合作社的电话网。黄道霞等：《建国以来农业合作化史料汇编》，中共党史出版社 1992 年版，第 337 页。
② 杜润生主编：《当代中国的农业合作制》上，当代中国出版社 2002 年版，第 407 页。
③ 王崇文等：《湖北省农业合作经济史料》，湖北人民出版社 1985 年版，第 554 页。
④ 黄道霞等：《建国以来农业合作化史料汇编》，中共党史出版社 1992 年版，第 364 页。

财产、公积金、公益金都必须转为合并的大社所有，"各社之间均等，不必补齐，新社员入社也不补交"。① 这就导致老社、富社吃亏，新社、穷社沾光。

第二，分配制度有缺陷。高级社取消了初级社所实施的土地报酬，完全实行按劳分配，土地多但劳力少的农户吃亏，土地少劳力多而强的农户沾光，这种分配方式实际上违反了合作社的互利原则。

第三，生产管理比较混乱。高级社就是一个农业生产企业，对于长期从事个体生产的农民而言，对农业生产企业管理非常陌生，以致 1955 年冬 1956 年春出现干活"大呼隆"现象。如河北省藁城县南营村，集体生产缺乏统一安排，1600多个劳动力窝在一个泥坑挖泥，你推我挤，劳动效率极其低下。静海县府君庙白杨树农业社出现了磨洋工现象，78 个劳动力一天只挖泥坑 150 车。② 1956 年二三月开始，全国进行整社，推行"三包一奖"制度，即合作社内划分耕作区，编组生产队，生产队向合作社包工、包本、包产，实行超产奖励制度。三包制度实际上是把合作社生产管理权力下移，对于克服"大呼隆"是有效的，但是，因缺乏经验与生产管理知识，三包做得非常粗糙，问题重重，如包工只包农作物的基本工序的工分，杂务工不包，不少生产队利用这个空子争相多报杂务工。再如包产，有的社产量定得过高，社员没有信心完成，导致包产包不下去。

第四，铺张浪费现象凸显。一部分干部认为高级社范围大，收入多，资金足，于是不顾合作社的财力、物力，举办一些力不能及的事务。有的"合作社成立不久，就忙于并村庄，盖新房，修俱乐部，修办公室，购置大量的和贵重的文化娱乐用品、桌椅板凳和托儿所用的小孩玩具"。③ 湖北省应城县白虎乡的一些高级社不顾条件，大修办公室、俱乐部，买洋鼓洋号、运动服，结果把巨额投资贷款用在不适当的地方，需要的时候反而没有钱；盛滩乡第一社，花 1100 多元修办公室，花 1002 元买玩具，花 146 元做运动服。④

第五，生产经营由多元走向单一。首先表现在只重视农业生产压制副业。因合作社增产指标定得过高，生产队包工、包产指标也相应较高，生产队为了完成任务，集中人力、物力搞农业生产，限制社员搞副业。如湖北省咸宁县洪沟区农

---

① 国家农业委员会办公厅编：《农业集体化重要文件汇编（1949－1957）》上，中共中央党校出版社 1981 年版，第 540 页。
② 河北省委农村工作部：《关于农业生产合作化运动情况向省委的简报》，1956 年 2 月 17 日，河北省档案馆馆藏档案 871－1－71。
③ 黄道霞等：《建国以来农业合作化史料汇编》，中共党史出版社 1992 年版，第 345 页。
④ 王崇文等：《湖北省农业合作经济史料》，湖北人民出版社 1985 年版，第 554 页。

民搞副业要经过队长、主任、乡政府、区委会批准，汀泗桥乡党支部书记看见社
员运竹子出去卖，拦路不让走。① 其次是只重视种植棉粮，忽视其他作物生产，
这主要是受统购统销政策的影响。在湖南农村，农民除种粮食外，还种植多种经
济作物，农闲时，外出搞副业生产。一般而言，山区农民种植经济作物和从事副
业生产的收入占总收入的 40% 到 50% ，丘陵地区和湖区占 30% 左右。1956 年，
湖南省提出要重点抓粮食生产，忽视经济作物的种植，农民收入减少。位于洞庭
湖区的沅江县洞庭红农业社，苎麻是其主要的经济作物，为了实现所谓粮食"千
斤丰产"目标，盲目扩大双季稻种植面积，把全社的劳动力、资金、肥料集中用
于水稻，致使苎麻减产 20% 。沅陵县官庄农业生产合作社生产茶叶，由于没有
妥善安排好劳动力，耽误了采茶季节，茶叶质量下降，1956 年的农民收入比
1955 年减少了 3000 元左右。②

第六，农业改制出现过急、过大、过死现象。1956 年，全国各地进行大规
模的农业改制，即进行耕作制度和耕作技术改革，包括扩大复种指数、提高单位
面积产量、改良作物品种、提高耕作技术等。1956 年的农业改制成效比较明显，
但问题也不少，如广东化仁县把一年一熟稻田改成一年两熟的有 4 万亩，因劳动
力不足，夏种时劳动力调配不过来，结果抛荒 3 万亩。③ 广西有些地方为了保证
密集规格，规定插田带尺，拖长了插田时间，耽误了插秧季节，造成损失。④

第七，社员生活质量出现下滑。有的合作社为了确保粮食产量，强迫农民不
得从事副业生产和手工业生产，"结果，既减少了合作社和社员的副业收入，又
影响了城乡经济交流"。⑤ 因收入减少，社员不得不向社里借支，但社里要么是
无钱可借，要么是借钱手续相当繁琐，这些因素导致社员手头生活资金不够，影
响了其生活质量。有社员抱怨："高级社有啥好，样样集体，连买油盐的都被集
光了"，还有人说"社是增产的，社员手里是王小二过年，一年不如一年""以
前缸缸漫，瓮瓮满，现在没有剃头钱""入社手头紧，用钱不活络"。⑥

第八，高级社内相关利益主体之间矛盾开始出现。首先是国家与社之间的矛
盾，国家要求合作社足额按时交纳公粮和交售统购粮，社里则要求少卖统购粮或

---

① 王燕群：《湖北省孝感专区今年春季农村市场的情况》，载于《计划经济》1956 年第 5 期。
② 黄道霞等：《建国以来农业合作化史料汇编》，中共党史出版社 1992 年版，第 372 页。
③ 李少球、吴尔祥：《广东粮食生产战线上的巨大胜利》，载于《人民日报》1957 年 1 月 14 日第 8 版。
④ 陈漫远：《广西省实现农业高级化的第一年》，载于《农村工作通讯》1957 年第 2 期。
⑤ 黄道霞等：《建国以来农业合作化史料汇编》，中共党史出版社 1992 年版，第 346 ~ 347 页。
⑥ 《江苏省农村典型户经济生活情况的调查资料》，江苏省档案馆藏档案 3062 - 永久 - 50。

多给返销粮。其次是社与社员之间的矛盾，社里为保证生产的延续性，主张多留少发，社员则正好相反。再次是队与队之间的矛盾。同一高级社里，无论穷富，实行统一分配，这就出现把富队收入调给穷队的现象，引起富队不满。最后是社员与社员之间的矛盾，如在粮食分配上，劳动多的要求按劳分配，人口多的要求按人口分配，采取前者，不符合粮食"三定"政策，采取后者，挫伤了劳动者的劳动积极性。据 1955 年 12 月对天津 100 个高级社的调查，"高级社建成以后，虽然在很大程度上缩小了集体利益和个人利益的矛盾，但这两种思想斗争仍表现在多方面。例如，在种植上，董庄子和新一村有的中农主张少种粮食作物多种瓜，贫农积极分子则坚持按国家计划种植。在投资问题上，小北涧沽中农社员赵绍如，去年收入 2000 多元，把富余的 700 多元，买了许多箱子、柜、木板等，并以娶媳妇为借口拒绝向社里投资。在扩大公共积累方面，有的社员主张不留和少留公积金，在扩社时主张把公积金分掉"。①

第九，高级社科层组织多导致管理成本高昂。初级社向高级社过渡的初期，普遍认为大社比小社要好。1955 年 12 月，毛泽东在其起草的《征询对农业十七条的意见》中对全国合作社的数量作了如下设想：苏联有 10 万个合作社，中国应该有 30 多万个或者 40 万个合作社为宜，当时全国约有 1.1 亿农户，平均每社规模为 200 多户。② 1956 年 3 月，全国高级社的平均规模是 250 户，1956 年 12 月降至 199 户。最大的高级社达 1 万户，人称社长为"万户侯"。规模大的高级社，设立了层层机构，人浮于事。湖南新化燎原农业生产合作社由 3 个乡 21 个初级社合并而成，为了照顾原有社干的情绪，共选举 53 个管理委员，2 个主任，6 个副主任，53 个委员中半数以上的人会议都不参加。③ 据 1956 年 3 月福建省委农村工作部的报告，该省"一般是一乡一社，也有一乡数社，个别有数乡一社的。以户数来说：两三百户的最多，千户以上是很少数"。④ 合作社规模过大，导致管理级层过多，"有的社下分大队、中队、小队、小组等三四层，管理机构的名目也很多，如有的在管委会下设有近十个小委员会，有的社设科，大队设股，小队设小组"。⑤ 高级社的社主任是脱产社干，不需参加劳动，实行稍高于

---

① 黄道霞等：《建国以来农业合作化史料汇编》，中共党史出版社 1992 年版，第 375 页。
② 黄道霞等：《建国以来农业合作化史料汇编》，中共党史出版社 1992 年版，第 336 页。
③ 中共湖南省委农村工作部工作组：《新化燎原农业生产合作社事务管理情况的调查研究》，载于《人民日报》1956 年 5 月 23 日第 7 版。
④ 黄道霞等：《建国以来农业合作化史料汇编》，中共党史出版社 1992 年版，第 360 页。
⑤ 黄道霞等：《建国以来农业合作化史料汇编》，中共党史出版社 1992 年版，第 361 页。

中等劳力的固定报酬，一般干部则大多数实行实误实记，误多少记多少，这种做法使一部分社干纠缠于会议。群众对此很不满意，江苏有群众编顺口溜讽刺干部："干部穿着学生蓝，一吃就去玩""大衣一披，飞东飞西，农活不做，工分照记""过去养地主，现在养干部"。[1]

第十，瞎指挥损害了群众利益。湖北省应城县盛滩乡，高级社为了建集体牛栏和猪栏，通过强迫和欺骗手段，三十多户社员被强制搬家，拆了房子，弄得过年没地方住，群众很不满意地说："没有商量，头一天晚上下通知，第二天就赶出来了"。该乡的韩家坝，是个落后的湾子，群众不同意建高级社，1956 年一个队五六十人，每天只有七、八个人出工，天天有人围着干部要饭吃，秩序很混乱。五区同岭乡一个落后社，是干部包办建立起来的，依靠行政命令指挥生产，在一个最危险的地方取土，群众不去，党员命令群众去，结果死了三人，重伤三人，群众非常愤恨，说："不是看了共产党的面子，非剥了你们的皮不行"。[2]

高级社存在的问题暴露出来后，党和政府采取了措施进行整顿。

第一，制止合作社铺张浪费。党和政府发现了高级社存在铺张浪费现象之后，立即采取措施予以制止。1956 年 4 月 2 日，全国农村工作部部长会议在北京召开，邓子恢在讲话中指出："要尽可能的减少非生产性的开支；基本建设也要分清轻重缓急，不要一步登天，不要想把 12 年的事情两三年搞完"。[3] 4 月 3 日，中央发出《关于勤俭办社的联合指示》，要求合作社在"公积金还不多的时候，不应当过多地兴办长期才有收益的基本建设"；合作社不能在成立后不久，"就耗费大量的人力、物力和财力，来兴办文化福利事业"；合作社"必须根据生产发展的程度和投资扩大再生产的能力，量力而行"。[4] 地方也出台了相应的措施，如湖北省规定，对于铺张浪费，"必须坚决加以纠正""即使属于生产性开支，也应当量力而为，根据生产发展的水平，分清轻重缓急，积极地有计划地扩大再生产，不要把有限的资金，用于非急需的方面去"。[5]

第二，允许发展副业和手工业生产，纠正高级社生产经营单一化。《关于勤俭办社的联合指示》指出："开辟生产门路，发展副业生产，经营各种经济，是

① 江苏省委农村工作部：《江苏省农业社内部矛盾情况资料》，江苏省档案馆馆藏档案 3062 – 长期 – 141。
② 王崇文等：《湖北省农业合作经济史料》，湖北人民出版社 1985 年版，第 552 页。
③ 黄道霞等：《建国以来农业合作化史料汇编》，中共党史出版社 1992 年版，第 347 页。
④ 国家农业委员会办公厅编：《农业集体化重要文件汇编（1949 – 1957）》上，中共中央党校出版社 1981 年版，第 543 页。
⑤ 王崇文等：《湖北省农业合作经济史料》，湖北人民出版社 1985 年版，第 563 页。

勤俭办社方针的重要内容之一"。要求合作社在抓好农业生产的同时,"积极发展副业和手工业",在保持产销平衡的前提下,可以"兼营手工业"。① 1956 年 9 月 12 日,中央发出《关于加强农业生产合作社的生产领导和组织建设的指示》指出,粮食和棉花是人民生活的根本保障,因此"在农业生产上以增产粮棉为中心的方针,必须继续贯彻执行,这是丝毫不能动摇的",在保证粮棉增产的同时,"发展畜牧业、林业、渔业和其他各种副业生产,开展多种经营"。发展多种经营,有利于粮、棉增产,有利于合理利用土地,有利于合作社合理调配全年劳动时间、提高劳动力的利用率和劳动生产率。正因为如此,"几年来由于多种原因所产生的某些经济作物、畜牧业和副业生产的落后状况,必须迅速加以改变"。②

第三,重新处理入社生产资料。如 1956 年 2 月 23 日,湖北省委发出《关于全面转入整顿巩固农业生产合作社开展大规模的生产运动的指示》,要求各地及时处理高级社的经济问题,在处理经济问题时,除取消土地报酬和耕畜、大中型农具折价入社外,其他土地上的附属物(包括小片经济林、藕池、鱼塘、药苗等),可以实行折价入社、比例分红(可以采取社三成,原主七成的办法)或仍归原主私有等三种办法。凡作价入社的生产资料和农作物,作价必须公平合理,归还期限不可过长。通过处理高级社的经济问题,要具体地向社员算账,通过对比教育,使每个社员都能确切地知道自己是否能够增加收入,大型的高级社的优越性在哪里,并且批判那种"一切归公""吃大锅饭"等荒谬的小资产阶级平均主义思想,端正社员对集体所有制的认识,使社员摸到政策的底。③

第四,放松政府对合作社的生产控制,适度放宽自由市场。1956 年 9 月,中央发出指示,要求"在国家计划的指导下,保持合作社生产经营的独立性""在完成国家的农业税和农产品的统购任务、履行同其他部门所订立的合同义务后,农业社可以自由地按照自己的需要和可能制定全社的生产计划"。④ 党的八大以后,国家允许自由市场在一定范围内存在。一些地方按中央的指示,在不同的范围内开放了自由市场,如湖北省把物质划分为国家统购的物质、统一收购的物质

① 国家农业委员会办公厅编:《农业集体化重要文件汇编(1949－1957)》上,中共中央党校出版社 1981 年版,第 545 页。
② 国家农业委员会办公厅编:《农业集体化重要文件汇编(1949－1957)》上,中共中央党校出版社 1981 年版,第 608 页。
③ 王崇文等:《湖北省农业合作经济史料》,湖北人民出版社 1985 年版,第 562 页。
④ 国家农业委员会办公厅编:《农业集体化重要文件汇编(1949－1957)》上,中共中央党校出版社 1981 年版,第 610 页。

和自由购销的物质，[①] 小猪、羊、木柴、蔬菜、瓜果、鸡、鸭、蛋品等是自由购销物质，"允许农业社和农民、手工业者、公私合营、合作商店、合作小组、国营商店、供销合作社、机关团体以及消费者在当地自由市场自由买卖"。[②]

第五，缩小高级社规模，调整合作社组织机构。合作社级层过多，导致管理混乱。在此背景下，1956 年 9 月，中央发布《关于加强农业生产合作社的生产领导和组织建设的指示》，指示专门就合作社的规模作了原则性规定，"在目前条件下，合作社的规模，山区以 100 户左右，丘陵区 200 户左右，平原区 300 户左右为宜，超过 300 户以上的大村也可以一村一社"。[③] 对于中央的指示，各级政府反应不一，省委、地委赞同划小合作社，县委、区委、乡干和社干表示反对，社员则坚决拥护中央的决定。县委、区委和乡干、社干所以反对，是因为怕别人说他们"右倾"，怕分社后单位多了不好领导。各省的反应也不一，四川省坚决主张缩小农业社，一般以百户左右为宜，二三百户以上的社，只可试办，暂时不能推广；安徽省将 16 个 3500 户以上的大社适当缩小，1000 户左右的大社，一律不动；河北、河南、陕西等省主张将不能维持的联村大社改为联社，不主张分社。[④] 压缩了合作社规模的省份，组织机构也进行了相应的压缩，如湖北省的合作社取消社、队、组三级制，恢复社、队两级制。生产队下面的小组，根据不同季节、不同农活，采取季节、临时包工或按件包工，农事完毕，生产小组解散。[⑤]

第六，创新合作社的管理制度。高级社普遍推行"包工、包产和包财务"的"三包"管理制度，1957 年，湖北省 95% 以上的农业社进行了"三包"。[⑥] 在"三包"的基础上，还探索实施"工包到组"和"田间管理包到户"。"工包到组"就是生产队把一定地块的主要农活向生产小组实行常年包工或季节包工，"田间管理包到户"就是把零星的田间管理杂活责任到户。"工包到组"和"田间管理包到户"相结合是集体劳动和个体劳动相结合的一种有益探索。有些地方

① 国家统购的物质包括：粮食、棉花、油脂油料、肥猪、麻、茶叶、牛皮、杉木、松木、废铜、废锡、废铅、桐油、土布、土纱；统一收购的物质包括：茧丝、残牛、杂皮、木油、梓油、红糖、土纸、废钢、灰口铁、硫黄、生漆、楠竹、棕片、木耳、莲子、核桃仁、黄连、茯苓、麝香、天麻、半夏、木瓜、大力子、吴芋；自由购销的物质包括：小猪、羊、木柴、蔬菜、瓜果、鸡鸭、蛋品、鱼、水果等。王崇文等：《湖北省农业合作经济史料》，湖北人民出版社 1985 年版，第 579 页。
② 王崇文等：《湖北省农业合作经济史料》，湖北人民出版社 1985 年版，第 580 页。
③ 黄道霞：《建国以来农业合作化史料汇编》，中共党史出版社 1992 年版，第 392 页。
④ 黄道霞：《建国以来农业合作化史料汇编》，中共党史出版社 1992 年版，第 409 页。
⑤ 王崇文等：《湖北省农业合作经济史料》，湖北人民出版社 1985 年版，第 563 页。
⑥ 中共湖北省委农村工作部：《关于处理农业生产合作社内"三包"工作的意见》，载于《湖北日报》1957 年 11 月 9 日第 1 版。

在"工包到组"的基础上实行"包工包产到组"，个别地方在"包工包产到组"的基础上再进一步，实行"包产到户"，如江津区江津县龙门区刁家乡的六村二社和十村一社、二社，把合作社的土地、肥料、种子分配到户，耕牛由各户轮流喂养、轮流使用，生产和收获由各户负责，各家所获的收成，根据生产计划所规定的产量，按比例上缴公粮、完成征购粮、缴纳公积金，剩余部分，由各家支配。[1]

第七，改进干部作风。1956 年上半年，《人民日报》多次发表文章，提倡民主办社，反对强迫命令。如 3 月 2 日发表题为《学习官木春的领导方法》的社论，号召学习官木春领导合作社的领导方法。4 月 25 日，中共中央转批龙溪地委《关于区乡社干部参加生产、领导生产和改进领导作风的报告》，号召所有农村干部脱鞋下田，参加生产，领导生产。7 月 11 日，中共中央转批黑龙江省委《关于禁止乡社干部向农业社借款的通知》，规定乡干部一律不许向农业社借钱，社干部借用农业社的钱款，只能和社员享受同等的待遇。在中央的要求下，县区乡干部纷纷参加劳动，河北省昌黎县县委书记江子贺、农村生产合作部部长曹锦盛带头背粪筐拾粪，带动了参加生产整社工作中的 15 名县委委员和 400 多名乡社干部也纷纷背起粪筐拾粪。[2] 对群众意见很大的干部补贴也进行了调整，大多数社采取"定工生产，定额补贴，多劳多得"的办法，社主任和会计等脱产干部大致相当于一个中等劳力全年所做劳动日的百分之七八十，其他干部的补贴实行总量控制，规定他们一定数量的劳动日，干部参加生产，一律记工，多劳多得。

第八，调整高级社的分配制度。1956 年 9 月，中共中央就合作社的分配问题提出了若干原则，一是合作社要少扣多分，二是既保证集体生产需要、又照顾社员生活需要，三是要把合作社总收入的 60% ～70% 分配给社员，使 90% 的社员增加收入。[3] 1956 年 11 月，中央发布《关于农业生产合作社秋收分配中若干问题的指示》，就秋收分配工作作了原则性规定：确保 90% 的农户要增收；清理分配中包工包产和劳动定额不合理的现象；合作社在统一分配中要适当照顾穷队；民族联合社要适当照顾少数民族群众；分配要补偿社员入社时所缴纳的生产资料；妥善处理社干报酬，既不能过高也不能过低，特别是非生产性用工补贴不能

① 高化民：《农业合作化运动始末》，中国青年出版社 1999 年版，第 354 页。
② 河北省委农村工作部：《生产整社简报》，1957 年 1 月 22 日，河北省档案馆馆藏档案 879 - 1 - 77。
③ 黄道霞等：《建国以来农业合作化史料汇编》，中共党史出版社 1992 年版，第 398 页。

过多；合作社的现金、粮食和其他实物的分配要体现按劳取酬，多劳多得的原则。① 1956 年到 1957 年，各地纷纷总结过去分配工作中的经验教训，调整农业社的分配制度。如湖北省规定，合作社的分配必须处理好国家、合作社和社员三者利益关系，"先留足生产费用，其次缴纳公粮，第三扣留公益金，行政管理费和公积金，然后再去分配"，社与社员的利益关系，要统筹安排，合作社的五大扣留（生产费用、公粮、公益金、行政费、公积金）和社员分配应该有一个比例，"一般农业社全年分配给社员部分要占总收入的 70% 左右，最少也不得低于60%"。②

党和政府的整顿措施，起到了一定的作用，但高级社体制本身所内生出来的一些问题，如分配问题、生产效率低下问题，难以得到有效解决。特别是，1956 年秋收后，一部分农民没有实现年初政府所宣传的增产增收目标，部分农民的收入甚至减少，引发了农民对合作社的不满，这种不满最后引发了 1956 年秋和 1957 年春的两次农民退社风潮。据中央农村工作部对辽、皖、浙、赣、川、陕、豫、冀等省的调查，在 1956 年秋的退社风潮中，"退社户，一般占社员户数的百分之一，多的达百分之五；思想动荡想退社的户，所占比例更大一点"。③ 1957 年春发生的退社风潮，规模比 1956 年秋更大，如浙江省退社户占入社户的4.3%，广东为 1.78%，福建为 2.2%。④ 强烈要求退社的人，可分为三类：一是具有独立生产能力的富裕中农和部分有特殊收入的农户；二是缺劳动力的农户；三是加入合作社前原系从事其他职业，入社后收入急剧减少的兼业农户，如小商贩、手工业者，或搞服务性营业、运输业及渔、盐民。要求退社的人向社队干部和上级部门申请退社，若申请不准，有的人就以不参加集体劳动作为抵制，还有的人自行拉回耕牛和农具在入社的土地上进行耕种。退社是退社风潮中群众表现出来的一种个体行为，还有一种群众群体行为——闹分社，这主要发生在联村社。在退社风潮中，有些地方出现了群体事件。如 1956 年 10 月，广东中山县永宁区和南兴区，要求退社有 600 多人。他们有的要求合作社退还土地和耕牛；有的不经允许，私自到社有鱼塘捞鱼，社有桑基采桑叶，拿去卖掉，钱归私人；有的翻锄已入社的土地，自行播下种子。在广西合浦专区灵山县，20 多个乡不断

① 黄道霞等：《建国以来农业合作化史料汇编》，中共党史出版社 1992 年版，第 402～404 页。
② 王崇文等：《湖北省农业合作经济史料》，湖北人民出版社 1985 年版，第 597 页。
③ 国家农业委员会办公厅编：《农业集体化重要文件汇编（1949－1957）》上，中共中央党校出版社 1981 年版，第 655 页。
④ 叶扬兵：《中国农业合作化研究》，知识产权出版社 2006 年版，第 595～596 页。

发生抢割、抢分、拉回耕牛、耕自己的田等混乱情况，有些稻谷只有八成熟就抢割掉，全县因闹退社而包围、殴打区乡干部、社主任的事件发生多起。① 据不完全统计，河南省在闹社风潮中，共殴打干部 66 人，拉走牲畜 4946 头，私分粮食 12.5 万余斤，种子 2.4 万余斤，饲料 2.5 万余斤，饲草 25 万余斤，油料 390 多斤，农具 200 多件，柴火 5.2 万余斤。② 1957 年春，浙江仙居有 2.18 万人参加退社闹事，持续 2 个月，个别地方的农民甚至"携带土枪、土炮上山，扬言要攻打乡政府"。③ 面对群众的退社行为，中共中央的意见是尽量做好工作，争取全部或大部分要求退社的社员不退社，对于那些入社前收入较多、入社后收入减少的富裕中农，"经过工作，如果他们仍然坚持退社，可以允许他们退出，而不必把他们勉强留在社内"。④ 各省也持与中央基本一致的意见，如湖南省委提出："对于经过多次工作仍坚持要退社的个别社员，应当允许他们退社，不要勉强把他们留在社里"。⑤ 从中央和省里的态度来看，当时的农民确实有退社自由权。不过，在实际中，中央和省里在接待退社请愿时，通常是说服教育，一般不轻易批准社员退社，由基层直接处理退社问题。基层干部担心退社导致合作社垮台，基层干部一方面按照中央和省里的指示，积极采取了措施满足群众的合理要求，河南省民权县派 10 个干部到闹社最严重的浑子乡，积极化解矛盾，不仅退社的回来了，而且 7 个高级社又扩大了 310 户，16 个初级社升为高级社后，又吸收了 324 户单干户参加了社；另一方面也采取种种办法制止农民退社，这些手段包括了扣帽子、威胁、揭短、开斗争会等错误行为，如民权县顺河乡的干部把闹社的农民看作是敌人，扣上破坏社会主义的罪名，殴打群众 96 人，农民李胜斌被打后吐血而死，朱世明被逼自杀。这样，虽然闹社问题基本解决了，但社员的情绪比较低落。⑥

　　1957 年下半年，党中央在全国农村开展社会主义教育，围绕合作社优越性问题、统购统销问题、工农关系问题展开大鸣大放大辩论。针对大辩论中群众反映的合作社所存在的主要问题，党和政府进行了处理。1957 年 9 月 14 日，中共

① 黄道霞等：《建国以来农业合作化史料汇编》，中共党史出版社 1992 年版，第 406 页。
② 黄道霞等：《建国以来农业合作化史料汇编》，中共党史出版社 1992 年版，第 425 页。
③ 高化民：《农业合作化运动始末》，中国青年出版社 1999 年版，第 361 页。
④ 国家农业委员会办公厅编：《农业集体化重要文件汇编（1949–1957）》上，中共中央党校出版社 1981 年版，第 648 页。
⑤ 中共湖南省委农村工作部：《湖南省农业合作化纪实》，湖南科学技术出版社 1993 年版，第 421 页。
⑥ 黄道霞等：《建国以来农业合作化史料汇编》，中共党史出版社 1992 年版，第 426 页。

中央发出《关于整顿农业生产合作社的指示》，要求全国各地合作社在大辩论之后，应继续进行一系列的整顿工作。其具体内容包括干部作风、社队组织调整、生产管理改进等，高级社进入再次整顿阶段。

第一，整顿社队干部作风。在大辩论中，群众提了很多关于社队干部作风的意见，如湖南攸县的社员骂社干是"大肚子""吃剥削饭""吃冤枉饭"。[1] 浙江仙居县的群众反映，党员当了社干以后，滋长了官僚主义作风，合作化后，大量干部不参加劳动，并有不少的人多得工分，如大路乡五星社社干不劳而获工分占总工分的4%，加上误工共占5%，在生产与分配等重大问题上，命令行事，不与群众商量，甚至用戴帽子、扣工分、抄家、脱衣服受冷等办法，有少数干部有贪污行为，23个镇1117个党员中，有贪污行为者48人，占4.7%。[2] 针对群众的意见，1957年9月，中央发出《关于农业生产合作社干部必须参加生产劳动的指示》，明确规定：合作社实行轮流值班制，社干不必每日全部值班，可以分日值班，也可以分上下午值班。除值班和开会以外，社干必须参加生产劳动，同样按劳动质量和数量记工分；合作社补贴给社干的工分总数，一般不超过全社工分总数的1%。[3]

第二，调整社队组织。此次调整，适当缩小合作社规模，大幅度缩小生产队规模。1957年6月，全国合作社的平均158.1户，至年底，降到150.7户。生产队规模基本上被缩小至每队20户左右。[4]

第三，继续创新生产管理。为进一步明确生产责任制，全国各地合作社推行"包工、包产、包财务"的"三包制度"，实行超产提成奖励、减产扣分的办法。在此基础上，各地还推行"以产定工"，"以产定工"的最大特征是根据每个生产队所创造的净价值来确定其应得之工分，以避免增产亏本现象的出现。其具体做法是：合作社根据每种作物的计划指标的纯收入和用工数量，分别规定每个生产劳动日应该达到的产量，来确定每个劳动日的计酬标准；分配时，生产队在每种作物上实际完成了多少工作日的产量，就给生产队记上几个劳动日。[5] 有的省

① 黄道霞等：《建国以来农业合作化史料汇编》，中共党史出版社1992年版，第428页。
② 黄道霞等：《建国以来农业合作化史料汇编》，中共党史出版社1992年版，第433页。
③ 国家农业委员会办公厅编：《农业集体化重要文件汇编（1949－1957）》上，中共中央党校出版社1981年版，第738页。
④ 杜润生主编：《当代中国的农业合作制》上，当代中国出版社2002年版，第436页。
⑤ 例如，如果生产队规定没生产20公斤稻谷算一个劳动日，年终分配时，某生产队2万公斤稻谷则给该生产队记100个劳动日，这种方法把产量与保持直接结合起来，有利于调动生产队的生产责任心。山西省史志研究院：《山西农业合作化》，山西人民出版社2001年版，第343页。

份根据自己的实际情况进行了生产管理创新。河北省在生产队包产的基础上，推行小组包工、田间管理包到户的办法。这种办法具有如下优势：其一，把田间管理承包到户，即某一户社员负责某种作物从下种到收割的全过程管理，这就可以做到责任清晰，增强社员的责任心。其二，实行田间管理包到户的办法，可以比较准确地计算出各种作物的田间管理工分总数，然后把工数包给承包者，这样一来，生产队就不必每天派工、记工，避免发生混乱、窝工现象。其三，田间管理包到户，使劳动与获取直接挂钩，提高了农民的生产积极性。其四，实行田间管理包到户之后，地块由社员负责，不必等齐别人再干活，集体劳动的效率大为提高，同时，社员还可抽出时间精耕自留地。①温州专区永嘉县在农业生产合作社试行包产到户，即把生产合作社对生产队进行包工、包产、包成本，生产队把土地打成小块，对社员进行包工、包产、包成本，社员对承包地的产量负完全责任，超产奖励，减产赔偿。在平时，社员在各自承包地上单独劳动，到农忙季节，小组互助劳动，全社性的大农活，全体出工。合作社把农具搭配到户，大家轮流使用。包产到户出现以后，各界看法不一。有人认为这个办法是发扬"小农经济积极性"，是"打退堂鼓"，根本不是先进的办法；也有人认为包产到户是解决社内矛盾的好办法，如永嘉县委副书记李云河认为，在统一领导和统一计划下的包产到户，是社会主义集体劳动的一个组成部分，它和单干有着本质的不同。其理由有四：其一，包产到户没有改变合作社的集体所有制，因而生产关系没有变质；其二，包产到户明确了社员的生产责任，生产责任与社员利益直接挂钩，有利于调动社员的生产积极性；其三，包产到户后社员的农活仍然在社和队的统一领导下，社员的大部分生产活动受到社的计划影响而不是盲目自由地开展；其四，包产到户更能体现按劳取酬、多劳多得的社会主义分配原则。②中央不赞成实行包产到户，认为包产到户"实际上由统一经营、集体劳动倒退为分散经营、个人单干，成为'戴着合作社帽子的合法单干'"，要求温州专区坚决纠正包产到户的错误。③包产到户的探索暂时中止。

　　高级社是在条件不成熟的情况下建立起来的，一开始就存在冒进的倾向，党和政府发现了问题之后，及时采取措施予以整顿，高级社在冒进与整顿中曲折地向前发展。

---

①　《推行"田间管理包到户"的办法》，载于《河北日报》1957年7月5日第1版。
②　黄道霞等：《建国以来农业合作化史料汇编》，中共党史出版社1992年版，第460～461页。
③　《温州专区纠正"包产到户"的错误做法》，载于《人民日报》1957年10月9日第3版。

## 第四节 人民公社在反复中探索

**一、利益冲突下的非理性回应：1958 年农村人民公社运动的逻辑归因①**

经过整顿后，高级社稳定了，但合作经济体制所内生矛盾却无法解决，这些矛盾的存在又直接危及高级社的存在乃至动摇农业合作化的基础。

第一，国家利益与集体利益的矛盾。国家为了满足工业化对粮食的需求，要求合作社严格执行优先发展粮食生产的方针，为此，国家给合作社下达粮食生产计划。但合作社不是政府，它是具有独立利益函数的经济实体，如果种植经济作物更具比较优势，在经济利益最大化目标的驱使下，合作社就会多种经济作物，挤掉粮食生产。如浙江省杭县塘楼区 1957 年分配种植 9900 亩双季稻的任务，但该区预计只能完成 3937 亩，减少的面积大部分用于生产甘蔗、西瓜、荸荠等经济作物。再如江苏省高淳县砖墙乡第八社，1957 年扩种西瓜 400 亩，致使粮食减少 12 万斤。在粮食统购统销上，国家要求多购粮，合作社则希望多留粮，有的社主任觉得国家留的口粮太少，农民无法度日，不忍心再多征购农民口粮，他们顶着压力顾着农民，说："宁得罪一家（国家），不可得罪千家（农家）"，1957年，昆山县光荣社主任说："今年只能照顾两头（合作社和社员），国家只能晚一点"，花桥乡陶家社应出售小麦 58000 斤，只打算出售 38000 斤，社主任说："让社员多吃点，国家可以让些步"。②

第二，集体利益与个体利益的矛盾。1956 年下半年，国家允许发展家庭副业，允许家庭种植自留地，这就引起了集体（合作社）与个体（家庭）之间的利益冲突。劳动者在合作社的劳动所得归合作社所有，合作社再进行按劳分配，不可避免地存在分配不公和"搭便车"行为，而劳动者的家庭劳动所得直接归家庭所有，自己可以直接支配所得，不存在分配不公和"搭便车"现象。于是，社

① 为了在经济上巩固高级社，政府发动了一场非理性的农业"大跃进"。在"大跃进"的辉煌成果面前，毛泽东和党中央作出了中国农业生产力实现了超常规发展的判断。根据生产关系一定要适应生产力的原理，毛泽东和党中央认为必须变更生产关系，认为高级社不能适应农业生产力的"大跃进"，人民公社应运而生，而且要以最快的速度使全国实现人民公社化。于是，只用了 40 天，全国农村就实现了人民公社化。

② 江苏省委办公厅：《目前农村思想动向》，1957 年 7 月 30 日，江苏省档案馆馆藏档案 3011 - 长期 - 344。

员更愿意把主要精力放在家庭经营上，集体劳动要么想方设法逃避，要么出工不出力。江苏省仪征县如歌乡第五社有90%的社员加工棕绳，6个月的加工收入达9万余元，户均300余元，在高额收入的诱惑下，社员不参加社里的集体劳动，使当时的水利、备耕工作全部停顿。[①] 湖南省望城县新龙社一个社员1956年养猪3头，在社仅做70个劳动日，他计划1957年养5头猪，不参加社内劳动。[②] 社员热衷于耕种自留地和开荒，山西省交城县邢家庄合作社社员常秀谦开4亩荒地，打下的粮食够吃半年，社里让他参加劳动便说"眼疼"，肥料也不向社里投资，都上到自留地里。[③]

第三，农业利益与商业利益的矛盾。经营农业所得一般低于商业所得。1956年八大以后，各省相继开放自由市场，在商业利益的诱惑下，合作社和农民弃农经商。江苏省吴县浒新乡前九社副社长许小弟贩卖892筒草席到南通启东卖，一次净挣2600元，该区"五一社"社长朱在安、刘保安二人贩卖单绳到上海，赚了400多元。江苏省溧水县南渡镇联盟社12队的队长、会计带头开设糖坊，并外出贩卖饴糖、毛鸡等，致使1957年春该队170亩地未除草。该社4队因挑糖换废品的社员较多，队内对农副业安排欠妥，春节前动员社员上街挑粪，全队17个整劳动力，只叫上3个。[④] 1956年底，福建省福清县一个县就有500户社员因为经营商业而要求退社。[⑤]

第四，计划经济与市场经济的矛盾。一旦允许自由市场存在，就会出现两种价格，一个是国家规定的计划价格，一个是市场供需形成的市场价格。在物质短缺的经济中，市场价格必定高于计划价格，价格差就是利益。在利益的诱惑下，合作社和农民就会违背自己对国家的统购统销合同，把国家掌握的粮棉、重要工业原料和出口物质拿到自由市场销售，严重影响国家收购计划的完成，进而影响到国家的经济安全。1956年，河北省农民自由出售花生和粮食等统销物质，武汉市供销社过去每月能收废铜30吨，自由市场放开后，每月只能收3~5吨，济

① 江苏省农村工作部：《江苏省农业生产合作社内部矛盾情况资料》，1957年5月12日，江苏省档案馆馆藏档案3062－长期－141。

② 中共中央农村工作部办公室资料组：《农业合作化第一年二十五省（区、市）农业生产合作社典型调查》，农业出版社1959年版，第65页。

③ 山西省史志研究院：《山西农业合作化》，山西人民出版社2001年版，第462页。

④ 江苏省委第四办公室：《关于溧阳县南渡镇开放自由市场后农民经商活动的调查》，1957年3月8日，江苏省档案馆馆藏档案3011－长期－344。

⑤ 《健全地发展农民贸易》，载于《人民日报》1956年11月22日社论。

南市也发生了类似的情况。① 山东省的一些合作社，在城市自设零售门市部出售苹果，致使供销社完不成收购任务。一些农民一面把粮食拿到自由市场出售，一面又向合作社要返销粮。自由市场的存在，对商业合作带来挑战。如江苏省溧水县 7 队和 8 队，在春节时贩来 3 万斤萝卜，一时形成供过于求的市场局面，萝卜价格大降，以致蔬菜合作小组在 1957 年 1 月减免了税收才勉强发出工资。②

　　第五，单干户对合作社的挑衅。农业合作化基本实现以后，农村中存在少量的单干户。1956 年 4 月，单干户占总农户的比重为 9.7%，随着 1956 年合作化高潮的出现，这个比重不断下降，至 1956 年底，仅为 3.7%。③ 单干户主要是以下几类农户：富裕中农、缺少劳力的贫农、小商小贩、地主富农。1955 年冬到 1956 年春，合作化高潮来临，人们对高级社充满着增产增收的美好憧憬，农民以入社为荣，未入社的单干户遭到乡社干部和社员的歧视，抬不起头，有单干户说："平时不愿意上街，不愿到人多的地方，怕人家喊我单干户"，还有的人说："连小孩吵起嘴来都怕人家说我是单干户，单干实在难听"。④ 政治上处于劣势的单干户在经济上却具有相对的优势。如江苏省苏州农民反映单干户有十大优势：产量高、留粮多、零用钱足、不开会、不卖粮、不买公债、不作义务工、可作商业活动、生产不受计划束缚、自由自在。⑤ 单干户的经济优势在 1956 年得到充分显示，高级社普遍没有实现事先所宣称的增产增收，而且在某些地方，合作社出现减产减收，社员收入下降。如江苏省泰县，1956 年，该县农民人均收入 36 元，比上一年下降 17%。⑥ 越是合作社办得不好的地方，单干户的经济优势越是得到凸显，政治上受到压抑的单干户也乘机显示自己优越性。湖北江陵一个富裕单干户，骑着毛驴串合作社，到处说："农民真辛苦，你看我多自由，愿意啥时干活啥时干，愿哪去就哪去"。江苏省宝应县一些单干户故意买猪肉、煮白米饭在社员面前显摆。泾河区张桥、左堡等乡的富裕中农把麦糊饼带到田里分给

① 《健全地发展农民贸易》，载于《人民日报》1956 年 11 月 22 日社论。
② 江苏省委第四办公室：《关于溧阳县南渡镇开放自由市场后农民经商活动的调查》，1957 年 3 月 8 日，江苏省档案馆馆藏档案 3011－长期－344。
③ 叶扬兵：《中国农业合作化研究》，知识产权出版社 2006 年版，第 621 页。
④ 中共宝应县委会：《宝应县召开个体农民会议的经验》，《农村社会主义教育运动情况通报》第 3 号，1957 年 9 月 8 日，江苏省档案馆馆藏档案 3011－短期－297。
⑤ 江苏省委办公厅：《目前农村思想动向》，1957 年 7 月 30 日，江苏省档案馆馆藏档案 3011－长期－344。
⑥ 高化民：《农业合作化运动始末》，中国青年出版社 1999 年版，第 363 页。

社员吃，还连讽带刺地说："你们今年可曾吃到糊子饼啊？我们已经吃过好几回啦！"① 单干户的经济优势直接构成对合作社威胁：合作社不如单干户。这是造成 1956～1957 年退社风潮的一个诱因。1957 年夏，退社风潮过去，但单干户的经济优势依然存在，对合作社的威胁依然没有解除。只要合作社出现经营不善，农民就退社单干，退社风潮就可能随时发生。

上述矛盾，直接威胁到合作社、计划经济体制乃至社会主义道路能不能巩固发展。对此，党和政府有着很清楚的认识。1957 年夏天退社风潮过后，中央和地方都纷纷出台相关措施试图解决这些矛盾。

为解除自由市场对统购统销的冲击，1957 年 8 月 9 日，国务院颁布《关于由国家计划收购（统购）和统一收购的农产品和其他物质不准进入自由市场的规定》，按照该规定，粮棉油全部由国家计划收购（统购）。烤烟、黄麻、大麻、甘蔗、茶叶、生猪等 22 种重要土产品、38 种重要中药材、供应出口的苹果和柑橘、若干产鱼区和大城市的水产品、废铜、废锡、废铅、废钢等均由国家委托国营商业和供销合作社统一收购，这两类物质都不开放自由市场。上列的这些物质，农民在完成国家统购任务之后仍有剩余，也必须卖给国营商店，不准在自由市场出售。该规定还要求各地方对自由市场实施严格管理，对于违反这一规定的企业、机关、团体、个人进行处罚。② 一些地方也采取了相应的补充措施。如北京市规定单干户和社员自留地上出售的蔬菜由蔬菜公司委托当地农业社代为收购，取缔一切无照菜贩，发现私售蔬菜的商贩要按批发价收购。③ 广东省决定关闭粮食自由市场，不允许粮食自由买卖、交换，也不准互通有无。④

退社风潮过后，各地方于 1957 年下半年出台措施限制单干户，使其失去经济优势。如陕西省委农村工作部于 1957 年 9 月 10 日制定对单干户实施严格管理的 10 条措施，包括：单干户必须服从国家统购统销政策，不许隐瞒产量，其土地上的庄稼，收获前由合作社统一测产，按统一标准计算公、购粮，按时按量缴

① 中共宝应县委会：《宝应县召开个体农民代表会议的经验》，《农村社会主义教育运动情况通报》第 3 号，1957 年 9 月 8 日，江苏省档案馆馆藏档案 3011 - 短期 -297。

② 《中华人民共和国国务院公报》1957 年第 36 期。

③ 北京市委农村工作部部长赵凡第四次全国农村工作会议上的发言，1957 年 9 月 9 日，江苏省档案馆馆藏档案 3062 - 长期 -111。

④ 中共广东省委农村工作部、广东省档案馆：《广东农业生产合作制文件资料汇编》，广东人民出版社 1993 年版，第 361 页。

售公、购粮和国家统购的其他农副产品；单干户在粮棉等主要产品的种植上，同样必须遵守国家计划；单干户和社员一样，统一负担建勤工和当地公益事业所需要的劳力和经费；单干户同样要参加合作社召开的有关生产、行政、学习会议，除非因疾病和重要事情，不得缺席；不得拉拢社员退社，不许挑拨社内团结。[①] 1957 年 12 月 21 日，国务院发出《关于正确对待个体农户的指示》，规定合作社对单干户具有行政管理权，"农业合作社有责任对个体农户的生产活动、播种计划、纳税和农产品交售进行必要的监督"，农业合作社可以依照政府的规定，"向个体农户摊派义务工"和征调公益事业、公共水利建设"所需要的人工和款项"；农业合作社在对单干户实施管理的同时，有责任帮助生产和生活有困难的农户。[②]

　　为调和集体利益与个体利益的矛盾，党和政府采取了系列措施以确保社员参加集体劳动。1958 年 4 月，中共中央发布《关于合作社社员的自留地和家庭副业收入在社员总收入中应占比例的意见》，一方面鼓励社员种好自留地，发展喂猪和其他家庭副业，但对自留地数量和家庭副业收入多少进行限制，一般而言，自留地和家庭副业收入占社员总收入的比重一般以 20% 到 30% 为宜，超过了这个比例的地方，应当采取适当的措施予以调整。[③] 广东省对社员自留地、个人开荒、集体出勤、家庭副业进行了规定：社员自留地数量不超过当地每人平均土地数量的 5%，一般不提倡社员开垦荒地；确定每个社员的全年出勤日数，超额完成出勤的社员，在粮食增产并保证完成国家任务的前提下，可奖励粮食，对无特殊情况而未完成出勤任务的社员，应适当降低其口粮标准，降低数目以能维持其生活为限；社员家庭副业控制在不损害集体经济发展的范围之内，凡属须用整天全劳动力去做的、大宗的、产值高的副业生产，由合作社统一经营，小量的、零星的无须用整天与全劳动力去做的副业生产，方允许社员经营。为确保合作社和社员把主要精力集中到农业生产上来，一些地方制定出台了措施。如广东省禁止合作社、社员和单干农民从事商业活动，凡属本社、本户自产自销以外的买卖活动，均属商业范围，予以禁止。[④]

---

① 陕西农业合作史编委会：《陕西省农业合作重要文献选编》下，陕西人民出版社 1993 年版，第 611 页。

② 国家农业委员会办公厅编：《农业集体化重要文件汇编（1949－1957）》上，中共中央党校出版社 1981 年版，第 747～748 页。

③ 黄道霞等：《建国以来农业合作化史料汇编》，中共党史出版社 1992 年版，第 471 页。

④ 广东省委整风第二办公室：《关于在农村整风运动中调整国家、农业社、社员及单干农民的经济关系的主要规定向中央的汇报》，1957 年 10 月 15 日，广东省档案馆藏档案 217－1－30。

以上措施，毫无疑问有利于稳定合作社，但并不能治本。怎样才能治本？这个问题成为退社风潮后毛泽东和党中央的关注重点。1957 年 7 月 26 日到 30 日，毛泽东在青岛主持召开部分省市委书记参加的会议。会上，毛泽东提出要通过夯实物质基础来巩固社会主义制度，"只有经过十年到十五年的社会生产力比较充分的发展，我们的社会主义的经济制度和政治制度，才算获得了比较充分的物质基础（现在，这个基础还很不充分），我们的国家（上层建筑）才算充分巩固，社会主义社会才算从根本上建成了"。① 作为社会主义制度重要构成部分的农业合作制，要获得什么样的物质基础才能巩固呢？1957 年 9 月 20 日，毛泽东在审阅邓小平提交的《关于整风运动的报告》时说："我们应当争取在第二个五年计划时期内使大多数合作社赶上或超过当地富裕中农的生产水平"。从这句话中看到，毛泽东找到了巩固农业合作制的物质基础。② 1957 年 10 月 26 日，毛泽东亲自主持修订的农业"四十条"公布。明确提出："争取在第二个五年计划时期内，使大多数合作社赶上或超过当地富裕中农的生产水平和收入水平"，"争取在1962 年前后，合作社的集体收入，加上社员家庭副业收入，按人口平均，赶上或超过当地富裕中农的收入"。③ 为什么要使合作社的收入赶上或超过富裕中农的收入呢？因为闹退社的主要是富裕中农，富裕中农不闹了就意味着合作社巩固了。正如广东省委书记陶铸所言："合作社的问题就是对富裕中农的巩固问题""巩固了富裕中农，也就巩固了所有农民"，而巩固富裕中农，"光靠批评斗争是不行的，主要的是使他们尽量不减少收入，并做到逐步增加收入"，这样，"富裕中农才会安于合作社，合作社也就巩固了"。④ 1957 年 11 月 10 日的《人民日报》社论更加明确地指出，已入社的富裕中农，并不承认合作社比单干优越，未入社的富裕中农，到处散布资本主义思想，"只有绝大多数合作社的生产水平超过他们，他们才能最后放弃资本主义道路的梦想，心悦诚服地站到社会主义这一边来"。⑤

1956～1957 年退社风潮之后，党和政府充分地意识到，只有在经济上尽快使

① 中共中央文献研究室：《建国以来重要文献选编》第 10 册，中央文献出版社 1994 年版，第 484 页。
② 国家农业委员会办公厅编：《农业集体化重要文件汇编（1949－1957）》上，中共中央党校出版社 1981 年版，第 755 页。
③ 国家农业委员会办公厅编：《农业集体化重要文件汇编（1949－1957）》上，中共中央党校出版社 1981 年版，第 761～762 页。
④ 中共广东省委第一书记陶铸：《如何使农业生产合作社教迅速地巩固起来》，载于《农村工作通讯》1957 年第 11 期。
⑤ 《在五年内赶上和超过富裕中农的生产水平》，载于《人民日报》1957 年 11 月 10 日第 1 版。

合作社赶超富裕中农，才能真正阻止农民特别是富裕中农退社。① 到 1957 年七八月，反"右"斗争已经走上轨道，毛泽东决定腾出手来亲自抓农业。毛泽东在 10 月 9 日的八届三中全会闭幕会上严厉批评了 1956 年的"反冒进"思想，他认为："1956 年扫掉几个东西：多、快、好、省，他提议恢复这几个东西，得到了与会者的赞同。"② 1957 年 10 月 27 日，《人民日报》社论再次批判"右倾保守思想"，提出："有关农业和农村的各方面工作在十二年内都按照必要和可能，实现一个巨大的跃进"。③ 11 月 13 日，《人民日报》再发表社论，提出："有些人害了右倾保守的毛病，像蜗牛一样爬行得很慢，他们不了解在农业合作化以后，我们就有条件也有必要在生产战线上来一个大跃进"。④ 这是大跃进口号的第一次提出。12 月 12 日，毛泽东亲自为《人民日报》撰写社论，他说："去年秋天以后的一段时间里，在某些部门、某些单位、某些干部之间刮起了一股风，居然把多快好省的方针刮掉了……这种做法，对社会主义建设事业当然不能起积极的促进作用，相反地起了消极的'促退'作用"。⑤ 1957 年 12 月底，全国农业工作会议召开。会议提出，到 1962 年，粮食产量达到 5592 亿～5619 亿斤，棉花 6254 万～6279 万担，生猪 29000 万头。农业部部长廖鲁言提出："十年看三年，三年抓头年""'四十条'的实现，第二个五年计划是关键，头三年最重要，1958 年是第二个五年计划的开端，必须紧紧抓住，稍纵即逝"，他号召"发扬革命战斗的精神，坚持愚公移山的毅力，争取农业大跃进"。⑥ 1958 年 1 月，毛泽东主持召开南宁会议，会上，毛泽东提出用五到八年的时间，完成"农业发展纲要四十条"中原计划十二年实现的指标。⑦ 这表明，农业领域发动一场大跃进在党内高

① 正因为想急于发展农业，毛泽东才亲自挂帅抓农业，在"左"的思想指引下，1958 年掀起了一场非理性的"大跃进"运动。"大跃进"过程中，一些群众认为，更好地推进大跃进，必须并大社，在并大社过程中又发现转为公社更好，这也是生产关系适应生产力发展的原理。所以，人民公社是"大跃进"的产物。1958 年 12 月 10 日八届六中全会通过的《关于人民公社若干问题的决议》说："人民公社的出现不是偶然的，是我国政治经济发展的产物，是整风、社会主义建设总路线和大跃进的产物"。1959 年 8 月 29 日，新华社发表的长篇通讯稿的标题就是《在跃进中诞生，在战斗中成长，在整顿中壮大——人民公社健全发展稳如泰山》，从这里也看出，人民公社是大跃进的直接产物。
② 逄先知、金冲及主编：《毛泽东传（1949－1976）》上，中央文献出版社 2003 年版，第 720 页。
③ 《建设社会主义农村的伟大纲领》，载于《人民日报》1957 年 10 月 27 日。
④ 《发动全民，讨论四十条纲要，掀起农业生产新高潮》，载于《人民日报》1957 年 11 月 13 日。
⑤ 《必须坚持多快好省的建设方针》，载于《人民日报》1957 年 12 月 12 日。
⑥ 农业部廖鲁言部长在 1957 年全国农业工作会议上的总结（提纲），1957 年 12 月 24 日，中华人民共和国农业部办公厅编：《农业工作文件选辑（1957 年）》（内部资料），1958 年 2 月。
⑦ 他说："就全国范围来看，五年完成'四十条'不能普遍做到，六年或者七年可能普遍做到，八年就更有可能普遍做到"，他还说："十年决于三年，争取在三年内大部分地区的面貌基本改观。其他地区的时间略为延长。口号是：苦战三年。办法是：放手发动群众，一切经过实验。"中共中央文献研究室：《建国以来毛泽东文稿》第 7 册，中央文献出版社 1992 年版，第 49 页。

层已基本达成共识。

为落实南宁会议精神，江西、河南、山东、浙江、江苏、辽宁等省修订了原定的农业发展计划，都提出要提前实现"四十条"。河南省提出在 1958 年当年就达到"四十条"规定的粮食亩产指标。广东提出 1962 年实现粮食亩产 800 斤，1967 年达到 1000 斤。工业重镇辽宁，长期是粮食调入省，该省提出要在 1958 年实现粮食、猪肉、蔬菜三自给。江西省提出"十年规划，五年完成"的口号。对于这些明显不切实际的指标和口号，中央不但没有制止而且鼓励地方试验，如对于河南省的部署，毛泽东同意让河南试验，如果灵了，明年各省再来一个大运动。[①] 南宁会议还提出，中央和地方要搞"两本账"：即必成的计划（第一本账）与期成的计划（第二本账），而且，中央的第二本账就是省的第一本账，省里的期成计划是省里的第二本账，这实际上就是硬性规定省里的计划指标必须高于中央的计划指标。由于各级政府都有两本账，最终导致各种计划指标层层加码，级级拔高。到基层，指标已经完全离谱，为了迎合上级的需要，基层只能虚报浮夸。1958 年 6 月 8 日，河南省遂平县卫星农业社宣称小麦平均亩产 2105 斤，12 日，该社又把亩产量提高到 3530 斤。各省纷纷效尤，纷纷"放卫星"，有的地方报道水稻亩产 13 万斤，花生亩产 5 万斤，芝麻亩产 7000 多斤，等等。党报党刊也加入"放卫星"行列，有人撰文批判"粮食增产有限论"，说："只要我们需要，要生产多少就可生产出多少粮食来""人有多大胆，地有多大产"。政府的农业产量统计数据也随着放卫星，1958 年 7 月 23 日，《人民日报》社论正式对外宣布中国小麦（包括春小麦）的总产量已经超过美国而跃居世界第二。9 月 30 日，新华社宣布，中国粮食产量总产量将达到 3.5 亿吨；大豆、花生、油菜、芝麻等主要油料作物总产量达到 2000 万吨，比 1957 年增长 50% 以上；皮棉总产量将达到 350 万吨。[②]

1958 年农业的"大跃进"极大地鼓舞了党的主要领导人，使他们更加坚信合作社的集体力量能带来巨大的生产力。1958 年 3 月，河南封丘县委向毛泽东报告，该县农业生产合作社广泛地动员人民群众，用群众力量战胜了自然灾害，挖了穷根。毛泽东对封丘县的成绩感到非常满意和振奋，他亲自撰写了《介绍一个合作社》的推介文章，认为封丘合作社之所以苦战两年就改变面貌，依靠的是群

---

① 薄一波：《若干重大决策与事件的回顾》下，中共中央党校出版社 1993 年版，第 683 页。
② 罗平汉：《农村人民公社史》，福建人民出版社 2006 年版，第 12～13 页。

众力量，全国群众奋发向上，"我国在工农业生产方面赶上资本主义大国，可能不需要从前所想的那样长的时间"。① 有些地方的群众在高级社里创办了"农业大学""红专大学"，有些地方的高级社把群众按团、营、连组织起来开展"共产主义大协作"，有些地方的高级社举办了公共食堂、托儿所等公共福利事业。群众的这些"发明创造"与共产主义者所构想的共产主义社会基本吻合。以建成共产主义社会为终极目标的中国共产党领导人，似乎觉得共产主义离中国已经很近。1958 年 6 月 14 日，刘少奇与全国妇联主席蔡畅，副主席邓颖超、杨华之等人的谈话中讲到，"完全可以设想，到将来我们到共产主义不要多远，十五年可以赶上美国，再有十五年等于三四个美国。再有四十年、五十年中国可以进入共产主义"。②

　　高级社怎样上升为人民公社？这个问题在 1958 年上半年得到解决。农业"大跃进"嚆矢于 1957 年冬至 1958 年春的全民修水利。1957 年 10 月，全国投入到农田水利建设中的劳动力，大约两三千万，到 12 月，达八千万，到 1958 年 1 月，突破一亿。③ 在大型水利工程修筑过程中，土地、劳力的使用都突破了社、乡界限，小规模生产合作社不能适应大规模水利建设的需要。为了解决单个农业生产合作社人力、物力、土地供应不能满足农业生产"大跃进"的矛盾，有些地方打破社、乡界限进行"共产主义大协作"，在协作过程中，地方干部萌发了合并小社为大社的想法。针对这种情况，毛泽东和党中央重新考虑大社问题。④ 1958 年 3 月成都会议召开，会议通过了《关于把小型的农业合作社适当地并为大社的意见》，认为在未来几年之内，我国将实现农业机械化，小型合作社不能适应农业机械化的需要，"为了适应农业生产和文化革命的需要，在有条件的地方把小型的农业生产合作社有计划地适当地合并为大型的合作社是必要的"。1958 年 4 月起，各地开始并小社为大社，如辽宁省在 5 月下旬，将 9272 个社合并为 1461 个社，平均每社 2000 户，最大的社有 1.8 万户，长宽各 20 平方公里。

① 中共中央文献研究室：《建国以来毛泽东文稿》第 7 册，中央文献出版社 1992 年版，第 177 页。
② 转引自黄岭峻：《刘少奇与大跃进》，载于《武汉理工大学学报》2003 年第 2 期。
③ 薄一波：《若干重大决策与事件的回顾》下，中共中央党校出版社 1993 年版，第 681 页。
④ 针对 1956 年冬到 1957 年上半年高级社出现的问题，1957 年 9 月，中共中央发出《关于整顿农业生产合作社的指示》《关于做好农业生产合作社管理工作的指示》《关于农业合作社内部贯彻执行互利政策的指示》，提出要压缩大社，"由于目前农业生产的种种特点，又由于目前农业社的技术水平和管理水平还不高，几年来各地实践的结果，证明大社、大队一般是不适合当前农业生产条件的"，强调"除少数确实办好了的大社以外，现在规模仍然过大而又没有办好的社，均应根据社员要求，适当分小"，还规定"社和生产队的组织规模确定了之后，应该宣布在十年内不予变动"。

河南省将 38286 个社合并成为 2700 多个社，平均每社 4000 户左右。北京市将 1680 个社合并为 218 个社，平均每社 1600 户。①

第一个人民公社是河南省遂平县嵖岈山卫星公社。② 该公社成立于 1958 年 4 月 4 日，由遂平县杨店、土山、鲍庄三个乡 19 个社和张堂乡友谊第八社共 20 个高级社合并组成，成立时定名为卫星集体农庄。据《红旗》杂志编辑李友九在该地的调查，"他们这里并大社，原来也只是为了并大一点，好搞建设"。也就是说，嵖岈山卫星社成立的最初目的是解决高级社人力、物力、土地不足与大规模水利建设的矛盾，所以，成立之初的嵖岈山卫星社的功能与高级社并无二致。1958 年 6 月底到 7 月初，华北六省市农业协作会议召开，主管农业的副总理谭震林到会并专门听取嵖岈山卫星社的汇报。谭震林把毛泽东和党中央关于办"工农商学兵"于一体的人民公社的设想给嵖岈山卫星社干部作了传达。会后不久，嵖岈山卫星社更名为嵖岈山卫星公社，陈伯达文章发表以后，又更名为嵖岈山卫星人民公社。1958 年 8 月初，河南省委在嵖岈山召开全省地、县农村工作部长会议，会议拟定了《嵖岈山卫星人民公社试行简章（草案）》，共 26 条，规定了人民公社的性质、任务、组织机构。③ 这份简章（草案）的意义不仅在于它是全国第一份人民公社简章，而且它对毛泽东坚定信心办人民公社起了直接作用。它出台之时，适逢毛泽东出京视察农村"大跃进"的火热场面。8 月 6 日，正在郑州的毛泽东看到了这份简章（草案），甚合其心意，说"如获至宝"。④ 8 月 6 日下午，毛泽东视察新乡县七里营人民公社时，新乡地委书记耿起昌问毛泽东"新乡县七里营人民公社"这个名字好不好时，毛泽东肯定地说："人民公社这个名字好！" 8 月 9 日，毛泽东在山东历城视察农业生产合作社时，该县北园农业生产合作社主任李树诚请示毛泽东是叫"大社"好呢，还是叫"农场"或"农庄"好？毛泽东回答："还是办人民公社好，它的好处是可以把工、农、商、学、兵

---

① 薄一波：《若干重大决策与事件的回顾》下，中共中央党校出版社 1993 年版，第 730 页。
② 据罗平汉的考证，嵖岈山卫星公社是第一个事实上的人民公社，最早使用人民公社称呼的却是河南省新乡县七里营人民公社。
③ 它的性质是"劳动人民在共产党和人民政府领导下，自愿联合组成的社会基层组织"，它的任务是"管理本社范围内的一切工农业生产、交换、文化教育和政治事务"，它的组织机构"实行乡社结合，乡人民代表大会代表兼任公社社员代表大会代表，乡人民委员会委员兼任公社管理委员会委员，乡长兼任社长，副乡长兼任副社长，公社管理委员会的办事机构兼为乡人民委员会的办事机构"。贾艳敏：《大跃进时期乡村政治的典型：河南嵖岈山卫星人民公社研究》，知识产权出版社出版 2006 年版，第 21 页。
④ 林英海：《毛泽东在河南》，河南人民出版社 1993 年版，第 62 页。

结合在一起，便于领导。"① 毛泽东在河北、河南、山东等地的考察②经《人民日报》全程报道后，在全国引起了热烈的反响，"办人民公社好"的指示迅速传遍全国。毛泽东做了"还是办人民公社好"的指示之后，各级政府马上出台本地的小社并大社、大社转公社方案。全国农民投入到人民公社化运动之中。河南于 8 月底率先实现人民公社化，接着河北于 9 月份实行人民公社化。在河南、河北的示范鼓舞下，各省争先恐后，至 1958 年 9 月 30 日，全国农村共建立 23384 个人民公社，全国 90.4% 的农户入了社，平均每社 4797 户，中国基本实现了人民公社化。③

　　1958 年 8 月中下旬，中共中央政治局在北戴河召开扩大会议。8 月 29 日，北戴河会议通过了《关于在农村建立人民公社问题的决议》（以下简称《决议》）。由于全国上上下下，从领导到群众，全部处在一种前所未有的亢奋状态，在这样的氛围中通过的《决议》严重脱离现实。下面对《决议》的六项内容④予以分析。

　　第一，关于人民公社是形势发展的必然趋势。《决议》认为："人民公社发展的主要基础是我国农业生产全面的不断的跃进和五亿农民愈来愈高的政治觉悟。"《决议》认为，农业生产大跃进突出体现在两个方面：一是空前规模的农田水利建设，使农业生产可以免除水旱灾害，为我国农业的稳步增长提供了坚实的条件；二是我国农业产量实现了几十倍的增长，为人民公社提供了坚实的物质

---

① 《毛泽东视察山东时的谈话（1958 年 8 月 9 日）》，《毛泽东思想万岁》（1958～1960 年），内部版，第 99 页。

② 毛泽东的整个考察每到一处得到的消息几乎全是不切实际的浮夸消息。如毛泽东视察徐水县，该县县委书记张国忠向毛汇报该县平均亩产 2000 斤，春秋两季可打粮 12 亿斤，毛泽东居然相信，还问张国忠"能吃得那么多粮食呢？"张国忠回答可用粮食换机器，毛泽东说"换机器也用不完，大家粮食都多了怎么办？要考虑怎么着多吃……一天吃五顿饭，粮食多了可以半日劳动半日搞文化"。在安国县考察时，该县县长焦国驹向毛汇报该县平均亩产 4000 斤，毛泽东也深信不疑，还指示"粮食那么多，每人可以吃到六七百斤，土地也应该有休整时间"。在考察新乡七里营人民公社时，公社社长汇报每亩可保证产皮棉 1000 斤，争取 2000 斤，毛泽东很受鼓舞，对河南省委第一书记、省长吴芝圃说"吴书记，有希望啊！你们河南都像这样就好了"。在视察山东历城时，北园农业生产合作社社长李树诚向毛汇报，五十亩高额丰产田原计划亩产两万斤，还要争取四万斤，过去一亩只产二三百斤。对于这种弥天大谎，毛泽东表示称赞，说"好，你这个人，不干就不干，一干就干大的"。罗平汉：《农村人民公社史》，第 33～43 页。

③ 至 9 月 30 日，河南、河北、辽宁、广西、青海、北京、陕西、山东、黑龙江、吉林、上海 11 个省市区完全实现公社化；山西、广东、湖南、四川、江苏、浙江、甘肃 7 省实现 90% 以上；江西、安徽、湖北、福建、内蒙古五省区实现 85% 以上；贵州和宁夏于 9 月底基本实现公社化；新疆农业区 80% 以上的农户参加了人民公社；云南农村建成了 200 多个人民公社。黄道霞等：《建国以来农业合作化史料汇编》，中共党史出版社 1992 年版，第 503 页。

④ 《决议》内容见黄道霞等：《建国以来农业合作化史料汇编》，中共党史出版社 1992 年版，第 494 页。

基础。农民政治觉悟愈来愈高也主要表现在两方面：一是在农田基本建设过程中，出现了打破社界、乡界、县界的大协作，形成了组织军事化、行动战斗化、生活集体化新作风，极大地提高了农民的共产主义觉悟；二是公共食堂、幼儿园、红专学校，锻炼和培育了农民的集体主义思想。事实上，1958 年中国农业并没有跃进，农产品产量成几倍、十几倍、几十倍地增长，完全是"放卫星"放出来的。农民出于对政府宣传的盲从和对未来的憧憬，农民生产积极性确实空前高涨，但这并不意味着农民政治觉悟有很大的提高。所以，关于人民公社的发展基础的判断脱离了实际。

第二，关于人民公社的规模。《决议》认为以一乡一社，每社以 2000 户左右为宜，各地可以因地制宜，可以一乡多社也可以多乡并一乡，组成一社，户数可以少于 2000 户也可以大于 2000 户，有的地方可以由数乡并为一乡，组成一社，可以是六七千户甚至两万或两万户以上。1956～1957 年高级社的发展经验表明，大社导致管理成本高、生产秩序混乱，难以维持，人民公社追求"大"本身就是一种脱离农业生产实际的空想。

第三，关于小社并大社、转公社的步骤与要求。《决议》提出了建人民公社的方式：依靠贫下中农，团结绝大部分的上中农，通过鸣放辩论，揭穿地主富农的造谣破坏，使广大农民在思想解放、自觉自愿的基础上并大社、转公社。这实际上是运用群众运动方式动员群众加入人民公社，在"办人民公社好"的主流意识形态左右下，比较理性的人即使有意见也不敢反对。

第四，关于并社中的经济政策问题。《决议》提出，在并社过程中，要通过加强对农民的教育来防止本位主义的产生。在合并前不留或少留公共积累，贫富不均的社合并为一个社时，各自的公共财产、社内社外债务肯定不同，在并社过程中，要求群众发扬共产主义精神，不要算细账，不要斤斤计较；社员的自留地转变为人民公社集体经营，初级社或高级社时农民所缴纳的生产股份基金和公有化股份基金在一两年后自动转变为公有。这些规定实际上损害了农民的利益，违反了合作社的互利原则。

第五，关于公社的名称、所有制和分配制度。《决议》规定大社统一命名为人民公社，主要实行集体所有制，将来向全民所有制过渡。在条件成熟的地方实行工资制，其他地方保持高级社时的按劳分配制度。废除私有制实行集体所有制并不适合当时的中国国情，工资制适合于农产品加工型农业企业，不适合于以农产品生产为主的人民公社，原因是农产品加工属于工业生产，可以准确地计时计件，而农产品生产属于农业生产，难以进行准确的计时计件。

第六，关于建设社会主义与实现共产主义的关系。《决议》认为我国实现共产主义不再遥远，建立和发展人民公社，一方面是为了加快社会主义建设的速度，另一方面是摸索出一条过渡到共产主义的具体途径。共产主义不再遥远是脱离现实的空想，《决议》把人民公社视为社会主义向共产主义过渡的最好组织形式①，这就导致人民公社的具体制度安排带有共产主义性质，并不符合当时的中国农村实际。

### 二、成立初期人民公社的特征

第一，规模大。当时片面地认为人民公社越大越好，辽宁省委宣传部总结了人民公社的十条优点，前四条都是讲"大"的好处：一是公社人才、资金、物质集中，可以更加"多、快、好、省"地发展生产；二是人民公社不仅有能力办大农业还能办工业；三是人民公社能更多地积累资金，更快地发展公有制经济；四是人民公社地多、人多、资金多，便于推广农业机械化和电气化。② 至 1958 年底，全国建立了 23630 个人民公社，平均每社 5442 户，上海和广东的社均户数最多，分别达 13043 户和 11229 户，新疆、宁夏、内蒙古的社均户数较少，分别为 2437 户、2480 户、2408 户。③ 河北省徐水县，河南省遂平县和修武县是一县一社，修武县人民公社 29193 户，当时，最大的公社达 8.5 万户。④

第二，公有化程度高。人民公社刚产生时，人们把人民公社看作是共产主义的组织形式，在这种认识的指导下，有的公社宣布一切生产资料归全民所有，产品由国家统一调拨。有的公社虽未宣布生产资料归全民所有，但实质上主要生产资料已变为全民所有。有的人民公社由农业合作社和国营农场合并组成，统一经营，分别核算，原农业社的生产资料实行集体所有，但正在加速向全民所有制过渡，以进一步地彻底消灭私有制的残余。人民公社刚成立时，为了消灭了农村生产资料私有制，将农村公共财产和社员的自留地、房屋等私有财产无代价地收归

---

① 人民公社在一些方面实践了共产主义理想，如吃饭不要钱的粮食供给制、集体劳动与集体生活、平均主义分配、在社内无偿调拨劳动力与生产资料、举办公共食堂、无代价征收高级社公共财产和社员私有财产。
② 中共辽宁省委宣传部：《提高共产主义觉悟，努力办好人民公社——关于办好人民公社的宣传教育提纲》，载于《辽宁日报》1958 年 9 月 16 日第 1 版。
③ 黄道霞：《建国以来农业合作化史料汇编》，中共党史出版社 1992 年版，第 1384 页。
④ 黄道霞：《建国以来农业合作化史料汇编》，中共党史出版社 1992 年版，第 501 页。

公社所有，由公社统一经营。为增加公社的全民所有制成分，国家将粮食、商业、财政、银行等部门在农村的基层机构划归公社统一经营。

第三，推行政社合一的管理体制。合作化时期，实行乡社分设，乡是农村基层政权，社是经济组织，社归乡领导。人民公社"实行政社合一，乡党委就是社党委，乡人民委员会就是社务委员会"，社务委员会下设农业、工业、水利、林业、财政、供销、信用、粮食、人民武装、组织、宣教等若干部门，管理全社事务，人民公社兼具农村基层政权和经济组织的双重职能。

第四，高度集权的经营体制。人民公社一般实行三级管理体制：人民公社——生产大队（规模至少相当于原来的高级社，有的是由多个高级社合并而成）——生产队。公社化以前，高级社有完全的生产资料所有权、生产经营自主权和产品处置权，自负盈亏。公社化后，生产大队和生产队不再拥有对生产资料支配权、所有权，一切生产资料由公社统一调配，所有生产收益由公社统一分配。

第五，实行工资制与供给制相结合的分配制度。在革命战争时期，实行供给制，1953 以后，工资制取代了供给制。毛泽东认为不能"不说供给制的长处，只说工资制的长处"，工资制也有缺点，"等级森严，等级太多了，评为三十几级，这样的让步，就不对了"。① 1958 年，一些人民公社试行供给制，毛泽东对此很赞赏，认为值得"好好研究"。毛泽东提出，人民公社应实行以按劳分配为主体，按劳分配和按需分配相结合的分配制度，按劳分配表现为工资制，按需分配体现在供给制上，供给制又主要是粮食供给制，通俗地说就是"吃饭不要钱"。1958 年 10 月，毛泽东就人民公社的分配制度发表谈话，指出："公社化后，分配主要还是按劳取酬。供给制部分搞的太多了。供给和工资部分是否一半一半"。② 1958 年 12 月中共第八届中央委员会通过的《关于人民公社若干问题的决议》明确规定："在人民公社的社员收入中，按劳分配的工资部分，在长期内必须占有重要地位，在一段时间内并将占有主要地位"。③ 但在 1958 年的奔共产主义狂潮中，人民公社并未执行毛泽东和中央的决定，如广东省新会县按照供给与工资 7：3 的比例进行分配，供给部分高于工资部分。

---

① 中华人民共和国国史学会：《毛泽东读社会主义政治经济学批注和谈话》，（内部版）2000 年，第 41 页。
② 《毛泽东在听了华北、东北九省农业协作会议的汇报后的指示（1958 年 10 月）》，《毛泽东思想万岁》（1958～1960 年），内部版，第 134 页
③ 中央档案馆、中共中央文献研究室编：《中共中央文件选集》第 29 册，人民出版社 2013 年版，第 309 页、304 页。

### 三、人民公社在成立初期的问题及其调整

从1958年8月20日第一个人民公社成立起到9月30日全国基本实现人民公社化，历时不过短短40天。由于未经任何试点，连最基本的文件——人民公社章程都来不及制定，一哄而起建立起来的两万多个具有上述五个基本特征的人民公社，迅速暴露出许多严重的问题。问题主要表现在五个方面，被称之为"五风"。

第一，共产风。共产风的表现形式就是"一平二调"，即分配上的平均主义和无偿调拨农业社和社员私有财产。人民公社的平均主义主要来自于所实行的供给制与工资制相结合的分配制度，很多地方供给部分的比例远高于工资部分，有些是六四，有些是三七，供给制是"吃饭不要钱"，劳动多也好少也罢，反正放开肚皮吃，体现出劳动差异就是工资，工资所占比例低，加上各种扣除，社员拿到手的工资少而又少。[1] 无差距的工资制意味着多劳不能多得，少劳也少得不了多少，这就是分配上的平均主义。农民最讲实际，平均主义导致了生产效率的低下。广东新会县大泽公社发了第一次工资后出现了"四多四少"现象。[2] 有些地方还出现"出工自由化，吃饭战斗化，收工集体化"现象。河北武清县（现天津市武清区）河西第三社强征社员粮食建公共食堂，社员对此有顾虑，不愿意拿出粮食，社领导到各家各户去搜，在搜的过程中，发现社员家里有值钱的财物，就拿走充作对公社的投资，社员王勖伍一家人下地劳动去了，结果他家的锅、勺被当作废铁拿走，家里所藏的30尺布也当作投资拿走。[3]

第二，瞎指挥风。干部不顾实际指导社员搞生产，如受"土地大翻身，黄土变黄金"口号的影响，全国各地深挖深耕，有些地方翻地数尺甚至上丈深，不仅浪费劳力而且破坏耕作层。中央提出合理密植，有些地方却搞过度密植，河南获嘉县城关公社宋庄大队选7分地，深挖7尺，下700斤小麦种子，下几千斤复合肥，到第二年收割时，7分地收163斤秕麦。

第三，强迫命令风。公社干部作风粗暴，不作耐心细致的思想工作，动不动就用权力压服，或者以不给饭吃相威胁。河北有社员说："干部有了刀把子，稍微有点毛病，就说不让吃饭"。有的地方甚至设立劳改队，凡是被公社干部认为

---

[1] 如河南新乡地区到1958年11月，全地区有152个社发了1次工资，34个社发了2次工资，19个社发了3次工资，人平2元。罗平汉：《农村人民公社史》，福建人民出版社2006年版，第103页。

[2] 即吃饭的人多，出勤的人少；装病的人多，吃药的人少；学懒的人多，学勤的人少；读书的人多，劳动的人少。黄道霞：《建国以来农业合作化史料汇编》，中共党史出版社1992年版，第523页。

[3] 中共河北省委农村工作部：《人民公社简报》第11期，1958年11月23日。

是"消极分子"的社员，即被送去劳改，劳改队大小便要报告，有专人持枪看守，吃饭有限制。

第四，浮夸风。各地争相放卫星，虚报假报产量。据《新华半月刊》上一篇文章的统计，至 1958 年 9 月 25 日，各地"卫星"纪录如下：广西环江县红旗人民公社自报中稻亩产 130434 斤 10 两 4 钱，成为中稻产量最高卫星；青海柴达木盆地赛什克农场第一生产队自报小麦亩产 8585 斤 6 两，成为小麦产量卫星；福建晋江集力社自强生产队自报花生亩产 26968 斤 12 两，成为花生产量卫星；河南西平县东风人民公社自报芝麻亩产 7239 斤 1 两，成为芝麻产量卫星。这些离奇的卫星都还煞有介事地请人验收了。①

第五，干部特殊化风。公社干部贪污公有财产、开小灶生活等现象在各地都存在。湖北省麻城县社干贪污现象很普遍，宋埠公社 116 个生产队干部贪污挪用 66116 元，每人平均 570 元；三合公社一个生产队的会计贪污 816 元；东木公社木子店六队一个食堂主任贪污 226 元；城关公社红石三队区干部贪污挪用 1.2 万元。② 河北省获鹿区永壁公社的 213 个生产小队以上的干部中，有 26 人有贪污行为，占 12.2%；涿县有一个村支部自设书记处，7 个委员各认 1 个干女儿作姘头，第一书记常住北京"办事"，令家中干部不断地送钱供应，胡糟挥霍，这个支部的领导成员已经完全蜕化变质。③

1958 年 10 月，这些问题相继暴露出来，引起了毛泽东和党中央的高度重视。1958 年 11 月 2 日至 10 日，中共中央召开第一次郑州会议，起草《关于人民公社若干问题的决议（草案）》。会后，毛泽东继续南下调研。11 月 21 日至 27 日，中共中央政治局在武昌召开扩大会议，着重讨论人民公社的高指标和浮夸风问题。11 月 28 日至 12 月 10 日，中共中央在武昌召开八届六中全会，会议通过了《关于人民公社若干问题的决议》。④ 1959 年 2 月 27 日至 3 月 5 日，第二次郑州会议召开，研究人民公社的所有制问题，根据毛泽东的意见，会议制定了《关

---

① 转引自罗平汉：《1958 年农村建立人民公社的缘由》，http：//news. 163. com/15/0626/15/AT1V3NA 100014AED. html。
② 黄道霞：《建国以来农业合作化史料汇编》，中共党史出版社 1992 年版，第 548 页。
③ 黄道霞：《建国以来农业合作化史料汇编》，中共党史出版社 1992 年版，第 565 页。
④ 八届六中全会上，毛泽东对人民公社作了充分的肯定，他认为，人民公社的出现，使中国人民找到了一种建设社会主义的形式，便于由集体所有制过渡到全民所有制，也便于由社会主义的全民所有制过渡到共产主义的全民所有制，便于工农商学兵相结合，规模大，人多，便于办很多事。毛泽东也发现人民公社有问题，但他认为这是前进道路上的问题，通过具体政策的调整就可以解决。毛泽东始终认为人民公社是由集体向全民、由社会主义向共产主义过渡的最好形式，并为能找到这种好形式而由衷高兴。

于人民公社管理体制的若干规定（草案）》。郑州会议以后，各省、市、自治区按中央要求相继召开五级或六级干部大会，按照郑州会议精神进行整社。1959 年 3 月 25 日至 4 月 1 日，中共中央在上海召开政治局扩大会议，紧接着召开八届七中全会议，通过了此前上海会议所提出的《关于人民公社的十八个问题》。从 1958 年 11 月 21 日到 1959 年 4 月 5 日，毛泽东主持召开四次政治局扩大会议、两次中央全会，通过了两个重要文件，写了数封党内通讯，批示了大量有关人民公社的材料，督促各省、市、自治区召开各级干部会议，这充分说明毛泽东已经从 1958 年上半年的非理性中走出来了，直面问题，寻求解决办法。

　　1958 年 11 月到 1959 年 4 月，毛泽东和党中央对人民公社有了新的更加深刻的认识，并根据这些认识进行了整社，取得了一定的成绩。主要表现在：

　　第一，整顿共产风。在"五风"中，群众深恶痛绝的是"共产风"。在第二次郑州会议上，毛泽东把共产风概括为三点：一是穷富拉平，公社无偿把富队的东西调拨给穷队；二是公社积累太多，减少了分配，义务劳动太多；三是"共"各种"产"，群众之所以对共产风深恶痛绝，是因为"在某种范围内，实际上造成了一部分无偿占有别人劳动成果的情况"。① 毛泽东对"共产风"予以严厉的批判，"天天搞共产，实际是'抢产'，向富队共产。旧社会谓之贼，红帮为抢，青帮叫偷，对下面不要去讲抢，抢和偷科学名词叫做无偿占有别人的劳动"。② 造成"共产风"的根源在哪呢？毛泽东认为是人民公社所实行的所有制。人民公社否认生产队的所有制，否认生产队的权利，公社可以任意把生产队的财产调到社里，"什么叫一曰大二曰公？一曰大是指地多，二曰公是指自留地归公。现在什么归公？猪、鸭、鸡、萝卜、白菜都归公了，这样调人都跑了。河北定县一个公社有七八万人，二三万个劳动力，跑掉一万多。这样的共产主义政策，人都走光了。劳动力走掉根本原因是什么，要研究。吕鸿兵的办法，还是一个改良主义的办法，现在要解决根本问题——所有制问题"。③ 解决所有制问题，就是实行"三级所有，队为基础"，即承认公社、生产大队、生产队三级所有制，实行三级

---

① 《毛泽东文集》第 8 卷，人民出版社 1999 年版，第 12 页。
② 《毛泽东在郑州会议上的讲话（1959 年 3 月 5 日）》，《毛泽东思想万岁（1958 – 1960 年）》，（内部版），第 214 页。
③ 《毛泽东在郑州会议上的讲话（1959 年 3 月 5 日）》，《毛泽东思想万岁（1958 – 1960 年）》，（内部版），第 215 页。

核算，各个核算主体之间实行等价交换。① 八届七中全会所通过的《关于人民公社的十八个问题》进一步确定了生产小队对土地、耕畜、农具和劳动力的所有权和使用权，归生产小队的全部收入，公社、生产大队不能随意调动，如若调给其他单位，必须实行等价交换。为遏制共产风，毛泽东和党中央要求公社退赔从生产队所平调的财和物。一些地方很好地执行了中央的决策，起到了调动社员生产积极性的作用。山西平路县在1958年12月到1959年4月的整社运动中，向群众退还50万元现金，并且从10个方面压回9000多个劳动力，对群众振奋很大，劳动出勤率由60%提高到96%。冀城县向各管理区退款180万元，两天内各社购买农药23.7万余斤。运城县给原高级社退回了58部动力机械、464万现金，大大调动了群众的生产积极性，这个县的北景公社闫家庄管理区把钱发给群众后，全部劳动力除病、产者外，都出了勤，一天一夜每人平均送粪一万斤，劳动效率提高了40%，全区普遍地出现了紧张愉快的新气象。② 1958年3月，湖北省麻城县召开退赔大会，当场拿出320万元现金退还给生产队，还退还给生产队拖拉机8台，抽水机5部，动力机49部，其他小机器143部，各种运输车744部，各种小农具2697件，耕牛1025头，生猪9019头，小家畜3589只，蜜蜂2192箱。钱和物退赔给群众以后，生产热情高涨，城关公社五四一队，出工人数由过去的900人增加到1700人，以前每人每天做棉花营养钵1345个，25日做3795个。③

　　第二，加强生产责任制。1959年2月17日，《人民日报》社论批评了1958年的大兵团作战式劳动协作，认为这种劳动方式造成了劳动效率低下，认为"农业生产的多数活动，需要有明确而又严格的责任制……人民公社要建立任务到队、管理到组、措施到田、责任到人、检查验收的集体生产和个人责任制"。④第二次郑州会议之后，各地按照会议精神建立"三定一奖""四定一奖"的生产责任制，即公社对生产大队实行"四定一奖"（定生产指标、定投资、定上交任务、定增产措施，实行超产奖励），生产大队对生产队实行"三定一奖"（定生产指标、定投资、定增产措施，实行超产奖励）。河南睢县红星人民公社实行统

---

① 人民公社成立初期的管理层次相当混乱，各地都不一致，有的是三级管理体制，有的是四级管理体制，一般是实行公社、生产大队、生产队三级管理体制（生产队下面都设有生产小队或作业组），这时的生产队相当于原来的高级社。《农村人民公社工作条例》（即"农业六十条"）颁布以后，全国统一了人民公社的管理层次，实行公社、生产大队、生产队三级管理体制，但这时的生产大队相当于高级社，生产队相当于作业组或生产小队。
② 黄道霞等：《建国以来农业合作化史料汇编》，中共党史出版社1992年版，第543页。
③ 黄道霞等：《建国以来农业合作化史料汇编》，中共党史出版社1992年版，第545页。
④ 《人民公社要建立健全生产责任制》，载于《人民日报》1959年2月17日第1版。

一领导，分级管理和"四定一奖"的生产责任制后，全社劳动力出勤率由92.6%增加到112%，劳动效率提高1.2倍。据1958年12月到1959年1月41天的统计，全社共新制和改制126种、103件工具，第一砖瓦窑场创造的快速烧窑法，1个月就节约1.2万元，省工1380个。综合铁工厂未实行"四定一奖"前一个月获利润5700元，实行"四定一奖"后，一个月获利1.26万元。全社1.8万个劳力只两天时间就拔花柴2.5万亩，积肥280万斤，麦田追肥1.8万亩。[①]

第三，改革分配制度。供给部分过高是造成平均主义的一个主要原因。1959年5月26日，中共中央发出《关于人民公社夏收分配的指示》，明确规定把供给部分压缩到30%~40%，工资部分提高到60%~70%。对于供给部分，分别采取伙食供给、粮食供给或半粮食供给等不同的办法，在收入低的地方，只保证对"五保户"的供给，对人多劳力少的困难户实行定额的粮食补助，对一般农户暂时停止供给制。[②]为克服平均主义，实行略有差别的工资制，"工资差额略为展开一点。认为农民有平均主义倾向，但也不能过分悬殊，但也不能没有差额。苏联的工资差额悬殊太大，我们不照样学。将来，这样一点工资算什么，十五元算什么？总得有三十元，四十五元了，都提高到几十元，差别就没有了，这是指的乡村"。[③]实行"超额分成"是为克服平均主义而采取的另一个办法，"粮食多产多吃，工资也是多产多分，死级活评，基本原则是按劳分配"。[④]毛泽东还说："队有三等——穷、中、富。粮食、工资的分配应该有差别，社办专业队的工资应该统一，工资可以'死级活评'，一月评一次，上死下活"。[⑤]

第四，恢复社员自留地和家庭副业。1959年春，全国普遍出现饥荒，针对此，5月7日，中央发出《关于分配私人自留地以利于发展猪鸡鹅鸭问题的指示》。6月11日，又发出《关于社员私养家禽、家畜、自留地等四个问题的指示》。允许社员私人喂养猪、羊、鸡、鸭、鹅、兔等家禽家畜，所卖得的价款和平时的粪肥收入，私有私养的归社员所得，公有私养的给社员以合理的报酬；恢复自留地，按原来高级社的规定，以不超过人均土地面积的5%，也不少于5%

① 黄道霞等：《建国以来农业合作化史料汇编》，中共党史出版社1992年版，第552页。
② 黄道霞等：《建国以来农业合作化史料汇编》，中共党史出版社1992年版，第567页。
③ 《毛泽东在武汉和协作区主任的讲话（1958年11月30日）》，《毛泽东思想万岁（1958~1960年）》，（内部版）第173页。
④ 《毛泽东在郑州会议上的讲话（1959年2月27日）》，《毛泽东思想万岁（1958-1960年）》，（内部版）第205页。
⑤ 《毛泽东在郑州会议上的讲话（1959年2月28日）》，《毛泽东思想万岁（1958-1960年）》，（内部版）第211页。

为原则；鼓励社员在屋旁、路旁、水旁的零星土地上种植庄稼，谁种谁收，不征公粮，不派统购任务，完全由社员自由支配；屋前屋后的零星树木，归社员私有，其收益完全归社员自由处理。①

### 四、再次"左"倾与再次纠左

经过 1958 年底到 1959 年夏的半年多的纠"左"，刹住了急于向全民所有制和共产主义过渡的势头，"共产风"得到一定的遏制，生产责任制重新建立起来，分配制度更加符合实际，大兵团式的劳动协作基本结束。但这些都是在承认"大跃进"和人民公社完全正确的前提下所进行的具体政策调整，"左"思想根源没有纠正。一旦遇到某种特殊情况，"左"的政策又会卷土重来。1959 年 7 月初，中共中央政治局召开庐山会议，会上，彭德怀在肯定人民公社化伟大意义的同时，直截了当地批评"大跃进"运动以来的错误，批评"人民公社办早了一些"，批评人民公社"没有经过试验"。②还认为 1958 年以来的纠"左"取得了成绩，但"左"错误在某些地方和某些部门还很严重。张闻天、黄克诚、周小舟表示赞同彭德怀的意见。彭德怀的信和张闻天的发言，引起了毛泽东的强烈不满，毛泽东把彭德怀和张闻天等的发言看作是否定"大跃进"和人民公社。毛泽东决定延长庐山会议，把中央政治局扩大会议改为八届八中全会，集中解决彭德怀等人的问题。会议方向由纠"左"变成反"右"，八中全会通过《为保卫党的总路线、反对右倾机会主义而斗争》的决议，充分肯定了人民公社运动，批判了"右倾机会主义思想"。庐山会议后，随着反"右"运动的推进，"共产风"再度泛滥，"提前过渡"再次高涨。

1959 年底到 1960 年初，毛泽东重新思考人民公社的集体所有制向全民所有制、社会主义向共产主义两个过渡的问题。受苏联《政治经济学》教科书的启发，毛泽东认为资本主义到共产主义要走两个小过渡，第一个是资本主义到私有制改造的完成，这是不发达社会主义；第二个是不发达社会主义到社会主义的过渡。在毛泽东看来，中国第一个过渡已经完成，现在面临实现第二个过渡问题，因此，必须把目前的队有制发展到社有制，再由公社集体所有制发展到全民所有制。根据毛泽东的意见，1960 年 1 月，中共中央在上海召开政治局扩大会议，讨

---

① 黄道霞：《建国以来农业合作化史料汇编》，中共党史出版社 1992 年版，第 568 页。
② 《彭德怀传》编写组：《彭德怀传》，当代中国出版社 1993 年版，第 588 页。

论《关于 1960 年计划和今后三年、八年设想的口头汇报提纲》。提纲提出，用八年时间，分期分批完成人民公社由队所有制到社所有制再到全民所有制的过渡；实行工资制为主，工资制与供给制相结合的分配方式。这个提纲实际上回到了 1958 年。① 各地按中央要求进行过渡试点，由于不具备过渡的条件，公社大办企业，以创造过渡条件。多数公社无资金、无场地、无设备、无牲畜，于是，又从各生产大队和社员手中平调物质，"共产风"再起。山西稷山县里望公社，1960 年春搞社办经济，要求各生产大队敲锣打鼓把所有的好马、来亨鸡、咖啡兔、大母猪一律送交公社。② 湖北省有的公社是"见钱就要，见物就调，见屋就拆，见粮就挑""上至树梢，下至浮土，什么东西都刮到了"。③ 中央很快觉察到"共产风"再起，中央认为"共产风"再起之因是"一些公社工作人员很狂妄，毫无纪律观点，敢于不得上级批准，一平二调。另外还有三风：贪污、浪费、官僚主义，又大发作，危害人民……所有以上这些，都是公社一级干的……这样胡闹，要查清楚"。④ 1960 年 5 月 15 日，中央发出《关于在农村开展"三反"运动的指示》，在农村干部中开展反贪污、反浪费、反官僚主义，干部作风有所好转，但是把"共产风"的板子全部打到干部身上而不从人民公社体制上去寻找原因，不可能根除"共产风"。

新一轮"左"倾政策扰乱了农业生产，加上 1959～1961 年三年困难时期，使国民经济陷入严重困难之中。农民生活出现异常困难的局面，1960 年，全国农业人口的人均消费额为 68 元，比 1957 年低 11 元；人均消费粮食为 312 斤，食用植物油 3 斤，猪肉 2.4 斤，分别比 1957 年下降 23.9%、21.1%、72.7%。饥饿与严重的营养不足，使农村出现大量浮肿病人和非正常死亡人数，据有关测算，1959～1960 年，非正常死亡和出生率的下降减少的人口，总共在 4000 万人左右。⑤ 以安徽太湖县为例，1955 年是太湖解放后农业生产力发展和群众生活水平最高的一年，粮食总产量达 1.97 亿斤，耕地面积 40 万亩，除自留地 9824 亩外，平均单产 504 斤；油料总产 3011600 斤，亩产 60 斤；棉花总产 310800 斤，

① 在具体政策规定上与 1958 年有差别，如山东省在队所有制向社所有制过渡试点时，为避免"一平二调"，规定了"六不变"：一是生产小队和社员经营零星校服也和自留地的政策不变，二是"三包一奖"政策不变，三是评工记分、按工分配的政策不变，四是实行工资制与供给制相结合的分配办法不变，五是土地、牲畜、农具等生产资料和劳动力的管理使用权不变，六是社员个人所有的生活资料和在银行、信用社的存款永远归社员所有，允许社员饲养一定数量的猪羊鸡鸭等政策不变。中共山东省委农村工作部：《关于人民公社由基本队所有制向基本社所有制过度试点情况的报告》，1960 年 3 月 8 日。
② 中共中央文献研究室：《建国以来重要文献选编》第 13 册，中央文献出版社 1996 年版，第 242 页。
③ 黄道霞：《建国以来农业合作化史料汇编》，中共党史出版社 1992 年版，第 620 页。
④ 中共中央文献研究室：《建国以来重要文献选编》第 13 册，中央文献出版社 1996 年版，第 129 页。
⑤ 罗平汉：《农村人民公社史》，福建人民出版社 2006 年版，第 197 页。

亩产皮棉 23 斤，耕牛发展到 36260 头，大型农具 25 万件；茶叶总产 511600 斤，烟叶 10366 斤，木料 216 万立方米，生猪发展到 4.8 万头，家禽每户平均 6 只。群众生活水平明显提高，除存入国库 2730 万斤，留种 1200 万斤，每人平均口粮 440 斤，食油 3 斤，肉类 10 斤，食盐 20 斤，红糖全年供应量达 39 万斤，每人平均 1.2 斤。大跃进时期，生产力遭到破坏，生产水平大为下降，到 1960 年底止，耕牛只剩下 1.8 万头，比 1955 年下降 50%，大型农具只有 10 万件，下降 60%，耕地缩减 35 万亩（因水利建设），下降 11%，粮食总产量 14512 万斤，下降 35%，油料 103 万斤，下降 30%，生猪 1.1 万头，下降 3 倍多。① 面对农村日益严重的困难局面，党中央和毛泽东开始冷静下来分析根源，寻求解决对策。1960 年 11 月 3 日，中央发出《关于农村人民公社当前政策问题的紧急指示信》。②

　　为使各级干部认真总结经验教训并认真贯彻指示信，毛泽东带头做深刻的自我批评，承认错误。1960 年 11 月 28 日，毛泽东在代中共中央起草的关于转发《甘肃省委关于贯彻中央紧急指示信的第四次报告》的批语中诚恳做出自我批评："毛泽东同志对这个报告看了两遍，他说还想看一遍，以便从中吸取教训和经验……他说，他自己犯了错误，一定要改正。例如，错误之一，在北戴河会议中写上了公社所有制转变过程的时间设想得过快了"。③ 毛泽东敢于承担责任的高尚作风教育了各级干部，各级干部纷纷做出自我批评，承认错误，认真贯彻"十二条"。

　　"十二条"纠"左"措施对于扭转农村经济困难意义重大，但仍有不足：第

---

① 黄道霞等：《建国以来农业合作化史料汇编》，中共党史出版社 1992 年版，第 721～722 页。
② 《指示信》共 12 条，条条针对人民公社存在的问题：第一，三级所有，队为基础，是现阶段人民公社的根本制度。从 1961 年起，至少七年不变，七年以后是否需要改为基本社有制，看当时情况由中央统一决定。第二，坚决纠正和反对"一平二调"错误。人民公社成立以来，各级机关、事业单位、企业向社、生产队、社员平调的房屋、家具、土地、农具、车辆、家畜、家禽、农副产品和建筑材料等各种财物，都必须认真清理，坚决退赔。第三，加强生产队（生产大队）的基本所有制，绝不能以削弱队有经济来发展社有经济。第四，坚持生产小队的小部分所有制，劳力、土地、耕畜、农具必须固定给生产小队使用，任何人不得随意调用。生产队对生产小队实行"三包一奖"制度，在保证完成包产任务的前提下，生产小队应充分利用田边地角和其他闲散的土地，多种多收。第五，允许社员经营少量的自留地和小规模的家庭副业，今后不得将社员的自留地收归公有，在不影响集体劳动的前提下，鼓励社员种好自留地，饲养少量的家畜家禽。第六，少扣多分，尽力做到 90% 的社员增收，公社分配给社员的部分，一般应占总收入的 65% 左右，而扣除部分占 35% 左右。第七，实行工资制与供给制相结合的分配制度，供给部分与工资部分三七开。第八，节约农村劳动力，加强农业生产领域劳动力的投入，五年内，县级以上各级单位不得从农村抽调劳动力。第九，办好公共食堂，实行以人定量、指标到户、粮食吃堂、凭票吃饭、节约归己的制度。第十，有领导有计划地恢复农村集市，活跃农村经济。第十一，实行劳逸结合，保证社员睡足八小时，男社员每月放假两天，女社员四天。第十二，坚决反对贪污、浪费、官僚主义、干部特殊化、干部打骂群众，彻底纠正共产风、浮夸风、命令风。黄道霞等：《建国以来农业合作化史料汇编》，中共党史出版社 1992 年版，第 613～617 页。
③ 中共中央文献研究室：《建国以来重要文献选编》第 13 册，中央文献出版社 1996 年版，第 729 页。

一，基本核算单位仍是生产大队，按 1960 年数据，全国生产大队 483814 个，生产小队 2988168 个，平均每个大队人口 1000 多人，大队仍可"共"小队的产，小队与小队之间平均主义依然没有根除。第二，仍然强调要办好公共食堂，而这是群众对人民公社最不满意的地方之一。

1961 年 1 月，感于人民公社问题的复杂性，毛泽东号召各级主要领导干部到农村去做调查研究，并把 1961 年定为实事求是年、调查研究年。在中央统一部署下，从中央到县以上各级党委组织调查组深入农村开展调研。① 根据调查研究，1961 年中共中央制定了《人民公社工作条例（草案）》（又称"农业六十条"），经 1961 年 6 月第一次修正，1962 年 6 月第二次修正，最终于 1962 年 9 月 27 日，中共八届十中全会通过《农村人民公社工作条例修正草案》。② "农业六十条"实际上就是人民公社的示范章程，起到了规范全国人民公社发展的作用。"农业六十条"有些内容是现实的概括，有些内容是根据当时新形势的创造，颇具创新意义的内容主要体现在第一章、第四章、第五章、第六章。第一章规定人民公社是政社合一的组织，既是基层政权组织，又是社会主义的集体经济组织；规定了人民公社的三级组织架构，即公社、生产大队和生产队；人民公社的规模，一般相当于原来的乡，生产大队的规模相当于高级社，生产队的规模相当于初级社。③

---

① 是年，刘少奇到湖南长沙和宁乡调查，周恩来到河北调查，朱德到四川、陕西、河南、河北调查，邓子恢到福建龙岩调查。

② "农业六十条"分十章：第一章"人民公社在现阶段的性质、组织和规模"；第二章"人民公社的社员代表大会和社员大会"；第三章"公社管理委员会"；第四章"生产大队管理委员会"；第五章"生产队管理委员会"；第六章"社员家庭副业"；第七章"社员"；第八章"干部"；第九章"人民公社各级监察委员会"；第十章"人民公社中的党组织"。

③ 最初认为人民公社越大越好，因为公社人多地广，可以集中资源办大事，便于加快向全民所有制过渡。1958 年 10 月时，全国共 23384 个公社，社均 4797 户，还有很多 1 万户以上的社。如湖南省，共有 1164 个社，社均 6960 户，相当于原来 3 个大乡，全省共 16533 个生产大队，队均 489 户，相当于原来 3 到 4 个高级社。经过此次调整，到 1961 年 8 月，全国共有人民公社 55682 个，生产大队 708912 个，生产小队 4549474 个，分别比调整前增加 30478 个、225098 个、1561306 个。至核算单位下放到生产队之后 1962 年 10 月，全国共有人民公社 71551 个，生产大队 713385 个，生产队 5468224 个，平均每个公社 9.6 个生产大队，每个大队 7.6 个生产队，每个生产队 23.6 户。社队规模大实际上有很多缺点：一是造成平均主义，严重挫伤社员生产积极性。每个大队由 6～7 个小队组成，每个小队的经济基础、劳动力素质、自然禀赋不相同，导致队与队之间有一定的贫富差距，产品和收入在生产大队内实行统一分配，实际上就是穷队"共"富队的"产"，如山东历城县南郊公社东八里洼大队有 5 个生产队，第一队生产好，粮食多，超产粮食 18000 斤，第二队超产 4000 斤，结果大队从第一生产队提走粮食 9000 斤，从第二生产队只提走 2000 斤，第一生产队感到吃了大亏，该队长干脆躺着不干了。二是因规模大，难以因地制宜合理安排生产，造成干部的生产工作中的瞎指挥和强迫命令。三是在农业生产分散、交通不便、基本还是人工生产的条件下，社队规模大不利于开展生产。四是作为基本核算单位的大队，规模大，成百上千的群众不可能天天集中进行劳动评议，导致评工记分流于形式。五是规模大，社员集中不容易，社里大小事务未经社员讨论通过，民主管理流于形式，社员对生产大队的生产经营毫不关心，没有主人翁意识。以上数据来源于罗平汉：《农村人民公社史》，福建人民出版社 2006 年版，第 221 页、241 页、255 页。

第四章第二十条明确规定生产队是基本核算单位，"它实行自主核算，自负盈亏，直接组织生产，组织收益的分配。这种制度定下来以后，至少三十年不变"。① 第五章中的公共食堂问题，规定："生产队办不办食堂，完全由社员讨论决定。凡是要办食堂的，都办社员的合伙食堂，实行自愿参加、自由结合、自己管理、自负开销和自由退出的原则"。这一条实际上就是允许解散公共食堂。② 对于社员的口粮，"不论办不办食堂，都应该分配到户，由社员自己支配"。"六十条"取消一直被当作人民公社共产主义因素的供给制，规定："无论包产收入或包产以外的收入，全部按劳动工分进行分配"。③ 第六章专门规定家庭副业问题，"人民公社社员的家庭副业，是社会主义经济的必要的补充部分……在积极办好集体经济，不妨碍集体经济的发展，保证集体经济占绝对优势的条件下，人民公社应该允许和鼓励社员利用剩余时间和假日，发展家庭副业，增加社会产品，补助社员收入，活跃农村市场。"

"农业六十条"的制定实施，是我国农村经济体制的一次深刻变革。这次调整之后，以"三级所有、队为基础"为主要内容的人民公社体制，一直坚持到改革开放时期联产承包责任制的实施。

## 五、稳定中的变动

"农业六十条"出台实施以后，人民公社体制基本稳定下来。但在稳定的大格局下，也有短时期、局部性的变动，这些变动没有能够触动人民公社体制的根基。

---

① 直到1961年10月，毛泽东和党中央才下定决心把核算单位由生产大队下放给生产队，针对少数人不赞同把核算单位下放的情况，第二次修正之后的"农业六十条"作了灵活处理，允许个别地方仍然把生产大队作为基本核算单位，前提是群众同意。据1962年10月统计，全国共有基本核算单位5219516个，生产队占98.89%，生产大队占0.8%，公社占0.001%，生产队和生产大会结合核算的占0.3%。

② 1961年，中央领导人在各地的调查中发现，各地都反对搞公共食堂，几乎没有人说公共食堂好。刘少奇在湖南调查时发现，1958年一声喊，食堂只办起来，那是大错误。他说"食堂没有优越性，不节省劳动力，不节省烧柴，这样的食堂要散，勉强维持下去没有好处。"《刘少奇选集》下，人民出版社1985年版，第329页。朱德在陕西调查时发现公共食堂无不好：一是社员吃不够标准，二是浪费劳动力，三是浪费时间，四是下雨天吃饭不方便，五是一年到头吃糊涂面。中共中央文献研究室：《朱德年谱》，人民出版社1986年版，第478页。

③ 原来一直认为供给制有利于照顾贫下中农，1961年的调查表明，供给制照顾的主要不是贫下中农而是地主富农，邓小平、彭真给毛泽东的信中说"许多典型材料证明，这种供给制，不但不一定对贫雇农和下中农有利，甚至对地富和上中农更有利。因为贫雇农和下中农一般结婚比较迟，子女少，劳动比较好，在他们中间占这种供给便宜的人，比例较小；而地主、富农一般抚养人口比较多，劳动比较差，又有使子女上学的习惯，在他们中间占便宜的人，比例较大。因此，在这次辩论中，干部和群众普遍主张取消这种供给制，而主张只对五保户生活和困难户补助部分实行供给"。中共中央文献研究室：《建国以来重要文献选编》第14册，中央文献出版社1997年版，第327页。

第一次是发生在"农业六十条"起草过程中的"包产到户"。基本核算单位下放到生产队之后，较为有效地解决了队与队之间的平均主义问题，但是生产队内部的社员与社员之间的平均主义问题却没有解决，从而无法调动社员的生产积极性。1960 年安徽农村率先出现了"包产到户"的现象，后来，全国各省也出现了类似的现象，并迅速扩展。据 1962 年 7 月田家英向毛泽东的汇报，全国各地已经实行包产到户和分田到户的农民，约占 30%，而且还在继续发展。① 1961 年秋收时，湖南省有 25200 多个生产队分田单干，占全省生产队总数的 5.5%。有的实行了分田到户，有的实行了"井田制"，有的实行包产到户。在这些生产队里，虽然主要生产资料一般还是集体所有，但是，生产是以户为单位进行的，负担是以户为单位摊派的，生产队没有统一的生产计划，没有统一的劳力调配，没有统一的收入分配。② 到 1962 年 5 月，甘肃康县有 4 个生产队将全部土地实行"分田到户"，有 7 个生产队将部分土地分配到户；临洮县一个生产队给每个社员下放半亩口粮田；通渭县一个生产大队给社员划分责任田，将种子直接分到户，有的地方按照土改时颁发的土地证，将全部土地分配给社员耕种，有的地方以划自留地为名，将百分之二三十以至百分之五六十的近地、好地，按人口划分给个人耕种。农民说："我们已经 5 年没有吃饱饭了，这样做，是迫不得已的"，还有农民说："我们的脑子想进步，就是肚子太反动了"。③ 甘肃临夏回族自治州在 1962 年 6 月到 8 月的 50 天时间里，70% 以上的生产队搞包产到户或包干到户，只有 20% 多的生产队坚持集体生产。④ 包产到户确实能带来更高的产量。肥东县长乐公社涧南大队有两个生产条件大致相当的生产队——路东生产队和路西生产队，1961 年，路东生产队实行包产到户，路西生产队实行包产到队，路东生产队夏收粮食每亩 112 斤，路西生产队只有 100 斤；秋季作物路东队每亩 245 斤，路西生产队只有 195 斤。⑤ 对于包产到户，群众欢迎，在群众的眼中，"不管社会主义资本主义，只要多打粮食就是好主义"，安徽安庆专区太湖县的农民说："责任田能多打粮食"，嫁到宿松的姑娘隔三岔五往娘家跑，她们的父母说："那边吃不饱，叫她回来多吃几餐，女婿不好意思来，她每次回去总是要带走八至十

① 董边等：《毛泽东和他的秘书田家英》增订本，中央文献出版社 1996 年版，第 92 页。
② 黄道霞等：《建国以来农业合作化史料汇编》，中共党史出版社 1992 年版，第 749 页。
③ 黄道霞等：《建国以来农业合作化史料汇编》，中共党史出版社 1992 年版，第 705 页。
④ 黄道霞等：《建国以来农业合作化史料汇编》，中共党史出版社 1992 年版，第 743 页。
⑤ 安徽省农村经济委员会等：《安徽"责任田"资料选编》，第 111～112 页，1987 年内部印行。

斤的。唉！那边不搞责任田，真急人！"① 领导层对包产到户的看法不一致，安徽省调查组认为搞责任田有六大弊端：生产资料所有制由公有逐步变为私有，集体经济削弱了、瓦解了，个体经济扩大了、发展了；生产劳动各顾各，几乎全部自种自管自收，各种各的地，各干各的活，集体工派不动，出公差还要队里补贴钱粮；生产计划无法统一，种什么、种多少，全由社员自己安排；统一分配不能保证，按劳分配遭到破坏；两极分化越来越明显，资本主义剥削越来越严重；腐蚀了干部群众的思想，涣散了基层组织。② 在决策层，意见出现了分歧，刘少奇主张"要退够"，他赞同包产到户。③ 毛泽东反对包产到户，他认为有了"农业六十条"和基本核算单位的下放，人民公社的问题可以得到解决，包产到户是把农民从集体主义道路引到单干的道路，是方向性错误，是社会主义和资本主义两条道路的斗争。1962 年 8 月北戴河会议把包产到户定性为"单干风"，遭到批判，包产到户停止。

第二次是"四清运动"中的局部倒退。1963 年到 1965 年，全国农村开展"四清运动"。④ "四清"过程中，"左"倾思想再次抬头，对"农业六十条"造成较大的干扰。如运动中批判"三自一包"，⑤ 有些地方没收自留地和开荒地。1965 年 6 月，河南登封县对社员自留地和开荒地作了新的规定：其一，自留地全部重新丈量，重新分配，土质好的自留地要换给坏的；其二，自留地里打的粮食一律顶口粮、顶分配；其三，自留地只许种菜，种"接嘴粮"，不准大面积种粮食作物；其四，自留地不准多上肥，不准上牲口肥；其五，集体地未种完，不准加班抢种自留地；其六，社员开荒地，1964 年 10 月 1 日以前开的，打下粮食顶分配，有余粮交公粮或卖给国家，1964 年 10 月 1 日以后开的，不论多少，一律没收归集体所有。浙江奉化松岙公社，干部强迫没收社员的开荒地，并说："宁可遍地出青草，不准社员多种粮"，他们打算将开荒地上的作物无条件地收归集体，还打算收回后，不补偿工分，也不给工本费。辽宁本溪市牛心台区南芬镇四清工作队将社员房前屋后的零星菜地全部没收，还发动一二百人到每家菜地里强

① 黄道霞等：《建国以来农业合作化史料汇编》，中共党史出版社 1992 年版，第 724 页。
② 黄道霞等：《建国以来农业合作化史料汇编》，中共党史出版社 1992 年版，第 752～753 页。
③ 王光美、刘源等著，郭家宽编：《你所不知道的刘少奇》，河南人民出版社 2000 年版，第 93 页。
④ 最初的"四清"是指清账（公社和生产队的收入、支出和分配账）、清工（主要是干部记工和补助工）、清财（集体财产）、清库（库存的粮、棉、油、肥等），后期演变为"清思想、清政治、清组织和清经济"，前者称之为"小四清"，后者称之为"大四清"。
⑤ 即自留地、自由市场、自负盈亏和包产到户。

行毁垅铲苗，把果树也拔掉。这些做法明显与"农业六十条"关于自留地长期交社员使用的规定不符，引起了群众的不安。有的地方开展所谓拔苗运动，天津市北郊宜兴埠公社开会批判社员的"小自由"搞得太多，资本主义太严重，组织干部民兵到社员自留地、开荒地，将已经扬花的小麦，齐胸高的高粱、玉米、青麻全部砍掉。这种做法引起了群众的不满，群众说："麦子再等一个来月就熟了，可是被砍了头，难道你们就不心疼吗？如果说我们社员犯了条例，可是青苗没犯罪呀！为什么办出这种缺德事呢？"辽宁清原县和新宾县，每天从机关、学校抽调上百人，到各大队去拔苗，有些社员看到拔苗，就不下地了。有的人在一边乱骂，有一个老大爷和老伴两人，躺在地里又哭又叫，说："你们要拔要刨，就是要我的命"。有的地方把生产队核算改为大队和联队核算，将生产队的山林收归大队所有。广东普宁县提出要并队，搞大队核算、联队核算，该县的高埔公社规定，把 1962 年下放给生产队所有的山林、荒地，一律收归联队或大队所有，今后新开荒种果，都由联队或大队组织专业队进行。新疆拜城县卡尔瓦克公社在"农业六十条"公布以后，给社员留下一两只羊，5 年来，社员舍不得宰吃，像保护眼珠一样喂养着，可是，1965 年社干却说，私人牲畜太多不行，要收归集体饲养，并规定每只羊要交 1.5 元饲养费，社员对此很不满意，担心政策又变了。①

　　第三次是"文化大革命"中的局部倒退。"文化大革命"中，受"大寨经验"的影响，一些地方推行与"农业六十条"相背离的"左"的搞法。主要有：一是没收或减少自留地，在"多一分自留地就多一分私心"的"左"倾思想的支配下，一些省、市、自治区将自留地由原来总耕地的7%降至5%。② 二是限制家庭副业，"文革"时期，把家庭副业当作"资本主义尾巴"割掉，把社队的工、副业当作集体经济内部的资本主义进行批判，如河南省一些地方规定，社员不准养母猪，不准在自留地种植生姜、药材等经济作物，不准在房前屋后种植果树。③ 三是平均主义再度泛滥，全国批判"工分挂帅"，不顾自身条件推广大寨"标兵工分、自报公议"的记分制度，在这种制度下，劳动能力强、技能高的社员，因不能搞"工分挂帅"而得不到应有的工分，劳动能力弱、技能差的社员，可能因"政治思想好"而得到较多工分，严重违背了按劳分配的原则，造成分配

---

① 黄道霞等：《建国以来农业合作化史料汇编》，中共党史出版社1992年版，第820页。
② 朱荣、郑重等：《当代中国的农业》，中国社会科学出版社1992年版，第257页。
③ 中共河南省委党史研究室：《河南农村经济体制变革史》，中共党史出版社2000年版，第176页。

中的平均主义。四是再次"穷过渡","文革"初期,昔阳县实行大队核算,后来又在大寨公社实行公社所有制,这种做法被称之为"穷过渡",这是不顾生产条件、脱离客观实际的过渡。一些地方学大寨经验,把核算单位上升到生产大队。据统计,山西、北京、上海、河北、浙江、江苏等 11 个省、市、自治区到 1970 年以生产大队为核算单位的比重上升到 14% ,而 1962 年时为 5% ,其中,山西省以大队为核算单位的公社超过半数。①

### 六、人民公社的解体

"文化大革命"结束以后,安徽、四川、河南、广东、贵州等省的一些生产发展缓慢、集体经济落后地方的生产队,自发地搞起了包产到组和包产到户。对于农民的这种自发行为,尽管给农民带来了增产增收,但因长期受"左"倾思想的影响,人们在短期之内很难接受这个事实。随着真理标准问题讨论的深入,人们对人民公社的优越性开始质疑。这种质疑,本身就是思想解放的体现,也是实事求是的体现。从 1979 年起,中央一方面坚持"三级所有,队为基础"制度,另一方面对包产到户不像过去那样禁止。1980 年 1 月国家农委召开的全国农村人民公社经营管理会议上,对已经较为广泛地出现的包产到户、包干到户、各种联产承包责任制,会议出现严重的意见分歧。华国锋表示,责任制和包产到户、单干不要混同起来,已经搞了包产到户的要认真总结,提高群众觉悟,逐步引导他们组织起来。华国锋的这种表态,表明中央主要领导对包产到户的态度已有所松动。1980 年 5 月,邓小平明确表示:"农村政策放宽以后,一些适宜搞包产到户的地方搞了包产到户,效果很好,变化很快。安徽肥西县绝大多数生产队搞了包产到户,增产幅度很大。'凤阳花鼓'中唱的那个凤阳县,绝大多数生产队搞了大包干,也是一年翻身,改变面貌。有的同志担心,这样搞会不会影响集体经济。我看这种担心是不必要的。"② 这是邓小平公开肯定包产到户。1980 年 9 月,中央召开省、市、自治区党委书记会议,会议最终形成《关于进一步加强和完善农业生产责任制的几个问题》,明确提出:"在那些边远山区和贫困落后的地区,长期'吃粮靠返销,生产靠贷款,生活靠救济'的生产队,群众对集体失去信心,因而要求包产到户的,应当支持群众的要求,可以包产到户,也可以包干到

---

① 罗平汉:《农村人民公社史》,福建人民出版社 2006 年版,第 349 页。
② 《邓小平文选》第 2 卷,人民出版社 1994 年版,第 315 ~ 316 页。

户，并在一个较长的时间内保持稳定"。① 这个文件下发以后，各地迅速加快了包产到户的步伐。到 1981 年 6 月底，全国实行各种联产承包责任制的生产队达 377.7 万个，占生产队总数的 64.2%，其中，搞包产到户的生产队 166.9 万个，占生产队总数的 28.2%。② 1982 年中央一号文件指出："包产到户这种形式，在一些生产队实行后，经营方式起了变化，基本上变为分户经营、自负盈亏。但是，它是建立在土地公有制基础上的，农户和集体保持承包关系，由集体统一管理和使用土地、大型农机具和水利设施，接受国家的计划指导，统一安排军烈属、五保户、困难户的生活，有的还在统一规划下进行农田基本建设，所以，它不同于合作社以前的小私有的个体经济，而是社会主义农业经济的组成部分"。③ 这是中央文件首次把包产到户定性为社会主义经济成分，也就赋予了其合法性。在政策的推动下，到 1983 年末，全国农村实行联产承包责任制的生产队达到 99.5%，其中实行包干到户的占生产队总数的 97.8%。④ 从此，以包产到户为主要形式的家庭联产承包责任制，成为我国农业经营的主要形式并长期稳定下来。

家庭联产承包责任制对人民公社体制造成了直接的冲击。首先，家庭承包经营使公社、大队、生产队三级所有制不复存在。⑤ 其次，家庭具有完全自主的经营权，无须生产队安排生产、组织分配，生产队基本失去事权，生产队成为一个空壳，作为生产队直接管理者的生产大队，也随之成为一个空壳。生产大队和生产队是人民公社的基础，基础没有了，倒逼着人民公社进行改革。在这种背景下，1983 年 10 月 12 日，中共中央、国务院发出《关于实行政社分开建立乡政府的通知》，要求各地有领导、有步骤地搞好农村政社分开的改革，争取在 1984 年底以前完成乡政府的建立工作。⑥ 这场改革至 1984 年底很平稳地完成，没有产生任何震动，在中国维持了 26 年的人民公社退出历史舞台。

---

① 黄道霞等：《建国以来农业合作化史料汇编》，中共党史出版社 1992 年版，第 927 页。
② 朱荣、郑重等：《当代中国的农业》，中国社会科学出版社 1992 年版，第 313 页。
③ 中共中央党史研究室等：《中国新时期农村的变革》，中央卷（上），中共党史出版社 1998 年版，第 175 页。
④ 罗平汉：《农村人民公社史》，福建人民出版社 2006 年版，第 389 页。
⑤ 政社分设以后，三级所有并非完全不存在，凡属是没有分给农民的资产和财产仍保留社队所有，首先是土地，只是承包给农民耕种，所有权归社（乡镇）队（村），直至今天，我国土地交易仍未建立一级市场，农民不能直接与征地者进行交易，征地者只与村委会或村民小组进行交易，正因为如此，在土地征收过程中仍然广泛存在人民公社的不等价交换，有些地方也存在乡镇政府平调村公有土地现象，这可能是人民公社时期"一平二调"在现在唯一的存在形式了；再如公有林场、社队企业、水利设施，有的归村（原生产大队）所有，有的归乡镇（原人民公社）所有。
⑥ 1979 年 3 月，四川省广汉县向阳公社率先进行政社分设改革，建立了乡政府，原公社改建成经济组织，定名为农工商联合公司，生产队改为农业生产合作社，大队称为合作社联合社。

# 第八章

## 中苏集体农庄式农业合作模式的比较

第二次世界大战以后，苏联集体农庄式农业合作模式成为社会主义制度的一个重要组成部分，因此，在农村建立集体农庄式农业合作社，是社会主义国家农业改造的目标。20世纪50年代，阿尔巴尼亚、保加利亚、罗马尼亚、德意志民主共和国、捷克斯洛伐克、匈牙利、波兰、南斯拉夫等东欧社会主义国家按照苏联模式完成了农业的社会主义改造，并在农村全面确立了集体农庄式农业合作模式。中国以苏联为榜样，经过农业合作化运动和人民公社化运动，在农村确立了集体农庄式农业合作模式，中国所确立的农业合作模式是不是苏联农业集体化模式的翻版呢？

否！中国共产党从第一次国内革命战争时期起，就注意到不能照搬外国经验，包括苏联经验。中国革命之所以取得胜利，就是因为善于把马克思主义普遍原理与中国实际相结合，创造性地提出了适合中国国情的理论、政策与方针，并以此指导革命实践。新中国成立初年，中国共产党一方面肯定苏联农业集体化经验，另一方面也发现了苏联农业集体化存在的问题，如工农剪刀差过大、把农民挖得太苦、政策过"左"、农民对政府农业政策意见很大，等等。党中央和毛泽东充分吸收苏联的经验教训，根据中国实际制定了农业合作化政策，使苏联集体农庄式农业合作模式具有鲜明的"中国特色"。本章从三个方面对中苏集体农庄式农业合作模式进行比较。

### 第一节　发展路径的比较

#### 一、苏联农业集体化的发展路径

十月革命胜利后，苏共的农业集体化政策有一个变化过程，这个过程大体可以划分为三个阶段。第一阶段（1917～1918年），重点发展农业公社。"这种公社通常是在实行了国有化的过去地主庄园的基础上建立起来的，1918 年春，在俄罗斯的中部地区，已有农业公社 950 个"。① 农业公社的最大特征是实行全盘公有化，公社社员，没有任何私有财产，"加入公社的人应放弃其个人的一切财产，在入社时应将一切家什和一切财产（动产、不动产和现金）交给公社，成为公共财产"，在分配上，"公社的基本原则是各尽所能，按需分配"，在消费上，"为了爱惜劳动、产品和燃料，公社应该设立公共食堂"。② 农业公社类似于 1958～1961 年公共食堂未散之前的人民公社。苏共之所以重点发展公有化程度高的农业公社，是因为苏共认为只有公社才是农业的社会主义形式。正因为如此，对于公有化程度低的劳动组合和共耕社两种集体农庄，苏俄的许多农业机关不但不予以扶持而且还进行阻扰。③ 1918 年，苏俄农村组建的集体经济组织100%的表现为农业公社，没有产生劳动组合和共耕社。"公社的最大弱点之一，是在分配收入时主要采取平均分配原则，几乎从不考虑个人物质鼓励"。④ 农业公社的效率非常低，正如托洛茨基所指出的，公社"在某些情况下，劳动生产率甚至还很低"，原因是公社"缺少对个人利益的直接关心"，结果是"工作非常勤勉的人毫无奖励，工作草率或工作得很少的人也并不因此而有所失。最积极的公社社员常感到心灰意冷，因而也就'和所有人一样'工作，也就是说没有干劲。"⑤ 在此情况下，苏共不得不进行政策调整，苏俄的农业集体化进入第二阶段（1919～1929 年）。在这个十年中，劳动组合、共耕社、农业公社并行发展。共耕社"是集体农业经济的最简单形式，社内实现了农民份地和劳动的公有化。共耕社社员的生产工具和生产资料——农业机械、农具、役畜、农业建筑物、运输工具归共耕社社员个人所有，但是用于土地的共同耕种。共耕社用社员入社费购置的生产资料、自有收入和国家贷款，均为共耕社的公有财产。共耕社是在向农业全盘集体化的过渡时期以前存在。1935 年《农业劳动组合示范章程》通过后，共耕社便改组成为农业劳动组合"。⑥三种集体经济组织的生产资料公有化程度如表 8 - 1 所示。

---

① 科兹里、杨楚克编，中国人民大学苏联东欧研究所编译室译：《苏维埃集体农庄法》，农业出版社 1982 年版，第 20 页。
② 《苏联农业公社资料》上，中共中央对外联络部编印 1959 年版，第 23 页。
③ 伊·康纽科夫：《集体农业发展最初阶段概要》，转引自杜吟棠主编：《合作社：农业中的现代企业制度》，江西人民出版社 2002 年版，第 86 页。
④⑥ 科兹里、杨楚克编，中国人民大学苏联东欧研究所编译室译：《苏维埃集体农庄法》，农业出版社1982 年版，第 20 页。
⑤ 《苏联农业公社资料》下，中共中央对外联络部编印 1959 年版，第 139 页。

表8-1　　　　　1928年苏联不同集体经济组织的生产资料公有化程度　　　单位：%

| 集体经济组织 | 农具 | 耕畜 | 产品畜 | 生产建筑 | 住宅 | 固定基金 |
|---|---|---|---|---|---|---|
| 农业公社 | 99.6 | 98.2 | 95.4 | 98.5 | 97.8 | 97.6 |
| 劳动组合 | 75.3 | 15.3 | 12.8 | 31.1 | 19.0 | 30.1 |
| 共耕社 | 53.2 | 2.9 | 4.4 | 6.5 | 2.7 | 15.2 |

　　资料来源：《苏联农业公社资料》下，中共中央对外联络部编印1959年版，第154页。

　　从1918年到1924年，苏俄劳动组合的比重迅速上升并成为苏俄集体经济组织的重点，农业公社的比重迅速下降，共耕社则相对稳定地发展（见表8-2）。

表8-2　　　　　1918~1924年苏联三种集体经济组织比重的变化　　　单位：%

| 集体经济组织 | 1918年 | 1919年 | 1920年 | 1921年 | 1922年 | 1923年 | 1924年 |
|---|---|---|---|---|---|---|---|
| 农业公社 | 100 | 31.7 | 18.0 | 19.7 | 13.8 | 14.6 | 12.3 |
| 劳动组合 | — | 58.3 | 73.6 | 64.4 | 72.1 | 71.3 | 57.7 |
| 共耕社 | — | 10.0 | 8.4 | 15.9 | 14.1 | 14.1 | 30.0 |

　　资料来源：《苏联农业公社资料》下，中共中央对外联络部编印1959年版，第90页。

　　1929年，斯大林在苏联推行农业全盘集体化运动，苏联的农业集体化进入第三阶段。农业集体化时期到底发展哪种形式的集体经济组织呢？斯大林认为："生产资料还没有公有化的共耕社是集体农庄运动中已经过时的阶段"，生产、分配均实现了公有化的农业公社"还没有成熟"，所以，"现在应当抓住的集体农庄运动的主要形式，就是农业劳动组合"。[1] 1930年1月，联共（布）中央通过了《关于集体化的速度和国家帮助集体农庄建设的办法》的决议，"决议第一次把农业劳动组合提高到本阶段集体农庄运动的主要形式的地位，授权苏联农业人民委员部在最短的时间内拟订出《农业劳动组合示范章程》，广泛吸引集体农庄参加这一工作"。[2] 农业劳动组合"在整个社会主义建设时期被承认是集体农庄的唯一正确的形式"。[3] 由此看来，苏联集体农庄最初选择一步到位的发展路径失败，失败以后转而采取三种集体经济组织并行发展，最后归结于公有化程度居

---

① 《斯大林选集》下，人民出版社1979年版，第241~242页。
② 科兹里、杨楚克编，中国人民大学苏联东欧研究所编译室译：《苏维埃集体农庄法》，农业出版社1982年版，第26页。
③ 科兹里、杨楚克编，中国人民大学苏联东欧研究所编译室译：《苏维埃集体农庄法》，农业出版社1982年版，第20页。

中的农业劳动组合。

## 二、中国农业合作化的发展路径

新中国成立以后的农业合作化运动历经了四个阶段。第一阶段（1950～1953
年），重点发展农业生产互助组。这个时期发展起来的农业生产互助组主要有三
种形式：一是简单的劳动互助，这是互助组的最低级形式，它是按农民固有的互
助习惯组织起来的一种临时性和季节性组织，这种互助组织在新民主主义革命时
期就大量出现。二是常年的互助组，它们中有一部分实行农业和副业相结合，制
订了简单的生产计划，在某些方面出现了技术分工，有些还积累了牲畜、农具等
公共财产。到 1951 年底，加入简单劳动互助组和常年互助组的农民，"在华北已
发展到占全体农民的 60%，在东北则达到了 70%"。第三种是以土地入股为特征
的土地合作社，又称为土地合作社，这种组织有了一定程度上的生产计划性和技
术分工，有一定的公共财产积累，它"是农业生产互助运动在现在的高级形式，
目前还只是在若干县区存在，数量还不很多"。① 尽管土地合作社在当时数量少，
但普遍认为它代表了更加先进的生产力。1951 年中央人民政府农业部农政司的
报告这样总结土地合作社的特点："土地劳力入股，合伙经营（也有以租地形式，
将社员土地以固定租额租入社内者），优点是能合理使用劳力与合理利用土地，
克服了互助组中经常存在的集体劳动与分散经营的矛盾，并能集中大家的力量投
资扩大再生产，便于进一步的提高生产力"。② 1953 年"一五计划"实施，国家
对粮食的需求量激增，粮食供应顿时紧张，为提高粮食产量，中央决定在全国发
展合作社，通过调整生产关系来发展生产力，增加粮食产量、解决粮食困难，中
国农业合作化运动总体进入第二阶段（1954～1955 年）。这个阶段重点是发展初
级社。1954 年 6 月第二次全国农村工作会议召开，会议提出"以土地入股统一
经营为特征的半社会主义性质的农业生产合作社作为目前农村合作化的中心环
节"。初级社的显著特征是具有半社会主义性质，它已有"一部分公有的生产资
料"，实行按土地分红和按劳取酬的分配方式。③ 在党和政府的推动下，农民的
入社热情高涨，1955 年底到 1956 年春，全国出现农业合作化高潮，在这个高潮

---

① 中共中央文献研究室：《建国以来重要文献选编》第 2 册，中央文献出版社 1992 年版，第 512～513
　页。据农业部 1951 年的统计数据，华北有土地合作社 97 个，西北和华东各有 20 余个，东北约有 170
　余个。黄道霞：《建国以来农业合作化史料汇编》，中共党史出版社 1992 年版，第 46 页。
② 黄道霞：《建国以来农业合作化史料汇编》，中共党史出版社 1992 年版，第 46～47 页。
③ 中共中央文献研究室：《建国以来重要文献选编》第 7 册，中央文献出版社 1993 年版，第 359 页。

中，初级社迅速地上升为高级社，中国农业合作化运动总体进入第三阶段，即高级社阶段。高级社的土地、主要生产资料归集体所有，采取集体劳动的方式，实行"各尽所能，按劳取酬"的分配制度。① 随着农业合作化运动的深入推进，全国农业合作化程度迅速提高，如表 8 - 3 所示。

表 8 - 3    1950 ～ 1957 年中国农业合作化程度    单位：%

| 年份 | 合计 | 农业生产互助组 | 农业生产合作社 |
|------|------|----------------|----------------|
| 1950 | 10. 7 | 10. 7 | — |
| 1951 | 19. 2 | 19. 2 | — |
| 1952 | 40. 0 | 39. 9 | 0. 1 |
| 1953 | 39. 5 | 39. 3 | 0. 2 |
| 1954 | 60. 3 | 58. 3 | 2. 0 |
| 1955 | 64. 9 | 50. 7 | 14. 2 |
| 1956 | 97. 2 | 0. 9 | 96. 3 |
| 1957 | 97. 5 | — | 97. 5 |

注：合作化程度是指参加各种生产互助合作组织的农户占总农户的比重。
资料来源：黄道霞：《建国以来农业合作化史料汇编》，中共党史出版社 1992 年版，第 1353 页。

1950 ～ 1956 年，作为合作组织低级形式的互助组首先是不断地增加，1954年达到峰值，1955 年开始减少，1956 年，互助全部转化为初级社和高级社，与此同时，初级社和高级社不断增加，1956 年农业合作化运动进入高潮以后，初级社合并升级为高级社，初级社的数量不断减少。各种生产合作社的发展情况如表 8 - 4 所示。

表 8 - 4    1950 ～ 1956 年中国农业生产合作社历年发展情况

| 项目 | 1950 年 | 1951 年 | 1952 年 | 1953 年 | 1954 年 | 1955 年 | 1956 年 |
|------|---------|---------|---------|---------|---------|---------|---------|
| 互助组数 | 2724000 | 4675000 | 8026000 | 7450000 | 9931000 | 7174000 | — |
| 初级社数 | 18 | 129 | 3634 | 15053 | 114000 | 633000 | 540000 |
| 高级社数 | 1 | 1 | 10 | 15 | 200 | 500 | 216000 |

原注：表中所列年度数字，是指在当年生产上已经统一经营并参加秋收分配的社数。
资料来源：高化民：《农业合作化运动始末》，中国青年出版社 1999 年版，第 426 页。

---

① 中共中央文献研究室：《建国以来重要文献选编》第 8 册，中央文献出版社 1994 年版，第 404 页。

农业合作化运动于 1956 年底基本结束，全国 97.2% 的农户加入了合作社。但是，在农业生产合作社发展的第三阶段，没有很好地遵循逐步过渡的发展路径。本来，1955 年上半年开始的农业合作化高潮，政府的原意是迅速发展初级社，1956 年下半年之后，各地掀起了小社并大社的热潮，初级社合并成为高级社，有的甚至是直接从单干户和互助组升级为高级社。很多一夜之间成立的高级社，并不稳固，1956 年，高级社的收成没有达到农民的预期目标，于是，加入合作社的农民特别是富裕中农产生了不满情绪，提出了退社要求，以致出现了全国性的"退社风潮"。面对"退社风潮"，党和政府一方面允许坚决不愿意留在合作社的农民退社，另一方面通过巩固合作社来稳定社员。1957 年 10 月 25 日，中共中央通过了《1956 年到 1967 年全国农业发展纲要（修正草案）》，提出要用一个五年计划的时间来巩固合作社，巩固合作社的措施包括：保证贫雇农和下中农对合作社的领导权；贯彻执行民主办社和勤俭办社的方针；采取各种增产措施，争取在"二五"时期，使大多数合作社赶上或者超过当地富裕中农的生产和收入水平；合理处理分配问题，兼顾国家、合作社、社员三者的利益；加强合作社政治思想工作，不断提高社员的社会主义觉悟。[①] 发展纲要并未得到很好的执行，1958 年，"大跃进"运动发生，在各条战线全面"大跃进"的过程中，高级社不但没有得到巩固发展反而合并升级为人民公社，于是，中国农业合作化运动进入第四阶段——人民公社阶段。1958 年 8 月，"一种新的社会组织"人民公社产生，"到 9 月底，全国农村共有人民公社 23397 个，参加的农户达总农户的90.4%"。[②] 人民公社化运动在短短 40 多天的时间里完成。与高级社相比，人民公社的规模更大、公有化程度更高、分配更加平均，带有浪漫主义色彩的人民公社与实际严重脱节，1959 年中国农村经济陷入空前的困境之中，以致出现了前所未有的"大饥荒"。在这种情况下，党和政府直面问题，对人民公社体制进行调整，1962 年 9 月，《农村人民公社条例修正草案》颁行以后，人民公社体制基本稳定下来，一直延续到 1984 年人民公社的解体。

中国农业合作化历经了互助组→初级社→高级社→人民公社的过程，以公有化程度的高低为标准，这是一条从低级到高级的发展路径。这是一条有别于苏联的逐步过渡的发展路径，这条路径是中共在充分吸取苏联教训基础上创造的，相

---

① 《1956 年到 1967 年全国农业发展纲要（修正草案）》，载于《人民日报》1957 年 10 月 26 日第 1 版。
② 杜润生主编：《当代中国的农业合作制》，当代中国出版社 2002 年版，第 525 页。

对而言，更加符合农村实际。

## 第二节　所有制形式的比较

苏联农业全盘集体化运动中建立的农业劳动组合，成为集体农庄的唯一形式，劳动组合成为苏联集体农庄的代名词，包括中国在内的所有社会主义国家所建立的苏联式集体农庄就是指农业劳动组合。1953 年颁布的《关于发展农业生产合作社的决议》指出："完全社会主义的农业生产合作社，即高级社，就是苏联的集体农庄"。[①] 薄一波也说："我国高级社类似苏联的集体农庄"。[②] 后来成立的人民公社，系由高级社直接合并而成，其经济功能与高级社基本相似。所以，此处所要比较的就是苏联农业劳动组合与中国高级农业生产合作社及人民公社之间的所有制差异，这种差异主要体现在三个方面。

### 一、土地所有制差异

马克思和恩格斯都认为合作社不仅是对传统小农进行社会主义改造的有效组织形式，而且是通往共产主义的过渡组织形式。马克思在《法兰西内战》中指出："如果联合起来的合作社按照总的计划组织全国生产，从而控制全国生产，制止资本主义不可避免的经常的无政府主义状态和周期的痉挛现象，那么，请问诸位先生，这不就是共产主义，'可能的'共产主义吗？"[③] 只要合作社按照国家计划组织生产，并且控制全国生产，那么合作社就是共产主义组织。正因为合作社是共产主义组织，马克思主张合作社实行土地公有制。[④] 十月革命胜利后，苏俄颁布《土地法令》，规定：废除地主土地所有制，一切土地收归国有，交给耕种土地的劳动者使用，在此基础上组织农民发展集体农庄。革命一胜利，苏俄就宣布实行土地国有制，集体农庄对土地只有使用权，集体农庄"占用的土地（和苏联境内的任何其他土地一样）是国家的全民财产，根据工农国家的法律拨给劳

---

①　高化民：《农业合作化运动始末》，中国青年出版社 1999 年版，第 409 页。
②　薄一波：《若干重大决策与事件的回顾》上，中共中央党校出版社 1993 年版，第 360 页。
③　《马克思恩格斯选集》第 2 卷，人民出版社 1966 年版，第 467 页。
④　马克思说："一开始就应当促进土地私有制向集体所有制的过渡，让农民自己通过经济的道路来实现这种过渡"。《马克思恩格斯选集》第 2 卷，人民出版社 1966 年版，第 634 页。

动组合无限期即永久使用，但劳动组合不得买卖，不得出租"。<sup>①</sup> 1932 年 9 月 3 日，苏联中央执行委员会和人民委员会通过了《关于建立稳定的集体农庄土地使用制度》的决议，"按照这一决议，在保持国家对土地拥有不可动摇的所有权的前提下，以当时的地界为标准给每个农庄固定土地供劳动组合使用，禁止任何重新分配"。<sup>②</sup> 集体农庄的土地使用权包含了三种基本权能：土地占有权、使用权和农庄内部管理权，而且，土地使用权这个总概念以及它所包含的每一项权能，都是权利和义务的集合。例如，集体农庄不仅有使用土地的权利还有使用土地的义务，除国家外，谁也不能只占有土地而不使用土地。根据《苏联土地立法纲要》第 14 条和第 15 条的规定，如果集体农庄在连续两年的时间里不使用土地，他的土地使用权即可予以终止。<sup>③</sup> 国家通过法令形式把土地拨给集体农庄，办理土地使用权手续并发给国家土地使用权证书，以此确定集体农庄的土地占有权，"占有权是土地使用权和农庄内部管理权的前提和依据，因为要实现这些权能，必须先具备法律上固定给该主体的具体客体"。<sup>④</sup> 集体农庄有权按照划拨土地的原定目的使用土地，即根据农庄的组织——经济计划和生产——财务计划，有权把土地用来建造农业生产所需的建筑物和设施（畜舍和土地改良系统等），而且有权建造与农业生产无关的建筑物和设施（如医院、俱乐部、文化宫、附属企业和副业单位），建筑用地的位置和数量，事先要征得苏联农业部土地规划机关的同意，后者对土地利用进行国家监督。<sup>⑤</sup> 集体农庄内部土地管理权"只带有组织性质，目的在于为合理利用土地创造必要的组织——经济条件"，内部土地管理权体现在五个方面：对划拨给该农庄的全部土地进行登记、进行土地规划、为各个生产分支（即作业区和生产队）划拨一定土地、进行土地二用转拨、对土地利

---

① 严敬敏等：《苏联共产党和苏联政府经济问题决议汇编》（1929～1940 年）第 2 卷，中国人民大学出版社 1987 年版，第 575 页。
② 科兹里、杨楚克编，中国人民大学苏联东欧研究所编译室译：《苏维埃集体农庄法》，农业出版社 1982 年版，第 29 页。
③ 《集体农庄示范章程》第九条规定集体农庄具有使用土地的义务，这些义务包括：最充分和最合理地利用并经常改良划拨给它的土地，提高土壤肥力；把闲置的土地用于农业生产；设法灌溉或排干土地，防止土壤侵蚀，营造护田林；爱惜集体农庄土地，严禁浪费集体农庄土地；遵守关于自然保护，关于林木、水流和矿物资源使用的有关规定。科兹里、杨楚克编，中国人民大学苏联东欧研究所编译室译：《苏维埃集体农庄法》，农业出版社 1982 年版，第 159 页。
④ 科兹里、杨楚克编，中国人民大学苏联东欧研究所编译室译：《苏维埃集体农庄法》，农业出版社 1982 年版，第 158 页。
⑤ 科兹里、杨楚克编，中国人民大学苏联东欧研究所编译室译：《苏维埃集体农庄法》，农业出版社 1982 年版，第 160 页。

用进行监督。① 集体农庄的土地占有权不仅仅是占有并使用地面资源，还包括地上的林木资源和地下的水资源和矿产资源。根据《苏联和加盟共和国土地立法纲要》的规定，集体农庄有权按规定程序利用自己地块上的普通矿藏和泥炭，以满足本农庄的需要，而且，开采这些矿藏无须专门许可；集体农庄有权利用自己地块上的水体；集体农庄有权使用自己土地上的林业，集体农庄林业在满足自我需求的条件下，征得区农业管理局的同意，可以向其他消费者提供各种林木，贩卖林木所得收入部分用于经营林业，部分列入农庄的货币收入。②

新中国成立以后，在全国实行土地改革，农民对所分得土地拥有完整的产权（含所有权、使用权和让渡权）。1950 年颁布的《中华人民共和国土地改革法》规定："废除地主阶级封建剥削的土地所有制，实行农民的土地所有制"。③ 在互助组和初级社阶段，农民仍然拥有土地所有权。《农业生产合作社示范章程草案》规定，社员交给合作社统一使用的土地，"在一定的期间内还保留社员的所有权"。④ 土地上的林木，所有权归社员，经营状况则视不同情况予以分别处理：零星树木，社员所有，社员经营；需要投入大量劳动的树木，如果园、茶园，由合作社统一经营，付给本主合理报酬；费工较少、收益较高的成材林以及新栽的幼林，由合作社统一经营。⑤ 初级社升级为高级社之后，"社员的土地转为合作社公有，取消土地报酬。土地归社公有以后，如果社员退社，合作社应当从社公有土地中拨给他一份耕地……社员私有的零星树木仍归社员自己所有，自己经营；社员私有的果园和其他成片的树木，可以归社公有，也可以在一两年内采取过渡办法，暂不归社公有……果园和其他成片林的林木转归合作社公有的时候，必须经过充分协商，取得原主的同意，除了应摊的股份基金以外，并且应当给原主以合理的代价"。⑥ 按照《高级农业生产合作社示范章程》的规定：土地由农民私有制转化为合作社集体所有制，社员私有土地上"附属的私有的塘、井等水

① 科兹里、杨楚克编，中国人民大学苏联东欧研究所编译室译：《苏维埃集体农庄法》，农业出版社 1982 年版，第 161 页。
② 科兹里、杨楚克编，中国人民大学苏联东欧研究所编译室译：《苏维埃集体农庄法》，农业出版社 1982 年版，第 164 页。
③ 《中国的土地改革》编辑部、中国社科院经济研究所：《中国土地改革史料选编》，国防大学出版社 1988 年版，第 642 页。
④ 中共中央文献研究室：《建国以来重要文献选编》第 7 册，中央文献出版社 1993 年版，第 359 页。
⑤ 中共中央文献研究室：《建国以来重要文献选编》第 7 册，中央文献出版社 1993 年版，第 371～372 页。
⑥ 中共中央文献研究室：《建国以来重要文献选编》第 8 册，中央文献出版社 1994 年版，第 166～167 页。

利设施，随着土地转为合作社集体所有"。① 人民公社实行"三级所有"体制，公社和生产大队不是基本核算单位，只对少量土地拥有所有权，生产队是基本核算单位，拥有对大多数土地的所有权。"公社所有的山林，一般应该下放给生产队所有；不宜下放的，仍旧归公社或者生产大队所有。归公社或者生产大队所有的山林，一般地应固定给生产队经营""生产队范围内的土地，都归生产队所有。生产队所有的土地，包括社员的自留地、自留山、宅基地等等，一律不准出租和买卖……集体所有的山林、水面和草原，凡是归生产队所有比较有利的，都归生产队所有"。②

上面的比较显示，苏联实行土地国有制，集体农庄只拥有土地的永久使用权；在中国农业合作化运动初期，即互助组和初级社阶段，中国实行土地私有制，进入高级社以后，高级社对土地拥有完整的产权，人民公社时期，土地实行人民公社、生产大队、生产队三级集体所有，但以生产队所有为主。

### 二、生产资料所有制差异

根据苏联宪法第 10 条规定，生产资料公有制包括国家（全民）所有制和集体农庄——合作社所有制两种形式，集体农庄——合作社所有制实际上就是农庄集体所有制，集体所有制是一个完整的产权束，包括了占有权、使用权和处置权。③ 那么，集体农庄对哪些生产资料拥有所有权呢？苏联把集体农庄的生产资料分为若干项基金：其一，固定生产基金，包括：建筑物、设施、拖拉机、康拜因和其他机器、设备、运输工具、役畜、产品畜、多年生果林、浆果园、葡萄园、树林、土地改良设施、水利设施、使用期超过一年或价值超过 100 卢布的小农具和工具、集体农庄用于基本投资和大修理的货币资金。这些固定生产基金属于农庄集体所有，集体农庄改组或裁撤时，不能在集体农庄成员之间进行分配。其二，种子基金，即自产的质量好而且适应当地条件的谷物种子、豆类种子、油料作物和草籽，集体农庄的种子基金不得挪用，要妥善保护，只能按规定的用途支出，不能按照集体农庄债权人的请求提出追索。与种子基金相关联的还有种子保险基金，此项基金与基本种子基金分开保管和统计，只能按照专门用途加以使

---

① 中共中央文献研究室：《建国以来重要文献选编》第 8 册，中央文献出版社 1994 年版，第 407 ~ 408 页。

② 黄道霞：《建国以来农业合作化史料汇编》，中共党史出版社 1992 年版，第 734 ~ 735 页。

③ 科兹里、杨楚克编，中国人民大学苏联东欧研究所编译室译：《苏维埃集体农庄法》，农业出版社 1982 年版，第 170 ~ 171 页。

用。其三，基本饲料基金，从当年农庄的收获物中建立，用于全年饲养牲畜的需要，为了预防歉收，还可以建立饲料保险基金。其四，货币流动基金，以满足日常的生产需要和保证本农庄不同部门的全部的生产费用。其五，有保障劳动报酬实物和货币基金，这笔基金用于同庄员的结算、支付庄员的劳动报酬。其六，经济鼓励基金和专用基金，包括文化生活基金、庄员社会保障和物质补助基金、专员和专家物质鼓励基金、后备基金。其七，全苏集体农庄庄员统一社会保障基金，该基金使用集体农庄收入提成和苏联国家预算每年拨款建立，用以支付庄员的优抚金和补助金。① 对于集体农庄的集体财产，苏联法律严加保护。1932 年 8 月颁布的《关于保护国营企业、集体农庄和合作社财产和巩固社会主义公有所有制法》规定："公共财产是苏联制度的基础，是神圣不可侵犯的""集体农庄和合作社的财产，如田野里的庄稼、集体储备粮、牲畜和合作社商店里的货品等均为国家财产，偷盗国家财产者将被枪毙并没收所有财产，最少监禁 10 年"。② 在承认公有制绝对主体地位的同时，"住房、个人产品畜和家禽、饲养牲畜用的农业建筑、经营宅旁园地用的小农具，仍归农庄户个人所有"。③ 1935 年颁布的《农业劳动组合示范章程》规定，农户私人可以占有小型农具等小部分生产资料，也允许私人饲养牲畜，饲养数量因地而异，按规定，在谷物和经济作物产区，集体农庄每户可以饲养 1 头奶牛、2 头以下牛犊、1 头母猪、山羊和绵羊总共不超过 10 只、蜜蜂不超过 20 箱，家禽和家兔不受数量限制；在畜牧业发达的种植区，每户可饲养奶牛 8～10 头、羊 100～150 只，骆驼 5～8 匹、马不超过 10 匹。④《苏联和各加盟共和国土地立法纲要》规定，集体农庄庄员拥有一定数量的土地用于种植蔬菜和瓜果，"拨给庄员家庭（农庄户）用于蔬菜、果树栽培及其他需要的宅旁园地的面积，不得超过 0.50 公顷，包括建筑物所占土地在内；如果是水浇地，则不得超过 0.20 公顷"，集体农庄"还应拨给农庄户放牧和刈草场地，供饲养户所有的牲畜需用"。⑤ 在实践中，庄员不断地扩大自留地面积，而且把大量精力投入在自留地上发展家庭副业，有的庄员甚至逃避集体劳动。在

---

① 科兹里、杨楚克编，中国人民大学苏联东欧研究所编译室译：《苏维埃集体农庄法》，农业出版社 1982 年版，第 178～181 页。
② 吕卉：《苏联农业集体化运动研究》，吉林大学博士论文，2010 年，第 85 页。
③ 科兹里、杨楚克编，中国人民大学苏联东欧研究所编译室译：《苏维埃集体农庄法》，农业出版社 1982 年版，第 21 页。
④ 金挥、陆南泉主编：《战后苏联经济》，时事出版社 1985 年版，第 336 页。
⑤ 科兹里、杨楚克编，中国人民大学苏联东欧研究所编译室译：《苏维埃集体农庄法》，农业出版社 1982 年版，第 290 页。

这种情况下，1939 年 5 月，苏联政府颁布《关于防止侵占集体农庄公有土地的措施的决议》，规定：凡是侵占公有土地以扩大宅旁园地行为的庄员，一律按犯罪论处；丈量所有农户的宅旁园地，查出多余的土地归还集体农庄；对家庭副业实行高税收和高征购。这些措施实施以后，家庭副业受到压制。家庭副业在粮食以外的农副产品生产中的比重不断下降，如表 8 – 5 所示。

表 8 – 5　　　　**苏联家庭生产在粮食作物以外的农副产品生产中的比重**　　　单位：%

| 项目 | 1940 年 | 1950 年 | 1960 年 | 1970 年 | 1980 年 |
|------|---------|---------|---------|---------|---------|
| 牛 | 56.9 | 43.5 | 30.4 | 25.1 | 19.8 |
| 猪 | 58.4 | 34.7 | 26.2 | 24.5 | 19.4 |
| 羊 | 46.3 | 22.9 | 24.2 | 23.1 | 19.8 |
| 肉 | 72 | 67 | 41 | 35 | 31 |
| 奶 | 77 | 75 | 47 | 36 | 30 |
| 蛋 | 94 | 89 | 80 | 53 | 32 |
| 蔬菜 | 48 | 44 | 44 | 38 | 33 |

资料来源：金挥、陆南泉：《战后苏联经济》，时事出版社 1985 年版，第 330～331 页。

中国农业合作化运动中所建立的初级社，"土地以外的主要生产资料（主要是耕畜、大型农具、运输工具、成片的林木、成群的牧畜、大型的副业工具等）为农业生产合作社所需要的，应该由合作社统一使用或者统一经营，给本主以适当的报酬，并且在征得本主同意的条件下，由合作社分批分期地逐步实行公有化"。[1] 与苏联集体农庄类似，中国的高级社也实行主要生产资料集体所有制。《高级农业生产合作社示范章程》规定入社农民必须把"耕畜、大型农具等主要生产资料转为合作社集体所有"，小农具、生活必需品、家禽属于社员私有。[2] "大跃进"时期，曾一度消灭农村私有制，把社员的自留地、房屋、家禽、小农具等私有财产全部无代价地收归人民公社所有，由公社统一经营、统一核算。不过，这种状况迅速得到纠正。高级社和人民公社都允许私人饲养一定数量的家禽，但没有对社员私养的家畜数量做出明确的规定。因分配给每个社员的自留地

---

① 中共中央文献研究室：《建国以来重要文献选编》第 7 册，中央文献出版社 1993 年版，第 369 页。
② 中共中央文献研究室：《建国以来重要文献选编》第 8 册，中央文献出版社 1994 年版，第 407～408 页。

"一般地不能超过当地每人平均土地数的5%"，以人均土地3亩计，每个社员自留地仅0.15亩，远低于苏联每个社员可拥有3.75亩到7.5亩自留地的数量。除了耕种自留地之外，允许社员经营家庭副业，但限于以下三类：一是家庭可以饲养猪、羊、兔、鸡、鸭、鹅等家禽家畜；二是家庭可以从事编织、缝纫、刺绣等手工业生产；三是家庭可以开展采集、渔猎、养蚕、养蜂等农村副业生产。家庭副业所获得的收入，"归社员所有，都归社员支配"。① 总体而言，中国农家的家庭副业水平低于苏联农家，这一点，毛泽东也表示认可。②

### 三、所有制演化的差异

苏共历届领导人都追求集体农庄规模大、公有化程度高。1937年苏联农业全盘集体化运动结束时，全苏共有集体农庄24.37万个，每个集体农庄平均13.7户，此后，苏联不断地合并集体农庄，至1953年时，全苏集体农庄减少为9.3万个，平均每个集体农庄达到211户，至1976年，苏联集体农庄又减少到2.77万个。在追求大规模的同时，苏联还把大量集体农庄改组成为国营农场，以提高国有化程度。1936年，苏联有国营农场4137个，占全国耕地面积的比重仅为0.6%，1976年国营农场达到19600个，占全国耕地面积的比重上升到53%，与此相对应，集体农庄占全国耕地面积的比重大幅度下降，由1937年的99.1%降到1979年的42%。③ 正因为苏联集体农庄向着"一大二公"的方向发展，公有化水平越来越高，导致分配上的平均主义越来越严重，生产效率始终没有得到提高。

在中国农业合作化运动过程中，也曾一度追求"一大二公"。1955年初级社平均不到31户，1956年成立的高级社，平均238户。④ 1958年"大跃进"运动中成立的人民公社，社均至少1000户以上，如辽宁省平均每社2000户，最大的

① 黄道霞：《建国以来农业合作化史料汇编》，中共党史出版社1992年版，第734~735页。
② 毛泽东在批注苏联《政治经济学教科书》和《社会主义经济问题》时，就承认苏联的家庭副业高于中国的家庭副业水平，指出要人民公社积极发展家庭副业，他说："就他们来说，一方面表示他们的农民富，另一方面表现他们那里个人副业经济还相当强。就我们来说，比较起来，一方面我们的农民还很穷，另一方面，我国农村的公有化程度却比他们那里高。"中华人民共和国国史学会：《毛泽东读社会主义政治经济学批注和谈话》，（内部资料），第158页。
③ 苏联国家计划委员会中央国民经济核算局编、中央人民政府国家计划委员会办公厅编译处译：《苏维埃政权二十年（统计资料汇编）》，中国财经出版社1954年版，第45、第50页。
④ 国家统计局农业统计司编：《农业合作化与1955年农业生产合作社收益分配的统计资料》，统计出版社1957年版，第11~12页。

社有 1.8 万户，河南省平均每社 4000 户，北京市平均每社 1600 户。① 1958 年 8 月颁布的《关于在农村建立人民公社问题的决议》提出，人民公社的规模大小，由各地根据实际情况决定，"一般以一乡一社、2000 户左右为宜"，人烟稀少的地方，"可以少于 2000 户，一乡数社"，如果生产需要，可以把"数乡并为一乡，组成一社，六七千户左右，至于达到万户或两万户以上的，也不要去反对"。② 在办大社思想的指导下，各地贪大求全，所建立的人民公社规模远超 2000 户。到 1958 年底，全国共建立了 23630 个人民公社，入社户数为 12861 万户，平均每社 5442 户。③ 大社在动员群众开展基本建设方面确实有其长处，但过大的规模导致管理成本高、生产秩序混乱等规模不经济。公有化程度高不但没有提高农民的生产积极性反而导致"共产风"，"共产风"又反过来严重地挫伤了农民生产积极性。管理混乱、贪污浪费、强迫命令、一平二调等问题在人民公社运动时期十分严重，这些问题暴露出来之后，引起了毛泽东和党中央的重视，毛泽东意识到人民公社应该有个合理规模，并非越大越好。1961 年初，毛泽东在听取田家英关于人民公社的调查汇报时提出要压缩公社规模，要拆分生产大队，或者把生产小队当作基本核算单位，生产小队变大队，明升暗降，小队变成生产单位和消费单位。④ 后来，毛泽东委托田家英起草《关于改变农村人民公社基本核算单位问题的指示》，指出人民公社应有合适的规模，规模过大，级层过多，既不便于管理，也不利于群众积极性的发挥；规模过小，力量单薄，不利于发展生产和进行多种经营，不能发挥集体经济的优越性。该指示对生产大队和生产队的规模作了如下原则性规定：生产大队一般地以相当于原来的高级社规模，生产队的规模，大体上以二三十户为宜。⑤ 各地根据该指示的要求适当地拆分了人民公社和生产大队，1961 年，人民公社增加到 57855 个，每社平均 2281 户，是 1958 年的 2.45 倍，1962 年，又增加到 74771 个，平均每社 1793 户，是 1958 年的 3.16 倍。生产大队在 1959 年为 51.8 万个，1961 年划分为 73.4 万个，1962 年又调整为 70.3 万个。1959 年，全国共有生产队 329.9 万个，1961 年增加到 498.9 万个，1962 年增加到 558.0 万个。⑥ 1962 年 9 月以后，确立了公社、生产

---

① 薄一波：《若干重大决策与事件的回顾》下，中共中央党校出版社 1993 年版，第 730 页。
② 黄道霞：《建国以来农业合作化史料汇编》，中共党史出版社 1992 年版，第 494 页。
③ 黄道霞：《建国以来农业合作化史料汇编》，中共党史出版社 1992 年版，第 1384 页。
④ 逄先知：《毛泽东和他的秘书田家英》，中央文献出版社 1989 年版，第 45 页。
⑤ 黄道霞：《建国以来农业合作化史料汇编》，中共党史出版社 1992 年版，第 680 页。
⑥ 黄道霞：《建国以来农业合作化史料汇编》，中共党史出版社 1992 年版，第 1382 页。

大队（相当于高级社）、生产队（相当于初级社）三级所有制，实行三级核算，并且以生产队的核算为基础。这是所有制公有化程度的退却，正是这种退却使中国农业生产合作社的生产效率要高于苏联集体农庄。不但如此，这种退却为后来产生家庭联产承包责任制奠定了基础，家庭承包制使中国农村焕发了新的活力。苏联集体农庄在所有制上一味地"求公"，最终没有能衍生出一种适合农村实际的新制度，苏联农村经济始终未能得到很好发展，这也是导致苏联解体的一个重要原因。

## 第三节　生产管理制度上的比较

### 一、苏联集体农庄的生产管理

苏联集体农庄和中国农业生产合作社都属于欧文式的共产主义劳动公社，在生产方面面临一系列无法解决的难题：无法精确地划分生产流程、无法精细地进行劳动分工、无法准确地界定生产责任、无法准确地鉴定劳动质量、无法准确地进行绩效考核。这些难题一直困扰着中苏集体农庄的发展。在实际中，苏联和中国都结合本国情况在生产管理上进行了一些探索。

苏联《集体农庄示范章程》把集体农庄的生产和劳动组织形式划分为五类：作业区、畜牧场、生产队、小组和其他生产单位，采用何种组织形式，"由集体农庄根据其具体经济条件、生产机械化和专业化水平和工艺水平加以确定"。生产队是集体农庄比较普遍采用的一种形式，苏联集体农庄有部门生产队（种植业、畜牧业、建筑业等），部门专业化生产队（蔬菜、园艺和技术作物），部门机械化生产队（大田作物或畜牧业生产队与拖拉机生产队合并而成），综合性生产队（合并种植业、畜牧业等生产部门），综合机械化生产队（合并数个经济部门和拖拉机生产队）。畜牧场和附属企业就其法律地位而言，与生产队处于同等地位，同时，畜牧场和附属企业也可以加入综合生产队或生产作业区，大型畜牧场可以由若干畜牧生产队组成。生产作业区联合数个生产队、畜牧场和附属企业，在生产分支比较多的大型农庄中，可以建立生产作业区。[①] 从 1939 年开始，

---

① 科兹里、杨楚克编，中国人民大学苏联东欧研究所编译室译：《苏维埃集体农庄法》，农业出版社 1982
　　年版，第 221 页。

苏联的一些集体农庄实行集体承包制尝试，即把集体农庄田间作业队划成若干个作业小组，集体农庄对每个作业小组包工包产，超产的作业小组，加算劳动日，标准是每超产一公担加算 2 至 3 个劳动日。这种集体承包制在一定程度上克服了大平均主义，有利于生产效率的提高，至 1940 年，全苏约有 18% 的农庄实行这种办法。[1] 1940 年代，苏联集体农庄不断地进行生产管理探索，1947 年 2 月，苏共决定实行生产队独立核算，要求集体农庄在收入分配时，应当把各个生产队的收成情况纳入集体农庄分配之中，收成高的生产队应得到更多的收入，相应地，收入高的生产队的庄员也应获得较高的报酬。1948 年 4 月，苏联部长会议决定，集体农庄可以实行计件包工制。这些有利于提高集体农庄生产效率的探索在 1950 年初受到斯大林的严厉指责，他认为这样做，"等于把一个统一的巨大的集体经济分散为小生产单位""等于动摇大规模集体的社会主义农业的基础"。[2] 集体承包制尝试因斯大林的反对而终止。赫鲁晓夫上台以后，集体承包制再度施行。勃列日涅夫执政时期，集体承包制在苏联得到大力推广。集体承包制的优点在于能消除土地无人负责的现象，提高庄员的生产责任心，从而提高生产效率。科斯特罗马区推行集体承包制之后，1972 年的劳动生产率比 1968 年提高 65%，每公担谷物的劳动日消耗量降低了 58%。到 1982 年，全苏约 3.2 万个作业队实行集体承包制，人数占全国农业劳动人数的 9%。1983 年 3 月召开的苏联农业会议决定在全国普遍推行集体承包制，在 1985 年之前把这一先进制度在所有农村牢固地建立起来。[3] 1986 年，苏共 27 大充分肯定了集体承包制，还提出，在坚持集体所有制不变的前提下，鼓励家庭承包和个人承包。至苏联解体前夕，1100 多万农民参加了集体承包，占全苏农业劳动者的一半，承包的耕地占全部耕地的 3/4，牲畜占全国牲畜的 60%。[4]

### 二、中国农业合作社的生产管理

中国农业生产合作进入高级社阶段之后，积极创新生产管理方式，这种创新突出表现在两个方面。一是探索实施"工包到组"和"田间管理包到户"。"工包到组"就是生产队把一定地块的主要农活向生产组实行常年包工或季节包工，

---

① 苏联社会科学院经济研究所：《苏联社会主义经济史》第 5 卷，三联书店 1984 年版，第 141 页。
② 《斯大林选集》下卷，人民出版社 1979 年版，第 590 页。
③ 谢建明：《试论苏联农村合作经济组织形式的历史演变》，载于《湘潭大学学报》1985 年校庆特刊。
④ 杨坚白主编：《合作经济概论》，中国社会科学出版社 1990 年版，第 172 页。

"田间管理包到户"就是把零星的田间管理杂活责任到户。"工包到组"和"田间管理包到户"相结合是集体劳动和个体劳动相结合的一种有益探索。有些地方在"包工到组"的基础上实行"包工包产到组",个别地方在"包工包产到组"的基础上再进一步,实行"包产到户"。如江津区江津县龙门区刁家乡的六村二社和十村一社、二社,把合作社的土地,按照各户的劳力、人口情况分到户,肥料、种子也分到户,耕牛由各户按人口多少轮流喂养,轮流使用,生产和收获都由各户负责,各家收各家得,只根据生产计划所规定的产量,按比例缴纳公粮、统购粮食和一部分公积金。① 据 1956 年对红星集体农庄的调查,该社在棉花、小米、玉米种植过程中实行包工包产,"规定劳动定额,三等九级计算工分。包产超额奖励 50%,减产惩罚 20%—30%"。该社"专设畜牧主任,牲口编号,伤了负责医治,死了赔偿。牲口有账,每月检查评膘。积肥也有定额,工作好的受奖,差的受罚"。该社实行出勤奖罚,"出勤多的奖励,月出 30 日者奖 1 日,不及 27 日者扣 1 日(男),妇女满 27 日奖 1 日,不及 22 日扣 1 日"。② 二是推行"以产定工",即根据每个生产队所创造的净价值来确定其应得之工分,以避免增产亏本现象的出现。其具体做法是:合作社根据每种作物的计划指标的纯收入和用工数量,分别规定每个生产劳动日应该达到的产量,以此确定每个劳动日的计酬标准;分配时,生产队在每种作物上实际完成了多少工作日的产量,就给生产队记上几个劳动日。③ 在生产队层次上,也进一步明确了生产责任制,如河北省保定专区 70% 以上的生产队实行小组固定地块常年包工或季节性包工,有的甚至包产,有的生产队把部分农活包到了户。④ 这样一来,每一块地、每一桩活都有专人负责。这些探索在 1958 年"大跃进"运动中曾一度被废止,但 1959 年又迅速恢复并向前发展。1959 年 2 月第二次郑州会议之后,各地按照会议精神建立"三定一奖""四定一奖"的生产责任制,即公社对生产大队实行"四定一奖"(定生产指标、定投资、定上交任务、定增产措施,实行超产奖励),生产大队对生产队实行"三定一奖"(定生产指标、定投资、定增产措施,实行超产奖励)。

---

① 高化民:《农业合作化运动始末》,中国青年出版社 1999 年版,第 354 页。

② 徐建青等:《薛暮桥笔记选编(1945—1983)》第 2 册,社会科学文献出版社 2017 年版,第 470 页。

③ 例如,如果生产队规定没生产 20 公斤稻谷算一个劳动日,年终分配时,某生产队 2 万公斤稻谷则给该生产队记 100 个劳动日,这种方法把产量与保持直接结合起来,有利于调动生产队的生产责任心。山西省史志研究院编:《山西农业合作化》,山西人民出版社 2001 年版,第 343 页。

④ 保定地委农村工作部:《关于 1957 年整顿农业合作社的总结报告》,1958 年 2 月 6 日,河北省档案馆馆藏档案 879 – 1 – 275。

《农村人民公社工作条例修正草案》明确规定："生产队是人民公社中的基本核算单位。它实行自主核算，自负盈亏，直接组织生产，组织收益的分配。这种制度定下来以后，至少三十年不变"。① 这一条表明，包工、包产到队的生产责任在全国农村最终得以确立。

　　由于苏联集体农庄在所有制上长期追求高的公有化程度，作为经营制度的集体承包制实际上与所有制是相矛盾的，这就导致，直至苏联解体的前几年，集体承包制尚未在全苏集体农庄确立。中国农业生产合作社和人民公社在所有制上也曾一度追求更高层次的公有制，但中共迅速意识到高公有化不能带来高生产效率，果断地放弃了高公有化的追求并退却到"三级所有，队为基础"层次，这种退却为集体承包制的确立扫清了制度障碍，更重要的是，为后来家庭承包制奠定了制度基础。

　　三个方面的比较再次印证，中国农业生产合作社以苏联集体农庄为师，不是照搬，而且有诸多创造。这种创造不仅是对原制度的创新，还为后来新制度的创立准备了前提，家庭承包经营制度在一定程度上就是农业生产合作制度的一种创新，这种创新，就是有别于苏联的中国特色社会主义农业合作经济。

---

① 黄道霞等：《建国以来农业合作化史料汇编》，中共党史出版社1992年版，第735页。

# 第九章

## 集体农庄式农业合作模式的成就、弊端、出路

新中国成立以后所确立的集体农庄式农业合作模式，既取得了辉煌的成就，也存在明显的弊端。客观评价集体农庄式农业合作模式，既要看到它的成就也要看到它的弊端。正因为有辉煌的成就，我们不能全盘否定集体农庄式农业合作模式；正因为有弊端，我们不能不顾事实地夸大集体农庄式农业合作模式。

### 第一节　集体农庄式农业合作模式的成就

集体农庄式农业合作模式有三个优点：一是通过低成本的群众动员，集中人力和物力开展以农田水利建设为中心的农业生产基本建设；二是集中高级社和人民公社内部的经济资源，兴办农村教育、开展合作医疗、为农民提供最基本的社会保障；三是集中农业剩余，为工业化提供原始资本积累。在农业集体化时期，中国利用集体农庄式农业合作模式的优势，一方面，在农村构筑了比较完整的农田水利体系，提高农业的机械化水平和科技水平，为农业生产的发展提供了坚实的保障；另一方面，农村合作医疗普及到每个家庭，五保户、四属户的基本生活得到保障；第三方面，通过农业税、工农业产品价格的"剪刀差"、农民的自愿储蓄等三种方式，为国家工业化提供了巨额的资金支持。

#### 一、开展卓有成效的农业生产基本建设

新中国成立初年，农业基础非常薄弱，"农具还是古老的，耕耘靠人力和畜力，无力采用农业机械和新的耕作制度，收获量低，不能很快扩大耕地面积和提高产量"。[①] 发展农业生产，必先改善落后的农业生产条件。1958 年，毛泽东在深入总结农业生产经验的基础上，提出了著名的"农业八字宪法"，即水（水

---

① 　中共中央文献研究室：《三中全会以来重要文献选编》第 4 册，人民出版社 1982 年版，第 713 页。

利）、肥（肥料）、土（深耕、改良土壤）、种（改良种子）、密（密植）、保（植物保护、防治病虫害）、工（改良工具）、管（田间管理）。在"农业八字宪法"的指引下，中国农村开展了卓有成效的农业生产基本建设，内容包括：农田水利建设、治理水土流失、推行农业机械化、推广农业科学技术。[①]

第一，农田水利建设成就。早在1934年，毛泽东就提出了"水利是农业的命脉"的著名论断。新中国成立后，毛泽东把水利置于"农业八字宪法"之首，农民的水利建设热忱也很高，他们把水利建设当作一项伟大的社会主义事业来完成，每年冬春，全国有上亿劳力投入到农田水利建设事业之中。新中国成立后出现了两次水利建设高潮。第一次高潮是大跃进时期。1958年这一年，全国农田水利建设总共完成580亿公方土石方，初步治理了2.1亿亩涝渍地，32万平方公里水土流失面积得到有效控制，全国灌溉面积扩大了4.8亿亩。时任水利部部长傅作义说："我国水利建设事业这样的发展速度、建设规模，都创造了世界水利建设史上的奇迹"。1959年，完成130亿立方米土石方的农田水利建设，灌溉面积扩大7000万亩，8万平方公里土地初步实施了水土保持措施，初步治理了6300万亩涝渍地，发展机械排灌140万马力。当年全国新建成大型水库31座，中型水库1000多座，万亩以上的灌区1200多座。[②] 到1965年，全国有效灌溉面积达到48054万亩，比1957年增加了10577万亩，年均增长1322万亩。[③] 第二次水利建设高潮出现在1973～1976年。1972年全国出现大面积旱灾，全国成灾面积1718万公顷。为增强抗旱能力，从1973年起，水利电力部专门拨款用于农田水利建设，这一轮水利建设的重点是机电排灌动力建设，机电排灌泵站因之快速增长。1976年，全国拥有的机电排灌动力达5400多万千瓦，比1965年增加了5倍，机电泵抽水在农村基本得到普及。到1976年，全国机井数量达到240万眼，比1965年增加了10倍。[④] "文革"结束以后，全国农田水利建设又有一个新发展，1977～1979年，完成510亿立方米土石方的农田水利建设，平整土地2.5亿亩，灌溉面积增加3000万亩。[⑤]

新中国成立后35年的水利建设成就如表9-1所示。

① 易新涛：《人民公社时期农村基本公共服务研究》，武汉大学博士学位论文，2009年，第121～122页。
② 傅作义：《再进一步征服山河》，载于《人民日报》1960年4月10日。
③ 丁泽民：《新中国农田水利史略（1949－1998）》，中国水利水电出版社1999年版，第27页。
④ 丁泽民：《新中国农田水利史略（1949－1998）》，中国水利水电出版社1999年版，第16页。
⑤ 丁泽民：《新中国农田水利史略（1949－1998）》，中国水利水电出版社1999年版，第16～17页。

表9-1 1949~1983 年中国的水利建设成就

| 项目 | | 单位 | 1983 年数据 | 说明 |
|---|---|---|---|---|
| 农田水利及水土保持 | 灌溉面积 | 亿亩 | 7.2 | 1949 年为 2.4 亿亩 |
| | 机电排灌工程 | 万马力 | 7876 | 1949 年 9.7 万马力 |
| | 配套的机电井 | 万眼 | 241 | |
| | 除涝面积 | 亿亩 | 2.83 | 原有易涝地 3.6 亿亩 |
| | 改良盐碱耕地面积 | 亿亩 | 6587 | 原有盐碱耕地 11036 万亩 |
| | 治理水土流失面积 | 万公里$^2$ | 42.4 | 原有水土流失面积 120 万公里$^2$ |
| 水库工程 | 大型水库（库容 1 亿米$^2$ 以上） | 座 | 335 | 总库容 3006.5 亿米$^2$ |
| | 中型水库（库容 0.1~1 亿米$^2$） | 座 | 2367 | 总库容 640.4 亿米$^2$ |
| | 小（1）型水库（库容 0.01~0.1 亿米$^2$） | 万座 | 1.4 | 376.8 亿米$^2$ |
| | 小（2）型水库（库容 0.001~0.01 亿米$^2$） | 万座 | 7.0 | 184.5 亿米$^2$ |
| | 总计 | 万座 | 8.6 | 4208.2 亿米$^2$ |
| 水闸工程 | 大型水闸（泄量 1000 米$^2$/秒以上） | 座 | 263 | |
| | 中型水闸（泄量 100~1000 米$^2$/秒以上） | 座 | 1912 | |
| | 小型水闸（泄量 10~100 米$^2$/秒以上） | 座 | 22805 | |
| | 总计 | 座 | 24980 | |
| 江河堤防 | 主要堤防 | 万公里 | 4.6 | 保护农田 3.35 亿亩 |
| | 一级堤防 | 万公里 | 12.9 | 保护农田 1.73 亿亩 |
| | 总计 | 万公里 | 17.5 | 保护农田 5.08 亿亩 |
| 人畜饮水 | 解决饮水人数 | 万人 | 6660 | |
| | 解决饮水牲畜头数 | 万头 | 3991 | |

资料来源：水利电力部计划司：《建国三十五年来我国水利建设的主要成就》，载于《水利水电技术》1984 年第 9 期。

农田水利建设成效的直接体现就是有效灌溉面积的增加，如表9-2 所示。

表9-2　　　　　　　　1950～1983年有效灌溉面积的变化　　　　　单位：千公顷

| | 1950 年 | 1957 年 | 1962 年 | 1978 年 | 1979 年 | 1980 年 | 1981 年 | 1982 年 | 1983 年 |
|---|---|---|---|---|---|---|---|---|---|
| 面积 | 19959.0 | 27339.0 | 30545.0 | 44965.0 | 45003.1 | 44888.1 | 44573.8 | 44176.9 | 44644.1 |

资料来源：中华人民共和国农业部：《新中国农业 60 年统计资料》，中国农业出版社 2009 年版，第 7 页。

第二，治理水土流失的成就。近代时期，战争、灾害对生态环境的破坏很大，黄河、长江、淮河、松花江流域的水土流失异常严重。据 1955 年的调查数据，当年全国水土流失面积为 153 万平方公里（尚未包括新疆、西藏、上海、天津、台湾），黄河中游水土流失最为严重，每平方公里每年损失土壤约 1 万吨，地面每年平均降低 1 厘米。[①] 长江流域每年流失的土壤达 24 亿吨。[②] 针对日益严重的水土流失现象，1950 年代，中共中央召开了三次水土保持会议，号召亿万农民投入到治理水土流失的运动中。1965 年，毛泽东向全国人民发出"愚公移山，改造中国"的号召，治理水土流失运动进入高潮。光是 1959 年下半年，黄河流域就动员了 800 万群众参加水土保持运动。陕西省志丹县 65% 的劳动力参加水土保持；山西省 11 月 4 日召开了动员会议，三天内参加水土保持运动的人数由 160 万增加到 370 万；甘肃省发动 250 万人开展水土保持，完成 10000 平方公里的治理任务。[③]

植树造林是保持水土的主要方法。毛泽东很重视植树造林，他曾说："南北各地在多少年以内，我们能够看到绿化就好。这件事情对农业，对工业，对各方面都有利"。[④] 在党和政府的号召下，人民群众积极开展植树造林，成绩斐然，如表 9-3 所示。

表9-3　　　　　　　　　　　全国植树造林面积　　　　　　　　　单位：万公顷

| 年份 | 造林面积 | | 迹地更新面积 |
|---|---|---|---|
| | 合计 | 其中：用材林 | |
| 1957 | 435.5 | 173.5 | 5.6 |
| 1962 | 119.9 | 60.6 | 10.6 |

①　《邓子恢文集》，人民出版社 1996 年版，第 418～419 页。
②　李世菊：《整治国土造福于民：论长江流域水土流失的严重性》，载于《生态学杂志》1983 年第 2 期。
③　陈正人：《迅速掀起一个更大规模的水土保持运动的新高潮》，载于《中国农村水利水电》1959 年第 17 期。
④　《毛泽东文集》第 6 卷，人民出版社 1999 年版，第 4 页。

续表

| 年份 | 造林面积 | | 迹地更新面积 |
|---|---|---|---|
| | 合计 | 其中：用材林 | |
| 1965 | 342.6 | 172.7 | 23.9 |
| 1970 | 388.4 | 246.1 | 32.5 |
| 1975 | 497.4 | 365.1 | 42.2 |
| 1976 | 492.6 | 354.5 | 42.1 |
| 1977 | 479.3 | 330.9 | 41.6 |
| 1978 | 449.6 | 313.0 | 45.8 |
| 1979 | 448.9 | 293.1 | 40.9 |
| 1980 | 455.2 | 292.7 | 42.2 |
| 1981 | 411.0 | 253.1 | 44.3 |
| 1982 | 449.6 | 263.1 | 44.0 |
| 1983 | 632.4 | 380.5 | 50.9 |

资料来源：国家统计局：《中国统计年鉴：1984》，中国统计出版社 1984 年版，第 156 页。

植树造林对防止水土流失起了重要的作用。如山西省，在新中国成立以后的 35 年间，共营造水土保持林 2006.85 万亩，封山育林 753.7 万亩，种植果树和经济林木 8247 万株，种植牧草 252.7 万亩，有效地治理水土流失面积 4695.63 万亩，占所需治理面积的 33% 强。[1]

第三，推行农业机械化的成就。农业机械化是农业现代化的基础。毛泽东和党中央非常重视农业机械化，1959 年 4 月，毛泽东指出："农业的根本出路在于机械化，要有十年时间……今年、明年、后年、大后年这四年内，主要依靠改良农具、半机械化农具。"[2] 1962 年中共八届十中全会通过了《关于进一步巩固人民公社集体经济、发展农业生产的决定》，提出"党在农业问题的根本路线是，第一步实现农业集体化，第二步是在农业集体化基础上实现农业机械化和电气化"。[3] 按照中央的要求，各地从三个方面推进农业机械化：一是兴办农具制造厂和修理厂，制造改良农具和半机械化农具。1958 年，全国社办农具制造厂和

---

[1] 山西省水利厅水保局：《三晋河山换新颜：建国以来我省水土保持工作取得显著成绩》，载于《山西水土保持科技》1984 年第 4 期。

[2] 《毛泽东文集》第 8 卷，人民出版社 1999 年版，第 49 页。

[3] 中共中央文献研究室：《建国以来重要文献选编》第 15 册，中央文献出版社 1997 年版，第 602~603 页。

修理厂达 8 万多个，此后，各地的农机厂不断增加。农机厂对农田耕作中的犁、耙、播、收、脱进行了动力改良，对水利建设中的排、灌、运土工具进行机械化改造，还发明了用于造林、种草、捕捞、养殖的半机械化工具。二是用机械制造化肥农药并用于农业生产实践之中。1949 年到 1974 年，总共投资 90 亿元发展化肥工业，氮肥技术由于容易掌握、投资又比较少，各地大办小氮肥厂。1966 年至 1976 年的十年间，全国新建小氮肥厂 1232 个，到 1976 年，全国小氮肥厂生产的合成氨达到 368.1 万吨，比 1965 年增长了 19 倍。[1] 各地还组织农民"大搞土化肥运动"，如在浙江省余杭县，6 名农妇组成一个"三八土化肥厂"，该土化肥厂昼夜生产，一天可产五种化肥，产量达五千多斤；还有一个小学，6 名少先队员在一间小屋里生产土化肥，每天能产土化肥一百多斤，6 名少先队员中，最大的 16 岁，最小的才 10 岁。[2] 三是国家投资兴办拖拉机厂等大型农业机械工具企业，生产拖拉机、脱粒机、收割机等机械农具并应用于农业生产之中。表 9 - 4 显示了农业机械工具的发展情况。

表 9 - 4　　　　　　　全国农业机械拥有量变化

| 项目 | 1952 年 | 1957 年 | 1962 年 | 1965 年 | 1970 年 | 1975 年 | 1978 年 | 1983 年 |
|---|---|---|---|---|---|---|---|---|
| 农业机械总动力（万千万） | 18.4 | 121.4 | 757.0 | 1098.8 | 2165.3 | 7478.6 | 11749.6 | 18021.9 |
| 大中型拖拉机（万台） | 0.1 | 1.5 | 5.5 | 7.3 | 12.5 | 34.5 | 55.7 | 84.1 |
| 小型拖拉机（万台） | — | — | 0.1 | 0.4 | 7.8 | 59.9 | 173.7 | 275.0 |
| 大中型拖拉机配套农具（万部） | | | 19.2 | 25.8 | 34.6 | 90.8 | 119.2 | 130.8 |
| 小型拖拉机配套农具（万部） | | | | | | | 145.4 | 262.3 |
| 联合收割机（万台） | | 0.2 | 0.6 | 0.7 | 0.8 | 1.3 | 1.9 | 3.6 |
| 机动收割机（万台） | | | | | | 1.7 | 6.3 | 6.6 |
| 机动脱粒机（万台） | | | 1.5 | 11.4 | 45.5 | 155.3 | 210.6 | 299.9 |
| 播种机（万台） | | | | | | | 1.6 | 17.6 |
| 农用排灌柴油机（万千瓦） | | 46.6 | 390.8 | | — | 2506.0 | 2521.6 | 2701.3 |
| 农副产品加工机械（万台） | | | 14.9 | | 131.6 | 265.3 | 323.4 | 366.3 |
| 农用载重汽车（万台） | | 0.4 | 0.8 | 1.1 | 1.6 | 4.0 | 7.4 | 27.5 |

　　资料来源：中华人民共和国农业部：《新中国农业 60 年统计资料》，中国农业出版社 2009 年版，第 44 ~ 46 页。

---

[1]　马泉山：《新中国工业经济史（1966 - 1978）》，经济管理出版社 1998 年版，第 329 ~ 330、第 471 页。
[2]　转引自郭圣福：《农业"八字宪法"评析》，载于《党史研究与教学》2008 年第 6 期。

　　第四，推广农业科技的成就。"不搞科学技术，生产力无法提高"。① 没有科技进步，农业无法获得快速发展。农业科技的进步首先体现在优良品种的培育上，集体化时期，根据"大搞种子革命"的要求，科研部门、人民公社、生产队和农民倾注了极大的热忱培育优良小麦、水稻、玉米等新品种。广东省23个县建立了7349个青年种子队，参加者达68450人，74%的青年农民参加了水稻的选种工作，青年农民杨明汉成功培育的"千粒穗"，大大提高了华南地区水稻亩产。河南新乡七里营人民公社的农业科技研发成效显著，刘庄大队党支部书记史来贺，是全国劳模，带头搞农业科技试验，成功培育出抗病高产的"刘庄1号"和"刘庄2号"优质棉花品种，后来又对"刘庄1号"和"陕416"进行杂交，培育出抗病、优质、高产的"刘庄3号"优良棉种；宋庄大队党支部书记戚久旺，是河南省劳模，带领群众培育了"宋选1号"优良小麦品种；李台原种场场长阎鸿恩培育出的棉花新品种"李台2号"和"李台8号"，具有抗病、优质、高产的特点，而且很适合本地种植，阎鸿恩还培育出了适合麦棉套种的小麦新品种"豫原1号"。② 其次，建立了较为完整的农业科技服务体系。农业合作化时期，农业科技服务初成体系，到1957年，全国建立了13669个农业技术推广站，配备了农技推广人员9.3万人，初步形成了以农技推广站为主体的农技推广服务体系。农业集体化时期，农技推广服务体系得到完善，到1975年，全国形成了"县办农科所、公社办农科站、生产大队办农科队、生产队办农科小组"的"四级农科网"农技推广服务体系。全国1140个县设立了农科所，26872个公社设立了农科站，332233个大队成立了农科队，224万个生产队建立了农科组。农业技术人员在农闲季节举办各种培训班，向农民传授农作物育种、栽培等农业生产知识，以及农机保养与修理、农村电网管理与维护等技能；在农忙季节，农业技术人员深入田间地头，开展现场教学，指导农民解决生产技术问题；农业技术人员还定期举办广播讲座，向农民发布虫情预报，指导病虫害防治。③ 此外，人民公社还动员群众开展消灭害虫运动，收效也颇为显著。在农民群众的不懈努力下，彻底消灭了数千年来危害中国农业安全的蝗灾。经过大跃进时期大规模的灭害运动之后，到1960年，11种植物病害和虫害基本被消灭，过去危害甚大又无可奈何的棉花蚜虫和红蜘蛛，在产棉区得到有效控制，基本上做到了不卷叶、不

① 《毛泽东文集》第8卷，人民出版社1999年版，第351页。
② 中共新乡市委党史研究室：《七里营人民公社简史》，内部资料，2000年，第129～131页。
③ 易新涛：《人民公社时期农村基本公共服务研究》，武汉大学博士学位论文，2009年，第152页。

红叶；麦类黑穗病、水稻螟虫等的危害损失率降低到 2% 以下。一些地方还创造了几万亩、几十万亩耕地连片的无病虫害区。①

卓有成效的农业生产基本建设，改善了农业生产条件，推动了农业生产力的发展。农业生产力发展情况如表 9 - 5 所示。

表 9 - 5　　　全国农林牧渔业总产值与增长指数（按当年价格计算）

| 年份 | 农林牧渔业总产值（亿元） | 增长指数 | 农业 | 增长指数 | 林业 | 增长指数 | 牧业 | 增长指数 | 渔业 | 增长指数 |
|---|---|---|---|---|---|---|---|---|---|---|
| 1952 | 461 | 100 | 396 | 100 | 7 | 100 | 52 | 100 | 6 | 100 |
| 1957 | 537 | 128 | 444 | 124 | 18 | 320 | 65 | 144 | 10 | 223 |
| 1962 | 584 | 103 | 495 | 101 | 13 | 252 | 64 | 93 | 13 | 592 |
| 1965 | 833 | 141 | 684 | 133 | 22 | 413 | 112 | 173 | 15 | 777 |
| 1970 | 1021 | 171 | 838 | 163 | 29 | 552 | 137 | 193 | 17 | 839 |
| 1975 | 1260 | 192 | 1020 | 179 | 39 | 746 | 178 | 232 | 22 | 1150 |
| 1978 | 1397 | 206 | 1118 | 191 | 48 | 892 | 209 | 250 | 22 | 1223 |
| 1979 | 1698 | 221 | 1325 | 204 | 61 | 904 | 286 | 286 | 26 | 1180 |
| 1980 | 1923 | 224 | 1454 | 203 | 81 | 1015 | 354 | 306 | 33 | 1271 |
| 1981 | 2181 | 239 | 1636 | 217 | 99 | 1057 | 402 | 324 | 44 | 1326 |
| 1982 | 2483 | 266 | 1865 | 241 | 110 | 1147 | 457 | 368 | 51 | 1490 |
| 1983 | 2750 | 287 | 2074 | 261 | 127 | 1264 | 485 | 383 | 63 | 1618 |

注：增长指数根据四舍五入原则舍弃了原表中的小数点。
资料来源：中华人民共和国农业部：《新中国农业 60 年统计资料》，中国农业出版社 2009 年版，第 11 ~ 12 页。

从表 9 - 5 看出，1952 年到 1983 年，农林牧渔业总产值增长了 2.87 倍，林业、渔业的基数较小，增长幅度分别达 12 倍和 16 倍，农业、牧业产值增长幅度相对较小。

表 9 - 6 清楚地反映了 1949 ~ 1983 年谷物、小麦、玉米、大豆、油料、花生、油菜籽、棉花、糖料、茶叶等主要农产品产量的变化情况。

① 谭震林：《为提前实现全国农业发展纲要而奋斗》，载于《人民日报》1960 年 4 月 7 日第 2 版。

表9-6                          全国主要农产品产量变化情况

| 年份 | 谷物（万吨） | 小麦（万吨） | 玉米（万吨） | 大豆（万吨） | 油料（万吨） | 花生（万吨） | 油菜籽（万吨） | 棉花（万吨） | 糖料（万吨） | 茶叶（吨） |
|---|---|---|---|---|---|---|---|---|---|---|
| 1949 | 779.7 | 1380.9 | 1241.8 | 508.6 | 256.4 | 126.8 | 73.4 | 44.4 | 283.8 | 41050 |
| 1952 | 1153.0 | 1812.4 | 1685.0 | 951.9 | 419.3 | 231.6 | 93.2 | 130.4 | 759.5 | 82400 |
| 1957 | 856.0 | 2364.0 | 2144.0 | 1004.5 | 419.6 | 257.1 | 88.8 | 164.0 | 1189.3 | 111600 |
| 1962 | 530.6 | 1666.4 | 1626.1 | 650.5 | 200.3 | 110.0 | 48.8 | 75.0 | 378.2 | 73850 |
| 1965 | 620.5 | 2522.0 | 2365.5 | 613.5 | 362.5 | 192.8 | 108.9 | 209.8 | 1537.5 | 100550 |
| 1970 | 973.5 | 2918.5 | 3303.0 | 870.5 | 377.2 | 214.8 | 96.5 | 227.7 | 1556.0 | 136000 |
| 1975 | 715.5 | 4531.0 | 4721.5 | 724.0 | 452.1 | 227.0 | 153.5 | 238.1 | 1914.3 | 210500 |
| 1978 | 656.0 | 5384.0 | 5594.5 | 756.0 | 521.8 | 237.7 | 186.8 | 216.7 | 2381.9 | 268000 |
| 1979 | 612.5 | 6273.0 | 6003.5 | 746.0 | 643.5 | 282.2 | 240.7 | 220.7 | 2461.3 | 277150 |
| 1980 | 544.5 | 5520.5 | 6260.0 | 794.0 | 769.1 | 360.0 | 238.4 | 270.7 | 2911.3 | 303700 |
| 1981 | 576.5 | 5964.0 | 5920.5 | 932.5 | 1020.5 | 382.6 | 406.5 | 296.8 | 3602.8 | 342600 |
| 1982 | 658.0 | 6874.0 | 6056.0 | 903.0 | 1181.7 | 391.6 | 565.6 | 359.8 | 4359.4 | 397300 |
| 1983 | 754.0 | 8139.0 | 6820.5 | 976.0 | 1055.0 | 395.1 | 428.7 | 463.7 | 4032.3 | 400550 |

　　资料来源：中华人民共和国农业部：《新中国农业60年统计资料》，中国农业出版社2009年版，第17～31页。

　　与同时期的发展中国家和发达国家相比，集体农庄式农业合作模式的成绩也是相当突出的。从农业总产值年均增长速度看，1951～1980年，中国为3.2%，苏联为3.1%，印度为2.6%，法国为2.5%，英国为2.3%，联邦德国为1.9%，日本为1.7%，美国为1.6%。[①] 从主要农产品数量看，1983年，中国的主要农产品产量也具有优势，如表9-7所示。

表9-7                    1983年主要农产品的国际比较                    单位：万吨

| 国别 | 谷物 | 大豆 | 棉花 | 花生 | 油菜籽 | 茶叶 | 糖料 | 猪牛羊肉 |
|---|---|---|---|---|---|---|---|---|
| 中国 | 43827 | 976 | 463.7 | 395 | 429 | 40.1 | 4032 | 1402 |
| 美国 | 20660 | 4342 | 165.9 | 149 | | 60.5 | 4697 | 1771 |

①  易新涛：《人民公社时期农村基本公共服务研究》，武汉大学博士学位论文，2009年，第160页。

续表

| 国别 | 谷物 | 大豆 | 棉花 | 花生 | 油菜籽 | 茶叶 | 糖料 | 猪牛羊肉 |
|------|------|------|------|------|--------|------|------|----------|
| 苏联 | 19199 | 55 | 306.7 | | | 15.0 | 8200 | 1341 |
| 巴西 | 2931 | 1459 | 55.2 | 29 | | | 20921 | 352 |
| 印度 | 15887 | 73 | 141.0 | 730 | 247 | 60.5 | 18913 | |

资料来源：国家统计局：《中国统计年鉴：1984》，中国统计出版社 1984 年版，第 549～550 页。

根据表 9－7 数据，除糖料外，中国的谷物、大豆、棉花、茶叶、猪牛羊肉的产量都超过苏联的产量。苏联的国土面积远大于中国，农业现代化水平也远高于中国，中国主要农产品产量能超过苏联，一方面说明中国的农业合作效率比苏联高，另一方面也说明中国农业合作模式绝非苏联的翻版，否则，中国农业不可能取得这样的成就。中美国土面积相当，经济发展水平差距大，但农业产量的差距却很小，中国的谷物、花生、棉花、油菜籽产量超过美国，除大豆产量远低于美国外，茶叶、糖料、猪牛羊肉产量略低于美国。

### 二、提供基本社会保障、举办义务教育和开展合作医疗

人民公社具有一定的公共积累能力，人民公社的公共积累被称之为集体提留。集体提留又被分解为两部分：一部分是用于扩大再生产的公积金，一般占可分配收入的 3%～5%；另一部分是用于兴办公共事业和福利事业的公益金，一般不超过可分配收入的 2%～3%，此外，还有少量的储备金、分配基金、折旧基金。人民公社所积累的集体提留如表 9－8 所示。

表 9－8　　　　　　　　　　1958～1981 年的全国集体提留　　　　　　单位：亿元

| 年份 | 集体提留 | 其中 | | 年份 | 集体提留 | 其中 | |
|------|----------|------|------|------|----------|------|------|
| | | 公积金 | 公益金 | | | 公积金 | 公益金 |
| 1958 | 47.4 | 40.6 | 6.2 | 1965 | 47.4 | 34.92 | 7.58 |
| 1959 | 48.1 | 39.6 | 6.9 | 1970 | 71.16 | 47.57 | 12.28 |
| 1960 | 16.2 | 11 | 3.7 | 1971 | 73.92 | 45.54 | 13.21 |
| 1961 | 28 | 17.3 | 8.2 | 1972 | 68.21 | 46.1 | 12.62 |
| 1962 | 27.6 | 18.7 | 6.1 | 1973 | 83.19 | 56.42 | 14.23 |
| 1963 | 30.9 | 22.7 | 6.7 | 1974 | 91.83 | 64.21 | 15.31 |
| 1964 | 45.7 | 35 | 8.3 | 1975 | 101.08 | 69.18 | 16.3 |

续表

| 年份 | 集体提留 | 其中 | | 年份 | 集体提留 | 其中 | |
|------|----------|------|------|------|----------|------|------|
| | | 公积金 | 公益金 | | | 公积金 | 公益金 |
| 1976 | 95.1 | 64.44 | 15.87 | 1979 | 118.41 | 87.11 | 21.66 |
| 1977 | 90.86 | 63.24 | 15.81 | 1980 | 105.15 | 55.75 | 19.51 |
| 1978 | 103 | 74.84 | 18.12 | 1981 | 89.12 | 48.4 | 18.55 |

资料来源：国家统计局：《中国统计年鉴：1982》，中国统计出版社1982年版，第195页。

人民公社公益金的主要用途是什么呢？

按照《农村人民公社工作条例（修正草案）》的规定，"生产队可以从可分配的总收入中，扣留一定数量的公益金，作为社会保险和集体福利事业的费用"。公益金的主要用途是：其一，给"生活没有依靠的老、弱、孤、寡、残疾的社员，遭到不幸事故，生活发生困难的社员"提供补助；其二，给"生活有困难的烈士家属、军人家属和残废军人"提供补助；其三，给"家庭人口多、劳动力少的社员"提供补助；其四，给"因工负伤的社员"提供补助，给"因工死亡的社员的家庭"提供抚恤。[①] 由此可见，人民公社公益金的一个重要用途就是为需要帮助的社员提供基本保障。

生产队给烈属、军属和退伍残废军人提供了诸多优待。优待的基本方式是：每年春季，社员评定烈属、军属和退伍残废军人本年度应做的劳动日总数；如果烈属、军属和退伍残废军人的劳动收入和其他收入加起来仍达不到全社平均收入，就由大队优待一定数量的劳动日；优待劳动日同自作劳动日一样，参与社队的实物和现金的分配。1978～1983年，人民公社对烈属、军属和退伍残废军人的优待支出总计达22.7亿元。[②]

生产队对符合条件的困难户给予补助，补助办法，各地不一。比较普遍的做法是：生产队首先计算出困难户当年应做的工分数；其次算出每个社员实做工分的平均数，如果困难户的工分数低于生产队平均工分的80%则补助到80%。生产队对困难户提供的补助成为困难户的主要收入来源，如山东省在1978年以前，约有60%的困难户通过集体补助解决生活困难，40%的困难户通过领取国家救济解决生活困难。[③]

---

① 中共中央文献研究室：《建国以来重要文献选编》第15册，中央文献出版社1997年版，第634页。
② 民政部财务和机关事务司：《中国民政统计年鉴：2003年》，中国统计出版社2003年版，第126页。
③ 山东省地方志编纂委员会：《山东省志：民政志》，山东人民出版社1992年版，第210页。

供养"五保户"是人民公社给农村中特殊群体提供的一项基本生活保障，是人民公社时期农村社会保障的一个重要组成部分，也是人民公社的闪亮点之一。所谓"五保户"供养，就是对农村中无劳动能力、无生活来源的老、弱、孤、寡、残疾社员，由生产队给予吃（吃饭）、穿（衣服）、烧（柴火）、教（年幼的教育）、葬（年老者死后的安葬）等五个方面的保障。"五保户"供养制度始于农业合作化时期，集体化时期得到巩固。对"五保户"供养方式主要有两种：分散供养和集中供养。对具备一定生产能力、有亲属照顾的五保对象一般采取分散供养的办法，对于孤苦无依、年老体弱病残、缺乏生活自理能力的五保对象，则送进农村敬老院集中供养，安排专人照顾他们的日常生活。"五保户"所需的现款和实物，生产队从公益金中直接提取分配给"五保户"，供给标准是保证"五保户"的生活不低于社员的最低生活水平。1978～1983年，集体经济给居家供养的"五保户"的补助金额达11.5亿元。集中供养的主要载体是敬老院，到1978年底，全国有敬老院7175所，在院五保对象10余万人，1978～1983年，集体经济补助集体供养"五保户"约10.3亿元。[①] 集体经济提供给"五保户"的社会保障水平尽管很低，但至少保证了他们的基本生存，不至于无依无靠、流离失所。

生产队公益金的另一个用途是用于教育支出。旧中国的教育主要是私塾教育，只有少数地方兴办的义学可以为同族人提供启蒙教育，新中国成立以后，为了满足人民群众受教育的要求，党和国家加大财政投入发展教育。"一五"计划时期，国家教育投入的重点是高等教育和高中教育，对于初中、小学教育则投入有限，1957年高等学校在校生人数是1952年的1.3倍，1957年中学在校生人数是1952年的1.5倍；中等职业学校在校生人数，1957年比1952年只增加了22.3%，小学生只增长了25.7%。[②] 人民公社时期，国家确立中小学教育的办学原则，1958年，中共中央、国务院《关于教育工作的指示》明确提出了"国家办学与厂矿、企业、农业合作社办学并举"的原则要求。[③] 按照这个原则，企业、厂矿职工子弟的中小学教育由企业和厂矿负责，农村的中小学教育则由农业合作社（即人民公社）负责。教育投入除了教育设施之外，最主要的资金投入是教师工资。因农村中小学教育归农业公社负责，农村中小学教师由农业公社聘任，工资由公社支付。农村中小学的公办教师本就不足，随着人民公社时期农村

---

① 民政部财务和机关事务司：《中国民政统计年鉴：2003年》，中国统计出版社2003年版，第126页。
② 刘国光主编：《中国十个五年计划研究报告》，人民出版社2006年版，第108页。
③ 中共中央文献研究室：《建国以来重要文献选编》第11册，中央文献出版社1995年版，第494页。

基础教育的发展，公办教师更加缺乏。为解决师资问题，不得不大量聘任民办教师。所谓民办教师，就是具备一定的文化基础，受农村社队聘任，主要在农村幼儿园、小学、中学等从事基础教育工作，由学校所在的农村集体支付工资、劳动报酬或以工分参与分配，并获得国家必要补贴的农民。随着农村基础教育的发展，农村民办教师数量与日俱增。如表9－9所示。

表9－9　　　　　　　　　　民办教师数量的演变情况

| 年份 | 中学民办教师 | 小学民办教师 | 幼儿园民办教养员 |
| --- | --- | --- | --- |
| 1957 | 1.69 万 | 14.1 万 | 1.64 万 |
| 1958 | 4.22 万 | 55.6 万 | 130.2 万 |
| 1961 | 7949 | 40.3 万 | 3.84 万 |
| 1965 | 2.30 万 | 175.1 万 | 1.82 万 |
| 1976 | 98.70 万 | 341.6 万 | 46.95 万 |
| 1983 | 46.53 万 | 288.1 万 | 24.27 万 |

资料来源：中华人民共和国教育部计划财务司：《中国教育成就统计资料（1949－1983）》，人民教育出版社1984年版，第191、第219、第230、第231页。

民办教师是人民公社时期产生的一个特殊群体，没有民办教师，中国基础教育不可能有今天的状况。民办教师赖以生存的土壤是人民公社，没有生产队的集体经济作为支撑，民办教师队伍不可能发展壮大。

生产队公益金还有一个重要用途是开展农村合作医疗。农村合作医疗是以农村集体经济为依托，在农民自愿互助基础上建立起来的一种社会主义医疗制度，是社员的一项福利事业。农村合作医疗萌起于建国之初。1950年第一届全国卫生会议之后，各地开始建立"合作医疗""联合诊所""集体保健医疗"，但这些只是一种带有民办公助性质的互助医疗机构，并非具有保险性质的合作医疗机构。农村合作医疗形成于"大跃进"时期。据统计，1958年，全国10%的生产大队举办了合作医疗，这个比重到1960年上升到32%，1962年达到46%。[1]1965年6月26日，毛泽东向全国医务工作者做出"把医疗卫生工作的重点放到农村去"的指示。[2] 此后，农村合作医疗得到快速发展。据1977年底的统计数

---

[1]　周寿棋：《探寻农民健康保障制度的发展轨迹》，载于《国际医药卫生导报》2002年第6期。

[2]　新中国成立以后，医疗资源主要集中在城市。1965年，全国共有140多万医疗人员，80%的高级医务人员在城市，其中，大城市占70%，县城占20%，只有10%在农村；医疗经费的75%用在城市，广大农村只占25%。

据，全国85%的生产大队实行了合作医疗，人口覆盖率达80%以上，到1980
年，全国90%的生产大队实行合作医疗，覆盖了农村85%的人口。[1] 基本上做到
了"村村有卫生室、队队有卫生员"，"小病不出队、大病不出村"，极大地降低
了农民的医疗支出。农村合作医疗的运作方式是：加入合作医疗的社员每年交纳
一定的保健费，看病时只交药费或挂号费，其他费用从生产队的公益金中补助。
据湖北省长阳土家族自治县乐园公社杜家村大队赤脚医生覃祥官介绍，该地合作
医疗是这样运作的：农民每人每年交1元合作医疗费，生产队再从集体公益金中
人均提留1角钱作为合作医疗基金，群众看常见病，一般只需交5分钱的挂号
费，吃药不要钱，治病的药物主要通过"三土"（土医、土药、土药房）和"四
自"（自种、自采、自制、自用）方式取得，大队土药房开辟了专门的药园，大
量种植常用草药。这样，既减少了合作医疗经费的开支，减轻了农民的负担，深
受农民群众喜欢。[2] 在农村发展合作医疗，首先面临医生极其缺乏的困难，在此
情况下，"不拿工资，帮助种地，亦工亦农，赤脚行医"的"赤脚医生"成为农
村合作医疗制度的忠实执行者。"赤脚医生"从具有一定文化知识的农民中选拔，
经过县医院或卫生学校的短期培训，掌握基本的医疗知识后回到所在生产大队，
从事社员防病治病和计划生育等工作。"赤脚医生"一方面直接参加生产劳动
挣工分，另一方面提供医疗卫生服务也获得工分，年终以所得的工分总数来参
与集体分配，获得自己的报酬。所以，"赤脚医生"完全是人民公社给社员提
供的一项社会福利。"赤脚医生"队伍在1970年代得到迅速发展。如表9-10
所示。

表9-10　　　　　　　　　农业集体化时期的赤脚医生数量

| 年份 | 赤脚医生（人） | 年份 | 赤脚医生（人） | 年份 | 赤脚医生（人） | 年份 | 赤脚医生（人） |
|------|--------------|------|--------------|------|--------------|------|--------------|
| 1970 | 1218266 | 1973 | 1212035 | 1976 | 1802093 | 1980 | 1463406 |
| 1971 | 1301139 | 1974 | 1371644 | 1977 | 1760413 | 1981 | 1396452 |
| 1972 | 1230344 | 1975 | 1559214 | 1978 | 1666107 | 1983 | 1279490 |

资料来源：中华人民共和国卫生部：《建国四十年全国卫生统计资料》，1989年，第79页。

---

[1]　易新涛：《人民公社时期农村基本公共服务研究》，武汉大学博士学位论文，2009年，第211~212页。
[2]　胡振栋：《中国"合作医疗之父"》，载于《民族团结》2000年第3期。

农村合作医疗全面展开后，"赤脚医生"和其他医务人员积极开展卫生宣传、预防接种、医疗救治、妇幼保健和计划生育工作，取得了举世瞩目的成就。毛泽东对农村合作医疗给予高度赞誉，他认为："农业合作化挖了穷根，合作医疗挖了病根"。① 农村合作医疗还得到了国际社会的认可，被世界卫生组织作为初级卫生服务运动的样板在全球范围内加以推广。②

无论是兴办农村教育，还是开展合作医疗和为农民提供基本的社会保障，所需的资金都是来源于集体经济的公益金。实行家庭联产承包责任制以后，除极少数乡镇企业发达的地方外，绝大多数农村的集体经济陷入困境之中，很多地方根本没有集体经济收入，这样，合作医疗、农村社会保障失去了经费来源，逐渐走向衰落，农村民办教师也于 20 世纪末期转变为有事业编制的国家教师。

### 三、集中农业剩余为工业化提供了原始资本积累

18 世纪工业革命以前，东方世界的经济发展水平遥遥领先于西方世界，到 19 世纪，西方世界的工业化水平反过来遥遥领先于东方国家。西方列强利用工业革命的成果，用武力胁迫东方国家屈服，一些东方国家逐步沦落为西方国家的殖民地或半殖民地。东方国家败给西方国家，不是败在经济总量上而是败在工业化水平上。第二次世界大战以后，取得民族独立的东方国家的政治精英几乎一致认为，只有在本国迅速地建立起以重工业为主体的现代工业体系，才能真正使自己的祖国再次免遭近代的厄运。印度独立运动领袖、建国以后的首任总理尼赫鲁指出："没有某些只能由大型工业生产的必要物品，就没有现代国家。不能生产这些物品，就只能依赖海外进口，从而变为外国经济的附庸……我们要以最快的速度推动大型工业的发展。"③ 在尼赫鲁的领导下，印度确立了优先发展基础工业和重工业的国家发展战略。近代中国饱受列强凌辱，先进的中国人为抵制外侮，苦苦探求自强之路，给出的答案惊人一致。如中国近代工业的创始人曾国藩认为中国在文化上优越于西方，中国的弱点是"器不如人，技不如人"，为发展"器"与"技"，以曾国藩为首的洋务派于 19 世纪 60 年代发起了中国第一次工业化浪潮，试图在中国建立以基础工业和军事工业为核心的工业体系，但甲午一

---

① 《建国以来毛泽东文稿》第 12 册，中央文献出版社 1995 年版，第 604 页。
② World Health Organization, Primary Health Care: Report of the International Conference on Primary Health Care, Geneva: World Health Organization, 1978.
③ 转引自林毅夫：《经济发展与转型：思潮、战略与自生能力》，北京大学出版社 2008 年版，第 26 页。

战，彻底毁掉了洋务运动的成果。民主主义革命的先行者孙中山先生曾提出实业救国的构想，他在 1919 年提出的中国工业化计划中，就提出中国要优先发展关键和基础产业，他还意识到中国发展工业的最大瓶颈是资本缺乏，他提出要通过引进外资来实现中国工业化。中国共产党在探寻自强道路过程中，深刻地意识到工业是自强自立之根本，早在抗战时期，中国共产党就开始思考中国的工业化问题。1944 年 5 月 22 日，毛泽东在陕甘宁边区工厂厂长及职工代表会议上指出："中国落后的原因，主要是没有新式工业"，"消灭这种落后，是我们全民族的任务。老百姓拥护共产党，是因为我们代表了民族与人民的要求。但是，如果我们不能解决经济问题，如果我们不能建立新式工业，如果我们不能发展生产力，老百姓就不一定拥护我们"。① 新中国成立以后，尽快在中国建立起以重工业为主体的独立的现代工业体系成为全党的共识和全国人民的追求。周恩来在 1953 年指出："毛主席说过，我们的国家在政治上已经独立，但要做到完全的独立，还必须实现国家的工业化。如果工业不发展，已经独立的国家甚至还有可能变为人家的附庸国"。② 在经历三年国民经济恢复之后，中国从 1953 年起实施第一个五年计划，"一五"计划的目标就是"优先发展重工业，建设社会主义工业化的初步基础"。1957 年，"一五"计划超额完成任务，工业的年均增速为 18.0%，其中重工业增速达 25.4%，中国的经济结构也发生了根本变化。1953 年，农业和工业的比重分别为 52.8% 和 47.2%，其中，重工业的比重为 17.6%，到 1957 年，农业和工业比重分别为 43.5% 和 56.5%，其中，重工业的比重为 27.3%。③

众所周知，工业特别是重工业属于资本密集型产业，它有三个特点：建设周期长；关键技术和设备不能自给，需要向国外进口；每个项目的资金投入大。④ 经历了百年战乱的中国，经济基础异常薄弱，加上百废待兴，资本极其稀缺。破除资金瓶颈，成为新中国成立后推行工业化战略的第一大难题。在万不得已的情况下，只能通过农业税、工农业产品价格"剪刀差"、农民储蓄等三种方式，让农业和农民为国家工业化提供原始资本。

先看农业税所提供的资本。农业向国家缴纳的税收分为两种：一是向中央财政缴纳的税收，二是向地方财政缴纳的农业附加税，各省所征收的农业附加税缺

---

① 《毛泽东选集》第 3 卷，人民出版社 1965 年版，第 146～148 页。
② 《周恩来统一战线文选》，人民出版社 1984 年版，第 253～254 页。
③ 刘国光主编：《中国十个五年计划研究报告》，人民出版社 2006 年版，第 107 页。
④ 林毅夫：《中国经济专题》，北京大学出版社 2012 年版，第 67 页。

乏详细数据，按照我国相关法规的规定，农业附加税不得超过农业税的15%，根据每年的农业税额可以推算出农业以税收方式所提供的资本总额。如表9－11所示。

表9－11　　　1952～1983年农业以税收方式为工业化提供的资金数量

| 年份 | 农业税额 | 农业以税收方式向工业化提供的资金数量（亿元） | 年份 | 农业税额 | 农业以税收方式向工业化提供的资金数量（亿元） |
|---|---|---|---|---|---|
| 1952 | 27.0 | 31.1 | 1968 | 30.0 | 34.5 |
| 1953 | 27.1 | 31.2 | 1969 | 29.6 | 34.0 |
| 1954 | 32.8 | 37.7 | 1970 | 32.0 | 36.8 |
| 1955 | 30.5 | 35.1 | 1971 | 30.9 | 35.5 |
| 1956 | 29.7 | 34.2 | 1972 | 28.4 | 32.7 |
| 1957 | 29.7 | 34.2 | 1973 | 30.5 | 35.1 |
| 1958 | 32.6 | 37.5 | 1974 | 30.1 | 34.6 |
| 1959 | 33.0 | 38.0 | 1975 | 29.5 | 33.9 |
| 1960 | 28.0 | 32.2 | 1976 | 29.1 | 33.5 |
| 1961 | 21.7 | 25.0 | 1977 | 29.3 | 33.7 |
| 1962 | 22.8 | 26.2 | 1978 | 28.4 | 32.7 |
| 1963 | 24.0 | 27.6 | 1979 | 29.5 | 33.9 |
| 1964 | 25.9 | 29.8 | 1980 | 27.7 | 31.7 |
| 1965 | 25.8 | 29.7 | 1981 | 28.4 | 32.7 |
| 1966 | 29.6 | 34.0 | 1982 | 29.4 | 33.8 |
| 1967 | 29.0 | 33.4 | 1983 | 32.8 | 37.7 |

资料来源：冯海发、李溦：《我国农业为工业化究竟提供了多少资金积累》，载于《调研世界》1993年第4期。

农业向工业化提供资金的第二种方式是工农产品的价格"剪刀差"。在计划经济时代，农产品和工业品的价格都是由国家规定。国家一方面压低农产品的收购价使之低于市场均衡价，另一方面抬高工业品的销售价使之高于市场均衡价，这样在工农产品的交易过程中就产生了价格"剪刀差"。农业以"剪刀差"方式向工业提供的资金总额由两部分构成：农民交售农产品少得的货币和购买工业品时多付出的货币。前者等于农产品市场均衡价与国家收购价的差额乘以农民所交售的农产品数量的乘积；后者等于工业品销售价与市场均衡价的差额乘以农民购买的工业品数量。冯海发和李溦根据可比劳动力法推算出了 1952~1983 年的工农产品价格"剪刀差"，如表 9－12 所示。

表 9－12    1952~1983 年农业以工农产品价格"剪刀差"方式
向工业提供的资金数量    单位：亿元

| 年份 | 农民交售农产品少得的货币 | 农民购买工业品多付出的货币 | 农业以价格"剪刀差"向工业提供的资金总额 | 年份 | 农民交售农产品少得的货币 | 农民购买工业品多付出的货币 | 农业以价格"剪刀差"向工业提供的资金总额 |
|---|---|---|---|---|---|---|---|
| 1952 | 21.07 | 3.49 | 24.56 | 1968 | 82.57 | 23.64 | 106.20 |
| 1953 | 30.95 | 5.26 | 36.21 | 1969 | 98.32 | 28.86 | 127.18 |
| 1954 | 36.64 | 6.76 | 43.40 | 1970 | 123.41 | 39.61 | 163.02 |
| 1955 | 34.82 | 7.00 | 41.82 | 1971 | 134.56 | 44.12 | 178.68 |
| 1956 | 41.27 | 10.06 | 51.32 | 1972 | 138.74 | 47.14 | 185.91 |
| 1957 | 43.01 | 6.31 | 49.32 | 1973 | 155.77 | 49.75 | 205.52 |
| 1958 | 60.94 | 30.72 | 91.66 | 1974 | 151.17 | 47.98 | 199.15 |
| 1959 | 98.92 | 15.49 | 114.41 | 1975 | 170.60 | 53.22 | 223.82 |
| 1960 | 100.88 | 26.35 | 127.23 | 1976 | 167.66 | 49.51 | 207.17 |
| 1961 | 55.98 | 15.61 | 71.59 | 1977 | 176.60 | 51.55 | 228.15 |
| 1962 | 57.16 | 16.76 | 73.92 | 1978 | 197.94 | 55.92 | 253.86 |
| 1963 | 69.54 | 19.27 | 88.81 | 1979 | 211.36 | 50.16 | 261.52 |
| 1964 | 85.35 | 24.71 | 110.06 | 1980 | 246.50 | 53.74 | 300.24 |
| 1965 | 96.69 | 25.62 | 122.31 | 1981 | 232.79 | 47.55 | 280.34 |
| 1966 | 115.84 | 33.60 | 149.44 | 1982 | 237.64 | 45.07 | 282.71 |
| 1967 | 97.31 | 28.14 | 125.45 | 1983 | 280.16 | 44.28 | 304.44 |

资料来源：冯海发、李溦：《我国农业为工业化究竟提供了多少资金积累》，载于《调研世界》1993 年第 4 期。

农民的自愿储蓄构成了工业化从农业领域获取资金的第三种方式。历年农民的存款额与贷款额的差值就代表了工业以储蓄方式从农业所汲取的农业剩余数量，如表 9－13 所示。

表 9-13　　　1953~1984 年农业以储蓄方式为工业化提供的资金数量　　　单位：亿元

| 年份 | 农业以储蓄方式所提供的资金 | 年份 | 农业以储蓄方式所提供的资金 | 年份 | 农业以储蓄方式所提供的资金 | 年份 | 农业以储蓄方式所提供的资金 |
|---|---|---|---|---|---|---|---|
| 1953 | -0.1 | 1961 | 8.7 | 1969 | -0.6 | 1977 | 9.1 |
| 1954 | 0.5 | 1962 | 20.9 | 1970 | 4.1 | 1978 | 10.5 |
| 1955 | 2.7 | 1963 | 5.0 | 1971 | 5.0 | 1979 | 26.8 |
| 1956 | -2.5 | 1964 | 11.1 | 1972 | 1.7 | 1980 | 28.6 |
| 1957 | 10.6 | 1965 | 5.6 | 1973 | 13.4 | 1981 | 49.9 |
| 1958 | 4.4 | 1966 | 11.2 | 1974 | 11.6 | 1982 | 49.9 |
| 1959 | 2.9 | 1967 | 12.9 | 1975 | 6.8 | 1983 | 37.8 |
| 1960 | -1.3 | 1968 | 0.6 | 1976 | 4.0 | 1984 | 0.4 |

　　资料来源：冯海发、李溦：《我国农业为工业化究竟提供了多少资金积累》，载于《调研世界》1993 年第 4 期。

　　上列三项资金的加总就是农业对工业化所贡献的资金总量，工业从农业领域得到的资金占国民收入积累总额的比重如表 9-14 所示。

表 9-14　农业为工业化提供的资金总额及其占国民收入积累总额的比重　　单位：亿元、%

| 年份 | 资金总额 | 比重 | 年份 | 资金总额 | 比重 | 年份 | 资金总额 | 比重 |
|---|---|---|---|---|---|---|---|---|
| 1952 | 55.66 | 42.8 | 1963 | 121.41 | 66.3 | 1974 | 245.35 | 31.1 |
| 1953 | 67.40 | 40.1 | 1964 | 150.96 | 57.4 | 1975 | 264.52 | 31.9 |
| 1954 | 81.60 | 41.8 | 1965 | 157.61 | 43.2 | 1976 | 244.67 | 32.7 |
| 1955 | 79.62 | 43.0 | 1966 | 194.64 | 41.4 | 1977 | 270.95 | 32.6 |
| 1956 | 83.03 | 38.3 | 1967 | 171.75 | 56.5 | 1978 | 297.06 | 27.3 |
| 1957 | 94.12 | 40.4 | 1968 | 141.30 | 47.4 | 1979 | 322.22 | 27.8 |
| 1958 | 133.56 | 35.2 | 1969 | 160.58 | 45.0 | 1980 | 360.74 | 31.0 |
| 1959 | 155.31 | 27.8 | 1970 | 203.92 | 33.0 | 1981 | 362.94 | 32.8 |
| 1960 | 158.13 | 31.6 | 1971 | 219.18 | 32.0 | 1982 | 366.41 | 29.6 |
| 1961 | 105.29 | 54.0 | 1972 | 220.31 | 34.0 | 1983 | 379.94 | 26.7 |
| 1962 | 121.02 | 122.2 | 1973 | 254.02 | 34.3 | 1984 | 353.06 | 19.7 |

　　资料来源：冯海发、李溦：《我国农业为工业化究竟提供了多少资金积累》，载于《调研世界》1993 年第 4 期。

农业集体化时期，农业为工业提供的资金总额占国民收入的比重平均达40%以上，由此可见农业对国家工业化贡献之巨大。

## 第二节　集体农庄式农业合作模式的弊端

上文论证了集体农庄式农业合作模式的三大成就，所以，否定集体农庄式农业合作模式的观点是立住脚的。不过，我们也要清楚地看到，集体农庄式农业合作模式所取得的成就，在很大程度上不是用科学的制度去激励农民的结果，而主要是通过强制动员农民的结果，或者说，这些成就的取得，主要不是源于农民的自觉。正因为如此，农民并不是很情愿完成公社和生产队所布置的各项任务。面对无法挣脱的管制，农民一方面采取消极怠工的手段，这种消极行为直接导致农业生产的长期低效率；另一方面采取与管理者意图相反的行为，这种行为，有的学者称之为"反行为"，有的学者称之为"农民的异动"，有的学者称之为"机会主义行为"，农民的这种"反行为"，放大了集体农庄式农业合作模式的交易成本。集体农庄式农业合作模式无法克服生产的低效率，也无法有效降低运行成本，这一切成为人民公社最终走向终结的主要原因。

### 一、长期低下的农业生产效率

进入高级社之后，政府和基层管理者就意识到了生产的低效率问题，各地纷纷探索提高生产效率的办法。如有的地方实行"工包到组"，有的实行"田间管理包到户"，有的实行"三定一奖""四定一奖"的生产责任制，等等。尽管如此，生产低效率的问题始终得不到有效解决。对于农业集体化时期的生产效率，学术界从不同的角度进行了较为深入的研究。如果以1952年的农业生产效率为100，1955年、1958年、1978年、1983年的生产效率值尽管因资料和算法的不同而不同，但趋势却是相同的，如表9-15所示。

表9-15　　　　　　　　1952~1983年典型年份的生产效率

| 年份 | 第一种算法结果 | 第二种算法结果 | 第三种算法结果 |
|---|---|---|---|
| 1952 | 100 | 100 | 100 |
| 1955 | 104 | 103.8 | 103 |

续表

| 年份 | 第一种算法结果 | 第二种算法结果 | 第三种算法结果 |
|------|------|------|------|
| 1958 | 102 | 104.7 | 97 |
| 1978 | 92 | 77.6 | 71.1 |
| 1983 | | 104.5 | 96.9 |

资料来源：转引自凌志军：《1978 历史不再徘徊》，人民出版社 2008 年版，第 263～264 页。需要说明的是，这三种算法并非凌志军提出，而是由其他学者提出，凌著予以综合。

三种算法结果都显示，1952～1955 年，也就是互助组和初级社时期，中国农业生产效率逐年提高，1956～1958 年处在徘徊状态，第一、第三种算法认为是略有降低，第二种算法认为略有上升，但进入人民公社时期以后，中国农业生产效率呈明显的下降趋势，1979 年，家庭联产承包责任制在农村逐步推开，农业生产率又逐步回升。

还有学者（主要是西方学者）运用全要素生产率测算法计算 1952～1984 年 34 年间中国的农业生产率，计算结果如表 9-16 所示。

表 9-16　　　　　　　　1952～1984 年总要素生产率指数

| 年份 | Tang (1) | Wen (2) | Wiens (3) | Hayami–Ruttan (4) | Chow (5) | 年份 | Tang (1) | Wen (2) | Wiens (3) | Hayami–Ruttan (4) | Chow (5) |
|------|------|------|------|------|------|------|------|------|------|------|------|
| 1952 | 100 | 100.0 | 100.0 | 100.0 | 100.0 | 1964 | 89 | 85.9 | 83.7 | 82.2 | 85.0 |
| 1953 | 100 | 99.6 | 99.5 | 98.7 | 100.0 | 1965 | 92 | 86.8 | 83.7 | 82.2 | 87.6 |
| 1954 | 100 | 99.0 | 98.4 | 97.3 | 99.0 | 1966 | 95 | 85.4 | 81.2 | 80.2 | 89.4 |
| 1955 | 104 | 103.8 | 103.0 | 103.2 | 104.0 | 1967 | 94 | 87.8 | 84.6 | 82.2 | 90.2 |
| 1956 | 102 | 104.1 | 101.7 | 104.3 | 105.0 | 1968 | 90 | 87.2 | 85.2 | 81.7 | 88.4 |
| 1957 | 103 | 102.4 | 100.3 | 98.5 | 102.9 | 1969 | 87 | 83.0 | 80.4 | 78.2 | 85.8 |
| 1958 | 102 | 104.7 | 97.0 | 100.7 | 109.0 | 1970 | 93 | 82.0 | 77.7 | 76.5 | 89.2 |
| 1959 | 85 | 94.3 | 89.1 | 91.0 | 94.9 | 1971 | 91 | 76.5 | 72.0 | 70.2 | 84.8 |
| 1960 | 74 | 78.4 | 73.4 | 78.6 | 79.7 | 1972 | 88 | 72.2 | 67.3 | 65.8 | 82.2 |
| 1961 | 76 | 78.0 | 76.3 | 78.9 | 74.9 | 1973 | 91 | 76.6 | 71.4 | 69.4 | 87.1 |
| 1962 | 78 | 80.0 | 79.6 | 79.3 | 76.4 | 1974 | 92 | 78.0 | 72.9 | 70.2 | 88.9 |
| 1963 | 83 | 83.0 | 82.0 | 80.2 | 80.2 | 1975 | 92 | 75.8 | 70.1 | 67.4 | 88.9 |

| 年份 | Tang (1) | Wen (2) | Wiens (3) | Hayami - Ruttan (4) | Chow (5) | 年份 | Tang (1) | Wen (2) | Wiens (3) | Hayami - Ruttan (4) | Chow (5) |
|---|---|---|---|---|---|---|---|---|---|---|---|
| 1976 | 91 | 75.8 | 70.4 | 66.9 | 88.0 | 1981 | — | 87.4 | 80.1 | 74.4 | 108.9 |
| 1977 | 89 | 74.2 | 68.7 | 64.8 | 87.1 | 1982 | — | 93.7 | 85.9 | 79.6 | 108.9 |
| 1978 | 92 | 77.6 | 71.1 | 67.2 | 94.1 | 1983 | — | 104.5 | 96.9 | 87.7 | 117.6 |
| 1979 | 96 | 80.5 | 73.6 | 68.8 | 99.7 | 1984 | — | 122.7 | 115.2 | 100.6 | 127.6 |
| 1980 | 91 | 83.4 | 76.2 | 71.1 | 103.7 | | | | | | |

　　资料来源：林毅夫：《制度、技术与中国农业发展》，格致出版社、三联书店、上海人民出版社 2008 年版，第 7~8 页、第 19~20 页。

　　表 9-16 的第（1）、第（2）、第（3）、第（4）、第（5）栏，是国内外五个学者对中国 1952~1984 年总要素生产率指数的测度。在测算时，不同学者对要素份额及其权重有不同的处理。Tang 认为农业投入要素包括劳动、土地、资本和流动投入，所采用的权数为：劳动 0.50，土地 0.25，资本 0.10，流动投入 0.15；Wiens 在测算时，赋予劳动、土地、资本、流动投入四种要素的权数分别为 0.35、0.36、0.09、0.20。Hayami 和 Ruttan 的测算采用化肥要素来替代流动投入要素，权重为劳动 0.45，土地 0.10，资本 0.30，化肥 0.15。正因为不同学者所采用的要素份额与权重有差异，导致 1952~1984 年总要素生产率指数测算结果不尽一致，但变化趋势却是相同的。1952~1958 年，全要素生产率总体上呈上升趋势；1959~1978 年，总要素生产率指数呈现下降趋势，三年农业危机时期，跌幅最大，1962 年到 1967 年有所回升，但未恢复到农业合作化时期，1968 年之后，总要素生产率指数再度下跌，后虽有所回升但始终在低位徘徊。1959~1978 年，总要素生产率比 1952~1958 年要低 20% 的水平。从 1979 年起，总要素生产率显著上升，到 1983 年恢复到 1952 年的水平。1984 年，也就是实施联产承包责任制的第一年，中国农业总要素生产率超过 1952 年水平的 20%。生产率对农业经济发展造成了直接影响。1950~1957 年，农业年均增长 7%，大跃进时期，农业经济出现大幅度倒退，1962 年以后，农业经济逐步恢复，"文革"时期又出现徘徊不前。1977 年，人均粮食占有率略低于 1957 年，农民人均收入 64 元，1/3 的生产队人均收入低于 40 元，很多生产大队积累不到 1 万元，有些社队只能维持简单

再生产，1 亿多人口粮食不够。①

　　根据国内外学者的研究，人民公社时期农业生产率低下已是不争的事实。问题是，是什么导致生产率低下呢？理论上讲，劳动力短缺、生产技术进步停滞、耕地数量减少、资本投入不足都会导致生产率的低下。人民公社的实际情况是怎样的呢？表 9 – 17 的数据给出了回答。

表 9 – 17　　　　　　　　1952 ~ 1984 年农业生产要素投入变化情况

| 年份 | 乡村从业人员（万人） | 有效灌溉面积（千公顷） | 化肥施用量（万吨） | 农业机械总动力（万千瓦） | 财政支农（亿元） |
|---|---|---|---|---|---|
| 1952 | | 19959.0 | 7.8 | 18.4 | 9.0 |
| 1957 | | 27339.0 | 37.3 | 121.4 | |
| 1958 | 15492.0 | | | | 43.3 |
| 1962 | 21278.0 | 30545.0 | 63.0 | 757.0 | 36.8 |
| 1965 | 23398.0 | | 194.2 | 1098.8 | 55.0 |
| 1970 | 27814.0 | | 351.2 | 2165.3 | 49.4 |
| 1975 | 29459.0 | | 536.9 | 7478.6 | 99.0 |
| 1978 | 30673.0 | 44965.0 | 884.0 | 11749.6 | 150.7 |
| 1982 | 33866.5 | 44176.0 | 1513.4 | 16614.2 | 120.5 |
| 1984 | 35967.6 | 44453.0 | 1739.8 | 19497.2 | 141.3 |

　　资料来源：中华人民共和国农业部编：《新中国农业 60 年统计资料》，中国农业出版社 2009 年版，第 5 页、第 7 页、第 8 页、第 44 页、第 10 页。

　　表 9 – 17 中，乡村从业人员代表农业的劳动投入，有效灌溉面积代表耕地数量，化肥施用量和农业机械总动力代表农业技术进步，财政支农资金代表资本投入。从表中所列的数据看出，无论是哪一个指标都有大幅度增长。与 1962 年相比，1984 年的劳动力数量、耕地面积、化肥施用量、农业机械总动力、资本投入分别增长了 1.69 倍、1.45 倍、27.60 倍、25.75 倍、3.83 倍。在要素投入大幅度增加的情况下，唯一能解释人民公社时期农业生产率徘徊不前的就是劳动者的劳动质量。那么，是什么造成劳动者劳动质量低下从而导致生产效率低下呢？下面从劳动监督和收入分配两个方面进行分析。

---

① 徐建青等：《薛暮桥笔记选编（1945 – 1983）》第 4 册，社会科学文献出版社 2017 年版，第 1262 页。

先看从劳动监督视角的分析。林毅夫在这方面的研究最具代表性，在《中国农业家庭责任制改革理论与经验研究》一文中，林毅夫根据阿尔钦和德姆塞茨的理论，认为在农业集体组织中，农业生产的季节性和空间不确定特征，使得生产队的管理者很难对社员劳动的努力程度进行有效监督，监督缺失为偷懒提供了制度空间。[①] 在另一文《集体化与中国 1959～1961 年的农业危机》中，林毅夫分析了退出权和偷懒之间关系，认为 1958 年人民公社体制确立以后，农民完全失去退出农业社的权力，退社权的剥夺，使集体劳动变成了一次性博弈，农民就再也不能通过行使退社权来保护自己，或以此来制止其他成员的偷懒行为，其结果是，自我实施的协约在一个"一次博弈"的生产队无法维持，集体经济组织成为一个人人都不愿意努力劳动的组织，社员能偷懒就偷懒，能窝工就窝工。[②] 林毅夫的论证在逻辑上严密到几乎无懈可击，但与历史事实却多有不符之处，因此其研究结论遭到了历史学者和社会学学者的质疑和批评。有的学者甚至提出完全相反的结论，认为集体化时期的"工分制是一种相当有效的劳动激励制度，它所形成的激励与相互竞争使得农民通过不断追加劳动以获取更多工分"，这一时期的"劳动者都在满负荷劳动"，偷懒只是个别现象，不存在林毅夫所言的集体偷懒现象。[③]

集体偷懒、个别偷懒、劳动不负责任等现象广泛而长期存在，下面将有详细的交代，因而林毅夫的论据应该是符合实际的，但林毅夫的论证值得商榷。

集体劳动并非林毅夫所言的监督缺失，而是有一套较为全面的约束机制。

第一，制度监督。集体劳动中的"反行为"，早在人民公社初期，中央就了然于心。1962 年 8 月 16 日，张家口地委第一书记胡开明向毛泽东写信反映农民生产情况，信中列举了如下现象："（1）社员出勤不主动，每天还得队长挨门上户去叫；（2）社员集体劳动的时间短，出勤晚、收工早，一般每天不到 6 小时；（3）耕作粗放，'耕地留茬子，种地不到头，锄地草搬家'"。[④] 毛泽东把此信签批印发给各地党委讨论，要求因地制宜制订生产责任制度，杜绝此类行为的发生。集体化时期，从中央到基层，都制订了劳动纪律制度约束农民的偷懒行为和

① 林毅夫：《中国农业家庭责任制改革理论与经验研究》，载于《制度、技术与中国农业发展》，上海三联书店 1994 年版。
② 林毅夫：《集体化与中国 1959–1961 年的农业危机》，载于《再论制度、技术与中国农业发展》，北京大学出版社 2000 年版。
③ 张江华：《工分制下的劳动激励与集体行动的效率》，载于《社会学研究》2007 年第 5 期。
④ 黄道霞、余展、王西玉：《建国以来农业合作化史料汇编》，中共中央党校出版社 1992 年版，第725 页。

不负责任行为。①

第二，舆论监督。舆论既可起到正向激励作用，激励人们勤奋劳动，也可起到惩戒作用，使偷懒者甚至他的家人在乡邻中抬不起头，不敢过分偷懒。亲历者的回忆证实了这一点。②

第三，有限退出权下的互相监督。人民公社不仅仅是集体经济组织，还是基层政权组织，任何入社者都不能退出，农民确实被剥夺了林毅夫所言的退社权。但"人民公社的组织，可以是两级，即公社和生产队；也可以是三级，即公社、生产大队和生产队"，且"人民公社的基本核算单位是生产队"。③ 在人民公社的组织架构中，公社和大队是管理部门，生产队才是生产单位，生产队安排生产，一般要划分若干生产小组，小组的成员是流动的，如果某个社员是懒汉，那就面临被生产小组逐出的危险，如果某个生产小组都是懒汉，勤劳人就会自动退出，这样的小组就无法开展生产劳动，也就得不到工分，因此，在生产小组里，社员拥有有限的退出权，林毅夫的研究没有区分人民公社和生产队是两级组织，农民失去了退社权但拥有退出生产小组的权力。生产小组有限退出权的存在，使得生产队的劳动不是一个"一次博弈"过程而是一个"反复博弈"过程，在"反复博弈"过程中，懒汉面临被逐出生产小组的危险，不敢过分偷懒。

但要看到，生产队的监督基本上是柔性的，所以其监督作用是有限的，主要原因是：

第一，受熟人社会人情关系的制约。如果说企业是以工作关系为基础的熟人社会的话，那么生产队就是一个以亲情关系为纽带的熟人社会。企业可以采取罚款甚至解除聘用来对员工进行硬约束，而生产队就不具备对社员进行硬约束的权力，因为一个生产队的人基本上都是亲戚或亲族，沾亲带故，人与人之间有着千丝万缕的人情关系，不到忍无可忍或者万不得已之时，谁也不会拉下情面去惩戒懒汉和劳动不负责任者，这就势必导致监督不力。

---

① 笔者在调查中有如下发现：劳动制度很多，大队办公室整面墙上挂的都是规章制度，有出勤制度、记工评分制度、劳动质量验收制度等。制度大部分起了作用，比方为了防止出工拖拉，大队制定一个出勤制度，迟到10分钟，底分矮0.5分，迟到半个钟头，底分矮1分，干部也不搞特殊，必须遵守，这个制度一出来，很少有人迟到了。根据2015年1月1日辩论录音整理。

② 亲历者说："公社每年都评劳动先进，楚大爷做事忠厚，经常得先进，他家里的桶子、面盆、被壳子都是公社奖的，他堂客提着印了个大红'奖'字的桶子到塘里洗衣衫，个个美慕哩！麻四看到楚大爷得了奖，发狠做事，第二年就得了奖，他嫁女用的桶子、面盆就是公社奖的。"根据2015年1月1日辩论录音整理。

③ 中共中央文献研究室：《建国以来重要文献选编》第15册，中央文献出版社1997年版，第616页。

第二，监督成本与收益的不对称性造成监督不力。生产队的监督者主要是队长和记工员，监督所付出的时间成本、人情成本都由他们私人承担，但监督所带来的收益却由生产队全体成员分享，这显然存在监督成本与收益严重不对称，监督者自然不会用心去监管。

从上面的分析可以得出如下结论：生产队劳动是有监督的，偷懒行为和不负责任的行为有人管，但管得不严格。正因为有人管，生产队的偷懒和不负责任是有底线的，无底线的偷懒和不负责任就导致零收成，这样来年就得挨饿，这一点偷懒者心知肚明。正因为管得不严，生产队的偷懒和不负责任现象总是不能根绝，一直伴随着集体化体制的全过程。

再看从收入分配视角的分析。大公社时期实行按需分配，这种分配方式通过供给制和工资制来实现，到小公社时期，按需分配难以为继，转而采取按劳分配。① 按劳分配的运作方式非常复杂，剖析按劳分配是了解人民公社时期一切问题的切入口，也是解读农民劳动"反行为"的一把钥匙。本部分通过设计八个分配公式来层层剥开按劳分配制度的奥秘，以此回答农民为什么要偷懒和为什么劳动不负责任两个问题。

先看下面的四个公式：

$$生产队总收入 = 实物总收入 + 货币总收入 \tag{1}$$
$$生产队总支出 = 农业税 + 管理费 + 生产费 + 公积金 + 公益金 + 机动粮 \tag{2}$$
$$三超粮价格剪刀差损失 = 按市场价计算的总价值 - 按国家收购价计算的总价值 \tag{3}$$
$$生产队可分配收入 = 总收入 - 总支出 - 三超粮价格剪刀差损失 \tag{4}$$

如（1）式所示，生产队全年总收入包括实物和货币两大部分，实物是总收入的主体，这就决定生产队的分配以实物分配为主，货币分配只是一个点缀，只有少数劳力多的农户到年底才有少量的货币收入，人多劳少的农户不但没有货币收入还要生产队借钱。② 生产队的总支出主要由（2）式中的六项构成，按中央的规定"生产队的各项扣留，加上农业税，再加上大队的各项提取，一般地应当

---

① 辛逸：《农村人民公社分配制度研究》，中共党史出版社 2005 年版。
② 当事人告诉笔者，大约一半的农户可以从生产队得到货币收入，最多的可分一百多元，少的只有几元，绝大部分是二三十元，如果生产队亏钱户太多且不向生产队还债，进钱户只能进个数，进不到现金，人民公社解体以后，很多亏钱户对生产队欠账就抹掉了，当然很多进钱户也没有进到钱。根据 2015 年 10 月 1 日访谈记录整理。

控制在生产队可分配收入的百分之四十左右"。① 各地的情况并不相同，有的超过 40%，有的低于 40%，如湖北省的一份报告显示："上缴农业税 7%，上缴公社 10% 左右，扣留本单位的积累 8%，扣留本单位的生产费、管理费 20%，共 45%。这样，作为本单位消费部分的约为 55%"。② （3）式中的三超粮是指超产征购粮，国家的收购价是每百斤 9.5 元，市场约价为 18 元一百斤，两者的差额就是价格剪刀差，剪刀差构成生产队的损失，没有余粮的生产队不需要送三超粮。③ 生产队全年总收入扣除总支出和剪刀差损失之后，就是（4）式所示的生产队可分配收入。

生产队的可分配收入是怎样分配的呢？下面的三个公式揭示了生产队可分配收入的去向：

$$生产队可分配收入 = 按人口平均分配收入 + 按劳动工分分配收入 \qquad (5)$$
$$生产队劳动工分 = 直接从事农业生产的劳动工分 + 平调劳动工分 \qquad (6)$$
$$社员劳动工分收入 = 生产队按劳动工分分配收入 \div 生产队劳动工分 \qquad (7)$$

对于可分配收入的分配办法，《农村人民公社条例修正草案》未作明确规定，允许"采取各种不同的办法，可以采取基本口粮和按劳动工分分配粮食相结合的办法，可以采取按劳动工分分配加照顾的办法，也可以采取其他适当的办法"。④ （5）式中的口分粮（按人口平均分配的粮食）和工分粮（按劳动工分分配的粮食）的比例划分并无定制，因时因地而异，笔者调查的 S 镇，有的生产队是五五开，有的是四六开，一般来说，劳力多的生产队工分粮占比高，人口多、劳力少的生产队口分粮占比高。（6）式说明生产队的劳动工分并不完全是社员的务农工分，生产队成员外调劳动，外调单位会把劳动者的工分打回生产队，参与生产队的年终分配。（7）式才是真正务农者所得的劳动收入，或者说，人民公社的按劳分配就体现在这里。

下面以 1971 年虎形生产队的分配情况为例来说明生产队的分配奥秘。⑤ 该年

---

① 这里的"生产队可分配收入"实际上是指"生产队总收入"，并非本书所指的"生产队可支配收入"。中共中央文献研究室：《建国以来重要文献选编》第 15 册，中央文献出版社 1997 年版，第 182 页。
② 黄道霞、余展、王西玉：《建国以来农业合作化史料汇编》，中共中央党校出版社 1992 年版，第 536 页。
③ 也有干部为得到上级表扬，虚报超产，国家就按照生产队的虚报数征购余粮，生产队送上去的实际上是群众口粮。根据 2015 年 10 月 1 日访谈记录整理。
④ 中共中央文献研究室：《建国以来重要文献选编》第 15 册，中央文献出版社 1997 年版，第 632 页。
⑤ 2015 年到 2017 年，笔者在湖南省涟源市 S 镇进行农村调查，先后 4 次与人民公社亲历者进行访谈，获取口述史料，本部分所使用的口述史料均来源于此。虎形生产队是 S 镇松源村的一个生产队，该队原生产队长黄先生保留了 1968～1973 年的《虎形生产队工分统计表》《各项收入分配表》，本部分的数据来源于黄先生所提供的资料。

度虎形生产队各种实物折算成稻谷后，合 48338 斤，按当年国家收购价 9.5 元一百斤算，折合货币 4592 元（便于计算舍去小数点），总支出占总收入的 41%，合 1883 元，总收入的 59% 是可分配收入，合 2709 元。当年虎形生产队未送三超粮，故没有三超粮价格剪刀差损失。当年虎形生产队货币收入为 668.42 元，其中，440.81 元用于生产队平时日常生产和生活开支，年终余额为 227.61 元，全生产队 15 户，6 户进钱，5 户亏钱，4 户打平账，进钱户中只有在社茶场劳动的农户可进 120 元，其余都是 20 元左右。因可分得货币收入的家户不占多数，下面的分析中未计算货币收入的分配。

1971 年虎形生产队按照六四开分配，即口分粮占 60%，工分粮占 40%，根据（5）式，2709 元的可分配收入中，有 1084 元可做按劳分配。全年的劳动工分数如表 9 - 18 所示。

表 9 - 18　　　　　　　　　1971 年虎形生产队劳动工分数

| 科目 | 务农工分 | | | 平调工分 | | |
|------|------|------|------|------|------|------|
| | 男劳力 | 女劳力 | 半劳力 | 修铁路 | 修水库 | 社茶场 |
| 总数 | 12696 | 21636 | 25360 | 4320 | 8640 | 6704 |
| 人平 | 3147 | 1803 | 1268 | 4320 | 4320 | 6704 |

注：（1）务农劳动力的务农工分主要是劳动工分，还包括一些其他工分，如社员给生产队送肥料也折算成工分计入在务农工分内；（2）半劳力是指未满 16 岁和年过 60 岁的劳动力；（3）修铁路是修湘黔铁路，修铁路的劳动力，工地每月发给 36 元，其中，6 月做日常开支，15 元伙食费，15 元交给生产队作投资，生产队每日记 12 个工分，按 360 天计；（4）修水库是修公社民兵水库，修水库的工分待遇与修铁路的相同，但公社不发钱，修水库的劳动力的工分完全由生产队负担。

根据（6）式，虎形生产队 1971 年参与分配的劳动工分总共 79356 个，按照（7）式可算出平均每个劳动工分的货币收入为 1.3 分。根据表 9 - 18，1 个男劳力，如果在家务农，全年工分收入为 40.91 元（按国家牌价可买 430 斤谷）；如果外调出去修铁路和修水库，全年工分收入为 56.16 元（按国家牌价可买 591 斤谷）；如果外调社茶场，全年工分收入为 87.15 元（按国家牌价可买 917 斤谷）。务农男劳力的工分收入是修铁路和水库男劳力工分收入的 73%，是社茶场男劳力的 47%。最吃亏的是女劳力和半劳力，女劳力和半劳力的工分收入分别是务农男劳力工分收入的 57%、40%，修铁路和水库男劳力工分收入的 41%、29%，外调社茶场男劳力工分收入的 27%、19%。由此看到，生产队的工分粮分配并非平均主义，而是收入差距悬殊。在男劳力看来，务农比外出劳动的劳动强度没有小，收入差距却如此大，心理自然不平衡。女劳力承认比男劳力要差（也有不少女劳力跟男劳力差不多甚至还要强），工分收入却只有男人的一半甚至1/3不到，心理怎能平衡？半劳力（很多十五六岁的半劳力已经赶得上男劳力甚至超越了女劳力）的工分收入比男劳力相差太大，比女劳力也有较大差距，心理岂能平衡？所有务农的劳动力几乎都认为劳动分配所得远远小于自己的劳动贡献，在这种思想的影响下，务农者焉能不偷懒？又怎能认真对待集体劳动？

有一点不能忽略，生产队全年总收入全部来自务农者的劳动贡献，如果务农者年终分配所得与其心理预期所得差距太大的话，就会极大地挫伤务农者的生产积极性。1971年虎形生产队总收入为4592元，这是全体从事农业生产的男女劳动力和半劳力的贡献，三类劳动全年总工分为59692个，那么，务农者每个劳动工分所创造的货币收入为7.7分。而劳动者实际所得分为两部分：一是上文计算出来的1.3分一个的劳动工分，二是口粮所得，折合每个工分2.7分，两者相加为4.0分，这就是务农者劳动工分的全部所得。务农者劳动所得是其所创造价值的56.5%。农业生产者只能得到自己劳动成果的56.5%，这意味着，务农者劳动收益的一半被别人占有，劳动者怎能认真劳动？焉能不偷懒？

农民不会也不可能像上文那样进行精确计算，但农民的日常观察与上面的计算结果惊人一致，当事人的口述可以为证。[①]

当事人所讲的"挖十耙，只有五六耙是帮自己做，其他都是帮别人做"，与上面的计算不是惊人一致吗？

还需要考察一个农民收入构成公式，即：

$$社员年收入 = 生产队分配所得 + 自留地收入 + 售卖购猪收入$$
$$+ （副业收入 - 对生产队的投资） \tag{8}$$

小公社时期，因政策的放宽，社员收入出现多元化格局。每人分得7厘自留地，每户分得1分猪饲料地，再加上新开荒地，自留地除供应一个家户的蔬菜、

① 搞集体时，吃亏的是在屋里（生产队）做事的人，调到外面去做事的划得来。到茶场搞一年，得6000多个工分，茶场的事其实很轻松，只是没有关系的人捞不到这样的好事，他们的工分既算白天又算夜里加班，夜里加班干什么，不就是打个电筒到处巡山嘛，汗都不要出。最吃亏的是女人和半劳力，做一样的事，工分却分不到男人的一半。年头搞到年尾，累得要死，到收获时节，好像东西也不少，就是分到自己的手里就很少，不晓得东西到哪里去了。农民挖十耙，只有五六耙帮自己做，其他都是帮别人做。根据2015年8月22日辩论记录整理。

瓜果外，还可收获 100 多斤麦子。购猪按 65 元一百斤售卖给国家，一条 130 斤的猪至少可得 50 元的净收入（只算猪肉净重收益），按国家粮价可购买 500 多斤稻谷。副业收入一般是务农收入的 2 倍，减掉对生产队的投资，做一天副业的净收入不会低于务一天农。这样一来，任何一个理性的农民都会绞尽脑汁去琢磨后三种收入来源，花在第一种收入来源上的精力就会因之减少，偷懒、马虎对待集体劳动就是题中应有之义。

### 二、农民的"反行为"与集体化时期农业生产效率的低下

农业集体化时期，农民的收入主要是两部分：实物收入和货币收入。实物和货币收入的主要来自于生产队的分配，还有一小部分来源于自我积累，实物从自留地上获得，货币收入通过搞副业获得，没有手艺的农民一般没有这一部分货币收入，货币收入占农民总收入的比重很低，农民的收入主要表现为实物收入，实物又主要表现为粮食。生产队分配给农民粮食数量因地因时而异，有的地方多有的地方少，丰收之年多歉收之年少。但全国有一个基本的口粮标准，北方大约 360 斤（小麦、玉米、小米、高粱等），南方大约 400 斤（稻谷、红薯、小麦等），这些都是原粮，原粮变成入口成品粮还要打七到八折，如果生产队分配给农民的原粮没有晒干，折扣会更高，这样一来，人均每天的粮食不过七八两。集体化时期一个成年男性农村劳动力吃饱肚子每天需要大约一斤五两，女性劳动力每天需一斤到一斤二两。当时很多农民普遍反映，如果生产队每年人均能分配 800 斤粮食就够吃。每个家庭的自留地数量有限，每年大约可以提供人均口粮一百多斤。生产队分配和自留地所得之和还不能满足农民的需求，所以，集体化时期，几乎家家户户缺粮。怎样解决缺粮问题呢？农民从长年的实际中摸索出了一套办法，当然这套是迫不得已下的选择，那就是：集体瞒产私分、个人偷盗、劳动偷懒。集体瞒产私分和个人偷盗是为了获得更多的粮食以弥补口粮缺口，劳动尽量少出力是为了节省体力消耗从而减少粮食消耗量。农民的这些行为，显然与政府的政策要求相悖，高王凌称之为"反行为"。[①]

瞒产私分是社干和社员通过合谋来实现的一种"反行为"。根据已经出版的文献资料，瞒产私分在互助组时期就开始了，最早的瞒产私分报道见于 1951 年 11 月，进入高级社和人民公社以后，瞒产私分现象日趋严重，以致还引起了中

---

① 高王凌：《中国农民反行为调查》，中共党史出版社 2006 年版。

央和毛泽东的注意。1959 年郑州会议上，毛泽东郑重地谈了瞒产私分问题，他说"再则全国（除少数灾区外），几乎普遍地发生瞒产私分，大闹粮食、油料、猪肉、蔬菜'不足'的风潮，其规模之大，较之 1953 年和 1955 年那两次粮食风潮有过之无不及。……生产队、生产小队几乎普遍地瞒产私分，甚至深藏密窖，站岗放哨，以保卫他们的产品"。① 从毛泽东的讲话中可以窥见，当时瞒产私分的现象是十分普遍而严重的。为什么会出现瞒产私分现象呢？人民公社时期，生产队所产的粮食被分为以下几个部分："上缴农业税 7%，上缴公社 10% 左右，扣留本单位的积累 8%，扣留本单位的生产费、管理费 20%，共 45%。这样，作为本单位消费部分的约为 55%"。② 这个数据是湖北省委 1959 年 2 月统计出来的，具有较高的参考价值。生产队全年所得粮食只有 55% 可以分配给社员，社员分得的口粮难以满足需要。把产量瞒下来，对生产队而言有两重好处：其一，隐瞒下来的产量直接分配给社员，成为社员一份粮食增量；其二，瞒产以后，生产队全年的粮食总产量的基数减少，按 45% 上缴的量就减少，用于可分配的粮食随之增加。瞒产私分贯穿于农业生产和分配的全过程，办法多种多样：其一，以受灾减产为由少报产量。青海省农业社向国家夸大灾情，隐瞒产量；黑龙江省谎报受灾面积，多留口粮和饲料粮。其二，收割粮食时做手脚。如江苏兴化县一些合作社先把稻子粗打一遍就报产量，再回头精打一遍，打出 180 多万斤粮食。其三，粮食晾晒时时做手脚。广东有些农业社在谷子过风时，故意用力大，将壮谷随秕谷一起送出风车之外，把秕谷收藏起来再过一次风，从中挑出壮谷。其四，粮食过秤时做手脚。浙江省不少农业社以老秤收粮、市秤记账、多分少记、分潮粮打虚折扣、分小杂粮、饲料不记账等办法瞒报产量贵州黔南自治州罗甸县的五星农业社集体用大秤分配粮食，每百斤至少多称二十多斤；青海省普遍存在用大秤、大斗分粮给社员。农民瞒产私分，势必影响国家的粮食征购，为此，政府采取了很多办法来防止农民瞒产私分：其一，开斗争会，震慑瞒产私分者。江苏一些地方采取强制手段检查私分、私藏粮食，办法有大会斗争、吊、绑、罚跪等，造成认为紧张；江西省把瞒产私分列为坏人坏事，开会进行斗争，还采取了体罚、肉刑和加倍赔偿等措施惩罚当事人，出现了农民自杀现象。其二，互相监督。贵州黔南布依族苗族自治县为了避免瞒产，就在农业社之间采取互相换人收

---

① 黄道霞等主编：《建国以来农业合作化史料汇编》，中共中央党校出版社 1992 年版，第 529 页。
② 黄道霞等主编：《建国以来农业合作化史料汇编》，中共中央党校出版社 1992 年版，第 536 页。

割、称谷或站岗放哨等方法进行制止。①

　　个人偷盗是个人偷集体的粮食和财物，在传统社会，偷盗作为违反伦理道德的可耻行为，为绝大多顺民所痛斥，农村中，偷盗者不仅本人被乡邻看不起，其家人也因他而抬不起头，但在农业集体化时期，偷盗现象在农村是一种普遍的现象。根据黑龙江省的资料，肇东县 27 个乡有 16 万斤粮食被盗；绥化县某乡 7 个社，社社都有偷庄稼的；山东临沂专区 4 个县中有 165 个社有贪污和偷盗现象；山西省雁北地区一个社有 50% 的社员参与偷盗；青海省循化县粮食总产量的 2.5% 被贪污和偷盗。偷粮的方式很多：每到收获季节，白天妇女不下地，学生不上学，下地捡粮，边捡边偷，即使是被看到了，干部也毫无办法，因为无法分清哪些是捡的、哪些是偷的。有的社员在收割粮食时，故意把一些粮食抛在地里，或者不把稻穗和麦穗打干净，收割完以后回到地里捡庄稼，黑龙江绥化县有的社员在收向日葵时，故意抛掉地里一些，第二天自己去捡了一麻袋。有的社员合伙把粮食和蔬菜隐藏在地里，晚上偷偷拉回家分掉。② 当年知青、现某大学历史系教授晓峰曾在内蒙古土默尔插队，并担任生产队队长，据他回忆，半夜里睡着了，醒来一看，一堆粮食大半堆没有了。为了防止农民偷盗粮食，生产队严防死守，每天晚上派人轮流看守，生产队队长每天黄昏在粮食堆四周打上"印板"（一种记号），第二天如果"印板"没了，就意味着粮食被人动过了，不过即使如此，效果也不能明显，粮食依然在半夜经常被偷。③ 拖延打场（收割）时间，以便在场上做手脚。打场时，生产队晚上要安排晚餐，打场的时间拖得越长，农民就吃公家的越多，据当年知青、历史学者北成回忆，他所在村（位于内蒙古土默尔）有 6 个生产队，打场时要吃 6 个场面，最简单的是吃炒豆，再就是吃豆腐，然后是烧沙鸡（野鸡）。打场时间拖得越长，越方便农民偷偷从场上直接拿取粮食，粮食一旦入了库，农民就没有机会拿取公家的粮食。即使粮食晒干了，生产队也不急于入库，堆在坪里，方便群众拿取。④ 有的直接从地里偷取，据晓峰和北成回忆，地里玉米容易一伸手就能摘取，几乎人人都偷，都的小伙子胆大，成捆地偷取地里的庄稼。为防止农民偷取，生产队派人专门查田，下工时，查田的人站在路口，但查田的一般不作声，因为大家都是乡邻，大家都很穷。⑤

---

① 高王凌：《中国农民反行为调查》，中共党史出版社 2006 年版，第 177~185 页。
② 高王凌：《中国农民反行为调查》，中共党史出版社 2006 年版，第 186 页。
③④　高王凌：《中国农民反行为调查》，中共党史出版社 2006 年版，第 155 页。
⑤ 高王凌：《中国农民反行为调查》，中共党史出版社 2006 年版，第 156~157 页。

　　劳动偷懒是集体化时期的一种普遍现象。必须承认，勤劳是中国农民的本性，也是中华民族的一大优秀传统。但在集体化时期，中国农民的勤劳程度比过去大为降低，偷懒在农村成为普遍现象，那时，农民把勤劳苦干的农民称之为好表现的"积极分子"，农民对他们所称的"积极分子"不但不表示钦佩，而且还以嘲讽和挖苦的语言予以调侃，在农民看来，大家都不"积极"，你为什么要"积极"？大家都不"积极"，你"积极"就是"不正常"，"不正常"的人当然遭到"正常人"的嘲讽。那么，"正常人"的偷懒表现在哪些方面呢？

　　人民公社前后经历了两个阶段。① 第一阶段是大公社时期（1958～1962年），大公社由于过分追求"一大二公"，家庭的生产功能被取消，采取完全的集体劳动方式；到小公社时期（1962～1984年），重新恢复了家庭的部分生产功能，家庭可以耕种集体分配的自留地，可以饲养家禽和家畜，可以进行编织、缝纫、刺绣等手工业生产，允许从事采集、渔猎、养蚕、养蜂等副业生产。② 这样，农民的劳动被划分为集体劳动和个体劳动两种方式，当然集体劳动是最主要的方式。在集体劳动过程中，农民到底有没有偷懒，当事人最清楚。笔者采取个体访谈和集体辩论的方式，从当事人诉说中概括出农民的四种偷懒"反行为"。

　　第一，集体劳动出勤时的群体拖拉。按文本记述，集体劳动是"出勤不出力"，照此，集体劳动的主要问题是不出力，出勤似乎不是问题。懒和散是一对孪生子，懒必散，散必懒。事实上，生产队集体劳动面临第一个突出问题就是散漫，出工拖拉是散漫的集中表现，"你等我，我等你，谁也不肯早做活"。③

　　第二，集体劳动过程中的群体偷懒。必须明确的是，勤劳是中国农民的本性，懒惰不是农民的本性。集体化时期，农民做私人事是勤劳的，在生产队从事集体劳动时却有群体偷懒行为。浙江省萧山县汤家桥大队会计汤仁根反映："大家能多做的不肯多做，技术人员不愿做技术工（耕、耙、插），劳动质量降低，盒泥耙得很少，学技术也不学。来阿康（社员名）单干时是生产能手，1959年做技术员，培育秧苗不如别人，因怕多花力气"。④ 群体偷懒主要体现两个方面：一是田间劳动的休息频率较高且休息时间较长，二是趁监管不到位的空隙，集体玩耍。但农民的群体偷懒是有底线的，表现在三个方面：一是每天出工一定会多

①　辛逸：《关于农村公社的分期》，载于《山东师范大学学报》2000年第1期。
②　中共中央文献研究室：《建国以来重要文献选编》第15册，中央文献出版社1997年版，第636～637页。
③　徐建青等：《薛暮桥笔记选编（1945－1983）》第2册，社会科学文献出版社2017年版，第602页。
④　徐建青等：《薛暮桥笔记选编（1945－1983）》第2册，社会科学文献出版社2017年版，第598页。

多少少做点事，不会一懒到底；二是季节强的劳动如抢收抢种不会偷懒；三是定额劳动不会偷懒。

第三，集体劳动过程中的个别偷懒。个别偷懒者就是农村中的懒汉，他们除了出工拖拉和参与群体偷懒行为外，在集体劳动时，表现得比其他人更加懒惰。

第四，不负责任的无效劳动。所谓无效劳动是"指个体或家户付出了劳动，但对集体却没有产生收益或者甚至产生负收益的劳动"。[1] 集体化时期，生产队实行评分工分和定额工分两种工分制。本来，评分工分是根据劳动者的劳动能力和劳动质量来评定，但实际中劳动质量难以科学评价，为减少评分麻烦，工分评定很少考虑劳动质量。到"文革"时期，"大寨工分"在农村盛行，"大寨工分"以"自报公议"为主要方法，这个办法是建立在社员劳动自觉、思想境界高尚的基础之上。[2] 如果社员自报的工分符合实际，公议就只是一个复核的过程，问题是，社员自报工分往往难以得到别人的认同，于是，公议就成为了一个复杂的讨价还价过程，生产队每天耗损在工分评议上的交易成本被无限放大。为降低交易成本，到20世纪70年代，大多数生产队实行"底分死评"和"底分活评"相结合，以"底分死评"为主的评分方式，在这种制度下，底分的评定依据就是劳动力的性别和年龄，"男劳力拿根草棍也记十分工，女劳力搬座泰山只记七分半"。[3] 男女同工不同酬的问题在全国普遍存在，薛暮桥1961年在浙江省萧山县的调查显示，该县江三大队"男工女工同工不同酬，拔草男工8分，女工6分，实际女工比男工快得多"；汤家桥大队"男的最高10分，女的最高6分"。[4] 显然，这是一种无视劳动质量的工分制，既然不考虑质量，无效劳动的产生就不足为奇。定额工分又称包工制，其本意是突出劳动质量和效率，主要针对的是那些季节性强、技术含量较高、劳动强度较大的农活，生产队先确定每种农活的任务量、工分量、质量标准和完成时间，再把农活承包给家户或作业组，承包者完成既定农活后交生产队验收，验收合格就按实现协定给承包者记工分，不合格者则要返工或减工分。但在实际操作中，重承包轻验收，验收中即使发现了问题，验收人碍于情面也睁只眼闭只眼，很少返工，减工分则更少，这样一来，承包人为了尽快完成任务而不顾劳动质量，无效劳动因之产生。亲历者

①　张江华：《工分制下的劳动激励与集体行动的效率》，载于《社会学研究》2007年第5期。
②　辛逸：《农村人民公社分配制度研究》，中共党史出版社2005年版，第131页。
③　李锦：《大转折的瞬间——目击中国农村改革》，湖南人民出版社2000年版，第76页。
④　徐建青等：《薛暮桥笔记选编（1945－1983）》第2册，社会科学文献出版社2017年版，第598页。

回忆证实了这一点。①

## 第三节　集体农庄式农业合作模式的出路

中华人民共和国成立以后，面临着三大任务。其一，在全国范围内确立并巩固社会主义制度。在城市确立社会主义制度是通过资本主义工商业改造得以实现。在农村确立社会主义制度，首先是要通过土改废除封建半封建的土地制度，土改完成以后，农村经济逐渐活跃，但两极分化也随之出现，两极分化不是社会主义，所以，要在农村确立以公有制为基础、以共同富裕为目标的社会主义制度，必须走农业合作化道路。其二，第二次世界大战以后，美苏争霸，世界分裂为资本主义和社会主义两大敌对阵营，作为社会主义大国的新中国，遭到了资本主义国家经济上的封锁、军事上的威胁，新生的人民共和国政权，要想彻底摆脱资本主义国家的控制，实现国家独立和民族自强，必须首先建立完整的工业化体系，并且优先发展重工业。建立以重工业为基础的现代化工业体系，必须解决原始资本积累问题。资本主义国家通过侵略扩张完成了资本原始积累，新中国不可能走这条路，只能选择原始资本自我积累道路。像中国这样的农业大国，最初的原始资本积累只能依靠农业剩余，而要集中有限的农业剩余，采取集体农庄式农业合作模式最为合适，这种模式，可以降低国家与农民的协调成本，可以在最短的时间内集中国家所需的资本。其三，经历了鸦片战争以来的百年战乱之后，中国农村异常残破。表现为：农村金融资源枯竭，高利贷盛行；以水利设施为核心的农业基础设施或毁于战乱，或无力修补，残破异常，农业生产完全靠天吃饭；农民极端贫困，或缺衣少食，或缺生产工具；农村阶级关系比较紧张，占人口少数的地主富农剥削占人口大多数的贫农是社会普遍现象。面对这些问题，以人民利益为中心的中国共产党，必须选择集体农庄式农业合作模式。这是因为，采取这种模式，可以打击甚至消灭高利贷，可以集中大众力量兴修水利设施，可以消

---

① 亲历者说："扯秧、插田、扮禾、收麦子、挖红薯土等季节性强的工夫一般做定额，搞定额速度要快但搞鬼的人多，造成重复劳动。扯秧的图快不洗泥巴，插秧的人就要重新洗；扮禾和扮麦子的图快就不扮干净，还要扮第二次；挖红薯土的只挖翻，不敲碎，到栽秧时又得重新挖。出种子、锄草、扯花生、烧灰、施肥、打农药、摘茶叶、修渠道、担塘泥，这些事搞评分工分。评分工分就是做多做少反正一个样，男劳力做一日10分，女的6分，半劳力4分。这些事人人搞鬼，出种子灰不盖好，第二天重盖；锄草不断跟，第二天重锄；扯花生留一半到土里，过几天又去挖一次，尽是搞重复劳动，生产队的工就是这样耽搁的"。根据2015年5月1日访谈记录整理。

灭剥削现象。

由此看来，新中国成立以后选择集体农庄式农业合作模式，是时代的必然要求，是实现特定时代主题的必然手段，不是某个领导人或中国共产党的偏好所致！

当历史车轮辗转到 1970 年代末时，国际国内形势发生了深刻的变化。其一，经过新中国成立以后三十年的发展，社会主义制度的优越性得到了充分的体现，社会主义制度在城乡、在各行各业、在农民心目中已经牢牢地确立并得到了巩固。在坚持土地等基本生产资料公有制的前提下，具备了创新生产与经营方式的条件，或者说，只要坚持土地公有制，既可允许集体经营也可允许家庭经营，开展家庭经营不但不会动摇社会主义农业合作制度而且会成为社会主义农业合作制度的一种新的实现形式。其二，经过近三十年的发展，中国已经建立起了以重工业为主体的完整的工业体系。到 1970 年代末期，中国已经具备了由优先发展重工业向轻、重工业均衡发展转型的条件。发展轻工业特别是劳动密集型工业，一方面对资本的需求相对较少，另一方面对劳动力形成了旺盛的需求。正因为对资本需求相对较少，工业对农业剩余的依赖性相对减弱；正因为需要大量的劳动力，就需要改革集体劳动的农业合作模式，转而采取家庭分散劳动的新型合作模式，从农业中分流出剩余劳动力发展轻工业。其三，经过农业集体化时期的发展，中国农业取得了辉煌的成就，农林牧渔业总产值由 1952 年的 461 亿元上升到 1980 年的 1923 亿元，增长了 417%；农村居民纯收入由 1949 年的 43.8 元上升到 1980 年的 191.3 元，增长了 436%；粮食、棉花、油料、糖料、水果、水产品的人均占有量分别由 1949 年的 208.95 斤、0.82 斤、4.73 斤、5.23 斤、2.22 斤、0.83 斤上升到 1980 年的 326.69 斤、2.76 斤、7.84 斤、29.76 斤、6.92 斤、4.58 斤，分别增长了 156%、336%、165%、569%、311%、551%；因科技水平的提高和农田水利设施的兴修，主要农作物的单产量显著提高，粮食、小麦、玉米、大豆、油料的单产量由 1949 年的 1029 斤、642 斤、962 斤、611 斤、606 斤分别上升到 1980 年的 2734 斤、1914 斤、3116 斤、1099 斤、970 斤，分别增长 265%、298%、323%、179%、160%。[①] 中国农村已经改变了金融枯竭、高利贷盛行、农户缺衣少食、缺少生产工具、贫困农民受少数地主富农剥削的状

———

[①]　中华人民共和国农业部编：《新中国农业 60 年统计资料》，中国农业出版社 2009 年版，第 11 页、第 13 页、第 14 页、第 17~23 页。

况，这些改变是集体农庄式农业合作模式的成就，也为进一步改革集体农庄式农业合作模式、开展家庭分散经营提供了厚实的基础条件。其四，中国与美国等资本主义国家的关系得到了极大的改善，资本主义国家改变了封锁中国的策略。1970 年代资本主义世界的经济滞胀，促使资本主义国家寻求新的经济增长点，对外投资成为其经济增长动力之一，在这种国际背景下，中国有机会吸引外资来华投资，使中国工业化新增了一条融资渠道。其五，集体农庄式农业合作模式尽管在宏观上具有集中资源办大事的优势，但在微观层面确实存在生产效率低下、制度运行成本高昂等弊端，这些弊端严重地制约了集体农庄式农业合作模式的发展，需要对其进行改革。

上世纪 70 年代末，时代主题因国际国内形势的变化而切换到和平与发展上，其中的发展就包括发展农业经济。发展农业经济，需要改革原有农业经济体制，十一届三中全会以后的农村改革，中国农村确立了家庭承包责任制。在新的农业经营体制下，新型农业合作模式破茧而出。集体农庄式农业合作模式在改革开放时期逐渐转轨成为新型农业合作模式。

# 第三篇

# 改革开放时期的新型农业合作模式

# 第十章

# 坚持与创新：改革开放前后两种农业合作模式的逻辑关系

以 1978 年 12 月十一届三中全会的召开为标志，中国进入了改革开放新时期。众所周知，中国的改革始于农村，农村改革取得巨大成功后才转向城市改革，进而逐步进入全面改革阶段。中国农村改革的大幕是从改革集体农庄式农业合作模式开始，到 1984 年，人民公社解散，集体农庄式农业合作模式完成了其历史使命，与此同时，家庭联产承包责任制在全国农村确立。在家庭联产承包责任制确立的同时，与新的农业经营方式相适应的农业合作模式即新型农业合作模式在探索中逐步形成。

## 第一节　新型农业合作模式是对集体农庄式农业合作模式的坚持与创新

改革开放以前的农业合作模式是一种单一模式，即全国农村都是统一实行集体农庄式农业合作模式，改革开放时期形成的农业合作模式则是多元化的，即各地根据实际情况因地制宜构建适合本地需要的农业合作模式。总括起来，改革开放以来，中国农村出现的新型农业合作模式主要有四类：第一类是建立在农村集体经济基础之上的社区型股份合作，第二类是以家庭经营为基础的专业型合作，第三类是由传统合作经济组织（供销合作社和农村信用合作社）的改制转型，第四类是新型农业合作公社。

不可否认，新型农业合作模式取代集体农庄式农业合作模式以后，中国农业生产力得到了极大的解放、农业生产效率快速提高、农民生活水平极大提高。如表 10 - 1 所示。

表 10 - 1　　　　　　　1952～2008 年农民生产生活水平的提高情况

| 年份 | 农林牧副渔总产值（亿元） | 农业总产值（亿元） | 农林牧副渔总产值指数 | 农业总产值指数 | 农民人均纯收入（元） |
|---|---|---|---|---|---|
| 1952 | 537 | 444 | 100 | 100 | 57.0 |
| 1978 | 1397 | 1118 | 206.2 | 191.3 | 133.6 |
| 1984 | 3214 | 2380 | 322.4 | 291.7 | 355.3 |
| 1985 | 3620 | 2506 | 333.4 | 291.2 | 397.6 |
| 1990 | 7662 | 4954 | 420.5 | 356.7 | 686.3 |
| 1995 | 20341 | 11885 | 602.2 | 439.7 | 1577.7 |
| 2000 | 24916 | 13874 | 807.8 | 549.6 | 2253.4 |
| 2005 | 39451 | 19613 | 1044.1 | 668.2 | 3254.9 |
| 2008 | 58002 | 28044 | 1208.6 | 766.5 | 4760.6 |

资料来源：中华人民共和国农业部：《新中国农业 60 年统计资料》，中国农业出版社 2009 年版，第 11～13 页。

　　根据表 10 - 1 可知，1978 年的农林牧副渔总产值、农业总产值、农民人均纯收入比 1952 年分别增长了 2.06 倍、1.91 倍、2.34 倍；2008 年的农林牧副渔总产值、农业总产值比 1978 年分别增长了 5.86 倍、4.01 倍、35.63 倍，改革开放以后的增长率远远超过改革开放以前。正因为如此，有些学者以改革以后的农业发展成就来否定改革以前的农业合作制度。

　　家庭联产承包责任制的实施，带来了农业生产的快速发展和农民人均纯收入的快速增长，但与农业集体时代相比，无论是社区型股份合作社还是农民专业合作社，对农业发展所提供的社会化服务的数量和质量都出现了下降。譬如，在集体农庄式农业合作模式下，人民公社可以利用行政权力广泛而廉价地动员农村劳动力、农业资源开展大规模的农田水利建设，到改革开放以后，社区型股份合作社和农民专业合作社失去了这种资源动员能力，导致农田水利建设严重滞后于农业生产的发展。当前仍在发挥重要作用的水库、拦水坝、山塘、电排等农田水利设施，大多修建于改革开放以前。在集体化时代，农民尽管很穷但文娱精神生活相对比较丰富，农民生活水平平均，农村基本上没有出现贫富分化现象；改革开放以后，物质生活丰富了但精神生活似乎不如过去，农村再度出现贫富分化。这些现象，引起一些怀旧者对过去历史的无限怀念，并以此否定现在的农业基本经营制度和合作制度。

前一种观点是用改革以后的成就否定改革以前的合作体制，后一种观点是用改革以前的优点否定改革以后的农业基本经营制度和合作制度，这都是不是历史唯物主义的观点。如果用一分为二的观点来考察一种制度，不难发现，任何一种制度都有优缺点，用这个时期的优点去否定前一个时期或者用前一个时期的优点去否定后一个时期，都是不可取的。习近平总书记指出："我们党领导人民进行社会主义建设，有改革开放前和改革开放后两个历史时期……虽然这两个历史时期在进行社会主义建设的思想指导、方针政策、实际工作上有很大差别，但两者决不是彼此割裂的，更不是根本对立的。不能用改革开放后的历史时期否定改革开放前的历史时期，也不能用改革开放前的历史时期否定改革开放后的历史时期。"① 习近平的讲话为我们认识改革开放前后两种农业合作模式提供了认识标准。改革开放前的集体农庄式农业合作模式在动员社会资源建设农村基础设施、提供农村公共物品、克服农村两极分化等方面有很大的制度优势，但在调动劳动者劳动积极性上却存在明显的制度缺陷。正因为存在缺陷，就需要对其进行改革；正因为它有制度优势，所以在新的历史时期必须坚持。改革开放时期确立的新型农业合作模式，坚持了过去制度好的一面，对不好的一面进行了彻底改革，改革开放前后两种农业合作模式之间是坚持与创新的关系，而不是否定的关系。

## 第二节　新型农业合作模式对集体农庄式农业合作模式的坚持

新型农业合作模式是在对集体农庄式农业合作模式进行改革的基础上建立起来的，它坚持了集体农庄式农业合作模式的两项基本制度：土地集体所有制度和集体统一经营制度。

### 一、坚持土地集体所有制

在中国传统社会里，土地集中与土地兼并始终是一大不可根治的痼疾，也是社会矛盾的触发点。1947 年《中共中央关于公布中国土地法大纲的决议》指出，地主富农占农村人口的比重不到 10%，却"占有约百分之七十至八十的土地"；

---

① 习近平：《不能用改革开放后的历史时期否定改革开放前》，中国青年网 2013 年 1 月 6 日，http：//news. youth. cn/gn/201301/t20130106_2778367_1. htm。

中农、贫雇农占农村人口的90%以上，"却总共只有约百分之二十至三十的土地，终年劳动，不得温饱"。[1] 1946 年东北的土地占有状况对此做了有力的印证，如表 10 - 2 所示。

表 10 - 2　　　　　　　　　　东北土地分配状况

| | 南满 | | 中满 | | 北满 | | |
|---|---|---|---|---|---|---|---|
| | 户数（%） | 土地占有（%） | 户数（%） | 土地占有（%） | 土地占有数 | 户数（%） | 土地占有（%） |
| 大土地所有者 | 4.2 | 40.4 | 0.2 | 3.0 | 100 垧以上 | 2.9 | 50.0 |
| 中土地所有者 | 14.7 | 35.8 | 16.7 | 65.8 | 50 垧以上 | 3.1 | 16.6 |
| 小土地所有者 | 15.4 | 13.7 | 17.5 | 22.6 | 20 垧以上 | 8.1 | 21.3 |
| 零细土地所有者 | 33.0 | 9.7 | 16.7 | 6.3 | 5 垧以上 | 10.5 | 10.0 |
| 无土地者 | 32.5 | — | 48.7 | 2.3 | 5 垧以下 | 12.5 | 2.1 |
| | | | | | 无土地者 | 63.2 | — |

注：东北地区 1 垧一般合一公顷（15 亩）。
资料来源：《中国的土地改革》编辑部、中国社会科学院经济研究所现代经济史组编：《中国土地改革史料选编》，国防大学出版社 1988 年版，第 316 页。

　　改变土地集中状况，实现"耕者有其田"是中国共产党的革命目标，也是广大农民的热情期盼。为了实现"耕者有其田"，新中国成立以后，党领导农民在农村开展土地革命。对于土地革命的目的，1950 年颁布的《中华人民共和国土地改革法》规定土地实行农民所有制，"废除地主阶级封建剥削的土地所有制，实行农民的土地所有制，借以解放农村生产力，发展农业"。[2] 土改完成以后，国家随即推进农业合作化运动，确立集体农庄式农业合作模式。最初成立的互助组，只是农户之间劳动和农具上的互助，没有统一经营土地。由互助组发展而成的初级社，是由农民土地入股组成，土地由初级社统一经营，但土地的所有权仍归农民。初级社上升为高级社之后，土地由农民私有转变为合作社集体所有。1962 年确立三级所有制以后，土地实行人民公社、生产大队、生产队三级集体所有。

　　自 1980 年代初实行家庭联产承包责任制以后，新型农业合作模式在探索中

---

①②　《中国的土地改革》编辑部、中国社会科学院经济研究所现代经济史组编：《中国土地改革史料选编》，国防大学出版社 1988 年版，第 430 页。

逐渐形成。在探索过程中，始终坚持土地集体所有制。1982 年一号文件明确指出："在建立和完善农业生产责任制的过程中，必须坚持土地的集体所有制"。①1986 年修订的《土地管理法》规定："在建立和完善农业生产责任制的过程中，必须坚持土地的集体所有制"。2002 年颁布的《农村土地承包法》是农村改革 20 多年之后，国家首次颁布专门法律对农村土地承包关系进行法律确认，该法第 2 条规定："本法所称农村土地，是指农民集体所有和国家所有依法由农民集体使用的耕地、林地、草地，以及其他依法用于农业的土地"。② 在新型农业合作模式下，国家赋予农户对土地承包的长期经营权。从农业生产角度来看，作为生产要素的土地，只有合理耕种，才能永续利用。如果实行掠夺式经营，土地就不能永续利用；如果赋予农民长期而稳定的土地承包经营权，就能激励农民珍惜土地、增加土地投入。从农民的生存角度来看，土地是农民最可靠的生活保障。③正是出于这样的考虑，党中央历来强调要稳定农村的土地承包关系。农村改革以来，有关土地承包期限的政策已经做过四次修改：1984 年一号文件规定："土地承包期一般应在 15 年以上"，这是中央首次对土地承包期做出明确规定；1993年，中共中央、国务院《关于当前农业和农村经济发展的若干政策措施》提出，第一轮土地承包经营 15 年到期后，"再延长 30 年不变"，这是中央第二次对土地承包期做出规定；第三次是 2008 年，中共十七届三中全会通过的《关于推进农村改革发展若干重大问题的决定》第三次延长土地的承包期，这一次没有规定具体的承包期限，提出"现有土地承包关系要保持稳定并长久不变"。第四次是2017 年，习近平总书记在党的十九大报告中提出："保持土地承包关系稳定长久不变，第二轮土地承包到期后再延长 30 年。"④

### 二、坚持集体统一经营

发挥合作经济组织统一经营功能的优越性，是把小农经营改造成为集体农庄式大农经营的一个主要目的。新中国成立以后，国家所颁布的有关法规都明确规定了互助组、初级社高级社和人民公社具有统一经营功能。按照 1951 年 12 月 15日中央颁布的《关于农业生产互助合作的决议（草案）》的规定，互助组在以下

① 中共中央文献研究室编：《改革开放三十年重要文献选编》上，中央文献出版社 2008 年版，第 233 页。
② 农业部产业政策与法规司编：《农业法律法规规章汇编》，中国农业出版社 2003 年版，第 142 页。
③ 陈锡文、赵阳、罗丹：《中国农村改革 30 年回顾与展望》，人民出版社 2008 年版，第 8 页。
④ 习近平：《决胜全面建成小康社会，夺取新时代中国特色社会主义伟大胜利》，人民出版社 2017 年版，第 32 页。

领域须进行集体统一经营：第一，兴修水利，改良土壤，并在可能的地区把旱地变成水地，有计划地种植各种农作物，改良品种；第二，在适宜于当地的条件下，发展农业和副业；第三，根据扩大再生产的需要，添置公有的生产工具和牲畜；第四，建立一些必要的简明易行的生产管理制度和劳动纪律；第五，开展新旧生产技术的互教互学运动，普及和提高旧技术旧经验中的有用的合理的部分，逐步地与那些可能应用的新技术相结合，不断地改良农作法；第六，提倡组和组、社和社、组员和组员、社员和社员之间的爱国丰产竞赛；第七，培育并有分寸地奖励生产的积极分子和技术能手，训练生产小组组长。①

1955 年 11 月 9 日全国人大常委会第 24 次会议通过的《农业生产合作社示范章程草案》规定了初级社的统一经营功能：第一，根据本身条件和国家的生产计划和收购计划，制订本社的生产计划，不断地改进农业技术，逐步地在国家和工人阶级的帮助下，实现农业机械化和电气化，开展劳动竞赛；第二，统一繁殖和使用耕畜，统一使用和保管大型农具、农业运输工具、副业工具和设备，统一经营成片的林木、成群的牧畜；第三，合理地统一使用耕地，按照土地的条件种植适宜的作物，根据可能的条件增加复种面积，扩大高产量作物的播种面积；第四，兴修小型水利，增加水田，扩大灌溉面积，改善灌溉方法；第五，改良作物品种，实行选种、留种，换用和培养优良品种等；第六，增加肥料，合理地施肥，尽量利用各种自然的和人造的肥料，改进施肥的方法等；第七，改进耕作方法，采用先进的方法处理种籽和培育秧苗，及时地播种，适当地密植，加强田间管理，同各种自然灾害作斗争；第八，修整耕地，改良土壤，护林造林，培护草坡，进行农、林、牧、水综合的水土保持措施；第九，在不妨碍水土保持的条件下开垦荒地，在可能的条件下组织移民垦荒；第十，利用荒地发展林业，利用水流发展水产。②

1956 年 6 月 30 日第一届全国人大第三次会议通过的《高级农业生产合作社示范章程》规定了高级社的统一经营功能：第一，统一经营大量的成片的果树、茶树、桑树、竹子、桐树、漆树和其他经济林，统一经营大量的成片的用材林，统一经营成群的牧畜；第二，兴修水利，保持水土，改良土壤，修整耕地；第三，采用新式农具，逐步地实现农业机械化；第四，开辟肥料来源，改进使用肥

---

① 中央文献研究室编：《建国以来重要文献选编》第 2 册，中央文献出版社 1994 年版，第 517～519 页。
② 中央文献研究室编：《建国以来重要文献选编》第 7 册，中央文献出版社 1993 年版，第 360、第 369～372、第 375～376 页。

料的方法；第五，采用优良品种，有计划地发展高产作物；第六，合理地使用耕地，扩大复种面积；第七，改进耕作方法，实行精耕细作；第八，防治和消灭虫害、病害和其他灾害；第九，保护和繁殖牲畜，改良牲畜品种；第十，在不妨碍水土保持的条件下，有计划地开垦荒地，扩大耕地面积；第十一，积极发展林业、畜牧业、水产业、手工业、运输业、养蚕业、养蜂业、家禽饲养业和其他副业生产。[①]

1962 年颁布的《农村人民公社工作条例修正草案》分别规定了公社、大队和生产队三级集体经济组织的统一经营功能。如下领域由公社负责统一经营：第一，推广经过反复试验、确实有效的增产措施、先进经验、改良农具和运输工具；第二，选留良种，按等价交换原则调剂种子；第三，同供销社协商，做好对生产队的农具、肥料和农药供应计划，督促供销社做好供应工作；第四，管好、用好属于公社所有的大型中型农业机具和运输工具；第五，兴办全公社范围的，或者跨生产大队和生产队的水利建设和植树造林，水土保持、土壤改良等基本建设；第六，保护水库、堤坝、渠道和苇塘，利用这些资源养鱼养鸭、发展水生作物；第七，经营管理好属于公社的山林资源，严禁乱砍乱伐和毁林开荒；第八，按照经济核算和民主管理的原则，经营管理好社办企业；第九，督促手工业组织遵守国家政策法令，帮助其生产困难；第十，在各生产队之间分配国家规定的粮食和其他农副产品的征购、派购任务，并督促生产队完成任务；第十一，帮助生产队建立和健全财务管理制度。[②]

生产大队的统一经营功能共七项：第一，帮助生产队做好生产计划；第二，指导、检查、督促生产队的生产工作、财务管理工作和分配工作；第三，兴办全大队范围的或者几个生产队共同的水利建设和其他农田基本建设；第四，管好、用好大队所有的大中型农机具和运输工具；第五，经营好大队所有的山林和企业，领导好生产队联营的企业，帮助生产队经营好山林和企业；第六，督促生产队完成国家规定的粮食和其他农副产品的征购、派购任务；第七，管理全大队的民政、民兵、治安、文教卫生等项工作。[③]

生产队的统一经营功能包括：第一，兴办基本建设；第二，维修渠道和塘堰

---

① 中央文献研究室编：《建国以来重要文献选编》第 8 册，中央文献出版社 1994 年版，第 409～410、第412～413 页。
② 中央文献研究室编：《建国以来重要文献选编》第 15 册，中央文献出版社 1997 年版，第 618～623 页。
③ 中央文献研究室编：《建国以来重要文献选编》第 15 册，中央文献出版社 1997 年版，第 624 页。

等小型水利设施；第三，开展社会福利事业，对没有依靠的老、弱、孤、寡、残疾的社员，生活有困难的社员，生活有困难的烈士军属、军人家属和残疾军人，予以补助和优待；第四，积极发展农副产品加工作坊、手工业、养殖业、运输业、采集、渔猎等生产项目。①

在农业合作化时代，集体统一经营的成绩显著。表现在：大量农田水利设施的修建、优良品种的改良与推广应用、农业机械化和电气化水平的提高、农村福利事业的进步、社队企业的蓬勃发展，等等。改革开放以后，党和政府一方面对原有体制进行改革以进一步激发农民的生产积极性，另一方面又坚持发挥集体统一经营的功能。农村改革以来，在党和政府领导下，农民一直在探索一个适合中国农业发展实情的统一经营体系。这个探索过程大体可以划分为两个阶段。

第一阶段：上世纪80年代初到90年代末由社区合作经济组织（或称地区性合作经济组织）② 统一经营阶段。

农村改革之初，政府一方面按农民意愿把土地承包给农户分散经营，另一方面把原来的生产队改建成为社区合作经济组织，承担统一经营之责。这样，家庭分散经营与集体统一经营相结合的双层经营体制逐步形成。1982年一号文件提出："联产承包制的运用，可以恰当地协调集体利益和个人利益，并使集体统一经营和劳动者自主经营两个积极性同时得到发挥"。③ 在这里，中央首先提出社区合作经济组织具有统一经营的功能。1983年一号文件提出："联产承包制采取了统一经营与分散经营相结合的原则""完善联产承包责任制的关键是，通过承包处理好统与分的关系"，而搞好统一经营的关键是各地要建立"地区性合作经济组织"，其职责是"按照国家的计划指导安排某些生产项目，保证完成交售任务，管理集体的土地等基本生产资料和其他公共财产，为社员提供各种服务"。④ 1984年一号文件提出："为了完善统一经营和分散经营相结合的体制，一般应设

---

① 中央文献研究室编：《建国以来重要文献选编》第15册，中央文献出版社1997年版，第628~634页。
② 我国一直是混用集体经济和合作经济两个概念，认为两者是同义语，1982年修订的《中华人民共和国宪法》（简称《宪法》）规定："农村人民公社、农业生产合作社和其他生产、供销、信用、消费等各种形式的合作经济，是社会主义劳动群众集体所有制经济。"2004年修订的《宪法》仍然规定："农村中的生产、供销、信用、消费等各种形式的合作经济，是社会主义劳动群众集体所有制经济。"从《宪法》规定看出，我国一直认为合作经济属于集体所有制。所以，1980年代初期中央文件所讲的地区性合作经济组织就是农村集体经济组织。
③ 中共中央文献研究室编：《改革开放三十年重要文献选编》上，中央文献出版社2008年版，第232页。
④ 《当前农村经济政策的若干问题》，载于《人民日报》1983年1月2日第1版。

置以土地公有为基础的地区性合作经济组织。"① 1985 年中央一号文件进一步明确："地区性合作经济组织，要积极办好机械、水利、植保、经营管理等服务项目，并注意采取措施保护生态环境"。② 1986 年一号文件指出："有些地方没有把一家一户办不好或不好办的事认真抓起来，群众是不满意的"，要使群众满意，必须切实办好"地区性合作经济组织，以进一步完善统一经营与分散经营相结合的双层经营体制"。③ 连续四年的中央一号文件都反复强调地区性合作经济组织具有承担农业统一经营之责。1987 年五号文件《把农村改革引向深入》把"地区性合作经济组织"更名为"乡、村合作组织"，提出乡、村合作组织要切实做好"为农户提供生产服务"和"加强承包合同的管理"两件大事，具体"承担生产服务、协调管理、资产积累和资产开发四项职能"。④ 这是中央文件首次对乡、村合作经济组织职能进行明确界定，表明经过五年多探索，已经基本明确了统一经营的内涵。1991 年中共中央十一届八中全会通过的《中共中央关于进一步加强农业和农村工作的决定》把"乡、村合作组织"改名称为"乡村集体经济组织"，指出："完善双层经营体制，包括完善家庭承包经营和集体统一经营，"这个文件明确界定双层经营体制中的"统一经营"就是"集体统一经营"，"集体统一经营"的组织载体就是乡村集体经济组织，"乡村集体经济组织是农业社会化服务体系的基础，要努力把农民急需的产前、产中、产后的服务项目办起来"。决议还指出："目前多数地方集体统一经营层次比较薄弱，要在稳定家庭承包经营的基础上，逐步充实集体统一经营的内容"。⑤ 1998 年的《关于农业和农村工作若干重大问题的决定》将"乡村集体经济组织"改名为"农村集体经济组织"，农村集体经济组织的职责是："管理好集体资产，协调好利益关系，组织好生产服务和集体资源开发，壮大经济实力，特别要增强服务功能，解决一家一户难以解决的困难"。⑥ 此后至今的中央政策文件和法律法规都沿用农村集体经济组织这个称谓，也始终把农村集体经济组织作为统一经营的主要组织载体。

农村改革初期建立起来的社区合作经济组织，其前身是人民公社时期的生产

---

① 中共中央文献研究室、国务院发展研究中心编：《新时期农业和农村工作重要文献选编》上，中央文献出版社 1992 年版，第 229 页。
②③ 中共中央文献研究室、国务院发展研究中心编：《新时期农业和农村工作重要文献选编》上，中央文献出版社 1992 年版，第 332 页。
④ 中共中央文献研究室编：《改革开放三十年重要文献选编》上，中央文献出版社 2008 年版，第 447 页。
⑤ 中共中央文献研究室编：《改革开放三十年重要文献选编》上，中央文献出版社 2008 年版，第 608 页。
⑥ 中共中央文献研究室编：《改革开放三十年重要文献选编》下，中央文献出版社 2008 年版，第 983 页。

大队。农村经济发展参差不齐，有的生产大队社队企业办得好，有的生产大队办得不好，有的生产大队根本没有兴办社队企业。针对这种实情，1984 年一号文件规定："原公社一级已经形成经济实体的，应充分发挥其经济组织的作用；公社经济力量薄弱的，可以根据具体情况和群众意愿，建立不同形式的经济联合组织或协调服务组织；没有条件的地方也可以不设置（集体经济组织）"。① 据 1988 年农业部百县 1200 村的调查，1984～1987 年，全国 70% 的村设置了合作组织，30% 的没有设立，村级合作组织为农户提供的机耕、生产资料购买、植保、农产品销售、农机服务、技术指导等服务全面下降，从 1980 年的 63% 下降至 1987 年的 23%。② 从 1987 年开始，国家采取系列措施从财政、税收等方面对农村集体经济组织予以大力支持，但"随着市场经济的不断完善和农民家庭经营的不断成长壮大，集体统一经营的一些功能的不足也日渐突出，在不少地方甚至出现了名存实亡的情况"。③ 有些学者甚至认为双层经营体制变成了单层经营体制。在农村改革之初，农户异常贫困，加上农业的市场化程度还很低，大多数农民无力也无强烈的意愿去设立合作经济组织，在此情况下，由政府主导建立的农村集体经济组织成为农村唯一的统一经营主体，因此，国家选择农村集体经济组织作为统一经营的主要组织载体自是题中应有之义。还需指出的是，农民自发组建的各种专业合作组织如专业技术协会、专业合作社，在政府的扶持下，为家庭经营提供了诸如技术培训、信息发布等方面的服务，但因实力弱小，并未成为统一经营的主要组织载体。

第二阶段：新世纪以来以农村集体经济组织、农民专业合作社、龙头企业为主体的多层次、多形式统一经营阶段。

1998 年中共十五届三中全会提出，新世纪我国农业的发展方向是由传统农业向现代农业转型。与此相适应，我国把实施农业产业化经营确定为发展现代农业的有效路径。专业生产、面向市场、规模经营是农业产业化经营的基本要求，实现这些基本要求，农业统一经营的组织载体也必须由单一组织向多元组织转型。党和政府根据农村发展实际和农民要求，一方面继续扶持发展农村集体经济组织，另一方面对农民自主组织的专业合作社和参与农业产业化经营的龙头企业予以经济支持，并颁布法律规制其发展。

农村集体经济组织仍然是统一经营的重要组织载体。2002 年修订的《中华

---

① 《关于 1984 年农村工作的通知》，载于《人民日报》1984 年 1 月 1 日第 1 版。
② 农业部经济政策研究中心：《中国农村：政策研究备忘录》，中国农业出版社 1989 年版，第 278 页。
③ 张晓山、李周：《中国农村改革 30 年研究》，经济管理出版社 2008 年版，第 61 页。

人民共和国农业法》以法律形式规定了农村集体经济组织的社会服务功能，该法规定："农村集体经济组织应当在家庭承包经营的基础上，依法管理集体资产，为其成员提供生产、技术、信息等服务，组织合理开发、利用集体资源，壮大经济实力。"① 2008 年的《关于推进农村改革发展若干重大问题的决定》提出："发展集体经济、增强集体组织服务功能"，以"形成多元、多层次、多形式经营服务体系"。②

新世纪以来，农民专业合作社和龙头企业在建立健全农业社会化服务体系方面发挥的作用越来越大。农民专业合作社在采购农业生产资料、统一收购与销售农产品、建立标准化农产品生产与加工体系、农业生产技术服务、市场信息收集等方面起了显著的作用。如浙江温岭市的箬横西瓜合作社，利用合作社的经营积累建成 1113 平米的西瓜收购贮藏大厅和三座 25 吨级以上的冷库，提高西瓜的收贮能力，避免了瓜农在集中上市季节的滞销腐烂。③ 龙头企业参与农业产业化经营基本形成了三种模式：一是产业基地模式。龙头企业与农户或农民专业合作社订立契约，农户或农民专业合作社按照契约要求进行标准化生产，龙头企业按契约收购农产品，这样一来，农户或农民专业合作社就成为了企业的生产基地；二是龙头企业出资、出技术，农民出土地、劳动力，组建股份合作社或者股份公司，共同经营；三是垂直一体化经营方式，即企业租赁或受让农民土地，雇佣农民开展生产的经营方式。④ 2004 年以后，中央反复强调要支持农民专业合作经济组织和农业产业化龙头企业的发展，为家庭经营提供社会化服务。如 2012 年一号文件提出要"扶持农民专业合作社、供销合作社、专业技术协会、农民用水合作组织、涉农企业等社会力量广泛参与农业产前、产中、产后服务"。⑤ 2013 年一号文件提出要"支持龙头企业通过兼并、重组、收购、控股等方式组建大型企业集团。创建农业产业化示范基地，促进龙头企业集群发展。推动龙头企业与农户建立紧密型利益联结机制，……让农户更多分享加工销售收益"。⑥ 到目前为

---

① 农业部产业政策与法规司编：《农业法律法规规章汇编》，中国农业出版社 2003 年版，第 9 页。
② 中共中央文献研究室编：《改革开放三十年重要文献选编》下，中央文献出版社 2008 年版，第 1852 页。
③ 易棉阳、贺伟：《新型农民合作组织在促进农业现代化进程中的作用分析》，载于《经济界》2013 年第 4 期。
④ 刘凤芹：《农地制度与农业经济组织》，中国社会科学出版社 2005 年版。
⑤ 中共中央　国务院印发《关于加快推进农业科技创新持续增强农产品供给保障能力的若干意见》，http://politics.people.com.cn/GB/16995572.html。
⑥ 《中共中央　国务院关于加快发展现代农业，进一步增强农村发展活力的若干意见》，载于《人民日报》2013 年 2 月 5 日。

止，我国已经初步构建了农村集体经济组织、农民专业合作社和龙头企业为主要组织载体的农业统一经营体系。

## 第三节 新型农业合作模式对集体农庄式农业合作模式的创新

针对集体农庄式农业合作模式的弊端，新型农业合作模式进行了创新性变革。主要体现在两个方面：一是在经营方式上引入家庭经营并把它作为最主要的经营层次；二是改革分配制度，不再局限于按劳分配方式。

### 一、创新经营制度

主要体现在两个方面。

第一，把家庭承包经营引入到新型农业合作模式之中，并视之为"集体经济组织① （即社区合作经济组织）内部的一个经营层次"。土地改革至初级社建立之前，我国农业仍保留着家庭经营形式。1955 年初级社普遍建立以后，农户把土地以入股的形式交给合作社统一经营，家庭不再是一个具有独立生产决策权的经营主体，但家庭仍然是土地的所有者。1956 年建立的高级社和 1958 年在高级社基础上建立起来的人民公社，土地所有权由农民所有变更为集体所有，土地的集体统一经营被进一步强化，除极少量的自留地外，家庭对土地基本失去自主经营权，家庭变成一个单纯的消费单位，这种状况一直延续到 1978 年，家庭经营在我国消失了 23 年。在这 23 年中，受"左"的思想的影响，认为集体经济必须坚持四条：一是土地、耕畜、大型农具等主要生产资料必须实行集体所有制；二是农业生产和副业生产由生产队按计划进行统一安排；三是统一调配劳动力，劳动方式必须是社员集体劳动；四是生产收入由生产队和生产大队进行统一分配。②

---

① 我国一直是混用集体经济和合作经济两个概念，认为合作经济就是集体经济，集体经济就是合作经济。1951 年 12 月 15 日中央颁布的《中共中央关于农业生产互助合作的决议（草案）》是新中国成立以后的第一个合作经济法规，该决议指出，"党中央的和共同纲领上的这个方针在实际上教育着广大农民，使他们逐步地懂得劳动互助和生产合作比起单纯的孤立的个体经济有极大的优越性，启发他们由个体经济逐步地过渡到集体经济的道路"，还指出，"现在所称的农业生产合作社虽然是互助运动在现在出现的高级形式，但是比起完全的社会主义的集体农庄（即更高级的农业生产合作社），这还是较低级的形式。"1982 年修订的《宪法》规定："农村人民公社、农业生产合作社和其他生产、供销、信用、消费各种形式的合作经济，是社会主义劳动群众集体所有制经济。"2004 年修订的《宪法》仍然规定："农村中的生产、供销、信用、消费等各种形式的合作经济，是社会主义劳动群众集体所有制经济。"从《宪法》规定看出，我国一直认为合作经济属于集体所有制。所以，1980 年代初期中央文件所讲的地区性合作经济组织就是农村集体经济组织。

② 黄道霞等：《建国以来农业合作化史料汇编》，中共党史出版社 1992 年版，第 718 页。

实行家庭经营就必须打破统一经营、统一核算和统一分配，这就是破坏集体经济，而集体经济是农村社会主义公有制的主要实现形式，因此，破坏集体经济也就是破坏社会主义。在这种理论逻辑下，家庭经营被看作是集体经济的对立物而排斥在集体经济之外。1956 年、1959 年、1960 年先后三次出现家庭承包经营形式，但三次都被压制。家庭承包经营尽管屡遭压制，但其生命力却异常强大。1978 年夏秋之际，安徽等省出现罕见旱灾，为谋求最原始的生存权利，安徽一些地方农村再度出现"包工到组、责任到人""常年分工、一包到底""包产到户"等多种形式的责任制，实行承包责任制的地方，农民生产积极性大为提高，产量也大为增加。安徽滁县在 1978 年"春旱严重，三个月不下雨，比往年多用工两三倍，由于政策落实，春播比往年速度快。小麦比去年丰收。群众没有外流，相反的有别处来此逃荒"。[①]

对于再度出现的承包责任制，其方向是否正确，决策层的意见最初并不一致。1979 年 4 月，中央转批了国家农委党组报送的《关于农村工作问题座谈会纪要》，纪要认为，在保证"三个坚持"[②] 的前提下，鼓励各地因地制宜探索生产责任制的新形式，各地实行的分组作业、小段包工、按定额计酬的办法，要继续完善，田间管理包工到组是联系产量的一种生产责任制，只要群众拥护，可以试行。纪要对包产到户做了特别强调，在"深山、偏僻地区的孤门独户，实行包产到户，也应当许可"，其他地方，"除特殊情况经县委批准者以外，都不许包产到户，不许划小核算单位，一律不许分田单干"。纪要说明不允许搞包产到户的主要原因：其一，如果实行包产到户，那么，主要作物的全部农活不再由集体承担而是由个人承担，产量也完全由承包户负责，"它失去了集体劳动和统一经营的好处"；其二，尽管包产到户仍然承认集体所有、集体统一核算、集体统一分配，但实际上否定了集体统一经营，包产到户"本质上和分田单干没有多少差别，所以是一种倒退"。[③] 这份纪要折射出三层意思：一是鼓励生产责任制探索新形式；二是根据实际情况，允许不适合集体经营的深山和偏僻地区实行包产到户；三是在根本上不能动摇人民公社体制，不运行普遍实行包产到户。安徽在全国率先实行包产到户。1980 年 1 月 11 日，安徽省委书记万里在安徽省农业会议上，就包产到户的性质问题发表了讲话。他认为，包产到户是责任制的一种形

① 徐建青等：《薛暮桥笔记选编（1945－1983 年）》第 4 册，社会科学文献出版社 2017 年版，第 1206 页。
② 即坚持生产资料集体所有、坚持劳动力统一使用、坚持生产队统一核算和统一分配。
③ 黄道霞等：《建国以来农业合作化史料汇编》，中共党史出版社 1992 年版，第 919 页。

式，是集体生产受到严重破坏的条件下采取的让农民休养生息的办法，有利于迅速改变贫穷落后的面貌。他还指出，包产到户不是分田单干，因为"生产资料所有制并没有变，而且坚持了生产队的统一分配"，包产到户是为了将来发展更高层次的合作，"等到生产发展了，农民富裕了，公积金、公益金增加了，国家支援也多了，就有条件领导他们以更高的组织形式去发展生产，发挥集体经济的优越性，实现农业的机械化、现代化。因此，对已经出现的包产到户的形式，不能采取不承认态度或任其自流"。① 1980 年 3 月 6 日，国家农委印发的《全国农村人民公社经营管理会议纪要》认为，生产队应该不断完善包工到组、包产到组、责任到人的生产责任制，"凡是能够制订定额的农活，都应制订劳动定额，推行定额计酬制，尽量减少按时记工加评议的办法"，该纪要仍然坚持认为"除某些副业生产的特殊需要和边远山区交通不便的单家独户外，不要包产到户"，"极少数集体经济长期办得不好、群众生活很困难，自发包产到户的……不要硬性扭转，与群众对立"。② 这个纪要不仅允许偏僻地区可以搞包产到户，集体经济长期搞不好的地方搞包产到户也不要强行制止，这是对既定事实的积极回应，表明决策层对包产到户有了进一步松动。1980 年 5 月 31 日，邓小平就农村政策问题发表谈话，他充分肯定了实行包产到户的地方所取得的成绩，认为，不必担心包产到户会影响集体经济，因为"我们总的方向是发展集体经济。实行包产到户的地方，经济的主要体现也还是生产队。这些地方将来会怎么样呢？可以肯定，只要生产发展了，农村的社会分工和商品经济发展了，低水平的集体化就会发展到高水平的集体化，集体经济不巩固的也会巩固起来"。③ 邓小平的看法迅速得到决策层的认同。1980 年 9 月 14 日，杜润生就包产到户作了如下解释："现在不同于 60 年代初期，总的趋势是承认包产到户是社会主义经济的责任制，因为肯定土地集体所有制，并且都程度不同地与集体的经营保持着某些联系。'大包干到户'虽然成了独户经营，自负盈亏，但它仍然通过承包形式与集体联系，成为集体经济的组成部分，与过去的单干有所不同，因此也应算作是社会主义社会的一种经营方式，即一种责任制形式"。④

　　决策层关于包产到户的共识体现 1983 年一号文件中。一号文件指出，实行

① 黄道霞等：《建国以来农业合作化史料汇编》，中共党史出版社 1992 年版，第 933 页。
② 黄道霞等：《建国以来农业合作化史料汇编》，中共党史出版社 1992 年版，第 923 页。
③ 《邓小平文选》，人民出版社 1983 年版，第 275 页。
④ 黄道霞等：《建国以来农业合作化史料汇编》，中共党史出版社 1992 年版，第 929 页。

承包经营的联产承包制，有效地实现了统一经营和分散经营的有机结合，既发挥了集体经营的优越性又有利于调动个人的生产积极性，"这一制度的进一步完善和发展，必将使农业社会主义合作化的具体道路更加符合我国的实际"。① 这个文件正式确立了家庭承包经营作为我国农村集体经济的一个经营层次的合法地位。中央 1991 年通过的《关于进一步加强农业和农村工作的决定》就家庭承包经营与集体经济的关系做了更加明确的阐述："把家庭承包这种经营方式引入集体经济，形成统一经营与分散经营相结合的双层经营体制，使农户有了生产经营自主权，又坚持了土地等基本生产资料公有制和必要的统一经营"，统分结合的双层经营体制，"是我国农民在党的领导下的伟大创造，是集体经济的自我完善和发展"。② 1998 年通过的《关于农业和农村工作若干重大问题的决定》指出："家庭承包经营是集体经济组织内部的一个经营层次，是双层经营体制的基础，不能把它与集体统一经营割裂开来，对立起来，认为只有统一经营才是集体经济"。③ 经过 20 年的探索，对家庭经营与集体经济关系已经形成了正确的认识。

第二，新型农业合作模式下的家庭承包经营从联产到不联产。我国农业集体化时期所建立的是一种不联系产量的生产责任制。在这种生产责任制下，每个社员的劳动数量与质量无法得到客观的评价，由于劳动无法评价，统一分配时就采用不反映社员劳动数量与质量的"工分制"分配方式，严重挫伤了社员的生产积极性。1978 年开始的农村改革就是从改变农业生产责任制开始的。熟知农业生产规律的农民发现，只有联系农作物的产量来计算劳动者的报酬，才能客观地评价劳动者的劳动数量与质量，从而调动劳动者的积极性。农民还发现，联系产量就必须要承包，于是，1978 年之后"联产承包责任制"这种新的生产责任制在全国农村广泛实行。"联产承包责任制"在各地有不同的形式，有的搞"包产到组"，有的搞"包产到户"，有的搞"包干到户"。1979 年，全国实行"包产到户"的基本核算单位所占比例仅为 1%，1980 年，这个比例上升至 9.4%，实行"包干到户"的基本核算单位所占比例在 1980 年也达到 5%。④ 对于农民的创造发明，1982 年一号文件首次予以肯定。该文件明确指出："一般地讲，联产就需

① 中共中央文献研究室、国务院发展研究中心：《新时期农业和农村工作重要文献选编》，中央文献出版社 1992 年版，第 165 页。
② 中共中央文献研究室编：《改革开放三十年重要文献选编》上，中央文献出版社 2008 年版，第 605 页。
③ 中共中央文献研究室编：《改革开放三十年重要文献选编》下，中央文献出版社 2008 年版，第 983 页。
④ 《当代中国农业合作化》编辑室编：《建国以来农业合作化史料汇编》，中共党史出版社 1992 年版，第 1390 页。

要承包","目前实行的各种责任制,包括小段包工定额计酬,专业承包联产计酬,联产到劳,包产到户、到组,包干到户、到组,等等,都是社会主义集体经济的生产责任制。"① 1983 年的一号文件指出,联产承包责任制"是在党的领导下我国农民的伟大创造,是马克思主义农业合作化理论在我国实践中的新发展"。②

在"包干到户"与"包产到户"之间,农民更加欢迎"包干到户"。因为"包产到户"是农户向生产队承包产量指标,指标内的产品须交生产队统一分配,超产部分才奖励给承包农户,这种方式并没有完全废除生产队的统一核算与统一分配。"包干到户"则不同,农民在上缴了农业税、集体提留之后,农户拥有对农业剩余的全部索取权和占有权,这就完全废除了生产队的统一核算与统一分配。③ 至 1984 年,全国实行"包干到户"的基本核算单位所占比例达到 99.1%,96.5% 的农户实现了"包干到户"。④ 于是,"包干到户"成为农业生产责任制的最主要的体现形式,"联产承包责任制"也因之成为"家庭联产承包为主的责任制"。中央于 1991 年通过的《关于进一步加强农业和农村工作的决定》将"分散经营"正式表述为"以家庭联产承包为主的责任制",提出"把以家庭联产承包为主的责任制、统分结合的双层经营体制,作为我国乡村集体经济组织的一项基本制度长期稳定下来,并不断充实完善"。⑤

集体土地在承包给家庭经营之后,农业剩余产品归农户所有,集体经济组织不再统一调节各承包户的盈亏。而且,家庭给国家和集体的上交是一个由法律法规所规定的固定量,家庭的上交量与承包地的产量不存在直接关联,这就表明,家庭联产承包经营在实施以后就不再具有联产性质。为顺应这一变化,1998 年中共十五届三中全会,全面总结了农村改革 20 年的基本经验。在《中共中央关于农业和农村工作若干重大问题的决定》中,"家庭承包经营"取代了"家庭联产承包","家庭承包经营为基础"取代了"家庭联产承包为主"。⑥ 采用"家庭承包经营为基础"这一表述方式,顺应了农村形式的变化。1999 年修订的《中

---

① 中共中央文献研究室编:《改革开放三十年重要文献选编》上,中央文献出版社 2008 年版,第 232 页。
② 《人民日报》1983 年 1 月 2 日第 1 版。
③ 张晓山、李周:《中国农村改革 30 年研究》,经济管理出版社 2008 年版,第 46 页。
④ 《当代中国农业合作化》编辑室编:《建国以来农业合作化史料汇编》,中共党史出版社 1992 年版,第 1390 页。
⑤ 中共中央文献研究室编:《改革开放三十年重要文献选编》上,中央文献出版社 2008 年版,第 605 页。
⑥ 中共中央文献研究室编:《改革开放三十年重要文献选编》下,中央文献出版社 2008 年版,第 983 页。

华人民共和国宪法》对此以国家根本大法的形式予以确认："农村集体经济组织实行家庭承包经营为基础、统分结合的双层经营体制。"自此至今，各种涉农政策文件、法律法规都采用这一表述方式。

### 二、创新分配制度

集体农庄式农业合作模式实行统一的分配制度。初级社和高级社实行按劳分配，人民公社运动时期（1958～1962年）实行按需分配，这种分配方式通过供给制和工资制来实现，到小公社时期（1962年以后），按需分配难以为继，转而采取按劳分配。[①] 新型农业合作模式没有实行统一的分配制度，不同的农业合作组织实行不同的分配制度。合作社的剩余要经过两次分配，首先是合作社与成员之间的初次分配，然后是社员之间的再次分配。社区型股份合作经济组织是建立在集体产权基础上，其剩余的初次分配更多的是体现集体经济的利益。社区型股份合作经济组织在上交村提留和税收之后的净收益，一般被分作三部分：一是用于扩大再生产的公积金，二是用于公共福利事业开支的公益金，三是社员分配股股金分红、职工福利和奖励基金。三部分的比例各地不尽相同，但集体留成至少占50%。如山东淄博市周村区的社区股份合作社的净收益，按"六三一"或"五四一"的比例分配，即60%（50%）作为合作社的公积金和公益金，30%（40%）按股分红，10%用于职工福利和奖励基金，这个分配比例至今没有大的调整。[②] 专业合作经济组织是"民有、民管、民收益"的经济组织，其剩余的初次分配无须缴纳体现集体经济利益的村提留，但应该提留公积金、公益金和风险基金用于合作社的持续发展。国务院发展研究中心农村经济研究部对浙江等9省专业合作社的调查表明，绝大多数有盈利的合作社都提留了公共积累资金，来自75家专业合作社的调查数据显示，在合作社的总利润中，公积金占比为31.26%，公益金为11.8%，风险基金为8.2%，股金分红占22.31%，二次返利占16.93%。[③] 无论是公有的社区型股份合作经济组织还是民有的专业合作经济组织，都很重视公共积累的提取，由此说明，中国农民确有强烈的想法去办好合作社。

按劳分配是社会主义的基本分配原则，在农业集体化时期，生产队所实施的

---

① 辛逸：《农村人民公社分配制度研究》，中共党史出版社2005年版。
② 孔泾源：《农村股份合作经济及其制度剖析》，载于《经济研究》1995年第3期。
③ 韩俊：《中国农民专业合作社调查》，上海远东出版社2007年版，第31页。

工分制就是按劳分配原则的体现。农村改革之初,理论界和决策层都认为社区型合作社赖以存在的集体资产是全体社区成员共同创造的,理应按劳动的数量和质量进行分配。[①] 改革的设计者就刻意坚持社区股份合作社的按劳分配原则,与集体化时期不同的是,体现按劳分配原则的方式不是工分制而是社员分配股的分红。专业合作社是农民自我服务的经济组织,其盈利主要来自于成员与合作社之间交易量,所以合作社的分配必须以交易为基础。资金短缺是专业合作社普遍面临的一大难题,社员的股金投入对合作社的发展至关重要,这就要求合作社的分配还须考虑股金分红。为了体现专业合作社的这些基本特征,专业合作社的分配,一方面按社员与合作社的交易量(额)进行二次返利,另一方面按社员所投股金进行股金分红,但以前者为主。对专业合作社的分配原则,《中国农民专业合作社法》做了明确的法律规定:"可分配盈余主要按照成员与农民专业合作社的交易量(额)比例返还,且返还总额不得低于可分配盈余的60%"。这条法律条文彰显了专业合作社关于"资本报酬有限"和"按惠顾额返利"的本质规定性。

---

[①]  杨坚白:《合作经济学概论》,中国社会科学出版社1990年版,第3~6页。

| 第十一章 |

# 新型农业合作模式产生的历史条件

十一届三中全会决定党的工作重心由阶级斗争转移到经济建设上。时代主题因国际国内形势的变化而切换到和平与发展上，其中的发展就包括了发展农业经济。发展农业经济，需要改革原有农业经济体制。在经过 20 世纪 70 年代末 80 年代初的探索之后，最终把确立家庭联产承包责任制作为农业经济体制改革的目标。在新的农业经营体制下，以集体劳动和集体分配为特征的集体农庄式农业合作模式不能适应形势的需要，新形势需要与之相适应的新型农业合作模式。

## 第一节　新型农业合作模式产生的现实依据

### 一、破解家庭承包经营责任制内生难题的需要

1970 年代末到 1980 年代初，中国逐步对集体农庄式农业合作模式进行改革。通过改革，确立了家庭联产承包责任制。在集体农庄式农业合作模式下，土地经营权归生产队和生产大队，集体土地的生产经营权、剩余控制权和索取权完全掌握在生产队或者生产大队，农民只能在有限的自留地和猪饲料地上拥有自主经营权和剩余控制权。实行家庭联产承包责任制以后，小部分山林仍由生产队或生产大队集体经营，大部分土地的经营权界定给了农民，农民拥有了生产行为最终决定权、剩余控制与索取权，生产决定权的取得使农民能放宽手脚从事农业生产，剩余控制和索取权的取得保证了收益与激励的统一从而极大地激发了农民的生产积极性。[①] 家庭联产承包责任制对中国农业发展作出了显著的贡献。林毅夫运用生产函数方法得出的估计表明，1978 ~ 1984 年，因家庭联产承包责任制的推行，农业产出增长了 46.89％；文贯中运用供给函数方法估出的数据是，家庭联产承

---

① 林毅夫：《制度、技术与中国农业发展》，上海三联书店、上海人民出版社 1994 年版，第 44 ~ 75 页。

包责任制使农业生产率增长 31%，使农业总产出增长 51%；国外学者麦克米伦运用丹尼森式增长测算得出的结论是，家庭联产承包责任制使中国农业全要素生产率增长 78%，使农业产出增长 67%。[①] 因使用的测算方法和资料不同，中外学者所得出的推算结果不尽相同，但有一点是毋庸争议的：家庭联产承包责任制对改革开放初期中国农业增长作出了巨大的贡献。正因为家庭联产承包责任制极大地解放了农村生产力，所以，"家庭经营是农业最适合的生产经营方式，这是由农业生产的特殊性质所决定的，也早已为世界发展的历史所证明"。[②] 但也要看到，小规模、分散的家庭经营存在明显的局限性。这种局限性表现在三个方面：农业生产规模不经济、农村公共服务供给不足、农户市场谈判地位低下。这三大难题严重制约着家庭经营能力的提高。而解决这三大难题，需要创新农业经营制度。以家庭经营为基础的新型农业合作模式成为破解三大难题的有力武器。

先看农业生产规模不经济。因中国土地存量的限制，家庭承包经营走向碎片化。据统计，中国可耕耕地约 14.3 亿亩，人均不足 1.2 亩，以一家 4 口计，户均耕地面积不足 5 亩，仅相当于世界平均水平的 1/4，与美国农场平均 160 公顷相比，相差甚远。[③] 家庭经营的规模不经济导致劳动力、资本等要素投入的边际产出低下，与现代工业生产相比较，农业缺乏竞争力。适度规模经营是提高农业竞争力的必要途径。农业实现规模经营的方式主要有两种：一是通过土地流转实现规模经营，如农业经营大户一般就是通过转包其他农户土地实现规模化经营，但受资金实力的限制，绝大多数农户无能力扩大生产规模；二是通过发展合作社实现规模经营，以家庭经营为基础的共同经营催生出一种新的农村微观经营主体——新型农民合作经济组织。

再看农村公共服务供给不足。家庭联产承包责任制有两大制度特征。第一个特征是土地所有权与经营权分离，土地所有权归村集体组织，经营权归农户。正因为农户只是从村集体那里取得土地经营权，村集体有责任或者有义务给分散经营的农户统一提供诸如技术培训、市场信息、农田水利设施等公共服务，集体统一经营与家庭分散经营相结合成为家庭联产承包责任制的第二大制度特征。改革开放过程中，除沿海地区部分农村因工业化与城镇化的带动，村集体经济得以发

①　罗必良：《经济组织的制度逻辑》，山西经济出版社 2000 年版，第 328 页。
②　农业部 2003 年软科学课题组：《农民合作经济组织法立法专题研究报告》，载于《农村经济文稿》2004 年第 8 期，第 12 页。
③　印华：《我国农地产权制度改革和农业发展模式的思考》，载于《财经研究》2001 年第 2 期。

展，中国大多数村庄的集体经济没有发展起来。据 2015 年的统计数据，在 50 多万个村庄中，只有 44.7% 的村庄有集体经济收益，其中，当年集体经济收益 50 万元以上的村庄仅占全国村庄总数的 2.2%，10 万到 50 万元的占 8.9%，5 万到 10 万元的占 9.1%，5 万元以下的占 21.7%。[①] 村集体经济的微弱使集体统一经营失去了基础，导致农村公共服务供给的极度短缺。实行联产承包制以后，政府反复强调要发挥统一经营的功能。1983 年是湖南实行联产承包制的第二年，农村公共服务不足的问题就凸显出来了。据中共湖南省委农村工作部对湘潭市 21142 个生产队的调查，有 45.1% 的生产队没有坚持统一管水抗灾，湘乡县有 5 万亩水田没有插上晚稻，其主要原因是，承包到户以后，用水各顾各，抗灾各管各，抗灾不力，延误了农时。娄底市涟滨公社思塘大队邓家生产队受旱，1983 年 8 月 14 日从白马水库引水灌田 10 小时，由于缺乏统一安排，全队 17 户社员出动了 60 把锄头抢水，结果钱花了，水走失了，田也干了。[②] 1987 年，国务院发展研究中心《农民家庭经营课题组》对全国 280 个村庄的村合作经济组织所提供的公共服务状况进行了调查，调查结果显示，全国平均只有 47.5% 的村庄为家庭经营提供公共服务，如表 11－1 所示。

表 11－1　　　　　　　　调查村合作经济组织 1986 年提供服务程度

| 序号 | 服务项目 | 占调查村的比重（%） |
|---|---|---|
| 1 | 统一组织良种供应 | 61 |
| 2 | 统一组织化肥、农药等生产资料供应 | 42 |
| 3 | 统一安排农业机械作业 | 30 |
| 4 | 统一组织农作物病虫害防治 | 36 |
| 5 | 统一组织浇水 | 48 |
| 6 | 统一组织抗旱、排涝 | 63 |
| 7 | 统一组织中小型农田基本建设 | 67 |
| 8 | 统一组织出售当地鲜活土特产品 | 10 |
| 9 | 统一组织专业技术培训 | 46 |
| 10 | 统一组织牲畜疫病防治 | 72 |

　资料来源：黄道霞等：《建国以来农业合作化史料汇编》，中共党史出版社 1992 年版，第 1013 页。

① 孔祥智：《改革开放以来我国农村集体经济的变迁与当前亟需解决的问题》，载于《理论探索》2017 年第 1 期。
② 黄道霞等：《建国以来农业合作化史料汇编》，中共党史出版社 1992 年版，第 1027 页。

　　集体统一经营的功能应由地区性合作经济组织承担，受经济发展水平和干部管理水平的限制，很多农村没有建立乡、村两级合作经济组织，有的虽然建立了组织但未发挥作用。以江西省为例，到 1988 年，全省建立了地区性合作经济组织的只有 4228 个村，占 20.9%，其中与村民委员会分设的只有 190 个，占 0.9%。[①] 在地区性合作经济组织缺位的情况下，1980 年代中后期，一些地方的农民自发组织成立专业技术协会，为会员提供技术培训、技术咨询、市场信息等服务，专业技术协会在此背景下应运而生。迄今为止，专业技术协会仍广泛存在，有些地方如陕西省，专业技术协会仍是新型农民合作经济组织的主要形态，占该省新型农民合作经济组织的 70%。在专业技术协会基础上发展起来的农民专业合作社，为成员提供技术服务仍是其一个主要功能。社区型合作经济组织的主要功能就是为家庭经营提供社会化服务。1984～1986 年的三个中央一号文件都对此予以了明确的规定，在后来的实践中，集体经济发展得好的村庄，社区型合作经济组织确实很好地发挥了服务家庭经营的功能。

　　最后看农户市场谈判地位低下。家庭承包经营使每个农户都成为独自面对市场经济的市场主体，在农产品大市场面前，农户几乎不具备市场谈判能力。家庭承包经营实行之后，中国农产品逐步由短缺向过剩转变。至 1990 年代，中国农产品市场普遍出现"卖难"现象，特别在农产品集中上市时期，"卖难"现象尤为突出。如何解决"卖难"？如何提高农民的市场谈判能力？成为 1990 年代以来中国农民不可回避的新问题。有些地方的农民自动联合起来成立合作经济组织，建立农产品仓储间、冷冻库，避免农产品集中上市时期的"卖难"。合作经济组织对农产品进行统一收购、统一运输、统一销售，提高了农民与市场的讨价还价能力，有效地保护了农民的利益。收购和销售农产品成为农民合作经济组织的第一大功能，也是农民参加合作经济组织的最大动力。能否建立稳固的购销关系，是合作经济组织能否成功的关键。国务院发展研究中心农村经济部在浙江、陕西等九省的合作组织调查显示，被调查的 140 个样本中，有 113 个组织为会员提供销售服务，通过合作组织销售产品占成员产品销售的比例平均为 68.22%。调查还显示，有 67 家合作经济组织（占被调查对象总数的 47.86%）收购农产品实行保价收购，即当农产品市场价高于保护价时按市场价收购，当市场价低于保护

---

① 黄道霞等：《建国以来农业合作化史料汇编》，中共党史出版社 1992 年版，第 1182 页。

价时按保护价收购。① 供销合作社本应是为农民买卖服务的合作经济组织，所以它天然负有破解农民"卖难"问题的责任，1984 年中央一号文件明确规定："供销合作社还要积极发展生产、生活服务项目，逐步办成农村的综合服务中心。要发展多种形式的农工商联营，扶持生产，开拓销路，促进多产多销，使供销社同农民结成经济利益共同体，成为国家和农民经济联系的纽带"。② 1995 年《中共中央、国务院关于深化供销合作社改革的决议》明确规定："供销合作社要进一步从单纯的购销组织向农村经济的综合服务组织转变……积极为农业、农村、农民提供综合性、系列化的经济技术服务，引导农民有组织地进入市场"。③ 改革开放以来的 40 多年间，国家对供销合作社的改革取向始终坚持为农民服务、为农产品流通服务，一些地方的供销社利用其资金优势和信息优势，开展"农超对接"服务，即在城市设立超市，直接销售农产品，有效地解决了农产品的"卖难"的问题。

### 二、农业实现产业化经营的需要

家庭联产承包责任制实施以后，我国逐步从传统农业向现代农业转型。1980 年代中后期，我国农村出现的农业产业化经营，成为推动传统农业向现代农业转型的主要动力。农业产业化作为一种生产经营方式，起源于第二次世界大战以后的美国，后传入西欧、日本等发达国家。它主要是依靠经济和法律关系将农业生产的产前、产中、产后等环节有机地联系起来，其核心是一体化结构体系的建立和运作，因此，农业产业化也被称作农业生产、经营、服务一体化。随着农产品商品化率不断提高、专业化生产的兴起、农业科技含量和效益的提高，中国农业从 1980 年代中后期开始逐步走向产业化。

中国农业产业化经营出现了三种组织形态。第一种组织形态是"公司＋农户"。这种农业产业化组织形态，可以给农民带来三重利好：一是形成产加销一体化经营，延长农业生产产业链，农民可以从延伸的产业链上获得收益；二是农民可以从公司获得生产技术指导和服务；三是公司按合同收购农户产品，农户不仅节省了市场开拓成本而且降低了千家万户直接进入千变万化大市场的风险。一

---

① 韩俊主编：《中国农民专业合作社调查》，上海远东出版社 2007 年版，第 26 页。

② 中共中央文献研究室、国务院发展研究中心编：《新时期农业和农村工作重要文献选编》上，中央文献出版社 1992 年版，第 229 页。

③ 《中共中央、国务院关于深化供销合作社改革的决议》，中国政府网 2015 年 4 月 3 日，http：//coop. daishan. gov. cn/art/2015/4/3/art_2164_36518. html。

些地方的"公司＋农户"经营模式给农民带来了实实在在的利益，如广东新兴县的温氏养鸡集团公司，通过合同形式把农民组织起来，联结了 8500 户、35000 个农民，形成了生产、加工、销售一体化的生产经营方式，使农产品流通顺畅。1998 年，该公司销售额 10 亿元，农民获利共 1.38 亿元。① 但是，"公司＋农户"模式具有明显缺陷。其一，公司和农户互为委托人和代理人，两者之间存在双重"委托—代理"关系。如果双方的利益目标函数一致，双方不存在委托—代理问题。如果双方利益目标函数不一致时，委托—代理问题就产生了。譬如，为了保证农产品的质量，公司可能要求农户按统一标准进行生产、使用有机肥料，农户为了降低生产成本，就可能做出不利于公司的行为，如不按标准生产、减少有机肥使用。再如，如果某年农产品丰收，公司可能不履行协议价格，压价收购农产品，如果某年农产品供不应求，农户也可能不履行协议价格，要求公司提高收购价格，或者干脆向市场高价出售农产品。其二，在农村基础设施等公共物品的供应上存在明显不足。"水利是农业的命脉"，无论是过去还是现在，农田水利是农业生产的关键，是最重要的农村基础设施。水利设施属于农民的固定资产而不是公司的固定资产，加之，水利设施建设的投资额大、周期长，公司没有兴趣供给水利设施，这就必然导致基础设施供给的不足。其三，不利于农业技术进步。农业生产过程中，是否采用先进技术、由谁来提供新技术，主要取决于新技术带来的净收益大小。在净收益大于零的情况下，公司和农户都有动力提供新技术。如果一方供给，另一方就可以"搭便车"，供给方就要减少利润，供给方没有持续提供新技术的动力；如果双方共同供给、平摊成本，双方都要减少利润，这就意味着"搭便车"的一方的利益要减少，理性公司和农户出于利益考虑，都会选择不供给，其结果是农业技术进步的裹足不前。②

　　"公司＋农户"模式出现危机的关键在于公司与农户之间"利益均沾、风险共担"的契约关系遭到破坏。只要能维系公司与农户之间的契约关系，农民就可以从"公司＋农户"模式中获得收益，而维系这种契约关系的关键在于农民谈判能力的提高。把农民组织起来成立合作经济组织，再以组织的身份面对公司时，讨价还价能力明显提高。于是，"公司＋农户"模式演化为"公司＋农民合作经济组织＋农户"模式，于是，农业产业化经营的第二种形态产生。新模式中的农

---

① 梁荣：《农业产业化与农业现代化》，载于《中国农村观察》2000 年第 2 期。
② 冯开文等著：《农民合作社的农业一体化研究》，中国农业出版社 2013 年版，第 61 页。

民合作经济组织，不仅有利于农民也有利于公司，因为公司只需与合作经济组织打交道而无须与众多分散的农户打交道，这样可以降低公司的交易成本；合作经济组织出于自身利益的考虑，会对农户生产经营行为进行约束，这样就可减少因农户违约和败德行为给公司带来的损失。[①] 农民合作经济组织使公司和农户双方都获益，这样的组织自然能得到较快的发展，农业部农业产业化办公室 1998 年的调查数据显示，在短短几年间，农民合作经济组织作为中介的农业产业化经营组织达 8024 个，占全国农业产业化经营组织总数的 26.4%。[②]

有些农民合作经济组织在服务公司和农民的过程中通过股份合作制改造，逐步发展成为经济实体，直接带领农民面向市场，从而形成了农业产业化经营的第三种形态——"农民合作经济组织 + 农户"。根据合作经济组织的不同，第三种形态又有三种实现方式：一是"专业型合作经济组织 + 农户"，二是"社区型合作经济组织 + 农户"，三是"供销合作社 + 专业型合作经济组织 + 农户"。"专业型合作经济组织 + 农户"比较普遍，这里的专业型合作经济组织有些是由农民自发设立，有些是由基层干部发起设立。[③] "农民合作经济组织 + 农户"模式真正体现了"风险共担，利益共享"，得到了农民的拥护，这种模式在农村中迅速发展并将成为中国农业产业化经营的主要组织形态。"社区型合作经济组织 + 农户"模式主要出现在集体经济比较发达的地区，如在珠三角地区和城郊农村比较普遍。社区型合作经济组织利用集体经济的优势，带领本社区农民开展产业化经营，合作社与农民之间结成利益联结机制，共同应对市场风险，共享经营收益。"供销合作社 + 专业型合作经济组织 + 农户"模式在上世纪末开始出现，发展势头良好，在这种模式下，供销合作社利用自身独特的资金优势和信息优势，在城市直接设立农产品加工和销售企业，再以参股的方式发动农民组织专业合作社，在供销合作社、专业合作社和农户之间结成了三方利益联结机制，这种模式的最大好处就是减轻了专业合作社的市场开拓压力，降低了农民的经营风险。

### 三、政府政策推动的结果

农民合作经济组织具有经济和社会双重职能，其行为有明显的正外部性，因此，农民合作经济组织属于典型的准公共物品。准公共物品特性决定，市场和政

---

① 李成贵：《农民合作组织与农业产业化的发展》，载于《南京社会科学》2002 年第 11 期。
② 蒋永穆：《农业产业化与农业产业结构调整》，载于《经济体制改革》2001 年第 5 期。
③ 韩俊主编：《中国农民专业合作社调查》，上海远东出版社 2007 年版，第 22~23 页。

府都是农民合作经济组织发展的推动力量。① 家庭分散经营有利于解放农村生产力，但伴随着商品化程度的提高，农民对农业社会化服务的需求不断增加，合作社在满足农民对社会化服务的需求方面，有其显著优势。于是，政府鼓励、引导和支持农民自愿成立社区型合作社、专业技术协会、专业合作社等新型农民合作组织。1983 年一号文件提出，要"适应商品生产需要，发展多种多样的合作经济"。② 1984 年的一号文件提出，"为了完善统一经营和分散经营相结合的体制，一般应设置以土地公有为基础的地区性合作经济组织"。③ 1985 年一号文件指出："按照自愿互利原则和商品经济要求，积极发展和完善农村合作制"。④ 1986 年一号文件明确指出了新型农民合作组织的功能主要是为农业提供社会化服务，"农村商品生产的发展，要求生产服务社会化。因此，完善合作制要从服务入手"。⑤ 1983～1986 年，连续四个一号文件都鼓励发展农民合作组织，极大地调动了农民探索建立新型合作社的热情。1984 年，农民合作经济组织 46.7 万个，从业人员 355.7 万人；1988 年，农民合作经济组织增加到 47 万个，从业人员 433.9 万人。

集体农庄式农业合作模式只允许集体统一经营，排斥家庭的生产功能，这种模式的弊端是生产效率低下，但却具有较强的公共产品和服务的提供能力。家庭联产承包责任制作为一种统分结合的经营体制，集体统一经营与家庭分散经营理应同步推进，但在实际中，"分"的经营体制迅速推进并且迅速地带来了显著的农业发展绩效，"统"的经营经营体制却没有按预期切实推进，而且呈现不断弱化的趋势。"统"和"分"的跛行，使家庭承包经营的制度潜能很快释放完毕，中国农业在经历不足五年的快速增长之后，1985 年起便陷入了农业增长停滞陷阱。1979～1984 年，农业生产连续 6 年快速增长，1984 年的农业总产值比 1978 年增长了 55.36%，年均增速为 7.6%；同期粮食总产量增长了 33.6%，年均增速为 4.7%。但 1985 年的粮食产量出现负增长，该年粮食总产量由 1984 年的 4073.1 亿公斤下降到 3791.1 亿公斤，减产 282 亿公斤，减幅达 6.9%，是 1959

---

① 储德银：《政府在农民合作经济组织发展中的行为定位与制度创新》，载于《四川大学学报》2009 年第 5 期。
② 中共中央文献研究室、国务院发展研究中心编：《新时期农业和农村工作重要文献选编》上，中央文献出版社 1992 年版，第 165 页。
③ 中共中央文献研究室、国务院发展研究中心编：《新时期农业和农村工作重要文献选编》上，中央文献出版社 1992 年版，第 227 页。
④ 中共中央文献研究室、国务院发展研究中心编：《新时期农业和农村工作重要文献选编》上，中央文献出版社 1992 年版，第 332 页。
⑤ 中共中央文献研究室、国务院发展研究中心编：《新时期农业和农村工作重要文献选编》上，中央文献出版社 1992 年版，第 379 页。

年之后减产幅度最大的年份。此后，农业陷入连续 4 年的徘徊时期。1988 年，农业总产值再次出现负增长，粮棉总产量仍未恢复到 1984 年的水平，直到 1989 年全国粮食总产量才恢复并超过 1988 年水平，但棉花总产量仍比 1984 年低 39.5%。1990 年粮食丰收，达 4.462 亿吨，但从 1991 年开始又出现下滑，1991 年跌至 4.353 亿吨，除 1993 年回升数略高于 1990 年外，1992 年、1994 年的粮食产量均在 1990 年之下。[①]

面对农业增长停滞的困境，政府必须寻求破解之策。政府、学界和农民很快地意识到，农业经营如果仅仅停留在初级农产品的生产层面，初级农产品的低附加值决定农民即使增产也难以增收。农民增收必须依靠农产品的加工与销售，分散的农户经营难以对农产品实行统一加工与统一销售，唯有把农民广泛地组织起来，通过农民合作经济组织的集体行动才可能开展农产品的统一加工与销售。从 1990 年代开始，政府出台系列措施对农民合作经济组织进行实质性扶植。1993 年，《关于当前农业和农村经济发展的若干政策措施》指出："农村各类民办的专业技术协会（研究会），是农业社会化服务体系的一支新生力量，各级政府要加强指导和扶持"。1995 年，政府颁布的《关于做好 1995 年农业和农村工作的意见》全面部署供销合作系统改革，提出要抓紧筹建全国供销合作总社，把基层供销社真正办成群众的合作社，更好地为农村、农民服务。1997 年，财政部出台 156 号文件，规定"专业合作社销售农业产品，应免征增值税"。税收优惠标志着政府对农民合作经济组织的支持上升到了一个新的层次。《1998 年农业和农村工作的意见》充分肯定了专业合作社、专业协会"有利于引导农民进入市场，完善农业社会化服务体系"，因此"要加大鼓励和大力支持"。在政府的支持下，全国农民专业合作组织在上世纪末发展到 148 万多个，主要是从事社会化服务，其中，79.6% 的合作组织为农民提供技术服务，15.1% 的合作组织为成员提供生产资料购买服务，23% 的合作组织提供销售服务，38.3% 的合作组织提供信息服务，7.9% 的提供资金服务。[②]

改革开放以来，供销合作社的改革目标日益清晰，1995 年《中共中央、国务院关于深化供销合作社改革的决议》明确规定供销合作社是农民的经济组织，

---

① 彭干梓、吴金明：《中华人民共和国农业发展史》，湖南人民出版社 1998 年版，第 591 页、第 596 页、第 600 页。

② 孔祥智：《我国农民专业合作经济组织发展的制度变迁和政策评价》，载于《农村经营管理》2008 年第 11 期。

必须坚持为农业、农村、农民提供综合服务的办社宗旨。其"主要任务就是围绕建立和完善农业社会化服务体系，做好为农业、农村、农民服务的工作，不断满足农民生产生活中多方面的实际需要，促进农村经济的发展和农民收入水平的提高，把一家一户办不了或不好办的事情办起来，把千家万户的分散经营与大市场连接一起"。[①] 20 年来，供销社积极服务"三农"，为农业现代化作出了应有贡献，基于此，2015 年，中央决定进一步深化供销合作社改革，《中共中央、国务院关于深化供销合作社综合改革的决定》再次强调要加强供销合作社对"三农"的服务功能：首先，建设农产品销售从产地到消费终端的市场网络体系，"将供销合作社农产品市场建设纳入全国农产品市场发展规划……形成布局合理、联结产地到消费终端的农产品市场网络"；其次，在有条件的地方，由供销社建设公益性农产品批发市场，也可建设、运营、管护由政府控股的农产品批发市场；再次，加快农村现代流通服务网络工程建设，"形成连锁化、规模化、品牌化经营服务新格局"；最后，加快发展供销合作社电子商务，"形成网上交易、仓储物流、终端配送一体化经营，实现线上线下融合发展"。[②]

### 四、理性小农群体实现收益最大化的需要

对于农民的特性，学术界有两种截然不同的解释。道德经济学家如苏联学者查亚诺夫认为资本主义的计算利润方法不适用于小农的家庭农场，因小农的生产目的主要是满足其家庭的消费需要，而非追求最大利润，小农的经济活动和经济组织均以此作为基本前提。循着查亚诺夫的理路，斯科特提出了"生存小农"命题，"生存小农"的经营行为遵循"安全第一"原则，在这种原则下，他们的行为只求安全不求经济理性，宁愿选择回报较低但较稳定的生产经营项目，不愿意冒险从事那些收入回报较高但同时具有较高风险的项目。波普金不赞同道德经济学家将农民定义为不愿冒险的人，在他的眼中，小农的农场完全可以用资本主义的公司来描述，而小农无论在市场活动还是在政治活动中，都是理性的投资者。在波普金观点基础上，舒尔茨提出了"理性小农"命题。他认为农民的经济行为同样具有理性，他们作为"经济人"比起任何资本主义企业家来一点都不逊色。

---

[①] 《中共中央、国务院关于深化供销合作社改革的决议》，中国政府网 2015 年 4 月 3 日，http://coop. daishan. gov. cn/art/2015/4/3/art_2164_36518. html。

[②] 《中共中央、国务院关于深化供销合作社综合改革的决定》，新华网 2015 年 4 月 2 日，http://news. xinhuanet. com/2015 - 04/02/c_1114855360. htm。

因而传统农业的改造完全可以寄希望于农民为追求利润而创新的行为。[①]

人民公社体制下的中国农民，不占有土地和农业生产资料，因此完全没有生产经营决策权；农业产出完全归生产队控制，因此毫无农业剩余控制权与索取权。人民公社时期的农民实际上就是生产队的长期雇工。家庭承包经营实施以后，农民拥有了完全的生产经营决策权和农业剩余控制权，农民成为独立的利益主体。成为独立利益主体的农民，既要面对农业生产资料供给市场也要面对农产品销售市场。在市场面前，中国农民出现了分化：一部分农民主动融入市场，按市场法则进行农业生产与经营，这一部分农民成为舒尔茨意义上的"理性小农"；另一部分农民则被动接受市场，尽量规避市场风险，不追求经济理性，这类农民基本上属于斯科特所定义的"生存小农"。时至今日，中国农民仍然是"生存小农"与"理性小农"并存，但随着市场经济的推进，越来越多的"生存小农"转变为"理性小农"。学术意义上的"理性小农"在现实经济中被称之为"农村能人"或"能人"。

根据发起人身份来区分新型农民合作经济组织，大体可分为两类：一类是农民自办型合作组织，另一类是外力（主要是龙头企业、政府官员、供销合作社等）领办型合作组织。尽管没有准确的数据来说明全国农民合作经济组织中农民自办型有多少，外力领办型有多少，不过，各类调查都显示，农民自办型是中国新型农民合作经济组织的主体。问题是，农民自办型合作经济组织到底由什么样的农民来牵头兴办呢？按戴维斯和诺思所构建的制度创新模型，制度创新能不能进行取决于能不能形成两个行动集团——"第一行动集团"与"第二行动集团"。"第一行动集团"的作用是识别制度创新经济效益、提出制度创新方案、筛选并确定最终方案、主导制度创新行动，没有"第一行动集团"，制度创新就没有前提，"第二行动集团"的作用是与"第一行动集团"精诚配合推进制度创新。在中国农村，恪守"安全第一"原则、厌恶市场风险的"生存小农"，不可能去牵头创办直接面对市场的合作经济组织，理所当然，创办合作经济组织的"第一行动集团"只能是被称之为"能人"的"理性小农"。事实也是如此，几乎所有的农民自办型合作经济组织都是由"能人"发起成立并组织运营。浙江大学中国农村发展研究院师生对全国近 600 家农民合作社的田野调查得出一个这样的结论："合作社成功的一大原因，归结为'能人效应'——由一个带头人拍板

---

[①]　陈雨露：《农户变迁类型中的资本机制：假设与实证》，载于《金融研究》2009 年第 4 期。

各项决定"。①

　　中国农村并不乏"能人"，中国农民也不乏首创精神，解决中国千年温饱难题的家庭承包经营制度，并不是由政府官员也不是由学者创造，而是农民自己创造的。同样，建立在家庭承包经营基础之上的新型农民合作经济组织，也是由农民所创造。农民能不能创新制度，关键看有没有利于制度创新的环境。改革开放使中国处于数千年未有之变局之中，这种政治经济环境毫无疑问有利于培育"能人"群体。"能人"首先要植根于乡土之中，还要具备三方面的能力：一是拥有经济资源，二是具备经营管理才能，三是掌握社会资源。由于"能人"植根于乡土，熟悉农业、农村和农民实情，这就为创办合作经济组织提供了基本前提；"能人"所具有的能力为其创办合作组织提供了物质保证。②改革开放以来，中国农村"能人"群体的成长与农民合作经济组织的壮大形成了良性互动，"能人"带动了合作经济组织的发展，合作经济组织培育了更多的"能人"。

　　在促成新型农业合作模式崛起的四大社会经济条件中，家庭联产承包责任制的实施是前提，没有家庭承包经营就没有建立在农户经营基础之上的新型农民合作经济组织。农业产业化是助推器，农业产业化是一种新的生产力，它需要新的生产关系与之相适应，这种新的生产关系就是建立在农户经营基础上的新型合作经济。政府支持是保障，新型农民合作经济组织作为一种具有显著正外部性的特殊企业，没有政府的扶持就难以生存发展。理性小农群体的形成，是新型农民合作组织崛起的内生动力，没有理性小农群体的形成，农民难以自动，新型农民合作经济组织就难以发展。

## 第二节　新型农业合作模式的理论渊源

　　改革开放时期出现的新型农业合作，在理论上主要有两大来源，一是马克思主义合作理论，二是国际合作主义理论。

### 一、马克思主义合作理论

　　新民主主义革命时期和社会主义革命与建设时期的合作实践，丰富了马克思

①　袁一仮：《合作社，还是能人经济？》，载于《浙江日报》2012 年 5 月 29 日第 18 版。
②　陈池波、李崇光：《我国农民专业合作组织的"能人效应"解析》，载于《学术交流》2008 年第 8 期。

主义合作理论，到改革开放时期，马克思主义合作理论既包括马恩列斯的合作理论又包括以毛泽东为代表的中共领导人的合作理论。改革开放之初，中国发展农业合作经济的思路是改造原有的生产、供销、信用三大传统合作社。生产合作社的改革目标是确立联产承包制，形成双层经营体制，供销合作社和信用合作社的改革目标是恢复合作社的"三性"（即组织上的群众性、经营上的灵活性、管理上的民主性），把它们办成真正为农民服务的合作经济组织。供销合作社和信用合作社的改革目标是符合马克思主义合作理论的，这一点没有争议。但联产承包责任制是不是属于马克思主义的合作经济范畴，却存在争议。

马恩列斯都指出过，小农经济是没有出路的，合作经济优越于小农经济，中国农业的根本出路在于合作化，这一点，党的领导人都表示赞同。早在 1942 年，毛泽东在《组织起来》的著名演讲中就对此做过论述。改革开放时期，党内外对"包产到户"和"包干到户"的看法出现分歧，很多人担心"双包"会瓦解集体经济。1980 年 5 月 31 日，邓小平在和有关负责人的谈话中指出，"包产到户"有利于发展生产力，只要生产力发展了，"低水平的集体化就会发展到高水平的集体化"，搞"包产到户"，是"为集体化的进一步发展创造条件"，"包产到户"只是特定阶段的一种特定的生产关系，"我们总的方向是发展集体经济"。[①] 1990年 3 月，邓小平提出中国农业发展的"两个飞跃"的思想，第一个飞跃是"废除人民公社，实行家庭联产承包为主的责任制"，第二个飞跃"是适应科学种田和生产社会化的需要，发展适度规模经营，发展集体经济"。[②]

"双包"（即包产到户和包干到户）是联产承包责任制的内核，那么，"双包"是不是社会主义制度？它符不符合马克思主义合作理论呢？

在中国农业合作化的探索过程中，既取得了巨大的成绩也存在较大的失误。新中国成立之初建立起来的初级社，在保持生产资料私有制的基础上开展联合劳动，实行统一经营；土地、耕牛、大型农具等主要生产要素按股分红，劳动力按劳动质量和数量取酬。这种合作形式，既体现了集体生产的优势，又调动了个体农民的生产积极性，因而得到了农民的认可。但在初级社在还没有巩固的情况下，也就是 1955 年秋收时，全国只有 15% 的农户加入初级社时，政府就把初级社升级为高级社，并在全国推广，高级社立足未稳，又很快转化为人民公社。人

---

① 黄道霞等：《建国以来农业合作化史料汇编》，中共党史出版社 1992 年版，第 925 页。
② 中共中央文献研究室：《邓小平年谱》下，中央文献出版社 2004 年版，第 1310～1311 页。

民公社实行"三级所有，队为基础"的体制，生产队类似于初级社，它是人民公社体制下的生产经营实体，全国约有 500 多万个生产队，10% 到 20% 的生产队办得好或者比较好，其余的基本上是办得不很好或者很不好。为什么如此呢？其一，"实行了过于单一化而又过于集中化的制度"。所谓"过于单一"是指全国推行一种模式；"过于集中"是指生产经营活动过分集中。中国经济发展差异性大，甲地的好模式在乙地可能是坏模式，人民公社模式在很多地方并不适合。过分集中的做法，"阻碍着农民充分行使管理经济的自主权，不适应农业的特点，尤其不适应中国农业的特点"。其二，人民公社时期的集体劳动只是一种简单的劳动协作，它不是建立在技术进步的基础之上，不但不能带来高的生产效率，其生产效率反而低于家庭经营，"简单地把家庭自然经济合并在一起，集中劳动，又没有适当的制度鼓励多劳多得，连原来小农的精耕细作的劳动效率都保持不住，那就会引起生产力的停滞甚至下降"。其三，人民公社所推行评工记分制，按性别、年龄评定工分，很少考虑个人的劳动能力，导致"干好干坏一个样"；出于集中经营的需要，人民公社设置三级管理机构，社队干部数量不断增多，干部"应得报酬和公务补贴都靠记工分，而思想不正者，常借机多记"；还有一些人多劳少的农户，工分远少于别人，但口粮照分，"造成'超支户'和'空分户'"，实际上是揩别人的油；社队还要承担修路、筑桥、建水库等各种社会负担，这些负担最终"都折为工分扣除，约占工分总数的 20% ~ 30% 左右"。以上这些，"有的合理，有的不合理，不合理的部分即属于无偿占有他人劳动。这是一种长期存在的人民内部矛盾"。[①]

以上三条，是人民公社的体制性弊端，在上世纪五六十年代，农民曾自发创造了包产到户、包干到户等新的生产责任制度来消除这些弊端。但就在这一点上产生了分歧，毛泽东和部分领导人以及农民认为，包产到户和包干到户就是分田单干，就是回到小农经济，坚决予以否定。1978 年以后的实践证明，实行包产到户和包干到户的生产队通过合同的形式，把生产任务具体明确给每个生产者（每户），它是一种用经济手段管理生产的生产责任制形式。判断包产到户和包干到户到底是先进的还是落后的，要坚持生产力标准，"随着生产力的向前发展，旧的生产关系被新的生产关系所取代，是必然发生的。被替代的可以视为'落后的'，而代替的可以视作'先进的'，'落后的'变为'先进的'，可以称之为

---

① 黄道霞等：《建国以来农业合作化史料汇编》，中共党史出版社 1992 年版，第 1011 ~ 1012 页。

'前进'。反之，则可以称之为'倒退'"，包产到户和包干到户"适应当前生产力的发展水平，能充分挖掘劳动潜力，提高农活质量，大幅度地增产增收"，所以，实行包产到户和包干到户不是倒退而是前进。包产到户与解放前的置田单干有本质的区别。解放前的置田单干是私有制下的一种生产方式，它的特点是："生产资料（主要是土地）完全归个人所有；劳动产品除纳税（交银粮）外，完全归个人所得；有很强的自给自足的自然经济的特点，其生产过程的社会性甚小；它不断分化，一部分人破产，出卖土地而成为主要靠出卖劳动力过活的贫农、雇农；另一部分人购买土地而成为主要靠收租过活的地主、富农等"。包产到户和包干到户是建立在生产资料公有制的基础之上，劳动产品的分配、交换与消费等方面与解放前私有制下的置田单干有着本质的区别。在分配方式上，实行包产到户以后，根据农户的承包产量确定粮、油、棉等农副产品的交售、积累和上缴数量，剩余的产品归农户支配，也就是农户获得了承包地上的剩余索取与控制权，"应当承认这也是统一分配的一种做法，不但同样兼顾三者（国家、集体、农户）利益，而且能有效地贯彻各尽所能，按劳分配的政策（因为农户农业经营收益的多寡取决于劳动力的强弱和劳动者的勤奋程度），克服平均主义"。[1] 包产到户，与保留土地分红的初级社不一样，它是"在基本生产资料集体所有制前提下的个体经营，不但没有脱离社会主义的总轨道，而且应该被认为是社会主义的一种生产责任制形式"。[2] 联产承包制，通过承包把统与分结合起来，把集体所有的土地按照合同承包给农户分散经营，一家一户办不了的事情，由合作组织来统一经营，所以，"以联产承包责任制为特征的统一经营和分散经营相结合的合作经济，是继承了以往合作化的积极成果，否定它以往存在的一些弊端，使合作制度更加完善化。"[3] 按劳分配的本意是按等量劳动获取等量报酬，农业生产不可能像工业生产那样对劳动质量进行精确度量，因而不可能对劳动报酬进行准确确定，农业生产领域的按劳分配实际上就是大体相符。实行联产承包制以后，农民在交够国家的和留足了集体的之外剩下的，全归自己。这种分配方式，"固然不能说它是最纯粹意义上的按劳分配，但多劳，多投入，可以多得，而投入依然是本人劳动的物化，也不同于剥夺他人的剩余劳动。从实际结果看，比起那种平均主义的分配办法来，这是更接近按劳分配原则的，是更适合我国农村现阶段

---

① 黄道霞等：《建国以来农业合作化史料汇编》，中共党史出版社1992年版，第979页。
② 黄道霞等：《建国以来农业合作化史料汇编》，中共党史出版社1992年版，第946页。
③ 黄道霞等：《建国以来农业合作化史料汇编》，中共党史出版社1992年版，第1013页。

生产力水平的一种劳动报酬制度"。①

列宁指出，公有制和按劳分配是社会主义制度的两大特征。② "只要坚持这两条，就是坚持了社会主义的方向和道路，就同资本主义和一切剥削制度有了根本的区别"。③ 联产承包制是不是社会主义合作制，就看它是否坚持了公有制、是否实行了按劳分配。上面的分析已经说明，联产承包制既坚持了公有制又实行了按劳分配，它就是社会主义的合作制。1983 年一号文件明确指出联产承包制采取了统一经营与分散经营相结合的原则，"它以农户或小组为承包单位……继承了以往合作化的积极成果，坚持了土地等基本生产资料的公有制和某些统一经营的职能，使多年来新形成的生产力更好地发挥作用"，在这种统一经营和分散经营相结合的经营方式下，"分户承包的家庭经营只不过是合作经济的一个经营层次"，生产队或大队，"在实行联产承包以后，有的以统一经营为主，有的以分户经营为主，它们仍然是劳动群众集体所有制的合作经济"。④ 这一段话说明，改革开放以后出现的联产承包制，在坚持土地等基本生产资料公有制不动摇的前提下，把家庭承包的分散经营引入到原有的农业合作模式之中，这种引入就是对原有合作经济模式的创新。这种创新更加符合中国的实际，有利于促进农业生产力的发展，所以，联产承包制仍然是马克思主义的合作经济形式。

与人民公社时期的集体经营体制相比，家庭承包经营制的最大创新就在于把家庭经营引入到原有的集体经济体制之中，那么，如何看待家庭经营的性质呢？

如果单纯从家庭承包的分散劳动方式去看联产承包制下的家庭经营，它和小农经济很相似，但是，如果从"整个合作经济的结构，从它和整个国民经济的联系上去观察"家庭经营，就会发现，今天的家庭经营是土地公有化条件下的家庭经营，家庭的生产经营行为既有充分自主性，但"在许多方面受集体经济的制约，是合作经济中的一个经营层次，也是整个社会主义经济的有机组成部分"。它完全不同于农业合作化以前的小农经济，"是一种新型的家庭经济"，因此，有必要对小农经济和由家庭承包的小规模经营进行区分，"小农经济的特点是个体的封闭性的自然经济，我们的合作经济的承包单位规模虽小，但只要利用现代科学技术，实行集约经营，并在分工分业基础上实现了生产社会化，那就同样能实

---

① 黄道霞等：《建国以来农业合作化史料汇编》，中共党史出版社 1992 年版，第 1015 页。
② 《列宁全集》第 24 卷，人民出版社 1957 年版，第 63 页。
③ 黄道霞等：《建国以来农业合作化史料汇编》，中共党史出版社 1992 年版，第 933 页。
④ 黄道霞等：《建国以来农业合作化史料汇编》，中共党史出版社 1992 年版，第 997～998 页。

现现代化大经济"。[1]

## 二、国际合作社原则

1844 年，英国曼彻斯特罗虚代尔小镇的 28 名工人筹集 28 英镑组织了世界上第一个消费合作社，取名为"罗虚代尔公平先锋社"。先锋社在成立之初就制订了一套体现公平的合作社原则，这套原则被称之为"罗虚代尔原则"。1895 年，国际合作社联盟成立，联盟以罗虚代尔原则为基础，制定了所有成员合作社一体遵守的合作社原则，这套原则此后历经四次修正（1921 年、1937 年、1966 年和1995 年）。1995 年，国际合作社联盟在曼彻斯特召开第 31 届大会，大会发表了《关于合作社特征的宣言》，宣言根据新形势的需要对 1966 年合作社原则进行了修订，成为当前国际社会公认的合作社原则。修改后的合作社原则有七项内容：[2]

第一，自愿和开放的社员资格。向所有愿意加入合作社且愿意承担社员义务的人开放，合作社对申请入社者不能有性别、社会、种族、政治和宗教的歧视。

第二，社员民主控制的原则。合作社实行社员民主管理，社员大会是社员行使民主管理权力的机构，社员大会决定合作社的方针政策、议决合作社重大事务；每个社员享有平等的投票权，即每个社员拥有一人一票的表决权，同时，允许个别社员依照投资额或者交易额的大小享受更多的表决权，但这些特别的表决权在总表决权中的比重受到严格的限制；合作社属于社员，不属于管理人员和雇员，管理人员在其任期内必须对社员负责。

第三，社员的经济参与原则。社员的经济参与首先表现为社员必须向合作社投资，投资方式有三种：一是社员向合作社的入股，股金一般不支付红利；二是合作社从盈余中提取公积金；三是当合作社的发展对资金的需求大于合作社的利润时，合作社可以要求社员向合作社投入他们红利中的一部分，社员的投资可以按股分红（过去，社员入社的股金只能获取少量的利息，有时甚至不支付利息），如果合作社还需要社员扩大投资，合作社要对社员投资支付利息，但利率一般是银行借贷利率。社员的经济参与还体现在合作社盈余的分配上，主要有三种分配方式：一是提取公积金以壮大合作社，公积金不可分割；二是按社员与合作社的交易额分红而不是按社员对合作社的投资额分红，真正代表合作社内部交易对象

---

① 黄道霞等：《建国以来农业合作化史料汇编》，中共党史出版社1992 年版，第1013～1014 页。
② 孔祥智等：《国外农业合作社研究：产生条件、运行规则及经验借鉴》，中国农业出版社2012 年版，第48～51 页。

的利益；三是用于社员代表大会通过的其他事项。

第四，自治和自立的原则。针对一些国家的合作社受政府干预和控制过多，最终导致合作社失败的情况，1995 年，国际合作社联盟新增了自治与自立原则，合作社是社员的自主、自助、自我管理组织，合作社在与包括政府在内的其他任何组织发生往来时，必须保持合作社的自主性和独立性。

第五，教育、培训和信息服务的原则。合作社须对社员、雇员进行合作教育，并为他们提供各种业务培训和经营信息服务，以使他们为合作社发展作出更大的贡献。

第六，合作社之间合作的原则。合作社之间要加强合作，以促进合作社的发展，为社员提供更有效的服务。

第七，关心社区的原则。合作社的发展需要社区居民的广泛参与，因此，合作社有责任为社区的可持续发展作出贡献，表现在：合作社通过采用其成员核准的政策，促进所在社区经济、文化和社会事业的发展，有责任保护所在社区的环境。

上世纪 90 年代之后，中国发展合作经济的重点转向专业合作社，专业合作社的发展，在遵循马克思主义的合作理论的同时，注意吸收了国际合作社原则中的合理部分，这种吸收体现在《农民专业合作社法》中。

在新民主主义革命时期和社会主义革命与建设时期，对地主、富农入社采取限制政策。土地革命战争时期，禁止地主、富农入社；抗战时期，为建立抗日民主统一战线，允许地主、富农入社；解放战争时期特别是土地改革全面推开以后，地主、富农被排斥在合作社之外；社会主义革命与建设时期，允许改造好了的地主、富农入社，但没有民主管理合作社的权利。改革开放时期，停止了阶级斗争，因此这些措施显然不再适应时代的需要。《农民专业合作社法》吸收了国际合作社原则关于社员自愿和开放的经验，第 14 条对社员资格做了两点规定，其一，有资格加入专业合作社的主体有两类，一是"具有民事行为能力的公民"，二是"从事与农民专业合作社业务直接有关的生产经营活动的企业、事业单位或者社会团体"；其二，明确规定"具有管理公共事务职能的单位不得加入农民专业合作社"。第 16 条对合作社成员的权利做了界定：其一，"享有表决权、选举权和被选举权，按照章程规定对本社实行民主管理"；其二，有权"利用本社提供的服务和生产经营设施"；其三，有权"分享盈余"；其四，有权"查阅本社的章程、成员名册、成员大会或者成员代表大会记录、理事会会议决议、监事会会议决议、财务会计报告和会计账簿"。

专业合作社因社员交易而设立，其主要功能是为社员提供交易服务，因而合作社的本质是交易的联合。交易额越大，社员对合作社的需要就越强，合作社就越发具有存在价值。所以，合作社的盈余除留小部分作为公共积累外，大部分要根据社员与合作社发生的交易额大小进行分配。[①]《农民专业合作社法》规定，合作社的盈余，按成员与合作社的"交易量（额）比例返还，返还总额不得低于可分配盈余的60%"，剩余的40%，"以成员账户中记载的出资额和公积金份额，以及本社接受国家财政直接补助和他人捐赠形成的财产平均量化到成员的份额，按比例分配给本社成员"，这实际上就是肯定按股分红但要受到限制。专业合作社的这种分配方式明显受到了国际合作社联盟所确立的社员经济参与原则的影响。

毋庸讳言，集体农庄式农业合作模式之所以陷入困境，一个主要原因就是政府干预和控制得过多，合作社主要体现的是政府意图和利益，农民因此对合作社产生了不满，甚至到了"谈合色变"的程度。这种现象在苏东社会主义国家和发展中国家普遍存在，国际合作社联盟看到了这一点，于是新增了合作社的自治和自立原则。中国在发展新型农业合作的过程中，反复强调不要把专业合作社办成官办组织，必须办成"民有、民管、民享"的组织。但是，这并不是说专业合作社的发展不需要政府的支持，国际合作社原则一方面主张保持合作社的独立性，另一方面主张合作社积极参与政府的经济活动，获得政府的支持。政府对合作社的支持主要体现在两个方面：一是颁布法令规制合作社的发展，二是采取财政金融措施扶持合作社的发展。《农民专业合作社法》第一条指出制定该法的目的是"为了支持、引导农民专业合作社的发展，规范农民专业合作社的组织和行为，保护农民专业合作社及其成员的合法权益，促进农业和农村经济的发展"。《农民专业合作社法》第二章"设立与登记"和第六章"合并、分立、解散与清算"就合作社的准入与退出进行规范，第三章"成员"主要规范入社成员资格、权利和义务，第四章"组织机构"就合作社的组织机构、决策与监督机制进行规范，第五章"财务管理"主要规范合作社的资金筹集、使用，及合作社盈余的分配。这些条文体现了政府对合作社发展的规制作用。《农民专业合作社法》第49条提出："国家支持发展农业和农村经济的建设项目，可以委托和安排有条件的有关

---

[①]　韩俊：《关于农村集体经济与合作经济的若干理论与政策问题》，载于《中国农村经济》1998 年第 12 期。

农民专业合作社实施"。第50条明确要求中央和地方财政"支持农民专业合作社开展信息、培训、农产品质量标准与认证、农业生产基础设施建设、市场营销和技术推广等服务"。第51条"国家政策性金融机构应当采取多种形式,为农民专业合作社提供多渠道的资金支持"。以上三条,体现了政府对合作社的扶持作用。

民主管理是合作社能不能办好的关键,国际合作社原则通过一人一票制来保证社员的民主管理权利,同时,为了吸收更多的社员多向合作社注资,对占股多的社员配给相应的表决权。应该说,合作社的这种决策方式,不仅有利于解决资金不足问题,也较好地体现了公平性。《农民专业合作社法》充分吸收了这条经验,第17条规定农民专业合作社"实行一人一票制,成员各享有一票的基本表决权。出资额或者与本社交易量(额)较大的成员按照章程规定,可以享有附加表决权。本社的附加表决权总票数,不得超过本社成员基本表决权总票数的20%"。

综上所述,改革开放时期崛起的农民专业合作社,吸收了国际合作主义的基本原则,因此,国际合作主义理论是新型农业合作的一个重要的理论来源。

# 第十二章

## 新型农业合作模式的实现形式

改革开放时期发展起来的新型农业合作，主要有四种实现形式：第一种是社区型股份合作经济组织，第二种是农民专业合作社，第三种是传统合作社向新型合作社的转型，第四种是新型合作公社。

### 第一节　社区型股份合作经济组织的改革与发展

**一、社区型股份合作经济组织的演变**

社区型股份合作经济组织产生于农村改革大潮之中，它的前身是人民公社时期的集体经济。社区型股份合作经济组织是一个学术界普遍接受的学术称谓。在政府的政策文本中，其名称不断变化，经历了地区性合作经济组织→乡、村合作经济组织→乡村集体经济组织的演变过程。

1958 年所建立的人民公社，"是适应生产发展的需要，在高级生产合作社的基础上联合组成的。它在一个很长的历史时期内，是社会主义的互助、互利的集体经济组织。"[①] 十一届三中全会以后，随着农村经济体制改革的深入，包产到组、包产到户等多种形式的生产责任制在农村全面确立，政社合一的人民公社体制无法适应新的生产责任制。为改变这种局面，1982 年开始，开始实行政社分设的乡村政治体制改革。1982 年 12 月新修订的《中华人民共和国宪法》规定，在原公社一级设立乡（镇）人民政府，在生产队一级设立村民委员会，这是政权组织。这样一来，人民公社、生产大队就不再具有政权组织的功能，只具有合作经济组织的作用，"农村人民公社、农业生产合作社……等各种形式的合作经济，是社会主义劳动群众集体所有制经济"。中央于 1983 年 10 月发布的《关于实行

---

① 《建国以来重要文献选编》第 15 册，中央文献出版社 1997 年版，第 615 页。

政社分开建立乡政府的通知》提出："当前的首要任务是把政社分开，建立乡政府。同时按乡建立乡党委，并根据生产的需要和群众的意愿逐步建立经济组织。"[①] 这段话指明了政社分设的路径：首先以原人民公社的政权职能为基础建立乡（镇）政权，然后，根据生产的需要和群众的意愿，在原人民公社的经济职能的基础上建立合作经济组织。

1984 年中央一号文件对政社分设以后的乡村合作经济组织的设立作了如下具体规定：其一，搞好家庭分散经营，需要合作经济组织为其提供产前、产中和产后的社会化服务，所以，"为了完善统一经营和分散经营相结合的体制，一般应设置以土地公有为基础的地区性合作经济组织"，这里所讲的"地区性合作经济组织"实际上就是以乡、村集体经济为基础组成的合作社，也可以与其他地区开展横向联合组成合作社，绝大多数地区性合作经济组织在后来的发展中没有走出本乡和本村范围，与其他地区开展横向联合的合作社少之又少。正因为如此，1984 年文件中所称的"地区"后来演变成为"社区"。其二，政府不再采取强制手段要求农民设立合作经济组织，设立与不设立，一是看生产发展需不需要，二是看群众愿不愿意，"原公社一级已经形成经济实体的，应充分发挥其经济组织的作用；公社经济力量薄弱的，可以根据具体情况和群众意愿，建立不同形式的经济联合组织或协调服务组织；没有条件的地方可以不设置"。正因为有这一条规定，社区型股份合作经济组织在后来的发展中参差不齐，有的地方发展得很好、有的地方名存实亡、还有的地方根本就没有建立此类合作社。其三，社区型股份合作经济组织的设立完全取决于群众的意愿，所以各地的合作组织的名称不尽相同，有的称之为农业合作社、有的称之为经济联合社，还有的称之为集体经济组织。其四，村一级的合作经济组织，可设可不设，如设，"可以同村民委员会分立，也可以一套班子两块牌子"，[②] 这条规定使得后来村一级的合作经济组织很难界定，每个村都有村委会，如果在村委会的基础上加一块合作经济组织的牌子，就可以说是所有的村都成立了合作经济组织，但独立于村委会之外的社区型股份合作社在后来的实践中发展得并不如人意。1988 年，据农业部对 26 个省、市、自治区的统计数据，全国共设置了各类地区性合作社 116.7 万个，覆盖原生

① 中共中央文献研究室、国务院发展研究中心：《新时期农业和农村工作重要文献选编》上，中央文献出版社 1992 年版，第 220 页。

② 中共中央文献研究室、国务院发展研究中心：《新时期农业和农村工作重要文献选编》上，中央文献出版社 1992 年版，第 227 页。

产队总数的 62.2%。[①] 到 1990 年，除西藏外，全国农村所设置的村级合作经济组织 189.2 万个，其中，以村为单位的 40.1 万个，以生产队为单位设置 139.9 万个，以自然村和几个生产队联合设置的有 9.2 万个。[②] 1997 年底，全国有社区型合作经济组织 233 万个，其中，以乡镇为单位设置的 3.6 万个，以村和组为单位设置的分别为 63 万个和 167 万个，分别占乡镇、行政村和村民小组的 80.5%、86% 和 31%。[③] 小组一级的社区型合作经济组织，因资力薄弱、所掌握的公共资源有限，这一级层的合作社逐步减少，到 1999 年底，在全国的 233.4 万个社区合作经济组织中，以乡镇、村、组为单位设立的社区型合作社分别为 3.7 万个、70.6 万个、149.1 万个，分别占乡镇、村、组的比重为 82.5%、96.2%、27.9%。[④]

另据农业部 1988 年对百县 1200 个村合作经济组织建设的调查，1984～1987 年，70% 的村设立了地区性合作经济组织，其中东部农村高达 90%；在建立合作经济组织的村庄中，83% 是村社合一，单独设置的只有 17%。样本调查还显示，村级合作经济组织为家庭经营提供的生产资料购买、农产品销售、技术培训、机耕等社会化服务不断下降，其中，下降幅度最大的是农产品销售，从 1983 年的 63% 下降到 1987 年的 23%，远不能满足农民对产前、产中、产后服务的需求。[⑤] 为什么村级合作经济组织难以满足农户的服务需求呢？原因很简单，村级合作经济组织提高服务能力的大小取决于村级集体经济的实力。实行家庭承包经营制度之后，少数经济发达地区和地处城郊的农村拥有较为雄厚的集体经济实力，全国大部分农村除了拥有不能转化为财富流的公有地之外，没有经营实体，村级经营性现金资产很少甚至接近于零，在这样的村庄，村级合作经济组织建立与不建立并无区别，即使是建立了，也是形同虚设。正因为如此，有观点指出，对村社合一的地区性合作社，"与其虚设不如取消"，以免徒有"合作"虚名，扰乱了农村合作经济组织创新的实践。[⑥] 社区型合作经济组织发展中出现的问题引起了各界的高度重视。各地通过股份制改造，积极发展集体经济，壮大社区型合作经济组织实力。上世纪 90 年代，社区型股份合作经济组织在经济发展水平较高的农

① 杜润生主编：《当代中国的农业合作制》下，当代中国出版社 2002 年版，第 68 页。
② 杜润生主编：《当代中国的农业合作制》下，当代中国出版社 2002 年版，第 99 页。
③ 温铁军：《中国农村基本经济制度研究》，中国经济出版社 2000 年版，第 379 页。
④ 张晓山等：《联结农户与市场——中国农民中介组织研究》，中国社会科学出版社 2002 年版，第 62 页。
⑤ 张晓山、李周主编：《中国农村改革 30 年研究》，经济管理出版社 2008 年版，第 121 页。
⑥ 农业部经济政策研究中心：《中国农村：政策研究备忘录》，农业出版社 1989 年版，第 288 页。

村快速发展。党的十九大以后,随着乡村振兴战略的实施,社区型股份合作经济组织迎来了新的发展机遇。

### 二、社区型股份合作经济组织的类型

社区型股份合作经济组织的制度基础是农村集体经济。由于农村集体经济的表现形式多种多样,这就决定社区型合作经济组织形式的多样性。农村改革以来出现的社区型股份合作经济组织主要有三类:以乡村集体资产为基础的社区型股份合作社、以集体土地为基础的土地股份合作社、以乡镇企业为基础的股份合作企业。三类社区型合作经济组织有一个共同的特点,都是实行股份合作制。

第一类:以乡村集体资产为基础的社区型股份合作社。农业集体化时期,农村集体资产的所有权和经营权都属于公社或者生产队。家庭承包责任制实施以后,集体资产被分解为两部分,一部分承包给农户分散经营,从而形成家庭经营资产,属于已确权资产;还有一部分仍由乡村集体经济组织统一经营,从而形成集体经营资产,属于未确权资产。[①] 未确权资产由谁来实施统一经营?以什么方式实行统一经营?这些问题在农村改革初期就引起了中央的高度关注。中央反复强调各地应设立地区性合作经济组织来经营管理未分配到户的乡村公有土地、山林、集体经营资产。地区性合作经济组织采取什么样的方式来实行统一经营,中央没有做出统一规定也不可能做出统一规定,由各地根据实际情况自行设置适合本地需要的合作经济组织形式。广州、深圳等珠三角地区的群众率先以股份合作形式建立社区合作社,对本社区土地、山林、集体资产进行统一经营,由此创造了社区型股份合作社。如广州天河区,由于地理条件优越,改革开放以后集体非农产业快速发展,农村集体经营资产迅速膨胀。1987 年,天河区 19 个行政村的集体经营资产都超过 1000 万元,其中,最高的登峰村达 7360 万元。[②] 如何更好地经营、分配这笔数量庞大的集体财产,成为当地农民和政府关注的一个焦点问题。在农业集体化时期,集体经营所得收益按工分制平均分配给农民。农村改革以后,工分制取消,集体经营收益失去了分配的标准,集体收益如何分配,由村干部规定,这种分配方式既不透明也缺乏科学依据,农民对此有意见。随着集体

---

① 农村集体资产主要包括:集体所有的土地、山场、森林、草原、水面等自然资源;集体投资形成的建筑物、构筑物、机械、设备、产畜、役畜、林木和农田水利设施等;集体投资兴办的企业资产;集体在股份制企业、联营企业和中外合资、合作企业中拥有的资产份额;集体出资兼并的企业资产;国家无偿资助形成的资产等。

② 傅晨:《论农村社区型股份合作制制度变迁的起源》,载于《中国农村观察》1999 年第 2 期。

经营资产存量的日益增长，农民的不满与日俱增，迫切需要有一种新的分配制度。在此背景下，广州天河区农民率先对集体经济进行股份合作制改造。即在保持集体所有制不变的前提下，把尚未确权到户的集体经营资产进行清产核资，然后部分或全部折股量化给集体经济组织成员，赋予集体经济组织成员对集体资产的股份权能，农民根据自己的股份额获得股权收益，社区型股份合作社这样一种全新的合作经济组织由广州天河区农民创造出来了。正因为如此，社区型股份合作社被称为广东创造。社区型股份合作社源于农民对本社区集体资产收益的索取，所以，发起设立社区型股份合作社的主体只能是本社区集体资产所有者，作为集体资产所有权实际控制者的村委会成为社区型股份合作社的当然领办人。社区型股份合作社因牵涉到社区集体资产收益的分配，社区之外的人（除个别为社区型股份合作社发展做出过较大贡献的外来管理者）一般不能进入合作社，所以，社区型股份合作社走的是一条封闭型路径。

　　按新制度经济学的观点，一项制度创新能不能进行，关键看制度创新的收益是否大于制度创新的成本。如果制度创新的收益远远大于成本，制度创新就会发生，反之，制度创新就难以发生。社区型股份合作社之所以创造于广东，是因为广东是改革开放的桥头堡。随着广东工业化和城镇化的迅速推进，广州、深圳、东莞等地区农村的土地、山林、集体资产被市场激活成为具有显性收益的资产。这些集体资产一旦能给社区农民带来显著的"外部收益"，农民和基层政府就会对集体资产产生强烈的利益诉求，就会以股份合作的方式对社区合作经济组织进行改造。如果集体资产不能给社区农民带来显性的"外部收益"，农民和基层政府就没有动力进行股份合作制改造。随着中国经济的发展、城镇化的推进，乡村集体资产的价值将越来越大，可以预计，越来越多的社区型股份合作社会破土而出。据农业部统计，截至 2011 年底，全国实施股份合作制改革的村数为 2.32 万个，占全国总村数的 3.8%，其中，东部地区 82.3% 的村建立社区股份合作社，北京、江苏、浙江、广东 4 省市完成产权制度改革的村占全国完成村数的 75.5%。[①]

　　第二类：以集体土地为基础的土地股份合作社。土地股份合作社主要产生于第二三产业发达的地区，珠三角和长三角地区发展最快，其中，珠三角地区的南

---

① 赵家如：《集体资产股权的形成、内涵及产权建设：以北京市农村社区股份合作制改革为例》，载于《农业经济问题》2014 年第 4 期。

海模式和长三角地区的上海模式颇具典型。南海模式的实践始于 1992 年，开我国土地股份合作制的先河。南海市土地股份合作制按如下方式运作：首先，对全市土地划分为农田保护区、工业发展区、商业住宅区三大部分。其次，成立土地股份合作社，土地和集体财产全部作价以股份形式加入合作社，作价入股后，全村的土地集中起来由新设立的土地股份合作社统一经营管理。再次，设置股权，按社区户口确定配股对象，股权设置各地不一，有的村只设置社员分配股，由基本股、承包权股和劳动贡献股等构成，扣除再生产基金、福利基金等之后，剩余利润用于社员股利分红，有的村则设置了集体积累股和社员分配股，按股权比例分红，股权在社区内可以流转、继承、赠送和抵押。① 上海模式的运作方式与南海模式不尽一致，其做法是：村庄农民将承包地以入股形式交回给其所属的村（组），村（组）将农民入股的土地加上村组集体经营土地进行"打包"，再以集体的名义入股到特定的经济组织（如土地信托投资公司、土地信用合作社）；特定的经济组织在对入股土地进行规划整理后，再将土地推向一级市场，特定的经济组织将所获取的部分收益让渡给农民。②

　　土地股份合作社实际上是把承包到户的土地重新集中起来，进行集约化经营，这种新的经营方式至少有三重好处：一是提高了土地的使用效率和收益；二是提高了农民与市场讨价还价的能力，从而提高了农民的收入；三是有效地满足了城镇化和工业化发展对土地的需求。土地股份合作社目前发生在沿海地区或者是城郊地区，将来，更多的农村会成立土地股份合作社，流转给大户或者涉农企业进行规模化经营，农民不但从中可以获得收益而且还可以腾出时间外出务工。

　　第三类：以乡镇企业为基础的股份合作企业。乡镇企业最早可追溯到农业合作化运动时期初级社所设立的副业专业队，它直接源于人民公社时期的社队企业。1958 年，中共中央《关于人民公社若干问题的决议》提出"农村人民公社制度的发展，为我国人民指出了农村逐步工业化的道路，人民公社必须大办工业"。③ 毛泽东对社办企业也给予厚望，他在郑州会议上说："人民公社直接所有的东西还不多，如社办企业，社办事业，由社支配的公积金、公益金等。虽然如此，我们伟大的、光明灿烂的希望也就在这里"。④ 人民公社运动如火如荼地开

① 朱守银等：《南海市农村股份合作制改革试验研究》，载于《中国农村经济》2002 年第 6 期。
② 上海农村土地流转研究课题组：《上海市农村集体土地股份合作制模式的研究》，载于《上海综合经济》2001 年第 7 期。
③ 中共中央文献研究室：《建国以来重要文献选编》第 11 册，中央文献出版社 1995 年版，第 609 页。
④ 毛泽东：《在郑州会议上的讲话》，《建国以来毛泽东文稿》第 8 册，中央文献出版社 1993 年版，第 65 页。

展以后，各公社大办企业，一批农具厂、土化肥厂、小水泥厂、土农药厂在全国遍地开花，1958 年社队企业的产值为 60 亿元，从业人员 1800 万人。[1] 1959 年，全国共有社办企业约 70 万个，对外宣称产值 70 亿元，占当年全国工业总产值的 10%。[2] 社队企业的超常规发展，一方面造成了资源的浪费，另一方面耽误了农业生产。1962 年开始对社队企业进行整顿。《农村人民公社修正条例（草案）》规定："公社管理委员会，在今后若干年内，一般地不办企业。已经举办的企业，不具备正常生产条件的，不受群众欢迎的，应该一律停办"。[3] 社队企业因政策调整而暂时萎缩，1962 年总产值由 1961 年的 19.8 亿元下降到 7.9 亿元，1963 年再次下降到 4.2 亿元。[4] 至"文化大革命"前夕，全国仅有 1.1 万家社队企业，产值约四五亿元。[5]

毛泽东对社队企业始终寄予厚望。1966 年，他在"五七指示"中提出："在有条件的时候，也要由集体办些小工厂"。[6] 1970 年，国务院决定加快农业机械化步伐，提出在县、社、队要建立三级农机修理网，各地人民公社围绕农业机械化这一目标兴建大量农具和农机修理厂，与农业机械修理配套的小钢铁厂、小水泥厂、小农机厂、小化肥厂、小煤矿等"五小企业"获得蓬勃发展。1974 年，华国锋在致湖南省委的信中说："社队企业有如此灿漫的山花，到处开放，取得了可喜的成绩"，"这对于巩固和发展人民公社集体经济，对于加速实现农业机械化，消灭三大差别，都具有重大意义。它代表了人民公社的伟大希望和前途"。[7] 为加快发展社队企业，1976 年 2 月，国家社队企业管理局成立，各省、市、自治区也成立了社队企业管理局。到 1978 年，94.7% 的公社和 78.4% 的生产大队兴办了工业企业，全国共有 152.4 万个乡镇企业，职工 2826.5 万人，总收入达 431.4 亿元，占农村人民公社总收入的 29.7%。[8]

十一届三中全会以后，中央制定了一系列促进社队企业发展的政策。中央于 1979 年制订的《关于加快农业发展若干问题的决定（草案）》明确提出："社队

---

① 颜公平：《对 1984 年以前社队企业发展的历史考察与反思》，载于《当代中国史研究》2007 年第 2 期。
② 马杰三主编：《当代中国的乡镇企业》，当代中国出版社 1991 年版，第 37 页。
③ 中共中央文献研究室：《建国以来重要文献选编》第 15 册，中央文献出版社 1997 年版，第 621 页。
④ 张晓山、李周主编：《中国农村改革 30 年研究》，经济管理出版社 2008 年版，第 94 页。
⑤ 马杰三主编：《当代中国的乡镇企业》，当代中国出版社 1991 年版，第 47 页。
⑥ 国家农业委员会办公厅：《农业集体化重要文件汇编》第 2 卷，中共中央党校出版社 1982 年版，第 860 页。
⑦ 马杰三主编：《当代中国的乡镇企业》，当代中国出版社 1991 年版，第 55 页。
⑧ 马杰三主编：《当代中国的乡镇企业》，当代中国出版社 1991 年版，第 58 页。

企业要有一个大发展"，国家"对社队企业，分别不同情况，实行低税或免税政策"。① 为落实中央关于加快社队企业发展的政策，1979 年 11 月，财政部和农业部联合下达了《关于发展社队企业若干问题的规定（试行草案）中有关财政税收几个集体问题如何执行的通知》，对社队企业给予税收优惠，11 月，中国农业银行出台《关于发展农村社队企业贷款试行办法》，给社队企业给予信贷支持。1980 年初召开的全国农村人民公社经营管理会议提出："要坚定不移地发展社队企业，发展小城镇。发展社队企业能够充分利用当地资源，较快地积累资金，促进农业迅速发展，是实现农业现代化的多快好省的路子"。② 经过 1978～1983 年的调整，社队企业的行业结构和产品结构渐趋合理。这一时期，关停并转社队企业近 60 万个，新增近 40 万个，增减相抵净减少 21 万个，到 1983 年底 1984 年初，全国共有社队企业 131 万个，拥有 1 千多亿元的固定资产，销售和劳务总收入达 851 亿元，工业总产值 720 亿元，在社队企业的工业总产值中，机械工业比重由 33.5% 下降到 24.8%，以农副产品为原料的加工工业由 17.4% 上升到 27.6%，能源工业发展比较快，平均每年增加原煤产量 1000 多万吨、增加发电量 4.8 亿度。③

　　社队企业是传统合作经济体制内产生一种经济力量，它在本质上属于合作经济。1984 年中央一号文件明确规定："社队企业也是合作经济，必须努力办好，继续充实发展"，"应在体制改革中认真保护，务使削弱，更不得随意破坏、分散"。④ 为提高社队企业经营效率，1978 年以后，很多地方的社队企业推行经理承包制。对于社队企业的经理承包制，各界对此认识不一。1984 年中央一号文件明确指出，"实行经理承包责任制的社队企业，有的虽然采取招雇工人的形式，但只要按照下列原则管理，就仍然是合作经济，不能看作私人雇工经营"。⑤ 1984 年，农村人民公社解散，公社改为乡镇，社队企业的称呼已经不合时宜。1984 年 3 月，中共中央转发《关于开创社队企业新局面的报告》，将"社队企

---

① 黄道霞等：《建国以来农业合作化史料汇编》，中共党史出版社 1992 年版，第 914 页。
② 黄道霞等：《建国以来农业合作化史料汇编》，中共党史出版社 1992 年版，第 921 页。
③ 黄道霞等：《建国以来农业合作化史料汇编》，中共党史出版社 1992 年版，第 1276 页。
④ 黄道霞等：《建国以来农业合作化史料汇编》，中共党史出版社 1992 年版，第 999 页。
⑤ 这里所讲的原则包括五项："（1）企业的所有权属于社队，留有足够的固定资产折旧费和一定比例的公共积累；（2）社队对企业的重大问题，如产品方向、公有固定资产的处理、基本分配原则等有决策权；（3）按规定向社队上交一定的利润；（4）经理只是在社队授权范围内全权处理企业业务；（5）实行按劳分配、民主管理，对个人投入的资金只按一定比例分红，经理报酬从优，但与工人收入不过分悬殊"。黄道霞等：《建国以来农业合作化史料汇编》，中共党史出版社 1992 年版，第 1104 页。

业"改称为"乡镇企业"，明确指出乡镇企业的特点是"独立核算，自负盈亏"
"不吃大锅饭，不捧铁饭碗"。1985 年 12 月，中央农村工作会议明确提出"发展
乡镇企业是振兴我国农村经济的必由之路"，对乡镇企业以很高的期待。

到 21 世纪初，"乡镇企业从小到大，从弱到强，走过了 20 多年的光辉历程，
取得了世人瞩目的成就"。① 乡镇企业发展状况如表 12 - 1 所示。

表 12 - 1　　　　　1959 ~ 2002 年社队企业和乡镇企业总体发展状况

| 年份 | 企业个数（个） | 从业人员（人） | 总产值（万元） | 利润总额（万元） | 实缴税金（万元） | 支农建农及补助社会支出（万元） |
|---|---|---|---|---|---|---|
| 1959 | 70. 0 | | 70 | | | |
| 1961 | 4. 5 | | 19. 8 | | | |
| 1965 | 1. 2 | | 5. 3 | | | |
| 1970 | 4. 7 | | 66. 6 | | | |
| 1975 | | | 197. 8 | | | |
| 1978 | 1524268 | 28265566 | 5143762 | 955109 | 219604 | 303415 |
| 1979 | 1480416 | 29093382 | 5607346 | 1115645 | 225596 | 318344 |
| 1980 | 1424664 | 29996774 | 6783256 | 1262617 | 256563 | 294752 |
| 1981 | 1337563 | 29695646 | 7672570 | 1223100 | 342817 | 236591 |
| 1982 | 1361771 | 31129107 | 8923265 | 1280626 | 447334 | 237748 |
| 1983 | 1346407 | 32346356 | 10193112 | 1366856 | 588810 | 249498 |
| 1984 | 1649641 | 38480993 | 14208425 | 1550183 | 791283 | 457340 |
| 1985 | 12225000 | 69790000 | 27284000 | 2470500 | 1370000 | 690000 |
| 1986 | 15153065 | 79371390 | 37170474 | 3289113 | 1771485 | 780000 |
| 1987 | 17502540 | 88051829 | 50549782 | 3811042 | 2218380 | 890000 |
| 1988 | 18881644 | 95454636 | 75024393 | 6497191 | 2503039 | 1040000 |
| 1989 | 18686282 | 93667793 | 84018182 | 6750876 | 2882373 | 1158762 |
| 1990 | 18734397 | 92647539 | 97803459 | 6834558 | 3128368 | 1382122 |
| 1991 | 19087422 | 96136273 | 118105787 | 8147861 | 3651051 | 1548136 |

① 农业部乡镇企业局：《中国乡镇企业统计资料（1978－2002 年）》，中国农业出版社 2003 年版，第
1 页。

续表

| 年份 | 企业个数（个） | 从业人员（人） | 总产值（万元） | 利润总额（万元） | 实缴税金（万元） | 支农建农及补助社会支出（万元） |
|---|---|---|---|---|---|---|
| 1992 | 20919581 | 106247146 | 178799564 | 11193481 | 4943266 | 1716316 |
| 1993 | 24529272 | 123453082 | 321323232 | 21615764 | 9478178 | 1950135 |
| 1994 | 24944663 | 120174691 | 461240424 | 25723103 | 10353054 | 2197250 |
| 1995 | 22026681 | 128620586 | 695686668 | 36972458 | 12797133 | 2481056 |
| 1996 | 23363285 | 135082851 | 767776437 | 43507961 | 13066186 | 2683142 |
| 1997 | 20148598 | 130504229 | 899005978 | 48650686 | 15263312 | 2257505 |
| 1998 | 20039353 | 125365458 | 966936561 | 51123631 | 15829793 | 1859228 |
| 1999 | 20708863 | 127040877 | 1084260687 | 59845346 | 17894735 | 1853526 |
| 2000 | 20846637 | 128195720 | 1161502745 | 64818114 | 19964982 | 1671933 |
| 2001 | 21155389 | 130855754 | 1260468793 | 67094599 | 23080856 | 1470040 |
| 2002 | 21326857 | 132877100 | 1404345016 | 75577912 | 26935358 | 3120101 |

注：1959～1975 年数据来源于曹阳：《当代中国微观经济组织形式研究》，中国社会科学出版社 2007 年版，第 405 页。1978～2002 年农业部乡镇企业局：《中国乡镇企业统计资料（1978－2002 年）》，中国农业出版社 2003 年版，第 21～24 页、第 71～74 页、第 171～174 页、第 365～368 页、第 381～384 页、第 413～416 页。

　　在人民公社时期，社队企业实行"统收统支"的集体所有制，人民公社解体以后，乡镇企业实行承包制改革，乡镇政府只控制乡镇企业的所有权，不直接经营乡镇企业，由承包人负责乡镇企业的经营管理。实行承包制之后，乡镇企业经营者获得了企业经营控制权和部分剩余索取权，激发了承包者的经营积极性，乡镇企业经营绩效大为提高。但承包制也带来了一系列问题，如承包者受自利动机的驱使，对企业资产进行掠夺性开发使用，以各种隐蔽方式侵吞企业资产。从上世纪 80 年代末起，乡镇企业开始以股份合作的方式进行产权改革。1990 年 2 月，农业部发布《农民股份合作企业暂行规定》，指导乡镇企业开展以股份合作为目标的产权改革。经过两年实践之后，农业部于 1992 年发布《关于推行和完善乡镇企业股份合作制的通知》，要求全国乡镇企业根据本地情况因地制宜开展股份合作制改革，该文件指出："企业保持了股份制筹集资金、按股分配和经营管理方面的合理内核，吸收了股东参加劳动、按劳分配和提取公共积累等合作制的基本内核，是一种集股份制与合作制优点于一体的新型社会主义集体经济组织形式"。① 1998 年 1 月 9 日，江泽民在中央农村工作会议上指出："乡村集体企业实行股份合作制，必须坚持从实际出发，因地制宜，不能刮风，不能一哄而起，更不能把集体资产变成少数人的财产"。中央于 1998 年制订的《关于农业和农村工作若干重大问题的决定》指出："农民采用多种形式的股份合作制形式兴办的经济实体，是改革中的新事物，要积极支持，正确引导，逐步完善"。②

　　各地乡镇企业产权改革的一般方式是：首先对乡镇企业进行清产核资；然后将资产划分为集体股和企业股，集体股一般占 70%，乡镇集体成员所有，乡镇政府作为代表对集体股行使控制权；企业股占 30%，按照企业职工的工龄、级别、职务折股量化到人，这是每个职工都可以获得的基本股，职工还可以向企业投资，形成投资股，基本股只能作为职工分红的依据，不能抽走、转让、买卖、继承。③ 经过改制后，乡镇企业成为股份合作制企业，企业职工既是股东又是劳动者，体现了资本联合和劳动联合，是一种新型的合作经济形式。到 1996 年，全国 20 多万家乡镇企业进行了股份合作制改革，发展最快的是山东、江苏、浙江三省，截至 1996 年 8 月，完成了股份合作制改造的乡镇企业分别占三省乡镇企业总数的 74%、32.9% 和 25.9%。④ 到上世纪 90 年代末，中国经济整体由短缺经济进入过剩经济时代，乡镇企业的市场空间受到挤压，加上乡镇企业普遍存在技术落后、资力薄弱等问题，到本世纪初，部分乡镇企业破产，部分坚持股份合作制，部分出售给私人变为民营企业，部分转制成为股份制公司。

　　从三十多年的农村改革实践中，可做如下判断：社区型股份合作社方兴未艾，是农村集体资产改革的方向，可以预见，随着农村经济的发展，社区型股份合作社将大量出现；土地股份合作社是开展土地规模经营的一种好方式，越来越多的村庄会设立土地股份合作社；以乡镇企业为基础的股份合作企业本身就是一种过渡形态，目前已经基本上完成了过渡。中国农村改革始终坚持土地公有和集体统一经营，随着中国经济的发展，农村集体所有土地的价值必将不断提升，如何防止集体资产流失、保证农民对集体资产的利益诉求，也必将成为中国农村改革的下一个重点，股份合作也必将受到更大的重视。2015 年中央一号文件把农村集体资产区分为经营性资产和非经营性资产两种，对于经营性资产，一号文件

---

① 《关于推行和完善乡镇企业股份合作制的通知》，载于《农村经营管理》1993 年第 4 期。
② 中共中央文献研究室：《改革开放三十年重要文献选编》下，中央文献出版社 2008 年版，第 984 页。
③ 张晓山、李周主编：《中国农村改革 30 年研究》，经济管理出版社 2008 年版，第 112 页。
④ 武力、郑有贵主编：《中国共产党"三农"思想政策史》（1921－2013 年）》，中国时代经济出版社 2013 年版，第 482 页。

提出要按"折股量化"的办法明晰产权归属，严格防止农村集体资产流失和股权改革过程中侵犯农民利益，"将资产折股量化到本集体经济组织成员，发展多种形式的股份合作。开展赋予农民对集体资产股份权能改革试点，试点过程中要防止侵蚀农民利益"。[①] 习近平总书记在党的十九大报告中再次强调要"深化农村集体产权制度改革，保障农民财产权益，壮大集体经济"。[②] 股份合作是深化农村集体产权制度改革的主要手段，可以预见，社区型股份合作经济在未来将有更大的发展。

## 第二节　农民专业合作经济组织的创新与发展

社区型合作经济组织植根于农村集体经济，其主要功能是为了明晰集体经济产权、发展农村集体经济、保障社区农民的财产权益。农民专业合作经济组织以家庭承包经营为基础，其主要功能是为社员提供专业化的产前、产中和产后服务。农民专业合作经济组织产生于农村改革初期，到上世纪90年代，得到了各界的高度认可与支持，如今，已成为新型农业合作经济组织的主体。

### 一、农民专业合作经济组织的演变

纵观改革开放以来农民专业合作经济组织的发展历程，可以分为三个阶段。

第一阶段：萌芽阶段（20世纪70年代末到80年代）。

1978年以后，国家鼓励通过专业承包来发展多种经营。1980年，党中央和国务院发出通知，指出："生产队要根据当地自然资源、劳动力资源的状况和生产习惯，推行在统一经营的前提下，按专业承包、联产计酬的生产责任制，组织各种形式的专业队、专业组、专业户、专业工"。[③] 各地根据中央的指示出台了相应措施。如河南省专门制订了《农村人民公社专业承包、联产计酬生产责任制试行办法》，办法第一条规定："专业承包联产计酬责任制，是在生产队统一经营，分工协作的原则下，实行专业化生产和劳动分工，按业承包，联产计酬。这种责任制形式，将随着生产力水平不断提高，向劳动专业化、经营企业化、管理

---

① 《关于加大改革创新力度加快农业现代化建设的若干意见》，网易财经，http://money.163.com/15/0201/19/AHD3KP9Q00251OB6.html。

② 习近平：《决胜全面建成小康社会　夺取新时代中国特色社会主义伟大胜利》，人民出版社2017年版，第32页。

③ 黄道霞等：《建国以来农业合作化史料汇编》，中共党史出版社1992年版，第938页。

科学化、生产社会化发展"。① 在政策的支持下，各地涌现了大批承包专业户。以上海郊区为例，到 1981 年 9 月，全郊区有 81% 的养猪场，92% 的养鸡场，93% 的养鸭场实行专业承包联产计酬责任制，大部分生产队实行大田作物承包，即在大队或生产队实行统一经营的前提下，根据经营内容和劳力擅长，实行专业分工，按业包产、包工、包费用。② 这些专业户的生产不是为了满足自身需求而是为了赚取经济利润，因而，"它们一开始就以商品生产者的面貌出现，讲求经济效益"，为了实现效益最大化，一些生产同一产品的专业户自愿地走向联合，有的是劳动联合、有的是资金联合、有的是销售联合、有的是技术合作、有的是生产合作，等等。对于专业户之间的新型合作，社会上出现了不同的看法，有人认为这是资本主义经济，应该取缔。1983 年中央一号文件指出："无论哪种联合，只要遵守劳动者之间自愿互利的原则，接受国家的计划指导，有民主管理制度，有公共提留，积累归集体所有，实行按劳分配，或以按劳分配为主，同时有一定比例的股金分红，就属于社会主义性质的合作经济"。③ 1984 年中央一号文件提出，要引导粮食专业户和从事开放性生产的专业户发展合作经济，并"给以必要的经济鼓励"。④ 1985 年中央一号文件提出要积极发展和完善农村合作制，对于采取合股经营的专业合作社，中央给予了高度评价，认为"这种股份式合作，不改变入股者的财产所有权，避免了一讲合作就合并财产和平调劳力的弊端，却可以把分散的生产要素结合起来，较快地建立起新的经营规模，积累共有的财产。这种办法值得提倡。"⑤ 随着农村专业生产的发展，专业户对技术、运输、仓储、销售等系列社会化服务需求也不断增加。1986 年中央一号文件对此做了积极的回应，"各地可选择若干商品集中产区，特别是出口商品生产基地，鲜活产品的集中产区，家庭工业集中的地区，按照农民的要求，提供良种、技术、加工、贮运、销售等系列社会化服务，通过服务逐步发展专业性的合作组织"。⑥ 1987 年中央五号文件对专业性合作组织给予了高度肯定，专业合作"既

---

① 黄道霞等：《建国以来农业合作化史料汇编》，中共党史出版社 1992 年版，第 954 页。
② 黄道霞等：《建国以来农业合作化史料汇编》，中共党史出版社 1992 年版，第 958 页。
③ 中共中央文献研究室、国务院发展研究中心编：《新时期农业和农村工作重要文献选编》，中央文献出版社 1992 年版，第 170 页。
④ 中共中央文献研究室、国务院发展研究中心编：《新时期农业和农村工作重要文献选编》，中央文献出版社 1992 年版，第 226 页。
⑤ 中共中央文献研究室、国务院发展研究中心编：《新时期农业和农村工作重要文献选编》，中央文献出版社 1992 年版，第 332 页。
⑥ 中共中央文献研究室、国务院发展研究中心编：《新时期农业和农村工作重要文献选编》，中央文献出版社 1992 年版，第 379 页。

突破了个体与家庭的局限性，获得适度的规模效益，又不改变财产关系，承认各自的独立利益，因而体现了自愿互利的原则。这些联合，多数以懂技术、善经营的人或骨干企业为核心，能适应当地经济条件，着眼于获取经济效益，因而具有充分的生命力"。①

　　农民专业合作经济组织是农村改革以后出现的新事物，它一产生，中央在政策上就给予了高度的肯定，给专业合作经济组织的发展创造了良好的环境。这个时期，农业生产的市场化和商品化程度较低，农户对专业合作经济组织所提出的需求也主要表现为专业技术服务需求。与此相适应，20 世纪 80 年代的专业合作组织主要表现为专业技术协会，据 1987 年的统计，全国共有 7.8 万个专业技术协会，其中，四川省最多，达 1.1 万个，其次是黑龙江、山东，分别超过了 7000 个和 600 个。② 大多数专业技术协会仅仅从事技术交流，只有少数协会举办了经济实体。据 1991 年的统计数据，全国共有 12 万个专业技术协会，50% 为松散的"技术交流型"，40% 左右为"技术服务型"，10% 左右为"经营实体型"。③

　　第二阶段：起步阶段（20 世纪 90 年代）。

　　20 世纪 90 年代，农业生产的市场化和商品化程度不断提高，小农户与大市场之间的矛盾日益突出。建立专业合作经济组织，抱团应对市场风险，成为当时各界的新共识。于是，国家加大了对专业合作经济组织的扶持，除了政策支持之外还给予财政扶持。1991 年中共中央发布的《关于进一步加强农业和农村工作的决定》首次提出扶持专业合作经济组织，"农户自办、联办的各种服务组织，适应性强，要积极扶持"。④ 1993 年，中央制定了《关于当前农业和农村经济发展的若干政策措施》，首次把专业合作经济组织视为农业社会化服务体系的组成部分，要求各级政府对其发展予以积极扶持，"农村各类民办的专业技术协会（研究会），是农业社会化服务体系的一支新生力量。各级政府要加强指导和扶持，使其在服务过程中，逐步形成技术经济实体，走自我发展、自我服务的道路"。据研究者考证，最早的农民专业合作社于 1994 年产生在山西省，当年，山西省参照日本农协的经验，在定襄、岐县、万荣、临汾四县开展合作社试点。岐

---

① 中共中央文献研究室、国务院发展研究中心编：《新时期农业和农村工作重要文献选编》，中央文献出版社 1992 年版，第 440～441 页。
② 魏道南、张晓山主编：《中国农村新型合作组织》，经济管理出版社 1998 年版，第 105 页。
③ 杜吟棠：《合作社：农业中的现代企业制度》，江西人民出版社 2002 年版，第 31 页。
④ 中共中央文献研究室、国务院发展研究中心编：《新时期农业和农村工作重要文献选编》，中央文献出版社 1992 年版，第 766 页。

县在 3 个乡镇建立了奶业组合，4 个乡镇建立了果业组合，并成立县级联合会。万荣县依托县供销社组建了 4 个农民专业合作社，为农民提高农产品加工和销售服务。①

为规范专业合作经济组织的发展。从 1993 年起，农业部在安徽、陕西、山西等省开展专业合作组织试点工作。陕西、山西着重试验日本农协经验，安徽试点农民专业协会示范章程。经过试点的《农民专业协会示范章程》于 1994 年由农业部颁行，农民专业合作组织发展有章可循。农业部还会同中国科协下发了《关于加强对农民专业技术协会指导和扶持工作的通知》，提出要加强对专业技术协会的技术指导，与此同时，财政部也制订了对专业合作组织的财政扶持政策。在政府的支持下，专业合作经济组织进入一个新的发展时期。1997 年，财政部文件规定，"专业合作社销售农业产品，应当免征增值税"。中央于 1998 年发布的《关于 1998 年农业和农村工作的意见》指出，农民自主设立的专业合作组织，"多数是以农民的劳动联合和资本联合为主的集体经济，有利于引导农民进入市场，完善农业社会化服务体系，要加大鼓励和大力支持"。②

这一阶段，专业合作组织为社员提供的服务不断增加，除继续为农户提供技术服务外，还提供统一购销生产资料和农产品、统一使用资金和设施等服务。据农业部的统计数据，截至 1998 年底，全国共有各类专业合作经济组织 148 万个，其中，种植业占 63.1%，养殖业占 14.4%，加工运输业占 6.1%，其他行业占 16.4%，全国有跨县的专业合作经济组织 5240 个，跨乡的专业合作经济组织 8140 个。③

第三阶段：加速阶段（21 世纪以来）。

21 世纪之初，中国加入 WTO，中国农业和农户面临国内、国外两个市场的竞争压力。增强农户的市场竞争力，必须把从事专业生产的农民组织起来。此外，20 世纪 90 年代之后，"三农"问题日益凸显，农民增收缓慢问题尤其突出，发展专业合作、开展规模化经营成为增加农民收入的一条重要途径。这一阶段，国家的农业政策转向"多予、少取、放活"，并积极支持农民联合起来发展专业合作经济。2002 年，农业部在浙江等省选择 100 个农民专业合作社开展试点工

---

① 杜吟棠：《合作社：农业中的现代企业制度》，江西人民出版社 2002 年版，第 31 页。
② 《中共中央、国务院关于 1998 年农业和农村工作的意见》，全国法律法规网，http://www.110.com/fagui/law_1194.html。
③ 李姿姿：《中国农民专业合作组织研究：基于国家与社会关系的视角》，中央编译出版社 2011 年版，第 64 页。

作，重点扶持由农民自主自营的专业合作社。2003 年，农业部对 50 家农民专业合作组织授予"先进单位"称号。同年，中央财政首次安排支持农民专业合作社发展的专项资金。2004 年中央一号文件提出了发展农民专业合作组织的思路：其一，推进农民专业合作组织的立法工作；其二，加大对农民专业合作组织的财政扶持和金融支持；其三，充分发挥供销社在带动农民进入市场方面的作用。①

自 2004 年之后，每年的中央一号文件都是关于农业和农村问题。除 2011 年中央一号文件的主题是水利建设，没有谈及专业合作社，其他的每年中央一号文件必谈专业合作社的发展。2005 年中央一号文件提出要"对专业合作组织及其所办加工、流通实体适当减免有关税费"。② 2006 年制订、2018 年修订的《农民专业合作社法》对专业合作社做如下定义："农民专业合作社，是指在农村家庭承包经营基础上，农产品的生产经营者或者农业生产经营服务的提供者、利用者，自愿联合、民主管理的互助性经济组织"。③ 2007 年的中央一号文件要求各级政府在贯彻农民专业合作社法的同时，加紧制订农民专业合作社法的实施细则，要求有关部门要抓紧出台具体登记办法、财务会计制度和配套支持措施。④ 2008 年中央一号文件提出要取消农民专业合作社的不合理收费，出台税收优惠办法，农民专业合作社"可以申请承担国家的有关涉农项目"。⑤ 2009 年中央一号文件对农民专业合作社的财政扶持又有新的内容，包括"加强合作社人员培训，各级财政给予经费支持。将合作社纳入税务登记系统，免收税务登记工本费"。⑥ 2010 年中央一号文件提出要深入推进示范社建设行动，"对服务能力强、民主管理好的合作社给予补助"，"支持有条件的合作社兴办农村资金互助社"。⑦ 2012 年中央一号文件提出："支持农民专业合作社兴办农产品加工企业或参股龙

① 《中共中央　国务院关于促进农民增加收入若干政策的意见》，载于《人民日报》2004 年 2 月 9 日第 2 版。
② 《中共中央　国务院关于进一步加强农村工作提高农业综合生产能力若干政策的意见》，载于《人民日报》2005 年 1 月 31 日第 2 版。
③ 《中华人民共和国农民专业合作社法》，载于《人民日报》2018 年 1 月 30 日第 13 版。
④ 《农民专业合作社法》颁行以后，国务院颁布了《农民专业合作社登记管理条例》，农业部颁布了《农民专业合作社示范章程（草案）》和《农民专业合作社示范社创建标准（试行）》，财政部出台《农民专业合作社财务会计制度（试行）》。
⑤ 《中共中央　国务院关于切实加强农业基础建设进一步促进农业发展农民增收的若干意见》，中华人民共和国中央人民政府网，http://www.gov.cn/gongbao/content/2008/content_912534.htm。
⑥ 《中共中央　国务院关于 2009 年促进农业稳定发展农民持续增收的若干意见》，载于《人民日报》2009 年 2 月 2 日第 1 版。
⑦ 中共中央文献研究室编：《十七大以来重要文献选编》中，中央文献出版社 2011 年版，第 350 页。

头企业"。[①] 2013 年中央一号文件对专业合作社着墨甚多，该文件首次使用"农民合作社"概念，并且把农民合作社区分为专业合作社和股份合作社两种主要形式，认为农民合作社"是带动农户进入市场的基本主体，是发展农村集体经济的新型实体，是创新农村社会管理的有效载体"，加大对农民合作社的扶持力度。[②] 2014 年中央一号文件提出要鼓励发展专业合作、股份合作等多种形式的农民合作社，着重强调财政对合作社的支持。[③] 2015 年中央一号文件提出要规制农民合作社的发展，"引导农民专业合作社拓宽服务领域，促进规范发展，实行年度报告公示制度，深入推进示范社创建行动"。[④] 2017 年中央一号文件提出要"加强农民合作社规范化建设，积极发展生产、供销、信用'三位一体'综合合作。"[⑤]

### 二、农民专业合作经济的组织形式

农民专业合作经济组织主要有两种，一是农村专业技术协会，二是农民专业合作社。大体而言，在上世纪八九十年代，农民专业合作经济组织以农村专业技术协会为主，2000 年之后，很多专业技术协会改造升级成为农民专业合作社，专业合作社成为专业合作经济组织的主体。

第一类：农村专业技术协会。集体化时期，农业技术由政府部门（主要是人民公社农技站）提供，实行家庭承包制之后，农村商品经济迅速发展，农户对技术的需求越来越高，农技站无法满足农民的技术需求。例如，农技站的技术服务主要集中在粮、棉、油等传统农产品的常规技术上，而开展专业生产的农民所种植的经济作物，农技站就无法提供相关的技术服务。专业技术供需的失衡催生了

---

① 《中共中央 国务院关于加快推进农业科技创新持续增强农产品供给保障能力的若干意见》，载于《人民日报》2012 年 2 月 2 日第 2 版。

② 扶持措施包括：其一，启动部门联合评定示范社机制，示范社建设农产品仓储物流设施、兴办加工企业，财政给予补助，金融机构予以联合授信；其二，对符合条件的合作社予以财政投资，引导国家补助项目形成的资产移交给合作社管护；其三，支持合作社改善生产经营条件，逐步扩大农村土地整理、农业综合开发、农田水利建设、农技推广等涉农项目由合作社承担的规模；其四，完善合作社税收优惠政策，把合作社作为单独纳税主体列入税务登记；其五，加大对合作社带头人、经营管理人员的培训力度。《中共中央 国务院关于加快发展现代农业 进一步增强农村发展活力的若干意见》，载于《人民日报》2013 年 2 月 1 日第 2 版。

③ 出台了两大举措：其一，允许财政项目资金直接投向符合条件的合作社，允许财政补助形成的资产转交合作社持有和管护；其二，推进财政支持农民合作社创新试点，引导发展农民专业合作社联合社。《中共中央 国务院关于全面深化农村改革加快推进农业现代化的若干意见》，载于《人民日报》2014 年 1 月 20 日第 1 版。

④ 《中共中央 国务院关于加大改革创新力度加快农业现代化建设的若干意见》，载于《人民日报》2015 年 2 月 2 日第 1 版。

⑤ 《中共中央 国务院关于深入推进农业供给侧结构性改革加快培育农业农村发展新动能的若干意见》，载于《人民日报》2017 年 2 月 5 日第 1 版。

农村专业技术协会。按照傅晨的定义，农村专业技术协会"是以农村中的能工巧匠、技术能手为中心，以专业户和科技户为基础，在农民自愿互利的基础上组成的社会团体"。[①] 农村专业技术协会最早出现于1980年。到1986年，全国有各种群众性的专业技术协会（有的地方称之为研究会）6万多个。2002年，全国农村专业技术协会达92306个，协会会员6574512人。农村专业技术协会在各地的发展不平衡，河南、山东、四川等省数量最多。如表12-2所示。

表12-2　　　　2002年全国农村专业技术协会的地域分布和规模差异

| 地区 | 协会数（个） | 会员数（人） | 地区 | 协会数（个） | 会员数（人） | 地区 | 协会数（个） | 会员数（人） |
|---|---|---|---|---|---|---|---|---|
| 河南 | 12520 | 677680 | 陕西 | 3542 | 204351 | 湖南 | 994 | 81549 |
| 山东 | 11763 | 1298717 | 湖北 | 3214 | 400448 | 新疆 | 628 | 37398 |
| 四川 | 6814 | 895433 | 吉林 | 3063 | 132345 | 重庆 | 471 | 36068 |
| 云南 | 5465 | 122885 | 内蒙古 | 2872 | 151443 | 青海 | 418 | 9362 |
| 山西 | 5393 | 296218 | 浙江 | 2453 | 134773 | 宁夏 | 381 | 33036 |
| 安徽 | 4305 | 322079 | 广西 | 2148 | 117827 | 天津 | 176 | 9296 |
| 江苏 | 4142 | 371324 | 江西 | 1881 | 101761 | 海南 | 157 | 4425 |
| 甘肃 | 3885 | 168511 | 福建 | 1862 | 76326 | 北京 | 70 | 6460 |
| 河北 | 3810 | 321438 | 贵州 | 1850 | 59108 | 上海 | 17 | 653 |
| 辽宁 | 3616 | 329156 | 广东 | 1781 | 81778 | 全国合计 | 92306 | 6574512 |

资料来源：中国科学技术协会：《中国科协统计年鉴》（2002，2003）。

农村专业技术协会主要有三种类型。一是技术交流型协会。约占专业技术协会的一半左右。此类协会由专业大户或技术能手发起，会员是从事某一项专业生产的农户，主要是在会员之间开展技术交流，共享技术信息，会员之间关系比较松散、组织管理也不规范，协会几乎没有资金上的合作，没有公共财产。二是技术服务型协会。约占农村专业技术协会的40%左右。此类协会除为社员提供技术培训、信息交流服务外，还为社员提供产前、产中的技术经济服务，协会有了资金上的合作，会员集资统一购买有关技术资料和生产资料，协会一般要求会员缴纳一定的股金，股金为个人所有、协会统一使用，退会时会员可以抽回股金，

---

① 傅晨：《中国农村合作经济：组织形式与制度变迁》，中国经济出版社2006年版，第240页。

但是，会员之间的资金合作有限、资金规模也很小，为社员所提供的经济服务有限。三是技术经济实体型协会。约占农村专业技术协会的 10%。此类协会创办了自己的经济实体（如运输队、加工企业等），协会运用经济实体的收入为社员提供产前、产中和产后的系列服务。随着农民对服务需求的增加，没有利益联结机制的技术交流型协会逐渐减少，具有利益联结机制、能为社员提供全方位服务的技术服务型协会和技术经济实体型协会逐渐增加，有些实力比较雄厚的技术经济实体型协会直接改造升级成为农民专业合作社。

第二类：农民专业合作社。农民专业合作社是中国农业市场化的产物。改革开放以后，农业生产的市场化程度不断提高，如表 12 - 3 所示。

表 12 - 3　　　　　　　　中国农业市场化指数的变化趋势

| 年份 | 农业市场化指数 | 农产品市场化指数 | 农产品价格市场化指数 | 农业技术市场化指数 | 农业资金市场化指数 | 农业劳动力市场化指数 |
|---|---|---|---|---|---|---|
| 1978 | 22.0 | 39.9 | 5.6 | 10.4 | 33.3 | 14.6 |
| 1980 | 32.5 | 43.8 | 17.7 | 13.1 | 72.9 | 15.1 |
| 1983 | 43.0 | 46.0 | 23.9 | 15.2 | 86.9 | 33.3 |
| 1985 | 53.6 | 46.4 | 63.0 | 17.7 | 79.3 | 42.9 |
| 1988 | 60.0 | 51.1 | 76.0 | 26.6 | 74.6 | 53.2 |
| 1990 | 60.8 | 48.4 | 74.8 | 31.1 | 80.7 | 53.9 |
| 1993 | 65.4 | 52.1 | 87.5 | 40.2 | 60.0 | 72.5 |
| 1995 | 68.4 | 53.1 | 92.8 | 40.9 | 66.0 | 73.2 |
| 1998 | 65.3 | 53.2 | 97.4 | 43.1 | 50.9 | 65.7 |
| 2000 | 68.9 | 58.9 | 99.0 | 44.5 | 54.9 | 69.9 |

资料来源：戴晓春：《我国农业市场化的特征分析》，载于《中国农村经济》2004 年第 4 期。

1978 年到 2000 年，农业市场化指数由 22.0 提高到 68.9，农产品价格市场化指数由 5.6 提高到 99.0，这意味着农业生产的主要功能由满足自我需求转变为满足市场需求。特别是到 20 世纪 90 年代中后期，我国农产品的供给格局整体由过去的长期短缺转变为总量平衡、丰年有余，农产品市场由卖方市场变为买方市场。面对农产品的卖难问题，农民自发地组织起来，设立专业合作社。农民专业合作社是具有显著正外部性的经济组织，它不仅有利于保护和提高社员利益，也有利于发展农业生产和稳定农村经济，还可以降低涉农企业与农户之间的谈判成本，正因为如此，农民专业合作社自产生以后就受到了政府和社会各界的广泛重视。财政部门、农业部门、供销合作社、中国科学技术协会、涉农企业等外部组织纷纷牵头设立专业合作社。

农民专业合作社以专业生产为依托，覆盖了种植、养殖、加工运输等领域。据统计，2004 年，专业合作社的覆盖率达到 10%，从事种植业的专业合作社占专业合作社总数的 40%，养殖业占 27%，价格运输业占 18%，其他占 15%。[1]农民专业合作社为成员提供了系列的社会服务，包括：统一组织销售，降低了农户的市场风险；普遍为农户统一提供生产资料；推动科技普及，组织标准化生产；提供信贷支持，解决农户资金紧缺问题。[2] 农民专业合作社所提供的这些服务，对于发展农业生产、搞活农村经济、促进农民增收，起了重要作用。近年来，农民专业合作社快速发展，截至 2012 年一季度末，全国注册登记的合作社已有近 55 万家，入社成员超过 4300 万人（户），约占全国农户总数的 17.2%。另据国家工商总局 2013 年 1 月 10 日公布的数据显示，至 2012 年底，农民合作经济组织达到 68.9 万家。[3] 至 2017 年 9 月，农民专业合作社增加到 193.3 万家，1 亿户农民加入合作社。据农业部副部长叶贞琴介绍，《农民专业合作社法》实施十周年来，农民专业合作社的覆盖面逐步扩大，至 2017 年，全国 46.8% 的农户加入了合作社，每村平均有 3 家合作社。[4]

## 第三节　传统合作经济组织向新型合作经济组织转型

人民公社时期，供销合作社和信用合作社都偏离合作社的本质，演变成为国家商业机构和金融机构。改革开放时期，供销合作社和信用合作社都面临着向新型合作经济组织转型的重任。

### 一、供销合作社的转型发展

供销合作社在本质上应该是农民根据自愿互利的原则集资入股组建的一种商

---

① 《全国近 10% 的农户加入农民专业合作组织》，广东农业信息网，2015 年 7 月 14 日。
② 韩俊主编：《中国农民专业合作社调查》，上海远东出版社 2007 年版，第 26～30 页。
③ 《工商总局：农民专业合作社达到 68.9 万家》，新浪农业网，http://finance.sina.com.cn/nongye/nyhgjj/20130110/141614247100.shtml。
④ 《全国农民专业合作社数量达 193 万多家》，新华网，2017 年 9 月 4 日，http://www.xinhuanet.com/2017-09/04/c_129695890.htm。

业性合作组织，它的主体应该是农民，通过在流通领域发挥作用为农民的生产和生活服务。纵察中国供销合作社 60 多年的发展路径，发现，它走过了一条"农民的供销合作社→政府的商业机构→新型供销合作社"的曲折道路。

（一）供销合作社由"农民的供销合作社"蜕变为"政府的商业机构"

新中国成立之初，发展供销合作社被视为是加快城乡物质交流、减少中间商对农民剥削的重要工具，因而受到党和国家主要领导人的高度重视。1950 年制订的《中华人民共和国合作社法（草案）》明确规定农村供销合作社是农民的组织，"首先去推销自己所生产的多余的农产品和副业产品，同时去购买自己所需要的生产资料和日常消费品，……以便畅销自己多余的产品，同时比较廉价地买到自己所需要的生产资料和日常消费品"。[①] 1951 年，刘少奇在《关于合作社若干问题》一文中阐述了发展供销合作社的三大目的：一是推销剩余农产品，二是供应农业生产资料，三是供应农民生活资料。"办好前面三件事情，是农村供销合作社最基本的任务，是组织供销合作社的基本出发点，也是农民加入合作社的基本出发点和要求，是合作社在全部工作中一时也不能离开的基本目的"。[②] 供销合作社要办好这三件事，首先是要忠实于农民，"诚心诚意地办好这三件事，以此作为自己一切业务经营和一切工作的、一时一刻也不能忘记的直接目的"。[③] 在另一篇文章《论合作社问题（初稿）》中，刘少奇再次强调："供销合作社首先必须完全地、直接地对自己的社员负责，即完全地忠实于农民，在买卖中不欺骗农民，将货物的成本、质量、经营费用和利润等老实地告诉农民，真正做到'货真价实'，使农民不上当，并由此而信任合作社"。[④] 在上述精神的指导下，新中国成立之初迅速地在全国确立从中央到省、县、基层四级供销合作体系。中华全国供销合作总社（1951 年成立中华全国合作社联合总社，1954 年改为此名）——各省、市、自治区供销合作联社——各县（市）供销合作联社——基层供销合作联社。特别是基层供销合作社遍布于乡村，到 1957 年底，全国供销

---

[①] 《中华人民共和国合作社法（草案）》是在刘少奇的直接指导下制订的，1950 年 10 月 24 日，该草案发中央局、分局转各省、市委，征询意见，后来因刘少奇的合作观与毛泽东不尽一致而没有成为正式法规。中共中央文献研究室、中华全国供销合作总社编：《刘少奇论合作社经济》，中国财政经济出版社 1987 年版，第 195～196 页。

[②] 中共中央文献研究室、中华全国供销合作总社编：《刘少奇论合作社经济》，中国财政经济出版社 1987 年版，第 106～107 页。

[③] 中共中央文献研究室、中华全国供销合作总社编：《刘少奇论合作社经济》，中国财政经济出版社 1987 年版，第 111 页。

[④] 中共中央文献研究室、中华全国供销合作总社编：《刘少奇论合作社经济》，中国财政经济出版社 1987 年版，第 136 页。

合作社社员有 1.5 亿人，职工 168 万人，有基层供销合作社 19402 个，社员 1.6 亿人，占农村人口的 30%；供销社自有资金 24.07 亿元，比 1953 年增加 1.8 倍，其中社员股金达 3.32 亿元，比 1953 年增加 16%。[①] 供销合作社作为组织农村商品流通的主导力量，成为联系市场与农民的纽带，为农民生活和农业生产提供了高质量的服务。因处处体现农民的利益，农民把供销合作社看作是自己的合作经济组织。"建国初期的供销社，资金由农民集，干部由农民选，职工由农民派，企业由农民办。当时干部职工白天肩挑车推，走街串巷，既买又卖，晚上帮助群众打生产谱，当时的供销社确实是生产的好参谋，生活的好后勤，同农民是鱼水关系"。[②]

　　大跃进时期，在"一大二公"思想的影响下，1958 年 2 月，以全国供销合作总社为基础成立了第二商业部，杨一辰任部长。为加强对全国商业的统一管理，第一、第二商业部合并为商业部。与此相适应，县级以上的供销合作联社与国营商业合并，基层供销合作社下放给人民公社，各级供销合作社由集体所有制转化为全民所有制，供销合作社成为国营商业的一部分。取消供销合作社之后，国营商业难以适应农村经济的需要，导致农村商品流通渠道不畅，严重影响了农副产品和农业生产资料的销售和供应。鉴于此，1961 年 3 月，中共中央决定恢复供销合作社，明确规定供销合作社是集体所有制经济，不是全民所有制经济，是国营商业的助手，不是国营商业。1962 年 5 月，中央决定恢复全国供销合作总社，基层供销社到 1962 年底恢复到 3.3 万个，省、县各级供销合作社全面恢复。不过，此次恢复是不彻底的，只恢复了基层供销社的集体所有制，县以上供销社仍是全民所有制，这就为日后再度升级为全民所有制埋下了伏笔。"文革"时期，受极"左"思想的影响，1967 年 1 月，供销合作社的集体所有制再次上升为全民所有制。1970 年 7 月，商业部、粮食部、全国供销合作总社、工商行政管理局合并成为商业部，供销合作社作为一个合作组织再次被取消。这种不切实际的合并，使农村商业网点严重不足，农村流通渠道单一，给农民生产和生活带来了极大的不便，群众意见很大。1975 年 2 月，在周恩来的要求下，全国供销合作总社恢复。恢复成立的供销合作总社，其全民所有制性质不变，政府机构组成部分的状况不变。正如总社的一份报告所说的："供销合作总社实际上是农村商

---

① 杨坚白主编：《合作经济学概论》，中国社会科学出版社 1990 年版，第 318 页；傅晨：《中国农村合作经济：组织形式与制度变迁》，中国经济出版社 2006 年版，第 365 页。

② 黄道霞等：《建国以来农业合作化史料汇编》，中共党史出版社 1992 年版，第 1247 页。

业部，是国务院的一个部门，考虑到供销合作社在农村有广泛的群众基础和民主办社的优良传统，所以仍然用供销合作社这个名称"。① 可见，此时的供销合作总社只是一个挂着合作之名的国家商业机构。1978 年，全国供销合作总社被确定为国务院的一个组成部门，县以上供销合作社列入政府序列，供销合作社的官办性质得到确认和强化。"1958 年以后，供销社逐步升级，变成国营，成了'官'字号的买卖，统得多，限制多，为农民想的少了。如对有些农副产品停收限收；经营上重大轻小，以热带冷；服务质量差，农民也管不着"。② 走上官办道路的供销社，严重偏离了新中国成立初年党和国家兴办供销合作社的初衷，这种偏离导致了供销社逐步地脱离了农民，农民也不再把供销社看作是自己的合作经济组织。

**（二）供销合作社向新型供销合作社转型**

从 1982 年起，供销合作社开始实行体制改革。30 多年的改革并非一帆风顺，但改革总体而言朝着目标不断清晰、绩效不断提升的方向迈进。供销合作社改革大体经历了两个阶段。

第一阶段：把官办的供销合作社直接改制成为民办的供销合作社。

农村改革以后，家庭承包经营需要供销合作社为其提供统一的社会化服务，供销社改革伴随着农村改革的深入而日趋迫切。在当时的认识水平下，普遍认为只要把供销社由官办恢复为民办就能解决一切问题。于是，上世纪八九十年代的供销合作社改革目标就是恢复民办性质。供销合作社的体制改革开始于 1982 年。是年颁布的中央一号文件提出"要恢复和加强供销合作社组织上的群众性、管理上的民主性和经营上的灵活性，使它在组织农村经济生活中发挥更大的作用"。③恢复"三性"，就是把供销合作社由全民所有制经济组织改成为民办、民有、民享的集体所有制经济组织。1983 年中央一号文件指出："基层供销合作社应恢复合作社商业性质，并扩大经营范围和服务领域，逐步办成供销、加工、贮藏、运输、技术等综合服务中心。原来的县供销社，应当成为基层供销社的联合经济组织"。④ 1984 年中央一号文件提出，"供销合作社改革要深入进行下去，真正办成

① 中国供销合作社史料丛书编辑室：《中国供销合作社史料选编》上，中国财政经济出版社 1986 年版，第 273 页。
② 黄道霞等：《建国以来农业合作化史料汇编》，中共党史出版社 1992 年版，第 1247 页。
③ 中共中央文献研究室编：《改革开放三十年重要文献选编》上，中央文献出版社 2008 年版，第 236 页。
④ 黄道霞等：《建国以来农业合作化史料汇编》，中共党史出版社 1992 年版，第 999 页。

农民群众集体所有的合作商业，这是农民的要求，也是供销社本身发展的需要"，供销社的改革方向是"要实行独立核算，自负盈亏，有关制度也要按合作企业性质进行改革……要发展多种形式的农工商联营，扶持生产，开拓销路，促进多产畅销，使供销社同农民结成经济利益共同体，成为国家和农民经济联系的纽带"。① 1984 年国发第 96 号文件指出："供销合作社要在农民入股、经营服务范围、劳动制度、按劳分配、价格管理等方面进行突破，核心是变'官办'为'民办'"。在这里，中央首次明确规定供销合作社的改革目标就是由官办变为民办。经过 5 年的探索之后，国务院于 1987 年转批《关于深化供销合作社体制改革的意见》，意见把供销合作社定性为"民间群众经济组织"，要求"彻底放开基层供销合作社的经营，增强自我发展活力，使其真正成为独立核算、自负盈亏、自主经营的企业"。②

供销合作社围绕恢复"三性"作了如下改革。第一，在坚持自愿原则的前提下，吸收社员入股，恢复供销社在组织上的民主性，同时对原有股金进行清理，发放新证、兑现红利，以此巩固供销社的民主性。供销社由民办改国营以后，建社时的股权结构已经混淆不清，绝大多数供销社只有股金总账，没有分账，无法对供销社股权进行明晰。从 1982 年开始，各地供销社首先对原有股权进行清股分红，如山东诸城县采取了"三查""四结合"的办法，"三查"是指查老册、查股票、查户主；"四结合"是指专门班子清与发动群众清相结合、查新册与查老册相结合、登门走访与查阅历史资料相结合、派人调查与发信函联系相结合。通过清查，该县 98% 的股权得到了明晰，在此基础上，按照"入股自愿、退股自由"的精神，扩大和吸收农民入股。③ 到 1983 年底，全国共 3.2 万个基层社进行了清股、扩股，发展了新社员，全国入股农户 1.3 亿户，占全国农民总数的 70% 以上。1984 年取消社员入股限制以后，各地出现了入股热潮，到 1984 年 9 月底，社员股金达到 9 亿元，比 1981 年增加了 150%。第二，召开社员大会，重新选举理事会、监事会，健全规章制度，试图恢复供销社的民主管理。到 1984 年，全国共有约 6.2 万个农民当选为供销社的理事或监事，1400 多个农民当选为基层供销社正副理事长，不少人甚至担任县联社副理事长。第三，为增强经营上的灵活性，在基层社广泛推行经营责任制和承包制。突破原有的经营和服务范围

---

① 黄道霞等：《建国以来农业合作化史料汇编》，中共党史出版社 1992 年版，第 1104 ~ 1105 页。
② 黄道霞等：《建国以来农业合作化史料汇编》，中共党史出版社 1992 年版，第 1236 页。
③ 黄道霞等：《建国以来农业合作化史料汇编》，中共党史出版社 1992 年版，第 1247 页。

限制，为产前、产中、产后提供全程服务，服务内容不再局限于农产品和农用生产资料的买卖，覆盖到信息、技术、仓储、运输、加工等领域。1985 年，供销合作系统提出要从零星的、随机的服务向综合的、系列的服务转变，为此，在农村广泛集资，建立农副产品加工企业。到 1985 年底，全国供销系统建立了 3 万多个加工厂，产品 1 万多种，年总产值 160 多亿元。第四，重建县级供销合作联社，作为基层供销社的联合体，打破原来的国营商业组织体系，恢复其民办性。到 1983 年底，全国 1600 多个县建立了县联社，8 个省市建立了省市联社。[①] 在看到成绩的同时也要看到存在的不足，譬如，社员的入股热情主要不是出于对合作社的热爱而是受到了入股分红的刺激；一些新当选的合作社领导人缺乏经营供销社的能力；承包制搞活了经营但为农民服务的思想日益薄弱。这些都不利于供销合作社的发展。

党的十四大以后，中国市场化改革的目标完全确立，供销合作社改革随着中国改革的深入而深入。十四届三中全会提出，要把各级供销社真正办成农民的合作经济组织。为深入推进供销社体制改革，中央于 1995 年制订《关于深化供销合作社改革的决定》，提出要恢复中华全国供销合作总社，提出了"三个坚持""五个环节""一个重点"的改革思路。[②]

为落实上述文件精神，在中央的指导下，各地采取了如下措施对供销合作社进行实质性改革。第一，加强民主管理。供销社成立了社员代表大会、理事会和监事会，明确了社员、社员代表大会、理事会和监事会的职责，作为最高权力机关的社员代表大会开始发挥其应有的作用，单纯的行政领导方式得到一定程度的改善。如陕西的供销合作社在改革以后，社员普遍反映购买生产资料不方便，农副产品收购中存在压级压价、限收和拒收现象，供销社立即进行了整改，有的延伸了供应点、有的送货上门、有的改整装整卖为拆整零卖，供销社干部由委派制改为选举制，民主选举理事会和监事会。[③] 第二，与农户开展生产、购销等多种形式的联营，为农户提供产、供、销"一条龙"式的社会化服务。在自愿互利基

① 杨坚白主编：《合作经济学概论》，中国社会科学出版社 1990 年版，第 328~330 页。
② "三个坚持"就是坚持集体所有制性质、坚持服务"三农"的办社宗旨、坚持自愿、互利、民主、平等的合作制原则。"五个环节"就是理顺供销合作社的组织体制、强化供销合作社的为农服务功能、完善供销合作社的经营机制、加强对供销合作社的监管、加强政府对供销合作社的保护和扶持。"一个重点"就是加强基层供销合作社的建设。傅晨：《中国农村合作经济：组织形式与制度变迁》，中国经济出版社 2006 年版，第 370 页。
③ 黄道霞等：《建国以来农业合作化史料汇编》，中共党史出版社 1992 年版，第 1252 页。

础上，基层供销社和县供销社与农民专业户组成新的联合体、协会和专业合作社，为专业户提供信息、技术、物质、销售、加工、储藏、运输等服务。如河北省衡水县基层供销社联合 8000 多个专业户，组建了养鸡、养羊、养蜂、养貂、养兔和食用菌、皮毛加工等不同类型的新型合作组织 66 个。供销社还利用自身的资源优势在城市建立农副产品批发市场和贸易中心，销售农副产品。①

上世纪八九十年代的供销合作社改革，取得了一定的成效，但离改革目标相差甚远。首先，对原有股权的清查很不彻底，不少地方没有把初始股权界定给农民，而是收归国有或者转为供销社职工股。扩股面很窄，农民认为供销社不能给自己带来很大的利益，对入股兴趣不浓，缺乏入股自觉性。有的地方采取分任务、下指标的办法，硬性动员农民入股，伤害了农民的利益。其次，民主管理流于形式。"在这次改革实际中，有些供销社存在着忽视社员代表权利的现象。有的社员代表未经社员选举，而是少数干部指定；有的社员代表大会没有认真听取代表意见，或者对代表的意见未作认真处理；有的理事会、监事会候选人名单没有充分征求群众意见，在代表没有充分酝酿的情况下，就采取举手表决的办法通过"。② 很多基层社的干部不是通过社员大会选举产生而是上级党委任命。再次，供销社改制以后，大部分处于亏损状态，自身实力衰弱、组织涣散、人心不定，无法与农户开展大规模的联营，供销社对农业提供社会化服务的能力没有显著的提高。所有这一切，使供销合作社陷入了"三不"的尴尬境地之中，即"农民不承认供销社是自己的，职工不承认供销社是农民的，政府不承认供销社是集体的"。③

供销社能不能办成农民自己的合作经济组织，关键是看供销社能不能为农民提供所需要的服务。如果能为农民提供所需要的服务，农民自然就认为供销社是自己的组织，如果不能为农民提供所需要的服务，即使是把全民所有制改造成为集体所有制，农民也不会认为供销社是自己的组织。所以，供销社体制改革的关键就是增强为农民服务的能力，实现这个目标的前提是壮大自身。在自身壮大的前提下，与农民开展广泛的联营，为农民解决实际问题。基于这个判断，1999年之后，供销社的改革进入了一个新的阶段。

第二阶段：通过企业化改革壮大自身，与农民开展广泛联营，为农民提供社

① 黄道霞等：《建国以来农业合作化史料汇编》，中共党史出版社 1992 年版，第 1241 页。
② 黄道霞等：《建国以来农业合作化史料汇编》，中共党史出版社 1992 年版，第 1253 页。
③ 杨占科：《供销社改革目标模式的几点思考》，载于《农业经济问题》2003 年第 6 期。

会化服务。

1999 年，国务院发出《关于解决当前供销合作社几个突出问题的通知》。该通知在全面总结过去 17 年供销社改革经验的基础上，对下一步的改革进行了新的部署。这个文件首次区分了供销社改革的长期目标与短期目标，认为："把供销合作社办成农民的合作经济组织"是供销社改革的长期目标，这个目标的实现不能一蹴而就，需要逐步推进。深化供销合作社改革，"当前最重要的是针对供销合作社存在的突出问题，尽快扭转效益下滑、亏损增加、经营萎缩的被动局面，清理整顿社员股金，防范和化解金融风险。通过改革，使供销合作社建立起自主经营，自负盈亏的经营机制"。① 五号文件实际上明确了供销社改革的两个短期目标：一是实现全系统扭亏为盈；二是把各级供销社的社有企业办成真正自主经营、自负盈亏、自我发展、自我约束的法人实体和市场主体。此次改革暂时停止了把供销社办成农民合作经济组织的努力，符合供销社客观实际。此次改革因抓住了问题的要害，改革绩效较为显著，到 2000 年底，供销社全系统实现了扭亏为盈，全系统盈利 13 亿多元，2001 年 16 亿多元，2002 年 28 亿多元；基层社和社办企业的企业化改革也稳步向前推进，到 2002 年，企业改制面全国平均达 43%，部分省达到 90% 以上。② 2012 年，全系统销售总额 2.5 万亿元、实现利润 295 亿元，2017 年，销售总额增加至 5.4 万亿元，实现利润 441.5 亿元，2012 ~ 2017 年间，销售总额年均增长 15.7%，利润年均增长 8.9%。③

进入新世纪以来，重焕生机和活力的供销合作社，积极投身于农业现代化大潮之中，不断创新形式为农业提高多种形式的社会化服务。第一，领办专业合作社，服务"三农"。世界合作史已经证明，合作事业是志愿者的事业，合作社的创办、经营管理需要志愿者去倡导和组织。中国农民有短期、非正式合作的传统，但缺乏在市场经济条件下发展新型合作社的优势，所以，发展新型农业合作，尤其需要志愿者的积极推动。供销社充当领办专业合作社的志愿者，最为合适。"供销社 + 专业合作社 + 农户"成为一种新的农业合作经济模式，也是把供销社办成农民自己合作经济组织的一个新的实现途径。目前，已经形成了挂靠型和一体型两种方式。所谓挂靠型是指供销社委托专业人员参与筹建专业合作社，

① 《国务院关于解决当前供销合作社几个突出问题的通知》，中国供销合作网，http://www.china-coop.gov.cn/HTML/2015/04/02/99684.html.
② 杨占科：《供销社改革目标模式的几点思考》，载于《农业经济问题》2003 年第 6 期。
③ 《奋力改革开新局》，载于《中华合作时报》2018 年 10 月 19 日第 1 版。

利用自身的基层机构和设施为专业合作社服务，但彼此在财务上相互独立。一体型是指供销社以入股形式加入专业合作社，与社员结成利益共同体。① 政府支持供销社领办专业合作社，2009 年国务院文件《关于加快供销合作社改革发展的若干意见》要求供销社发挥自身在设施、人才等方面的优势，"积极领办农民专业合作社。带动农民专业合作社开展信息、营销、技术、农产品加工储运等服务，推进规模化种养、标准化生产、品牌化经营，提高农产品质量安全水平和市场竞争力"。② 2015 年 3 月，中共中央、国务院发布的《关于深化供销合作社综合改革的决定》不仅支持供销社领办、创办专业合作社，还"支持符合条件的基层社作为农民专业合作社进行工商登记注册，允许财政项目资金直接投向注册后的基层社"，这就是说，部分基层供销社可以直接办成为专业合作社。截至 2014 年底，全系统组织农民兴办各类专业合作社 114326 个，比上年增加 10825 个；入社农户 1238.1 万户。各类专业合作社中，农产品类 99435 个，农业生产资料类 5113 个，其他类 9778 个。通过有机、绿色、无公害等认证的专业合作社 26590 个。其中，通过有机认证的有 2784 个，通过绿色认证的 7457 个，通过无公害认证的 16349 个。拥有产品注册商标的专业合作社 12753 个，占全部专业合作社的 11.2%。③ 第二，在农村建立服务站、商品基地，为农民提供社会化服务。2009 年国务院 40 号文件明确表示"支持供销合作社参与建设主体多元、功能完备、便民实用的农村社区综合服务中心"。截至 2014 年底，全系统共建立村级综合服务站 33.7 万个，比上年增加 4 万个，其中，与村委会共建 6.5 万个。建立庄稼医院 51845 个，比上年增加 3919 个。建立商品基地 37197 个，比上年增加 3199 个，其中，种植业 27141 个，养殖业 9316 个。联结农户 1996.1 万户，比上年增加 54 万户；帮助农民实现收入 748.8 亿元。④ 第三，实施"新网工程"（即建设社会主义新农村现代流通网络工程），为农民提供生产生活服务。绝大多数零售商业企业的市场定位在城市，农村中目前普遍缺乏服务质量高的零售商业企业和网点，供销社长期扎根农村，网点多，熟悉农村实际，具有实施"新网工程"的优势。2006 年中央一号文件要求供销社创新服务方式，"广泛开展联合、合作经营，加快现代经营网络建设，为农产品流通和农民生产生活

① 郭红东、张若健：《中国农民专业合作社调查》，浙江大学出版社 2010 年版，第 341 页。
② 《国务院关于加快供销合作社改革发展的若干意见》，中国政府网，http：//www.gov.cn/zwgk/2009 – 11/20/content_1469137.htm。
③④ 《中华全国供销合作总社介绍》，中国供销合作网，http：//www.chinacoop.gov.cn/HTML/Article/ZGHZS/zsgk.html。

资料供应提供服务"。① 2009 年国务院 40 号文件提出要从三个方面加快供销合作社现代流通网络建设。②

　　《关于深化供销合作社综合改革的决定》对供销合作社改革提出如下具体要求："到 2020 年，把供销合作社系统打造成为与农民联结更紧密、为农服务功能更完备、市场化运行更高效的合作经济组织体系，成为服务农民生产生活的生力军和综合平台，成为党和政府密切联系农民群众的桥梁纽带，切实在农业现代化建设中更好地发挥作用"。③ 实现这个目标的关键是完成向新型农业合作经济组织的转型，以下领域尤其重要：第一，继续深化基层社和社办企业的企业化改革，通过改革壮大自身，只有自身强大才能担负起服务农业现代化的重任。尽管供销社系统的利润在逐年增长，2014 年上半年，社办企业总利润达 112.1 亿元，但也要看到，供销系统利润率总体偏低，社办企业规模总体偏小，很多基层社特别是广大中西部农村的基层社依然处于涣散状态，难以为"三农"提供应有的社会化服务。第二，创新合作方式，通过劳动合作、资本合作、土地合作等多种途径，吸纳包括农民在内的各种农业经营主体加入供销合作社，强化基层社与各种农业经营主体的组织联结和利益联结。第三，稳步开展农村合作金融服务。在不对外吸储放贷、不支付固定回报的前提下，供销合作社按照社员制、封闭性原则发展农村资金互助合作，解决农民的融资难问题；牵头设立农村互助合作保险组织，为各种农业经营主体提供互助保险业务；发起设立农村中小银行，增强为农服务能力；牵头设立融资租赁公司、小额贷款公司、融资性担保公司，与地方财政共同出资设立担保公司。第四，创新农业生产服务方式和手段。供销合作社要采取大田托管、代耕代种、股份合作、以销定产等多种方式，为各种新型农业经营主体提供农资供应、配方施肥、农机作业、统防统治、收储加工等系列化服务，推动农业适度规模经营。

---

① 《中共中央　国务院关于推进社会主义新农村建设的若干意见》，载于《人民日报》2006 年 2 月 21 日第 1 版。

② 一是加快发展农业生产资料现代经营服务网络，依托供销合作社建设一批统一采购、跨地区配送的大型农资企业集团，大力发展统一配送、统一价格、统一标识、统一服务的农资放心店；二是加快发展农村日用消费品现代经营网络，支持供销合作社培育壮大日用消费品连锁骨干企业，加强区域物流配送中心、连锁超市和便利店等农村零售终端建设，逐步形成县有配送中心、乡有超市、村有便利店的连锁经营体系，营造便利实惠、安全放心的消费环境；三是加快发展农副产品现代购销网络，支持供销合作社开办的农产品批发市场升级改造和功能提升，推动大型连锁超市与农民专业合作社、生产基地、专业大户等直接建立采购关系，培育品牌产品。《国务院关于加快供销合作社改革发展的若干意见》，中国政府网，http://www.gov.cn/zwgk/2009－11/20/content_1469137.htm。

③ 《国务院关于解决当前供销合作社几个突出问题的通知》，中国供销合作网，http://www.china-coop.gov.cn/HTML/2015/04/02/99684.html。

### 二、农村信用合作社转型的失败与专业性合作金融组织的新生

农村信用合作社和供销合作社都是产生于新中国成立初年的合作经济组织。在农业集体化时期，信用合作社和供销合作社一样，合作制遭到了破坏。改革开放以后，政府也试图把农村信用合作社改制成为真正的合作金融组织，但在经过30多年的努力以后，农村信用合作社终究未能回归到合作的轨道上，最终完全走上了商业化道路。就在信用合作社退出合作金融领域的同时，基于农民专业合作的新的合作金融组织破茧而出，成为新的正规合作金融组织。

#### （一）农村信用合作社的发展与转型路径

信用合作曾是民国时期农业合作的主要内容。新中国成立以后，在国家的推动下，农村信用合作社在全国普遍设立。从是否遵循合作制这个维度来观察中国农村信用合作社，可以把其发展历程划分为四个阶段。

第一阶段（1949～1957年）：按合作制原则在农村普遍建立信用合作社。

土地改革完成以后，亿万农民分得土地，激发了发展农业生产的积极性，占农民绝大多数的贫雇农，无钱购买生产工具、改良土壤。生产资金的短缺制约了农民生产的发展。在这种背景下，党和政府决定通过发展农村信用合作来破解资金短缺难题。1950年3月政务院发布《关于统一国家财政经济工作的决定》，提出开展农业互助合作运动。1951年5月召开的第一次全国农村金融工作会议决定大力发展农村信用合作社，1951年下半年，信用合作开始在全国农村试点，农村出现三种信用合作组织：信用合作社、信用互助组、供销社的信用部。[1] 信用社是农村信用合作的主要形式，吸收一定的社员股金，有较为完整的管理制度。信用组由二三十户农民自愿组成，制订了简单的信用互助公约。信用部是供销社的兼营机构，资金和职工均由供销社解决，单设账目，盈亏自负。在政府的推动下，到1953年5月，全国共建立农村信用社6871个，社员425万人，股金878万元，存款1700万元，放款2399万元。信用互助组14000个，供销社信用部2137个。[2] 1954年2月，全国第一次信用合作工作会议召开，邓子恢在会上提出"快马加鞭，火烧屁股"的发展口号，要求信用合作社在整个农业合作化运动中先走一步。此次会议在政策上明确提出"信用社不是官办的，而是民办的"，强

---

① 唐海主编：《新时期农村信用社改革工作指南》，中国财政经济出版社2004年版，第14页。
② 卢汉川：《当代中国的信用合作》，当代中国出版社2001年版，第81页。

调"完全自愿，绝不能强迫命令"。1954 年 4 月，第二次全国农村工作会议召开，会议特别提出信用合作要"积极而又迅速地加以发展。"会后，各地发展农业生产合作的积极性高涨，全国农村信用合作运动出现了一个大发展的高潮。到 1954 年底，信用社发展到 12.6 万个，全国 70% 左右的乡镇建立了信用社，其中有 9 万多个信用社是秋后三个月建立的。[①] 1955 年 10 月，中共七届六中全会通过毛泽东的《关于农业合作化问题的决议》，确定 1956 年的工作方针为"积极发展信用社，建立新社，巩固扩大老社，争取应入社的人大部分或全部加入信用社。"受农村合作化高潮大气候的影响，信用合作不可能稳步发展，至 1956 年春，全国信用合作社发展到 16 万个，97.5% 的乡建立了信用合作社。至此，在全国范围内实现了信用合作化。[②] 在新中国成立后的短短七年里，全国实现信用合作化，这是一个了不起的成绩。农民加入信用社，实行资金互助，有力地遏制了农村高利贷，广大农民把信用合作社亲切地称为自己的"小银行"。这一时期的农村信用社，资本金由农民入股，主要为社员的生产生活提供信贷支持，虽然政府色彩浓厚，但社员民主管理基本得到实施，农村信用社基本保持了合作性质。

第二阶段（1958～1979 年）：农村信用社的合作性遭到破坏。

1958～1978 年 20 年间，受"左"的思想的影响，农村信用合作事业遭受了严重的破坏，以至农村信用社的合作性荡然无存。

1958 年 12 月，国务院颁发《关于适应人民公社化的形势改进农村财政贸易管理体制的决定》，把银行营业所和农村信用社合并组成信用部，下放给人民公社领导，取消农村信用社原有的社员代表大会、理事会、监事会。国务院有关文件明确规定了信用部的性质，"既是人民公社的组成部分，又是人民银行在当地的营业所"，这个表述说明，信用部已经不是合作经济组织，而是人民公社的组成部分和人民银行的地方营业所。信用部成为人民公社的组成部分之后，许多地方出现了随意占用信用部资金，抽调信用部职工的现象。1959 年 5 月，中国人民银行对信用社体制进行了调整，把银行营业所重新收归人民银行管理，把信用社从人民公社中分离出来，成立信用分部，下放给生产大队管理，盈亏由生产大队负责，业务上接受生产大队和公社信用部的双重领导。信用分部完全归大队领

① 卢汉川：《当代中国的信用合作》，当代中国出版社 2001 年版，第 92～96 页。
② 唐海主编：《新时期农村信用社改革工作指南》，中国财政经济出版社 2004 年版，第 14 页。

导，不少基层干部随意调动信用分部的职工、财产和资金，信用分部成为社队平调资金的工具，严重影响信用社业务的正常开展。据统计，在全国信用分部发放的 16 亿元贷款余额中，约有 8 亿元是贷给了社队集体，其中约有 50% 左右用于基本建设，或用于社员分配和其他财政性开支，致使贷款长期收不回来，成为呆账、滞账。① 有些干部贪污、挪用信用分部资金，如福建信用社系统，10% 的职工有贪污行为，有些贪污分子与社会上的投机分子相互勾结，套取信用社资金。②

　　1962 年中央开始调整国民经济，3 月 10 日发布了《银行工作"六条"》。1962 年 11 月，中国人民银行根据《银行工作"六条"》公布实施《关于农村信用社若干问题的规定》。规定重申信用社的性质是"农村人民的资金互助组织，是国家银行的助手"；收回"大跃进"时期下放的管理权，重新明确信用社接受"中国人民银行的领导"，"社员代表大会是全社最高权力机关，信用社的一切重大事项，都必须由信用社社员代表大会决定"。③ 经过整顿，农村信用社收归中国人民银行管理，改变了信用社下放给人民公社和生产大队管理时期任意挪用信用社资金，随意调动信用社职工的问题，在一定程度上恢复了农村信用社的民主管理制度和业务规章制度。1963 年，中国农业银行成立，成为农村信用社的管理机构。1964 年 11 月，中国农业银行召开信用合作工作座谈会，决定从组织管理、资金管理、职工队伍建设等方面对农村信用社进行整顿。但是，此次管理权限的调整，并没有恢复信用社的合作性而是强化了官办性质。

　　"文化大革命"时期，农村信用合作事业遭到极大破坏。1969 年 1 月，中国人民银行总行在天津市召开信用社体制改革座谈会，会议决定推广河南社嵩县阎庄信用社的改革经验：一是信用社实行贫下中农管理，二是信用社职工由脱产变为不脱产，走亦工亦农的道路。农村信用社实行贫下中农管理以后，社员大会被取消，理事会和监事会不复存在，一切由贫下中农管理委员会决定。很多贫下中农管理委员会并不具备管理能力，加上极"左"思潮的干扰，引起了农村信用社经营的混乱。1972 年 9 月，周恩来主持召开银行工作会议，会议对农村信用社的管理做了新的规定：明确贫下中农管理委员会是群众性监督机构，不是权力机构，它的主要任务是对农村信用社干部进行思想政治教育，协助信用社（站）打

① 路建祥：《新中国信用合作发展简史》，农业出版社 1981 年版，第 106 页。
② 杨坚白主编：《合作经济学概论》，中国社会科学出版社 1990 年版，第 345 页。
③ 管延春：《当代中国农村信用合作金融史研究》，浙江大学博士学位论文（未刊稿），2005 年，第 50 页。

击贪污盗窃、投机倒把和高利贷活动，督促农村信用社贯彻党的金融政策；农村信用社的存放款计划和财务计划，经贫下中农讨论通过，公社革委会审查，报经中国人民银行县支行批准执行。这些规定的执行，实际上把信用社的人权、财权和资金使用权收了回来，重新归银行管理，贫下中农管理委员会只起监督作用。

十年动乱结束后，金融行业拨乱反正。1977 年 11 月，国务院出台《关于整顿和加强银行工作的几项规定》，明确规定："信用社是集体金融组织，又是国家银行在农村的金融机构"。1978 年 5 月，中国人民银行总行就农村信用社的机构设置、领导关系、工作任务、业务经营、财务核算等方面的问题作了新的规定：原则上按人民公社设立信用社，或营业所与信用社合一的机构，两者都是国家银行在农村的基层机构，实行独立核算，经营亏损由银行给予补贴，信用社的盈余转化为公积金。新的"既是又是"管理体制使农村信用社不致被并入人民公社而名存实亡，防止了信用社资金可以任意挤占挪用，强化了银行对信用社的领导权。但这种管理体制使农村信用合作社同时具有两个身份，一个是集体金融组织，另一个是国家金融机构。这两个身份的含金量有霄壤之别，这就导致农村信用社势必会脱离合作金融本性，逐步演变成为国家专业银行的基层机构。此次管理体制的变更，把农村信用社合作社和中国人民银行营业所捆绑在一起，模糊了农村信用社的合作性质。

第三阶段（1980～2002 年）：围绕恢复农村信用社合作性的改革时期。

1980 年之后的农村信用社改革围绕着恢复"三性"展开，目的在于把农村信用社建成真正的合作金融组织。

1980 年 8 月，中央财经小组在研究农村信用社工作时指出："把信用社下放给公社办不对，搞成'官办'也不对，这都不是把信用社办成真正的集体金融组织"。[1] 随着农村经济体制改革的深入，农村信用社改革也随之深化。1982 年 10 月，中国农业银行按照中央的要求实质性推进农村信用社改革。第一，明确农村信用社是集体所有制的金融组织，逐步恢复农村信用社组织上的群众性、管理上的民主性、经营上的灵活性。第二，农村信用社要独立经营、独立核算，逐步做到自负盈亏。第三，原有农村信用社干部待遇不变，新增干部不转城镇户口，不吃商品粮，不拿固定工资，根据业务发展情况确定合理报酬。第四，农业银行要加强对农村信用社改革上的领导，但不能把农村信用社当成自己的基层机构，农

---

① 汪澄清：《金融创新论》，经济科学出版社 2003 年版，第 224 页。

村信用社是独立的经济实体。1983 年，改革在试点的基础上向全国铺开。1984 年中共中央一号文件提出，"信用社要进行改革，真正办成群众性的合作金融组织，在遵守国家金融政策和接受农业银行的领导、监督下独立自主地开展存贷业务"。① 为落实中央的指示，1985 年 1 月，中国农业银行决定要进一步加快对农村信用社的改革。第一，积极吸收农民和集体经济组织入股，扩大群众基础。第二，实行民主管理。基层信用社的干部，由任命制改为选举制，成立社员代表大会、理事会和监事会，理事会和监事会正副主任，分别由理事、监事民主选举，报县联社批准。第三，加强农村信用社业务经营上的灵活性，农业银行用经济方法管理农村信用社，改指令性为指导性计划。存款除按规定比例向农业银行交足准备金外，其余部分，信用社根据国家政策进行贷放，多存可以多贷。第四，农村信用社实行独立核算、自负盈亏，取消中国农业银行对农村信用合作社的经营性亏损补贴。改革促进了信用社的发展，1986 年，全国信用社存款比 1982 年增加了 575.11 亿元，平均每年增加 134.78 亿元；贷款余额增加 444.76 亿元，平均每年增加 111.19 亿元。② 不过，从 1986 起到 1995 年，中国出现严重的通货膨胀，国家采取行政手段紧缩信贷。"一刀切"的紧缩性信贷政策，使恢复农村信用社"三性"的改革遭遇挫折，农村信用社又回到了"国家银行基层机构"的官办体制。表现在：农村信用社自主权削弱，基本上由农业银行发号施令；民主管理组织停止了活动；业务上的灵活性被取消。

随着中国经济软着陆的实现，1996 年重启农村信用合作社改革。是年 8 月，国务院颁发《关于农村金融体制改革的决定》，明确农村金融体制改革的指导思想，要求"把农村信用社逐步改为由农民入股、由社员民主管理、主要为社员服务的合作性金融组织"。按照该决定的意见，各地开始了农村信用社和农业银行的脱钩工作。到 1996 年末，脱钩工作基本完成，各地开始按合作制来规范农村信用社。1997 年 9 月，中国人民银行制定了《农村信用社管理规定》。1998 年，国务院转发了中国人民银行拟订的《关于进一步做好农村信用合作社改革整顿规范管理工作的意见》。这三个文件都强调"按照合作制规范"农村信用社，具体内容有：第一，农村信用社与农业银行脱离行政隶属关系，两者之间是平等的合作关系。第二，规范股权。改变以前单一的股权结构，吸收农民、个体工商户、

---

① 黄道霞等：《建国以来农业合作化史料汇编》，中共党史出版社 1992 年版，第 1105 页。
② 杨坚白主编：《合作经济学概论》，中国社会科学出版社 1990 年版，第 351 页。

乡镇企业，增加团体股；1998 年吸收职工股，适当提高社员股金水平，以扩充股本金。第三，规范分配制度。在分配上实行分红，但不保息，实行按存款量返还利润的办法，重视农村信用社的利润积累。第四，规范民主管理，发挥农村信用社"三会"的民主管理作用。重申农村信用社的最高权力机构是社员代表大会，实行"一人一票"，坚持信用社主任由社员代表大会民主选举，并报人民银行县支行批准审核。第五，规范服务方向，信用合作社必须为社员服务，对社员的贷款不低于贷款总额的 50%。第六，建立农村信用社的行业自律组织，在县以上不再专设农村信用社管理机构，通过行业自律组织对农村信用社实施自我管理、自我约束。但是，按照合作制规范农村信用社的改革并没有取得预期的效果。首先，改革并没有带来效率的提高，反而使农村信用社亏损更加严重。农村信用社亏损面宽、亏损额度大，到 1990 年代末，出现了全行业亏损，这已经危及到农村信用社的生存和发展。其次，农村信用社商业化严重，大量贷款投向了效益比较好的乡镇企业或其他经济组织，农民贷款难问题并没有得到解决。根据何梦笔和陈吉元的调查，从农村信用社得到贷款的社员占有贷款需要社员的比例仅为 10%，[①] 大部分社员的贷款需求是通过民间借贷甚至高利贷解决。最后，农村信用社的法人治理机构[②]没有建立起来，农民对农村信用社的改革缺乏热情。这些问题说明农村信用社的合作金融性质并没有得到实质性恢复。

第四阶段（2003 年—）：以产权为核心的农村信用社深化改革阶段。

为化解农村信用社体制弊端而造成的全行业亏损问题，2003 年 6 月，国务院下发《深化农村信用社改革试点方案》，8 月 18 日，银监会和人民银行联合召开深化农村信用社试点改革工作会议。从 11 月下旬起，国务院先后批准在浙、鲁、赣、黔、吉、渝、陕、苏等 8 省开展农村信用社深化改革试点，2004 年进入全面实施阶段。此轮改革按照"明晰产权关系、强化约束机制、增强服务功能、国家适当支持、地方政府负责"的总体要求，"围绕不断改善农村金融服务，加大金融支农力度这一首要目标，逐步推进和完善管理体制和产权制度改革，促进农村信用社加强内部控制，转换经营机制，使农村信用社真正成为自主经营、自我约

---

①　何梦笔、陈吉元：《农民金融需求及金融服务供给》，载于《中国农村经济》2000 年第 7 期。
②　所谓法人治理结构是指在一定的产权制度下，在资产所有权与经营管理权相分离的情况下，为解决企业内部不同权利主体（所有者、经营者、使用者）之间的监督、激励和风险分配等问题，所进行的相互权力与利益关系的制度安排。

束、自我发展和自担风险的市场主体，真正成为服务农民、农业和农村经济的社区性地方金融企业"。[①] 改革的核心是两个方面：一是产权制度改革。按照股权结构多样化、投资主体多元化原则，因地制宜，可以实行股份制、股份合作制和继续完善合作制，有条件的地区可以进行股份制改造；暂不具备条件的地区，可以参照股份制的原则和做法，实行股份合作制；股份制改造有困难而又适合搞合作制的，也可以进一步完善合作制。二是管理体制改革。按照"国家宏观调控、加强监管，省级政府依法管理、落实责任，信用社自我约束、自担风险"的要求，将农村信用社的管理责任交给省级政府。省级政府通过成立省级联社或其他形式的省级管理机构，具体行使对辖内农村信用社的管理、指导、协调和服务职能。

这一轮改革最大的特点就是针对农村信用社的实际情况，果断地去了"合作化"。2003 年的文件名称就去掉"合作"两字，明确了农村信用社改革新目标是产权改革，通过产权改革，把农村信用社改制成为合作银行或者农村商业银行。在后来的改革实践中，农村信用社改制成为农村合作银行后，也没有体现"合作制"特色，有合作银行之名而行商业之实。基于此，2006 年中国人民银行明确提出绝大多数农村信用社要走商业化改革道路。2011 年，中国人民银行提出用五年时间全面完成农村信用社的股份制改造，符合条件的农村信用社逐步改制成为农村商业银行；现有的农村合作银行全部改制为农村商业银行，不再新设立农村合作银行。这样，农村信用合作社在走过了 60 多年的坎坷合作道路之后，彻底改变了其合作性，成为完完全全的农村商业银行。

（二）农村资金互助社的成长

1998 年之后，中国建设银行、中国工商银行和中国银行从县以下撤离，只有中国农业银行在大型集镇上设立分支机构，大部分农村成为了银行真空地带。2003 年之后，农村信用社改制成为农商银行，农商银行把发展重点放到县城和县域工业上，这样一来，农村的金融资源供给日益匮乏。据银监会合作金融监管部 2007 年的统计数据，85% 的金融资源集中在城市，县及县以下只占了全国15% 的金融资源。另据国务院发展研究中心农村部的调查，能够从银行得到贷款的农户，约为农户总数的 20%，还有 25% 左右的农户能获得农村信用社的贷款。正规金融的缺失，使得农村民间借贷十分活跃，据国际农业发展基金会的披露，

---

① 《国务院办公厅关于进一步深化农村信用社改革试点的意见》，http://www.gov.cn/zwgk/2005 - 08/15/content_23158. htm, 2005 年 8 月 15 日。

中国从正规渠道获得信贷资金仅为非正规金融市场上获得的贷款额的 1/4，非正规金融的借贷利率普遍高于国家规定利率。如贵州省 2006 年对 600 户农户的监测数据显示，民间借贷月利率为同期银行利率的 2~5 倍，利率高昂，极大地加重了农户的借贷成本。[1] 正规金融资源供给的缺乏，给农民生产和生活带来了极大的不便，农民不得不自行创新金融制度以舒缓金融抑制。2004 年 7 月，吉林梨树县闫家村出现了与农民专业合作社共生的资金互助合作社，这是一种全新的金融互助合作组织。这种组织出现以后，各地竞相仿效，山东、安徽、河南等地也相继产生了类似的合作社。[2] 资金互助社（小组）完全是农民自己创造的合作金融组织，它的产生是典型的诱致性制度变迁。对于民间的制度创新，政府一方面积极支持其发展，另一方面通过颁布法规规范其发展。从 2006 年开始，中国启动新一轮农村金融体制改革，逐步放宽农村金融市场准入限制，允许投资设立村镇银行、农村资金互助社等新型农村金融机构。2006 年中央一号文件明确提出"引导农户发展资金互助组织"。[3] 这实际上就是决策层对民间金融制度创新的肯定与追认。2006 年 12 月 20 日，银监会出台《关于调整放宽农村地区银行业金融机构准入政策，更好支持社会主义新农村建设的若干意见》，明确提出放开准入资本范围，"农村地区的农民和农村小企业也可按照自愿原则，发起设立为入股社员服务、实行社员民主管理的社区性信用合作组织"。[4] 2007 年 2 月，银监会决定在四川、青海、甘肃、内蒙古、吉林、湖北 6 省（区）的农村地区开展设立农村资金互助社的试点。这标志着一种全新的正规合作金融组织产生了。它完全是农民创造的，不是政府强制"嵌入"的，完全不同于新中国成立初年农村信用合作社的产生路径。2007 年 3 月，吉林梨树闫家村百信农村资金互助社成为全国首家获批的农村资金互助社。到 2013 年，经银监会批准成立的农村资金互助社达 49 家，大量的资金互助社处于事实存在但未注册的状态。

---

[1] 王苇航：《关于发展农村资金互助合作组织的思考》，载于《农业经济问题》2008 年第 8 期。

[2] 办得比较成功的有：梨树县百信农民资金互助合作社（2004 年 7 月成立）、兰考陈寨资金互助小组（2004 年 10 月成立）、兰考南马庄资金互助小组（2004 年 12 月成立）、兰考贺村资金互助小组（2005 年 1 月成立）、兰考胡寨资金互助小组（2005 年 3 月成立）、安徽明光潘村镇兴旺农民资金互助合作社（2006 年 3 月成立）、山东陵县资金互助合作社（2006 年 3 月成立）、梨树县兴开城资金互助合作社（2006 年 5 月）、梨树县夏家资金互助合作社（2006 年 8 月成立）、河南濮阳贷款互助合作社（2006 年 8 月成立）。

[3] 《中共中央 国务院关于推进社会主义新农村建设的若干意见》，载于《人民日报》2006 年 2 月 21 日第 1 版。

[4] 《关于调整放宽农村地区银行业金融机构准入政策，更好支持社会主义新农村建设的若干意见》，中国经济网，http://finance.ce.cn/bank/scroll/200612/23/t20061223_9853222.shtml。

为了进一步激活农村金融和经济活力，十七届三中全会提出"允许有条件的农民专业合作社开展信用合作"。十八届三中全会决定再次明确"允许合作社开展信用合作"。2014年中央一号文件明确指出："在管理民主、运行规范、带动力强的农民合作社和供销社合作社的基础上培育发展农村合作金融，不断丰富农村地区机构类型，坚持社员制、封闭性原则，在不对外吸储放贷、不支持固定回报的前提下，推动社区型农村资金互助组织发展"。①

按照《农村资金互助社暂行管理规定》的规定，农村资金互助社是"指经银行业监督管理机构批准，由乡（镇）、行政村农民和农村小企业自愿入股组成，为社员提供存款、贷款、结算等业务的社区互助性银行业金融机构"。② 发起设立资金互助社，必须有10名以上发起人，农民、农村小企业、某一限定农村经济组织的成员都可作为发起人；以乡镇为单位设立的资金互助社，注册（实缴）资本不低于30万元，以行政村为单位设立的资金互助社，注册（实缴）资本不低于10万元。农村资金互助社具有如下特征：第一，互助合作性。设立资金互助社的主要目的，不是为了实现资本增值，而是为了获取便利而低廉的金融服务，缓解融资难和融资贵的问题。资金互助社实行社员民主管理，以服务社员为宗旨，是一种全新的互助合作组织。第二，社区性。互助社的社员来自于本乡镇或者本村，彼此知根知底，其最大的优势是可以充分利用"熟人信息"，较为准确地判断贷款人的信用状况、贷款用途、还贷能力，这样就可以有效地降低风险。第三，封闭性。互助社不得向非社员吸收存款、发放贷款及办理其他金融业务，不得以该社资产为其他单位或个人提供担保。第四，股权设置多元化。资金互助社主要设有四种股权，资格股、投资股、流动股和国家社会公共股，互助社的决策实行按人投票和按股投票相结合的办法，农村资金互助社社员参加社员大会，享有一票基本表决权；出资额较大的社员可以享有附加表决权，附加权总票数不得超过社员基本表决权总票数的20%。

按银监会规范设置和运行的农村资金互助社，为社员提供了便捷而优质的金融服务。马九杰和周向阳对吉林省梨树县四家资金互助社的调查研究，得出了如下结论（见表12-4）。

---

① 《中共中央　国务院关于全面深化农村改革加快推进农业现代化的若干意见》，载于《人民日报》2014年1月20日第1版。
② 《农村资金互助社暂行管理规定》，中国政府网，http：//www.cbrc.gov.cn/chinese/home/docDOC_ReadView/200701297EC45ED7B6693ACCFFBE6C825759A000. html。

表 12 - 4　　　　吉林省梨树县四家资金互助社提供的金融服务情况

| 项目 | BX 资金互助社 | PH 资金互助社 | SY 资金互助社 | LX 资金互助社 |
|---|---|---|---|---|
| 贷款种类 | 担保贷款 | 担保贷款 | 担保贷款 | 担保贷款 |
| 贷款利率（1 年期） | 月息 1 分 | 月息 1 分 3 厘 | 月息 1 分 2 厘 | 月息 1 分 2 厘 |
| 贷款用途 | 生产、生活均可 | 生产、生活均可 | 生产、生活均可 | 生产、生活均可 |
| 贷款期限 | 比较灵活 | 3 个月到 1 年 | 不超过 1 年 | 1 个月到 1 年 |
| 一般贷款规模 | 7000～8000 元 | 5000～10000 元 | 10000 元左右 | 6000～7000 元 |
| 办理贷款时间 | 当天即可完成 | 当天即可完成 | 当天即可完成 | 当天即可完成 |
| 还贷率 | 100% | 100% | 100% | 100% |

资料来源：马九杰、周向阳：《农村资金互助社的所有权结构、治理机制与金融服务》，载于《江汉论坛》2013 年第 6 期。

从表 12 - 4 看出：第一，贷款无须抵押，都是信用担保贷款，符合农村的实际情况。第二，利息略低于国家银行和信用社的贷款利息，同期信用社的贷款利息是月息 1 分 2 厘。第三，贷款的用途灵活，既可用于生产也可用于消费。第四，贷款期限灵活，农户可以根据自身生产和生活安排，自主确定贷款期限，有的农户甚至可以贷出期限只有 10 天的贷款。第五，贷款金额比较贴近农户需要。贷款额在 5000 到 10000 元之间，基本能满足农户的一般性需求。

资金互助社是农民自己的合作金融组织，将来可能成为农村合作金融组织的主体，或者说，重构中国农村合作金融体系，就要从资金互助社身上破题。但是，某些地方的资金互助社违规吸收社外存款，开展高利息贷款，互助社变质成为农村投资管理公司，这尽管是局部事件，但影响了资金互助社的健康发展。[①]因此，国家要尽快出台《合作金融法》，明确资金互助社作为市场经营主体的法律责任，从法制层面保障互助社的正常运行。

## 第四节　新型合作公社的发展

世界各国的农业合作组织，大体上有两种基本模式，一是合作公社模式，二

---

① 2013 年，江苏省盐城市亭湖区陆续有多家合作社人去钱空，众多储户无法兑付，公安机关不得不介入调查，严重影响了资金互助社的良性发展。

是合作社模式。① 1825 年，空想社会主义者欧文在美国印第安纳州建立新和谐公社，是世界上第一个合作公社。欧文被尊称为现代合作制的播种者。欧文所设立的新和谐公社是"合作公社"的联合体。② 合作公社的主要特点是：其一，实行生产资料公有制；其二，人人平等，集体劳动；其三，按计划组织生产；其四，分配上实行无偿供给制；其五，取消货币和商品，通过记账和劳动券实现内部物质交换。合作公社在苏联、中国、以色列、墨西哥、印度、坦桑尼亚等国家得以实践，苏联的集体农庄、中国的人民公社、以色列的基布兹、墨西哥的集体村社、印度的集体农产合作社、坦桑尼亚的集体公社都属于合作公社。

20 世纪 80 年代初，人民公社在全国范围内解散，但仍有极少数地方继续实行人民公社体制。当然，这些地方并非一成不变地固守过去的人民公社体制，而是根据改革开放进程中的新情况进行了变通，因此，我们可以把它们称之为新型合作公社。③ 全国新型合作公社为数不多，具有代表性的有：河南南街村、河南刘庄村、江苏华西村、天津大邱庄、北京韩村河、北京窦店村、河北周家庄、山西大寨村、天津灰锅口村、山东李家庄、广东崖口村、湖北李家岗村等。新型合作公社的共性是保留了人民公社的基本制度特征但又不是人民公社时期集体主义的简单复制，而是根据市场经济实践进行了改革调整。因各新型合作公社的资源禀赋、思想观念、发展路径不同，各新型合作公社并非千人一面，各具特色。我们可以把新型合作公社大体划分为三类：一是具有共产主义社区特色的合作公社，以南街村最为典型；二是现代企业特色的合作公社，以华西村最为典型，天津大邱庄、北京韩村河、北京窦店村等大多数集体经济名村采取这种模式；三是具有人民公社特色的合作公社，以崖口村最为典型，河北周家庄、湖北李家岗村类似于这种模式。

### 一、南街村模式合作公社

人民公社时期，南街村集体经济实力十分薄弱，"十一届三中全会以前，南街村人均年收入仅 70 多元，每人每年分得的小麦大都在 150 斤左右，遇上天灾

---

① 杜吟棠主编：《合作社：农业中的现代企业制度》，江西人民出版社 2002 年版，第 14 页。
② 杨坚白主编：《合作经济学概论》，中国社会科学出版社 1992 年版，第 44 页。
③ 有学者把这些保留人民公社体制特征的村庄称之为"劳动组合"或"劳动公社"，属于社区型集体经济组织的一种类型，我们认为不妥，因为新型合作公社与社区型集体经济组织在产权制度、治理结构等方面迥然不同。曹阳：《当代中国农村微观经济组织形式研究》，中国社会科学出版社 2007 年版，第 238 页。

人祸，很多人是卖了小麦换红薯干、粗粮吃，70%以上的农民住的是破砖房"。①
1981年，南街村按国家政策推行联产承包责任制，仅有的2家社队企业（1980
年创办的面粉厂和砖厂）承包给私人经营。实行承包制之后，迅速暴露出土地撂
荒、粮食产量下降、企业承包者不惜损害别人利益谋求个人利益最大化等问题。
在此背景下，南街村党支部书记王宏斌和党支部决定收回承包权，实行"第二次
集体化"。在实行土地集体统一经营的同时，大力兴办面粉厂、方便面厂、啤酒
厂、印刷厂等工业企业，产业结构很快由第一产业为主升级为第二产业为主。
1978年，农业总产值占南街村总产值的90%以上，1988年下降到13%，1994年
降到1%以下。到2004年，全村拥有26家企业和1个农场。产业结构的升级，
促进了南街村集体经济的快速发展，集体收入迅速增加。1991年，南街村成为
河南省首个"亿元村"。1997年，南街村的工业总产值突破17亿元，1984～
1997年，南街村经济总量增长了2100倍。事物的发展并非一帆风顺，总是波浪
式前进。1998年之后，南街村集体经济出现滑坡，2002年工业总产值下降到12
亿元。2003年下半年到2005年上半年，南街村陷入前所未有的困境之中，2004
年，南街村集团销售收入跌至10亿元，"公司账目上一分钱现金也没有"，现金
流一度出现断裂危险。2004年11月1日，南街村集团进行股改，注册资本由
2.01亿元增加至5.3亿元，股权结构由过去的纯法人股，变更为法人（中原工
贸）持股40%，个人持股60%，其中，王宏斌持有9%，郭全忠、贾忠仁等6人
每人持有6%，邓富山、张平等5人每人持有3%。据称，此次股改仅是名义上
的改制，没有改变南街村集团的集体所有制性质。也就是说，个人股并非真正的
个人股而是以个人名义持有的集体股（即把集体财产记在个人名下），这样做的
目的是满足上市需要5个发起人的要求。王宏斌这样说："当时完全是一种形式，
为了凑够股东人数，这些股权，过去归集体，现在归集体，将来还是归集体"。②
2005年到2006年，股市不振，国家关闭了新股上市的闸门，南街村集团未能上
市。2004年下半年起，南街村集团根据市场行情重新调整产品结构，融资思路
亦由"从金融部门融资"调整为"从经营过程中融资"。经过艰难的自救，2006
年，销售收入上升到12亿元，2007年，再升到14.7亿元，南街村走出困境。到
2017年，南街村（集团）有限公司已发展成为国家大型一档企业，下辖方便面

---

① 高哲、高松、冯石岗主编：《南街之路：社会主义的实践与探索》，中共中央党校出版社1998年版，
　　第93页。
② 王守国等：《王宏斌：艰难自救后"经济正在复苏"》，载于《决策探索》2008年第5期。

厂、面粉厂、调味品公司、食品饮料公司、啤酒厂、麦恩公司、胶印公司、彩印公司、工艺品公司、旅游公司、制药厂等26家企业，在职员工7000人，年产值突破20亿元。①

南街村模式具有如下特征：

第一，实行土地和基本生产资料集体所有制。南街村的目标是建立"共产主义小社区"，王宏斌明确提出南街村"总的指导思想就是：把南街村的生产资料、生活资料全部实行公有制，不存在私有的问题"。② 南街村所有生产资料，"大到土地厂房、设备，小到一把钳子、一根铁丝、一颗螺丝钉，都是集体财产，属集体所有"。③ 南街村的"生活资料还有部分是私有制"，"小件东西像被子、衣服、鞋子、袜子等还姓私"。④ 南街村的目标是"逐步扩大供给的范围，提高供给的档次，最终全面实现生产资料、生活资料的公有制"。⑤

第二，实行党政企合一的经营管理体制。"南街村现在是党政企一体化，也就是党组织既领导村务工作，也领导办好集体企业"。⑥ 南街村的决策权集中于由村党委、村委会和村集团公司"三大班子"组成的委员会，作为班长的王宏斌具有最高决策权。这种高度集权的方式，有利于提高决策效率，有利于集中全村力量办大事，但缺乏监督，是一种"人治"模式。⑦ 这种模式，一方面促成了南街村的崛起，另一方面也给南街村的健康发展埋下了隐患。1999年，王宏斌不顾反对，开展永动机试验，事实上这是一个伪科学试验，必然失败，给南街村造成了经济损失。

第三，实行供给制为主、工资制为辅的分配制度。南街村的分配，供给部分占70%，工资部分占30%。供给部分主要包括：向村民免费供应水、电、煤、气、食用油、面粉、鱼、肉、节假日改善生活食品等14种生活物资；根据按需

① 南街村先后获得了"全国先进基层党组织""全国模范村民委员会""全国文明村""中国十大名村""中国幸福村""中国十佳小康村""中国第一雷锋村""国家级生态村""全国优秀乡镇企业"等多个国家级荣誉称号。《南街村简介》，http://www.nanjiecun.cn/about.asp?id=1。

② 南街村编写组：《理想之光：南街人谈共产主义小社区建设》（内部资料），1995年，第164页。

③ 高哲、高松、冯石岗主编：《南街之路：社会主义的实践与探索》，中共中央党校出版社1998年版，第93页。

④ 南街村编写组：《理想之光：南街人谈共产主义小社区建设》（内部资料），1995年，第164页。

⑤⑥ 郭一娜、杨越：《重返南街村："这儿有改革开放，人民公社没有"》，载于《决策探索》2010年第12期。

⑦ 个别南街村村民对这种"人治"模式提出挑战。1999年，南街村大修厂厂长耿宏，因负责的工厂卫生检查不合格，被撤职并被命令搬出村民楼自我反省，不服气的耿宏要求南街村落实"家庭联产承包责任制"政策，退出集体，个人承包土地进行耕种。2002年，南街村集团总经理耿富杰，在做了数年没有权力的总经理后，主动辞职。

分配原则，向村民统一分配住房，室内家具、电器都由集体统一配备；集体负担学生从幼儿园到大学毕业的所有费用，到外地读书的大中专学生，每月发放300元的生活费；集体报销村民所有医疗费用；村里给青年人安排集体婚礼，免费外出旅游；集体负担老人去世一切费用。在王宏斌看来，工资体现了按劳分配原则，供给体现了按需分配原则，"这样既能让群众尝到社会主义的甜头，又能亲身感受共产主义的美好"。① 南街村不搞承包制，不发奖金，不发加班费。之所以如此，王宏斌认为："奖金越发，人的私心就越大；奖金越发，人的觉悟就越低"，个人承包是"群众受了骗，个人落了钱，党组织落了懒"。②

第四，对村民进行意识形态教育，以保证村民的"纯洁性"。南街村采取五种措施教育群众。一是定期开批斗会，揭发坏人坏事、批判错误思想、查挖各种破坏行为和消极因素、反官僚主义、反弄虚作假、反以权谋私、反无所作为、反浪费。二是办学习班，把工作不认真、不遵纪守法、不勤劳的村民送进"双文明学习班"，白天劳动，晚上学习，学好了毕业，否则继续学习，学习期间，停发工资和福利。三是"穿黄褂、扫大街、拉人力车"，让犯错误的人丢脸，抬不起头。四是"评最差"与"剁尾巴"，公司每月评出一个"最差车间"，各厂队每月评出一个"最差职工"，被评上者，扣发工资，停发福利。五是评选"十星级文明户"，"十星"即共产星、责任星、吃亏星、文化星、遵纪星、新风星、技术星、勤俭星、慈孝星、卫生星。"十星"与福利挂钩，少得一颗星，就要相应地取消一项福利。如果被评为6星户，就可能丧失靠村福利生活的可能，只能另谋生路。③

## 二、华西村模式合作公社

华西村成立于1961年。在支部书记吴仁宝的带领下，在集体化时期就积极兴办社队企业。1980年，华西村成为全国首批"亿元村"。1994年，华西集团公司成立，下辖58家集体企业，职工2万多人，固定资产21亿元，形成了冶金、有色金属深加工、化工、轻工、纺织、建材等六大支柱产业。华西村生产的型钢、羊毛衫、散热器等产品获得江苏省金奖，成为品牌产品。1999年，华西村

---

① 王宏斌：《坚持发展集体经济才有社会主义新农村》，载于《马克思主义研究》2007年第3期。
② 南街村编写组：《理想之光：南街人谈共产主义小社区建设》（内部资料），1995年，第165～166页。
③ 项继权：《集体经济背景下的乡村治理：南街、向高和方家泉村村治实证研究》，华中师范大学出版社2002年版，第288～291页。

股份有限公司股票在深交所上市，成为全国第一家以村命名的上市公司。为扩大规模，从 2001 年起，华西村先后合并周边 16 个村，面积由过去的 0.96 平方公里扩大到 30 平方公里，由"小华西"发展成为"大华西"。大华西创造性地提出并实施"一分五统"管理体制。"一分"，即村与企业分开。并入"大华西"的原有村庄，实行村民自治，村委会仍由本村村民选举产生，"小华西"村所办的企业仍归小华西村所有。"五统"，即华西村集团对"大华西村"实行五个统一，具体包括：经济统一管理、干部统一使用、劳动力统一安排、村民福利统一发放、村庄建设统一规划。"一分五统"促进了"大华西"的快速发展。2004年，华西村销售收入超过 260 亿元，上缴利税 10 多亿元，人均收入 8000 多美元，被誉为"中国第一村"。2003 年，吴协恩接替吴仁宝担任华西村党委书记，吴协恩自称其发展思路与乃父不同，"我与父亲不同的是，我对投资工厂不是特别感兴趣。老一辈喜欢'看得见、摸得着'，把力气花在做实业上。但我喜欢做资本运营，对资本市场、对智力劳动很感兴趣。"[1] 在吴协恩的领导下，华西村金融服务业获得快速发展。2013 年，服务业对华西集团利润贡献率达到 47% 以上。产业转型增强了华西村的抗风险能力，2013 年，华西主营业务化纤经营业绩不佳，该年度净利润同比下跌 60% 以上，但金融业的收益颇丰，成为华西集团的主要利润来源。华西村呈现了"农、工、商、建、游"五大产业并举的发展格局。2016 年，华西村拥有 254 家企业，遍布海内外，资产总额 534 亿元。

华西村模式具有如下特征：

第一，形成了集体所有制为主，多种所有制并存的所有制结构。南街村追求纯粹的公有制，华西村在坚持公有制主体地位的前提下，允许多种所有制经济并存。吴仁宝的理念是"保持以集体经济为主，发展混合型、多元化的经济体制"。[2] 在这一理念的指导下，华西集团的股份，90% 是集体所有，10% 是个人股金。华西村允许村民搞个体经济，但不允许"一家两制"或者"一人两制"，即一家人或者一个人要么参加集体经济，要么搞个体经营，不能两栖。这种制度设计，是为了防止个人以公肥私。多种所有制促进了华西村经济的繁荣，"华西 50 多家企业提供了 2 万多个就业岗位，还扶持了 206 家个体私营企业，村民都成了'上班族'"。[3]

---

[1] 吴协恩：《跟党走中国特色社会主义道路》，载于《新湘评论》2017 年第 12 期。
[2] 王云帆、罗小军：《华西村：天下第一村路在何方》，载于《21 世纪报道》2003 年 7 月 17 日。
[3] 《华西：共同富裕协调发展》，载于《光明日报》2005 年 10 月 10 日第 12 版。

第二，实行党政企合一的经营管理体制。与南街村一样，华西村实行党政企"三位一体"的管理体制，权力高度集中于一人。如吴协恩，既是华西村党委书记，又是华西村委会主任，还是华西集团董事长。南街村集团没有赋予下属企业经营自主权，下属企业只是集团公司的一个生产部门。华西集团则赋予了下属企业独立经营权，各下属企业实行厂长负责制，同时推行经理监督制和工人代表商议制。对职业职工，实行首位高工资、末位淘汰制、违章辞退制。

第三，实行合理分成的分配制度。华西村没有实行供给制，其分配很注重对各下属企业和各级员工的激励，这种激励通过合理分成来体现。从 1980 年起，华西村实行"二八开、一三三三制"。集团各下属企业的超额利润按二八原则分配，20% 上缴集团公司，80% 留给企业。留给企业的利润，又按"一三三三制"进行分配，10% 奖给厂长或经理，30% 奖给管理层和技术骨干，30% 奖给普通员工，30% 作为企业公共积累。2003 年起，实行"五五开和五五分制"。"五五开"是指企业超额利润的 50% 上缴集团公司，50% 留给企业。留给企业的 50% 按照"五五分制"进行分配，即 50% 作为总经理的奖金，其余 50% 均摊给企业干部职工。村民生活，采取"八有八不"的分配方式。"八有"是指：小有教（从幼儿园到中学学费全免，对大学生予以奖励），老有靠（村集体给年满 60 岁的农民发放退休金），房有包（农民住房由村集体统一承建），病有报（村民工伤全额报销，生病实行定额报销），购有商（在村内设立商场，村民购物不出村），玩有场（村集体修建影剧院、农民公园等休闲场所），餐有供（上班期间，职工可享受免费餐），行有车（出行开通公交车）。"八不"是指：吃粮不用挑（村集体把粮食送到户），吃水不用吊（用自来水厂），煮饭不用草（集体安装管道液化气），便桶不用倒（家家安装抽水马桶），洗澡不用烧（热水管道通到各家），通讯不用跑（家家有电话机），冷热不用愁（夏有空调冬有暖气），雨天不用伞（风雨长廊贯通全村）。[①] 吴仁宝把华西村的分配制度概括为三句话："一个叫共产主义按需分配，第二个是多劳多得，社会主义多劳多得；第三个是社会主义初级阶段按资分红"。[②]

第四，采取"记账入股"的方式约束村民行为。如果说南街村是靠超经济强制手段约束村民，那么，华西村则是采取经济手段约束村民。这种经济约束通过

---

① 中共无锡市委政策研究室：《华西村经济社会发展调查》，载于《中国农村经济》1996 年第 3 期。
② 吴仁宝：《华西村原书记吴仁宝说真话！家族式管理隐藏危机》，载于《中国民营科技与经济》2003 年第 8 期。

收入分配来实现。华西村的个人收入分配，实行"多积累，少分配；多记账入股，少发现金"的原则。"多积累，少分配"是指平时只发放实发工资的50%，剩余部分到年底一次性发放，这就增加了集团现金流量，有利于华西集团控制现金资源。华西村村民的奖金通常是工资的三倍，奖金的20%发给村民，80%作为资本入股，企业承包者所得的奖金，以风险抵押金形式入股企业。如果村民和承包者违反法律和厂规，就会取消股金；如果村民离开华西村，股金也被取消。这就对村民和承包者形成了强大的约束力。华西村通过"记账入股"形成的员工股金与一般企业员工股金不同，不能转让，不能流通，名义上是私人财产，但受到村集体的严格限制。[①]

第五，重视对村民的意识形态教育。体现在四个方面：一是理想信念教育。在村民中深入开展"爱党爱国爱华西、爱亲爱友爱自己"的"六爱"教育。华西村创作了《华西村歌》，唱响"华西的天是共产党的天，华西的地是社会主义的地"的主旋律。华西村建立了村史馆、荣誉馆、模范馆，举办大讲堂、报告会，组织村民学村史、忆家史，把国家前途、集体命运和个人幸福紧密联系在一起，夯实信仰之基。二是开展家风教育，华西村编写了《十富赞歌》《十穷戒词》，组织村民开展优秀家训和"五星文明户""文明家庭"评选活动，弘扬"勤俭持家、富而思进，孝老敬亲、邻里和谐"的家庭美德。三是坚持以文化人。提出"口袋富、更要脑袋富"的文化育人目标，成立了华西艺术团，编写了《科学发展观》《诚信典范》《和谐华西》《将相和》等群众喜闻乐见的歌曲。华西村把传统文化融入到传统节日之中，把立夏日定为"诚信节"，把立秋日定为"丰收节"，把立冬日定为"孔孟节"，每年组织盛大庆典，把"爱、敬、诚、善"教育融入传统节庆之中。[②] 四是重视对村民的道德文化教育。1989年，华西村成立全国第一个村级精神文明开发公司，公司先后建设科技中心、文化书场、农民乐园等基础设施，定期举办市场经济与精神文明建设、企业管理、法律法规专题讲座，建立村民学习考核档案，对村民学习情况进行考核。

### 三、崖口村模式合作公社

崖口村地处中山市南朗镇，距中山市区18公里，与香港、澳门隔海相望。

---

① 曹阳：《当代中国农村微观经济组织形式研究》，中国社会科学出版社2007年版，第257～258页。
② 吴协恩：《跟党走中国特色社会主义道路》，载于《新湘评论》2017年第12期。

该村地理位置优越、自然资源丰富，不仅拥有 36 平方公里的土地，而且拥有广阔的海滩。1981 年，中山县推行家庭联产承包责任制改革，到 1983 年，除崖口村外，其他地方都分田到户。崖口村支部书记陆汉满与村民进行了深入讨论，最后形成统一意见：不搞分田到户，实行集体统一经营，但允许村民在集体劳动与个体劳动之间自主选择。[①] 这就是说，不愿意继续在生产队从事集体劳动的村民，可以自谋出路，愿意继续在生产队劳动的，保持过去的公社路线不变，仍搞集体统一劳动、集体统一分配。[②] 时至今日，崖口村仍然在顽强地坚持人民公社时期的集体劳动方式和按工分分配的分配制度。

崖口村模式具有如下特点：

第一，实行集体劳动。集体劳动是人民公社的一个重要体制特征。崖口村共3500 多人，从事农业生产的有 600 多人。全村拥有 3000 多亩用于种植水稻的水田，2000 余亩淡水养殖场，26000 余亩海水养殖场。农业生产实行大队（即崖口村）、生产队两级管理，各司其职。大队的主要职责是修筑和维护农田水利设施、管理大型农业机械、确定播种面积和种植结构、落实农业补贴政策等；13 个生产队具体负责生产活动安排、田间管理、工分记载等。每天早上，生产队长在祠堂黑板上用粉笔写出当日农活任务，包括干农活的时间、地点和工作内容，但没有安排出工人数，也不规定哪些人出工。是否出工，由社员自由决定。生产责任制的落实情况不如人民公社时期生产队的集体劳动。集体劳动效率低下，1 个人的活由 3 个人干。崖口村领导谭锦廉坦率地承认："村里的 3000 多亩田，实际上有 200 人就足够了"，使用机械化之后，社员每天最多工作 2~3 小时。虽然效率很低，但"总比让他们在家打麻将要强"。

第二，实行工分制分配为主的分配制度。崖口村的分配，保留了人民公社时期的"工分制"。因人多事少，崖口村很少实行定额工分，而是实行根据当天出工人数平均计算每个农民的工分，类似于大寨工分。与人民公社时期的分配不一样，崖口村的粮食分配不再与工分挂钩。村集体给 16 岁以下未成年人、老人

---

① 村主任谭锦廉说："在我们村，13 个生产队都是开放的，村民可以自由进出生产队，如果某位村民在外面能找到一份收入不错的工作，或者自己有能力经商办企业，他可以离开生产队。如果有一天他失业了，或者经商失败了，他还可以回到生产队，我们的大门永远是敞开的。"转引自曹阳：《当代中国农村微观经济组织形式研究》，中国社会科学出版社 2007 年版，第 264 页。

② 1985 年，广东省年均工资已经达到了 2209 元，崖口村农民年均收入不足 1000 元，大量的青壮年劳动力离开崖口村。1985 年，离开大队的社员有 235 人，到了 1986 年，这一数字猛增到 530 人。随着村里收入的不断增加，农民收入也不断增加，吸引更多的农民回到村里。1993 年崖口村人均年收入只有4836 元，社员只剩下 308 人；到 1999 年，年均收入提高到 8509 元，社员增加到 457 人。

（55 岁以上的女性、60 岁以上的男性）免费发放口粮，处在劳动年龄阶段的农民每月按市场价格的 1/3 从村集体购买 100 斤口粮。工分只与现金分配挂钩，工分多的从集体分得的现金越多。据 2013 年东二队的数据，工分最多的农民全年 9762 个工分，最低的 5000 多个工分，每 10 个工分值 20.6 元，村民工作时间约 100 天，做工一天约 172 元。剩余的 200 多天，村民可以外出打工或者从事副业。村集体还给村民提供较高的福利待遇，主要包括教育补贴和社会保障。村集体按市级标准兴建幼儿园，按每生 2700 元（三年）的标准对幼儿进行补贴，读中学、大学的孩子予以奖励。崖口村每年投入 400 万元，按中山市标准给持有股份的村民购买养老保险和医疗保险，社保每人每月 198 元，医保每人每月 36 元；没有股份或者在外就业的村民，按每人每月 67.5 元的标准补贴给村民，住院费用按中山市医疗保险标准统一报销。除此之外，村集体还为达到退休年龄的老人发放 600～1100 元的补贴，村集体免费供养孤寡老人。

崖口村用于分配的资金从哪里来呢？以 2002 年为例，当年该村出产稻谷 384.7 万斤，合 269 万元，扣除生产成本 106 万元，净收入是 163 万元；当年的开支主要包括：劳动报酬 426 万元，村民福利 77 万元，干部工资与行政办公费 67 万元，村庄公共建设 47 万元，共计 617 万元；当年土地租金 464 万元，加上农业剩余 163 万元，共计 627 万元，构成崖口村 2002 年的总收入。如果没有土地租金，农业剩余不敷开支。近年来，崖口村不断拓展收入来源渠道，政府征地补偿和乡村旅游收益成为新的收入增长点。①

第三，对集体所有资产进行股份制改革。随着集体收益的不断增加，村民对集体资产越来越关注，索取集体收益的诉求日益强烈。2002 年，崖口村把 1.8 万亩自 20 世纪 70 年代以来集体围海而成的农田平均分配给村民，人均分得 5.5 亩，每人获得一本绿色股本证书作为凭证，称之为蓝股。② 2006 年进行第二次股改，把村里所有的集体资源、资产折股量化到人，但仍由村里统一经营、统一分配。此次股改，向崖口村具有农业户籍的人口发放了 3131 本红色股本证书，称之为红股。红股的收益，用于维持集体生产和提供福利开支。崖口村的第二次股改类似于社区型股份合作社的做法。

---

① 曹正汉：《土地集体所有制：均平易、济困难——一个特殊村庄案例的一般意义》，载于《社会学研究》2007 年第 3 期。

② 2007 年，其中的 1.17 万亩以总价 5.45 亿元卖给了中山市土地储备中心，每个村民从此次卖地中分得 14.2 万元的现金补偿。王习明：《理念与制度：农地制度变化的机理——2000 年以来崖口村公社体制变革研究》，载于《开放时代》2011 年第 5 期。

第四，实行民主管理。与南街村、华西村一样，崖口村也实行党政企合一的管理体制。略有不同的是，崖口村的党支部书记和村长由不同的人担任，集体经济组织并非企业实体，而是一个集体经济收益的收取、核算机构，集体经济组织由村党支部和村委会直接管理。崖口村从实践中摸索出一套民主管理办法——代表议会制。以村民小组为单位，各小组按人口比例选举村民代表，组成崖口村最高权力机构——村民代表大会。村里的重大决策，包括产业发展计划、财务报告、分配方案，都以文字报告形式递交村民代表大会审议。[①]

凡是存在的就是合理的。不管我们怎么看新型合作公社，有一点谁也不能否定：新型合作公社在特定的历史条件下可以生存，而且生存得很好。但新型合作公社模式能不能推广？能不能长期坚持下去？值得深思。通过对新型合作公社发展史的考察，我们发现，新型合作公社之所以在华西、南街、崖口等少数村庄得以坚持，主要有四点原因。

第一，村民要有集体优越于单干的坚定信念。人民公社体制之所以在绝大多数地方难以为继，一个重要的原因就是农民认为集体不如单干，基于这种认识，农民要求分田单干。南街村在1981年把土地分给农民单干，1984年又收归集体统一经营，促成这种转变的一个重要原因是村民抱有集体比单干优越的坚强信念，如果没有这种信念，靠王宏斌等几个干部的号召是不可能实现第二次集体化的。华西、崖口、周家庄等村庄的村民坚信集体经营好，在1980年代初就没有分田单干。如果某一天，村民的这种信念发生动摇，新型合作公社就会出现解体危机。如果一个地方的村民没有这种信念，合作公社也建立不起来，即使是采取强制手段建立起来了，也难以长久维系。

第二，要有强大的集体经济实力。集体经济强大是新型合作公社的经济基石，没有强大的集体经济，新型合作公社实难维系。如果没有强大的集体经济实力，就不可能为村民提供高福利，不可能带领群众致富，不可能对群众进行有效的意识形态教育。人民公社之所以解散，就是因为没有强大的集体经济，老百姓从集体得不到想要的富裕生活。乡村集体经济不充分发展起来，新型合作公社就不可能推广，当然，集体经济发达了，也不一定非得搞新型合作公社。

第三，要有一个能力强、道德高尚的社区领袖。人民群众是历史的创造者，

---

① 譬如，有村民提议，在秋收结束到来年春耕开始的这一段时间，村里能不能把土地分给愿意冬种的村民耕种，谁种谁收。后经村民代表大会议决通过，村里于2004年起"分田到户"。当然，这种"分田到户"只适合于冬种期间，到第二年春天，土地仍实行集体耕种。

但如果没有英雄人物的带领，创造历史的速度可能放缓。所有的新型合作公社，都给村民提供高福利。高福利的维系，又必须以强大的集体经济为支撑。发展集体经济，需要"能人"。这里的"能人"就是社区领袖。所有的新型合作公社，都是在社区领袖的带领下创造的。如南街村的王宏斌、华西村的吴仁宝、崖口村的陆汉满、韩村河的田雄、刘庄村的史来贺、大寨村的郭凤莲。社区领袖从人民中来，必须具有很强的能力和高尚的品德，否则不能成为领袖。① 成为社区领袖以后的农村"能人"，如果丧失自我，就会对合作公社事业造成致命打击，大邱庄便是典型案例。② 如果一个村庄不能产生社区领袖，这个村庄势难产生新型合作公社。

　　第四，要充分利用市场经济的力量。靠自给自足的农业生产，不可能壮大集体经济。因此，发展集体经济，靠市场。华西村、窦店村、大邱庄、大寨村的崛起都是利用了市场经济的力量。华西村甚至实现了从产品市场向资本市场的转型。崖口村通过出租土地，以地租弥补农业剩余的不足，如果不把土地推向要素市场，崖口村的新型合作公社就难以维系。尽管南街村以建设共产主义小社区为目标，但它不但不排斥市场，而且主动融入市场，充分利用市场机制发展自己。王宏斌说："南街村是个什么村子？我们自认为是个外圆内方的村子，外圆是与市场经济接轨，内方是与本村利益接轨。"③

---

① 譬如崖口村书记陆汉满，廉洁奉公，从不占公家便宜。他甘于清贫，从不以权谋私。陆汉满的儿子这样说：1991 年我在生产队出工挣了 2500 元，我拿这笔钱买了一只小艇开始养蚬，买艇共需 4500 元，欠了人家 2000 元。此后，我就没有再花过家里一分钱。当时，蚬场的位置在崖口海滩的外侧。1992 年父亲知道了我在养蚬，他竭力反对。我不理他，也不找他，自己干自己的。1991 年到 1994 年，我是自己驾小艇捞蚬。我在崖口什么事都办不了，什么章都盖不了，我搞蚬场是找镇和市渔政大队，我向镇和渔政大队办手续，向渔政交费，合理合法。后来，这些蚬场陆续被崖口围垦，别人放了蚬苗，村里都给补偿，但父亲就不同意补偿给我。我不愿意毁了我父亲一生的名节，不补偿也就认了，连同我的两个搭档也没有补偿。1992 年地产风时，我父亲顶住不卖地，人家就找到我，让我搞定我父亲，然后给我一亩 5 万元的酬谢。他还告诉我一个方法，若我父亲不同意，就装着自杀。我当时年轻不懂事，真这样做。我父亲坚决不答应，我在家里拿绳绕在横梁上要上吊，我父亲也拿来一根绳子，他说，要死的话，我们父子俩一起死！曹正汉：《土地集体所有制：均平易、济困难——一个特殊村庄案例的一般意义》，载于《社会学研究》2007 年第 3 期。

② 大邱庄在历史上是个贫困异常的地方，当地有民谣："宁吃三年糠，有女不嫁大邱庄"。20 世纪 70 年代末，大邱庄支部书记禹作敏办了一个小钢铁厂，当时的钢材是十分紧缺的物质，大邱庄钢铁厂所产钢材出厂即销售一空，赚取了巨额利润。到 1980 年代中期，大邱庄形成轧钢、带钢、线材、管材四条钢铁生产线，以此为基础形成了津美、万全、津海、尧舜四大企业集团。1987 年，大邱庄进入鼎盛时期，连续五年，产值、税金、人均收入居全国村级单位榜首，被称之为"中国第一村"。1991 年，大邱庄产值达 18 亿元，公共积累 4.8 亿元。1993 年，禹作敏因罪入狱，大邱庄开始走下坡路。受 1997 年东南亚金融危机的冲击，大邱庄 1/3 的企业破产，1/3 勉力维持，1/3 正常运行。在此背景下，大邱庄实行改革，取消供给制，降低企业负担。对企业进行产权改革，改制后，大邱庄的经济成分 80% 为民营，20% 为外资和集体参股。这种产权结构，表明大邱庄合作公社已经解散。

③ 郭一娜、杨越：《重返南街村："这儿有改革开放，人民公社没有"》，载于《决策探索》2010 年第 12 期。

# 第十三章

## 中西新型农业合作模式的比较

改革开放以来，集体农庄式农业合作模式逐渐向新型农业合作模式转型。与此同时，西方国家农业合作也在经历了由传统向新型的转型，因此，有必要对中西新型合作社作一比较。本章主要以美国、丹麦、日本为参照系，从初始条件、动力机制、运行机制三个方面就中西新型农业合作进行比较。需要说明的是，中国的新型农业合作社主要包括农民专业合作社和社区型股份合作社两种形式，西方国家没有社区型股份合作社这一类型的合作社，因此，本章用来比较的合作社主要是农民专业合作社，某些地方涉及社区型股份合作社。

### 第一节 初始条件的比较

国情差异和经济发展水平的不同，决定中西新型农业合作初始条件的不同。这里所讲的初始条件主要是指大农经营和小农经营。大农经营和小农经营的区别体现两个方面。一是生产规模，二是生产的现代化程度。既具有较大的生产规模又具有较高的现代化程度，是大农经营；只具有较大的生产规模不具有较高的生产现代化程度，只能看作是大规模的小农经营，不能看作是大农经营，如人民公社就不是大农经营；生产规模有限但生产的现代化程度很高，可以看作是大农经营；生产规模小且生产的现代化程度低，是小农经营。

1783 年独立战争胜利以后，美国发起"西进运动"，大量东部居民迁移到西部。为加速西部开发，美国政府宣布西部土地一律国有，并由国家出售给移民垦殖。1785 年美国颁布第一个土地法令，规定西部土地最小以 640 英亩一块，每英亩 1 美元的价格出售，1800 年，政府把出售土地的最小面积限制降低到 320 英亩，1804 年降低到 160 英亩，1820 年降低到 80 英亩，1832 年降低到 40 英亩。①

---

① 樊亢、宋则行：《外国经济史》近代与现代卷，第 1 册，人民出版社 1980 年版，第 184～189 页。

"西进运动"以后，美国出现一大批农场主。经过近 200 年的变迁，美国农场的数量和规模在不断的演变。据 2016 年数据，美国共有 206 万家农场，平均规模为 442 英亩。美国农场具有四个特点。一是规模大小不等，上万亩的农场不到10%，近 90% 的农场是中小农场。二是高度专业化，生产多种产品的农场很少，有的专门从事某种作物的种植，如水稻、玉米、大豆，有的专门从事养殖，如奶牛、羊。三是普遍实行机械化作业甚至使用高科技，播种机、捆草机、联合收割机、农用轨道拖车、直升飞机广泛应用于农业生产，大型农场普遍安装 GPS 系统，通过电脑控制机器进行自动作业，无须人工操作。四是利用工业技术进行农产品深加工，很多农场可以自主制作肥皂、香水、香精等日常用品，直接销售给城市居民，获取加工利润。根据以上四个特点，美国农业属于典型的大农经营，美国的新型农业合作便是建立在这个基础之上。

中国的家庭联产承包责任制改革，使每个农户家庭都获得了耕地，但土地普遍细碎化，据农业部 2003 年的数据，承包地户均 7.517 亩，户均拥有 5.722 块，平均每块不足 1.314 亩。[①] 家庭承包经营，激发了农民的生产积极性，但带来规模不经济的问题。在家庭承包经营的基础上，如何发展多种形式适度规模经营，成为中国人民面临的一个新问题。改革开放进程中，农村出现了专业大户、家庭农场等新型农业经营主体。专业大户是专门从事某一种经济作物种植、某一种家禽养殖、某一种农产品加工和运销的经营者，经营者可以是自然人，可以是法人，可以是农民，可以是涉农组织。家庭农场是利用家庭劳动力开展农业适度规模经营的家庭组织。据 2012 年底的调查数据，全国（不含西藏）共有 87.7 万个家庭农场，经营全国 13.4% 的耕地，计 1.76 亿亩耕地。其中，48.42 万个家庭农场的经营面积不到 50 亩，占家庭农场总数的 55.2%；经营面积在 50～100 亩之间的 18.98 万个，占 21.6%；经营面积在 100～500 亩之间的 17.07 万个，占19.5%；经营面积在 500～1000 亩之间的 1.58 万个，占 1.8%；经营面积 1000亩以上的 1.65 万个，占 1.9%。[②] 迄今未见关于全国专业大户发展状况的数据。总体判断，专业大户和家庭农场尚处在方兴未艾的阶段。2013 年中央一号文件提出，鼓励和支持农户承包的土地向专业大户、家庭农场流转。在 2015 年的政府工作报告中，李克强总理提出大力发展专业大户、家庭农场等新型经营主体。

---

① 李功奎、钟甫宁：《农地细碎化、劳动力利用与农民收入——其于江苏省经济欠发达地区的实证研究》，载于《中国农村经济》2006 年第 4 期，第 42 页。

② 《我国首次家庭农场调查》，http://www.ce.cn/cysc/sp/info/201306/04/t20130604_21503409.shtml。

与小农户相比，专业大户和家庭农场的生产手段更先进、生产效率更高。但是，大多数专业大户和家庭农场应用现代生产技术的水平很低。例如，种植面积如果低于300亩，农机具就得不到满负荷工作，出现资源浪费，55.2%的家庭农场经营土地规模小于50亩，这类农场实际上无力应用现代生产技术，依然是采用手工加简单机械作业的方式。因此，我国农业总体上仍处在小农经营的阶段，或者说，处在小农经营向大农经营转型的起步阶段。

美国的农业合作社建立在家庭农场经营的基础上，也称之为农场主合作社。由于家庭农场本身属于大农经营的范畴，因此，农场主合作社的主要经营对象不是初级农产品的生产与销售，而是农产品的深加工，或者说，美国农场主开展合作的目的是对农产品进行深度开发，这种开发不仅包括农产品加工品的销售，而且包括仓储、运输、配送，充分体现了大农经营的特点。例如，美国牛奶合作社的主要职责是从事黄油、奶酪、冰激凌的加工生产，家禽合作社的主要职责是对肉鸡进行分割、烹调、冷冻加工，一些水果合作社将水果加工成饮料、果冻。[①]正因为美国农业合作集中于农产品加工领域，因此，跨区域合作、跨领域合作（农工商合作）是美国农业合作的常见模式。建立在小农经营基础之上的中国新型农民专业合作社，其主要任务是为初级农产品的生产提供产前、产中和产后的服务，产业链条相对较短，所产生的价值增量也较低，因而在短期内难以形成跨区域、跨领域的合作形式。据中国农业大学冯开文课题组2005年对北京1256家合作社的调查，526个局限于村内，393个局限于乡镇范围内，跨乡镇的合作社200个，跨区县的151个。[②]中国大多数新型农民专业合作社还停留在信息服务、技术咨询、初级产品包装和销售层面，真正进行深加工、精加工等提高农产品附加值的服务很少。浙江大学郭红东教授领衔的课题组于2009～2010年对浙江、福建、湖南、四川等10省29地市的442家农民专业合作社进行调查。从成立合作社的目的看，39.6%是为了解决农资采购问题，69.8%是为了解决生产技术问题，90.8%是为了解决产品销售问题，19.9%是为了解决产品保鲜问题，28.6%是为了解决加工问题。从合作社给社员提供的服务来看，90.1%的合作社提供产品销售服务，88.5%的合作社提供技术培训服务，59.4%的合作社提供种苗服务，56.0%的合作社提供农资采购服务，提供产品加工服务的合作社不到

① 杜吟棠：《合作社：农业中的现代企业制度》，江西人民出版社2002年版，第148页。
② 冯开文等：《农民合作社的农业一体化研究》，中国农业出版社2013年版，第68页。

38.2%。从合作社的品牌建设来看，64.5%的合作社注册了商标，拥有国家级品牌的占3.6%，拥有省级品牌的占12.2%，拥有地市级品牌的占23.9%，没有品牌产品的占60.3%。① 中国新型农民专业合作社总体上处在从简单的生产合作逐步向生产、流通、加工一体化转型的阶段，虽然大部分合作社集中在种植业、养殖业等第一产业，但也有部分合作社开始向农产品加工业、旅游业等第二、三产业拓展。

欧美国家的农业合作社经过100多年的发展，已走向企业化经营，合作社企业规模大、竞争力强。以丹麦为例，该国农业非常发达，据联合国和FAO所提供的数据，2015年，丹麦的农业人口数量占世界农业人口总数的0.005%，居世界第108位；农业用地面积占世界农业用地面积总量的0.05%，居世界第11位。丹麦的水貂皮原料、草籽、火腿、腌肉、奶酪和蓝纹乳酪等农产品的出口额居世界第1位，分别占国际市场份额的37%、26%、19%、19%、25%；生猪、奶酪和凝乳等农产品的出口额为世界第2位，分别占国际市场份额的18%、5%；玫瑰鲜花、观赏植物、黄油出口额分别居世界第4位、第5位、第9位，分别占国际市场份额的9%、4%、4%。② 丹麦的农业生产和经营主要由合作社来承担。在猪肉生产、奶制品、草籽、皮草、谷物等领域，合作社居主导地位。令人费解的是，在糖、禽类、农业机械三个领域，合作社没有介入。如表13－1所示。

表13－1　　　　　　　　　2011年丹麦合作社所占的市场份额　　　　　　单位：%

| 部门 | 市场份额 | 部门 | 市场份额 | 部门 | 市场份额 |
|---|---|---|---|---|---|
| 生猪屠宰 | 86 | 牛奶（原料奶） | 94 | 皮草 | 98 |
| 生猪生产 | 68 | 牛奶（消费用） | 96 | 饲料、化肥等 | 80 |
| 牛肉屠宰 | 57 | 黄油 | 99 | 蛋类 | 58 |
| 肉类加工 | 52 | 奶酪 | 89 | 草种 | 73 |
| 马铃薯、淀粉等 | 77 | 糖、禽肉 | 0 | 农业机械 | 0 |

资料来源：Henning Otte Hansen，Mogens Lund. The development of Danish agriculture and agribusiness：lessons to be learned in a global perspective. Journal of Agriculture Science and Technology，2011（1）：463－472.

---

① 郭卫东、张若健：《中国农民专业合作社调查》，浙江大学出版社2010年版，第305～321页。
② ［丹］Henning Otte Hansen：《丹麦农业与食品产业合作社》，远铜译，载于《世界农业》2015年第4期。

丹麦拥有众多实力雄厚的合作社企业。阿拉是世界上竞争力最强的奶制品，阿拉食品公司是一家具有 120 多年历史的合作社企业。2009 年，该公司拥有 7996 名社员，15927 名雇员，在包括中国、美国在内的 12 个国家建立了生产基地，包揽了丹麦 92% 的乳制品生产。王冠和迪康两家屠宰合作社企业，包揽了丹麦 98% 的猪肉和牛肉的生产；王冠集团每年屠宰的生猪量占全丹麦的 93.6%，占欧洲屠宰量的 8.25%，全球屠宰量的 2%，是世界上最大的猪肉出口公司。王冠集团还是丹麦第一、欧洲第二、世界第五的肉牛屠宰公司，占丹麦肉牛屠宰量的 59%。爱氏晨曦是一家具有 100 多年历史的合作社企业，总部位于丹麦奥尔胡斯市，是全球最大的有机奶制品供应商，世界第六大奶制品厂商，由 500 多个奶农共同所有，这些奶农不局限于丹麦，有的来自瑞典、英国、比利时和卢森堡。哥本哈根皮草是丹麦全体皮草生产者共同所有的企业，是全球最大的皮草行和皮草贸易中心，在毛皮养殖和皮草贸易等领域领先世界。丹麦合作社推行出口导向战略，60%~70% 的农产品出口国外，由此可窥丹麦合作社的国际竞争力。正因为合作社企业竞争力强，能给农民带来单个经营无法比拟的利益，农民加入合作社的热情很高。加入乳制品和屠宰合作社的社员，必须把自己的产品无条件交售给合作社，合作社企业必须全部收购农民的产品。年终时，合作社根据社员交售的产品数量，给社员二次分红。

中国的农业尚不发达，新型农民专业合作社尚处在方兴未艾时期，合作社规模小、竞争力不强，在市场中的地位低下。很多农民专业合作社尚未建立与社员的利益联接机制，社员没有义务向合作社交售产品，农民专业合作社也没有能力收购并销售社员的交售的产品。绝大多数农民专业合作社由于盈利能力差甚至没有任何盈利，因此不存在二次分红，这就导致了农民专业合作社与社员之间关系的松散性。

建立在大农经营基础之上的西方国家农业合作社，其收入来源多样化且稳定。如美国新一代合作社，有三个稳定的收入来源：社员认购股金、基于惠顾交易的筹资、借贷资本。社员认购是社员向合作社缴纳的股金。很多农业合作社并不要求社员交纳股金，因此，社员认购并非合作社的主要资金来源。多数合作社的资金主要来源于基于惠顾交易的筹资。合作社既可以根据每笔交易支付额进行资金提留，也可以根据交易额收取会费，还可以从收益分配红利中提成。[①] 借贷

---

① 美国马铃薯协会每帮助马铃薯种植户销售 100 磅马铃薯，要向他们收取 2 美元作为活动基金；得克萨斯州拉伯克棉农协会，棉农每生产一包皮棉要向协会交纳 25 美分会费，通常由轧花厂代收。

资本是合作社从农业信贷系统银行获得的长期投资贷款和短期经营贷款。中国的农民专业合作社，资力普遍比较薄弱，浙江大学郭红东教授领衔的课题组于 2009 ~ 2010 年对浙江、福建、湖南、四川等 10 省 29 地市的 442 家农民专业合作社进行调查，调查数据显示，专业合作社注册资本平均 37.88 万元，最少的只有 0.3 万元，最多的 1000 万元，50 万元以下的占 76.3%，50 万元以上的仅占 23.7%。[①] 资金来源主要是股金和贷款，由于为社员提供的经营服务很有限，因而大多数专业合作社缺乏基于惠顾交易的资金来源。总体而言，中国合作社的资金来源单一且缺乏保障。

## 第二节　动力机制的比较

纵察世界各国农业合作史，我们清楚地看到，主要有三股力量促进农业合作社产生与发展。分别是来自农民自身的内生动力、来自政府的动力、来自企业或者民间团体的动力。

欧美国家农业合作动力，主要来自于农民自身。丹麦是世界上农业合作开展得最成功的一个国家。推动丹麦农业合作社发展的动力主要是农民的合作自觉。农民的合作自觉又源于丹麦成功的合作教育。19 世纪后半叶，丹麦著名的牧师和教育家格伦德维戈创办了以教区为基础的成人教育学校，此后，丹麦的成人教育事业非常发达，许多农民子女到民校就学，民校注重学员的精神生活，开阔了农民的视野，培养了农民的合作意识和合作能力，为丹麦合作事业的发展提供了强大动力。目前，丹麦农业部举办的一个机构——丹麦农业信息与教育研究所，负责全国农民的教育培训，培训的内容包括组织领导、企业管理、财务管理、欧盟最新农业政策等内容，每年开办 700 多次课程班，年均培训人数达 1.6 万多人次，而丹麦的农民总数只有 7.8 万人。[②] 100 多年来的合作教育使丹麦农民具有很强的合作自觉。丹麦的合作社完全是农民自觉合作的结果，正因为如此，丹麦合作社实行高度的自治，体现在：合作社社员代表大会决定合作社的一切；社员通过一人一票制行使民主管理权。丹麦学者 Henning Otte Hansen 总结了丹麦合作社的九条成功经验，其中四条与农民合作自觉有关。其一，丹麦农民充分认识到

---

① 郭卫东、张若健：《中国农民专业合作社调查》，浙江大学出版社 2010 年版，第 305 ~ 321 页。
② 孔祥智等：《国外农业合作社研究：产生条件、运行机制与经验借鉴》，中国农业出版社 2012 年版，第 187 页。

合作社能给自身带来丰厚的实际利益；其二，加入合作社的农民遵守合作社的章程和规则，忠实履行自己在合作社的任务；其三，合作社社员具有较强的社交能力，相互之间互信度较高；其四，合作社社员自觉地把个体农民和合作社其他社员当成合作者，而不是竞争者。[①] 美国农场主协会（全称为美国农场主教育与合作联盟）把合作教育看作是协会一切工作的基础，及时为农场主们提供有效的信息、化解经营管理难题，推动合作社健康发展。中国的农民专业合作社的发展动力主要来自于外力推动，由于政府和其他机构对农民提供的合作教育很少，农民普遍缺乏开展农业合作的自觉与自信。外力主导或领办型合作社占农民专业合作社的主要部分。

欧美国家政府并不直接推动合作社的发展，更不主导合作事业。合作社与政府之间是一种平等的合作关系。如美国农场主协会与美国政府之间建立了一种战略伙伴关系，通过与政府不同层次人员打交道，广泛地传播合作社信息，为政府决策提供参考。协会积极参与政府的立法过程，会员们通过协会这个平台，表达自己的利益诉求，使法律能广泛听取并吸收农场主意见。[②] 欧美政府从两个方面助推合作事业，一是颁布相关法规，规制合作社的经营管理行为，使之更加规范发展；二是采取财税和金融手段支持合作社的发展，如降低甚至减免合作社税收，为合作社提供低息甚至无息贷款。20 世纪二三十年代的经济大危机，对美国农业造成了巨大的冲击，许多农场破产，一些合作社因之也陷入困境之中。罗斯福新政时期，联邦政府根据"农场信贷法"建立了 12 个地区性合作社银行，由它们向合作社提供贷款。与欧美国家不同，日本的农业合作直接受政府的左右。农协从产生之日起，就受到日本政府的强力保护。1900 年，日本政府颁行《产业组合法》，此为日本第一部合作社法规。该法明确规定政府负有扶植农协和控制农协双重职责。在扶持方面，日本政府设立农业专业银行为农协提供低息贷款；委托农协管理国家粮库并以此向农协提供仓库建设资金；允许农协中央金库代理政府经办低息贷款和债券储备金等金融业务。这样一来，农协逐渐成为政府农村经济政策的执行机构。与此同时，日本政府加强对农协的监控，农协不能实行自主经营和民主管理。[③] 第二次世界大战期间，农协成为日本军国主义政府统制农村经济资源的工具，政府强制全体农民加入农协，农协完全成为政府的经济

---

① ［丹］Henning Otte Hansen：《丹麦农业与食品产业合作社》，远铜译，载于《世界农业》2015 年第 4 期。
② 刘伯龙、唐亚林：《从善分到善合：农民专业合作社研究》，复旦大学出版社 2013 年版，第 184 页。
③ 近藤康男：《协同组合的理论》，日本御茶水书房 1982 年版，第 126 页。

机构。战后，美国占领军要求日本政府按照欧洲经验重新组建以自耕农为主体的自主、自营的合作经济组织，并于 1947 年 11 月重新制定了体现国际合作原则的《农业协同组织法》（简称《农协法》）。《农协法》颁行后，农协组织数量迅速增加，但由于缺乏政府的支持，农协经营举步维艰。1950 年、1954 年，日本政府根据本国实际两度修改《农协法》，重新确立政府对农协的扶持与监督职责。在政府的允许下，农协获得了代理政府发放农贷、开展农业技术改良和推广的职责；获得了专营农药、化肥等农用物质的特权；获得了购销粮食的经营权。这样一来，农协成为政府在农村的代理机构。在政府的保护下，到 20 世纪 70 年代，"农协成为任何一个日本企业都无法比拟的庞然大物"。[①] 这种靠政府保护发展起来的农业合作社，缺乏强大的自生能力。20 世纪八九十年代，受经济全球化的影响，日本政府不得不放宽对粮食、农业生产资料销售的限制，农协必须与经营灵活的商业企业甚至跨国公司进行竞争。失去政府保护的农协，无法与企业展开市场竞争，农协陷入前所未有的发展困境之中。在中国新型农民专业合作社的发展过程中，政府的作用很特殊。既不像日本政府那样左右合作社的发展，也不像欧美国家那样，采取了有力的财政金融措施支持合作社的发展。绝大多数农民专业合作社尚未得到政府的财税与金融支持，但也有极少数农民专业合作社过度依赖政府，有的甚至变成了政府的"腿儿"。总体而言，农民专业合作社基本上没有能力通过各种有效途径参与到政府决策的制定过程之中。

　　欧美国家的农业合作，靠自身内生动力的推动而发展。日本的农业合作，靠政府推动发展。中国的农业合作，除了靠自身和政府之外，还有一个重要的外部力量——涉农企业。改革开放进程中，一些涉农企业为了获得稳定的农产品供应源，与农户联合起来组织专业合作社，成为推动新型农业合作的重要力量。

　　动力机制决定农业合作化的路径。农业合作化包括横向一体化和纵向一体化两方面的内容。所谓横向一体化，就是先把农民组织起来建立合作社，纵向一体化是利用合作社平台推进农业产业化。所谓农业产业化，它是以满足市场需求为导向，以经营利润最大化为目标，通过对生产要素的优化组合，采取现代化生产模式，形成产供销、农工商、农科教一体化经营体系，使农业从传统形态走向现代形态的产业组织形式。农业合作有三条发展路径，一是先合作化（横向一体化）再农业产业化（纵向一体化），二是先农业产业化（纵向一体化）再合作化

---

① 杜吟棠：《合作社：农业中的现代企业制度》，江西人民出版社 2002 年版，第 242 页。

（横向一体化），三是合作化和农业产业化同步进行。靠内生动力发展起来的合作社，一般遵循先农业产业化再合作化或合作化和农业产业化同步的发展路径。第二次世界大战以后到上世纪 70 年代，美国农业进入第二个黄金时期，美国合作社步入"垂直一体化"发展时期，从农产品加工到销售的各个环节，合作社过去所提供的供销服务不能满足农场主的需要，合作社必须契合农业产业发展需要，用合同的方式把生产、财务、加工、销售和经营管理有机地连接起来，这样，美国新一代合作社产生了。[①] 靠政府和外力推动建立起来的合作社，一般遵循先合作化再农业产业化的发展路径。中国绝大多数农村的农业生产尚未实现产业化，为了增强农业竞争力，基层政府牵头组织专业合作社，试图通过生产关系的调整来促进农业生产力的发展。涉农企业与农民联合组织专业合作社之后，按照统一生产标准、统一原料使用、统一包装等要求组织农民开展农业生产，走的也是先合作化再产业化的路径。

动力机制决定合作的广度和深度。所谓广度，就是加入合作社的农民占农民总数的比重，深度就是开展合作的程度。只有广度没有深度的合作，是"合"而不"作"；既有广度又有深度的合作，才是真正的合作。欧美国家的农业合作，广度较宽。据美国农业部的统计数据，截至 2006 年，美国共有各类合作社 2675 个，社员 260 万人，社员人数超过美国的农民人数，之所以如此，乃是因为一个农民可能参加了多个合作社的缘故。丹麦也是如此，丹麦农业就业人口占总就业人口的 5%，约为 15.3 万人，截至 2015 年，丹麦已有 97% 的农牧民加入了农业合作社。[②] 合作深度主要体现在专业化上，一般而言，合作社专业化程度越高，合作社的产业链就越长，农民之间的合作就越紧密。丹麦的合作社企业呈现高度专业化经营的趋势。这种专业化体现在两个层面。首先是合作社一般只在一个行业内开展经营，很少有合作社横跨多个行业。如牛奶合作社不会经营肉类产品，肉牛合作社不经营牛奶。其次是业务经营范围高度专业化，很少有合作社跨产品部门，即使在统一产品部门内部，合作社之间也有严格的分工，如在牛奶生产一个部门内，建立了种牛合作社、饲料供应合作社、牛奶加工与销售合作社等多个合作社，互相独立，相互之间少有协作关系。一个养殖奶牛的农民，必须同时加

---

① 孔祥智等：《国外农业合作社研究：产生条件、运行机制与经验借鉴》，中国农业出版社 2012 年版，第 67 页。
② 陈小方、李主其、杜富林：《欧洲农业合作社的发展对中国的启示：以北欧的丹麦为例进行分析》，载于《世界农业》2015 年第 6 期。

入多个合作社。这种专业化的经营，使合作社经营走向精细化，提高了丹麦合作社的核心竞争力。[1] 核心竞争力日益提高的合作社合并组建大型企业开展跨国经营。1970 年，4 家奶业合作社合并组建 MD 食品公司，MD 食品公司与银行、养老基金共同投资建立 MD 国际公司，合作社持有国际公司 50.3% 的股份，MD 国际公司在英国、沙特、韩国、巴西等国建立分公司，建立了全球销售网络，把牛奶销售到世界各地。人民公社时期，在政府的强制推动下，几乎人人（指农民）入社，合作社的广度很宽，但深度不够，正因为如此，农民被"合"起来了，但却不作为。改革开放时期，政府不再采取强制手段要求农民入社，农民入不入社，由自己决定。在经济相对发达、农民合作自觉较为强烈的地方，加入合作社的农民较多，在经济落后、农民合作意识淡薄的地方，加入合作社的农民很少，有的村庄甚至没有成立一家合作社，合作社的覆盖率较低。在 2003 年，全国入社农户占农户总数的平均比重为 5.27%，北京最高，达到 34.92%，青海最低，只有 0.41%。[2] 据 2015 年 5 月数据，全国登记的农民专业合作社共 139.3 万家，加入合作社的农户占全国农户总数的比重约 10%。[3] 真正开展专业经营、农工商一体化的合作社更是少数。因此，总体而言，中国新型农业合作的广度和深度都难望欧美农业合作之项背。

## 第三节　运行机制的比较

合作社的运行机制主要包括五个方面，即社员资格确定、治理结构、决策机制、产权机制、分配机制。中西合作社运行机制的异同主要体现在上述五方面。

### 一、社员资格确定

社员资格开放是美国传统合作社的一项最基本的原则。对合作社有需要的所有生产者，都申请可加入合作社，合作社对社员没有硬性约束，社员向合作社缴纳的股金数量和交售的农产品数量，悉由社员决定。这就导致合作社无法提供足够的设施给社员进行加工，使合作社的效益下降。美国学者的研究表明，合作社

---

[1]　杜吟棠：《合作社：农业中的现代企业制度》，江西人民出版社 2002 年版，第 163 页。

[2]　徐旭初：《中国农民专业合作经济组织的制度分析》，经济科学出版社 2005 年版，第 124 页。

[3]　彭青秀：《丹麦合作社实现农产品定价权经验及对我国的启示》，载于《价格理论与实践》2015 年第 8 期。

的门户开放，使得合作社面临较为严重的"搭便车"问题，降低了合作社经营效率，加剧了合作社的不稳定性。[1] 新一代合作社对申请入社者进行挑选，符合条件的方可入社，这些条件包括申请者的经济实力、生产能力和个人信誉。[2] 新一代合作社根据经营规模来确定股本总额和社员总数。在既定的规模下，如果股本总额和社员数量已经达到上限，那么，社外农民就无法加入合作社。如果合作社因扩大规模需要出售更多的股份，首先卖给社员，在满足了社员需求以后再卖给其他农民。如果在规模不扩大的情况下需要筹集更多资金（如技术进步和设备更新），社员必须按其交货量比例增加股金。[3] 新一代合作社的这种做法，避免了成员资格开放带来的合作社不稳定性问题，但可能把真正需要合作的人排除在合作社之外，在一定程度上削弱了合作社的宗旨。中国的农民专业合作社实行开放的社员资格，按《农民专业合作社法》的规定，凡是"具有民事行为能力的公民"，只要遵守合作社章程、利用合作社提供的服务，就可加入农民专业合作社。但在实际中，个别地方也出现了排斥经济实力弱的农民入社的现象。社区型股份合作社在社员资格上具有封闭性，本社区的农民是合作社的自然社员，只有极少数对合作社作出过重大贡献的外力者才有机会被吸纳为社区型股份合作社的社员。

### 二、治理结构

美国法律规定，农业合作社必须成立社员大会和董事会。社员大会是合作社的最高权力机构，通常一年召开一次，必要时可召开特别会议。社员大会通过投票方式决定重大事项，社员大会拥有如下权利：选举、罢免合作社董事；制订、修正合作社章程；监督董事和管理人员按规则办事；审查合作社管理人员工作过失；起诉滥用职权损害合作社利益的董事；检查合作社的账目和财产，要求合作社管理人员准确、详细地向他们报告账目。董事会由社员大会选举产生，董事会董事一般来自社员，负有督促、指导合作社活动的职责，董事必须严格按照合作社章程行使权力，不得滥用职权，也不能有任何欺诈行为。合作社经理由董事会聘任，负责合作社的经营管理，包括：采购、销售合作社的所有农产品和供应品；编写年度报告和其他报告；聘任、监督和解雇合作社雇员。[4] 丹麦合作社已

---

① Nilsson, J. Organisational Principles for Cooperative Firms. Scandinavian Journal of Management，2001（17）：329-356.
② 陈家涛：《合作经济的理论与实践模式：中国农村视角》，社会科学出版社 2013 年版，第 162 页。
③ 徐旭初：《中国农民专业合作经济组织的制度分析》，经济科学出版社 2005 年版，第 59 页。
④ 米新丽：《美国农业合作社法初探》，载于《江西社会科学》2004 年第 3 期。

经形成了比较成熟的治理体系。丹麦合作社的管理机构由三部分组成：社员代表大会、董事会和执行经理组成。社员代表大会是合作社的最高权力机关，向全体社员负责，其职权主要包括：决定合作社的目标；规定社员享受的权利和应该履行的义务；制订财务规则，审议批准财务预算、财务报表和年终分红；选举董事会，授予董事会权力。董事会是合作社的最高管理机构，对社员代表大会负责，其职权包括：选聘和解聘合作社企业的经理，监督合作社企业的经营管理行为；向社员代表大会提出合作社的发展战略、投资战略等；处理与合作社利益直接相关的问题，如制订社员所交售产品的价格。执行经理是董事会聘任的合作社行政领导人，一般由职业经理人充任。执行经理可以参加董事会和社员代表大会召开的会议，其职权有：负责合作社企业的日常事务，决定公司产品的类型；雇佣或解聘合作社雇员并决定雇员工资；制订合作社企业的商业计划，提交董事会决定。丹麦学者 Henning Otte Hansen 认为，丹麦合作社取得巨大成功的一个重要经验是"合作社的控制权必须掌握在农民手里，而不是政府机构或者企业手中。政府或者其他机构可能提供便利条件，支持创办合作社，但是农民必须掌握话语权"。① 中国的《农民专业合作社法》明确规定，专业合作社必须设置社员代表大会、理事会、监事会，其中，社员大会是合作社的最高权力机构，理事会由社员大会选举产生，负责合作社的经营管理，监事会监督合作社的财务和理事会成员的行为。但在实践中，不少专业合作社尽管设置了"三会"，但社员大队和监事会形同虚设，合作社的大小事情由理事会成员决定。有的专业合作社根本就没有设置社员大会和监事会。社区型股份合作社一般都设置了"三会"，但是，合作社的权力高度集中于理事会，社员大会和监事会的作用没有充分发挥。

### 三、决策机制

100 多年来，尽管西方合作原则历经变迁，但"民主管理"作为一项基本原则始终得以坚持。合作社的"民主管理原则"通过"一人一票制"来实施，每个社员不管持有多少股票，都拥有一票表决权。在丹麦，曾经就要不要赋予大农场主更多的投票权展开过讨论，但绝大多数合作社社员认为应该恪守"一人一票制"。② 美国则有所不同，为了调动投资者的积极性，也为了保护投资者的正当

---

① ［丹］Henning Otte Hansen：《丹麦农业与食品产业合作社》，远铜译，载于《世界农业》2015 年第 4 期。
② 常青、张建华：《丹麦与中国农业合作社之比较研究》，载于《农业经济问题》2011 年第 2 期。

利益，美国新一代合作社按照比例原则和现代原则，修订了合作社的决策机制。美国合作界认为，既然合作社是社员基于交易的联合，社员与合作社的交易额越大，就表明合作社对社员越重要。合作社对社员的价值大小就体现在社员与合作社之间交易额的大小。合作社的决策机制应与交易额挂钩，那些不与合作社发生交易的社员可以不赋予其投票权，只有与合作社发生交易的社员才享有投票权。享有投票权的社员，一人一票，与合作社的惠顾额多和持有股票多的社员，可以适当增加投票权，但有上限限制。[①]《中国农民专业合作社法》吸取了欧美合作社经验，在坚持"一人一票"基本原则的前提下，赋予资本一定的表决权，但有上限限制。《农民专业合作社法》明确规定："实行一人一票制，成员各享有一票的基本表决权"，出资额多或者与合作社交易额大的社员，享有附加表决权，但附加表决权总票数须低于"基本表决权总票数的20%"。不过在实践中，很多股份制合作社并未执行按人投票的原则，而是实行按股投票，或者按人投票与按股投票相结合。徐旭初对浙江省107家合作社的调查数据显示，55.14%的合作社实行按人投票，9.35%的合作社实行按股投票，12.15%的合作社实行按人投票，但允许一人多票，5.61%的合作社实行一人一票与按股投票相结合，17.78%的合作社没有明确投票方式。[②]浙江省的合作社发展走在全国前列，浙江尚且如此，其他省份合作社恐怕不容乐观。此外，由于社员异质性现象比较突出，不少合作社存在内部人（主要是核心社员）控制现象。

### 四、产权机制

欧美国家农业合作社由农民自愿组成，其产权结构比较清晰，基本上做到了所有者、使用者、受益者合一。也就是说，合作社的资产归社员所有，但社员不能转卖他所拥有的份额；合作社的设施主要由社员使用，外部人有偿使用设施；社员享有合作社的经营收益。中国新型农业合作社的产权机制比较复杂。在社区型股份合作社里，合作社资产折股量化到人，表面上看，所有者是全体社员，但实际上，社员只是名义上所有，因为社员并不具有处置集体资产的权力，手中所握有的是"虚权"；合作社的资产使用者不一定是社员，因为不少社区型股份合作社把资产出租给外人经营；合作社收益归社员享有。在农民专业合作社里，名

---

① 徐旭初：《中国农民专业合作经济组织的制度分析》，经济科学出版社2005年版，第55页。
② 徐旭初：《中国农民专业合作经济组织的制度分析》，经济科学出版社2005年版，第293页。

义上所有社员都是合作社的所有者、使用者和受益者，但在实践中，由于成员的异质性问题比较突出，合作社的投入主要由核心社员承担，与此相适应，核心社员是合作社的主要使用者和受益者。

### 五、分配机制

合作社与一般企业的主要区别是：合作社是交易的联合，企业是资本的联合。合作社的分配应当体现社员与合作社之间的交易额。[1] 在丹麦，农民加入合作社的主要目的不是获取高额的资本回报，而是利用合作社平台以尽可能高的价格出售农产品。正因为如此，丹麦合作社一般分配禁止或限制股金分红，合作社的经营利润属于全体社员，按照每个社员与合作社的交易额来分配利润。[2] 美国新一代合作社由法人合作社和非法人合作社构成。法人合作社又可区分为股份合作社和非股份合作社两种形式。两者的区别是，前者发行股票，后者不发行股票。非法人合作社由若干成员自由组成，无须注册。设立合作社，既可依据合作社法也可依据公司法。美国法律规定，农业合作社是作为使用者而不是作为投资者的社员组成的经济联合体，合作社必须遵循下列四项原则：开放和自愿入社、服务社员、民主管理、股本收益限制。美国法律把"服务社员原则"解释为"成本经营原则"，合作社以服务社员为经营目的，对社员不以利润最大化为目的。"股本收益限制原则"即限制合作社盈余分配，根据美国相关法律，合作社股份或社员股金的年红利率不得高于8%，分配的依据是社员在合作社中的惠顾量大小。这些原则性规定都表明，美国新一代合作社仍然恪守按交易额分配利润的基本原则，但不禁止股金分红，只对股金分红进行限制。中国新型农民专业合作社采取按交易额分配为主、股金分红为辅的分配方式。[3]《农民专业合作社法》规定，合作社盈余按社员与合作社的"交易额比例返还，返还总额不得低于可分配盈余的60%"，剩余部分"以成员账户中记载的出资额和公积金份额，以及本社接受国家财政直接补助和他人捐赠形成的财产平均量化到成员的份额，按比例分配给本社成员"。

---

[1]　韩俊：《关于农村集体与合作经济的若干理论与政策问题》，载于《中国农村经济》1998年第12期。

[2]　常青、张建华：《丹麦与中国农业合作社之比较研究》，载于《农业经济问题》2011年第2期。

[3]　易棉阳：《改革开放以来新型农民合作经济发展的理论辨析：基于研究文献与政府政策的讨论》，载于《财贸研究》2014年第2期。

# 第十四章

## 新型农业合作模式的成就、问题和发展方向

改革开放时期产生的新型农业合作模式，适应了家庭联产承包责任制实施后农村经济发展的需要。三十多年来，新型农业合作为农业发展、农村富裕、农民增收作出了显著的贡献，作为一种新的制度模式，在发展中也存在需要不断改进和完善的地方，以进一步明确新型农业合作模式的发展方向。

### 第一节　新型农业合作模式的成就

诺思和托马斯在研究西方世界兴起的奥秘时，得出了这样一个重要的结论："有效率的经济组织是经济增长的关键；一个有效率的经济组织在西欧的发展，正是西方世界兴起的原因所在"。[①] 改革开放以来，中国农业发展取得巨大成就，这与新型农业合作经济组织的作用密不可分。新型农业合作对中国农业发展的贡献，主要体现在两个方面，一是通过农业一体化从而促进农业生产的发展，二是通过舒缓农村金融从而促进农业生产发展。

#### 一、促进农业一体化

所谓农业一体化，"不仅指农业生产者的横向联合——组织化（横向一体化），更包括农业的产业链从传统农业扩展到农业生产资料的供应、农产品的加工和销售等环节（纵向一体化），通过产业链内部成本的节约和高附加价值的实现，大幅度增加农业的收益"。[②] 农业一体化实际上就是农民组织化加上农业产业化。新型农业合作把农民重新组织起来，实现了农业生产者的横向联合，通过横向联合，为农户生产提供社会化服务、提高市场谈判能力；新型农业合作延长

---

① 诺思、托马斯：《西方世界的兴起》，华夏出版社 2004 年版，第 1 页。
② 冯开文、蒋燕：《我国农村微观经济组织从农民组织化到农业一体化的变革》，载于《经济纵横》2010 年第 8 期。

了农业产业链，使农业生产不再停驻于初级农产品的生产环节，而延伸到农产品的加工和销售环节，农产品加工提高农业附加值，增加农业经营收益。

（一）新型农业合作在促进农业横向一体化上的贡献

1. 通过横向一体化为农户生产提供了较为丰富的农业社会化服务

实行联产承包责任制以后，人民公社的统一经营功能由各种新型农业合作经济组织承担，经过三十多年的努力，新的农业社会化服务体系在中国农村已经基本形成。所谓农业社会化服务是"包括专业经济技术部门、乡村合作经济组织和社会其他方面为农、林、牧、副、渔各业发展所提供的服务"。[①] 农业社会化服务包括为农户生产提供产前、产中和产后的全过程综合配套服务，其中，产前服务主要包括市场信息搜集与传递、新产品的开发、专业技术人才培育、资金筹集、农资供应、技术推广等；产中服务主要包括劳动服务、水利灌溉、生产运输、农业生产技术使用、田间管理、灾情预报等；产后服务主要包括农产品收购、农产品运输、农产品贮藏、农产品加工、目标市场开发等。

2007 年 7~8 月、2010 年 7~8 月，中国人民大学课题组对山西、宁夏、山东、内蒙古、辽宁和甘肃等 7 省（自治区）的 114 家农民专业合作社进行了调查，调查结果显示了新型农业合作社在提供农业社会化服务上的基本情况。第一，技术服务，共有 105 家合作社（占被调查合作社总数的 92.1%）提供技术服务，而且有 100 家不收取服务费用，合作社提供的技术服务集中在品种选择、施肥、病虫害防治、果树剪枝、养殖防疫等方面。第二，农业生产资料购买服务，共有 98 家合作社为社员提供此类服务（占被调查合作社总数的 86.0%），种植类的合作社主要为社员购买种子、肥料、农药、加工设备和灌溉器材等服务，养殖类合作社主要为社员购买种苗、饲料、疫苗、养殖设备等服务，85.7%的合作社所提供的生产资料的价格要低于市场价格，优惠幅度最大的达到 50%，最小幅度是 0.3%，一般而言，社员从合作社享受到的价格优惠在 10% 以下。第三，农产品销售服务，共有 95 个合作社（占被调查合作社总数的 83.3%）为社员提供了统一销售农产品的服务，合作社主要采取买断方式（占被调查合作社总数的 53.8%）来统一销售农产品，即先买断社员农产品的所有权，然后对农产品进行加工、储藏、包装，实现价值增殖后再向市场销售。第四，信息服务，合

---

① 《国务院关于加强农业社会化服务体系建设的通知》，http://jiuban.moa.gov.cn/zwllm/zcfg/flfg/200601/t20060120_539606.htm。

作社主要为社员提供产品市场价格信息、产品供求信息和农业投入品信息，分别占被调查合作社总数的 83.2%、76.8% 和 60.0%，另外还有 57.9% 的合作社为社员提供政府政策信息，53.7% 的合作社提供质量与食品安全标准信息。①

合作社为农民所提供的社会化服务，普遍提高了社员经营绩效和收入水平。郭红东教授领衔的浙江大学课题组对全国 50 家专业合作社 100 名社员的调查显示，81.8% 的社员认为合作社提高单位产量，平均提高 32.1%；69.6% 的社员认为合作社降低了生产成本，平均降低了 9.5%；79.5% 的社员认为提高了产品的销售价格，平均提高了 15.5%；85.3% 的社员认为提高了收入水平，平均提高了41.0%。② 安徽省庐江县绿宝蛋鸭专业合作社为社员提供"五统一"服务，即统一引进鸭苗、统一供应饲料、统一蛋品收购、统一集中技术培训、统一指导进行标准化生产。与非社员相比，社员每年可节约饲料开支 2000 元；社员卖给合作社的鸭蛋价格比非社员要高 0.05 元一斤，户均每年增加收入 3000 元；合作社与四名技术专家签订了养鸭技术咨询服务协议，每到天气变化，各专家都会与社员进行电话沟通，每户每年可节约药品费 400 元。③ 湖南省浏阳市高坪村上马组农民刘信义，家庭人口多，底子薄，是村里的困难户，2003 年加入高坪镇养殖科技专业合作社，在合作社的帮助下从事生猪养殖，2004 年获利 13000 元，家庭摆脱了贫困，2005 年，刘信义当选为合作社理事。高坪村大屋组胡重阳，是劳教释放人员，对生活没有信心，2004 年加入合作社，合作社为他垫付了全部生产资金，当年养殖两批生猪，获纯利 11000 元，2009 年扩大养殖规模，养殖 200 头生猪，家庭生活和精神面貌焕然一新。④

2. 通过横向一体化提高了农民的市场谈判能力

国际合作社联盟前主席沃特金斯指出："合作社联合的初始目的是获得权力。无论哪种合作社，都是产生和拥有经济权力的机制，这种经济权力是它们的社员作为个人几乎不可能得到的。在市场经济中，这种权力的最简单的形式就是谈判权力（讨价还价），而联合就可以作为买者或卖者来行使这种权力"。⑤ 从上世纪

---

① 孔祥智、史冰清、钟真等：《中国农民专业合作社运行机制与社会效应研究：百社千户调查》，中国农业出版社 2012 年版，第 140 ~ 153 页。

② 郭卫东、张若健：《中国农民专业合作社调查》，浙江大学出版社 2010 年版，第 332 页。

③ 郭卫东、张若健：《中国农民专业合作社调查》，浙江大学出版社 2010 年版，第 230 页。

④ 郭卫东、张若健：《中国农民专业合作社调查》，浙江大学出版社 2010 年版，第 259 页。

⑤ W. P. Watkins, Co-operative Principles: Today and Tomorrow, Manchester: Holyoake Books, 1986. 唐宗焜：《合作社真谛》，知识产权出版社 2012 年版，第 13 页。

80 年代后期起，中国农业发生了如下变化：一是农产品整体由卖方市场转变为买方市场；二是农产品的商品化率显著提高。在这种情况下，小农户与大市场之间的矛盾凸显，在大市场面前，小农户是弱势者，化解这个矛盾，必须发展新型合作社重新把农民组织起来。2013 年中央一号文件指出："农民合作社是带动农户进入市场的基本主体""加大力度、加快步伐发展农民合作社，切实提高引领带动能力和市场竞争能力"。① 从各地的实践看，逐步形成了"市场＋农民合作社＋农户""市场＋农民合作社＋企业＋农户"和"市场＋企业＋农民合作社＋农户"等多种类型的农业产业化经营模式。② 在这些新模式下，面向市场的不是单个的农户而是合作社，合作社利用合作的力量提高了讨价还价能力、抵御市场风险的能力，较好地保护了农户的利益。比如台州盛产蔬菜、水果、水产品，到 20 世纪末期，全市的蔬菜总产量达 137.5 万吨、水果 38.7 万吨、水产品 139.3 万吨，分别比 1980 年增长了 14 倍、3.8 倍和 10 多倍，其中，海水养殖面积和产量均占浙江省的 60%，产量的大幅度增长，农民亦喜亦忧，农民反映，现在"不怕生产不出来，就怕卖不出去"，有的农民把水果倒进灵江，蔬菜烂在地里。农业生产的发展，要求农民联合起来开拓市场。一些种植和养殖大户组织农民成立合作社，共同面对市场。2001 年，当地"西瓜大王"彭友达发起设立了箬横西瓜合作社，2003 年台州西瓜丰收，在当地西瓜价格低得不能再低的情况下，合作社组织运力把西瓜运往外地销售，外销价格高于本地价格的 1 倍多，打开外销市场以后，合作社注册了"玉麟"牌西瓜，该品牌西瓜在杭州、无锡设立了专卖店，远销全国 50 多个大中城市。③

再如山东枣庄滕州市山亭区冯卯镇的南赵庄村。④ 该地产藕，但农民没有销售渠道，把藕当作蔬菜在地摊上出售，群众各干各的，质量和信誉没有保障，市场很散乱，客商不愿意与个体农户打交道，藕农利益无法得到保障。2005 年初，山亭区供销社发动当地农民成立了合作社，合作社制订了统一的生产技术标准和管理规程，所种植的池田藕品种纯正、品质优良、营养丰富，被山东省农业厅和中国绿色食品检验中心认证为无公害农产品基地和绿色食品。合作社申请注册了"仙玉莲"牌商标，利用农村远程教育和政府网站对产品进行推广，迅速打开了

① 《中共中央　国务院关于加快发展现代农业进一步增强农村发展活力的若干意见》，载于《人民日报》2013 年 2 月 1 日第 1 版。
② 郭卫东：《中国农民专业合作社发展：理论与实证研究》，浙江大学出版社 2011 年版，第 111 页。
③ 韩俊：《中国农民专业合作社调查》，上海远东出版社 2007 年版，第 75～76 页。
④ 韩俊：《中国农民专业合作社调查》，上海远东出版社 2007 年版，第 266～267 页。

销售市场。合作社成立后的两年时间里，全村池田藕种植面积由 600 亩增加到 960 亩，销售价格由 0.4 元一斤上升到 1.2 元一斤，每亩池田藕纯收益比过去增加了 3000 多元。

还如北京大兴九牧农民合作社成立前，各生猪收购企业经常压低生猪价格，拖欠货款。合作社成立后，与买方进行谈判，解决了货款拖欠问题。2005 年 9 月，九牧农民合作社与北京资源集团成功签约，资源集团每星期上门按协议价格收购生猪，不仅节约了农民的运输成本而且为农民找到了稳定的销售市场。[1]

**（二）新型农业合作在促进农业纵向一体化上的贡献**

**1. 通过纵向一体化提高了农业生产力发展水平**

把农民组织起来，变分散的农户经营为合作社的统一经营，本身就是生产关系的调整。生产关系对生产力的反作用既可能是正向的也可能是负向的，"一大二公"的人民公社不能适应当时生产力发展水平，起到了阻碍农业生产力发展的作用。改革开放以后出现的新型农业合作社，通过集中农户的优势资源、克服各自的短处，起到了促进农业生产力发展的作用。单个农户（经营大户和家庭农场除外）开展农业生产的一般程序是：生产初级农产品→出售初级农产品。嵌入农民合作社的农业生产程序就发生了变化：生产初级农产品→加工农产品→出售农产品加工品。嵌入合作社之后，增加了一道程序，农产品由最终产品变成中间产品，出售的最终产品是农产品加工品。在这个过程中，农产品实现了价值的增值，农业生产力水平因之得到提升。农产品价值的部分增值返还给农民，农民收入因之增加。改革开放初期，中国农业经济发展水平较低，新型农民合作社主要为农民提供技术、信息服务，随着现代农业的发展，越来越多的合作社进行农产品加工与销售，从事农业一体化服务。据中国农业大学冯开文课题组 2005 年的调查，在北京 1256 家合作社中，有 843 家合作社开展仓储、运输、加工、销售服务，这就是说，70% 以上的合作社进行一体化经营。[2]

古尚锦茶叶合作社位于苏州市吴中区东山镇莫厘村莫厘峰西麓，1987 年以前，莫厘村一直是吴中区的穷村。该地盛产碧螺春茶叶，单个的茶农只能把经过简单手工加工的茶叶售卖给中间商，所得利益很有限。2004 年，当地能人费东福牵头，18 位茶农投资 280 万元，尚锦村 438 户茶农签约组建了古尚锦碧螺春茶

① 冯开文等：《农民合作社的农业一体化研究》，中国农业出版社 2013 年版，第 66 页。
② 冯开文等：《农民合作社的农业一体化研究》，中国农业出版社 2013 年版，第 70 页。

叶股份合作社。合作社成立后，对碧螺春茶叶进行统一收购、统一标准、统一挑拣、统一炒制、统一品牌、统一销售，提高茶叶的附加值，茶农从中获取了巨大收益。2004 年，"古上锦"牌茶叶售价达 1800 元一斤，茶叶收入比 2003 年增加 40% 以上，茶农户均增收 2000 多元。2005 年春天，碧螺春茶叶减产 30% 以上，如果按 2004 年的价格，茶农收入会大幅下降，合作社采取了统一收购青茶、统一挑拣和炒制，最大限度地降低茶叶减产带来的损失，当年精品碧螺春茶叶最高销售价达 2600 元一斤，均价为 1400 元一斤，比上年提高 800 元一斤，增幅分别达到 44% 和 133%，农户收入没有因减产而减少。此外，合作社还别开生面地办起了集采茶、拣茶、炒茶、品茶、卖茶于一体的碧螺春休闲旅游项目，给农民带来一笔丰厚的第三产业收入。①

湖南省湘潭市金农红薯种植专业合作社积极发展循环经济，提高农业生产力水平。该合作社建成占地 3000 平方米的红薯加工厂，将红薯加工成为精淀粉、食用粉丝粉皮。红薯加工后，留下大量的渣子无法处理，该合作社新建了年出栏 600 头生猪的猪场，用红薯渣喂养生态猪。该合作社承包 80 亩水塘，把经过处理的猪粪当作鱼饲料。② 四川圣康蛋鸡养殖专业合作社面临着鸡粪遍地的卫生问题，合作社筹资 600 万元建立鸡粪处理厂，将鸡粪加工成有机肥料，既解决了鸡粪污染问题，又带来了上千万的收益。③

2. 通过纵向一体化提高了土地利用效率和农业经济效益

改革开放初期，大量农民在农业内就业。上世纪末以来，大量农民特别是青壮年农民进城务工，部分农民工在城市安家，农村空心化现象十分严重。由于缺乏壮年劳动力，不少农户的承包地抛荒，没有抛荒的农地也由过去的种两季变成一季。中国本就耕地不足，土地利用率的下降趋势如不得到及时遏制，极有可能酿成粮食危机。农民专业合作社出现以后，通过集约经营，提高了土地利用效率，也带来了更高的经济效益。浙江省三门县沈园西瓜专业合作社采用西瓜嫁接苗技术，突破了西瓜地"种一年，歇三年"的传统种植方法，提高了瓜地的利用效率。该合作社在农业技术专家指导下，因地制宜摸索出四种亩产值超过万元的"万元田"种植模式：一是大棚蚕豆＋大棚西瓜套种模式，亩产值 1.1 万元，纯利 0.6 万元；二是大棚西瓜＋小青菜＋西兰花轮作模式，亩产值 1.2 万元，纯利

0.6 万元；三是大棚西瓜 + 西兰花轮作模式，亩产值 1.15 万元，纯利 0.6 万元；四是大棚西瓜 + 小青菜 + 马铃薯轮种模式，亩产值 1.35 万元，纯利 0.9 万元。[①]

### 3. 通过纵向一体化提高了农产品品质

农户生产，多凭经验，对现代农业科技的利用严重不够。还有一些农户，出于短期利益考虑，使用变异种子、劣质肥料。这种做法，降低了农产品和畜牧产品的品质，从而降低了农产品的国际市场竞争力。专业合作社通过统一供应种子、统一采购生产资料、统一生产技术，提高了农产品的品质。浙江省临海市上盘西兰花专业合作社在成立之初，没有统一生产标准，一些社员超标使用农药，在 2002 年遭遇绿色贸易壁垒，当年西兰花出口下降 80%，菜农不得不销毁农药超标的西兰花。西兰花专业合作社为提高产品品质，要求社员必须使用无公害农药。最初，农民并不配合，合作社一方面加大对社员的宣传，配备专职技术员把农药送到田头地间，另一方面对不使用无公害农药的西兰花不予收购。合作社双管齐下，保证西兰花的品质。[②] 浙江省桐庐县钟山蜜梨专业合作社，建立无公害蜜梨生产基地，对基地生产实行可追溯管理，严格控制使用农药化肥，全部采用农家肥和生物农药、频振式杀虫灯、专用果袋，提高蜜梨品质。2006 年，蜜梨通过绿色食品 A 级认证。经过提质以后的蜜梨，销售价格翻了一番，销售市场由国内走向国外。[③]

### 4. 通过纵向一体化增加农民收入

合作社延伸产业链、创造新价值，增加了农民收入。据 2005 年冯开文为首的中国农业大学课题组的调查，北京大兴区加入合作经济组织的农民的收入水平普遍高于未入社的农民，人均高出 1000 到 1500 元。平谷区加入合作社的农民户均增收近 1000 元，其中，北京华利丰蔬菜产销协会带动近 1000 户农民种植甜豆、荷兰豆 5000 亩，户均增收 2600 元。[④]

## 二、缓解了农村金融供给不足问题

资金紧缺是制约中国农村和农业发展的一个主要因素。之所以出现资金紧缺，一个重要的原因是：农户数量多，对金融需求的总量巨大，但是，单个农

---

① 郭卫东、张若健：《中国农民专业合作社调查》，浙江大学出版社 2010 年版，第 99 页。
② 郭卫东、张若健：《中国农民专业合作社调查》，浙江大学出版社 2010 年版，第 61 页。
③ 郭卫东、张若健：《中国农民专业合作社调查》，浙江大学出版社 2010 年版，第 118 页。
④ 冯开文等：《农民合作社的农业一体化研究》，中国农业出版社 2013 年版，第 65~66 页。

户对资金的需求数量并不多，这就给银行造成一个难题，如果把农户作为自身的主要客户群，那么银行就必须付出很高的交易成本，这与银行的利润最大化经营目标背道而驰。加之，农户抵御自然风险和市场风险的能力很低，在没有足够的抵押物的前提下，银行对农户的贷款很有可能成为呆账甚至坏账。正因为如此，银行缺乏足够动力开展农村金融服务，这就导致农村资金的紧缺，资金紧缺制约了现代农业的发展。新型信用合作，是解决农村金融供给不足的关键措施。[①]

农村信用合作社曾长期充当农村唯一正规金融机构的角色。1980 年代起，政府主导的围绕恢复"三性"展开的农村信用社改革，目的就是把农村信用社办成真正的农村合作金融组织。但农村信用社由于偏离合作轨道太久、太远，终究无法回到合作金融组织的正轨上来。农村信用社的离农进一步加剧了农村金融资源不足的问题，农户受到正规金融信贷约束的现象越来越普遍和严重。韩俊的研究表明，向正规金融机构申请贷款的农户中，41.97% 的农户没有获得贷款；有借贷需求且最想从正规金融机构借款的农户中，40.42% 的农户未能获得贷款，即使是获得贷款的农户，35.63% 的农户认为所获得贷款不能满足其资金的需求。[②] 这个研究结论显示，接近一半的贷款需求户不能从正规金融机构获得信贷，即使获得贷款的农户，也有 1/3 的农户不能获得足额贷款。

农村信用社恢复合作性的改革失败以后，政府决定允许新型农民合作组织开展信用合作以舒缓农村金融供需矛盾。2008 年的《关于推进农村改革发展若干重大问题的决定》首次提出"允许有条件的农民专业合作社开展信用合作"。[③] 2009 年中央一号文件提出要"抓紧出台对农民专业合作社开展信用合作试点的具体办法"。[④] 2010 年中央一号文件要求"支持有条件的合作社兴办农村资金互助社"。[⑤] 2012 年中央一号文件提出要"有序发展农村资金互助组织，引导农民专业合作社规范开展信用合作"。[⑥] 2013 年中央一号文件指出："在信用评定基础

① 张红宇：《对新时期农民组织化几个问题的思考》，载于《农业经济问题》2007 年第 3 期。
② 韩俊：《加快构建普惠农村金融体系研究》，载于《中国农村信用合作》2008 年第 12 期。
③ 中共中央文献研究室：《改革开放三十年来重要文献选编》下，中央文献出版社 2008 年版，第 1854 页。
④ 《中共中央 国务院关于 2009 年促进农业稳定发展农民持续增收的若干意见》，载于《人民日报》2009 年 2 月 2 日第 1 版。
⑤ 《中共中央 国务院关于加大统筹城乡发展力度进一步夯实农业农村发展基础的若干意见》，载于《人民日报》2010 年 1 月 31 日第 1 版。
⑥ 《中共中央 国务院关于加快推进农业科技创新持续增强农产品供给保障能力的若干意见》，载于《人民日报》2012 年 2 月 2 日第 2 版。

上对示范社开展联合授信，有条件的地方予以贷款贴息，规范合作社开展信用合作"。① 2014 年中央一号文件提出了发展新型合作金融组织的两条路径：一是以农民合作社和供销社为基础发展合作金融组织，"在管理民主、运行规范、带动力强的农民合作社和供销合作社基础上，培育发展农村合作金融，不断丰富农村地区金融机构类型"；二是发展社区性农村资金互助组织，"坚持社员制、封闭性原则，在不对外吸储放贷、不支付固定回报的前提下，推动社区性农村资金互助组织发展"。② 2015 年中央一号文件强调"积极探索新型农村合作金融发展的有效途径，稳妥开展农民合作社内部资金互助试点，落实地方政府监管责任"。③

在政府的支持下，中国农村出现了四种新型合作金融组织，基本情况如表 14 −1 所示。

表 14 −1　　　　　　　　　　新型农村合作金融组织的基本情况

| 合作金融组织类型 | 资金来源 | 社员资金入社方式及限制 | 社员入社资金分红或补偿方式 |
| --- | --- | --- | --- |
| 农民专业合作社内部资金互助服务部 | 社员入股资金 | 股金分为资格股和投资股，资格股社员仅限买 1 股，投资股不对普通社员开放认购 | 每年资金使用费扣除必要运营费用后投资股可以分红 |
| 农民专业合作社兴办的农村资金互助社 | 社员存款、社会捐赠资金、从金融机构的借入资金，注册资本由社员股金构成 | 股金分为资格股和投资股，社员入股比例和股权转让必须遵守《农村资金互助社暂行规定》第 20 条和第 26 条 | 入股资金收入分为两部分：类似于存款利息的分红和资金投入利润分红 |
| 农民资金互助社 | 社员缴纳的互助资金 | 取得社员资格必须缴纳一定额度互助资金，还可将更多闲置自有资金提供给互助社 | 入社奖励，存入的定期互助资金按同期、同档基准利率结算，存款达 6 个月享受初次分红，存款达 1 年享受 2 次分红 |

① 《中共中央　国务院关于加快发展现代农业　进一步增强农村发展活力的若干意见》，载于《人民日报》2013 年 2 月 1 日第 2 版。

② 《中共中央　国务院关于全面深化农村改革加快推进农业现代化的若干意见》，载于《人民日报》2014 年 1 月 20 日第 1 版。

③ 《关于加大改革创新力度加快农业现代化建设的若干意见》，载于《人民日报》2015 年 2 月 1 日第 1 版。

续表

| 合作金融组织类型 | 资金来源 | 社员资金入社方式及限制 | 社员入社资金分红或补偿方式 |
|---|---|---|---|
| 扶贫互助资金协会 | 财政扶持资金、社员自筹资金、社员捐赠款、互助资金的增值部分 | 通过民主程序，以村为单位统一确定，经济条件好的农户，可适当多交，经济条件差的，可少交或不交 | 不少于所拥有股份金额的同期活期存款利息给予入社资金补贴 |

资料来源：孔祥智、史冰清、钟真等：《中国农民专业合作社运行机制与社会效应研究：百社千户调查》，中国农业出版社 2012 年版，第 361 页。

新型合作金融组织为农户提供如下融资服务：

第一，向合作社社员直接借款。举办了资金互助社的专业合作社和农民资金互助社直接向社员发放贷款，中国人民大学课题组对 115 家合作社的调查结果显示，[①] 23.5% 的合作社向社员提供直接借款服务，借款主要用于农业生产也有部分是用于生活，借款以信用借款为主。

第二，提供农资赊销服务。有一定经营实力的合作社，都具有统一采购农资的功能，当社员遇到暂时性的资金困难时，社员可以从合作社赊购农资。中国人民大学课题组的调查显示，所调查的合作社中有 53 家提供赊购服务，赊购资金偿还方式为合作社收购产品时从收购款中扣除、合作社销售农产品时从销售款中扣除以及农户现金偿还等。

第三，合作社社员之间的内部资金互助服务。一些专业合作社设立内部资金互助服务部，用来缓解社员的临时性资金周转困难。中国人民大学课题组的调查显示，所调查的合作社中有 17 家设立了内部资金服务部。

第四，为社员提供贷款担保。银行贷款主要是抵押贷款和担保贷款，很少发放信用贷款，农民向银行申请贷款最大的难题就是无法找到担保方，合作社成立以后，以组织名义为农户贷款提供担保。中国人民大学课题组的调查显示，所调查的合作社中有 32 家提供担保服务且都不收取担保费用，担保额度最高达 90 万元，最低 1 万元，平均 12.4 万元。

---

① 孔祥智、史冰清、钟真等：《中国农民专业合作社运行机制与社会效应研究：百社千户调查》，中国农业出版社 2012 年版，第 349～350 页。下文数据均出自于此，不一一注释。

## 第二节　新型农业合作模式存在的问题

新型农业合作模式是中国农村改革的产物，它伴随着农村改革的深入而向前发展，经过 30 多年的探索，新型农业合作模式已经基本成型，但还存在诸多需要进一步完善的地方，新型农业合作模式面临的突出问题是其制度性缺陷。

### 一、产权制度缺陷

有效而清晰的产权制度安排是新型农业合作经济组织健康运行的前提，新型农业合作经济组织在产权制度安排方面存在亟须矫正的缺陷。社区型股份合作社把股权主要设置为集体股和个人股两大部分，目前存在的问题是集体股的分量太重，除广州天河及深圳等少数地区降低了集体股的比重之外，其他地区集体股的比重一般维持在 50% 以上，有的地方甚至高达 80%。集体股是政社不分、行政干预的经济基础，基层政府以"维护集体经济"为由，竭力保留集体股，从集体股权收益中攫取自身的利益，引起了群众的强烈不满，也阻碍了社区型股份合作社活力的发挥。社区型股份合作社分配给个人的个人股只享有名义上的所有权，只能据此参与分红，对股权没有处置权，除少数对外，社区型股份合作社股权不向外开放，外来人无法得到股权，这一方面造成合作社股权设置的封闭性，另一方面丧失了对管理精英和技术精英的股权激励手段，不利于合作社的长远发展。[①] 可以说，股权制度缺陷是社区新股份合作社健康发展的最大阻碍因素。随着城镇化和工业化的推进以及农村经济的发展，农村集体资产必将升值，如何实现农村集体资产的保值和增值将成为一个普遍问题，各地农村要么委托专业资产管理公司管理集体资产，要么成立社区型股份合作社对集体资产进行经营管理。笔者认为，第二种途径比第一种途径更加符合农村实际，若如此，中国农村将大面积出现社区型股份合作社，如何设置产权将成为一个焦点问题。农民专业合作社的产权相对比较清晰，但是专业合作社的公共积累部分的产权尚未明晰，导致不少专业合作社不愿意提取公积金和公益金，这显然不利于农民专业合作社的健康发展。

---

① 傅晨：《中国农村合作经济：组织形式与制度变迁》，中国经济出版社 2006 年版，第 165 页。

### 二、分配制度缺陷

产权制度缺陷直接决定分配制度的缺陷。社区型股份合作社分配给社员的个人股参与收益分红。表面上看，社区型股份合作社在量化个人所得股份时，考虑了社员劳动贡献大小、社员年龄等因素，但实际上，根据劳动贡献大小分配的股份额非常有限，随着老一代社员的离世，劳动贡献就逐渐消失，或者说，老一代社员离世以后，现有社员对现有合作社资产形成都没有多少劳动贡献，都只是资产收益的享受者。这样一来，社区型股份合作社的收益分配就不再体现所宣称的按劳分配原则，而是身份分配原则。既然是按身份分配，那么，社区内的任何一个社员都有权而且也应该得到合作社的经营收益，股权分配就变成了社区对社员的福利分配。社区福利主义分配制度表面上很公平，但却滋生了很多不健康的东西。首先，社区高福利养了一批以"四不"（不做工、不务农、不经商、不读书）为荣的懒汉型农民贵族，1998 年深圳的调查显示，该市只有 10% 的股东从事生产劳动或者经营活动，90% 的股东无所事事，游手好闲，严重地腐蚀了农民的进取精神，扰乱了社会的安宁与稳定。[①]  其次，造成社区型股份合作社更加走向封闭，上文已经提及，谁分得股权谁就可得到股权收益，合作社的股份额越小，每股分得的收益就越高，所以，社员对外来人员有强烈的排斥心理，而社区农民的文化素质往往低下，缺乏经营管理才能，无法管好合作社及合作社所属产业，自己管不好，外人又进不来，社区型股份合作社就陷入了活力不足的困境之中。最后，股东在利益分配上存在短视现象，只顾眼前高收益不顾合作社的长远发展，合作社领导人为满足社员的利益诉求，少积累多分配，有的还贷款分红，合作社难以为继。

农民专业合作社在本质上是交易的联合。这种本质规定体现在分配制度上，就是按照社员与合作社的交易额分配盈余。交易额越多意味着社员惠顾合作社的次数和数量也越多，这样的社员理应从合作社得到更多的收益。合作社作为一个经济组织，资本是最关键的要素，因此资本也应参与收益分配，但资本收益分配不能成为合作社收益分配的主体，否则合作社就失去了其合作性而成为了一般的企业组织。正因为如此，《农民专业合作社法》明确规定："可分配盈余主要按

---

① 深圳市课题组：《关于我市社区型股份合作制经济发展情况的调查报告》，载于《深圳农业经济》1998
　年第 19 期。

照成员与农民专业合作社的交易量（额）比例返还，且返还总额不得低于可分配盈余的60％"。这条法律条文彰显了专业合作社关于"资本报酬有限"和"按惠顾额返利"的本质规定性，但在实际中，多数农民专业合作社并没有遵守这些重要原则，合作社的盈余部分，按惠顾额返利的合作社不占大多数，而按股分红的合作社却不在少数。浙江大学郭红东教授领衔的课题组2009～2010年对浙江、福建、湖南、四川等10省29地市的442家农民专业合作社进行调查，得出如下数据。72.1％的合作社有盈余，盈余按股分配比例最高为100％，最低为0％，平均为39.2％；按交易额返回比例最高为100％，最低为0％，平均为40.8％。[1]农民专业合作社更多的是体现资本收益，毫无疑问，这是对合作社本质的偏离，这种偏离不利于农民专业合作社的发展。

### 三、治理结构上的缺陷

合作社区别于企业之处在于企业是资本强权型经济组织，合作社是劳动主导型经济组织。在企业里，谁出资多谁就掌握企业的经营管理权和剩余控制与索取权，劳动者受企业主的剥削；合作社是弱者的联合，在合作社里，资本不能剥削劳动，社员是合作社的经营管理者，拥有全部的剩余控制和索取权。合作社社员权益的保证，主要靠建立一套独特的治理结构，这套治理结构由社员（代表）大会、理事会和监事会组成。理事会和监事会成员由社员（代表）大会选举产生，合作社的重大事务由社员（代表）大会决定，对理事会和监事会成员有罢免权。无论哪一种新型农业合作经济组织，都设立了社员（代表）大会、理事会和监事会，治理结构在名义上非常完备，没有什么问题。

社区型股份合作社的最高权力机关是股东（代表）大会。在自然村，股东代表一般是每户一名，在行政村，股东代表由各村按分配的名额无记名选举产生。股东代表大会实行一人一票的决策制度，每个股东，无论其持有的股权数量多少，都只拥有一票的表决权。董事会或者理事会是社区型股份合作社的管理机构，实行董事长或者理事长负责制，董事长或者理事长由股东代表大会选举产生。监事会实行监事长负责制，监事长由股东代表大会选举和罢免。[2]但是，社区型股份合作社存在于传统乡村体系之内，合作社与村支两委是"一套班子、两

①　郭卫东、张若健：《中国农民专业合作社调查》，浙江大学出版社2010年版，第305～321页。
②　傅晨：《中国农村合作经济：组织形式与制度变迁》，中国经济出版社2006年版，第156～157页。

块牌子",村支书或者村主任担任董事会或者理事会的负责人。如果是先有村委领导再有合作社领导,那么,合作社的董事长或者理事长的产生就是形式民主,只不过是在股东大会上过了一遍而已;如果是先有合作社的董事长或者理事长,再有村支两委领导人,那么,合作社的股东代表大会就起到了应有的作用。在绝大多数情况下是先产生村支两委领导人,再去兼任合作社的领导人,由此看来,股东代表大会所拥有的选举权是虚置的。股东所拥有的一票表决权和监事会的监督权确实对董事会和理事会具有震慑作用,但是单个股东从合作社得到的收益是有限的,只要董事会或者理事会做事不过分,股东一般是睁一只眼闭一只眼,这就削弱了社区型股份合作社的激励和监督机制。正因为监督机制的不完备,一些地方的社区型股份合作社长期被村内的强人把持,中饱私囊甚至无恶不作,股东敢怒不敢言。

农民专业合作社理事会的理事长是合作社的实际管理者。国务院发展研究中心农村经济研究部与财政部农业司合作,在陕西、四川、甘肃、吉林、安徽、河南、浙江、山东、河北九省选取了140家专业合作社进行调查研究。调查结果表明:92.65%的合作社理事会由社员代表大会选举产生,75.72%的理事长由社员代表大会选举,18.57%的由理事会推举,3.57%的由政府指定。从理事长的身份看,生产经营大户占49.64%,技术人员占36.69%,企业负责人占30.49%,村干部和政府人员分别占17.27%和18.71%。在140个专业合作社中,91个设立了监事会,社员大会是最高权力机关,但不经常召开。这样一来,合作社的决策权就由理事会掌握。调查还显示,45.67%的合作社重大事务由理事会决定,40.16%的合作社重大事务由社员(代表)大会决定,12.6%的合作社事务由股东会员大会①决定,有2家合作社由理事长一人决定,可见,专业合作社的决策权主要集中在理事会。农民专业合作社的决策方式有三种:按人投票、按股投票、按人投票和按股投票相结合。按人投票符合经典的合作原则但对合作社投资者不利,按股投票偏离了合作社的合作本性,按人投票和按股投票相结合比较符合实际。国务院发展研究中心农村经济研究部的调查表明,82.4%的合作社实行一人一票,8%的合作社实行一股一票,7.2%的合作社实行按人投票和按股投票相结合的方式。② 但在实际中,非核心社员对合作社的经营管理决策并不关心,

---

① 在专业合作社里,并不是所有的社员都入了股,股东社员是专业合作社的核心社员。
② 韩俊:《中国农民专业合作社调查》,上海远东出版社2007年版,第21~23页。

把决策权让渡给了核心社员，所以，内部人控制现象在农民专业合作社中比较普遍存在。

### 四、发展能力不足

影响合作社发展的因素主要有七个方面：社长能力、资金、政府支持、农民合作意识、核心社员能力、品牌建设、产业基础，其中，前四个最为重要。乡村合作经济一定程度上是能人经济，合作社能不能产生、能不能发展起来，首先靠一个或若干个能人带动。浙江大学郭红东教授领衔的课题组于 2009～2010 年对浙江、福建、湖南、四川等 10 省 29 地市的 442 家农民专业合作社进行调查，得出如下数据。[①] 从社长的文化程度看，小学以下、小学、初中、高中、高中以上分别占 2.5%、2.3%、28.6%、35.7%、30.9%，70% 的社长只受过高中及以下的教育，这样的文化程度将来难以适应市场竞争。从社长出身看，31.7% 的之前是企业负责人，出身于生产大户、村干部、销售大户、农技人员、乡镇干部的分别占 23.5%、16.5%、11.5%、6.3%、2.0%，这就说，真正出身于农民的社长不到 40%，一旦离开了外来人员的引动，合作社的发展就难以为继。调查数据还显示，几乎所有合作社都存在资金不足的问题，有 70.2% 的合作社有资金借贷行为，所借的资金，有 63.3% 用于购买生产资料，36.7% 用于购买设备，也就是说，合作社急需资金解决生产困难。合作社的借贷资金，商业银行只占 6.1%，信用社占 39.6%，24.2% 来源于民间借贷，81.8% 的合作社认为融资难成为制约合作社发展的重要因素。合作社的发展需要政府的大力支持，政府对合作社的支持主要体现在办社指导、资金融通、技术培训、产品促销、品牌建设、设施投入等六方面。调查结果显示，84.2% 的合作社得到过政府的支持。政府所给予的支持，最多的是技术培训，其次是办社指导，再次是设施投入，但是合作社希望政府在资金支持和设施投入上能给予更多的支持，这就存在政府的供给与合作社的需求之间的差距，也就是说，合作社最需要的，政府没有及时供给，政府大力供给的，却不是合作社所急需的。

### 五、对农业发展和农民增收的贡献有限

尽管合作社在促进农业一体化方面起了一定的作用，但作用还很有限。据张

---

① 郭卫东、张若健：《中国农民专业合作社调查》，浙江大学出版社 2010 年版，第 305～321 页。

雪莲对北京 10 区县 77 家合作社的调查数据，97.4% 的合作社为社员提供技术服务，60% 的合作社提供信息服务，67.5% 的合作社为社员提供统一购销服务，36.4% 的合作社开展农产品加工，35.1% 的合作社开展农产品仓储，13.0% 的合作社开展国际贸易。这就表明，合作社在纵向一体化上链条很短，在工和商上的作用不显著，因而无法给社员带来较大的价值增量。正因为缺乏价值增量，社员从合作社得到的收益有限，只有 15.6% 的合作社实行股金分红，28.6% 的合作社按惠顾额进行二次返利。[①]

## 第三节　新型农业合作模式的发展方向

新型农业合作模式不仅适应现阶段中国农业生产力的发展，而且在将来一段相当长的时期内仍是促进农业生产力发展的动力。在下一步的发展过程中，新型农业合作模式必须坚持如下发展方向。

### 一、坚持为家庭经营提供农业社会化服务的发展方向

世界农业经济史已经证明，无论在发达国家还是发展中国家，家庭经营是最有效的农业经营方式之一。1978 年以后的农村改革，就是从恢复家庭经营入手，家庭经营的恢复，激发了农业劳动者的劳动积极性，促进了农业生产力的解放和农民收入的增长。正因为如此，中国将长期坚持家庭承包经营这一基本经营制度。家庭承包经营最大的制约因素是农业社会化服务的供给不足，农业社会化服务供给的不足，制约了农业生产的进一步发展和农民收入的持续增加。所以，中国农业必须坚持两点：首先是坚持家庭承包经营制度，这是农民生活的保障，但分散的家庭经营只能解决农民的吃饭问题，不能解决农民的致富问题，农民致富只能走大农经营的道路。中外农业经济历史表明，大农经营的最好形式是发展合作社经济。中国合作经济史又表明，建立在家庭经营基础上的合作社经济可以获得成功，取消家庭经营的合作社经济无法解决生产的低效率问题，因而难以获得成功。农民要生存，必须搞家庭承包经营，农民要发展，需要开展合作社式的大农经营。在家庭承包经营的基础上发展新型农民合作社，可以为家庭经营提供高

---

①　张雪莲、冯开文、段振文：《农村合作社的激励机制探析：基于北京市 10 区县 77 个合作社的调查》，载于《经济纵横》2011 年第 2 期。

质量的、全方位的农业社会化服务。

到上世纪 90 年代，家庭承包经营制度的潜力已经得到最大限度的释放。随着制度潜能的释放，中国大多数农民陷入增收难的困境之中。农民要突破增收难的困境，必须走农业产业化道路，农业产业化就要求发展规模经济，发展规模经济就要求新型农业合作社提供完备的产前、产中和产后服务，缺一不可。如果没有产前的市场调研与判断，农民生产出来的可能是没有市场需求的产品，如果没有产前的良种选择，农业就难以增产，如果没有产中的技术服务，农业产量也可能大打折扣，如果没有产后的统一销售服务，好东西也卖不起好价钱，这些都会直接制约农民的增收。由此看来，家庭承包经营需要合作社，所以，新型农业合作社应该始终坚持为家庭经营提供社会化服务的发展方向。

### 二、坚持为"三农"服务的发展方向

新型农业合作社自产生之日起就得到政府政策的支持，特别是进入新世纪以来，国家对农业合作社在财政、税收上给予较大的扶持和优惠。2003 ~ 2010 年，中央财政安排了 13.75 亿元专项资金支持合作社，省级财政安排的专项资金亦达到了 18.2 亿元。从 2010 年 5 月起，一些有条件的农民专业合作社成为国家涉农建设项目的承担主体，这标志着国家对农民合作社的扶持由过去单一的资金扶持转向资金扶持和项目扶持相结合。国家对农民合作社的税收优惠也越来越大。2008 年 6 月，《关于农民专业合作社有关税收政策的通知》对合作社给予下列税收优惠：合作社销售本社成员生产的农业产品，免征增值税；增值税一般纳税人从合作社购进的免税农业产品，可按 13% 的扣除率计算抵扣增值税进项税额；合作社向本社成员销售的农膜、种子、种苗、化肥、农药、农机，免征增值税；与本社成员签订的农业产品和农业生产资料购销合同，免征印花税。

由于农民合作社具有显著的正外部性，因此，政府应该扶持合作社。这在国外早已付诸实践。但在我国的实践中，却出现了套取国家政策利好的"伪合作社"和"翻牌合作社"，一些涉农企业或者直接改名为合作社，或者发动一些农民设立合作社，利用合作社之名套取财政支持和享受税收优惠。农民从"翻牌合作社"得到的唯一好处就是找到一条比较顺畅的农产品销售渠道，"翻牌合作社"既不实行社员民主管理也没有与农民结成利益联接机制，既不为农民提供技术和信息服务也不解决农民的现实困难，正因为如此，农民也不把合作社视为自己的合作经济组织而是把它看作企业。"翻牌合作社"在本质上是企业组织，不

为"三农"服务，其真正服务者是资本所有者。新型农业合作经济组织在未来的发展中，必须正视这种不正常现象，坚决清除"翻牌合作社"，正本清源，把合作社办成为"三农"服务的合作社。

### 三、坚持政府引动、农民自动的发展方向

正如梁漱溟所指出的，合作是农民自己的事，合作社是农民的自救组织，包括政府在内的外部力量不要越俎代庖，更不要凌驾于农民之上，强迫农民按自己的意志开展合作。在发展新型农业合作的过程中，一些地方的基层政府图热闹、求快速，要么越俎代庖以政府名义设立合作社，要么采取行政手段强制农民加入合作社。这些合作社有的有名无实，没有给农民带来实实在在的利益，有的完全是应付上级政府的检查，有的是为了套取国家的财政资金，这样的合作社实际上不是新型农业合作社，与民国时期的合作社并无二致，必然失败。发展新型农业合作，必须坚持政府引动、农民自动的发展方向。政府的引动作用表现在三个方面：一是对农民进行合作精神教育、合作社经营管理培训和技能培训，通过教育培训激发农民的合作自觉；二是对合作社的发展提供必要财政扶持、税收优惠、金融支持、项目支持等，从而为合作社提供广阔的发展空间并增强其生存能力；三是通过立法规制合作社的规范发展，坚决打击"翻牌合作社"和"伪合作社"。在政府的引导下，农民应该自动去发展新型农业合作，即：一是按照农民合作社法的要求自发地去设立合作社；二是按照法律，结合自身实际制定合作社章程，成立合作社的组织机构，对合作社开展规范的经营管理；三是积极拓展市场空间、发展现代农业，为社员提供包括技术服务、信息服务、金融服务在内的系列社会化服务。

### 四、坚持组织形式多元化的发展方向

新型农业合作模式建立在集体农庄式农业合作模式的基础之上，两者之间不是互相否定的关系而是继承与创新的关系。发展新型农业合作，主要解决中国农村的现实问题，这些问题包括：第一，生产队时期的集体资产，一部分承包给了农户经营，还有一部分没有承包给农户，这一部分集体资产如何防止不被侵吞并实现保值与增值，是中国农村面临的一个重要问题。第二，人民公社解体以后，谁来为家庭经营提供产前、产中和产后的农业社会化服务，是中国农村面临的另一个重要问题。第三，随着工业化和城镇化的深入推进，大量的农村人口通过务

工的形式进城，有些还在城市安家落户，农民离土以后，其承包地有的抛荒，有的流转给别人耕种，如何把抛荒的土地利用起来，既增加农民的土地收入又不至于浪费耕地，是中国农村面临的又一重大问题。第四，人民公社时期所建立起来的社队企业，属于集体资产，这些集体资产的形成，既有国家的投资又有农民的投资，如何对社队企业（1984 年改称为乡镇企业）进行改制，是中国农村面临的又一个重大问题。

解决这些问题的总钥匙就是发展新型农业合作。农村问题的表现形式不一样，那么解决问题的方案也应不一样。一把钥匙开一把锁，解决不同的农村问题，需要发展不同形式的农业合作经济组织。正因为如此，改革开放以来，中国农村出现了社区型股份合作社、土地股份合作社、专业型合作社、资金互助社、股份合作企业等多种形式的合作经济组织，这些经济组织都属于新型农业合作经济组织。无论是过去、现在还是将来，都应该允许多样化的合作经济组织的发展，不能搞划一的组织模式。将来随着农村新问题的出现，一些新的合作经济形式还会出现，只要新的合作经济组织能够提供农业社会化服务、能够为"三农"服务，就应该采取包容的态度，鼓励并支持其健康、有序发展。发展形式多样化的合作经济组织，本身就是中国式农业合作道路的一大特色。

# 第四篇

中国特色农业合作的理论形态

# 第十五章

## 构建中国特色农业合作理论的意义与思路

临时性的、以救危济难为目的的非正式合作，中国自古有之。有组织的、以解决农民生产生活长期困难的现代农业合作，已有近百年的历史。经过近百年的探索，中国形成了一条既超越西方合作主义，又体现中国农村实际的农业合作道路。这条道路就是中国特色农业合作道路。发展中国特色农业合作事业，需要中国特色农业合作理论做指导。中国特色农业合作理论的唯一来源是中国特色农业合作实践，脱离了中国特色农业合作实践的理论不能指导中国特色农业合作事业的健康发展。当下，已经具备了从中国特色农业合作实践中抽象中国特色农业合作理论的条件。本章着重讨论两个问题：一是回答发展中国特色农业合作事业为什么需要中国特色农业合作理论；二是怎样构建中国特色农业合作理论。

### 第一节　中国特色农业合作事业需要中国
### 特色农业合作理论做指导

#### 一、外国农业合作理论难以指导中国农业合作事业取得成功

外国农业合作理论主要分为两支：一是西方农业合作理论；二是苏联农业合作理论。这两种理论都难以指导中国农业合作事业取得成功。

19世纪中期，现代意义上的农业合作在西方产生。与此同时，西方产生了农业合作理论。到20世纪，合作经济理论成为西方经济学的一个新的研究领域。以欧文为代表的空想社会主义学派、以毕舍为代表的基督教社会主义学派、以布朗为代表的国家社会主义学派、以季特为代表的合作共和国学派纷纷提出自己的合作经济学说。在20世纪30年代的经济大危机中，合作社成为拯救农业的主要手段，合作理论受到西方经济学界的重视。萨皮罗学派、诺思学派分别从垄断和竞争视角提出合作经济理论。埃米利扬诺夫从微观经济学视角提出了合作社的委

托—代理学说。

对于西方合作理论，中国曾有两种不正确的认识。一是完全排斥西方合作理论，认为西方合作理论完全不适用于中国。二是奉西方合作理论为圭臬，把西方合作理论视为唯一正确的、具有普适性的学说。第一种认识只存在于少数时候的少数人脑海中，影响不大。第二种认识存在于很多时候的很多人的脑海中，影响较大。正因为如此，有必要澄清第二种认识。自斯密以后的主流经济学家反复宣扬经济学的普适性，认为经济学就像数学、物理学、化学一样，没有国界之分。德国历史学派学者不认同古典经济学家的观点。他们认为，经济学既具有普适性也具有民族性。一些基本的经济法则和经济规律适用于所有国家，但根据经济法则和遵循经济规律所制定的经济政策、经济措施则因国而异，前者体现了经济学的普适性，后者突出了经济学的民族性。具体到农业合作经济理论领域，应该是这样理解：合作经济的基本法则如自愿与开放的社员资格、合作社的民主控制、按惠顾额进行二次返利、资本报酬有限，普遍适应于世界各国；但是采取什么样的具体政策措施来体现这些法则则因国而异、因时而异。例如，欧美国家都坚持合作社的民主控制原则，但在采取什么样的方式上则存在差别，西欧国家是罗旭戴尔原则的发源地，坚持用一人一票制来保证社员对合作社的民主控制，美国则不然，在坚持一人一票制的基础上实施按比例投票，增强了资本在合作社中的作用。再如，美国的传统合作社和新一代合作社都坚持自愿与开放的社员资格这一原则，但内涵却不尽相同。传统合作社对农民是全方位开放的，新一代合作社为了保持合作社的稳定性，对农民入社设置一定门槛，达不到门槛条件的农民，即使想入社也不能入社。美国传统合作社不允许股票交易，但新一代合作社为了提高资本的流动性，允许合作社股票在二级市场上流通。

谁都承认，中国与西方国家的国情、民情不一样。譬如，在经济发展中，中国突出政府的作用，西方则强调市场的作用；中国自古以来家族观念浓厚，家族势力在乡村经济社会发展中起举足轻重的作用，西方国家的家族观念则相对淡薄；西方国家的民众具有较为强烈的民主、平等诉求，中国民众特别是农民则缺乏强烈的民主、平等诉求；西方国家民众具有较强的合作观念，具有合作自觉性，中国民众的合作观念相对淡薄，合作自觉不强烈；西方国家农民普遍追求农业经营收益最大化，敢于面对市场、承担经营风险，具有较为明显的"理性小农"特性，中国的多数农民习惯于一家一户式的小农经营，不敢面对市场风险，具有较为明显的"道义小农"特性。中国的农业合作，处在政府嵌入（政府起重要甚至关键作用)、结构嵌入(成员异质性)、村社嵌入(乡村传统习俗)、市场嵌入(供应链时代)、制度嵌入(社会政治结构)等多重嵌入之中。[①] 西方合作理论是基于西方国家农业合作实践的理论,不可否认,其中的某些理论法则可能适合于中国,但由于中西方的国情和民情不同,其理论法则总体上难以适应中国乡村的特殊环境,所以,中国不能照搬西方合作理论。[②] 再者,不同西方国家在同一原则下的合作政策并不相同,如果中国照搬西方国家合作政策,试问,到底应该搬运谁的政策? 同一国家在不同时期的合作政策亦不相同,如果照搬西方国家政策,试问,到底应该搬运哪一个阶段的政策?

苏联是世界上第一个社会主义国家。20 世纪 20 年代后期,苏联开展农业集体化运动,斯大林认为,农业集体化是农业合作化的一种形态。以苏联农业集体化实践为基础,形成了苏联农业合作理论。历史已经证明,苏联的农业合作实践是不成功的,基于不成功实践的理论不可能指导别国实践取得成功。在中国特色农业合作道路的形成过程中,苏联农业合作理论对中国农业合作产生了重大的影响,但中国终究未能在苏联农业合作理论的指导下探索出一条适合于中国的农业合作道路。

综上所述,无论是西方农业合作理论还是苏联农业合作理论,都难以指导中国农业合作事业取得成功。

### 二、国内现有农业合作理论因滞后于实践而急需创新

从 20 世纪 20 年代起,一些关注中国农业合作事业的学者和实践者,根据中国实际提出了许多有关农业合作的真知灼见,代表性人物有:"中国合作运动之父"薛仙舟,华洋义赈会副总干事、南京国民政府实业部首任合作司司长章元善,中国合作事业的重要开拓者寿勉成。[③] 毛泽东、刘少奇、张闻天、邓子恢等

---

[①] 徐旭初:《新形势下我国农民专业合作社的制度安排》,载黄祖辉、赵兴泉、赵铁桥主编:《中国农民合作经济组织发展:理论、实践与政策》,浙江大学出版社 2009 年版,第 79~80 页。

[②] 中国的合作实践家很注重吸收西方合作的某些成功经验与做法,但从不照搬西方合作模式。华洋义赈会所推行的合作社实践与西方合作原则比较接近,但也不是照搬西方合作主义,华洋义赈会在举办信用合作社时很注意吸收中国农村自古就有的标会、合会等传统合作金融习俗。梁漱溟在山东的合作实践则主要以中国传统伦理道德为指导,不仅吸收西方合作主义的某些经验还吸收了苏联集体农庄的某些做法。中国共产党在领导农民开展合作的过程中,一方面自觉地遵循了国际合作的通行原则,如自愿入社与退社、民主管理等;另一方面否定不适合中国实际的某些国际合作原则,比如政治中立、不接受政府的帮助等原则。

[③] 薛仙舟著有《中国合作化方案》,章元善著有《乡村建设实验》,寿勉成著有《合作经济学》《合作原理》《合作与主要经济问题》《中国合作问题》《世界合作运动史》《中国合作运动史》等论著。

把马克思主义合作理论与中国农业合作实践相结合，创造性地提出了中国农业合作化的理论主张。改革开放以来，随着农业合作经济的发展，以及农业合作在促进农业一体化方面的作用的日益凸显，国内学界研究农业合作的理论著作越来越多。较具代表性的论著有：杨坚白主编的《合作经济学概论》，俞家宝主编的《农村合作经济学》，王守臣等所著的《农村合作经济学概论》，徐旭初的《中国农民专业合作经济组织的制度分析》，张晓山等所著的《合作经济理论与中国农民合作社的实践》，黄祖辉等主编的《中国农民合作经济组织发展：理论、实践与政策》，唐宗焜所著的《合作社真谛》，苏志平等所著的《合作经济学》，陈家涛的《合作经济的理论与实践模式》，等等。[①] 现有关于农业合作理论的著作作出了如下学术贡献：其一，较为清晰地梳理了西方农业合作理论的演变；其二，较为完整地介绍了马克思主义合作理论的演变；其三，简明扼要地阐述了 20 世纪以来中国农业合作的演变过程；其四，运用相关经济学理论（主要是新制度经济学理论）剖析了改革开放时期社区型股份合作社、农民专业合作社的运行机制；其五，对中国农业合作法规的框架与内容作了较为全面的评析。

尽管农业合作理论的研究受到学界越来越多的关注，但是，与工业经济理论、金融理论、财政理论等相比，农业合作理论的研究则显得非常薄弱。由于工业经济、金融经济对社会经济发展的贡献越来越大，吸引越来越多的人研究工业经济、金融经济，研究农业经济理论的学者相对而言要少得多，而且主要集中于农林高校和农业科研院所。尽管现有的合作经济理论涵盖了农业合作的基本内涵，但是，所提出的农业合作理论主要不是从中国农业合作实践中抽象而来，而是通过修订西方农业合作理论而来。正因为如此，现有的农业合作理论没有很好地体现中国特色，难以对中国特色农业合作实践做出合意的解释，更难以承担指导中国特色合作实践的重任。

由于缺乏中国特色农业合作理论，一些学者把西方合作理论作为评判中国特色农业合作实践的标准。他们时常"惊人地"发现，无论是民主革命时期各党派

---

① 杨坚白：《合作经济学概论》，中国社会科学出版社 1990 年版；俞家宝主编：《农村合作经济学》，北京农业大学出版社 1994 年版；王守臣等：《农村合作经济学概论》，吉林音像出版社 2002 年版；徐旭初：《中国农民专业合作经济组织的制度分析》，经济科学出版社 2005 年版；张晓山等：《合作经济理论与中国农民合作社的实践》，首都经济贸易大学出版社 2009 年版；黄祖辉等主编：《中国农民合作经济组织发展：理论、实践与政策》，浙江大学出版社 2009 年版；唐宗焜：《合作社真谛》，知识产权出版社 2012 年版；苏志平等：《合作经济学》，中国商业出版社 2016 年版；陈家涛：《合作经济的理论与实践模式》，社会科学文献出版社 2016 年版。

在中国建立农业合作社，还是新中国成立以后农业合作化运动和人民公社运动时期所建立的合作社，都不符合或者不完全符合西方合作原则，即使是农村改革过程中设立的社区型股份合作社和农民专业合作社，也与西方合作原则不完全相符。于是，他们很自然地得出这么一些结论：其一，合作制在中国从来没有成功过；其二，中国农民不具备开展合作的能力；其三，中国应按照西方合作原则重构合作体系。[1] 按照这个逻辑，中国从来就没有成功地开展过合作，世界上根本就不可能存在一条具有中国特色的农业合作道路。

什么是真正的合作？难道只有符合西方合作理论的合作才是真正的合作？显然不是。这就好比是，西方人根据自己的生活习惯提出了一套生活标准，譬如每天食用牛奶多少、水果多少、面包多少。如果中国人不按西方标准来生活，难道我们就能据此提出"中国人从来就是真正生活过"的观点？

评价农业合作的成与败，不是看这个国家的农业合作是否符合西方合作原则。符合的不一定成功，不符合的也不一定失败。关键看这个国家的农业合作是否提高了农民与市场讨价还价的能力、是否促进了农民收入的增长、是否推进了农业生产力的发展。合作社属于生产关系的范畴，评价生产关系的好与不好，只能依据生产力标准而不是根据某个价值判断标准。近百年来的中国农业合作，经历了三个不同的历史时期，每一个历史时期的农业合作模式之间不是割断的关系而是继承与创新的关系。毋庸讳言，每个历史时期的农业合作都存在这样或那样的问题，但成就是主要的。新民主主义革命时期党领导下的互助合作，打破了封建剥削生产关系，提高了农业劳动生产率，从而促进了根据地农业生产的发展；改善了农民生活水平，提高了农民的收入水平；减轻了中间商的剥削，丰富了农村市场的商品供应。新中国成立以后建立起来的集体农庄式农业合作模式，通过低成本的群众动员，集中人力和物力开展以农田水利建设为中心的农业生产基本建设；集中高级社和人民公社内部的经济资源，兴办农村教育、开展合作医疗、提供基本的社会保障；集中农业剩余，为工业化提供了原始资本积累。农村改革以来的新型农业合作，为农户生产提供了较为丰富的农业社会化服务、提高了农民进入市场的组织化程度、提高了农业生产力发展水平。因此，中国特色农业合作不但没有失败而且取得了巨大的成绩。

当一种理论解释不了实践时，或者实践与理论不相符时，我们不能一味地责

---

[1]　谢平：《中国农村信用合作社体制改革的争论》，载于《金融研究》2001 年第 1 期。

怪实践偏离了理论，而应该思考理论是否过时了，或者还不完备。如果理论过时了就需要创造新的理论，如果理论不完备就需要不断地完善理论。只有这样，理论才能成为常青树。19 世纪末到 20 世纪初，西方国家普遍出现生产过剩，新古典经济学解释不了这种现象，更提不出解决生产过剩问题的对策。凯恩斯敏锐地观察到，理论与实践的相背主要是因为新古典经济学理论有问题，于是他创立了现代宏观经济学。熊彼特指出："从每个时期的要求来判断（而不是用以后的标准判断以前任何时期的理论状态），那么在所有时期，包括现在在内，经济理论的成绩总是落后于人们合理的期望"。① 无论是西方农业合作理论还是国内学者提出的农业合作理论，都无法对中国特色农业合作实践做出合意的解释，这就是说，目前的农业合作理论跟不上中国特色农业合作实践的发展，落后于人们的期望。因此，需要创建中国特色农业合作理论。

## 第二节　中国特色农业合作理论的构建思路

### 一、从中国农业合作经济史中抽象中国特色农业合作理论

只有从经济史中抽象出来经济理论，才能接受实践的检验；脱离了经济史的经济理论，逻辑再严密，也只是"好看不中用"。恩格斯指出："政治经济学本质上是一门历史的科学，它所涉及的是历史性的即经常变化的材料；它首先研究生产和交换的每个个别发展阶段的特殊规律，而且只有在完成这种研究之后，他才能确立为数不多的、适合生产一般和交换一般的、完全普遍的规律"。② 马克思很注重从历史中抽象理论，他的"全部理论是他毕生研究英国的经济史和经济状况的结果"。③ 德国历史学派施穆勒认为："政治经济学的一个崭新时代是从历史和统计材料的研究中出现的，而绝不是从已经经过 100 次蒸馏的旧教条中再行蒸馏而产生的"。④ 熊彼特指出："历史学派在方法论上的基本的和独特的信条是：科学的经济学致知方法应该主要地——原来说是完全地——在于历史专题研究的成果以及根据历史专题研究所作的概括"。⑤ 熊彼特的研究深受历史学派的影响，

---

① 熊彼特：《经济分析史》第 1 卷，商务印书馆 1991 年版，第 40 页。
② 恩格斯：《反杜林论》，《马克思恩格斯文集》第 9 卷，人民出版社 2009 年版，第 154 页。
③ 《马克思恩格斯全集》第 23 卷，人民出版社 1972 年版，第 37 页。
④ 转引自高德步：《经济学中的历史学派和历史方法》，载于《中国人民大学学报》1998 年第 5 期。
⑤ 熊彼特：《经济分析史》第 3 卷，商务印书馆 1994 年版，第 87 页。

其创新理论和商业周期理论便是扎根于历史之中。毛泽东在读苏联《政治经济学教科书》时指出："规律存在于历史发展的过程中。应当从历史发展的分析中发现和证明规律。不从历史发展过程的分析下手，规律是说不清的"。① 吴承明提出了经济史与经济学的"源""流"关系论断，他说："经济史应当成为经济学的源，而不是它的流"。②

我们必须坚持马克思主义者从历史中抽象理论的科学方法，从中国特色农业合作经济史中抽象中国特色农业合作理论。中国特色农业合作理论，是中国特色社会主义政治经济学的一个组成部分。

### 二、运用归纳与演绎相结合的方法从中国农业合作经济史中抽象中国特色农业合作理论

归纳和演绎是两种最基本的经济学研究方法。在斯密的《国富论》中，归纳法和演绎法是统一的。但自斯密以后，归纳法和演绎法却被分离，有的学者运用归纳法研究经济学，有的学者则运用演绎法研究经济学，相互之间还展开了激烈的争论。"大多数争论都集中在关于归纳与演绎法孰优孰劣问题上面。历史上存在着两次激烈的争论，一次是发生在 18 世纪马尔萨斯与李嘉图之间的争论；另一次是发生在 19 世纪的德国历史学派与奥地利学派之间的争论"。③ 经过两次争论之后，经济学家都意识到，纯粹的归纳法和纯粹的演绎法都不适合于经济学研究，经济学研究应该把两种方法结合起来。

所谓归纳法，就是"对具体的经验事实进行研究，从中形成理念并用之于理论假说的过程，这种理论得自于资料的过程，分为特定资料→归纳逻辑→一般理论三个步骤"。④ 归纳的过程，就是收集、整理、归类史料，从中归纳出一般性结论。所谓演绎法，就"是从一般走向特殊和个别的认识运动，是根据一类事物共有的一般属性、关系、本质来推断该类中的个别事物所具有的属性、关系和本质的推理形式和方法"。⑤ 马克思和诺思在研究中成功地实现归纳和演绎的统一。

马克思把归纳法和演绎法统一于科学抽象之中。马克思的科学抽象分为两步：第一步是由具体到抽象，即从个别认识到一般认识的过程，这是一个揭示事

---

① 毛泽东：《关于社会主义政治经济学的对象与方法》，载于《党的文献》1992 年第 1 期。
② 吴承明：《经济学理论与经济史研究》，载于《经济研究》1995 年第 4 期。
③ 谢拉·C. 道：《经济学方法论》，上海财经大学出版社 2005 年版，第 89 页。
④ 谢拉·C. 道：《经济学方法论》，上海财经大学出版社 2005 年版，第 90 页。
⑤ 韩毅：《经验归纳方法、历史主义传统与制度经济史研究》，载于《中国经济史研究》2007 年第 2 期。

物本质规律的过程。马克思把从具体到抽象的过程称之为研究的过程，"研究必须搜集丰富的材料，分析材料的各种发展形式，并探究这种种形态的内部关系。"① 马克思写作《资本论》，阅读了 1500 多本书，撰写了 65 本笔记，马克思主要采用归纳法从众多的历史和现实材料中归纳出了以剩余价值规律为中心的资本主义生产方式的一般原理。② 第二步是由抽象到具体，把一般概念还原到现实中去，用具体事例来检验、修正、丰富一般概念，使一般概念变得有血有肉。马克思把从抽象到具体的过程称之为叙述的过程，叙述以研究为基础，"不先完成这种工作（研究工作），则对于现实的运动，必不能有适当的叙述。不过，叙述一经成功，材料的生命一经观念地反映出来，那就好像是一个先验的结构了"，马克思还指出，"叙述的方法，当然须在形式上与研究的方法区别"。③ 研究与叙述在方法论上的区别体现在前者主要使用归纳法（辅之以演绎法）而后者主要使用演绎法（辅之以归纳法）。马克思通过研究汗牛充栋的资料，从中归纳出资本主义生产方式的本质及其运动规律，然后，通过演绎把资本主义生产方式的本质规定和运动过程以具体形式叙述出来。

诺思实现归纳与演绎兼容并蓄的路径是：第一步，从史实出发，通过归纳推理修订新古典假设，这是一个从个别事实中概括出一般原理和理论假设的归纳过程。《经济史上的结构与变革》一书第一章的标题为"问题"，这一章的内容就是首先归纳概述新古典经济学所提出的六大假设，然后把新古典假设放置于历史长河之中，用历史事实对新古典假设进行验证，发现新古典假设所存在的问题并对这些问题进行了修正。④ 第二步，从既定的假设前提出发，通过演绎推理提出

① 《资本论》第 1 卷（第二版跋），上海三联书店 2011 年版，第 9 页。

② 雍桂良：《〈资本论〉中引证了多少书刊资料》，载于《社会科学战线》1984 年第 1 期。

③ 马克思：《资本论》第 1 卷（第二版跋），上海三联书店 2011 年版，第 9 页。

④ 诺思把新古典所提出的假设归纳为六个方面：（1）假设"社会是一个无摩擦的社会，在这种社会中，制度不存在，……获得信息的成本、不确定性和交易成本都不存在"；（2）假设"一种刺激结构将使个人按全部差额得到投资的社会收益，就是说，使个人和社会的收益相等"；（3）假设"新知识的获得和利用的收益不递减，因为在成本固定下能够增加自然资源的存量"；（4）假设"储蓄有实际收益"；（5）假设"生育后代的个人和社会费用是相等的"；（6）假设"人们的选择和预期的结果是一致的"。然后，诺思用历史事实对上述假设进行验证，他发现，（1）制度对社会变更至关重要，"社会的交易成本不是为零，而是正数"；（2）投资的个人收益和社会收益相等的状况在历史上"从来就不曾有过，……最好的不过是把个人收益提高到与社会收益相当接近的程度"；（3）在科学和技术没有合而为一之前，知识难以"真正克服收益递减"；（4）"在整个历史上，已储蓄的收入和资本构成的比率通常是极低的，有时甚至为零或者负数"；（5）"马尔萨斯危机在整个历史上反复出现充分证明这一条件（生育后代的个人成本和社会成本一致）尚不具备"；（6）"无效率的制度和政策的存在"使得个人选择和预期结果难以一致。诺思：《经济史中的结构与变革》，厉以平译，商务印书馆 2002 年版，第 7~9 页。

新的理论模型。在该书理论部分最后一章的结语部分，诺思这样写道："我试图做的，首先是对经济史学家提出的问题重新组织，……其次提供一组相互联系的假设，使我能够表明这一方法的前途"。① 诺思所"提供的一组相互联系的假设"就是在第三、四、五章所提出的关于国家理论、经济组织理论和意识形态理论的假设。在《经济史上的结构与变革》的第一篇"理论"部分，诺思"运用交易成本、公共产品、相对价格等分析工具，构建了包括所有权理论、国家理论和意识形态理论在内的新经济史学理论体系"。② 第三步，把理论假设放置于历史长河之中，运用具体的历史事实对理论假设进行检验和证实，这是一个从一般原理推出个别结论的演绎推理过程。在《经济史上的结构与变革》的第二篇"历史"部分，诺思运用第一篇所提出的所有权理论、国家理论、经济组织理论、意识形态理论，对人类历史上的两次经济革命、古代西方社会的经济变革、西方封建制度的兴衰、近代欧洲经济结构的演变、工业革命、近代美国经济结构变革进行了解释性分析，同时，通过对相关时段和国家的历史事实归纳，对相关理论进行实证。

马克思路径和诺思路径既有异曲同工之妙也有不同之处。相同之处在于，马克思和诺思都把演绎建立在归纳的基础上、归纳又建立在历史经验的基础上。基于历史经验的归纳，保证了一般原理的科学性，基于归纳的演绎，保证了演绎分析的准确性。这就是马克思理论和诺思理论能禁得起时间检验的根本原因。两者亦有显著的不同。马克思的《资本论》成书于19世纪六七十年代，其时，西方经济学还处于古典经济学阶段，古典经济学开山鼻祖斯密的《国富论》综合运用归纳法和演绎法，斯密的归纳与演绎是一般方法论上的归纳与演绎，并非经济学特定语境下的归纳与演绎。古典经济学是马克思主义理论的三大理论来源，马克思吸收了斯密的研究方法，以科学抽象统一了归纳与演绎。诺思的《西方世界的兴起》《经济史上的结构与变革》成书于20世纪七八十年代，比《资本论》晚了一个多世纪，其时，新古典经济学的"假设——演绎法"模式已经非常成熟，诺思的经济史研究严格遵循新古典经济学范式，因此他的研究遵循的也是"假设——演绎法"模式。与其他经济学家和经济史学家不同的是，诺思把归纳法成功地嵌入到"假设"的形成过程中，从而实现了归纳与演绎的兼容并蓄。马克思

---

① 诺思：《经济史中的结构与变革》，商务印书馆2002年版，第68页。
② 诺思：《经济史中的结构与变革》，序言，商务印书馆2002年版，第iii页。

用科学抽象法撰写的《资本论》，直接从历史和现实的材料中归纳出一般原理，然后用演绎法对一般原理进行具体阐释。马克思的理论是归纳出来的，不是从假设中演绎出来的，因此，在《资本论》中很少看到假设的字眼。诺思用"假设——演绎法"撰写的《经济史上的结构与变革》，从历史中归纳出假设，再从假设中演绎出理论，最后历史材料检验理论。诺思的理论，是从假设中演绎出来的，假设是理论的前提，没有假设就没有理论，不同的假设就有不同的理论，因此，假设至关重要，在《经济史上的结构与变革》中的理论部分，随处可见"假设"字眼。

把归纳法与演绎法统一起来构建中国特色农业合作理论，既可通过马克思路径来实现也可通过诺思路径来实现。如果是践履马克思路径，首先要广泛地收集中国农业合作经济史料，在对中国农业合作实践过程进行全面描述的基础之上，从中归纳出中国特色农业合作理论观点；然后，把所归纳的理论观点放置于中国农业合作经济历史之中，用历史事实检验理论观点。如果是践履诺思路径，首先要充分掌握中国农业合作的历史素材，从农业合作经济史中提炼出符合历史事实的假设，再以假设为基础，采用逻辑推理方式或者计量分析方式对所研究的对象进行演绎分析，从中得出中国特色农业合作理论，最后运用中国农业合作史料对农业合作理论进行验证。

### 三、中国特色农业合作理论的表达方式

经济学理论通常有文字、数学、图形三种表达方式。李嘉图之前的政治经济学以文字表达为主，图形为辅，兼用简单的数学公式。李嘉图之后，数学表达成为一种主流表达方式。数学表达的好处是使理论更加严密、更加系统、更加精确。但是，经济实践本身是多样化的、其发生与发展并不遵循某种设定的科学路径（如果是这样的话，人们就可以轻松地驾驭经济活动，使经济活动按人们的意志运行，若能做到这一点，就不会有经济失衡，更不会有经济危机）。经济科学出现了这样一个悖论：经济学的表达形式越是科学化，就越偏离实际，越不能解释和指导实践。经济学不是数学，其表达方式可以适当采取数学方式但不能数学化。正如林毅夫所言："提到现代经济学，也许就会令人联想起大堆难懂的数学公式及复杂繁琐的计量分析，然而这并不是现代经济学研究的特征"。[①]

---

① 林毅夫：《制度、技术与中国农业发展》，上海三联书店、上海人民出版社1994年版，第1页。

如果按照马克思路径来表述中国特色农业合作理论，就可以采用以文字表达为主，图形为辅，兼用简单数学公式的表达方式。践履马克思路径，要求研究者具有较为深厚的历史功底和扎实的理论功底。没有历史功底，就无法收集、辨别一手资料，无法从一手资料中归纳出理论；没有理论功底，就无法对理论进行演绎分析，无法从演绎过程中抽象出具体的理论形态。践履马克思路径，对计量分析没有特殊的要求，有计量固然好，没有计量也无妨，因此，出身于史学界的经济史学者只要掌握了相关的经济学理论，就能得心应手地运用马克思路径开展经济史理论研究。

如果按照诺思路径来表述中国特色农业合作理论，就可以采取文字、图形、模型三者并用的表达方式。践履诺思路径，要求研究者具有深厚的现代经济学特别是计量经济学的功底和比较厚实的史学功底。对于史学研究者而言，应用诺思路径研究经济史，必先掌握现代经济学理论和计量经济学方法，这两者并非不可及，只要努力，史学研究者完全可以熟练地掌握经济学理论和计量分析方法。对于经济学者而言，必须具备扎实的史学功底才能把诺思路径应用于经济史研究之中。仅从技术层面来看，运用诺思路径构建中国特色农业合作理论的技术难度相对较高，因为它需要把经济学、历史学、计量经济学三者融合起来。在当前阶段，多数学者尚不具备运用诺思路径构建经济史理论的能力。坦白地说，笔者目前就没有能力娴熟地驾驭经济学、历史学和计量经济学三种学科方法，因此，无法胜任运用诺思路径构建中国特色农业合作理论的工作。正因为如此，本书遵循马克思路径，从中国农业合作经济史中抽象中国特色农业合作理论，采取以文字表述为主、辅之以图表的表达方式。

# 第十六章

## 中国特色农业合作理论的内涵

从中国农业合作经济史中抽象出来的中国特色农业合作理论，内涵十分丰富。本书把其归纳为十个部分：第一，发起机制：外力引动与农民自动相结合；第二，社员资格：全面开放与有限开放相结合；第三，治理结构：普通社员民主控制与核心社员决策相结合；第四，产权结构：以股份合作实现劳动与资本的联合；第五，经营目标：实现合作社和社员双重利润最大化；第六，分配方式：按惠顾额分配与按资分配相结合；第七，社员角色：使用者、所有者、控制者、受益者适度分离；第八，合作教育：以形成现代合作精神为旨归；第九，合作社间的合作：建立三级合作社联社体制；第十，嵌入社区：以合作促进社区发展。下面阐述十方面的具体内涵。

### 第一节　发起机制：外力引动与农民自动相结合

#### 一、三种农业合作发起机制

谁来发起设立合作社？既可以是农民自己也可以是外部力量，外部力量的主体是政府，还包括涉农企业、社会团体组织等。根据发起者在合作社中的作用的不同，可以把农业合作的发起机制划分为三种。

第一种：外力引动与农民自动。外部力量通过示范启发、利益输送、合作教育等手段，引导农民开展合作，等到农民充分意识到合作有利于自身，且具备了自动办社的能力时，外部力量逐渐退出，合作社完全由农民自主经营管理。在这种发起机制下，外力只引导而不主导、只支持而不控制，引导与支持的目的是达到农民自动。华洋义赈会、梁漱溟就是按这种机制开展农业合作运动。土地革命时期和抗战时期，中国共产党充分利用农民的传统合作习惯，积极引导农民开展互助合作。改革开放时期，基层政府、涉农企业积极引导农民建立专业合作社，合作社的优点凸显以后，带动更多的农民自动联合起来开展合作，因而改革开放进程中的大多数农民专业合作社是按这种机制发起设立的。这种机制的优点是，外部力量特别是政府力量可以动用公共资源进行群众动员，大大降低谈判、协调成本，"给定同样数量的参与者，在政府安排下的组织成本可能要低于自愿安排的成本"。[①]其缺点是，如果外界对农民的引力不够，就难以引导农民动起来，从而陷入"引"而不"动"的困境之中。

第二种：外力代动与农民被动。外部力量主要是政府力量采取行政、法律、经济等手段强制农民入社，入社与退社，都由不得农民；外部力量直接实施对合作社的经营管理，农民民主控制合作社的权力基本上被剥夺；外部力量掌握合作社的剩余控制权和索取权，农民既不能控制合作社剩余也难以分享合作社剩余；外部力量利用合作社谋求自身利益最大化，农民从合作社不但不能得利，反而蒙受其害。按这种机制发起设立的合作社，外部力量凌驾于农民之上，农民可以做什么、不能做什么，合作社能经营什么、不能经营什么，不是农民说了算而是外部力量说了算。这实际上是外部力量在代替农民动，加入合作社的农民，毫无自主权，被迫而动。这种机制的好处是，能在较短的时间内动员大量农民加入合作社，加快合作化的步伐。"一个政府的强制性方案可能会产生极高的收益，因为政府可能利用其强制力，并强制实现一个由任何自愿的谈判都不可能实现的方案"。[②]其缺点是，外力特别是政府发动的合作运动，由于没有很好地激发农民的合作自觉，被"合"起来的农民，可能不会真心实意去"作"，从而出现"合"而不"作"的局面。在此背景下，政府不得不对社员行为进行监督，同时对社员进行思想教育，这样一来，就产生了一笔不菲的监督成本和教育成本。如果这笔成本长期得不到控制，合作社就可能难以为继，政府发起的合作运动可能归于失败。政府的作用陷入到所谓的"诺思悖论"之中，即成也政府，败也政府。20世纪三四十年代国民政府在大陆的农业合作运动，以及社会主义国家的农业合作运动，都属于政府代动、农民被动型合作运动。

第三种：外力不动与农民自动。法国合作学者季特指出："合作制度并非来自学者或改革者的脑海，而是来自平民的肺腑"。[③]农民一旦有了合作自觉，即使没有外力引导，农民也会自动联合起来，按章程组建合作社，开展合作。在这

---

①②　戴维斯、诺思：《制度变迁的理论：概念与原因》，见《财产权利与制度变迁：产权学派与新制度经济学派译文集》，上海三联书店1991年版，第276页。

③　转引自杜吟棠主编：《合作社：农业中的现代企业制度》，江西人民出版社2002年版，第344页。

种机制下，外部力量既不支持合作社也不干涉合作社。19 世纪欧洲国家的合作社就是遵循这种机制而建立。改革开放时期，少数农村能人按这种机制牵头设立专业合作社。这种机制的优点是，农民建立了真正属于自己的合作社，真正做到了"民办、民管、民受益"。其缺点是，真正具有自主设立合作社能力的农民很少，按这种机制，合作社的发展速度非常缓慢，同时，由于合作社得不到外界的任何支持，不利于合作社的可持续发展。

### 二、中国农业合作只能是外力引动与农民自动相结合的发起机制

国民政府在大陆的农业合作史、1949 年以后的中国农业合作化和集体化史、苏联农业集体化史都已经证明，外力代动、农民被动型农业合作尽管有其历史功绩，但是，按这种发起机制建立起来的合作社，主要是为了实现政府利益最大化而不是农民利益最大化，农民难以享受合作社的大部分农业剩余，普遍缺乏合作积极性。加之政府对合作社统得过死、管得过多，农民被剥夺了劳动自由，迄今为止，农民对这种合作抱有较大的恐慌心理，以致谈"合"色变。因此，外力代动、农民被动型发起机制不适合于中国。

到底是按"自上而下"方式还是按"自下而上"方式组建合作社，国外理论界曾发生过争论。萨皮罗认为，与工商业相比，农业是弱势产业，与工商企业相比，农业合作社是弱势组织。他主张通过合理垄断来推进农业和农业合作社的发展。其核心观点是：根据农产品种类组织专业合作社，专业合作社在各自的产品市场上占据较大的市场份额；以自上而下的方式组建合作社，实行专家管理；专业合作社直接吸收社员，通过签订长期合同，建立中央集权控制的体制。[1] 诺思则持相反观点。他反对以垄断方式促进合作社发展。在诺思看来，合作社是一把衡量市场竞争效率的尺度。其核心观点是：合作社不是对企业的替代而是补充，不能把合作社办成"商业拿破仑"，合作社与企业开展平等竞争，提高经济整体效率；不能通过自上而下的方式建立合作社，应该在社员自愿的基础上，自下而上地建立合作社；合作社的成功，靠自身经营而不是靠政府的垄断政策，靠垄断来推动的合作经济，只能取得暂时的好处，一旦这种人为的经济组织被社会大众所抛弃，合作社就难以为继。[2] 美国的实践证明，在合作社的发展初期，垄

---

[1] 杜吟棠主编：《合作社：农业中的现代企业制度》，江西人民出版社 2002 年版，第 64 页。
[2] Thomas P. Schomisch, Edwing G. Nourse and Competitive Yardstick School of Thought, UCC Occasional Paper No. 2, July 1979.

断确实有利于合作社的发展，但到一定的发展程度之后，垄断阻碍合作社的发展。1922 年，美国颁布凯波—沃尔斯蒂德法案，将合作社从 1890 年谢尔曼反托拉斯法中豁免出来，赋予合作社以反垄断法例外的特权。美国的一些合作社利用垄断权力迅速扩大成为全国性的组织，对某些农产品进行垄断销售，遭到了民众的反对。在 20 世纪 80 年代，美国肉鸡销售合作社和加利福尼亚莴苣种植者协会遭到反托拉斯机构的诘难。依靠垄断权力形成的合作社，都是巨型合作社，巨型合作社为了加强管理，建立了严格的科层制度，社员的民主管理权力有名无实，这样的合作社，与基本的合作原则越行越远。日本农协在政府的保护下，很多领域处于垄断地位。农协利用垄断优势，提高销售价格，如 20 世纪 80 年代，国内大米的价格高于国际市场价格的 7～10 倍，这种价格保护制度，既遭到了国际上的指责，也引起日本民众的强烈不满。政府赋予的垄断权力，一方面促进了日本农协的发展，另一方面使农协失去了内生发展能力。日本学者总结说："日本农民在半封建制度下生活得太久了，不可能在短期内产生民主意识，所以农协组织的成立正像人们批判的那样，只是涂改了农会的招牌。日本农协的这种命运是历史决定的，作为合作社以这种方式起步实为不幸。但在日本那样的历史条件下，不依靠国家的农业保护政策，合作社是发展不起来的，也保护不了自耕农"。[①]

欧洲国家认为，农业合作社的主要功能是自救互助，无须政府等外部力量的帮助，因而强调"政治中立"。外力不动、农民自动的发起机制在 19 世纪的欧洲曾有过成功实践。进入 20 世纪以后，合作社的功能不仅是自救互助，还有发展农村经济、振兴农业、防止贫富分化，这样一来，合作社就具有了显著的正外部性。[②] 政府对合作社的正外部性应该有所补偿，这种补偿体现在政府对合作社的政策支持上，合作社出于自身发展的需要也主动接受政府支持。合作社在坚持"自治和独立"的前提下，逐渐放弃了"政治中立"原则。这意味着，西方国家合作运动的发起机制由外力不动、农民自动模式逐渐转变为外力引动、农民自动模式。这种转换表明，外力引动、农民自动模式更适合于农业合作。中国历史上长期存在的临时的、非组织性的互助互济式合作，就是一种外力不动、农民自动型合作，这种合作之所以未能转变成为有组织的、以发展生产为目的的现代农业

---

① 武内哲夫、大田原高昭：《明日农协》，日本农山渔村文化协会 1986 年版，第 34～35 页。
② 合作社的正外部性表现在三个方面。第一，合作社把农户组织起来，通过生产的市场化和规模化，实现了农民增收。第二，合作社通过专业化、标准化的生产，为企业、社会提供更高品质的农产品。第三，合作社为社会提供更多的就业岗位，通过科学的生产方式创造良好的生态环境。

合作。乃是因为大多数中国农民只有遇到困难时才有合作的意愿，一旦渡过困难，合作自动解散。中国农民对于有组织的、以发展生产为目的的现代农业合作，比较陌生。之所以如此，乃是因为大多数农民长期沉浸在自给自足的小农经济汪洋大海之中，缺乏经营意识，不熟悉现代经济组织的经营管理，甚至不认同现代经济组织的治理结构（如合作社设立社员大会、理事会、监事会）、现代信贷模式（如抵押贷款）。如果没有外力的引导，中国大多数农民不可能像欧洲国家那样通过完全的合作自觉来实现农业合作化。正如毛泽东在七届二中全会上指出的"中国人民的文化落后和没有合作社传统，可能使得我们遇到困难；但是可以组织，必须组织，必须推广和发展"。① 因此，外力不动、农民被动型发起机制不适合于中国。

只有外力引动、农民自动相结合的机制才是唯一适合于中国的机制。外力引导到外力主导，只有一步之遥。外部力量一旦越过行为边界，外力引动、农民自动型机制就会变成外力代动、农民被动型机制。因此，外部力量特别是政府必须时刻警醒自己恪守行为边界。

第一，外力支持合作社发展但不能包办合作社的一切。外力的支持行为包括：在民众中开展合作教育，激发农民的合作自觉，提高农民的合作能力，但不能采取强制措施强迫农民入社；采取税收优惠、财政补贴、信贷扶持等措施增强合作社的发展能力，但不宜给合作社较多的直接资金补助，使合作社过分依赖外力扶持；② 引导农民进入市场，提高农民对市场风险的识别能力和抵御能力，但不能把自身置于农民与市场之间，把农民隔离在市场风险在外。③

第二，外力通过制定统一标准引导农民开展标准化生产经营但不能剥夺农民的自主权。合作社必须是建立在社员享有充分自主权基础上的联合，杜润生指出，集体农庄实现了人的联合，但单个的人没有自主权，这不是真正的合作，"农民应该既有自主权，又能相互合作，共同抵御自然灾害的侵袭，共同参与市场的竞争，避免孤军作战，弱肉强食。这个过程就是先让农民具有独立性，变成

---

① 黄道霞等：《建国以来农业合作化史料汇编》，中共党史出版社1992年版，第18页。
② 农业部的一项调查研究得出这样的结论："如果取消各项政策支持，可能一夜之间合作社所剩无几"。合作社之所以离开政府补贴就倒闭，关键原因是政府长期包办合作社，合作社始终没有形成内生发展能力。《八成合作社被指"空壳"，农业部设槛推示范社》，中华全国供销合作总社网站，2013年8月9日。刘伯龙、唐亚林：《从善分到善合：农民专业合作社研究》，复旦大学出版社2013年版，第243页。
③ 社会上盛行的"公司＋合作社＋农民"的模式，起到了把农民组织起来的作用，但农民实际上没有直接对接大市场。因为在这种模式下，农民通过合作社按事先商定的价格把产品交售给公司，市场风险由公司承担，农民并没有直接接触市场，一旦公司退出，合作社就难以适应市场。

'自由人'，最后形成'自由人'的联合"。① 在统一标准条件下，农民自主安排生产，外力不能直接干预农民的生产行为，什么时候生产、生产多少，悉由农民自己决定。

第三，外力通过制定法规规制农民的行为但不能控制农民的行为。规制与控制是两个不同的概念，规制就是规定行为主体不能做什么，如果违反就会受到惩罚；控制就是直接规定行为主体只能做什么。外力规制下的合作社社员，只要不触犯法规制度，就享有充分的行为自由权。外力控制下的合作社社员，失去了行为自由权。中国农民自利思想比较严重，如果没有法律的规制，农民就会采取损人利己的行为，合作社就不能健康发展。② 因此，规制是必需的，但不能变成控制，一旦规制变成了控制，合作社就会丧失发展活力。

## 第二节　社员资格：全面开放与有限开放相结合

### 一、入社自愿、退社自由是各国的合作共识

自愿与开放的社员资格，是各国合作社共同遵守的核心合作原则。罗虚代尔公平先锋社制定的合作原则的第一条就是"自愿入社"，即所有承认合作社章程、履行社员义务、承担社员责任的人，均可以自愿入社，也可自愿退社。1937 年，国际合作社联盟所确定的国际合作十原则中的第一条是"开放的社员资格"。1966 年，国际合作社联盟对国际合作原则进行了修订，十原则压缩为六原则，但"开放的社员资格"作为头条原则予以坚持。1995 年，国际合作社联盟再次修订合作原则，修订之后的合作原则共七条，第一条就是"自愿与开放的社员资格"，即任何人只要愿意承担社员义务、利用合作社提供的服务，都可加入合作社，不受性别、政治、宗教的限制。中国合作法规同样遵守自愿入社与退社原则。国民政府于 1934 年颁布的《合作社法》规定：凡是"中华民国人民年满二

---

① 马国川：《共和国部长访谈录》，三联书店 2009 年版，第 44 页。
② 当前，设立合作社几乎没有设置门槛，只需提供 5 个人信息的名单和出资额到镇工商所登记注册，工商所既不收费也不验资。由于合作社章程对出资额没有下限的规定，出资额可多可少，这就意味着，合作社发起人不需要出一分钱就可以成立合作社。如果政府有奖励，那么，成立合作社就可以得到一笔净收益，这就诱使一些投机者成立"空壳社"。据中国农业大学何秀荣教授的估计，"大概有 80%以上农村合作社徒有虚名，或是出于政绩需要，或是为从中牟利"。"空壳社"的大量出现，就是缺乏规制所致。刘伯龙、唐亚林：《从善分到善合：农民专业合作社研究》，复旦大学出版社 2013 年版，第 241 页。

十岁"且有"有正当职业者",只要有"社员二人以上之介绍,或直接以书面请求"便可加入合作社,社员享有自由退社权,只需"于三个月前提出请求书"即可退社。① 1955 年颁布的《农业生产合作社示范章程》规定:"凡是年满 16 岁的男女劳动农民,自愿申请参加农业生产合作社的,经过社员大会通过,就成为社员","社员有退社的自由"。② 1956 年颁布的《高级农业生产合作社示范章程》规定高级社是"在自愿和互利的基础上组织起来的社会主义的集体经济组织","社员有退社的自由"。③ 2007 年实施的《农民专业合作社法》第三条规定,农民专业合作社应当遵守"入社自愿、退社自由"的原则。由此可见,自愿入社与退社,是中西方的共识。

### 二、合作社向农民全面开放、向非农民有限开放

按照《农民专业合作社法》的规定,农民专业合作社的社员可以是农民也可以是非农民,但必须"以农民为主体",加入合作社非农民,是指"具有民事行为能力的公民,以及从事与农民专业合作社业务直接有关的生产经营活动的企业、事业单位或者社会团体"。对于农民,合作社理所当然实行全面开放。但是对于非农民,则应当是有限开放。加入专业合作社非农民成员须具备以下条件:从事农业生产或加工活动、利用专业合作社提供的服务、遵守农民专业合作社的章程、没有管理公共事务的职能。符合上述条件的主体方可申请入社,但非农民主体的总数不得超过社员总数的 5%。那些不从事农业生产或加工、不利用农民专业合作社提供的服务、不遵守农民专业合作社章程、具有公共事务管理职能的市场主体,都不得入社,即使是入了社,也得清退。

合作社向农民全面开放,不能解释为合作社必须无条件接纳所有申请者为社员。开放的社员资格有四重含义:

第一,不能采取法律的、行政的、舆论的措施强制农民入社。中外合作史已经反复证明,凡属是强制捏合的合作社,都难以从内心深处激发农民的合作热忱,农民不把合作社当作自己的合作社。抗战时期,国民政府颁布《县各级合作

---

① 中国第二历史档案馆:《中华民国史档案资料汇编》第 5 辑第 1 编,财政经济(七),江苏古籍出版社 1994 年版,第 307~309 页。
② 中共中央文献研究室:《建国以来重要文献选编》第 7 册,中央文献出版社 1993 年版,第 362~364 页。
③ 中国社会科学院法学研究所:《中华人民共和国经济法规选编》(上),中国财政经济出版社 1980 年版,第 87~89 页。

社组织大纲》，使用法律和行政手段推进合作运动，其结果是使合作运动"完全变成了一场官办的合作运动，它完全站在政府立场，基本上抛弃了民众立场"。①在新中国成立以后的农业合作化运动中，中央政府反复申明要按自愿原则组建合作社，不能强制农民入社，但在实践中，一些地方采取行政强制、扣政治帽子、经济制裁等手段强制农民特别是富裕中农入社。这些被迫入社的农民并不真心入社，影响了合作社绩效的提高。新型农业合作一定要吸取历史教训，切不可重蹈覆辙。个别地方的基层政府采取行政手段强制农民加入合作社，这是不对的，这种做法必须及时纠正。

第二，不能采取人为限制的措施阻碍农民入社。人为限制主要是指经济限制和意识形态限制。经济限制，如规定过高的入社费和股本额，把真正需要合作社的穷人阻隔在合作社的门外。民国《合作社法》规定，破产者不得入社，一般农民必须交纳股金二元方可入社，破产农民是真正的穷人，最需要合作社的帮助，却被法律阻隔在合作社之外。意识形态的限制，通过政治、种族、宗教、文化、语言歧视把农民阻隔在合作社之外。苏区时期，为了把合作社办成真正为广大贫苦群众服务的经济组织，1932年颁布的《合作社工作纲要》明确规定："社员一定是要非剥削的阶级成分……对于剥削阶级如商人、富农、厂主、工头等绝对不准加入"。② 在当时历史条件下，这些限制性规定有其历史合理性。此类限制性措施，确实有效地防止了合作社不被剥削阶级所操控。但也有其负面作用，如富农，既拥有生产工具也拥有生产技能，把富农排斥在合作社之外，使合作社失去了部分优质生产要素资源。抗战时期，边区政府放弃了排斥剥削阶级入社的措施，"合作社是统一战线的性质，所有农民、工人、地主、资本家都可参加合作社"。③ 新中国成立初年的农业合作化运动中，党仍然坚持允许富农入社的政策，《高级农业生产合作社示范章程》明确规定："已经放弃剥削的富农分子，合作社根据他们的表现和参加劳动生产的情况，并且经过乡人民委员会的审查批准，可以分别地吸收他们入社做社员或候补社员"。④ 新型农民专业合作社，需要充分发挥各类主体的作用，对农民应该全面开放，不能设置人为限制措施。社区型股份合作社，其历史起点是社区集体资产，社区集体资产属于本社

---

① 黄肇兴：《合作事业企业化》，载于《合作经济》1947年第1卷第3期。
② 杨德寿：《中国供销合作社史料选编》第2辑，中国财政经济出版社1990年版，第75页。
③ 黄道霞：《建国以来农业合作化史料汇编》，中共党史出版社1992年版，第9页。
④ 中共中央文献研究室：《建国以来重要文献选编》第8册，中央文献出版社1994年版，第405页。

区农民，社区以外农民不宜分享集体资产，所以，社区型股份合作社不能实行社员资格开放，但不能全封闭，对那些为社区型股份合作社做出突出贡献的外来者，应该吸收其加入合作社，分享合作社红利，以激励他们更好地为合作社服务。

第三，合作社有权终止不使用合作社和损害合作社利益的社员的资格。国际合作原则中的"自愿与开放的社员资格"中的"开放"是指"没有性别的、社会的、种族的、政治的或宗教的歧视"。这里的开放并非无条件的开放，合作社只"向一切能够使用合作社的服务并愿意承担责任的人们开放"，这就意味着，合作社不向不使用合作社的人和不愿意承担合作社责任的人开放。人们加入合作社的目的就是使用合作社的服务，不愿意使用合作社的人，主要包括不使用合作社平台与企业和中间商进行讨价还价的人、不愿意使用合作社公共设施的人、不按合作社要求进行生产和销售的人，等等；不愿意承担合作社责任的人，主要包括不愿意向合作社投资的人、不愿意接受合作社章程约束的人、不能接受合作社的培训的人、不愿意参加合作社会议的人，等等。社员毫无限制的自由进退，不利于合作社的发展。合作社及时终止不合格社员的资格，有利于合作社的发展。譬如，把那些具有强烈机会主义倾向的社员强留在合作社，不利于合作社的发展。《农民专业合作社法》第26条规定："农民专业合作社成员不遵守农民专业合作社的章程、成员大会或者成员代表大会的决议，或者严重危害其他成员及农民专业合作社利益的，可以予以除名"。① 新型农业合作社在章程中可以设置专门的"社员劝退条款"，对于社员改行、损害合作社声誉、不履行合作社义务、违法乱纪的社员，予以除名。

第四，社员享有较为充分的退社自由。有这么一种理想状态："当社员认为自己不需要合作社的服务时，或者合作社提供的服务不能满足他们的需要时，他们可以自由地退出合作社"。② 在这种理想状态下，合作社对社员退社没有任何约束权。这种做法有利于保障社员的权利，有利于劳动力、资本等生产要素的自由流动，促使合作社管理人员提高管理效率。一个社员不能自由退出的合作社，必然会导致管理僵化、效率低下。林毅夫认为，退社权的丧失是造成人民公社低

---

① 韩国《农业协同组合法》也有类似的规定，"属于下列之一的，地区农协可经大会通过决议予以除名：一年以上不利用地区农协事业的；不履行出资、负担经费及其他地区农协规定的义务的；有章程规定禁止的行为的"。转引自孔祥智等：《国外农业合作社研究：产生条件、运行规则及经验借鉴》，中国农业出版社2012年版，第347页。

② 唐宗焜：《合作社真谛》，知识产权出版社2012年版，第58页。

效率的主要原因，"在一个合作社里，社员如果拥有退社的自由，那么，这个合作社的性质是'重复博弈'的，如果退社自由被剥夺，其性质就变成'一次性博弈'。在1958年以前的合作运动中，社员退社自由的权利还受到相当的尊重，但自1958年的公社化运动以后，退社自由的权利被剥夺，因此，'自我实施'的协约无法维持，劳动的积极性下降，生产率大幅滑坡，由此造成了这场危机"。[1]林毅夫的分析基本上符合实际，人民公社时期，社员只拥有有限的退出权，即只可退出实行定额工分的生产小组，但不可退出实行生产队。[2]萨缪尔森指出："私有财产从来不是完全私有的，自由企业从来不是完全自由的"。[3]合作社也不是完全自由的企业，成员不加限制地进出合作社，对于合作社的稳定和组织绩效，以及对于其他成员的利益都会带来负面影响。譬如一个掌握技术或者市场客户的核心成员的退出，对于合作社的生产和经营造成的损失可能是难以挽回的。[4]这就需要寻找一种新的制度设计，既能保证社员享有较为充分的进入与退出自由权，又能保持合作社的稳定。新型农业合作社可以设置核心社员退出条件，譬如，合作社的发起人，无论遇到什么情况也不能退社，理事会成员须在任期满后方能退社。普通社员，则不必设置退出条件。

## 第三节　治理结构：普通社员民主控制与核心社员决策相结合

### 一、合作社的治理结构应同时体现普通社员和核心社员的利益

所谓治理结构，是指一组联结并规范经济组织中所有者、支配者、管理者各相关主体之间相互权利、责任、利益的系统制度安排。[5]合作社的治理结构的组织体现是"三会"，即社员大会、理事会和监事会，"三会"分别行使决策、管理和监督三大职能，相互之间分工配合、分权制衡，体现了分权制衡原则和现代

---

① 林毅夫：《制度、技术与中国农业发展》，上海三联书店、上海人民出版社1994年版，第7页。
② 易棉阳：《生产队集体劳动中的社员机会主义行为：表现形式与形成机理》，载于《学术月刊》2018年第1期。
③ 萨缪尔森：《经济学》上，商务印书馆1979年版，第210页。
④ 曹阳：《当代中国农村微观经济组织形式研究》，中国社会科学出版社2007年版，第14页。
⑤ 徐旭初：《中国农民专业合作经济组织的制度分析》，经济科学出版社2005年版，第248页。

企业管理职能分工理论。① 在没有引入职业经理人管理合作社的前提下，合作社的所有者、支配者、管理者集中于社员一身，因而其治理结构相对比较简单。中国新型农业合作社的成员异质性决定，合作社社员有核心社员与一般社员之分。核心社员一般是合作社的发起人、领导人和掌握关键性因素（如销售渠道、生产技术）的所有者，他们对合作社的生存与发展起着至关重要的作用，是掌握合作社控制权的"内部人"。核心社员承担大部分的经营风险、投入了大部分的资金、承担了大部分的组织义务。一般社员仅仅是合作社的参加者，他们的主要职责是按合作社的要求开展生产，按合作社章程行使民主权利、获得二次返利，他们不须承担经营风险，也不须投入资金。从合作社社员人数看，普通社员占绝大多数，核心社员只占极少数；从对合作社发展的重要性看，核心社员起关键作用，没有核心社员，合作社就难以发展甚至难以生存，普通社员人数虽多，但单个普通社员对合作社发展所起的作用非常有限。在合作社治理结构中，如果只考虑社员的利益，那么，合作社就应该实行民主管理，如果考虑合作社的发展能力，那就应该充分发挥核心社员的独特作用。一个好的治理结构，应该是既充分体现全体社员的利益也充分发挥核心社员的作用。

　　在合作社里，核心社员是"第一行动集团"，普通社员是"第二行动集团"。"第一行动集团"的作用在于发现合作的好处，并把这种好处通过组建合作社体现出来。"第二行动集团"的作用是落实"第一行动集团"的决策，按照"第一行动集团"的要求搞好生产、销售等工作。在中国农村，"第一行动集团"就是"能人"，他们是农村中的"强者"，"第二行动集团"是农村中的"弱者"。在中国发展合作社，普通社员好找，核心社员难觅，"强者牵头"比"弱者联合"更重要，"强者牵头，即强力组织牵头或强力能人牵头，反映了在农村组建专业性合作经济组织迫切需要组织者（熊彼特意义上的企业家）这一稀缺和宝贵的经济资源；同时还表明农村专业性的合作经济组织在自由联合、民主管理的基础上

---

① 合作社治理结构的关键并不是是否设置了"三会"，而是是否恰当地运用了"一人一票"制。正因为如此，《农民专业合作社法》对合作社治理结构没有做具体的规定，体现了灵活性。该法第26条规定，理事会、监事会是可设机构而不是必设机构，除了规定理事会和监事会的表决须执行一人一票原则外，对理事会、监事会、经理的职权和议事规则没有做具体的规定，而是由合作社根据自身实际便宜决定。为体现合作社的自治性，《农民专业合作社法》第17条允许农民专业合作社按照成员的出资额和交易额附加表决权。该法第37条赋予了合作社经过社员大会可以确定盈余分配办法。郭富春：《我国〈农民专业合作社法〉评析》，载于《法治论丛》2007年第2期。

也需要一定的权威"。① 有效的合作社治理结构，绝不是过分突出"第一行动集团"或者"第二行动集团"一方的作用，而是两个行动集团分工协作，互相配合。有效的合作社治理结构，既要发挥普通社员的民主管理作用，又要发挥核心社员的决策作用，还要提高普通社员对核心社员的信任度。② 如果过分突出核心社员的权力，那么，合作社极有可能落入内部人控制之中，核心社员就会利用权力吞噬普通社员的利益，合作社就会偏离服务社员的宗旨。如果过分突出社员大会的权力，那么，合作社就会陷入没完没了的讨价还价之中，无限放大合作社的交易成本，从而影响合作社的决策效率和经营绩效，损害核心社员的积极性。

### 二、普通社员民主控制与核心社员决策相结合是有效的治理结构

对于中国新型农业合作社而言，普通社员民主控制与核心社员决策相结合是有效的治理结构。

第一，通过"一人一票"制保证普通社员对合作社的民主控制权力。"社员民主控制是合作社法人治理结构的核心。社员民主控制之所以至关重要，是因为它是确保合作社不偏离为社员服务的宗旨所不可或缺的机制。"③ 一旦失去社员的民主控制，合作社就变成了股份公司。"唯有通过民主管理，让每个劳动者都亲自体会到自己是合作社的主人……实行或不实行民主管理，是检验合作社的试金石"，如果不实行民主管理，"不让劳动者行使对合作社的管理权，那么，这种合作社尽管有合作之名，而它实质上同私人合伙企业或'官办'企业并无区别"。④ 实践证明，"一人一票"制是保证社员对合作社民主控制的最好机制。正因为如此，国际合作原则始终把"一人一票"制作为合作社的一条根本原则予以

---

① 曹阳：《当代中国农村微观经济组织形式研究》，中国社会科学出版社2007年版，第23页。
② 普通社员的利益与核心社员的利益可能发生冲突，这种冲突如果长期得不到合理解决，可能会影响合作社的生存。合理解决冲突的办法在普通社员与核心社员之间建立信任关系，"成员必须信任合作社，他们必须能够认同它的目标和经营方法，从而每个成员都相信合作社作为一个集体不会让他们吃亏"。合作社的经营目标和方法，主要核心社员来确定，因此这里的信任首先是普通社员对核心社员的信任，这样，核心社员才能集中精力制定适合于本社的经营目标与方法。经过不断的实践，经营目标与方法就会慢慢地形成合作社的内部规则，"信任某个人意味着相信他的内部规则集，使他不会对弱者趁火打劫，对一个社会团体的信任关系同样如此。治理个人或一个社会团体的内部规则集是逐步形成的，并在以前的不断交易中体现出来"。合作社一旦形成了内部规则集，表明核心社员与普通社员之间形成一种共识，建立在共识基础之上的治理机制，自然是有效的。
③ 唐宗焜：《合作社真谛》，知识产权出版社2012年版，第18页。
④ 杨坚白主编：《合作经济学概论》，中国社会科学出版社1992年版，第76页。

坚持。① 国民政府颁布的《合作社法》对一人一票制予以了明确规定，"社员大会开会时，每一社员仅有一票表决权"，② 但在实际中，"社务操纵于极少数人之手，一切事情皆不可按法规而行"。③ 农业合作化运动中成立的合作社，强调民主管理但却没有明确规定"一人一票"制，如《高级农业生产合作社示范章程》规定："农业生产合作社实行民主管理。合作社的领导人员由社员选举，合作社的重大事务由社员讨论决定。合作社的领导人必须实行集体领导，密切联系群众，遇事和群众商量，团结全体社员办好合作社。"④ 由于没有具体的机制来保证民主管理，在实际中，合作社干部遇事不与群众商量，要么包办一切，要么专断独行，民主管理基本上是流于形式。⑤ 新型农业合作社吸取了历史教训，《农民专业合作社法》明确规定："农民专业合作社成员大会选举和表决，实行一人一票制，成员各享有一票的基本表决权"。在实际中，管理规范的专业合作社都很好地执行了"一人一票"制，社员对合作社的民主控制权力基本得到保证。少数没有与社员结成利益联接机制的专业合作社，普通社员认为手中的"一票"不能给自己带来什么，因而不重视这"一票"。在社区型股份合作社里，"一人一票"制成为社员参与合作社管理、维护自身权益的制度保证，每个社员都很重视手中的"一票"，"一人一票"制得到很好的贯彻。

第二，通过"一人多票"制保证核心社员的决策权力。合作社的民主管理需以一人一票为基础，但是民主管理"并不意味着社员对合作社的所有政策或所有行动进行投票，而是意味着社员有机会影响合作社的许多决策"。⑥ 普通社员可以通过"一人一票"制实现对合作社的民主控制，但不必直接经营管理合作社。

① 1966 年及之前国际合作社联盟制定的国际合作原则第二条均规定为"民主管理"，其含义是"合作社的社员在投票及参与合作社决策时享有平等的权利（一人一票）。其他层次的合作社应在民主的基础上以适当的方式管理"。1995 年修订的国际合作原则把"民主管理"改为"民主控制"，其含义为"基层合作社社员享有平等的选举权（一人一票），其他层次的合作社也应以民主的方式组成"。按照 1966 年的国际合作社原则，一人一票的权利体现在社员投票和参与决策之时。按照 1995 年的国际合作原则，一人一票体现在社员选举上，在合作社决策时并未强调要实行一人一票。这就是说，合作社的民主管理不是表现为合作社是否由成员直接经营管理，而是体现在合作社是否归社员民主控制。徐旭初：《中国农民专业合作经济组织的制度分析》，经济科学出版社 2005 年版，第 52～53 页。
② 中国第二历史档案馆：《中华民国史档案资料汇编》第 5 辑第 1 编，财政经济（七），江苏古籍出版社 1994 年版，第 312 页。
③ 吴宝华：《参观陕冀豫三省合作社后之感想》，载于《大公报：经济周刊》1936 年第 4 期。
④ 中国社会科学院法学研究所：《中华人民共和国经济法规选编》（上），中国财政经济出版社 1980 年版，第 88 页。
⑤ 叶杨兵：《中国农业合作化运动研究》，知识产权出版社 2006 年版，第 555 页。
⑥ 徐旭初：《中国农民专业合作经济组织的制度分析》，经济科学出版社 2005 年版，第 265 页。

国内外的实践都表明，一人一票制并不适合于所有合作社。康芒斯认为，一人一票的民主决策原则只适合于小合作社，因为小合作社社员之间彼此熟悉，利害相同。但是，在社员经常变动，有政治、宗教、种族、人格上的区别的地方，就会派别滋生，内部政治关系决定经理人选，而不管经理的能力怎样。① 杜吟棠指出，一人一票只适合于小规模的区域性合作社，不适合于跨区域的大规模合作社，大规模合作社实行"一人一票"制会放大合作社的协调成本，降低决策效率。② 张雪莲认为，一人一票只适合于从事技术服务、信息交流，无须面向市场竞争的合作社，不适合于面向市场竞争的合作社，因为合作社融入市场越深，不确定性就越大，这些不确定性包括：向社员提供农用资料时面临种类、质量、价格等方面的不确定性，收购社员农产品时面临数量、质量、价格等方面的不确定性，农产品加工时面临技术、物流等方面的不确定性，在销售加工品时面临价格、利润等方面的不确定性，不确定性越大，越需要理性决策。大多普通社员文化素质不高，社会资源缺乏，不具备决策能力，加之厌恶市场风险，他们自愿把决策权让渡给那些能力强、社会资源丰富的核心社员。合作社的健康发展，首先需要一个具有决策能力的能人群体。③ 在美国，随着新一代合作社经营规模的扩大和经营业务的日益复杂，社员已经难以承担起管理合作社的重任，不得不聘请职业经理人实行专业化管理。④ 中国新型农业合作社在不具备聘请职业经理人的条件下，充分发挥具有较强经营管理才能的核心社员在合作社决策中的作用，是一种适合中国国情的制度安排。核心社员在合作社的经营管理中如何发挥决策作用？只有赋予核心社员多票表决权，才能为核心社员发挥决策作用提供制度保证。《农民专业合作社法》一方面允许出资额多和与合作社交易量大的社员可享有附加表决权；另一方面又限制附加表决权的总票数，"不得超过本社成员基本表决权总票数的20%"。这样规定，既可发挥核心社员的作用，又可防止因票数过于集中而造成的"内部人"控制。美国的新一代合作社早已实行核心社员一人多

---

① 康芒斯：《制度经济学》下，商务印书馆1962年版，第587页。
② 杜吟棠主编：《合作社：农业中的现代企业制度》，江西人民出版社2002年版，第4页。
③ 张雪莲、冯开文：《农民专业合作社决策权分配的博弈分析》，载于《中国农村经济》2008年第8期。
④ 在发达国家，聘请职业经理人管理合作社已经成为一种趋势。20世纪80年代以后，日本农协在不违背合作社基本原则的前提下，积极引入企业经营机制，如实行常务理事会负责制，聘请职业经理人担任常务理事，具体负责农协的日常业务经营。社员从合作社经营管理中退出，专家负责合作社的经营管理。山本修、吉田忠、小池恒男：《协同组合的企业管理》，家光协会2000年，第25～35页。

票制。① 欧洲是罗虚代尔原则的发源地，一人一票的公平原则逐渐被强调发展和承认差别的原则取代，实行一人多票的合作社越来越多。②

合作社在坚持民主管理的前提下，民主管理的方式和手段可以因时而变，不必恪守成规。一人一票是保证社员民主管理权力的基础性制度安排，不能动摇，社员手中没有了投票权，就失去了管理合作社的机会。合作社坚持一人一票制，同时也可允许一人多票。这样既坚持了社员对合作社的民主控制，又调动了核心社员的管理特长。

### 三、合作社治理中的委托—代理问题与"搭便车"问题

合作社治理结构还涉及到两个问题。一是委托—代理问题，二是"搭便车"问题。

在农民专业合作社中，合作社的委托人和代理人可以相互调换，这样一来，合作社就存在双向委托—代理关系。③ 一方面，普通社员委托理事会成员经营管理合作社，这时，普通社员是委托人，理事会成员是代理人；另一方面，理事会代表合作社委托普通社员按合作社的统一标准进行生产经营，这时，理事会成员是委托人，社员是代理人。有效地解决委托—代理问题，必须设计适合合作社特征的激励机制。正因为存在双向委托—代理问题，合作社激励机制也是双向的，即既包括对管理者的激励也包括对社员的激励。激励包括显性激励和隐性激励。显性激励是委托人根据代理人的工作业绩，制定制度对代理人进行奖惩，以使其行为更加符合委托人的要求。隐性激励是委托人根据代理人的过去业绩，用是否签订对代理人有利的合同的方式，激励代理人作出有利于委托人的行为选择。④ 合作社的显性激励，就是合作社对管理者和社员给予一定数额的物质奖励；隐性激励就是合作社对社员和管理者给予精神激励。显性激励突出地表现为社员对合

---

① 美国新一代合作社社员之间在股金总额上的差别日益扩大。为了更好地体现民主原则，一些合作社联社便在表决权上实行加权制，即对社员人数特别多、股金总额特别大、贡献特别突出的成员社，在一人一票的基础上酌情增加一定的票数。1995 年的一项调查显示，美国有 21 个州规定合作社应该采取一人一票制，18 个州允许一人一票制或者按出资比例投票，还有 11 个州，允许两种投票制或者在特殊情况下可以选择按比例投票。尽管允许两种投票制度，但绝大多数的美国合作社实行一人一票制。转引自徐旭初：《中国农民专业合作经济组织的制度分析》，经济科学出版社 2005 年版，第 265 页。

② 张晓山：《合作社的基本原则与中国农村的实践》，载于《农村合作经济经营管理》1999 年第 6 期。

③ Eliers, C. and Hanf, C. H. Contracts Between Farmers and Farmers Processing Cooperatives: A principal agent Approach for the Potato Starch Industry. Galizzi, G. Venturini L. In Vertical Relationship and Coordination in the Food System Heidelberg, Physica, 1999: 267 - 284.

④ 张雪莲、冯开文、段振文：《农村合作社的激励机制探析：基于北京市 10 区县 77 个合作社的调查》，载于《经济纵横》2011 年第 2 期。

作社盈余的分享。如果合作社没有盈余，就难以对社员进行激励，缺乏激励的合作社，无法约束社员行为，使其行为符合委托人的要求。只有让社员分享更多的合作社盈余，才能对社员有足够的约束力。社员分享盈余的方式，既包括股金分红（有利于激励出资多的社员），又包括按交易额返利（有利于激励惠顾多的社员）。合作社的隐性激励方式可以多种多样。譬如，合作社每年评选若干模范社员，在社员大会上予以物质奖励和精神表彰，树立典型来激励更多的社员为合作社出力，这一点在新民主主义革命时期的合作社里做得很好。合作社的管理者分为两种，一是来自于社员中的管理者，二是聘请的专职管理者。对于前者的显性激励，除了薪酬与合作社经营绩效挂钩之外，其余与社员并无区别。对于后者，可以参照企业经理人的方式进行激励，如薪酬激励、股权激励。对管理者的隐性激励尤为重要，这是因为绝大多数创办合作社的管理者本身就具有较强的社会责任感，他们对政治荣誉、群众评价、社会地位比较看重。对合作社管理者的隐性激励可以多种多样，例如，地方媒体可以开辟专栏宣传报道优秀合作社领导人的事迹，建立乡贤馆（可利用乡村中小学和村部作为馆场地）展览优秀领导人的事迹和其领导的合作社的业绩。

按照阿尔钦和德姆塞茨的团队生产理论，合作社是一个由多人组成的团队，合作社的产出是团队共同努力的结果。团队生产通常面临难以精确界定成员边际贡献的难题，从而产生"搭便车"问题。如果"搭便车"得不到解决，懒人就会更懒，勤劳的人不会勤劳。克服"搭便车"，必须进行监督。有效的监督，涉及到两个问题，一是监督者设计什么样的机制对团队成员进行有效监督，二是设计什么样的机制激发监督者的积极性。解决第一个问题的关键是对团队成员的边际贡献做出比较准确的测度，然后设计机制对不同的贡献进行激励。解决第二个问题的关键是赋予监督者以剩余索取权，"如果各项投入的所有者同意监督者可以获得规定数额以上的任何剩余产品，监督者就获得了一种作为监督者不再偷懒的追加的激励"。[①]

## 第四节　产权结构：以股份合作实现劳动与资本的联合

### 一、股份合作使合作社实现了劳动与资本的联合

经济组织的产权结构主要有两类，一是一元化产权结构，即经济组织只有一

---

① 科斯等：《财产权利与制度变迁》，上海三联书店1991年版，第67页。

个投资主体；二是多元化产权结构，即经济组织有多个投资主体。合作社是由众多社员集资组成，其产权结构必定是多元化的。合作社以何种形式体现多元化的产权结构，有一个探索的过程。19 世纪，西方国家的劳资矛盾异常尖锐，资本剥削劳动的现象受到猛烈的抨击。德国农村合作社的创始人雷发巽反对合作社实行股份制，他认为，合作社是劳动的联合而非资本的联合，合作社不能以入股的形式向社员筹集资金，只能以收取会费的形式向社员筹集资金，如果允许向合作社入股，就会扼杀了社员的互助合作精神。德国城市手工业合作社的创始人舒尔茨则认为，合作社应允许成员入股，社员根据股份额承担有限责任，从而避免无限责任的风险。两派在 19 世纪后期展开了争论。在争论中，社会各界认为舒尔茨的观点更加符合实际，更有利于合作社发展。雷发巽最终接受了舒尔茨的观点，允许其所组织的信贷合作社吸收股份，但限制股份分红，把分红率限定在贷款利率以下。[①] 第二次世界大战以后，合作社因资金不足而面临倒闭的危机，在此情况下，合作社允许大资本以入股的形式加入合作社，西方国家的合作社逐步向股份合作社转型。美国的通常情况是，不需要较多资金的合作社，一般不实行股份制，通过收取会费而不是出售股份筹集资金。需要较多资金的合作社多采取股份制，合作社通过出售股份筹集资金，但对社员持股额、股金分红率、股份转让均有限制。实行股份制的新一代合作社，具有三个基本特征：社员既是合作社的投资者又是合作社服务对象；社员的持股额与农产品交售额相互挂钩，社员必须承购与其农产品交售额相对应的股金，社员一般要承购 5000～15000 美元的股金，缴纳股金多的社员必须向合作社交售更多的农产品，当然享受更多的剩余分配；不允许少数人控股，每个社员都拥有一票投票权，大股东可以获得更多的投票权但有限额，有的规定最多不超过 5 票或 10 票，有的限定为 3% 或 5%。[②]

中国的农业合作社从产生之日就是实行股份合作制。华洋义赈会建立的信用合作社吸收社员股金，国民党主导下的合作社也吸纳社员股金。土地革命战争时期，根据地合作社普遍采取股份合作的形式。据《红色中华》报道，1932 年 1 月 8 日，苏维埃临时中央政府工作人员集股设立消费合作社，参加者"有百多人，通过消费合作社章程，定五元为一股，限定十月缴足，即每月须缴大洋五毛，所赚红利，一部分作为基金，一部分按股分红，合作社股员都享有特别权

---

① 杜吟棠主编：《合作社：农业中的现代企业制度》，江西人民出版社 2002 年版，第 31 页。
② Jerker Nilsson, New Generation Farmer Cooperatives, ICA Review, Vol. 90, No. 1, pp. 32 – 38, 1997.

利，购买东西特别便宜"。① 苏区的合作社还采取了防止大股东控制合作社的措施。1932 年颁布的《合作社暂行组织条例》第三条规定："消费、生产、信用合作社之社员不仅兼股东，并且是该社的直接消费者。不合此原则不得称为合作社"。第五条规定："每个社员其入股的数目不得超过十股，每股金额不能超过五元，以防止少数人之操纵"。② 新中国成立以后的生产合作社、供销合作社、信用合作社都是吸纳社员股金基础上建立起来的，合作社的社员既是劳动者又是合作社的股东。初级社时期，农民以土地入股合作社，到高级社时期，土地由私有变成集体所有，农民的土地股份自动取消。人民公社运动时期，随着公有制程度的不断提高，农民入股高级社的农具、资金、树木等都变成集体所有。1958 年以后，供销合作社变成国营商店的基层机构，信用合作社变成国家银行的基层机构，农民向供销合作社和信用合作社缴纳的股金随之转变成为集体资产。股份合作制在人民公社时期遭到破坏。③ 改革开放时期，中国在家庭联产承包责任制的基础上建立新型农业合作社，各界普遍认为，合作社适宜采取股份合作的产权形式。"合作社实行股份制，有利于培养劳动群众的集体意识和合作意识""只有入了股，才能取得合作组织成员资格，成为合作社的主人；只有入了股，才能把自己的经济利益同合作组织经营的好坏密切地结合在一起，从而把合作组织看作是自己的经济组织；只有入了股，才能取得主人地位，行使对合作组织的管理权和监督权"。④ 社区型股份合作社是通过折股量化而组建。大多数农民专业合作社也是吸收社员股金而设立，《农民专业合作社法》还设立专门的篇章阐释合作社的分配原则，允许合作社股金参与合作社盈余的分配。

股份合作社与股份制企业是两种不同的经济组织。"股份制企业的股金是权力股，在决策过程中，根据股金多少分配权力大小，大股东控制企业决策权，合作社的股金是人格股。股份制企业的股份可以转让、继承或出卖，但不能退给企业，合作社有退股的自由，社员退股时，合作社必须把股金退还给社员"。⑤ 合作社的股份由全体社员分散持有，允许部分社员多持有股份，但不允许股份高度集中于几个人手中。这种分散的股权结构，使合作社实现了劳动与资本的联合。

① 《临时中央政府工作人员组织消费合作社》，载于《红色中华》第 5 期，1932 年 1 月 30 日第 4 版。
② 杜吟棠主编：《合作社：农业中的现代企业制度》，江西人民出版社 2002 年版，第 266 页。
③ 易棉阳：《社区型股份合作社与农民专业合作社的比较研究》，载于《华中农业大学学报》2018 年第 6 期。
④ 杨坚白主编：《合作经济学概论》，中国社会科学出版社 1992 年版，第 67 页。
⑤ 杨坚白主编：《合作经济学概论》，中国社会科学出版社 1992 年版，第 18 页。

农民专业合作社由社员和法人集股组成，社员既是劳动者又是股东，既获得劳动报酬又享受股份红利。社区型股份合作社的股权一般被设置为集体积累股、社员分配股、现金股三类。社员分配股是集体资产折股后分配给社员的股权，由社员本人持有。社员分配股由户籍股和贡献股构成，只要户籍在社区的农民都可获得数量相等的股份额，贡献股根据社员对社区的贡献大小确定，劳动贡献越大，分配的贡献股就越多。现金股是社员以现金方式从社区型股份合作社认购的股权。贡献股和现金股体现了劳动与资本的联合。

按阿尔钦和德姆塞茨的解释，剩余控制权和剩余索取权是产权问题的中心问题。如果两权被同一个主体所掌握，那么这个主体就拥有了完整的产权。如果某个主体只拥有一种权利，那么其拥有的产权就是残缺的，这种状况不利于提高组织绩效。在农民专业合作社里，核心社员拥有较多的剩余控制权和索取权，他们需要承担决策的全部财务后果，真正实现了劳动与资本的联合，因此，他们有动力去经营合作社。普通社员拥有的剩余控制权和索取权很有限，他们很少获得资本收益，没有很好地实现劳动与资本的联合，因而他们缺乏经营合作社的动力，不关心合作社的发展。增加普通社员的股权收益，有利于调动他们的积极性。在社区型股份合作社里，核心社员拥有对合作社剩余的较大控制权，但所拥有的剩余索取权却与普通社员无异，这就导致两种后果，一是滥用控制权，反正失败了也不必承担大责任，二是不思进取，反正成功了自己也得不到了多少。对核心社员采取股权激励，利于调动他们的积极性，但股权激励在防止核心社员滥用职权上似乎无能为力。

### 二、合作社的所有制

所有制是产权的核心问题。股份合作社实行何种所有制？杨坚白认为，合作社是劳动群众的组织，集体所有制是合作社的基本特征。合作社的"生产资料由劳动者个人共同所有，每个劳动者都是这个公有制中的一分子，每个人都是生产资料的所有者，但又非个人所私有；劳动成果也为联合起来的劳动者共同享有，按每个人的劳动数量和质量进行分配"，"合作经济就是集体所有制经济"。[①] 这种观点与实际不相符。合作社的公共积累属于集体所有，但社员向合作社缴纳的股金应该属于个人所有，如果把个人股金也划归集体所有，那就是重新回到了"归大堆"。新中国成立之初建立的互助组，以私有产权为基础，常年互助组有了

---

① 杨坚白主编：《合作经济学概论》，中国社会科学出版社 1992 年版，第 10 页、第 399 页。

少量的集体所有的公共积累，初级社的公共积累就比较多了，进入高级社和人民公社阶段以后，土地和主要生产资料归集体所有，产品由集体统一分配，农民所耕种的少量自留地上的产品归私人所有。实践证明，以私有制为基础的互助组和初级社的经济绩效相对较高，但只适合于低水平的农业生产力，以公有制为基础的高级社和人民公社经济绩效相对较低，但适合于规模化经营。所以，纯粹的私有制或公有制，都不是合作社的最佳所有制形式，公有制和私有制相结合是农业合作社的最佳所有制结构。改革开放时期发展起来的各种新型农业合作社，所有制结构都比较复杂。社区型股份合作社在坚持集体资产公有制的前提下，把集体资产折股量化给社区农民，由合作社统一经营，利润的一部分被提做集体积累，一部分按股份份额分给农民，既壮大了农村集体经济，又增加了农民的收入，还防止了集体资产的流失。供销社与农民联合建立的新型专业合作社，实行混合所有制，供销社所入的股份属于公有制，农民所入股份则为私有制，这种所有制结构既为供销社转型找到了新的发展方向，也带动了农业的产业化经营。农民专业合作社，有的由农民集股组成，有的由农业企业与农民合股组成，所有制结构比较复杂。新型农业合作社不宜实行私有制或集体所有制某种单一的所有制形式，适宜采取混合所有制形式。

### 三、合作社公共积累的产权界定

对于合作社公共积累的产权界定问题，争议颇大。不可否认，合作社的公共积累有利于扩大法人资产规模，从而增强合作社的经营实力和公共服务能力。但是，公共积累形成了一笔产权模糊的财产，按照瑞典经济学家 Jerker Nilsson 的观点，公共积累具有不可分割性，合作社的不可分割的集体资产越多，经理层操控的风险就越大，合作社与社员的距离越远，社员就越不关心合作社的发展。所以，部分西方学者认为，合作社不宜提取公共积累。美国新一代合作社一般不留公共积累，当合作社扩大规模需要更多的资金时，就要求社员按交易比例增加资金投入。大多数西方国家的合作社，都保留属于合作社公有的公积金，这笔公积金的产权比较模糊。中国不能学习美国，因为新一代合作社接近于股份制农产品加工企业，盈利能力较强，对于美国农场主而言，投资合作社就等同于投资于企业，因此，他们有投资的热情。中国的合作社处在初级阶段，有能力从事农产品加工增殖业务的还不多，农民的视野普遍狭隘，只求短期利益最大化，不求长远发展，不愿意提取公积金，这不利于合作社的发展。因此，提取公积金是增强合作社实力的重要保证。《农民专业合作社法》明确规定："农民专业合作社可以按照章程规定或者成员大会决议从当年盈余中提取公积金。公积金用于弥补亏损、扩大生产经营或者转为成员出资"。农民不愿意提取公积金的另一个原因是，担心公共积累归大堆，因此需要对公共积累进行产权明晰。可以采取如下方式明晰公共积累产权：合作社的公共积累部分加上成员账户中心记载的出资额，按比例分配给社员，并记入社员个人账户，但不得提取，当社员退社时，合作社退还记载在该成员账户内的出资额和公积金份额。社区型股份合作社大都设置集体积累股，由于集体积累股是由合作社理事会代表社区农民持股，依然缺乏明确的人格化产权主体，这仍然没有摆脱产权不清的窠臼。某些社区型股份合作社的理事会成员利用控制集体积累股的机会多拿多占，造成了较为尖锐的矛盾。在此背景下，一些地方采取了降低甚至取消集体股的措施。1992 年，深圳关外农村社区把集体股降到占 30% 左右，广州天河区则于 1994 年底取消了集体股，代之以收益分配时先满足集体提留再实施个人分红的办法。我们认为，集体积累股不能取消，因为没有集体积累股，社区型股份合作社就会成为一个空壳，社区型股份合作社服务社区的能力就会削弱，但应该采取措施明确集体积累股的产权归属。通过界定集体积累股的用途可以明晰集体积累股的产权。一般而言，由集体积累股所形成的公共积累主要有四种用途：一是添置合作社的公共设施，如用于生产的机器设备、用于储藏的冷库、用于运输的汽车，这些设施有利于增强合作社的再生产能力；二是用于福利事业，如给社员发放福利物质、修筑桥梁道路等；三是用于社员教育，如举办培训班、订购书刊、安排社员外出学习考察等；四是用于弥补合作社的亏损。第一种用途形成了有形的固定资产，完全可以折股量化到人；第二、三种用途难以折股量化也不必折股量化，只需公平、公正、公开；第四种用途更不需要折股量化。

## 第五节　经营目标：实现合作社和社员双重利润最大化

据有关学者考证，西方国家至少给合作社下过七种较定义，尽管每一种定义的内涵有所区别，但都把合作社视为一种企业组织。"合作社是社员联合所有、社员民主控制、社员经济参与并受益的特殊的企业组织"。[①] 其特殊性在于，一

---

① 徐旭初：《中国农民专业合作经济组织的制度分析》，经济科学出版社 2005 年版，第 45 页。

般企业只需实现企业利润最大化，而合作社企业则须同时实现社员利润和合作社企业利润最大化。

### 一、合作社利润最大化

19 世纪的合作社以服务社员作为唯一的取向，为了更好地服务社员，合作社坚持非营利性原则。[①] 随着合作社经营规模和社员对合作社诉求的不断扩大，合作社所坚守的非营利性原则难以保证合作社的生存和发展，从而难以满足社员对合作社的诉求。到 20 世纪，合作社在坚持服务社员取向的同时，不断强化合作社的营利功能，努力把合作社经营成为具有较强营利能力的市场主体。[②] 1945 年，Enke 提出，合作社也是一种企业，应该以利润最大化为经营目标。[③] 1953 年，Phillips 根据新古典企业理论，构建了合作社的产出与价格决定模型，认为合作社的最优产出决策标准是社员的边际成本和边际收益相等。[④] 在市场竞争中，合作社必然出现盈亏，不存在不盈不亏的合作社。"如果合作社不拥有必要的储备或者准备基金作为后备，当发生亏损时，就无法实现自负盈亏。所以，合作社不盈利不符合市场经济的发展规律"。合作社通过技术创新和管理创新，降低生产和经营成本，得到利润，是合作社健康发展的标志。"这种利润增高，正是经济效益良好的集中表现，而且也唯有取得高效益、高效率，才算是对合作社成员的优质服务"。[⑤] 按照斯蒂格利茨的说法，"长期不能赚得利润的企业将不复存在""如果企业要继续经营下去，那么它就会处在必须赚钱的压力之下"。[⑥] 合作社是企业，就必须赚钱，不赚钱就不能生存。正因为如此，荷兰政府对农业合作社的定义，直接指出合作社必须实现利润最大化，"长期从事经营活动的农民组织，共同核算，共同承担风险，同时保持农业活动的独立性以及使有关的经济活

---

① 德国合作社法规定合作社不以营利为目的，但激烈的市场竞争迫使合作社不得不向盈利企业转型，合作社由过去的人合组织向资合组织转型。在这种转型中，过去的一些原则得以突破，如为简化决策程序，社员代表大会取代了社员大会，这种做法削弱了社员对合作社的监督权；理事会由外聘专业人员组成，类似于企业的经理层，理事会逐渐演变成为自我负责的领导机构；合作社的非社员业务增加，社员逐渐演变成为一般顾客或者业务伙伴，对社员的服务能力削弱。杜吟棠主编：《合作社：农业中的现代企业制度》，江西人民出版社 2002 年版，第 212 页。

② 孔祥智等：《国外农业合作社研究：产生条件、运行规则及经验借鉴》，中国农业出版社 2012 年版，第 53 页。

③ Enke S. Consumer Cooperative and Economic Efficiency. American Economic Review, 1945, 35 (1): 148 - 155.

④ Phillips R. Economic Nature of the Cooperative Association. Journal of Farm Economics, 1953 (35): 74 - 87.

⑤ 杨坚白主编：《合作经济学概论》，中国社会科学出版社 1992 年版，第 84 页、第 85 页。

⑥ 斯蒂格利茨：《经济学》上，中国人民大学出版社 1997 年版，第 258 页。

动尽可能多地获得利润。"① 美国的新一代合作社放弃了服务社员取向，把加工增殖或投资——利润确立为新的经营取向。② 日本农协推行内外有别的经营方式，对内以非营利为经营目的，农协以代理的方式为社员购买生产资料、推销农副产品，农协只向社员收取手续费，手续费多少由社员大会确定。对待外人，则采取市场方式，以营利为目的。日本 70% 以上的基层农协对社员经营的业务是赔本的，需要动用经营保险和信用业务的盈余来补贴。③

合作化只有实现了利润最大化，才能为社员提供更好的服务，从而吸引农民加入合作社。塞克斯顿（Sexton）认为，合作社是一种为了完成纵向一体化目标而具有横向联合性质的俱乐部，农民是否加入合作社，取决于合作社能不能带来他想要的收益，如果不能从合作社获益，他们就不会加入合作社或者退出合作社，只有合作社能持续地给农民带来收益时，合作社才能稳定发展。④ Karantininis 和 Zago（2001）的研究也发现，自愿与开放的社员资格，必然造成合作社成员的异质性，随着农村经济发展水平的普遍提高，越来越多的农民成为以利润最大化为目标的经营者，农民加入合作社的目的就是获取比单独经营更大的利润。如果合作社不能带来更大的利润，社员就会把产品卖给 IOF 而不卖给合作社，甚至选择退出合作社。⑤ 正因为如此，合作社"处在向心力（集体经营优势）和离心力（独立经营优势）作用下的不稳定均衡状态中"。⑥ 如果合作社能实现社员的利润最大化，农民就会积极加入合作社，成为合作社的股东，合作社的集体经营优势得到凸显，向心力增强，合作社也因之不断壮大。如果合作社不能给社员带来大于独立经营的利润，农民就会离开合作社，离心力导致合作社的解体。郭红东为首的浙江大学课题组对全国 50 家农民专业合作社 100 名社员的调查显示，0.7% 的社员在当地属于很低收入水平，10.2% 的社员属于较低收入水平，56.4% 的社员属于中等收入水平，28.4% 的社员属于较高收入水平，4.3% 的社员属于很高收入水平。社员主体属于中等收入水平以上，他们入社的目的不是为了脱贫而是为了致富，如果合作社不盈利，不能给社员带来收

---

① 　农业部考察团：《欧洲农民多种形式的联合与合作组织》，载于《中国农村经济》1999 年第 4 期。
② 　陈家涛：《合作经济的理论与实践模式：中国农村视角》，社会科学出版社 2013 年版，第 161 页。
③ 　陈家涛：《合作经济的理论与实践模式：中国农村视角》，社会科学出版社 2013 年版，第 170 页。
④ 　Sexton, R. J. , Cooperatives and Forces Shaping Agricultural Marketing, American Journal of Agricultural Economics, 1986, 68（5）：1167 – 1172.
⑤ 　Karantininis K. , Zago A. Endogenous Membership in Mixed Duopsonies American Journal of Agricultural Economics, 2001, 83（5）：1266 – 1272.
⑥ 　苏志平等主编：《合作经济学》，中国商业出版社 2006 年版，第 42 页。

益，合作社就面临解散。[1]

## 二、社员利润最大化

斯密在《国富论》中指出："我们每天所需要的食料和饮料，不是出自屠夫、酿酒家或烙面师的恩惠，而是出于他们自利的打算。我们不说唤起他们利他心的话，而说唤起他们利己心的话"。[2] 屠夫、酿酒家、烙面师，或者是农民，或者是出身于农民的小商人，在斯密的眼中，农民的生产行为就是出于利益最大化的考虑，其行为符合"经济人"假设。文化差异导致各国农民行为习惯和思维方式的差异，但人性确是相通的，中国农民与英国农民一样，在面临选择时，会做出最有利于自身利益的选择，因此，中国农民也是具有自利心的"经济人"。[3] 这个假设可以得到历史的验证。农业合作化运动时期，农民面临入社与单干两种选择，缺乏生产工具的贫农积极入社，富裕中农却想单干，为什么会这样呢？原因就是，对于贫农而言，自身缺乏单独从事农业生产的能力，通过互助合作可以解决自身的生产困难，加入合作社的收益要大于单干的收益，收益最大化驱使贫农积极入社。富裕中农拥有比较完整的生产工具，具备独立生产的能力，他们担心，入社后，贫农会"揩他们的油"，他们认为单干收益大于入社收益，因此，富裕中农不热衷于加入合作社。人民公社时期，农民面临集体劳动和自留地私人劳动两种选择，对待集体劳动，农民能偷懒就偷懒，工作马马虎虎，得过且过，但在自留地上的劳动却是精益求精，尽心尽力。之所以如此，自留地上的劳动收益全归自己，做得越好，收益越大；集体劳动的收益归公家，做得越好，收益未必最大。[4] 可见，同一个农民在不同的场合出现的两种迥然不同的劳动态势，完

---

[1] 郭卫东、张若健：《中国农民专业合作社调查》，浙江大学出版社 2010 年版，第 324 页。

[2] 斯密：《国民财富的性质和原因的研究》上，商务印书馆 1979 年版，第 14 页。

[3] 舒尔茨把符合"经济人"假设的农民称之为"理性小农"。理性小农与资本主义农业企业家具有相同的理性，他们都会根据利润最大化原则来配置各种资源。传统农业之所以停滞不前，不是因为小农缺乏追求利润最大化的经济理性，而是投资的边际收入递减。改造传统农业，不是要改造小农的理性，而是要提高农业技术水平、人力资本的投资。苏联经济学家恰亚诺夫提出了一个"道义小农"概念，他认为农民的经济活动不是出于利润最大化的考虑，而是为了生存，或者为了家计生存，农民不会考虑利润。我们认为，少数农民的某些行为符合"道义小农"特性，比如，拥有仅够维持生计的土地的农民，其种植行为可能不会考虑利润最大化，因为为了活命，利润再小也得种植，但这并不意味着农民就不考虑成本收益率，事实上，道义小农由于处在生存边缘线上，他们更加精打细算，更加渴望以最小的成本得到最大的产出。

[4] 据杜润生回忆："农民对自留地和集体经营的土地，所持的态度不同，经济效益则大不一样。2 分自留地等于 1 亩集体地的收入，种粮食产量起码要高出 1 倍，甚至更多。我山西老家不少地方自留地能达到亩产 1000 斤。当地农民告诉我：用自留地的办法，保管不愁粮食吃。"《杜润生自述：中国农村体制变革重大决策纪实》，人民出版社 2005 年版，第 112 页。

全是受利益最大化的驱使。

改革开放时期，农民的行为不再受集体的管制，农民享有充分的劳动自由、完全的经营自主权，其行为选择，更加体现出"经济人"特性。农民之所以选择入社，其主要目的就是通过合作社实现利润最大化。新型农业合作社的社员都是独立的生产者，尽管他们加入了合作社，但他们作为一个独立生产者的地位没有改变。正因为如此，社员的独立经营有一个具体的利润率，或者利润额。由于社员所处的农产品市场是一个接近于完全竞争的市场，在这种市场格局中，存在无数个同类生产者，生产者所生产的产品具有很高的同质性，也就是说，市场上的替代品很多。每个生产者在市场中的地位极其低下，这突出表现在生产者在出售农产品时，毫无价格决定能力，只能被动地接受市场所形成的均衡价格，有时，甚至不得不以低于市场均衡价格的价格出售农产品。在某个年份，如果农业生产资料，如农药、化肥等工业品的物价上涨，农民的生产成本就上升，如果当年农产品丰收，农产品价格下降，农民的销售收入就会减少。在这一增一减之间，农民的净利润必然减少。

农民在市场中缺乏讨价还价能力，导致了小农户难以对接大市场的矛盾。如何化解这个矛盾？最好的办法是，组织起来，成立合作社。农民把农产品交售给合作社，实际上是把销售活动"内部化"到一个企业之中。这种"内部化"，使得农民具有了讨价还价的能力。这对社员肯定是有利的。如果合作社销售农产品的价格等于农民自己销售农产品的价格，那么，合作社就没有给社员带来额外的利润，如果合作社的销售价格反而低于农民自己销售的价格，农民的利润就会降低，只有当合作社的销售价格高于农民销售价格，农民就实现了利润最大化。如果合作社不能实现农民的利润最大化，农民就会选择退出合作社或者不加入合作社。在实践中，没有与社员结成利益联结机制的专业合作社或专业协会，很难稳定。其原因是，这样的专业合作社只给社员提供技术和信息服务，不能有效地提高产品价格或者降低生产成本，从而不能给社员带来高于独立经营的利润。与社员结成了利益联接机制的专业合作社，为社员提供"统一生产资料购买、统一技术标准、统一加工、统一仓储、统一运输、统一销售"等服务项目，这些服务项目，既降低了生产成本又提高产品价格，给社员带来了高于独立经营的超额利润，社员愿意加入合作社，合作社具有较强的稳定性。在经济发达地区和城郊地区的农村，大都通过折股量化建立起了社区型股份合作社，而在经济落后地区，很少建立起社区型股份合作社。为什么会出现这种现象呢？发达地区农村的集体资产能产生经营收益，对于农民而言，这笔经营收益就是一笔额外利润。如果不成立社区型股份合作社，农民就得不到这笔额外利润。在利润的驱使下，农民有足够的动力去建立合作社，也很关心合作社的经营状况。在经济落后地区，集体资产大都是不能带来收益的资产，不能给农民带来额外利润，农民没有动力去设立合作社。

### 三、对外（非社员）经营以利润最大化为目标、对内（社员）经营以不盈利为原则

有学者认为："合作社不存在独立于社员利益之外的合作社自身的利益，合作社利益和社员利益的一致性是合作社的根本"。[①] 诚然，合作社利益与社员利益是一致的，但合作社并非不存在自身的利益。合作社的服务对象既包括社员也包括非社员，对于非社员，合作社与其开展业务往来，必须以利润最大化为目标，这样一来，合作社就必然具有自身的利益函数。合作社是社员的合作社，与社员开展业务往来，须以服务为目的，以不盈利为原则。

合作社经营，对外以利润最大化为目标，对内以不盈利为原则，既体现了企业的经营方针又凸显了合作社的本质规定。合作社通过对外经营获取的利润来弥补对内经营造成的亏损，从而增强合作社发展能力和服务社员的能力。

## 第六节　分配方式：按惠顾额分配与按资分配相结合

分配问题是合作社的核心问题。股份制企业是资本控制型经济组织，而合作社是劳动与资本联合的经济组织。合作社分配，主要体现的是劳动者的利益而不是投资者的利益。与这种特性相适应，合作社实行按劳分配与按资分配相结合的分配方式。按劳分配通过按惠顾额返利来体现，因此，"按惠顾额分配盈余"是合作社分配制度的核心。社员对合作社公平地出资，并民主控制他们的资本，社员出资是取得社员资格的条件。合作社的资本报酬只是使用资本的成本而非投资回报。因此，合作社限制股份分红，对资本实行"有限报酬"。[②]

---

① 唐宗焜：《合作社真谛》，知识产权出版社2012年版，第15页。

② 美国新一代合作社在社员资格不开放和股份可以交易的条件下，巧妙设计了股本量与惠顾量相适应的产权机制，把惠顾额报酬与资本报酬统一起来，较好地解决了劳动报酬与资本报酬的分配矛盾。不过，美国新一代合作社允许股份上市交易，股份的可交易性使得合作社的股份价格随着市场行情和合作社的经营状况而波动，合作社经营得好，股价上升，社员的投资收益增加，这样一来，社员可以按股份比例从合作社获得应有的收益，合作社盈余分配对社员的重要性逐渐下降。陈家涛：《合作经济的理论与实践模式：中国农村视角》，社会科学出版社2013年版，第162页。

### 一、合作社的按劳分配：根据社员与合作社的惠顾额进行二次返利

按劳分配是社会主义的基本分配制度。农业合作化运动时期的合作社，采取按劳分配制度。《高级农业生产合作社示范章程》明确规定："农业生产合作社要正确地规定各种工作的定额和报酬标准，实行按件计酬"。[①] 人民公社时期，生产队同样坚持按劳分配制度。《农村人民公社工作条例修正草案》规定："生产队对于社员的劳动，应该按照劳动的质量和数量付给合理的报酬，避免社员和社员之间在计算劳动上的平均主义"。[②] 改革开放时期成立的新型农业合作社到底采取何种分配制度，曾引发争议。有人把股份合作社等同于股份制企业，认为股份合作社应该按照出资量的大小分配盈余，但多数学者不赞同这种意见。杨坚白指出，"合作社的劳动成果是全体成员共同创造的，除进行必要的扣除外，剩余产品必须按劳动的数量和质量进行分配。因此，按劳分配是合作社必须恪守的准则，也是合作经济的特性"。[③] 在农业合作化和集体化时期，合作社实行集体劳动方式，合作社可以根据社员劳动的数量和质量进行分配。改革开放时期的农民专业合作社，不再采取集体劳动方式，因此，合作社不能再按照社员劳动数量和质量分配盈余，按劳分配通过按惠顾额分配来体现。社员的劳动数量和质量决定社员对合作社的惠顾额（交货量），交货量越大，社员从合作社得到的二次返利就越多，交货量越少，二次返利就越少。社区型股份合作社赖以存在的集体资产是全体社区成员共同创造的，更应按劳动的数量和质量进行分配。[④] 《农民专业合作社法》对按惠顾额分配进行了法律规定，"可分配盈余主要按照成员与农民专业合作社的交易量（额）比例返还，且返还总额不得低于可分配盈余的60%"。改革的设计者刻意坚持社区型股份合作社的按劳分配原则，与集体化时期不同的是，体现按劳分配原则的方式不是工分制而是社员分配股的分红。社员从合作社所分配到的股权数由三部分构成，一是户籍股，二是劳龄股，三是贡献股。户籍在社区的每个成员所分配的户籍股数量是相同的，但每个社员所分配到的劳龄股和贡献股就不相同。在社区劳动时间长、对社区贡献大的社员得到的股份额就多，未成年人和刚嫁入社区的媳妇所分配到的股份就只有户籍股。在社区

---

① 黄道霞等：《建国以来农业合作化史料汇编》，中共党史出版社1992年版，第354页。
② 中共中央文献研究室：《建国以来重要文献选编》第15册，中央文献出版社1997年版，第631页。
③ 杨坚白主编：《合作经济学概论》，中国社会科学出版社1992年版，第11页。
④ 杨坚白：《合作经济学概论》，中国社会科学出版社1990年版，第6页。

劳动时间长、劳动贡献大的社员，因能另外得到劳龄股和贡献股，故而其分配股远远大于未成年人和刚嫁入社区的媳妇，在年终股金分红时，其所得自然就多。正因为股金分红的多少取决于社员过去劳动贡献的大小，因而它体现的是按劳分配原则。从广州天河区的分配实践情况看出，在社员的总收入中，按劳分配部分占85%以上。

### 二、合作社的按资分配

资金短缺是专业合作社普遍面临的一大难题，但社员的股金投入对合作社的发展至关重要，这就要求合作社的分配还须进行股金分红。在新民主主义革命时期，入股供销合作社和信用合作社的农民从合作社得到了股金分红。新中国成立以后设立的供销合作社和信用合作社，也按股份给社员分红。1958年之后，供销合作社和信用合作社一度成为国有商业机构和国有银行的基层组织，按股分红被取消。改革开放时期，新型农业合作社恢复股金分红。由于合作社的股份资本是社员为了取得资格而认缴的资本，资本不能成为合作社的主宰者。合作社的股金分红并非股份制企业的股金分红，而是给股份资本支付利息。"虽然合作社应该给股份资本支付利息，但这不是一个原则；而原则是，如果给股份资本支付利息，利率应该限制和固定，根据就是资本提供者没有资格分享合作社的储蓄、盈余或利润"。[①] 但实际情况与此大相径庭，有盈利的农民专业合作社，普遍实行股金分红，而且按股分红的比例远高于按惠顾额返还的比例，出资额较多的核心成员获得了较大的收益权，专业合作社更多的是体现资本收益。[②]。社区型股份合作社所设置的社员分配股的股金只是一个虚的股份额，并非社员所缴纳的股金，所以，社员分配股并不包含资金，自然，分配股的股金分红就不可能体现按资分配原则。在社区型股份合作社里，真正体现按资分配原则的是为数不多的个人现金股的分红。在合作社中，广大普通社员是惠顾者，核心社员是投资者。如果合作社的分配只顾及惠顾者的利益，投资者就不愿意向合作社投资，就会加大合作社的融资难度，制约合作社资产规模和质量的提高。由于合作社的有机构成难以提高，致使合作社只能从事劳动密集型的经济活动，无法经营资本密集型产业，从而制约合作社的发展；如果只顾及投资者的利益，合作社就偏离了合作社的本

---

① 唐宗焜：《合作社真谛》，知识产权出版社2012年版，第60页。
② 周春芳、包宗顺：《农民专业合作社产权结构实证研究：以江苏省为例》，载于《西北农林科技大学学报》2010年第6期。

质规定，而异化成为股份公司。因此，合作社实行按惠顾额分配与按资分配相结合的方式，既保障了作为惠顾者的社员的利益，又体现了作为投资者的社员的利益，实现了普通社员和核心社员利益的双赢。

## 第七节 社员角色：使用者、惠顾者、所有者、控制者适度分离

### 一、社员角色的高度统一是传统合作社的一种理想状态

股份制企业的股东，是企业的投资人，因而是企业的所有者；企业经营收益主要归股东，股东是企业的受益者。但是，股东不一定是企业的顾主（供货人）或者顾客（购货人），也不一定直接经营管理企业和使用企业设施为自己服务，因而股东不一定是企业的使用者、惠顾者和控制者。[①] 股份制企业是一种资本强权型组织，体现了投资者的利益；合作社是一种劳动控制型组织，体现了劳动者的利益。合作社遵循民办、民管、民用、民受益的原则。所谓民办，就是合作社是由农民办起来的，所有权归农民。民管就是合作社由社员民主管理，通过社员大会、理事会、监事会等机构保证社员对合作社的控制权。民用，就是农民使用合作社来统一购买生产资料、统一生产标准、统一加工、统一销售、统一核算，解决小农户对接大市场的矛盾。民受益，就是合作社的盈余按照社员与合作社的交易量进行分配，体现了社员作为合作社使用者的收益权。合作社要实现四权统一，必须使社员同时扮演四个角色，即社员同时是合作社的使用者、惠顾者、所有者和控制者。合作社的使用者（使用合作社的设施为自身服务，如利用合作社平台加工和销售产品）、惠顾者（与合作社发生交易行为，从合作社购买生产资料，把自己生产的农产品销售给合作社）、所有者（合作社的财产归全体社员所有）、控制者（全体社员民主控制合作社）四合一，即合作社的社员同时是合作社的使用者、惠顾者、所有者和控制者。但是，这种传统合作社是一种理想组织，在现实中少之又少。[②]

---

[①] 杜吟棠主编：《合作社：农业中的现代企业制度》，江西人民出版社 2002 年版，第 11 页。

[②] 丹麦学者 Henning Otte Hansen 认为，"合作社是一种使用者所有，使用者管理的企业，企业按照使用者上交产品的数量所占的比例向使用者分配利益。这个定义被广泛认为是合作社的三大基本原则：使用者所有、使用者控制以及按比例分红"。能同时遵循这三大原则的合作社在世界各国并不多见。Henning Otte Hansen 著，远铜译：《丹麦农业与食品产业合作社》，载于《世界农业》2015 年第 4 期。

### 二、股份制合作社允许社员角色适度分离

股份制合作社，融合了传统合作社和股份制企业的制度特征，社员角色在使用者、惠顾者、所有者、控制者之间出现了适度的分离。有的社员只是合作社的所有者和控制者，但不是使用者和惠顾者；有的社员是使用者和惠顾者，但不是控制者；有的社员是合作社的所有者、控制者，但不一定是使用者和惠顾者。[①]社员角色的适度分离是在历史中形成的，并非改革开放时期才出现的新事物，符合中国的实际。适度分离主要表现为三种形式。

第一，社员是合作社的使用者、惠顾者、所有者但不是控制者。在外力兴办的合作社中，兴办者是合作社的控制者，广大社员入股合作社、使用合作社设施、与合作社开展交易活动但却不控制合作社。新中国成立之初，在基层政府的组织下，农民入股组建基层供销合作社和农村信用合作社，在这两种合作社里，农民通过信用合作社借贷资金，利用供销合作社购买生产和生活资料，是合作社的使用者和惠顾者，但农民却很少参与信用合作社和供销合作社的经营管理，因而不是合作社的控制者。改革开放时期，部分由基层政府或龙头企业牵头设立的专业合作社，亦是如此。这种状况，容易导致合作社的"内部人"控制，一旦合作社被"内部人"控制了，合作社就会失去其合作本性，社员也不把合作社视为自己的经济组织。

第二，社员是合作社的使用者、惠顾者但不是所有者、控制者。一些生产规模较小且厌恶风险的农民，有使用合作社的生产和销售设施的强烈意愿，也愿意把产品交售给合作社，但却不愿意向合作社投资，也没有兴趣经营管理合作社，做合作社的控制者。这一类社员属于"跟随者"社员。在中国农民群体中，跟随者占农民群体的大多数，也就是说，大多数农民愿意做跟随者，不愿意做引领者，因此，他们甘愿不做所有者和控制者，但是又有使用合作社和惠顾合作社的强烈意愿。对于这类社员，合作社不能强迫他们做所有者和控制者，否则，就违反了合作社的自愿性原则。"跟随者"社员是真正需要合作社的力量，他们长期缺位所有者和控制者身份，不利于形成合作社发展的内生动力。

---

① 徐旭初：《中国农民专业合作经济组织的制度分析》，经济科学出版社 2005 年版，第 202～203 页。

第三，社员是合作社的所有者和控制者，但不一定是使用者和惠顾者。[①] 由基层政府、龙头企业、供销合作社、社会团体等外部力量牵头设立的合作社，外部力量是投资者社员，它们入社的目的不是使用合作社设施，一般也不会与合作社发生交易行为，因而它们不是使用者和惠顾者。但是，他们是合作社的重要投资人，没有他们的投资，合作社可能会出现资金困难，他们掌握了经营管理合作社的相关技能、拥有广泛的市场资源，没有他们经营管理合作社，合作社可能难以立足于市场竞争之中。作为合作社所有者和控制者的外部力量，对合作社的发展至关重要。因此，我们不但不能排斥外部力量而且要调动外部力量兴办合作社的积极性。

## 第八节　合作教育：以形成现代合作精神为旨归

### 一、现代合作需要合作教育

合作是人类的天性。法国启蒙思想家霍尔巴赫认为："人生来是不平等的，体现在人的体力、智力、嗜好、思想、关于幸福的观点、获得幸福所选择的方法等方面。而人的精神能力或理性能力，更不平等，体现在人的判断力、洞察力、坚持力以及经受折磨的能力和毅力"。人与人之间的这些不平等，"不仅无害于社会，而且有利于保障和维持社会的生存"，因为"正是人与人不相同这一点促使甚至迫使他们互相援助、互相帮助……力量或能力上的不平等能迫使人们联合起来谋求共同福利，并把自然赋予每个人的一切变成公共财富。体力弱智力强的人将领导体力强的人，并且会给后者提供机会使他们有效地运用自己的力量，谋求自己的幸福"。"总之，任何社会的第一个法则就是规定人人都要互相帮助，都要享受生活乐趣，都要互相受惠"。[②] 中国学者徐旭指出："社会的结构和发展，乃以人类的劳动生产为其契机，在人类劳动生产中，发挥出一种必须有的要素和精神，这就说广义的'合作'。人类有自然合作的精神。人类合作意识和思想的表

---

① 据张晋文对 17 省 30 个行政村 34 家合作社的调查，58.83% 的合作社由政府或龙头企业牵头创办，5.88% 的合作社由农机部门和供销社创办，35.29% 由农民（种植和养殖大户、营销大户、技术人员、普通农民）创办。这个调查数据表明，64.91% 的合作社的创办人只是合作社的所有者和控制者，不是合作社的使用者和惠顾者。张晋文：《合作社一体化：显见的绩效与艰难的实践——基于 17 省 30 个行政村的调查报告》，载于《现代经济探讨》2009 年第 12 期。

② 霍尔巴赫：《自然政治论》，商务印书馆 1994 年版，第 15～19 页。

示，自古以来，几无时不有"。① 正因为合作是人类的天性使然，当遇到自然灾害时，人们会自动地合作起来；当遇到单人力量不济时，人们会自动地合作起来。以合作的方式克服困难，不仅仅是人类的天性也是动物的天性。人类与动物的区别在于，"人类的合作行为是为了扩展个人理性"。② 而动物的合作行为显然不是为了扩展个体理性。西蒙把个人理性划分为直觉理性、有限理性、完全理性三个层次。直觉理性是人类根据所积累的经验对面临的情景做出的一种判断，这种判断是一种弱理性。完全理性是人们能根据所获得的各种信息，设计出各种备选方案，并能预测到各种方案的结果，从中挑选最优方案。完全理性只是一种假设，在现实中不可能做到。有限理性介于两者之间，它是人们在"主观上追求理性，但客观上只能有限地做到这一点"。③ 人们努力地去搜寻信息，努力地做出最优的决策，实现效用和利润的最大化。农民受制于自身的知识、经验、识见，最初是出于直觉理性开展合作，在这种背景下，合作的内涵可能局限于解决短期的生产生活困难，对未来的合作并没有一个详细的规划，也没有制定一套行之有效的规则。随着合作的深入，农民意识到，长远的合作，需要建立规范的合作社，需要建立行为约束机制，需要设计保证每个成员遵守规则的程序，需要明确一套能降低交易费用的道德和伦理行为规范。基于直觉理性的合作是自然合作，现代合作是与现代市场经济相生相伴，现代合作以有限理性为基础，其目的是实现价值的增加。价值增加是一个永无止境的过程，这就决定现代合作也是永无止境的。现代合作的推进，需要人们具有现代合作精神。这种现代合作精神是对自然合作精神的升华，它具体表现为内容丰富的现代合作企业经营思想。农民的知识水平、社会阅历通常跟不上现代企业经营的要求，这就需要对社员进行合作教育，以养成其现代合作精神。

**二、合作教育的对象、内容与方式**

合作教育，需以形成现代合作精神为旨归。现代合作精神的形成，需要三管齐下。

第一，合作教育的对象。不能局限于社员和合作社管理人员，应扩大到社会

---

① 徐旭：《合作与社会》，上海中华书局1950年版，第44页。
② Arrow，K. J.，The Limits of Organization，New York：North，1974. 转引自曹阳：《当代中国农村微观经济组织形式研究》，中国社会科学出版社2007年版，第53页。
③ 西蒙：《现代决策理论的基石》，北京经济学院出版社1989年版，第4页。

公众。基于直觉理性的自然合作，目的是解决短期的生产生活困难，合作的范围局限于有困难的少数社员之间，没有生产生活困难的农民一般不会参与合作。基于有限理性的现代合作，目的是实现价值的增加，合作的范围不再局限于社员之间，扩大到一切有利于合作社增殖的非社员。只有使非社员接受合作社的理念、规则，合作社与非社员之间才可能开展有效的合作，因此，现代合作精神的培训对象，应扩大到社会公众。1966 年的国际合作原则提出，合作社要为社员、管理人员和雇员及社会公众提供合作社原则和合作方法的教育。1995 年修订通过的国际合作原则再次规定，合作社不但要向社员和雇员提供教育和培训，而且要向公众特别是青年人和舆论带头人宣传合作观念。中国农业合作教育落后，教育对象主要是参加合作社的相关人员，在社会公众中没有开展深入的合作教育，正因为如此，广大农民群众、龙头企业、基层政府官员对现代合作精神知之甚少。这种状况，不利于吸引更多的人加入合作社。缺乏现代合作精神的人，即使是加入了合作社，也不懂得如何发展合作社，不利于合作社的健康发展。Fulton 从产权理论视角对加拿大合作社进行了分析，他发现，受农业工业化的影响，个人主义在农村中日益盛行，这种个人主义已经构成了合作社发展的严重威胁。[①] Draheim 的研究也表明，合作社具有社会团体和企业双重身份，作为一个团体，合作社的社员必须具有团队合作精神，只有这种精神才能把成员紧密地团结起来。办好一个合作社，首先是要培养社员的合作精神。[②] 个人主义和合作精神是一组相对的概念，如果社员的个人主义盛行，合作社必然缺乏合作精神，培育社员的合作精神，就必须克服个人主义。个人主义是阻碍中国农业合作发展的一个重要因素，因此，发展新型农业合作，须下大力气克服个人主义。[③]

第二，合作教育的内容。合作教育首先是合作精神的教育，合作精神主要体现在互助、自担责任、民主、公平、团结、诚信、社会责任等方面。互助，加入

---

[①] Fulton M. E. The Future of Canadian Agriculture Cooprative: a Property Rights Approach. American Journal of Agricultural Economics, 1995, 77 (12): 1144-1159.

[②] 科斯、阿尔钦、诺思等：《财产权利与制度变迁》，上海人民出版社1994年版，第199页。

[③] 四川圣康蛋鸡养殖专业合作社出现过这样的问题：一些社员受个体利益的驱使，故意把坏鸡蛋夹杂在好鸡蛋里，被销售商发现后，整批退货。合作社把包装工作由各户分散包装改为合作社统一包装，而且对不遵守质量规定的社员予以罚款，"但这只是减少了质量问题，还是不能根治问题。我（社长刘玉华）觉得根本还在于提高农民素质，改变很多农民只看到眼前利益的现状。但是这又不是仅靠我们合作社就能解决的，要靠教育呀！要问我现在最大的困难是什么，我觉得就是这个"。浙江省湖州市云鹤茶叶专业合作社社长沈云鹤说，"（办合作社）最大的问题是，社员的小农思想根深蒂固，只想捞好处，却不想付出，可天底下哪有好处让人白捡的呀。所以当初在对待社员的问题上，着实费了一番功夫"。郭卫东、张若健：《中国农民专业合作社调查》，浙江大学出版社2010年版，第171页、第219页。

合作社就是获得相互之间的帮助，通过互助壮大自身；自担责任，社员要独立承担合作社的一切责任，不能依赖他人；民主，既是社员的责任也是社员的权利；平等，合作社是人的联合，无论出资多寡，人人都有平等地参与、知情、决策的权利，同时平等地承担相应的义务；公平，合作社公平地对待社员，包括政治待遇和经济待遇；团结，社员不能以牺牲他人的利益来谋取私利；诚信，社员诚信交易、诚信生产，不能掺假使杂；社会责任，社员应自动承担诸如保护生态环境、帮助他人提高生活质量等社会责任。[①] 合作教育的具体内容还包括文化、政策、知识、技能、行为、价值的教育。[②] 文化，主要表现为基本的看（看得懂文本）、读（读得出文本）、写（写得出常用字）、作（能作最基本的日用文）；政策，使社员和社会公众了解国家的合作社政策，如《农民专业合作社法》、国家扶持合作社的财税支持政策；知识，包括合作社知识、合作社所处经济社会环境的知识；技能，包括提高社员农牧业生产力和经营水平的技能、开发和推广新品种必备的技能、家畜繁殖和防疫技能、提高农村和农民信息化水平的技能；行为，包括社员利用合作社购买生产资料和推销农产品的营销行为、利用合作社进行农产品加工的生产行为、利用合作社开展设施运营和租赁的经营行为、利用合作社平台互相调节余缺的互助行为；价值，使社员深刻理解合作社的价值和合作社给自身带来的价值。

第三，合作教育的方式。合作教育的方式需多样化，主要是：其一，通过出版书籍、编印报刊、制作视频开展合作教育，这种方式适合于所有人。其二，设立专门机构开展合作教育。韩国农协中央设立共同组合专门大学，承担对农协会员、职员和农村青年的教育。印度设立了合作社管理培训学院和合作银行管理培训学院两所培训合作社高级管理人员的机构。台湾地区在中兴、淡江、逢甲三所高校设立合作经济系。[③] 丹麦有两家农业教育培训组织——丹麦农业信息与教育研究所和丹麦农业咨询服务中心，这两家培训机构主要负责对农民进行教育和培

---

① 唐宗焜：《合作社真谛》，知识产权出版社2012年版，第22~24页。
② 安徽省庐江县绿宝蛋鸭专业合作社夏春杏说"我一直感觉社员始终不是从心里关心合作社的长远发展，都只图短期利益，因为他们没有从根本上了解农民专业合作，不放心把一切都寄托在合作社上，始终有防备，怕国家政策变了，怕合作社不灵光了。我觉得这些是大环境，靠我们合作社自己或其他任何合作社都是不可能的。我觉得国家应该花更大的力气宣传相关的政策，目标不仅仅是一部分农民，而是所有的农民，包括已经是合作社社员的农民，也包括非社员的农民，让所有的农民都知道合作社的服务宗旨和发展前途，让其他社会组织或个人也相信农民专业合作社的产品或服务"。郭卫东、张若健：《中国农民专业合作社调查》，浙江大学出版社2010年版，第232页。
③ 陈家涛：《合作经济的理论与实践模式：中国农村视角》，社会科学出版社2013年版，第176页。

训工作。中国对合作教育日益重视，计划经济时代，各省供销社都办有省供销学校、市供销学校，培养供销合作人才，20世纪90年代以后，随着供销社的日益衰微，供销学校或转型，或改制，或撤销。一些财经大学曾设立合作经济系，开办有合作经济专业，20世纪90年代以后，合作经济系被撤销，合作经济专业停办。合作经济人才培养出现危机。进入21世纪以后，随着新型农业合作经济的日益壮大，各界逐渐重视合作经济人才的培养。从2004年起，国家六部委联合开展"农村劳动力转移阳光工程培训"（简称"阳光工程"），合作培训的"阳光工程"的主要内容。① 青岛农业大学于2008年3月率先设立合作社学院，据称，这是中国第一个、目前也是唯一一个在高校设置的专门培养合作社高级人才的综合性二级学院。② 目前的状况，远远不能满足日益增多的高层次合作社人才的需求。因此，各级政府急需扶植一批高水平的合作人才培训机构，相关高校积极推进供给侧改革，农林大学和财经大学可以考虑恢复合作经济专业，为合作社培养高层次管理人才和合作经济研究人才，高职院校特别是由过去的供销学校转型而来的商务职业技术学院，可以设立合作社经营管理专业，为合作社培养管理、营销、技术人才。

## 第九节　合作社间的合作：建立三级合作社联社体制

### 一、建立三级合作组织体系来实现合作社间的合作

设立合作社的目的主要是解决四个问题。一是联合起来解决小农户对接大市场的问题；二是以团体力量争取政府资源；三是协调与各方的关系（协调成员之间的关系、协调合作企业之间的关系、协调与相关组织之间的关系）；四是接受并使用好政府赋予合作社的权利。单个的基层合作社通常存在"小""散""弱"的弊端，难以承担解决上述四大问题的重任。在保持各基层合作社独立性的前提

① 刘伯龙、唐亚林：《从善分到善合：农民专业合作社研究》，复旦大学出版社2013年版，第172页。
② 该学院目前已经发展成为农业部农民专业合作社人才培养实训基地，中国农产品流通经纪人协会青岛培训中心。该学院以"传承合作社思想、弘扬合作社文化、传播合作社知识、培养合作社人才、服务区域经济社会"为办学宗旨，以"经济为体、管理为用、互助为本、合作为源、三农为根、实践为要"的人才培养理念，以"早日建设成为我国重要的合作社教学培训基地、科学研究基地、政策咨询基地、实践指导基地和合作交流基地"为发展目标。该学院既是青岛农业大学合作社教育的办学单位，也是合作社科研与国际合作交流的实施部门。

下，设立基层合作社的联合社，既可通过联合形成规模经营的优势，克服上述弊端，还可防止各基层合作社之间的恶性竞争。各种形式的基层合作社走向联合，广泛建立区域性和全国性的合作社联社，已经成为世界合作运动的发展趋势。[1]1966 年国际合作原则提出，为了更好地服务社员和社区，每个合作社应积极地同其他合作社开展地方性、全国性和国际性合作。1995 年国际合作社联盟明确提出了"合作社间的合作原则"。[2]

中国农业合作自产生之时起，就一直在探索构建自中央到基层的合作社组织体系以实现合作社间的合作。民国时期，国民政府在信用合作领域建立中央合作金库—省合作金库—县合作金库三级信用合作组织体系。苏区时期，中国共产党建立从中央到基层的两级消费合作社组织体系。中华人民共和国成立后不久，政务院设立了中央合作事业管理局。1950 年 7 月，成立中华全国合作社联合社，各地方按行政区成立了各级合作社联合社，各级政府为合作社配备了干部。联合社本应该是各类合作社的领导机构，但在实践中，生产合作社归各级党委和政府领导（农村工作部的主要职责是推进农业合作运动），信用合作社归金融系统领导，这样一来，联合社只领导供销合作社。正因为如此，1954 年 7 月，中华全国合作社联合社改组成为中华全国供销合作总社。逐渐形成了从基层—县市—地市州—省市区—中央五级供销合作社组织体系。目前，尽管中华全国供销合作总社代表中国合作社系统参加国际合作社运动，但是，中华全国供销合作总社并未起到领导全国合作社的作用。迄今为止，中国尚未形成完整的合作社组织体系，合作社间的合作没有切实开展。

中国应建立三级合作组织体系来实现合作社间的合作。三级合作组织体系是：村级和乡级的基层合作社—县级和市级的合作社联合社—合作社全国联合会。这种合作组织体系是按照中国的农业合作实际设计，并非按政府组织体系设计。乡和村是两级行政组织，但在农业合作领域，村级合作社和乡级合作社的规模、管理方式、市场竞争力比较相似，因此，村级和乡级合作社都可归类为基层合作社。在经济发达的地区，村级和乡级基层合作社具备一定的经济实力，以此为基础，可以组建县级联合社；在经济欠发达且地广人稀的西部地区，基层合作社经济实力薄弱，一个县只有少数几家基层社，难以县为单位组建联合社，这样

---

[1] 阿·马·鲁缅彩夫主编：《科学共产主义辞典》，中国人民大学出版社 1984 年版，第 218 页。

[2] 即合作社通过地方的、区域的、全国的和国际合作社间的合作，为社员提供服务，并促进合作社的发展。

的地区，可以以市为单位组建市级联合社。县市联合社已经具备解决本节开篇所列的四大问题的能力，因此，没有必要设立省级合作社联合社。在中央设立合作社全国联合会，行使对全国合作社的管理职能。村级和乡级基层合作社包括农民专业合作社、社区型股份合作社、专业技术协会、资金互助社等各种合作经济组织。县级和市级合作社联合社由各基层合作社自愿入股组成，合作社全国联合会由县级和市级合作社联合社联合组成。合作社联合社既是基层合作社的管理机构又是经济实体，因此，需由基层合作社入股组成。合作社全国联合会只是管理机构并非经济实体，因此，联合社不需向合作社全国联合会入股但必须缴纳会费。

### 二、合作社联社和合作社全国联合会的职责界定

由村级和乡级基层合作社联合组成的县级和市级合作社联社的职责是：第一，在业务上协调各参加社之间的关系，开展供产销协作配合；第二，开展对外交往，为参加社提供信息和市场渠道；第三，代表政府监管参加社的经营管理行为，开展行业自律；第四，承担政府项目，并分配给相关合作社承担；第五，组织经验交流，促进合作社的全面发展；第六，检查、考核合作社执行国家政策的情况；第七，指导基层社开展教育培训。联合社类似于同业公会，应该发挥对基层社的同业监管作用，但它不是基层社的领导机关。联合社可以兴办企业实体，资金由各参加社入股，各参加社，按股金比例分得利润。[①] 但联合社与基层社之间不是母子公司关系，一旦变成母子公司关系，联合社就会与基层社争利，无法对基层社进行有效监管。

合作社全国联合会的职责是：第一，贯彻党中央、国务院的相关方针政策，研究制定合作经济发展战略，指导全国合作社的改革发展；第二，承担政府委托的各类项目；第三，推动和参与合作法规建设；第四，向政府部门反映农民社员诉求；第五，指导合作社的组织建设和制度建设，完善基层社管理制度，引导发展各类农民合作经济组织，增强合作社的服务功能，健全农业社会化服务体系；第六，指导合作社系统文化建设，开展合作教育培训；第七，监管合作社资产运营，依法履行出资人职责并享有相应权益；第八，指导、推动县级和市级合作社联合社的协同发展；第九，代表中国参与国际合作社联盟以及相关国际组织的事

---

① 杨坚白主编：《合作经济学概论》，中国社会科学出版社1992年版，第99页。

务，与国外相关机构等开展交流合作，接受捐赠、资助。

合作社联合社和合作社全国联合会设立成员代表大会、理事会和监事会，按照民主管理原则进行管理。为防止联合社被一个或若干个实力强大的合作社控制，联合社和合作社全国联合会实行一人一票制，所有成员均拥有一票投票权，对于出资额多的成员社，可以赋予更多的票数，但有上限限制。联合社和合作社全国联合会可以设立专业委员会，为基层社提供专门化服务。比如，设立由银行、保险公司、基层社组成的信贷和保险委员会，定期举办沟通会议，既有利于解决基层组织的资金难题，也有利于银行和保险公司寻找新的优质客户；设立由农资供应企业和基层社组成的农资供销委员会，这样可以降低交易双方的交易成本；设立由科协、农科院、农林高校和基层社组成的农业技术委员会，既可及时解决基层组织的技术难题，还有利于加快科研机构的科技转化；设立由科研院所、高校和基层社组成的技能培训委员会，为基层社提供文化培训、农业生产技能培训、合作社经营管理知识培训。

德国的合作社联合组织按专业领域组建，[①] 德国之所以采取这种联合社组建方式，是因为德国各专业领域合作社高度发达。目前，中国的基层合作社发展很不平衡，作为信用合作组织的资金互助社尚在襁褓之中，不少资金互助社依托农民专业合作社组建，因此，难以单独成立县级和市级信用合作联社。但随着各专业领域合作社的成长，德国模式可资借鉴。

## 第十节　嵌入社区：以合作促进社区发展

### 一、合作社必须嵌入社区

合作社植根于社区，社区发展状况对合作社发展有着重要影响。可以设想，如果某个社区的经济发展水平落后，社区居民精神萎靡不振，这样的社区，尽管急需合作社，但发展合作社的难度却很大。如果通过合作社的努力，激发了社区居民的合作自觉，居民通过合作社改善自身的经济条件和精神状态，这就是合作

---

① 基层农业合作社组成地区农业生产合作社联社，各地区联社组成全国农业生产合作总社；基层信用合作社联合组成地区信用合作联社，联社再组成全国合作银行；基层供销合作社组成地区供销合作联社，联社再组成全国供销合作总社。全国农业生产合作总社、全国合作银行、全国供销合作总社再联合组成全国合作社联盟。孔祥智等：《国外农业合作社研究：产生条件、运行规则及经验借鉴》，中国农业出版社2012年版，第27页。

社对社区的贡献。所以，合作社是具有一定社会功能的经济组织。1995 年国际合作社联盟通过的《关于合作社界定的声明》对合作社的定义中指出："合作社是自愿联合起来的人们通过联合所有与民主控制的企业来满足他们共同的经济、社会与文化的需求与抱负的自治联合体"。合作社除了要满足人们的经济需要外，还要满足人们的社会与文化需要。社会的需要，主要是社员的社会生活需要，如医疗保健、儿童照料、老年人关怀、生态环境，等等；文化的需要，主要是向社员提供优秀的传统文化和现代文化，通过开展文体活动，以满足社员在精神上的需要。[①] 满足社员的社会和文化的需要，合作社就必须嵌入社区、关心社员。可以想象，一个不嵌入社区、不关心社员的合作社，不可能了解社员的需求，当然不可能为社员提供高质量服务。正因为如此，1995 年国际合作社联盟提出了合作社"关心社区"的新原则。即合作社负有促进所在地区经济、文化和社会发展的职责。

### 二、中国新型农业合作社嵌入社区的方式

嵌入社区是中西方合作社共同遵循的原则，但是，中西方合作社嵌入社区的方式却不完全相同。中国农业合作社主要从政治、经济、社会、文化四个层面嵌入社区。

第一，政治嵌入。按照西方合作原则建立起来的欧美国家合作社，是一个与政治无涉的、类似于私人企业的经济组织，欧美国家的合作社制度建设与政治制度建设毫不相关。中国则不然，新民主主义革命时期和新中国成立初年设立的合作社，是在政府的推动下建立起来的，接受政府的管理，中国合作社的身上有着双重目标函数，一是自身利益最大化，二是贯彻政府政策意图。在中国农业合作道路的演进过程中，合作社制度建设与政治制度建设始终相互交融。新民主主义革命时期，合作社被赋予了明确的政治功能，合作社是"党可以藉以更有力地领导群众的一个战斗的组织"。[②] 苏区时期，"合作社的政治功能主要表现为查处和清除混入合作社的阶级异己分子和腐败分子，维护贫困农民在合作社中的地位，保证合作社的纯洁性"。[③] 社会主义革命与建设时期所设立的人民公社是政社合

---

① 唐宗焜：《合作社真谛》，知识产权出版社 2012 年版，第 21 页。

② 吴亮平：《目前苏维埃合作运动的状况和我们的任务》，载于《斗争》1934 年 4 月 21 日第 22 版。

③ 易棉阳：《以运动促进运动：中央苏区合作运动相关革命运动的关系研究》，载于《安徽师范大学学报》2018 年第 2 期。

一的组织，既是"我国社会主义政权在农村的基层组织"，又是"社会主义的互助、互利的集体经济组织"。改革开放时期设立的社区型股份合作社，与村委会是"两块牌子、一套班子"；专业合作社创办者如果是村支书或者村主任，专业合作社就直接融入到了基层政治之中，由乡村能人创办的专业合作社，在农村中具有举足轻重的作用，嵌入到乡村治理之中，对乡村政治产生了显著的影响。

第二，经济嵌入。合作社不仅仅是为了增强自身的经济实力，还要对社区经济发展作出贡献。农业集体化时期，合作社为国家工业化提供的资金总量占国民收入的比重达 40% 以上，为国家经济建设做出巨大贡献。改革开放时期建立的社区型股份合作社，盘活村级集体资产，发展乡村经济，有的甚至还带动了周边地区经济发展。专业合作社通过产（农产品生产）、加（农产品加工）、销（加工品销售）形成农业纵向一体化体系，提高了现代农业的发展水平。合作社利用公共积累投资基础设施建设、改善生态环境，提高了农业的可持续发展能力。

第三，社会嵌入。中国农业合作始终与社会改造相结合。通过互助合作，移风易俗，改造社会不良风气。新民主主义革命时期，互助社吸收二流子入社，把二流子改造成为勤劳群众；互助社把群众团结起来，集中众人力量战胜灾害，渡过难关，激发了农民的奋斗精神；互助社带领群众支援前线，拥军爱民，激发了农民的爱党爱国热情。新中国成立以后的农业合作运动嵌入到社会改造运动之中，通过合作运动，地主必须参加劳动，对其过去不劳而获的剥削行为进行改造。人民公社通过提取公益金，优待军属、烈属、残废军人，供养"五保户"，开展合作医疗，承担了社会责任。时至今日，人们仍然不忘人民公社在承担社会责任方面的作用。社区型股份合作社把收益分配与社会风气建设结合起来，起到了整肃社会风气的作用。专业合作社统一购买、统一生产、统一包装、统一销售，以统一的高标准要求农民，增强了农民的现代化生产经营意识，在农村社会逐渐形成合作意识、现代生产经营意识。

第四，文化嵌入。在新民主主义革命时期，农民文化水平普遍很低，很多农民不能识文断字。互助社在劳动之余和农闲季节，开展识字、读报、教唱新秧歌等文化活动，提高了农民的文化水平，增强了农民的合作意识。人民公社自筹资金，兴办民办教育，保证每个适龄儿童都能入学，基本扫除了少年文盲。专业合作社和社区型股份合作社每年都给社员开展文化培训，提高了农民的文化素养。

# 参 考 文 献

[1] 薄一波：《若干重大决策与事件的回顾》上，中共中央党校出版社 1991 年版。

[2] 薄一波：《若干重大决策与事件的回顾》下，中共中央党校出版社 1993 年版。

[3] 财政部税务总局：《中国革命根据地工商税收史长编：陕甘宁边区部分》，中国财政经济出版社 1989 年版。

[4]《陈云文选》第 2 卷，人民出版社 1995 年版。

[5]《当前农村经济政策的若干问题》，载于《人民日报》1983 年 1 月 2 日第 1 版。

[6]《邓小平文选》，人民出版社 1983 年版。

[7]《邓子恢文集》，人民出版社 2006 年版。

[8]《关于 1986 年农村工作的部署》，载于《人民日报》1984 年 1 月 1 日第 1 版。

[9] 甘肃省农业合作史编写办公室、甘肃省档案馆编：《甘肃省农业合作制重要文献汇编》第 1 辑，甘肃人民出版社 1988 年版。

[10] 甘肃省社会科学院历史研究室：《陕甘宁革命根据地史料选辑》第 1 辑，甘肃人民出版社 1981 年版。

[11] 贵州省农业合作化史料编委会编：《贵州农村合作经济史料》第 1 辑，贵州人民出版社 1987 年版。

[12] 国家农业委员会办公厅：《农业集体化重要文件汇编》第 2 卷，中共中央党校出版社 1982 年版。

[13] 国家统计局编：《中国统计年鉴（1984 年）》，中国统计出版社 1984 年版。

[14] 湖南省财政厅编：《湘赣革命根据地财政经济史料摘编》，湖南人民出

版社 1985 年版。

　　[15] 黄道霞等：《建国以来农业合作化史料汇编》，中共党史出版社 1992
年版。

　　[16] 李富春：《第二次省市计划会议总结报告》（记录），1955 年 2 月 8 日，
江苏省档案馆馆藏档案 3129－永久－27。

　　[17] 晋察冀边区财政经济史编写组、河北省档案馆、山西省档案馆：《抗战
时期晋察冀边区财政经济史资料选编》（总论编），南开大学出版社 1984 年版。

　　[18]《列宁选集》第 4 卷，人民出版社 1960 年版。

　　[19]《列宁全集》第 5 卷，人民出版社 1986 年版。

　　[20]《列宁全集》第 35 卷、第 36 卷，人民出版社 1985 年版。

　　[21]《刘少奇选集》下，人民出版社 1985 年版。

　　[22] 刘仁荣：《湘鄂赣革命根据地财政经济史料摘编》中，湖南人民出版
社 1989 年版。

　　[23] 刘欣、景占魁主编：《晋续边区财政经济史》，山西经济出版社 1993
年版。

　　[24] 柳随年：《中国社会主义经济简史》，黑龙江人民出版社 1985 年版。

　　[25]《马克思恩格斯全集》第 3 卷，人民出版社 1995 年版。

　　[26]《马克思恩格斯全集》第 4 卷，人民出版社 1995 年版。

　　[27]《资本论》第 1 卷（第 2 版跋），上海三联书店 2011 年版。

　　[28]《毛泽东选集》第 1 卷、第 4 卷，人民出版社 1991 年版。

　　[29]《毛泽东文集》第 6 卷，人民出版社 1999 年版。

　　[30] 毛泽东：《建国以来毛泽东文稿》第 8 册，中央文献出版社 1993 年版。

　　[31] 农业部产业政策与法规司：《农业法律法规规章汇编》，中国农业出版
社 2003 年版。

　　[32] 农业部经济政策研究中心：《中国农村：政策研究备忘录》，中国农业
出版社 1989 年版。

　　[33] 农业部乡镇企业局：《中国乡镇企业统计资料（1978－2002 年）》，中
国农业出版社 2003 年版。

　　[34]《欧文选集》第 1 卷，商务印书馆 1981 年版。

　　[35] 全国政协文史资料研究委员会编：《文史资料选辑》第 80 辑，文史资
料出版社 1982 年版。

［36］秦孝仪：《革命文献》第 84 辑，文海出版社 1980 年版。

［37］陕甘宁边区财政经济史编写组、陕西省档案馆：《抗日战争时期陕甘宁边区财政经济史料摘编》第 2 编、第 3 编、第 4 编、第 6 编、第 7 编、第 9 编，陕西人民出版社 1981 年版。

［38］陕西省农业合作史编写委员会：《陕西省农业合作重要文献资料选编》上，陕西人民出版社 1993 年版。

［39］陕西省档案馆、陕西省社会科学院：《陕甘宁边区政府文件选编》第 1 辑，档案出版社 1986 年版。

［40］陕西省档案馆、陕西省社会科学院：《陕甘宁边区政府文件选编》第 2 辑，档案出版社 1987 年版。

［41］陕西省档案馆：《陕甘宁边区政府大事记》，档案出版社 1990 年版。

［42］《斯大林选集》，人民出版社 1979 年版。

［43］《斯大林全集》第 6 卷、第 11 卷，人民出版社 1955 年版。

［44］《斯大林全集》第 12 卷，人民出版社 1960 年版。

［45］史敬棠等：《中国农业合作化运动史料》上，三联书店 1957 年版。

［46］史敬棠等：《中国农业合作化运动史料》下，三联书店 1959 年版。

［47］王崇文等：《湖北农业合作经济史料》，湖北人民出版社 1985 年版。

［48］魏宏运：《抗日战争时期晋察冀边区财政经济史资料选编》工商合作编，南开大学出版社 1984 年版。

［49］魏宏运：《抗日战争时期晋察冀边区财政经济史资料选编》农业编，南开大学出版社 1984 年版。

［50］星光、张扬主编：《抗日战争时期陕甘宁边区财政经济史稿》，西北大学出版社 1988 年版。

［51］徐建青等：《薛暮桥笔记选编（1945－1983 年)》第 1－4 册，社会科学文献出版社 2017 年版。

［52］许毅：《中央革命根据地财政经济史长编》上，人民出版社 1982 年版。

［53］延安地区供销合作社、延安市供销合作联合社：《南区合作社史料选》，陕西人民出版社 1992 年版。

［54］杨德寿：《中国供销合作社史料选编》第 2 辑，中国财政经济出版社 1990 年版。

［55］中国供销合作社史料丛书编辑室：《中国供销合作社史料选编》第 3

辑，中国财政经济出版社 1991 年版。

［56］章有义：《中国近代农业史资料》第 3 辑，生活·读书·新知三联书店 1957 年版。

［57］张闻天：《神府县兴县农村调查》，人民出版社 1986 年版。

［58］中国农村惯行调查汇编：《中国农村惯行调查》第 1 卷，东京岩波书店 1981 年版。

［59］中国社会科学院、中央档案馆：《中华人民共和国经济档案资料选编 (1949–1952)》农村经济体制卷，社会科学文献出版社 1992 年版。

［60］中共广东省委农村工作部、广东省档案馆编：《广东省农业生产合作制文件资料汇编》，广东人民出版社 1982 年版。

［61］中国科学院经济研究所农业经济组：《国民经济恢复时期农业生产合作资料汇编 (1949–1952)》下，科学出版社 1957 年版。

［62］中共中央农村工作部办公室资料组：《农业合作化第一年二十五省 (区、市) 农业生产合作社典型调查》，农业出版社 1959 年版。

［63］中共中央文献研究室：《邓小平年谱》下，中央文献出版社 2004 年版。

［64］中共中央文献研究室：《建国以来重要文献选编》第 2 册，中央文献出版社 1992 年版。

［65］中共中央文献研究室：《建国以来重要文献选编》第 7 册，中央文献出版社 1993 年版。

［66］中共中央文献研究室：《建国以来重要文献选编》第 8 册，中央文献出版社 1994 年版。

［67］中共中央文献研究室：《建国以来重要文献选编》第 11 册，中央文献出版社 1995 年版。

［68］中共中央文献研究室：《建国以来重要文献选编》第 13 册，中央文献出版社 1996 年版。

［69］中共中央文献研究室：《建国以来重要文献选编》第 15 册，中央文献出版社 1997 年版。

［70］中共中央文献研究室：《改革开放三十年重要文献选编》上、下，中央文献出版社 2008 年版。

［71］中共中央文献研究室：《林伯渠文集》，华艺出版社 1999 年版。

［72］中共中央文献研究室：《建国以来毛泽东文稿》第 6 册，中央文献出

版社 1992 年版。

[73] 中共中央文献研究室：《十七大以来重要文献选编》中，中央文献出版社 2011 年版。

[74] 中共中央文献研究室、国务院发展研究中心：《新时期农业和农村工作重要文献选编》上，中央文献出版社 1992 年版。

[75] 中共中央文献研究室、中华全国供销合作总社编：《刘少奇论合作社经济》，中国财政经济出版社 1987 年版。

[76] 中共中央文献研究室：《朱德年谱》，人民出版社 1986 年版。

[77]《中共中央　国务院关于推进社会主义新农村建设的若干意见》，载于《人民日报》2006 年 2 月 21 日第 1 版。

[78]《中共中央　国务院关于 2009 年促进农业稳定发展农民持续增收的若干意见》，载于《人民日报》2009 年 2 月 2 日第 1 版。

[79]《中共中央 国务院关于加大统筹城乡发展力度进一步夯实农业农村发展基础的若干意见》，载于《人民日报》2010 年 1 月 31 日第 1 版。

[80]《中共中央 国务院关于加快发展现代农业，进一步增强农村发展活力的若干意见》，载于《人民日报》2013 年 2 月 5 日第 1 版。

[81]《中共中央 国务院关于全面深化农村改革加快推进农业现代化的若干意见》，载于《人民日报》2014 年 1 月 20 日第 1 版。

[82]《中共中央关于粮食问题的指示》，1953 年 4 月 11 日，江苏省档案馆馆藏资料 3022 - 永久 - 10。

[83]《关于加大改革创新力度加快农业现代化建设的若干意见》，载于《人民日报》2015 年 2 月 1 日第 1 版。

[84]《中国的土地改革》编辑部、中国社会科学院经济研究所现代经济史组编：《中国土地改革史料选编》，国防大学出版社 1988 年版。

[85] 中国第二历史档案馆：《中华民国史档案资料汇编》第 5 辑第 1 编，财政经济（七）江苏古籍出版社 1994 年版。

[86] 中国供销合作社史料丛书编辑室：《中国供销合作社史料选编》上，中国财政经济出版社 1986 年版。

[87] 中国社会科学院法学研究所：《中华人民共和国经济法规选编》（上），中国财政经济出版社 1980 年版。

[88]《中华人民共和国农民专业合作社法》，载于《人民日报》2018 年 1

月 30 日第 13 版。

[89] 中华人民共和国农业部:《新中国农业 60 年统计资料》,中国农业出版社 2009 年版。

[90] 中央档案馆:《中共中央文件选集》第 18 册,中共中央党校出版社 1992 年版。

[91] 中央党校党史教研组:《中共党史参考资料》第 8 册,人民出版社 1980 年版。

[92] 中央文献研究室:《建国以来刘少奇文稿》第 6 册,中央文献出版社 2008 年版。

[93]《周恩来统一战线文选》,人民出版社 1984 年版。

[94] 阿·马·鲁缅彩夫主编:《科学共产主义辞典》,中国人民大学出版社 1984 年版。

[95] 安作璋:《山东通史》现代卷,山东人民出版社 1994 年版。

[96] 蔡勤禹:《民间组织与灾荒救治:民国华洋义赈会研究》,商务印书馆 2005 年版。

[97] 曹阳:《当代中国农村微观经济组织形式研究》,中国社会科学出版社 2007 年版。

[98] 陈大斌:《从合作化到公社化:中国农村的集体化时代》,新华出版社 2011 年版。

[99] 陈家涛:《合作经济的理论与实践模式:中国农村视角》,社会科学出版社 2013 年版。

[100] 陈廷煊:《抗日根据地经济史》,社会科学文献出版社 2007 年版。

[101] 陈锡文、赵阳、罗丹:《中国农村改革 30 年回顾与展望》,人民出版社 2008 年版。

[102] 陈岩松:《中华合作事业发展史》上,商务印书馆 1983 年版。

[103] 陈仲明:《合作经济学》,中国合作经济研究社 1947 年版。

[104] 于素云:《中国近代经济史》,辽宁人民出版社 1983 年版。

[105] 丁泽民:《新中国农田水利史略（1949 – 1998）》,中国水利水电出版社 1999 年版。

[106] 董边等:《毛泽东和他的秘书田家英》,增订本,中央文献出版社 1996 年版。

[107] 杜润生:《当代中国的农业合作制》下,当代中国出版社 2002 年版。

[108] 杜润生:《杜润生自述:中国农村体制变革重大决策纪实》,人民出版社 2005 年版。

[109] 杜吟棠:《合作社:农业中的现代企业制度》,江西人民出版社 2002 年版。

[110] 杜赞奇:《文化、权力与国家:1900—1942 年的华北农村》,江苏人民出版社 1995 年版。

[111] 恩格斯:《反杜林论》,《马克思恩格斯文集》(第 9 卷),人民出版社 2009 年版。

[112] 樊亢、宋则行:《外国经济史》近代与现代卷,第 1 册,人民出版社 1980 年版。

[113] 冯开文等:《农民合作社的农业一体化研究》,中国农业出版社 2013 年版。

[114] 高王凌:《中国农民反行为调查》,中共党史出版社 2006 年版。

[115] 顾长声:《传教士与近代中国》,上海人民出版社 1981 年版。

[116] [英] 根舍·斯坦因:《红色中国的挑战》,李凤鸣译,新华出版社 1987 年版。

[117] [美] 弗里曼、毕克伟、赛尔登:《中国乡村,社会主义国家》,陶鹤山译,社会科学文献出版社 2002 年版。

[118] 傅晨:《中国农村合作经济:组织形式与制度变迁》,中国经济出版社 2006 年版。

[119] 高哲、高松、冯石岗:《南街之路:社会主义的实践与探索》,中共中央党校出版社 1998 年版。

[120] 郭红东、张若健:《中国农民专业合作社调查》,浙江大学出版社 2010 年版。

[121] 韩俊:《中国农民专业合作社调查》,上海远东出版社 2007 年版。

[122] 黑龙江农业合作史编委会:《黑龙江农业合作史》,中共党史资料出版社 1990 年版。

[123] 黄英伟:《工分制下的农户劳动》,中国农业出版社 2011 年版。

[124] [美] 黄宗智:《长江三角洲小农家庭与乡村发展》,牛津大学出版社香港有限公司 1994 年版。

［125］黄祖辉、赵兴泉、赵铁桥主编：《中国农民合作经济组织发展：理论、实践与政策》，浙江大学出版社 2009 年版。

［126］霍尔巴赫：《自然政治论》，商务印书馆 1994 年版。

［127］贾艳敏：《大跃进时期乡村政治的典型：河南嵖岈山卫星人民公社研究》，知识产权出版社 2006 年版。

［128］江西省档案馆、中共江西省委党校党史教研室：《中央革命根据地史料选编》下，江西人民出版社 1982 年版。

［129］蒋玉珉：《合作经济思想史论》，安徽人民出版社 2008 年版。

［130］金冲及等：《陈云传》，中央文献出版社 2005 年版。

［131］金挥、陆南泉主编：《战后苏联经济》，时事出版社 1985 年版。

［132］近藤康男：《协同组合的理论》，日本御茶水书房 1982 年版。

［133］康金莉：《民国时期中国农业合作金融研究（1923－1949)》，科学出版社 2013 年版。

［134］康芒斯：《制度经济学》下，商务印书馆 1962 年版。

［135］科斯等：《财产权利与制度变迁》，上海三联书店 1991 年版。

［136］科兹里、杨楚克编，中国人民大学苏联东欧研究所编译室译：《苏维埃集体农庄法》，农业出版社 1982 年版。

［137］孔祥智等：《国外农业合作社研究：产生条件、运行规则及经验借鉴》，中国农业出版社 2012 年版。

［138］赖建诚：《近代中国的合作经济运动（1912－1949)》，台湾学生书局 2011 年版。

［139］李怀印：《乡村中国纪事：集体化和改革的微观历程》，法律出版社 2010 年版。

［140］李锦：《大转折的瞬间——目击中国农村改革》，湖南人民出版社 2000 年版。

［141］李锐：《"大跃进"亲历记》，上海远东出版社 1996 年版。

［142］李占才：《中国新民主主义经济史》，安徽教育出版社 1990 年版。

［143］李姿姿：《中国农民专业合作组织研究：基于国家与社会关系的视角》，中央编译出版社 2011 年版。

［144］李宗黄：《新县制之理论与实际》，中华书局 1943 年版。

［145］联共（布）中央特设委员会：《苏联共产党（布）历史简明教程》，

人民出版社 1955 年版。

[146] 梁巧：《中国农民合作社的设立、治理与效率》，浙江大学出版社 2014 年版。

[147]《梁漱溟全集》第 2 卷，山东人民出版社 1990 年版。

[148]《梁漱溟全集》第 5 卷，山东人民出版社 1992 年版。

[149] 梁漱溟：《乡村建设理论》，上海人民出版社 2011 年版。

[150] 梁思达：《中国合作事业考察报告》，南开大学经济研究所 1936 年版。

[151] 林毅夫：《制度、技术与中国农业发展》，上海三联书店、上海人民出版社 1994 年版。

[152] 林毅夫：《经济发展与转型：思潮、战略与自生能力》，北京大学出版社 2008 年版。

[153] 林毅夫：《中国经济专题》，北京大学出版社 2012 年版。

[154] 林蕴晖、顾训中：《人民公社狂想曲》，河南人民出版社 1996 年版。

[155] 林英海：《毛泽东在河南》，河南人民出版社 1993 年版。

[156] 凌志军：《历史不再徘徊：人民公社在中国的兴起与失败》，人民出版社 1997 年版。

[157] 刘伯龙、唐亚林：《从善分到善合：农民专业合作社研究》，复旦大学出版社 2013 年版。

[158] 刘凤芹：《农地制度与农业经济组织》，中国社会科学出版社 2005 年版。

[159] 刘国光主编：《中国十个五年计划研究报告》，人民出版社 2006 年版。

[160] 楼培敏主编：《中国城市化：农民、土地与城市发展》，中国经济出版社 2004 年版。

[161] 卢汉川：《当代中国的信用合作》，当代中国出版社 2001 年版。

[162] 路建祥：《新中国信用合作发展简史》，农业出版社 1981 年版。

[163] 罗必良：《经济组织的制度逻辑》，山西经济出版社 2000 年版。

[164] 罗平汉：《农业合作化运动史》，福建人民出版社 2004 年版。

[165] 罗平汉：《农村人民公社史》，福建人民出版社 2006 年版。

[166] 吕卉：《苏联农业合作化运动研究》，吉林大学博士学位论文，2010 年。

[167] 马国川：《共和国部长访谈录》，三联书店 2009 年版。

［168］马杰三：《当代中国的乡镇企业》，当代中国出版社 1991 年版。

［169］马克·赛尔登：《革命中的中国：延安道路》，魏晓明、冯崇义译，社会科学文献出版社 2002 年版。

［170］马泉山：《新中国工业经济史（1966－1978）》，经济管理出版社 1998 年版。

［171］马社香：《中国农业合作化运动口述史》，中央文献出版社 2012 年版。

［172］民政部财务和机关事务司：《中国民政统计年鉴：2003 年》，中国统计出版社 2003 年版。

［173］莫曰达：《我国农业合作化的发展》，统计出版社 1957 年版。

［174］逄先知、金冲及主编：《毛泽东传（1949－1976）》上，中央文献出版社 2003 年版。

［175］诺思：《经济史中的结构与变革》，商务印书馆 2002 年版。

［176］诺思、托马斯：《西方世界的兴起》，华夏出版社 2004 年版。

［177］《彭德怀传》编写组：《彭德怀传》，当代中国出版社 1993 年版。

［178］彭干梓、吴金明：《中华人民共和国农业发展史》，湖南人民出版社 1998 年版。

［179］荣梦源：《中国国民党历次全国代表大会及中央全会资料》下，光明日报出版社 1985 年版。

［180］萨缪尔森：《经济学》上，商务印书馆 1979 年版。

［181］山本修、吉田忠、小池恒男：《协同组合的企业管理》，家光协会 2000 年版。

［182］山西省史志研究院：《山西农业合作化》，山西人民出版社 2001 年版。

［183］邵科：《农民专业合作社成员参与：内涵、特征与作用机理》，浙江大学出版社 2014 年版。

［184］山东省地方志编纂委员会：《山东省志：民政志》，山东人民出版社 1992 年版。

［185］寿勉成：《中国合作经济政策研究》，中国合作图书用品生产合作社印行 1943 年版。

［186］斯蒂格利茨：《经济学》上，中国人民大学出版社 1997 年版。

［187］斯密：《国民财富的性质和原因的研究》上，商务印书馆 1979 年版。

［188］苏联社会科学院经济研究所：《苏联社会主义经济史》第 5 卷，三联

书店 1984 年版。

[189] 苏志平等:《合作经济学》,中国商业出版社 2016 年版。

[190] 唐海主编:《新时期农村信用社改革工作指南》,中国财政经济出版社 2004 年版。

[191] 唐宗焜:《合作社真谛》,知识产权出版社 2012 年版。

[192] 佟英明:《第二次国内革命战争时期土地革命文献选编》,中共中央党校出版社 1987 年版。

[193] 汪澄清:《金融创新论》,经济科学出版社 2003 年版。

[194] 王光美、刘源等:《你所不知道的刘少奇》,河南人民出版社 2000 年版。

[195] 王贵宸:《中国农村合作经济史》,山西经济出版社 2006 年版。

[196] 王守臣等:《农村合作经济学概论》,吉林音像出版社 2002 年版。

[197] 王志芳:《抗战时期晋绥边区农村经济研究》,山东大学博士学位论文,2012 年。

[198] 魏道南、张晓山主编:《中国农村新型合作组织》,经济管理出版社 1998 年版。

[199] 温铁军:《中国农村基本经济制度研究》,中国经济出版社 2000 年版。

[200] 温·丘吉尔:《第二次世界大战回忆录》第 4 卷下部,第 3 分册,商务印书馆 1975 年版。

[201] 武内哲夫、大田原高昭:《明日农协》,日本农山渔村文化协会 1986 年版。

[202] 武力、郑有贵:《中国共产党“三农思想政策史”(1921 - 2013 年)》,中国时代经济出版社 2013 年版。

[203] 吴业苗:《演进与偏离:农民经济合作及其组织化研究》,南京师范大学出版社 2011 年版。

[204] 习近平:《决胜全面建成小康社会,夺取新时代中国特色社会主义伟大胜利》,人民出版社 2017 年版。

[205] 西蒙:《现代决策理论的基石》,北京经济学院出版社 1989 年版。

[206] 项继权:《集体经济背景下的乡村治理:南街、向高和方家泉村村治实证研究》,华中师范大学出版社 2002 年版。

[207] 徐旭:《合作与社会》,上海中华书局 1950 年版。

［208］辛逸：《农村人民公社分配制度研究》，中共党史出版社 2005 年版。

［209］熊彼特：《经济分析史》第 1 卷，商务印书馆 1991 年版。

［210］熊彼特：《经济分析史》第 3 卷，商务印书馆 1994 年版，第 87 页。

［211］谢拉·C. 道：《经济学方法论》，上海财经大学出版社 2005 年版。

［212］辛逸：《农村人民公社分配制度研究》，中共党史出版社 2005 年版。

［213］徐旭初：《中国农民专业合作经济组织的制度分析》，经济科学出版社 2005 年版。

［214］薛暮桥：《旧中国的农村经济》，农业出版社 1980 年版。

［215］雅科夫列夫·A. H. 主编：《新经济政策是怎样被断送的?》（一），人民出版社 2007 年版。

［216］严恒敬：《中国乡村合作社实际问题》，中国合作学社印行 1933 年版。

［217］严敬敏等：《苏联共产党和苏联政府经济问题决议汇编》（1929 - 1940 年）第 2 卷，中国人民大学出版社 1987 年版。

［218］《严中平集》，中国社会科学出版社 1996 年版。

［219］杨菲蓉：《梁漱溟合作理论与邹平合作运动》，重庆出版社 2001 年版。

［220］杨坚白：《合作经济学概论》，中国社会科学出版社 1990 年版。

［221］叶杨兵：《中国农业合作化运动研究》，知识产权出版社 2006 年版。

［222］易新涛：《人民公社时期农村基本公共服务研究》，武汉大学博士学位论文，2009 年。

［223］尹树生：《合作经济概论》，三民书局 1983 年版。

［224］虞和平：《中国现代化历程》第 2 卷，江苏人民出版社 2007 年版。

［225］俞家宝主编：《农村合作经济学》，北京农业大学出版社 1994 年版。

［226］于永：《20 世纪 30 年代中国农村金融救济之考察》，内蒙古人民出版社 2002 年版。

［227］张镜予：《中国农村信用合作运动》，商务印书馆 1930 年版。

［228］张乐天：《告别理想：人民公社制度研究》，东方出版社 1998 年版。

［229］张蔓茵：《中国近代合作化思想研究（1912—1949）》，上海世纪出版集团上海书店出版社 2010 年版。

［230］张千友：《新中国农业合作化思想研究》，西南财经大学出版社 2014 年版。

［231］张晓山等：《联结农户与市场——中国农民中介组织研究》，中国社

会科学出版社 2002 年版。

　　［232］张晓山、李周：《中国农村改革 30 年研究》，经济管理出版社 2008 年版。

　　［233］张晓山等：《合作经济理论与中国农民合作社的实践》，首都经济贸易大学出版社 2009 年版。

　　［234］章元善：《合作与经济建设》，商务印书馆 1938 年版。

　　［235］郑大华：《民国乡村建设运动》，社会科学文献出版社 2000 年版。

　　［236］中共福建省委党史研究室：《福建农业合作化》，中共党史出版社 1999 年版。

　　［237］中共河南省委党史研究室：《河南农村经济体制变革史》，中共党史出版社 2000 年版。

　　［238］中共中央党史研究室：《中国共产党历史第二卷（1949－1978）》上，中共党史出版社 2011 年版。

　　［239］中共中央党史研究室：《中国新时期农村的变革》中央卷（上），中共党史出版社 1998 年版。

　　［240］钟霞：《集体化与东邵疃村经济社会变迁》，合肥工业大学出版社 2007 年版。

　　［241］中央银行经济研究处编：《中国农业金融概要》，上海商务印书馆 1936 年版。

　　［242］周尚文：《新编苏联史（1917－1985）》，上海人民出版社 1990 年版。

　　［243］朱荣、郑重等：《当代中国的农业》，中国社会科学出版社 1992 年版。

　　［244］朱斯煌：《民国经济史》，商务印书馆 1948 年版。

　　［245］蔡勤禹、侯德彤：《二三十年代华洋义赈会的信用合作试验》，载于《中国农史》2005 年第 1 期。

　　［246］曹德九：《农村中节省劳力畜力的几个问题》，载于《解放日报》1943 年 3 月 25 日第 2 版。

　　［247］曹正汉：《土地集体所有制：均平易、济困难——一个特殊村庄案例的一般意义》，载于《社会学研究》2007 年第 3 期。

　　［248］常青、张建华：《丹麦与中国农业合作社之比较研究》，载于《农业经济问题》2011 年第 2 期。

　　［249］陈池波、李崇光：《我国农民专业合作组织的"能人效应"解析》，

载于《学术交流》2008 年第 8 期。

[250] 陈锡文：《九十年代农村改革与发展面临的新问题》，载于《中国农村经济》1992 年第 5 期。

[251] 陈雨露：《农户变迁类型中的资本机制：假设与实证》，载于《金融研究》2009 年第 4 期。

[252] 陈小方、李主其、杜富林：《欧洲农业合作社的发展对中国的启示：以北欧的丹麦为例进行分析》，载于《世界农业》2015 年第 6 期。

[253] 储德银：《政府在农民合作经济组织发展中的行为定位与制度创新》，载于《四川大学学报》2009 年第 5 期。

[254] 邓子恢：《发展粮食合作社运动来巩固苏区经济发展》，载于《红色中华》第 31 期，1932 年 8 月 30 日第 3 版。

[255] 邓子恢：《发展粮食合作社运动来巩固苏区经济建设》，载于《红色中华》第 31 期，1932 年 8 月 13 日第 9 版。

[256] 定一：《两个政权、两个收成》，载于《斗争》第 72 期，1934 年 9 月 23 日第 18 版。

[257] 冯开文、蒋燕：《我国农村微观经济组织从农民组织化到农业一体化的变革》，载于《经济纵横》2010 年第 8 期。

[258] 高德步：《经济学中的历史学派和历史方法》，载于《中国人民大学学报》1998 年第 5 期。

[259] 高自立：《巩固扩大合作社事业的关键》，载于《解放日报》1942 年 3 月 20 日第 3 版。

[260] 郭富春：《我国〈农民专业合作社法〉评析》，载于《法治论丛》2007 年第 2 期。

[261] 傅晨：《论农村社区型股份合作制制度变迁的起源》，载于《中国农村观察》1999 年第 2 期。

[262] 傅晨：《社区型农村股份合作制产权制度研究》，载于《改革》2001 年第 5 期。

[263] 韩俊：《关于农村集体经济与合作经济的若干理论与政策问题》，载于《中国农村经济》1998 年第 12 期。

[264] 韩毅：《经验归纳方法、历史主义传统与制度经济史研究》，载于《中国经济史研究》2007 年第 2 期。

[265] 何梦笔、陈吉元：《农民金融需求及金融服务供给》，载于《中国农村经济》2000 年第 7 期。

[266] ［丹］Henning Otte Hansen：《丹麦农业与食品产业合作社》，远铜译，载于《世界农业》2015 年第 4 期。

[267] 黄正林：《抗战时期陕甘宁边区农业劳动力资源的整合》，载于《中国农史》2004 年第 1 期。

[268] 蒋永穆：《农业产业化与农业产业结构调整》，载于《经济体制改革》2001 年第 5 期。

[269] 孔泾源：《农村股份合作经济及其制度剖析》，载于《经济研究》1995 年第 3 期。

[270] 孔祥智：《改革开放以来我国农村集体经济的变迁与当前亟需解决的问题》，载于《理论探索》2017 年第 1 期。

[271] 李成贵：《农民合作组织与农业产业化的发展》，载于《南京社会科学》2002 年第 11 期。

[272] 李功奎、钟甫宁：《农地细碎化、劳动力利用与农民收入——基于江苏省经济欠发达地区的实证研究》，载于《中国农村经济》2006 年第 4 期。

[273] 李候森：《介绍晋察冀边区的劳动互助合作社》，载于《解放日报》1945 年 3 月 12 日第 2 版。

[274] 李金铮：《二三十年代华北乡村合作运动的借贷活动》，载于《史学月刊》2000 年第 2 期。

[275] 李金铮、刘洁：《劳力·平等·性别：集体化时期太行山区的男女"同工同酬"》，载于《中共党史研究》2012 年第 7 期。

[276] 李静萍：《二十世纪六七十年代大寨劳动分配办法述略》，载于《中共党史研究》2009 年第 1 期。

[277] 梁荣：《农业产业化与农业现代化》，载于《中国农村观察》2000 年第 2 期。

[278] 梁燕雯：《城郊农村社区股份合作制的制度缺陷及创新思路》，载于《城市发展研究》2008 年第 3 期。

[279] 林伯渠：《关于倡办粮食合作社与建造谷仓问题》，载于《红色中华》第 83 期，1933 年 6 月 4 日第 5 版。

[280] 林坚、黄胜忠：《成员异质性与农民专业合作社的所有权分析》，载

于《农业经济问题》2007 年第 10 期。

［281］刘玉勇、高建华：《新型合作经济的形式、性质和地位》，载于《经济研究》1985 年第 11 期。

［282］马社香：《毛泽东为什么大力提倡农业合作化——陶鲁笳访谈录》，载于《中共党史研究》2012 年第 1 期。

［283］马彦丽、孟彩英：《我国农民专业合作社的双重委托—代理关系：兼论存在的问题及改进思路》，载于《农业经济问题》2008 年第 6 期。

［284］毛泽东：《关于社会主义政治经济学的对象与方法》，载于《党的文献》1992 年第 1 期。

［285］米新丽：《美国农业合作社法初探》，载于《江西社会科学》2004 年第 3 期。

［286］农业部 2003 年软科学课题组：《农民合作经济组织法立法专题研究报告》，载于《农村经济文稿》2004 年第 8 期。

［287］潘劲：《合作经济的实质分析》，载于《中国农村经济》1990 年第 7 期。

［288］彭青秀：《丹麦合作社实现农产品定价权经验及对我国的启示》，载于《价格理论与实践》2015 年第 8 期。

［289］邱志强：《对梁漱溟乡村合作运动的反思》，载于《中国社会经济史研究》2002 年第 2 期。

［290］上海农村土地流转研究课题组：《上海市农村集体土地股份合作制模式的研究》，载于《上海综合经济》2001 年第 7 期。

［291］石毅：《什么是"变工"和"扎工"》，载于《解放日报》1943 年 1 月 23 日第 4 版。

［292］苏少之：《新中国关于新富农政策演变的历史考察》，载于《中南财经政法大学学报》2007 年第 1 期。

［293］谢平：《中国农村信用合作社体制改革的争论》，载于《金融研究》2001 年第 1 期。

［294］颜公平：《对 1984 年以前社队企业发展的历史考察与反思》，载于《当代中国史研究》2007 年第 2 期。

［295］杨占科：《供销社改革目标模式的几点思考》，载于《农业经济问题》2003 年第 6 期。

[296] 王丕年、石毅:《关于扎工的几个问题》,载于《解放日报》1943 年 4 月 14 日第 2～3 版。

[297] 王观澜:《武阳区在筹备春耕中组织了犁牛合作社》,载于《红色中华》1933 年 11 月 29 日第 5 版。

[298] 王宏斌:《坚持发展集体经济才有社会主义新农村》,载于《马克思主义研究》2007 年第 3 期。

[299] 王苇航:《关于发展农村资金互助合作组织的思考》,载于《农业经济问题》2008 年第 8 期。

[300] 王习明:《理念与制度:农地制度变化的机理——2000 年以来崖口村公社体制变革研究》,载于《开放时代》2011 年第 5 期。

[301] 魏本权:《革命与互助:沂蒙抗日根据地的生产动员与劳动互助》,载于《中共党史研究》2013 年第 3 期。

[302] 谢淑娟:《论人民公社体制下的村庄经济———以解读〈通知〉为中心》,载于《中国经济史研究》2006 年第 2 期。

[303] 吴承明:《经济学理论与经济史研究》,载于《经济研究》1995 年第 4 期。

[304] 吴亮平:《目前苏维埃合作运动的状况和我们的任务》,载于《斗争》1934 年第 56 期。

[305] 吴淼:《工分制下农民与干部的行为选择》,载于《中共党史研究》2010 年第 2 期。

[306] 吴协恩:《跟党走中国特色社会主义道路》,载于《新湘评论》2017 年第 12 期。

[307] 薛毅:《华洋义赈会与民国合作事业略论》,载于《武汉大学学报》2003 年第 6 期。

[308] 薛毅:《华洋义赈会述论》,载于《中国经济史研究》2005 年第 3 期。

[309] 颜公平:《对 1984 年以前社队企业发展的历史考察与反思》,载于《当代中国史研究》2007 年第 2 期。

[310] 闫庆生、黄正林:《抗战时期陕甘宁边区的农村经济研究》,载于《近代史研究》2001 年第 3 期。

[311] 易棉阳、贺伟:《新型农民合作组织在促进农业现代化进程中的作用分析》,载于《经济界》2013 年第 4 期。

［312］易棉阳：《改革以来新型农民合作经济发展的理论辨析：基于研究文献与政府政策的讨论》，载于《财贸研究》2014 年第 2 期。

［313］易棉阳：《生产队集体劳动中的社员机会主义行为：表现形式与形成机理》，载于《学术月刊》2018 年第 1 期。

［314］易棉阳：《以运动促进运动：中央苏区合作运动相关革命运动的关系研究》，载于《安徽师范大学学报》2018 年第 2 期。

［315］易棉阳：《社区型股份合作社与农民专业合作社的比较研究》，载于《华中农业大学学报》2018 年第 6 期。

［316］印华：《我国农地产权制度改革和农业发展模式的思考》，载于《财经研究》2001 年第 2 期。

［317］应瑞瑶：《合作社的异化与异化的合作社：兼论中国农民专业合作社的定位》，载于《江海学刊》2002 年第 6 期。

［318］雍桂良：《〈资本论〉中引证了多少书刊资料》，载于《社会科学战线》1984 年第 1 期。

［319］张红宇：《对新时期农民组织化几个问题的思考》，载于《农业经济问题》2007 年第 3 期。

［320］张江华：《工分制下的劳动激励与集体行动的效率》，载于《社会学研究》2007 年第 5 期。

［321］张雪莲、冯开文：《农民专业合作社决策权分配的博弈分析》，载于《中国农村经济》2008 年第 8 期。

［322］张雪莲、冯开文、段振文：《农村合作社的激励机制探析：基于北京市 10 区县 77 个合作社的调查》，载于《经济纵横》2011 年第 2 期。

［323］赵家如：《集体资产股权的形成、内涵及产权建设：以北京市农村社区股份合作制改革为例》，载于《农业经济问题》2014 年第 4 期。

［324］赵泉民、刘巧胜：《绩效与不足：合作运动对中国农业生产影响分析——以 20 世纪前半期乡村合作社为中心》，载于《东方论坛》2007 年第 2 期。

［325］周春芳、包宗顺：《农民专业合作社产权结构实证研究：以江苏省为例》，载于《西北农林科技大学学报》2010 年第 6 期。

［326］周其仁：《中国农村改革——国家和所有权关系的变化》，载于《中国社会科学季刊》（香港）1994 年第 8 期。

［327］朱守银等：《南海市农村股份合作制改革试验研究》，载于《中国农

村经济》2002 年第 6 期。

[328] 朱玉湘:《我国民主革命时期的农业互助合作运动》,载于《文史哲》1957 年第 4 期。

[329] Bernstein, Thomas P. Leadership and Mass Mobilization in the Soviet and Chinese Collectivization Campaigns of 1929 – 30 and 1955 – 56: A Comparison. The China Quarterly, 1967, 31: 1 – 47.

[330] Burns, John P. Political Participation in Rural China. Berkeley: University of California Press, 1998.

[331] Cook, M. L. The Future of U. S. Agriculture Cooperatives: A Neo – Institutional Approach. American Journal of Agriculture of Economics, 1995, 77 (5): 1153 – 1159.

[332] Eliers, C. , Hanf, C. H. Contracts Between Farmers and Farmers Processing Cooperatives: A principa-lagent Approach for the Potato Starch Industry. Galizzi G. , Venturini L. In Vertical Relationship and Coordination in the Food System Heidelberg, Physica, 1999: 267 – 284.

[333] Enke S. Consumer Cooperative and Economic Efficiency. American Economic Review, 1945, 35 (1): 148 – 155.

[334] Franz Schurmann. Ideology and Organization in communist China, University of California Press, 1968. Pauline Keating, Two Revolutions: Village Reconstruction and the Coorperative Movements in Northern Shaanxi, 1934 – 1945, Stanford: Stanford University Press, 1997.

[335] Fulton M. E. The Future of Canadian Agriculture Cooprative: a Property Rights Approach. American Journal of Agricultural Economics, 1995, 77 (12): 1144 – 1159.

[336] Griffin, Keith and Ashwani Saith. The Pattern of Income Inequality in Rural China. Oxford Economic Papers, 1982, 34 (1): 172 – 206.

[337] Hsiung, Bingyuang and Louis Putterman. Pre-and Post – Reform Income Distribution in a Chinese Commune: The Case of Dahe Township in Hebei Province. Journal of Comparative Economics, 1989, 13: 406 – 445.

[338] Jerker Nilsson, New Generation Farmer Cooperatives, ICA Review, 1997, 90 (1): 32 – 38.

［339］Karantininis K. , Zago A. Endogenous Membership in Mixed Duopsonies American Journal of Agricultural Economics, 2001, 83 (5): 1266 – 1272.

［340］Kung, James K. Egalitarianism, Subsistence Provision, and Work Incentives in China's Agriculture Collectives. World Development, 1994, 22 (2): 175 – 187.

［341］Mayhew, Leon. Society: Institutions and Activity. Glenview, IL: Scott, Foresman, 1971.

［342］Mckinley, Terry. The Distribution of Wealth in Rural China. Armonk, NY: M. E. Sharpe, 1996.

［343］Phillips R. Economic Nature of the Cooperative Association. Journal of Farm Economics, 1953 (35): 74 – 87.

［344］Nilsson, J. Organisational Principles for Cooperative Firms. Scandinavian Journal of Management, 2001 (17): 329 – 356.

［345］Nolan, Peter. De-collectivization of Agriculture in China, 1979 – 1982: A Long Term Perspective. Cambridge Journal of Economics, 1983, 7 (3 – 4): 381 – 403.

［346］Ollila, P. In Nilsson, J. , The Position of Agricultural Cooperatives in the Changing Food Industry of Europe, in Nilsson, J. Van Dijk, G. (E), Strategies and Stuctures in the Agro – Food Industries, Van Gorcum: Assen, 1997: 131 – 150.

［347］Putterman, Louis. The Incentive Problem and the Demise of Team Farming in China. Journal of Deveopment Economics, 1987, 26 (1): 103 – 127.

［348］Putterman, Louis. Ration Subsidies and Incentives in the Pre-reform Chinese Production Team. Economics, 1988, 55 (218): 235 – 247.

［349］Royer, J. S. and B, Huyan, S. , Forward Intergration by Farmer Cooperatives: Comparative Incentives and Impacts, Journal of Cooperatives, 1995 (10): 33 – 48.

［350］Selden, Mark. The Political Economy of Chinese Socialism. Armonk, NY: M. E. Sharpe, 1988.

［351］Sexton, R. J. , Cooperatives and Forces Shaping Agricultural Marketing, American Journal of Agricultural Economics, 1986, 68 (5): 1167 – 1172.

［352］Sexton R. The Formation of Cooperatives: A Game – Theoretic Approach with Implicatins for Cooperative Finance, Decision Making and Stability. American Journal of Agriculture of Economics, 1983 (68): 423 – 433.

[353] Shue, Vivienne. Peasant China in Transition: The Dynamics of Development toward Socialism, 1949 – 1956. Berkeley: University of California Press, 1980.

[354] Siu, Helen F. Agents and Victims in South China: Accomplices in Rural Revolution. New Haven, CT: Yale University Press, 1989.

[355] Staatz, John M. The Cooperative as a Coalition: A Game Theoretic Approach. American Journal of Agriculture of Economics, 1983 (65): 1084 – 1089.

[356] The da Skocpol, States and Social Revolutions: A Compar-ative Analysis of France, Russia and China Cambridge: Cambridge University Press, 1979: 137.

[357] Thomas P. Schomisch, Edwing G. Nourse and Competitive Yardstick School of Thought, UCC Occasional Paper, July 1979 (2).

[358] Vermeer, E. B. Income Differentials in Rural China. The China Quarterly, 1982, 89: 1 – 33.

[359] Vitaliano P. Coopeative Enterprise: An Alternative Conceptual Basis for Analyzing a Complex Institution. American Journal of Agriculture of Economics, 1983 (65): 1078 – 1083.

[360] World Health Organization, Primary Health Care: Report of the International Conference on Primary Health Care, Geneva: World Health Organization, 1978.

[361] Zweig, David. Agrarian Radicalism in China, 1968 – 1981. Cambridge, MA: Havard University Press, 1989.

# 后　记

　　在这里，我想回顾一下20多年来的研究历程。2001年，我开始攻读硕士学位，为了日后好找工作，我把研究方向定在近代金融史领域，以《早期华资银行研究》为题完成硕士论文。2004年，我开始攻读博士学位，继续研究近代金融史，以《金融统制与战时经济：以抗战时期四联总处为中心的考察》完成博士论文，论文以全优通过答辩，并获得湖北省第十批优秀博士论文奖。2007年博士毕业以后，供职于湖南工业大学。研究近代金融史，需要扎实的史料支撑，作为一所新生的工科大学，湖南工业大学图书馆基本上没有近代金融的史料。从2009年开始，我开始思索研究往何处去。不少经济史专业毕业的学者，受制于资料条件，不得不忍痛放弃经济史专业研究，改投经济学或者管理学研究。我热爱经济史，当时决定：未到搞不下去的时候，绝不轻言放弃。

　　新的方向在哪里呢？初始路径选择决定了将来的路径走向，我的目光自然投向中华人民共和国金融史。然而，金融史那么宽，到底锁定在哪个小领域呢？经过摸爬，金融中介史、金融市场史、金融制度史、货币史，很难作出成绩也非我所长。于是，我决定主攻合作金融史。现代合作金融肇始于1923年，近代时期的合作金融理念在当代依然得以继承，近现代合作金融史是贯通的。合作金融依托于信用合作社，我把农村信用合作社发展史作为研究重点，从2010年起，在《中国经济史研究》《中国农史》《财贸研究》等刊物发表了系列合作经济史文章。经过近五年的探索，我对近代以来的农业合作经济史有了较为清晰的认识，我注意到，学界尚没有一本说透近代以来中国农业合作经济史的论著。2016年，我以"中国特色农业合作道路形成发展的经济史研究"为题申报国家社科基金项目，获得立项。课题于2019年结项，此后不断修改，2024年形成本书。本书60万字，分为四篇，前三篇是历史叙述篇，按时序叙述每一个历史阶段的农业合作模式内涵，试图全景式展示中国特色农业合作实践的历史演变；第四篇是理论篇，从历史中抽象出中国特色农业合作经济理论形态。本书的另一个作者曾鹏，她不仅收集整理资料、校对文稿，而且撰写第二、三、四、五、六、七章，约22万字。

感谢赵德馨教授、姚会元教授、邹进文教授、赵学军教授、向国成教授对本书提出的建设性意见。

易棉阳

2024 年 8 月